W0216834

V€RANTWORTUNG

Erste Asset Management ist im ESG Sektor seit 2001 tätig. Seit über 10 Jahren entwickelt unser Investmentteam ein breites Spektrum an Nachhaltigkeitsfonds, die erfolgreich am Markt implementiert werden und regelmäßig national wie international eine Serie von Auszeichnungen erhalten. **www.erste-am.com**

ESG-Strategien AuM: EUR 4 Mrd.

- Konsistente positive Performance
- Langjähriger Track-Record
- Breites Spektrum an ESG-Lösungen
- Integrativer Managementansatz

Hinweis: Märkte können volatil sein, eventuelles Marktrisiko der teilnehmenden Länder, ein Kapitalverlust ist möglich.

ERSTE
Asset Management

Hierbei handelt es sich um eine Werbemitteilung. Der veröffentlichte Prospekt bzw. die „Informationen für Anleger gem. § 21 AIFMG" samt allfälligen Nachträgen sind ebenso wie die Wesentliche Anlegerinformation/KID in deutscher Sprache unter www.erste-am.com abrufbar und stehen dem interessierten Anleger kostenlos am Sitz der Erste Asset Management GmbH sowie am Sitz der Erste Group Bank AG zur Verfügung. Hinweise zu Chancen und Risken entnehmen Sie bitte den genannten Dokumenten. Die Wertentwicklung der Vergangenheit lässt keine verlässlichen Rückschlüsse auf die zukünftige Entwicklung eines Fonds zu. Redaktionsschluss: 20.01.2016

Liam, Nina, Milena, Erich, Bettina, Trung, Tibor, Michaela, Dong-Kwon, Karl, Vincenzo, Quan Hong, Maxwell Herbert, Miro, Lisa, Nicolas, Haljilj, Friedrich, Nazario, Cuc Thi, Mirsad, Benjamin, Flora, Ingo, Reiner, Giang Quang, Mustafa, Franz, Mišel, Gerhard, Dražen, Ulrike, Elfriede, Nermin, Armin, Hoa Thi Thu, Manuel, Halvard Bernhard, Peter, Yurkovitch, Christoph, Marco, Adolf, Jürgen, Franc, Ferhat, Günther, Adnan, Mahesh, Thomas Margarete, Raphael, Patrick, Daniela, Robert, Harald, Reinhard, Hamdija, Walter, Günter, Stefan, Horst, Ibrahim Bernd, Joze, Vincent, Huong Thi, Roland, Alexander, Roman, Alojz, Jörg, Mateusz, Dejan, Ki-Tae, Arsim, Nicole Andrea, Hans, Duc Anh, Peter, Christian, Dietmar, Simon, Nan, Sandra, Attila, Florian, Laurenz, Tomi, Marko Güney, Marjan, Zoran, Rama, Idioma, Milorad, Shefki, Aladin, Janez, Harjo, Jozef, Duško, Drazen, Darko, Manfred Pioter, Markus, Adis, Momir, Richard, Primož, Marcel, Mario, Josef, Miroslav, Siegfried, Mehmet, Heinz, Daniel Khanh Van, Kurt, Teodor, Annemarie, Xian-Jie, Raimund, Radan, Woo-Sick, Milan, Hermann, Leo, Ramic, Todovic Reinhold, Akash, Claudio, Jakob, Zsolt, Imre, Seung-Ju, Tamas, Janas, Konrad, Muhamad, Edis, Gökhan, Ionel Geza, Slavko, Johannes, Slavoljub, Tjerk, Alfred, Philipp, Oliver, Rudolf, Bratislav, Andreas, Pedram, Silvio Dominik, Khaled, Mukremin, Rene, George, Tomasz, Damir, Gerald, Norbert, Gabriel, Muhammed, Anh Ngoc Alen, Ahmet, Cemil, Georg, Dragan, Peter, Miha, Samuel, Vigh, Kyung-Ho, Laszlo, Marceta, Min-Woo, Turgay Eileen, Ismet, Nasri, Djurica, Yalcin, Helmut, Otilio, Ok-Ja, Christine, Elisabeth, Jernej, Raphaela, Christa, Dagmar Sylvia, Lucija, Paul, Claudia, Monika, Andreas, Josef, Dieter, Gernot, Biljana, Milivoje, Hannes, Ehrentrude, Dusica Alois, Tanja, Doris, Zdenko, Lucia, Diana, Vinko, Rupert, Nga Thi, Irmingard, Klaus, Patricia, Gottfried, David Andreja, Wolfgang, Silvia, Uwe, Yeong-Cheol, Julia, Rainer, Francesco, Rupprecht, Clemens, Tuan Thanh, Susanne Elvir, Nadine, Ernst, Katharina, Anh Tuan, Sabine, Marie-Louise, Matthias, Manuela, Cedric, Hung Quang, Simone Melanie, Sophia, Mihael, Friederike, Chien Thi, Maria, Slobodan, Werner, Boban, Tomaž, Eckhard, Rochus Kristina, Phuong Thi Minh, Jennifer, Balthasar, Milosija, Hung Van, Ljubica, Marija, Edo, Milojko, Anneliese Renate, August, Jovan, Herwig, Sasa, Frank, Antonio, Henrik, Heike, Gunther, Anna, Sophie, Heinrich, Ui-Jin, Olaf Sergej, Erwin, Christina, Irene, Oswin, Sascha, Duong Hai, Matej, Husein, Jožef, Edvard, Doroteja, Min-Hui, Otto Alexandra, Ursula, Erik, Zoltan, Goran, Young-Hyo, Jutta, Leopold, Edmund, Karin, Sevda, Peter, Vukašin, Horst Angelika, Johanna, Andre, Bianca, Evgeniya, Binh Van, Ramona, Gerolf, Thao Thi, Martina, Manh Van, Dionys Tobias, Sebastian, Klaus-Peter, Johann, Slavica, Georg, Mirjana, Ismael, Agnesa, Lukas, Miomir, Benedikt Domenik, Hubert, Eveline, Gunnar, Xuan, August, Thuong Cong, Gabriele, Massimo, Roberto, Michele, Alfio Giorgio, Borut, Oscar, Giuseppe, Carlo, Luigi, Momčilo, Graziano, Agostino, Angelo, Giovanni, Zinajid, Niklas Dušanka, Bledar, Raffaele, Youssef, Mohamadou, Chuong Van, Michael, Davide, Lorenzo, Harwinder, Humberto Cheick, Vladko, Marauan, Tung Thang, Milomir, Dung Ngoc, Emiliano, Zdravko, Olgert, Alessio, Alan, Tiziano Cristiano, Boro, Hang Thi, Willibald, Simon, Franz, Hieu Xuan, Albert, Stephan-Dennis, Hai Hoang, Othmar Ferdinand, Franz, Samo, Inge, Martin, Arif, Lujzim, Gertrud, Vjekoslav, Barbara, Felix, Nghia Ngoc, Christopher Irmgard, Rafael, Klarissa, Engin, Maximilian, Max, Sabrina, Muharem, Franjo, Khanh Duy, Valter, Ljubo, Vesna Vekoslav, Long Ba Tuong, Dubravko, Majda, Nikolaus, Heribert, Regina, Due Van, Johann, Tuan Duc, Walter, Nadja Manja, Mathias, Johann, Richard, Leonardo, Qiufang, Kerstin, Corinna, Phat Van, Bojan, Eva, Antje, Vinzenz, Katja Sandro, Ha Van, Sylwester, Yan Baochang, Marvin, Phuong Duy, Ornella, Javad, Demir, Taner, Hans, Jürgen Dusko, Dino, Margit, Trung Kien, Ralph, Siegmund, Anton, Bettina, Maria, Hao Thi, Hans, Darjan, Fritz, Sven Smaijl, Vanessa, Nora, Joachim , Anh Mai, Gergely, Stefanie, Stephan, Michael, Ramazan, Ferenc, Radisa, Alija Quan Viet, Sakir, Thu Thi Minh, Rebekka, To Van, Emanuel, Aleksandyr, Viktor, Hans Peter, Tamara, Ludwig Eduard, Tung Thanh, Dragomir, Stephan, Nam Quang, Ljubisa, Riko, Radosav, Vitali, Ercument, Zlatko, Zeljko

UNSERE MITARBEITER SIND UNSERE WERTVOLLSTE RESSOURCE

PALFINGER
LIFETIME EXCELLENCE

Jeder unserer rund 9.000 Mitarbeiter hat Anteil an unserem Erfolg. Auch wenn hier leider nicht alle Platz finden, für uns ist jeder einzelne Mitarbeiter eine wichtige Ressource für unser Unternehmen. Deswegen ist es PALFINGER ein besonders Anliegen, dass sie als unsere primären Stakeholder zufrieden sind. Mehr zur Nachhaltigkeitsoffensive vom Weltmarktführer für Hebe-Lösungen sowie unseren Werten Unternehmertum, Respekt und Lernen erfahren Sie auf www.palfinger.ag/de/nachhaltigkeit

Deutschlands grüne Bank

Machen Sie keine Kompromisse! Entscheiden Sie sich auch bei Ihrer Bank für die grüne Alternative.

Die UmweltBank gibt Ihnen eine **100-prozentige Umweltgarantie:** Mit Ihrem Geld finanzieren wir ausschließlich ökologische Zukunftsprojekte wie Ökohäuser oder Photovoltaik-, Wind- und Wasserkraftanlagen.

Mit unseren klassischen Bankprodukten wie z. B. dem grünen Tagesgeldkonto **UmweltPlus** oder den individuellen **Umwelt-Sparbriefen** erhalten Sie faire Renditen trotz Niedrigzinsphase.

Langfristig höhere Renditen bieten **grüne festverzinsliche Wertpapiere** sowie **Umweltfonds** und **Umweltaktien** – allerdings bei höheren Risiken im Vergleich zu klassischen Sparanlagen.

Informieren Sie sich jetzt unter **www.umweltbank.de** oder rufen Sie uns an: Telefon **0911 / 53 08-123.**

UmweltBank

Sicher. Rentabel. Direkt.

UDI

Grünes Geld.
Saubere Rendite.

Ab 4 % p.a.
Ab 2 Jahren Laufzeit

Informieren Sie sich jetzt!
Tel: 0800 – 834 12 34
www.udi.de

Die rechtsverbindlichen Konditionen entnehmen Sie bitte den jeweiligen Verkaufsprospekten. Hinweis: Der Erwerb dieser Vermögensanlage ist mit erheblichen Risiken verbunden und kann zum vollständigen Verlust des eingesetzten Vermögens führen.

Der faire Unterschied. fair-finance VORSORGEKASSE AG

Tel.: + 43 1 405 71 71-0, E-Mail: office@fair-finance.at, Web: www.fair-finance.at

Your Family Entertainment AG (YFE)
Seit mehr als 35 Jahren steht die von der „Investment Ethics Research & Advisory AG" (INVERA), Zürich als „ethisch positiv" eingestufte, börsennotierte Your Family Entertainment AG (WKN: A161N1; ISIN: DE000A161N14; Kürzel: RTV) mit ihrem ausgewogenen Familienprogramm für edukative, wertevermittelnde und gewaltfreie Unterhaltung und wurde dafür 2010 auch mit dem renommierten HOT BIRD™ TV Award ausgezeichnet und in den Folgejahren mehrmals als bester Kinder- und Familiensender weltweit nominiert.

Wenn Sie mehr erfahren möchten, besuchen Sie uns im Internet:
www.yfe.tv • www.rictv.de • www.fixundfoxi.tv

yfe yourfamily entertainment

wir machen Spaß und Freude

winner HOT BIRD™ TV AWARDS 2010

aventron

EINE ANLAGE MIT ZUKUNFT

AVENTRON (Kleinkraftwerk Eirseck AG) ist eine unabhängige Produzentin von Strom aus erneuerbaren Energien. Das Unternehmen konzentriert sich auf den Erwerb und Betrieb von Kraftwerken in den Bereichen Wasser-, Wind- und Sonnenenergie in der Schweiz und in ausgewählten Ländern Europas. Investieren Sie mit uns in die Zukunft!

Informationen unter medien@aventron.com
www.aventron.com

WIR TANKEN SONNE – ZU JEDER JAHRESZEIT.

Unsere hauseigene Photovoltaikanlage mit einer Leistung von 882 Kilowatt auf dem Dach unseres Briefzentrums Wien-Inzersdorf ist eine der größten Anlagen dieser Art in Österreich. Zusammen mit einer zweiten Anlage am Logistikzentrum Allhaming in Oberösterreich wird so in Zukunft die gesamte E-Flotte der Post, die bis Ende 2016 auf rund 1.300 Fahrzeuge anwachsen wird, mit Strom aus sauberer Energie versorgt.
Wenn's wirklich wichtig ist, dann lieber mit der Post.

CO_2 NEUTRAL ZUGESTELLT

www.post.at/co2neutral

Post

Wir bitten die Leserinnen und Leser um Verständnis, dass wir in diesem Buch zugunsten des Leseflusses durchgehend die männliche Sprachform (z.B. „Leser" statt „Leserinnen und Leser") verwendet haben. Selbstverständlich sind stets Leserinnen und Leser gemeint.

Gedruckt auf 100-Prozent Recycling-Papier

Die Informationen in diesem Buch wurden nach bestem Wissen zusammengestellt und gewissenhaft überprüft. Eine Haftung des Verlags für Personen-, Sach- und Vermögensschäden ist ausgeschlossen.

Dieses Werk ist in allen seinen Teilen urheberrechtlich geschützt. Jede Verwertung der Texte und Bilder außerhalb der engen Grenzen des Urheberrechtsgesetzes ist ohne Zustimmung des Verlages unzulässig und strafbar. Das gilt insbesondere für Vervielfältigungen, Übersetzungen, Mikroverfilmungen und die Einspeicherung in elektronischen Systemen.

©2016 medianet Verlag, Wien
Umschlaggestaltung: Johannes Deml
Autorenfotos: Michael Rausch-Schott (Deml) und Ulrike Schmidt-Parusel (Blisse)
Satz: edition werbach og
Druck: Druckerei Janetschek GmbH

ISBN: 978-3-902843-81-4

Printed in Austria

Über weitere Bücher des Verlags können Sie sich informieren unter:
www.medianet.at

Es gibt eine Rendite, die aus Überzeugung entsteht.
Entscheiden Sie sich bei Ihrer Geldanlage für eine nachhaltige Bank. Eine Bank, die damit gute Pflegeheime ermöglicht. Schulen baut. Oder Windräder aufstellt.
Die Investitionen und Kredite der Triodos Bank gehen seit 1980 ausschließlich an solche Projekte und Unternehmen.
Ob als Teilhaber der Triodos Bank, ob mit prämiertem Fonds oder klassischem Sparkonto – Ihr Geld wirkt auf jeden Fall nachhaltig. Damit Ihre Rendite auch Ihrer Überzeugung entspricht.
Unsere Währung heißt Wandel.
www.triodos.de
Triodos Bank
Europas führende Nachhaltigkeitsbank

AVM nachhaltig -
die Vermögensverwaltung
mit dem Österreichischen
Umweltzeichen.
Österreichisches
Umweltzeichen
Nachhaltige Finanzprodukte
Wachsen Sie
mit uns.
Mit dem „Aktiven
Vermögensmanagement
nachhaltig" der BKS Bank
wächst das gute Gewissen.
BKS Bank
AVM nachhaltig
Infos in allen BKS Bank Filialen oder unter
T: (0463) 5858-0, E: bks@bks.at, www.bks.at
Das Österreichische Umweltzeichen wurde vom Lebensministerium für „AVM nachhaltig" verliehen, weil bei der Auswahl von Investmentfonds neben wirtschaftlichen auch ökologische und soziale Kriterien beachtet werden. Das Umweltzeichen gewährleistet, dass diese Kriterien und deren Umsetzung geeignet sind, entsprechende Investmentfonds auszuwählen. Dies wurde von unabhängiger Stelle geprüft. Die Auszeichnung mit dem Österreichischen Umweltzeichen lässt keine Rückschlüsse auf die künftige Wertentwicklung des Investments zu.
Hierbei handelt es sich um eine Marketingmitteilung. Die Angaben in dieser Informationsbroschüre dienen lediglich der unverbindlichen Information der Kunden und ersetzen keinesfalls die Beratung für den An- oder Verkauf von Wertpapieren. Es handelt sich weder um ein Anbot noch um eine Aufforderung zum Kauf oder Verkauf der hier erwähnten Veranlagungen bzw. (Bank-)Produkte, ebensowenig handelt es sich um eine Kauf- bzw. Verkaufsempfehlung.

Max Deml/Holger Blisse

Grünes Geld 2020

Medianet Verlag AG

Vorwort

Als 1990 die erste Auflage des Handbuchs „Grünes Geld“ erschien, waren ökologische Geldanlagen noch kaum jemandem ein Begriff. Inzwischen hat sich aus der anfänglichen Nische nicht nur ein Milliardenmarkt entwickelt, sondern auch eine sehr breite Produktpalette mit marktüblichen, teilweise sogar überdurchschnittlichen Renditen. Zu fast jedem Geldanlageprodukt gibt es eine „grüne” Variante, beispielsweise Öko-Sparbücher, Umweltaktien, Windkraftwerksbeteiligungen, Öko-Beteiligungsgesellschaften, ethische und nachhaltige Investmentfonds oder Öko-Lebens- und Pensionsversicherungen. Immer mehr Menschen wollen sichergehen, dass mit ihren Ersparnissen nicht gerade Atomkraftwerke oder Rüstungsgüter finanziert werden, sondern ein sinnstiftender Beitrag geleistet wird, und sind dafür durchaus auch bereit, auf einen besonders hohen Ertrag zu verzichten. Doch unabhängige Informationen über sinnvolle und rentable Öko-Investmentmöglichkeiten sind rar, auch wenn die Zahl der Publikationen zum Thema stark gestiegen ist. Das seit mehr als 25 Jahren erscheinende Handbuch „Grünes Geld” ist inzwischen zum Klassiker geworden. Auch die aktuelle (achte) Auflage gibt wieder einen möglichst umfassenden Überblick über nahezu alle Öko-Investmentmöglichkeiten, darunter auch den internationalen Solar-Aktienindex PPVX: Er hat in den letzten 13 Jahren (2003–2015) mit einem Plus von 446% den Erdöl-Aktien-Index (NYSE Arca Oil, +131%) mehr als 300 Prozentpunkte hinter sich gelassen.

Neben Banken, Aktien- und Renten-Investmentfonds, einzelnen – auch nicht börsennotierten – Aktien, Ratingorganisationen, kommentierten Internetadressen und Warnungen vor Unternehmen auf der „Graugrünen Liste“ werden auch kleine und große Öko-Finanzdienstleister vorgestellt, die Wind- und Solarparkfonds, Öko-Policen oder außerbörsliche Aktien anbieten. Neben den traditionellen Kapiteln über Mikrokredite sachwertbezogene Investments wie Plantagen und Immobilien oder Anlegerschutz finden Sie auch neue Abschnitte z.B. über „Crowdinvesting“, „Green Bonds“ und „YieldCos“. Das Literaturverzeichnis sowie ein Namens- und Stichwortregister mit rund 1.000 Einträgen sollten kaum eine Frage offen lassen. Falls doch, freuen wir uns über eine Rückmeldung per E-Mail (oeko-invest@teleweb.at).
Wir wünschen viel Freude beim Lesen und Erfüllung Ihrer Ziele beim Investieren

Max Deml und Holger Blisse,
Wien, im März 2016

Inhaltsverzeichnis

Erlebnis Akademie AG –
Investment in nachhaltigen Tourismus

Europäischer Marktführer
Starkes Wachstum mit konkreter Projektpipeline
Balance von Wachstum und Rendite

1 Einleitung

1.1 Wurzeln und Wirkungen des grünen Geldes

Als wir 1990 diesem Handbuch den Titel „Grünes Geld" gaben, konnten mit diesem Begriff nur wenige Insider etwas anfangen. Die „Lehman-Brothers"-Pleite in den USA 2008, die Staatsschuldenkrisen nicht nur in Griechenland sowie milliardenschwere Unternehmensskandale von BP (Erdölkatastrophe im Golf von Mexiko) bis VW (Abgas-Manipulationen an Millionen von Autos) haben zunehmend auch „ethische Investments" hoffähig gemacht. Aus einer kleinen Nische am Kapitalmarkt ist innerhalb von 25 Jahren ein Markt geworden, in dem hunderte Milliarden Euro investiert werden – und die auch etwas bewegen: „impact investing", wie es inzwischen neudeutsch heißt. Damals wurden an der deutschen Nordseeküste die ersten (noch sehr kleinen) Windräder aufgestellt – von Idealisten konzipiert und finanziert. Heute gibt es allein in Deutschland und Österreich weit über 20.000 Windkraftstandorte, alte Turbinen mit 250 Kilowatt Leistung werden inzwischen durch neue mit oft 10-fach höherem Ertrag ersetzt. Windpark- und Solarfonds sind nichts Exotisches mehr, sondern für viele attraktiver als Immobilien- oder gar Schiffsfonds, von denen inzwischen nicht wenige in die Insolvenz schlitterten. 1990 lag der Anteil von Wind- und Solarenergie bei der deutschen Stromproduktion bei 0 Prozent, inzwischen – Stichwort Energiewende – gehen erneuerbare Energien auf die 25-Prozent-Marke zu. 2011 hatte (an einem Frühlingstag zur Mittagszeit) die Leistung der Solarkraftwerke in Deutschland mit 12,1 Gigawatt erstmals die der Atomkraftwerke (12,0 Gigawatt) übertroffen, nachdem acht Atomkraftwerke im Zuge der Fukushima-Atom-Havarie abgeschaltet wurden und nur noch neun in Betrieb waren. Nicht erst seit dem UN-Klimavertrag von Paris Ende 2015 ist „Divestment" auch für Großanleger modern geworden: Milliardenschwere Fonds wie der des Staates Norwegen verkaufen – wohl auch aus finanziellen Motiven - „fossile" Aktien von Unternehmen mit hohen Kohlendioxidemissionen und steigen z.B. auf erneuerbare Energie-Titel um.

Im deutschsprachigen Bereich gehen die Anfänge der ökologisch motivierten Geldanlagen auf die 1980er-Jahre zurück. Der immer gefährlicher erscheinende Rüstungswettlauf zwischen Ost und West und die Atom-Katastrophe von Tschernobyl haben Massendemonstrationen nach sich gezogen. Und auf dem Höhepunkt der Anti-AKW- bzw. Umwelt- und Friedensbewegung kamen innerhalb weniger Jahre die nötigen Millionen (DM) zusammen, mit denen in Frankfurt am Main die Ökobank gegründet werden konnte. Die meisten Ideen und Konzepte ethisch-ökologischer Geldanlage haben ihre Wurzeln in der Umwelt-, Friedens- und Bürgerrechtsbewegung. Die Aktivisten waren es einfach leid, gegen Umweltzerstörung, Aufrüstung und Rassendiskriminierung zu demonstrieren und dies gleichzeitig mit dem eigenen Sparbuch zu finanzieren. Alternativen waren gefragt, bei denen das angelegte Geld sozial und ökologisch sinnvoll investiert wurde – ohne dabei auf eine marktübliche Rendite zu verzichten. Denn Ökologie lässt sich durchaus mit ökonomischem Nutzen verbinden: Unternehmen, die bereits heute umweltfreundlich wirtschaften und deren Schadstoffausstoß weit unter den gesetzlichen Richtwerten liegt, haben es in Zukunft leichter als die Konkurrenz, die z.B. bei gesetzlichen Grenzwertverschärfungen erst teure Investitionen vornehmen muss, die ihren Gewinn schmälern. Ganz zu schweigen von dem Vorteil, den ein »umweltfreundliches« Firmenimage für den Produktabsatz bringt – und den Nachteilen eines zurückgehenden Absatzes, wenn aufkommt, dass ein Konzern wie z.B. VW systematisch umweltrelevante Daten gefälscht und beim Konsumenten Erwartungen („Clean Diesel") enttäuscht hat. Durch eine gesteigerte Nachfrage nach »umweltfreundlichen« Aktien könnte zusätzlich zum öffentlichen Druck der Umweltbewegung ein finanzieller Druck für Unternehmen entstehen, sich stärker an ökologischen Richtlinien zu orientieren. Wurden E-Mobil-Entwicklungen vor wenigen Jahren noch als Einzelstücke belächelt, hat der kalifornische Pionier Tesla Motors 2015 schon über 50.000 Wagen verkauft und bei den Neuzulassungen in manchen Regionen inzwischen „fossile" BMW- oder VW-Modelle überrundet.

Aber nicht nur Umweltschützer werden sensibler im Umgang mit Geld und wollen –analog zum Kauf oder Boykott bestimmter Waren oder Unternehmen – ihre Marktmacht im Geldanlagebereich demonstrieren. Auch Politiker und die Chefs von Weltbank & Co. schließen sich zunehmend dem Leitspruch »Ökologie ist langfristige Ökonomie« an und verweisen – getreu der Umweltkonferenz von Rio 1992 – immer häufiger auf das Konzept der »Sustainability«/ Nachhaltigkeit. Denn als gute Haushalter (griechisch: oikonomoi) müssen die ökonomisch Denkenden auch Ökologie und soziale Aspekte beachten, wenn sie langfristig und dauerhaft, sprich »nachhaltig« wirtschaften wollen.

1.2 Ethik und Nachhaltigkeit als Anlagekriterien

Der Begriff Nachhaltigkeit (englisch: sustainability), der in der Forstwirtschaft schon vor 200 Jahren bekannt war, hat nun auch Einzug in die Finanzwelt gehalten. Finanzprodukte werden nicht mehr nur nach Rendite- und Risikoaspekten, sondern zunehmend auch nach ökologischen und sozialen Kriterien bewertet. Inzwischen wurden in manchen Ländern – allen voran Großbritannien – auch gesetzliche Vorschriften zur Deklarationspflicht erlassen. In Deutschland müssen z.B. die Anbieter von Riester-Rentenprodukten und Pensionsfonds schon seit 2001 darüber berichten, ob und gegebenenfalls wie sie ökologische und soziale Kriterien bei der Kapitalanlage berücksichtigen. Seit 2005 gilt diese Transparenzregelung auch für Pensionskassen und betriebliche Direktversicherungen. In Österreich haben sich fast alle Vorsorgekassen freiwillig ethische Anlagekriterien auferlegt.

Folgten Anbieter »grüner« Kapitalmarktprodukte früher einem langen Katalog »absoluter« ethischer Ausschlusskriterien, z.B. keine Atomkraft- oder Rüstungsgeschäfte, wenden die meisten heute ein relatives Verfahren an: Aus jeder Branche werden die »saubersten« Unternehmen herausgesucht oder »Spielräume« bei der Anwendung der Ausschlusskriterien gewährt, so dass in manchen »grünen« Portfolios ein geringer Umsatzanteil im Rüstungsbereich zulässig ist. Diese „best-in-class"-Philosophie führt zwar zu einer Verwässerung des ethischen Investmentgedankens, zieht aber neue Investorenkreise an, die zugunsten einer breiteren Branchenstreuung auch Kompromisse eingehen. Andererseits ist nicht überall „Öko" drin, wo „Öko" draufsteht. Eine böse Überraschung erlebten viele Investoren nach der Öl-Plattform-Katastrophe 2010 im Golf von Mexiko oder nach der Atom-Katastrophe 2011 in Fukushima, als sie sahen, dass ihr „Klima"-Investmentfonds auch Aktien von BP oder Tepco enthielt. Einige der Fondsmanager haben danach ihre Meinung zur Atomenergie geändert, die sie vorher als „klimafreundlich" – weil ohne CO2-Ausstoß – eingestuft hatten.

Die in diesem Buch angeführten »grünen« Anlagemöglichkeiten dürfen deshalb auf keinen Fall so verstanden werden, dass man sich guten Gewissens auf seinen erworbenen Beteiligungen ausruhen darf. Im Gegenteil: Wer den Anspruch erhebt, nach ethisch-ökologischen Kriterien zu investieren, muss sich laufend mit den aktuellen Entwicklungen auseinandersetzen und bereit sein, einmal getroffene Anlageentscheidungen zu revidieren. Auch die Anlagekriterien müssen ständig überprüft werden: So haben z.B. Investoren, die sich früher weigerten, Geld in südafrikanischen Wertpapieren anzulegen, weil dort Bürgerrechte von der Hautfarbe abhängig waren, Südafrika umgehend von der Boykottliste gestrichen, nachdem das Apartheidsystem überwunden war. Ethisch-ökologisch motivierte Investoren haben zwar mit der Auswahl ihrer Anlageobjekte einen wirkungsvollen Hebel in der Hand, denn jedes Projekt braucht zur Realisierung eine mehr oder weniger gesicherte Finanzierung. Allerdings sind die noch relativ kleinen Finanzströme nur ein Tropfen auf den heißen Stein, und »grüne« Geldanlagen sollten nicht zu einem Feigenblatt werden, das den Blick auf die Realitäten der globalen Geldwirtschaft verstellt.

1.3 Zwischen Zinseszins, Freigeld und Vollgeld

Täglich werden hunderte Milliarden Dollar und Euro als »Anlage suchendes« Kapital elektronisch rund um den Globus transferiert. Dessen Verzinsung führt zur exponentiellen Vervielfachungen der irgendwo verbuchten Guthaben und Schulden. Die Verschuldung treibt hunderttausende Menschen ins Elend; nicht selten müssen Länder zur Zinszahlung Nahrung exportieren, während die eigene Bevölkerung hungert. Die Finanzkrisen häufen sich nicht nur in Asien und Afrika, sondern treffen auch ehemals reiche Länder wie Argentinien oder Venezuela trotz seiner riesigen Erdölvorkommen – und inzwischen auch EU-Länder wie Griechenland.

Eine der Hauptursachen dieser Probleme ist der Zins auf Geld. Durch das Zinseszinssystem findet jeden Tag eine Umverteilung des Vermögens von den 80 Prozent ärmeren zu den 10 Prozent reicheren Bevölkerungsteilen statt. Die 10 Prozent dazwischen steigen dabei ohne großen Gewinn oder Verlust aus. Das ist nicht nur in der dritten Welt der Fall, wo das Missverhältnis vielleicht sogar noch weit höher liegt, sondern auch in den entwickelten Ländern.

Wer glaubt, mit seinen Sparbuchzinsen zu den Gewinnern des Systems zu zählen, täuscht sich gewaltig. Denn auch wer keine Schulden hat, musste zeitweise rund ein Drittel aller Ausgaben für Zinsen aufwenden, die in Mieten, Preisen oder Steuern (Staatsverschuldung!) mehr oder weniger versteckt enthalten sind. In der aktuellen Niedrigzinsphase fällt der Umverteilungseffekt geringer aus, die Anleihen von Staaten mit hoher Bonität sind nahe Null oder sogar negativ verzinst, d.h. Staaten wie Deutschland oder Österreich ersparen sich im Vergleich zu früher jährlich Milliarden an Zinsaufwand. Der Aachener Wirtschaftspublizist Helmut Creutz hat vor Jahren, als das Zinsniveau noch wesentlich höher lag, errechnet, dass jeder Anleger etwa 150.000 Euro - sehr gut verzinst - anlegen müsste, um den Zinsanteil seiner Ausgaben wieder hereinzuholen. Jeder, der weniger (verzinstes) Geldvermögen hat, zahlt täglich drauf. Und jeder, der über dieser Grenze liegt, profitiert von unserem Geldsystem, weil er - bei durchschnittlichem privatem Konsum - mehr Zinsen erhält, als er selber über die Mieten, Preise und Steuern zahlt. Das Ausmaß dieser automatischen Umverteilung liegt in Milliardenhöhe - täglich.

Aus diesem Geldsystem gibt es kaum ein Entrinnen, es sei denn, man macht es wie Franz von Assisi, der überhaupt kein Geld anrührte. Oder man wartet, bis die Schwellensumme von 150.000 Euro angespart ist und man dann eine Art „Ruhepunkt" innerhalb des Systems gefunden hat. Eine Alternative zu diesem Problem bieten einige der in diesem Buch vorgestellten Anlagemöglichkeiten – durch freiwilligen gänzlichen oder teilweisen Zinsverzicht.

Globalisierung und Monetarisierung

Möglichst niedrige Zinsen forderte schon vor über 100 Jahren der wirtschaftswissenschaftliche Autodidakt, Schriftsteller und kurzzeitige Finanzberater der Räterepublik Bayern, Silvio Gesell. Sein 1916 erschienenes Buch »Die natürliche Wirtschaftsordnung durch Freiland und Freigeld« gilt als eines der Hauptwerke der Freiwirtschaftslehre. Gesell entwarf darin ein Zukunftsmodell für eine Wirtschaft, die die Schere zwischen Reichen und Habenichtsen langsam schließen statt weiter öffnen sollte. Das mit einer Art Negativzins belastete »Freigeld« sollte nicht mehr gehortet werden, sondern im Umlauf bleiben. Das nicht mehr in Privatbesitz befindliche, sondern zugunsten der Allgemeinheit zu verpachtende »Freiland« sollte Bodenspekulationen vorbeugen, und schließlich sollte ein nicht mehr von Zöllen und Beschränkungen behinderter »Freihandel« dazu beitragen, mehr Gerechtigkeit zu erreichen.

John Maynard Keynes sah in Gesell einen »antimarxistischen Sozialisten« und in gewissem Sinn auch einen Vorläufer seiner eigenen Lehre. Auch Albert Einstein fand Gefallen an den Theorien seines Kartenspielpartners Silvio Gesell und meinte, die Schaffung eines Geldes, das sich nicht horten lässt, würde zur Bildung von Eigentum in anderer wesentlicherer Form führen. Wem Silvio Gesells Ausführungen zu altmodisch klingen, der sollte sich mit den Ideen des »Super-Spekulanten« George Soros auseinander setzen. Soros, der in den letzten Jahrzehnten selbst kräftig auf den internationalen Finanzmärkten mitmischte, hat in seinem Buch »Die Krise des globalen Kapitalismus« »pathologische und unhaltbare« Zustände diagnostiziert: »Die Finanzmärkte sind ihrem Wesen nach instabil; und bestimmte gesellschaftliche Bedürfnisse lassen sich nicht befriedigen, indem man den Marktkräften freies Spiel gewährt.«

Doch wie soll die Globalisierung des Geldes, die Monetarisierung der Welt und die Steuerflucht eingedämmt werden? Kapitalverkehrskontrollen oder Steuern auf Kapitalströme wie die so genannte »Tobin-Tax« auf Devisentransaktionen könnten neue Rahmenbedingungen für eine gerechtere Finanzordnung schaffen. Auch die »Tauschkreise« oder Regionalwährungen, die sich in den letzten Jahrzehnten in einigen Regionen der Welt entwickelt haben, sind Versuche, sich von den internationalen Finanzströmen abzukoppeln und die regionale Wirtschaft zu fördern. Allein die nähere Erläuterung dieses Themas wäre ein eigenes Buch wert. Anregungen zu Veränderungen gibt es von vielen Seiten. An dieser Stelle deshalb nur ein Hinweis auf drei Ansätze: die »Initiative für natürliche Wirtschaftsordnung« (INWO, www.inwo.de), die sich mit ihrem Fairconomy-Modell den Ideen von Gesell verpflichtet fühlt, Vollgeld-Initiativen (www.vollgeld-initiative.ch, www.monetative.de), die das Ende „jeglicher Geldschöpfung durch private Geschäftsbanken“ fordern, und Attac, eine internationale Bewegung (www.attac.de), die – ebenfalls parteiunabhängig – vehement und kompetent gegen die negativen Auswirkungen der Globalisierung protestiert. Von Attac gibt es auch Diskussionspapiere zu Themen wie »Regulierung der internationalen Finanzmärkte für eine sozial gerechte und ökologisch tragfähige Entwicklung«.

2 Grün anlegen

2.1 Grüne Banken

Grüne Geldanlagen gehören zum Angebot von immer mehr Banken. Doch das Hauptgeschäft liegt nach wie vor bei konventionellen Produkten. Grüne Banken haben sich das Ziel gesetzt, ihr gesamtes Geschäftsmodell nach ethisch-ökologischen Kriterien auszurichten. Wer hier ein Girokonto eröffnet oder einen Sparbrief erwirbt, soll sicher sein können, dass sein Geld in soziale Projekte, Kultur und Bildung, umweltfreundliches Bauen, ökologische Landwirtschaft oder erneuerbare Energien investiert wird. Denn grüne Banken geben einen Großteil der Kundeneinlagen in Form von Krediten an diese Branchen weiter. Oft kann man selbst festlegen, in welchem Bereich die Bank die überlassenen Gelder verleihen soll. Auch ist es möglich, sich am Eigenkapital der Bank zu beteiligen oder durch teilweisen Zinsverzicht für günstigere Kreditkonditionen zu sorgen. Anders als bei herkömmlichen Banken erhalten die Kunden hier Informationen über einzelne Kredite und Eigenanlagen der Bank: Die Alternative Bank Schweiz listet zusammen mit dem jährlichen Geschäftsbericht – bis dato als einzige Bank der Welt – alle bestehenden Kundenkredite mit Namen, Ort und Betrag auf. Die GLS Gemeinschaftsbank veröffentlicht ausführliche Übersichten mit Kreditnehmern und Eigenanlagen online bzw. in ihrer Mitgliederzeitschrift (»Bankspiegel«). Auch die EthikBank gibt online Auskunft über Kreditprojekte und die weitere Mittelverwendung (»gläserne Bank«), die Freie Gemeinschaftsbank nutzt dafür ihren Geschäftsbericht. Die Einhaltung der selbst gesetzten Ziele wird von verschiedenen Gremien überwacht. Die UmweltBank hat beispielsweise fast zwei Dutzend Personen in den Umweltrat als eine Art »ökologischer Aufsichtsrat« bzw. den Umweltbeirat als erweitertes Expertengremium berufen. Bei der Alternativen Bank Schweiz agiert eine unabhängige »Ethik-Kontrollstelle«.

Alle diese Banken maximieren nicht an erster Stelle den Gewinn, sondern fördern Bankgeschäfte zugunsten von Menschen, Gesellschaft und Umwelt. Das heißt aber nicht, dass die Banken kein Wachstum anstreben würden. Seit Beginn der Finanzkrise 2008/9 sind viele neue Kunden hinzugekommen und es nahm die Zahl der Beschäftigten entgegen dem Branchentrend zu. Allerdings gilt es, der Versuchung, sich den kommerziellen Anbietern anzunähern, zu widerstehen und trotz Wachstums das eigene Profil zu bewahren.

2.1.1 GLS Gemeinschaftsbank eG

Die »erste sozial-ökologische Universalbank« hat ihren Sitz in Bochum. 1974 wurde die »Gemeinschaftsbank für Leihen und Schenken« (GLS) als eingetragene Genossenschaft (eG) gegründet. Die rund 190.000 Kunden können mitbestimmen, in welche Bereiche ihr Geld als Kredit (mit 22.351 finanzierten Unternehmen und Projekten im Volumen von 2,13 Mrd. Euro Ende 2015) gegeben werden soll: Energie (Anteil 2015 in %: 35,9), Ernährung (12,6), Bildung (15,1), Wohnen (20,1) oder Soziales (16,3). Die hundertprozentige Tochtergesellschaft GLS Beteiligungs AG entwickelt Beteiligungsmöglichkeiten in den Branchen regenerative Energie, Gesundheit und ökologische Landwirtschaft und stellt Beteiligungskapital zur Verfügung, z.B. über die GLS Weleda Fonds oder den GLS Sekem Fonds zugunsten des wirtschaftlich sehr bedeutenden ägyptischen Produzenten biologisch-dynamischer Lebensmittel, Kräuter und Tees und Herstellers von Naturkleidung und pflanzlichen Arzneimitteln.

Stiftergelder werden von der GLS Treuhand e.V. verwaltet. Diese 1961 ins Leben gerufene Vorläuferorganisation der GLS Bank hat eine Bilanzsumme von 95,6 Mio. Euro (2014). Neben individuellen Stiftungsfonds, treuhänderisch verwalteten und selbstständigen Stiftungen führt die GLS Treuhand fünf Zukunftsstiftungen (Bildung, Entwicklungshilfe, Gesundheit, Landwirtschaft und Soziales Leben).

Die GLS Bank überschritt Ende 2008 mit ihrer Bilanzsumme eine Mrd. Euro, Ende 2015 waren es bereits 4,17 Mrd. Euro. Extern wuchs die Bank 2003 um das – von Problemkrediten befreite – Geschäft der Ökobank eG. Die verbliebene Ökobank-Genossenschaftshülle wurde als OekoGeno eG weitergeführt (vgl. Kapitel 2.9.1), 2008 kam die Münchner IntegraBank eG hinzu. 2015 hatte die GLS Bank 527 Beschäftigte und 41.982 Mitglieder und erzielte einen Bilanzgewinn von 5,76 Mio. Euro. Angesichts weiter steigender Eigenkapitalanforderungen für Banken hatte man 2011 entschieden, kontrovers diskutiert, eine Dividende zu zahlen (aktuell zwischen ein und drei Prozent). Mitgliedern, deren Vorstellungen dies nicht entspricht, bietet man an, ihre Geschäftsanteile (teilweise) oder auch nur die Dividende auf die damals errichtete gemeinnützige und gemeinwohlorientierte GLS Bank Stiftung zu übertragen. Ein Genossenschaftsanteil beträgt 100 Euro, ab drei Anteilen lohnt sich für die Bank der organisatorische Aufwand; juristische Personen sollten mindestens 25 Anteile erwerben.

Die GLS Bank wurde vielfach für ihr überzeugendes Geschäftsmodell ausgezeichnet (z.B. »Bank des Jahres«) und arbeitet auch in der Genossenschaftsentwicklung (Kapitel 2.9.1) und im Mikrokreditgeschäft (Kapitel 2.2).

Angebote im Überblick:
Anlage- und Vermögensberatung, Giro-, Tages-, Festgeld- und Sparkonto, Sparbriefe, Altersvorsorgekonten, eigene Aktien- und Beteiligungsfonds; Bankbeteiligung ab 100 Euro; Verwaltung von Stiftungsvermögen und Spendenfonds.

Kontakt:

- GLS Gemeinschaftsbank,
  Christstraße 9, D-44789 Bochum, Tel.: 0234/5797-100, Fax: 5797-222,
  E-Mail: kundendialog@gls.de, Internet: www.gls.de,
  Filialen: Berlin, Bochum, Frankfurt am Main,
  Freiburg, Hamburg, München, Stuttgart.

2.1.2 UmweltBank AG

Der Gründer und bis 2015 Vorstandsvorsitzende der UmweltBank, Horst P. Popp, hatte Anfang der 1990er-Jahre als Vorstandsmitglied die Ökobank verlassen und das für die Zulassung einer eigenen Bank nötige Kapital mittels Aktienausgabe und stillen Beteiligungen eingeworben. Die UmweltBank startete im Frühjahr 1997 und ist seitdem als Direktbank von Nürnberg aus tätig. Inzwischen wurden über 115.300 Kunden betreut (Ende 2014). Die Bilanzsumme stieg – innerhalb von fünf Jahren um eine Mrd. Euro – auf 2,76 Mrd. Euro, der Jahresüberschuss nach Rücklagendotierung auf 15,6 Mio. Euro (Stand Ende 2015). Die Bank beschäftigt 132 Personen. Für 2014 wurde eine wiederum erhöhte Dividende von 1,30 Euro gezahlt. Der Kurs der seit Juni 2001 börsennotierten Aktie – der Ausgabepreis lag damals bei 7,50 Euro – erreichte 2015 mit 88 Euro das bisherige Allzeithoch. Die UmweltBank hat rund 9.100 Aktionäre, von denen über 60% ihre Aktien kostenlos im UmweltBank-Depot verwahren lassen. Die Beschäftigten halten 0,9% am Grundkapital, größte Aktionärin ist die Nürnberger UmweltVermögen Beteiligungs AG (15,5%).

Wo das Geld angelegt werden soll, können Anleger nicht individuell entscheiden. Dafür gibt die UmweltBank aber eine »Umweltgarantie«, dass alle Sparbeträge in ein rein ökologisches Kreditportfolio fließen – Ende 2015 bestand dieses aus rund 15.000 Kreditprojekten. Dafür gelten die von einem beratenden Gremium, dem Umweltrat, aufgestellten Positiv- und Ausschlusskriterien. Zu letzteren zählen: Großkraftwerke, Waffen und Militärgüter, umweltschädliche oder sozial unverträgliche Projekte, Gentechnik in der Landwirtschaft. Positiv bewertet werden z.B. regenerative Energiegewinnung, umweltfreundliches Bauen und ökologische Landwirtschaft. Der Umweltrat tritt zusammen, um die Anlage- und Kreditangebote und die Betriebsökologie der Bank zu überprüfen.

Neben den klassischen Sparangeboten bietet die UmweltBank auch Windpark-Beteiligungen verschiedener Projektentwickler oder Solarfonds an und vertreibt ökologische Aktienfonds und Versicherungspolicen. Das Wertpapierdepot ist seit 2006 gebührenfrei. Schwerpunkte im Kreditgeschäft mit einem Volumen von fast 2,5 Mrd. Euro (Stand 2015 in %) sind Sonnenenergie (37,1), ökologisches und soziales Bauen (29,6), Wind- und Wasserkraft (29,5) sowie Biomasse, Biogas, ökologische Landwirtschaft u.a. (3,8). Das UmweltBank-Darlehen mit Ökobonus berücksichtigt die ökologische Qualität eines Hauses und den Beleihungswert.

Neben der UmweltBank-Aktie hat die UmweltBank seit 2003 zwölf Tranchen von eigenen Genussscheinen zur Eigenkapitalstärkung im Gesamtvolumen von über 63 Mio. Euro aufgelegt (zuletzt Ende 2011) und erstmalig Anfang 2016 einen CoCo-Bond (Contingent Convertible Bond: eine bedingte Pflichtwandelanleihe mit 2,85% Zinssatz fest bis 31.05.2021 und unbefristeter Laufzeit bzw. bis zum Wandelanlass, einer Quote des harten Kernkapitals von unter 5,125%), die alle über die Bank handelbar sind.

Angebote im Überblick:
Anlage- und Vermögensberatung, Tagesgeldkonto, Sparkonto, Sparbriefe, Vertrieb von geschlossenen Fonds, Aktien- und Rentenfonds sowie Versicherungen; Handel mit ausgewählten Aktien; Bankbeteiligung über Aktienkauf an der Börse, Genussscheine.

Kontakt:

- UmweltBank,
  Laufertorgraben 6, D-90489 Nürnberg, Tel.: 0911/5308-123, Fax: 5308-129,
  E-Mail: service@umweltbank.de, Internet: www.umweltbank.de.
  Keine Filialen (Direktbank).

2.1.3 Alternative Bank Schweiz AG

Mit einer Bilanzsumme von 1,59 Mrd. Schweizer Franken (CHF) und 90 Beschäftigten war die Alternative Bank Schweiz (ABS) im Jahr 2015 die drittgrößte grüne Bank im deutschsprachigen Raum und verzeichnete einen Zuwachs bei Ausleihungen und Einlagen von 6 bzw. 0,4 Prozent. Die Zahl der Kunden betrug 30.617. Vor ihrer Gründung bildete sich bereits 1987 die Arbeitsgruppe für eine alternative Bank in der Schweiz, der zahlreiche Personen und Organisationen aus der Umweltbewegung und Entwicklungspolitik angehörten. Am 29. Oktober 1990 nahm die Bank ihre Geschäfte auf. Über die Einhaltung der schon 1989 formulierten Leitlinien wachte der Ethische Rat, an dessen Stelle 2005 die unabhängige Ethik-Kontrollstelle getreten ist. Diese wird von der Generalversammlung auf Antrag des Verwaltungsrates für drei Jahre gewählt, sie prüft die Umsetzung der ethischen Grundsätze der Bank und legt einen Ethikbericht vor, 2014 zum Schwerpunkt Dividendenpolitik.

Die Angebotspalette der ABS ist kontinuierlich ausgeweitet worden. Mittlerweile reicht sie vom Girokonto über Sparbriefe bis zur Vermittlung von Anleihen, Beteiligungen und seit 2002 auch von ausgewählten Investmentfonds. Durch das Girokonto inklusive Maestro-Karte bietet die ABS eine komplette Alternative zu herkömmlichen Banken. Eine Besonderheit sind die Förder-Kassenobligationen (mit einer Auswahl von acht Förderbereichen, in die Mittel aus der Obligation investiert werden dürfen) sowie die ABS ECONOVA Hypothek für nachhaltiges Bauen und die ABS ECOSANA Hypothek für nachhaltiges Renovieren, bei denen auf Basis des ABS-Immobilien-Ratings ein Zinsabschlag von bis zu 0,625 Prozentpunkten gewährt werden kann.

Die ABS ist eine Aktiengesellschaft mit breit gestreutem Aktienbesitz (2015: 5.212 Aktionäre), ein Aktionär darf nicht mehr als fünf Prozent aller Aktien, einschließlich genehmigten Kapitals, halten. Es gibt zwei Kategorien von Aktien: Die Stimmrechtsnamenaktien der Kategorie A sind juristischen Personen und öffentlich-rechtlichen Institutionen vorbehalten, welche die ideellen Ziele der ABS unterstützen, direkt oder indirekt mindestens zehn Personen vertreten und mindestens 20 Aktien der Kategorie A im eigenen Namen übernehmen (Nennwert 100 CHF). Aktien der Kategorie B haben einen Nennwert von 1.000 CHF und können von jedermann bei Kapitalerhöhungen oder von Altaktionären erworben werden (der sog. »Steuerwert« lag Ende 2015 bei 1.450 CHF). Ab 10 Aktien kann man das gebührenfreie Alltagskonto Plus nutzen. Die ABS zahlte im Jahr 2000 die erste Dividende. Für 2014 wurden 1,35% Dividende ausgeschüttet. Das Jahresergebnis überschritt 2015 – wie schon 2014 – die Mio.-Grenze und betrug 1,4 Mio. CHF. Gemindert wird der Jahresgewinn seit Einführung von Negativzinsen durch die Schweizerische Nationalbank (2015 z.B. 0,75%), bei der jede Schweizer Bank Mindesteinlagen halten muss. Für sehr hohe Girokonto-Guthaben hat die ABS daher 2015 ebenfalls Negativzinsen eingeführt. Aus ihren Gewinnen dotiert die Bank einen steuerbefreiten Innovationsfonds (auf Vereinsbasis) zur Eigenkapitalstärkung von finanziell schwachen, aber kreditwürdigen Projekte und Betrieben, die soziale bzw. ökologische Ziele verfolgen. Aktionäre können dafür ihre Dividende spenden. Die Fondsbilanzsumme betrug 2014 rund 1,6 Mio. CHF.

Angebote im Überblick:
Anlage- und Vermögensberatung, Girokonto (inkl. Maestro-Karte), Tagesgeld-, Spar- und Altersvorsorgekonten, Kassenobligationen, Festgelder, Vertrieb von Aktienfonds, Vermittlung von Anleihen und Treuhanddarlehen; Bankbeteiligung über Aktienkauf (Nennwert 1000 CHF).

Kontakt:
- Alternative Bank Schweiz,
  Amthausquai 21, CH-4601 Olten, Tel.: 0041/62/206-1616, Fax: 206-1617,
  E-Mail: contact@abs.ch, Internet: www.abs.ch,
  Filialen: Genf, Lausanne, Zürich.

2.1.4 Freie Gemeinschaftsbank Genossenschaft

Die 1984 im schweizerischen Dornach gegründete Genossenschaft geht, wie auch die deutsche GLS Bank, auf die anthroposophischen Ideen Rudolf Steiners zurück. Man versteht Geld nicht als Ware oder Spekulationsobjekt, sondern fördert sozial, ökologisch und ethisch verantwortbares Wirtschaften. Geld soll dabei der Entwicklung des Menschen dienen. Nicht das Geld arbeitet, sondern immer Menschen erwirtschaften einen Zins. Die Bank folgt bei der Verwendung des Geldes den Anlegerwünschen und sorgt für Transparenz. Ein Großteil der fast ausschließlich hypothekarisch gedeckten Kredite (Kreditvolumen 191,0 Mio. CHF im Jahr 2014) wird für (gemeinschaftliches) Wohnen (44,1%), freie Schulen und Kindergärten (17,0%), überprüfte biologische Landwirtschaft (12,2%) sowie Heilpädagogik und Sozialtherapie (10,3%) vergeben. Ökologische Projekte oder erneuerbare Energien sind gering vertreten.

Um günstige Kreditkonditionen zu gewährleisten, können Anleger den Zinssatz bei ihren Sparanlagen selbst bestimmen bzw. auf Zinsen verzichten: 47 Prozent (2010: 16) der Einlagen in Höhe von 248,6 Mio. CHF sind unverzinst (inkl. Girokontoguthaben) und etwa die Hälfte ohne besonderen Verwendungswunsch seitens der Sparer überlassen worden. Die Bank betreute 4.594 Einlagen- und 393 Kreditkunden. Um die Belastung aufgrund der negativ verzinsten Pflichteinlagen bei der Schweizerischen Nationalbank zu reduzieren, verrechnet man seit 2015 auf Beträge über 300.000 CHF Negativzinsen von 0,75 Prozent weiter.

Die Bilanzsumme betrug 268,4 Mio. CHF (2014) vermittelte Treuhanddarlehen lagen bei rund 30 Mio. CHF. Jährlich ausgewiesene Gewinne – 2014 war die Bilanz ausgeglichen – werden vollständig als Eigenkapital in die Reserven eingestellt. Den Grundstock für das Eigenkapital (15,0 Mio. CHF, 2014) stellen 2.231 Genossenschaftsmitglieder bereit. Sie haben Anteilscheine von 300, 500, 1.000, 5.000 oder 10.000 CHF übernommen, die nicht verzinst und nicht zurückgezahlt werden, aber übertragbar sind. 2015 wurde die Ausgabe von bei Austritt rückzahlbaren Anteilscheinen in gleicher Stückelung genehmigt, sofern ein nicht-rückzahlbarer Anteilschein gehalten wird.

Die Stiftung Freie Gemeinschaftsbank verwaltet – ähnlich der Bochumer GLS Treuhand – Kapital aus Schenkungen und stellt es geeigneten Projekten zur Verfügung, die Bilanzsumme betrug Ende 2014 rund 2,6 Mio. CHF.

Angebote im Überblick:
Anlage- und Vermögensberatung, Vermögensverwaltung, Girokonto (inkl. Maestro-Karte), Sparkonto, Festgeld, Vorsorgekonto, Treuhandgelder/-darlehen; Bankbeteiligung ab 300 CHF.

Kontakt:
- Freie Gemeinschaftsbank,
  Gerbergasse 30, CH-4001 Basel, Tel.: 0041/61/269-8100, Fax: 269-8149,
  E-Mail: info@gemeinschaftsbank.ch, Internet: www.gemeinschaftsbank.ch.
  Keine Filialen.

2.1.5 Steyler Bank GmbH

Die 1964 als erste deutsche Privatbank einer Ordensgemeinschaft gegründete Steyler Bank »gibt ihre Erlöse an die Bedürftigen dieser Erde weiter und nicht an Aktionäre oder Genossenschaftsmitglieder. Die Gewinne fließen in die soziale und pastorale Arbeit der Steyler Missionare in aller Welt.« 2014 waren dies – inkl. Spenden und Stiftungserträgen – über 2,3 Mio. Euro für zahlreiche Hilfsprojekte. Gesellschafter der Bank sind die Steyler Mission, Gemeinnützige Gesellschaft für auswärtige Missionen mbH (98%) und das Bankhaus M.M. Warburg, Hamburg (2%). Die Bank wies Ende 2014 ein Bilanzvolumen von 305,3 Mio. Euro aus, der Jahresüberschuss betrug 0,57 Mio. Euro. Die katholischen Steyler Missionare und

Missionsschwestern setzen sich seit 1875 für eine gerechte, faire Welt ein, heute sind es 10.000 Ordensleute in mehr als 70 Ländern. Ihre Vorhaben werden auch durch Kundenspenden und Stiftungsgelder unterstützt. Das Volumen der 748 Wertpapierdepots betrug 145,7 Mio. Euro. Es werden über 200 Stiftungen betreut. Schwerpunkt bei der bankeigenen Mittelanlage sind Schuldverschreibungen und andere festverzinsliche Wertpapiere. Die Auswahl geeigneter Anlagen trifft man auf Basis von Positiv- und Negativkriterien der Nachhaltigkeit zusammen mit der Ratingagentur oekom research. Zunehmend investiert die Bank in die eigenen Fonds »Steyler Fair und Nachhaltig« (vgl. Kapitel 2.6)

Die 2002 in Österreich eröffnete Repräsentanz verwaltete 2014 ein Einlagenvolumen von 42,6 Mio. Euro und erwirtschaftete einen Gewinn von rund 0,02 Mio. Euro nach Steuern, 2.668 Kunden, das sind 20% aller Kunden der Bank, kommen aus Österreich.

Angebote im Überblick:
Giro- und Sparkonten, Sparbriefe, Tages-, Festgeld, Vermittlung von Bausparen und Versicherungen, Investmentfonds, Vermögensberatung und -verwaltung.

Kontakt:

- Steyler Bank,
  Arnold-Janssen-Straße 22, D-53757 Sankt Augustin,
  Tel.: 02241/120-50, Fax: 120-5123, E-Mail: info@steyler-bank.de,
  Internet: www.steyler-bank.de.

- Niederlassung Österreich,
  Gabrielerstraße 171, A-2340 Maria Enzersdorf,
  Tel.: 0043/2236/803134, Fax: 803163, E-Mail: info@steyler-bank.at.

2.1.6 Triodos Bank

Die Triodos Bank N.V. wurde 1980 in den Niederlanden gegründet, seit den 1990-er Jahren hat sie ihre Geschäftsaktivitäten zur größten ethisch-ökologisch orientierten Bank in Europa ausgedehnt. Der Schwerpunkt des Geschäfts lag mit rund 2,8 Mrd. Euro der Bilanzsumme von insgesamt rund 7,5 Mrd. Euro (2014) in den Niederlanden. Vom Bilanzvolumen entfielen auf die Niederlassungen in Spanien 1,6 Mrd. Euro, Belgien 1,5 Mrd. Euro, Großbritannien 1,2 Mrd. Euro und Deutschland 238,6 Mio. Euro. Die Bilanzsumme stieg 2015 auf 8,2 Mrd. Euro, das Nachsteuerergebnis der Bank verbesserte sich von 30,1 auf 40,7 Mio. Euro, die Bank betreut 607.000 Kunden.

In Deutschland startete Triodos mit einer Niederlassung im Dezember 2009, dies wurde erleichtert durch die seit 2005 bestehende Triodos Finanz GmbH, die als Repräsentanz Kredite an die niederländische Mutter vermittelte, die dann in die Niederlassung eingebracht wurden. Als Direktbank hat sie ihr Angebot für

Privat- und Geschäftskunden, Institutionen und Projekte kontinuierlich ausgebaut. Die Kreditvergabe richtet sich auf die drei Bereiche Natur und Umwelt, Kultur und Sozialwesen sowie Social Business. 2015 verzeichnete die Niederlassung (mit 52 Beschäftigten) ein weiteres Wachstum: Die Einlagen stiegen um 25 Prozent auf 194 Mio. Euro (2010: 20 Mio. Euro), die Kredite um 8,5 Prozent auf 205 Mio. Euro (2010: 87 Mio. Euro). Die Zahl der Kunden nahm um 15 Prozent auf rund 11.500 zu. Das an Triodos Investment Management vermittelte Fondsvolumen stieg auf 10 Mio. Euro. Zur Triodos Bank-Gruppe zählen die Triodos Bank, Triodos Investment Management und Triodos Bank Private Banking. Triodos bietet umfassende Sparangebote für Privatanleger, aber auch Geschäftskunden und legt seit vielen Jahren eigene Beteiligungsfonds auf, auch als Venture Capital. In der Entwicklungshilfe (Kleinkredite, fairer Handel) ist Triodos ebenfalls aktiv. An der Börse in Amsterdam ist der Triodos Groenfonds gelistet, welcher der Finanzierung von Öko-Energie- und Bio-Landwirtschaftsprojekten dient. Treuhänderischer Eigentümer der Bank ist die Foundation for the Administration of Triodos Bank Shares (SAAT). Sie gibt registrierte und nicht börsennotierte Hinterlegungsscheine (depository receipts) aus, behält aber das Stimmrecht. Es können sich Privatpersonen und Institutionen beteiligen. Größte Anteilsinhaber waren 2013 die niederländische *Rabobank* (6,0%) und die *Delta Lloyd Levensverzekeringen* (4,2%).

Angebote im Überblick:
Tages-, Festgeldkonto, Sparplan, Vermittlung von Investmentfonds, Stiftungs- und Vermögensberatung, Bankbeteiligung.

Kontakt:

- Triodos Bank N. V. Deutschland,
  Mainzer Landstraße 211, D-60326 Frankfurt am Main,
  Tel.: 069/7171-9100, Fax: 7171-9222, E-Mail: info@triodos.de,
  Internet: www.triodos.de.

2.1.7 EthikBank und Bank-Initiativen

Innerhalb der Volksbank Eisenberg eG bietet seit Ende 2002 die Zweigniederlassung »EthikBank« – es handelt sich dabei nicht um eine eigenständige Bank – nachhaltige Geldanlagen an, die 2015 mit 215,7 Mio. Euro über 60 Prozent der Gesamteinlagen der Bank ausmachten und deren Ansatz immer mehr auch die Gesamtbank ausrichtet. Anleger können zwischen Rendite- und Förder-Variante wählen: Mit 0,25 Prozentpunkten des Zinssatzes können wahlweise Ethik-, Frauen- oder Umweltprojekte gefördert werden. Seit Mai 2005 gibt es das »MikroKonto« vor allem für Insolvenzschuldner, die anderswo kein Girokonto mehr eröffnen können. Das Kundeneinlagenvolumen wird vor allem in fest verzinslichen Wertpapieren veranlagt, aber seit Mitte 2006 vergibt die EthikBank auch ÖkoKredite,

2009 kam der ÖkoBaukredit hinzu. Die Kredite erreichten 2015 ein Volumen von rund 27 Mio. Euro. Kritisch äußerte sich anlässlich der Bilanz-Pressekonferenz im Februar 2016 der Vorstandsvorsitzende der Volksbank Eisenberg, Klaus Euler, im Hinblick auf die von Seiten der EU vorgegebenen vereinheitlichenden Rahmenbedingungen: »Wird diese Politik nicht gebremst, verschwinden die regional verwurzelten Volksbanken und Sparkassen dauerhaft. Der gesunde und resistente Bankenmischwald wird sich in eine krisenanfällige Monokultur verwandeln« und »die Idee der Genossenschaftsbanken stirbt gerade«.

Angebote im Überblick:
Giro-, Tagesgeld-, Festgeld- und Sparkonten, Sparbriefe; Vermittlung von Investmentfonds; Geschäftsanteile der Volksbank Eisenberg eG.

Kontakt:

- EthikBank, Zweigniederlassung der Volksbank Eisenberg, Martin-Luther-Straße 2, D-07607 Eisenberg, Tel.: 036691/862345, Fax: 862347, E-Mail: hallo@ethikbank.de, Internet: www.ethikbank.de. Keine Filialen.

Auch als Zweigniederlassung konstruiert ist die *Bank für Orden und Mission*, die von der Missionszentrale der Franziskaner in Bonn und der *vr bank Untertaunus eG* in Idstein geschaffen wurde (www.ordensbank.de). Der banktübliche Gewinn der Bank für Orden und Mission fließt in die weltweite Projektarbeit der Missionszentrale der Franziskaner für notleidende Menschen.

Ursprünglich 2002 in Richtung einer Frauenbank angelegt, berät die Frauenvermögensverwaltung AG, deren Aufbau durch Genussscheine finanziert wurde, speziell Frauen zu allen Finanzangelegenheiten (vgl. Kapitel 4.1 Finanzdienstleister). In der Schweiz wurde 2011 die Gründung eines eigenen Geschäftsmodells einer »grünen Bank« mit der *Globalance Bank AG* in Zürich verwirklicht (www.globalance-bank.com). Ihr Konzept ist im Private Banking angesiedelt. Das eigentümergeführte Bankhaus wurde initiiert von einer Gruppe um *Reto Ringger*, Gründer der 2008 an die *Robeco*-Gruppe verkauften *SAM Group* und Initiator der »*Dow-Jones-Sustainability*«-Index-Familie.

In Österreich bietet HERMES-Österreich Möglichkeiten zu solidarischem Umgang mit Geld. Gelder können als Nachrangdarlehen zur Besicherung von Krediten zur Verfügung gestellt werden. Diese werden durch das *Bankhaus Carl Spängler & Co. AG* in Salzburg oder die GLS Bank in Bochum vergeben.

Kontakt:

- HERMES-Österreich, Geistgemäße Geldgebarung, Wiener Bundesstraße 63a, A-5300 Salzburg-Hallwang, Tel.: 0043/662/664737, E-Mail: hermes@hermes-oesterreich.at, Internet: www.hermes-oesterreich.at.

Aus der Idee einer »Demokratischen Bank«, von Attac Österreich 2010 einer interessierten Öffentlichkeit anvertraut und dort weiter verfolgt, ist das Gründungsvorhaben einer »Bank für Gemeinwohl AG« geworden. Deren künftige Alleineigentümerin, die Ende 2014 gegründete *BfG Eigentümer/-innen- und Verwaltungsgenossenschaft*, wirbt aktiv um Mitglieder und Eigenkapital. Ein Geschäftsanteil beträgt 100 Euro, es sind mindestens zwei Anteile zu übernehmen, maximal sind 1.000 Anteile möglich. Bis Anfang März 2016 hatten fast 3.200 natürliche und juristische Personen – darunter auch die Freie Gemeinschaftsbank – über 2,2 Mio. Euro Genossenschaftskapital bereitgestellt. Bis zum Sammelziel von 10 Mio. Euro wird es länger dauern als ursprünglich angenommen. Dann muss die Finanzmarktaufsicht vom Zulassungsantrag samt Businessplan überzeugt werden, zumal Österreich seit langem als »overbanked« gilt. Im Falle einer erfolgreichen Bankgründung soll die Gemeinwohl-Bilanz, die schon praktiziert wird (www.ecogood.org), als neuartiges Entscheidungskriterium bei der Vergabe von Unternehmenskrediten dienen.

Kontakt:

- BfG Eigentümer/-innen- und Verwaltungsgenossenschaft, Rechte Wienzeile 81, A-1050 Wien, E-Mail: info@mitgruenden.at, Internet: www.mitgruenden.at.

Auf eine Initiative der *Raiffeisenkasse Bozen* geht das inzwischen von den Raiffeisenkassen in Südtirol angebotene Ethical Banking mit unterschiedlichen Förderprojekten zurück. Ende 2015 standen Spareinlagen von zusammen 31,4 Mio. Euro für sechs Projektbereiche Kredite von 16,7 Mio. Euro gegenüber. Die Differenz bleibt in Bozen für Neuzusagen reserviert.

Kontakt:

- Ethical Banking der Raiffeisenkassen Südtirol, Raiffeisenkasse Bozen, Romstraße 61, I-39100 Bozen, Tel.: 0039/0471/065671, Fax: 501918, E-Mail: info@ethicalbanking.it, Internet: www.ethicalbanking.it.

Natürlich wird ethisch-ökologisches Investment nicht nur von den hier beschriebenen Instituten realisiert. Beispielsweise sind verschiedene Kirchenbanken seit vielen Jahren sehr aktiv in diesem Geschäftsfeld, z.B. in Deutschland die evangelischen und katholischen Kreditgenossenschaften oder die *Bank für Sozialwirtschaft AG* in Köln sowie das *Bankhaus Schelhammer & Schattera AG* in Wien, das auch nach dem 2015 erfolgten Eigentümerwechsel – von der Superiorenkonferenz der männlichen Ordensgemeinschaften Österreichs sowie von einigen Orden und kirchlichen Institutionen zur *GRAWE-Bankengruppe* – seine ethisch-ökologische Ausrichtung (bei den Fonds und dem »*Ethik-Sparbuch*«) beibehalten hat.

Diese Banken haben z.T. ethisch-ökologische Investmentfonds initiiert und für große institutionelle Anleger umfassende Anlagekonzepte erarbeitet. Ihr Kundenkreis ist oft auf Kirchenmitarbeiter und kirchliche Institutionen konzentriert und ein großer Teil des Geschäfts umfasst konventionelle Geldanlagen.

Auch »weltliche« Institute in Österreich haben in den letzten Jahren zum Teil separate grüne Rechnungskreise gebildet wie z.B. die *Raiffeisenbank Gunskirchen* (Oberösterreich, www.umweltcenter.at): Dort dienen die Guthaben auf den »Umwelt-Girokonten« der Kreditfinanzierung von meist regionalen Umweltprojekten. Bis Ende 2015 flossen über den »Umweltcenter-Investitionstopf« rund 15,2 Mio. Euro in Projekte im Bereich Windkraft, Photovoltaik, Biomasse, E-Mobilität sowie ein im Bau befindliches Kleinwasserkraftwerk – eine dem bisherigen Kreditvolumen der EthikBank in Deutschland durchaus vergleichbare Summe.

Einige österreichische Volksbanken wie z.B. die *Volksbank Krems-Zwettl* und die *Volksbank Steiermark Mitte* bieten seit 2013 ein so genanntes »*WERTsparbuch*« an. Die Einlagen werden auf der Kreditseite – als »*WERTkredite*« – nach ethischen Kriterien in einem von neun »Finanzierungsfeldern mit hohem ethischem Mehrwert« vergeben, z.B. für nachhaltige Gebäuden, Bildungs-, Gesundheits- und Kultureinrichtungen. Bei der *Volksbank Niederösterreich Süd eG* z.B. hat sich 2015 der Neukundenanteil beim »WERTsparen« verdoppelt, auf den 318 WERTsparbüchern lagen Ende 2015 rund 4,7 Mio. Euro (2,2% aller Sparbuch-Einlagen), denen rund 17,7 Mio. Euro an vergebenen WERTkrediten gegenüber standen. Auch im Bereich der Vermögensverwaltung berücksichtigen einige Banken in den letzten Jahren zunehmend Nachhaltigkeitskriterien. Seit Anfang 2016 wendet z.B. die *Volksbank Vorarlberg eG* für alle Kundenmandate (insgesamt rund 180 Mio. Euro Depotvolumen) einen Nachhaltigkeitsfilter an, unterstützt von den Researchpartnern *CSSP AG* in Vaduz (cssp-ag.com) im Fondsbereich bzw. MSCI ESG Research bei Einzeltiteln (»Premium Selection«).

In den Bereichen Umweltschutz und erneuerbare Energien spielt die staatliche *Kreditanstalt für Wiederaufbau* (KfW-Gruppe) in Frankfurt am Main eine wichtige Rolle. Außerdem finden sich spezielle Angebote bei den Förderbanken der Bundesländer und z.B. bei der Landwirtschaftlichen Rentenbank, Frankfurt am Main, die wie die KfW eine Anstalt öffentlichen Rechts ist. Mit zinsgünstigen Darlehen ermöglicht die KfW Investitionen von Kommunen und Unternehmen: Für Klima- und Umweltfinanzierungen wurden 2015 insgesamt 29,5 Mrd. Euro bewilligt. Künftig sollen zwei Mrd. Euro über Landesförderinstitute für den sozialen Wohnungsbau bereitstehen. Der Schwerpunkt Umwelt kommt auf ein Volumen von 9,3 Mrd. Euro, in der gewerblichen Energieeffizienz allein neu 3,8 Mrd. Euro. Die Bank investiert in Green Bonds und emittierte selbst mehrere Green Bonds (vgl. Kapitel 2.4.1). Im September 2015 startete die Sonderfazilität »Flüchtlingsunterkünfte« innerhalb der Infrastrukturfinanzierung, die Kommunen in Deutschland so stark nachgefragt haben, dass das Programm auf insgesamt 1,5 Mrd. Euro ausgedehnt und im Januar 2016 abgeschlossen wurde. Damit können bis zu 150.000 Unterkunftsplätze entstehen. Der Geschäftsbereich KfW Entwicklungsbank unterstützt Vorhaben mit Flüchtlingsbezug in 20 Ländern und insgesamt von 1,4 Mrd. Euro, bei rund 570 Mio. Euro Neuzusagen für 38 Projekte. Bildung und Soziales erreichte ein Fördervolumen von 2,6 Mrd. Euro.

2.1.8 Internationale Interessenvertretung und Kooperation

Trotz aller Erfolge: Im Vergleich zur konventionellen Konkurrenz sind die meisten grünen Banken immer noch Zwerge. Ihre Überschaubarkeit macht aber auch ihren Charme aus und erhöht die Transparenz und die Glaubwürdigkeit ihrer Konzeption. Um ihre Interessen in den zahlreichen Gremien der europäischen Gemeinschaft und auf internationaler Ebene besser vertreten zu können, wurde 1989 die »International Association of Investors in the Social Economy«, kurz INAISE, gegründet: Derzeit sind rund 50 Banken und Finanzinstitute Mitglied, vom australischen »*Community Sector Banking*« bis zu »*Stromme Microfinance*« in Uganda. INAISE – mit Sitz in Brüssel, aber Ansprechpartnern in Kanada – erarbeitet Grundlagenpapiere für politische und fachliche Diskussionen, dient als Informations- und Anlaufstelle, bietet Seminare an und unterstützt Konferenzen. GLS Bank und Triodos Bank, beide Mitglied von INAISE, befanden sich im März 2009 unter den elf, heute sind es 28, der weltweit führenden nachhaltigen Banken, die in den Niederlanden die »Global Alliance of Banking on Values« gebildet haben. Gemeinsam will die Allianz eine sozial, ökologisch und ökonomisch nachhaltige und erfolgreichere Alternative zum krisenbehafteten globalen Finanzmarkt in der gegenwärtigen Form entwickeln.

Organisationen mit Mitglieder(liste)n weltweit:

- INAISE,
  Rue d'Edimbourg 26, B-1050 Bruxelles, Tel.: 001/514/5252042,
  E-Mail: secretariat@inaise.org, Internet: www.inaise.org.

- Global Alliance for Banking on Values:
  Nieuweroordweg 1/P.O. Box 55, NL-3700 AB Zeist, Tel.: 0031/30/6943062,
  E-Mail: mail@gabv.org, Internet: www.gabv.org.

2.2 Mikrokredite

Es ist schon mehr als zehn Jahre her, als die UNO das Jahr 2005 zum „Internationalen Jahr der Mikrofinanzierung" erklärte. Im folgenden Jahr erhielten Muhammad Yunus und „seine" Grameen Bank den Friedensnobelpreis. Damit wurde die weltweite Vorbildfunktion der Bank bei der Linderung der Armut in Bangladesch durch den Zugang zu Mikrokrediten gewürdigt. Denn vielen ärmeren Menschen bleibt ein möglicher Ausweg aus der Armut verschlossen – nämlich die Chance, als selbstständiger Kleinunternehmer Geld zu verdienen. Gelingt es diesen Menschen trotzdem, einen Kredit zu erhalten, so sind die Kreditzinsen oft so hoch, dass ihnen zu wenig für ihren Lebensunterhalt übrig bleibt und sie weitere Kredite aufnehmen müssen – mit der Folge, dass sie dadurch in immer größere finanzielle Abhängigkeit geraten (Schuldknechtschaft). Mit Mikrokrediten sollen diese Bevölkerungsschichten die Möglichkeit erhalten, an das erforderliche Kapital zu kommen, um z.B. Werkzeuge, eine Nähmaschine, Rohstoffe oder Saatgut zu kaufen. Damit soll für sie eine echte und faire Alternative geschaffen werden.

Diese Situation ähnelt den Verhältnissen im 19. Jahrhundert in vielen Ländern Europas. Die damals als „institutioneller Ausweg" entstandenen Banken, Sparkassen und Kreditgenossenschaften, kann man als historische Vorbilder der heutigen Mikrofinanzinstitutionen ansehen. So war anlässlich der Verleihung des Friedensnobelpreises zu lesen, dass damit in gewisser Weise auch die Idee der genossenschaftlichen Begründer (vgl. Kapitel 2.3.1) geehrt worden sei. Damals wurden viele Menschen erst durch diese neuen Institutionen kredit- und bankfähig. Heute sollen Mikrofinanzinstitute ärmeren Menschen den Zugang zu Finanzdienstleistungen eröffnen, vor allem zu Krediten, zum allgemeinen Zahlungsverkehr und zum Sparen und damit zur Zukunftsvorsorge und zu (Kranken-)Versicherungsleistungen anregen.

Wie funktionieren Mikrokredite?

„Kleiner Betrag – große Wirkung", so könnte kurz gefasst die Funktionsweise von Mikrokrediten beschrieben werden. Welche betragliche Höhe sich im Einzelfall hinter diesen Klein- oder Kleinstkrediten verbirgt, hängt von den wirtschaftlichen Rahmenbedingungen des Landes ab, in dem die Kredite vergeben werden. Was auf den ersten Blick nur mit Entwicklungs- und Schwellenländern in Verbindung gebracht wird, wo der Gegenwert der Kredite umgerechnet oft nur wenige hundert US-Dollar beträgt, findet mittlerweile auch immer mehr in Industrieländern Verbreitung. Die KfW bietet das Programm „ERP-Gründerkredit – StartGeld" aus EU-Mitteln zur Förderung der Wettbewerbsfähigkeit von Unternehmen und von kleinen und mittleren Unternehmen (COSME-Programm) und aus dem Europäischen Fonds für strategische Investitionen (EFSI). Das StartGeld können Gründer, Freiberufler und kleine Unternehmen, die nicht länger als fünf Jahre am Markt sind, über ihre Hausbank bis zu einer

Höhe von 100.000 Euro beantragen. Daneben gibt es regionale Förderprogramme in vielen anderen Ländern, so auch in den USA (www.sba.gov). Die GLS Bank hatte mit staatlicher Unterstützung ein Mikrokreditprogramm aufgebaut (Mikrokreditfonds Deutschland), das auch auf die Entstehung von Mikrofinanzinstituten in Deutschland hinwirkte. Fortgesetzt wird das Programm (www.mein-mikrokredit.de) von einem guten Dutzend akkreditierter Institute, vom ADVICO Mikrofinanzinstitut und der Advantag Finanz AG bis zur Regios eG (siehe Kapitel 2.8.1) und der VS Finance GmbH.

Zwischen 2010 und 2014 wurden mehr als 18.600 Mikrokredite im Gesamtvolumen von ca. 112 Mio. Euro vergeben. In Österreich finanzieren die Erste Bank der österreichischen Sparkassen und weitere Sparkassen zusammen mit dem Bundesministerium für Arbeit, Soziales und Konsumentenschutz das Programm „Der Mikrokredit“ mit jeweils bis zu 12.500 Euro. Die Europäische Mikrofinanzierungsfazilität PROGRESS hat eine Bürgschaft bereitgestellt.

In allen Fällen ebnet für den Kreditnehmer die Tatsache, dass überhaupt ein Kredit, oft sogar zinsvergünstigt, vergeben wird, den Weg in eine selbständige wirtschaftliche Existenz oder befreit aus einer nicht nur finanziell belastenden Abhängigkeit. Zumeist werden die Mittel durch ein Mikrofinanzinstitut (MFI) vergeben, das zusätzlich zu den Mitteln seiner Sparer oftmals weitere Beträge von Dritten erhält. Den Mikrokrediten liegen Vereinbarungen zugrunde, die einen sehr kurzfristigen Kreditbedarf meistens innerhalb eines Zeitraumes von wenigen Wochen bis etwa einem Jahr decken helfen sollen. Beispielsweise gelingt es so einem Mikrokreditnehmer, nicht mehr auf den Kredit seiner Lieferanten angewiesen zu sein. Diese sind vielfach zugleich wichtigste Abnehmer der Erzeugnisse und können so von beiden Seiten des Marktes die Preise vorgeben, wenn aufgrund der Abhängigkeit keine Alternativen möglich sind oder diese überhaupt fehlen. Einen Ausweg bieten Kooperationen: In einem MFI werden viele kleine Ersparnisse zusammengeführt, aus diesem Kapital können dann in der Gruppe reihum nacheinander Kredite vergeben werden. Die Chance für ein Gruppenmitglied, einen Kredit zu erhalten, hängt damit maßgeblich von der Rückzahlungsfähigkeit und -willigkeit des vorhergehenden Teilnehmers ab – dies verstärkt die Tendenz, diesen in seinem Tun zu unterstützen. Die Rückzahlungsquote war in der Vergangenheit mit rd. 98 Prozent überaus hoch. Das ist auf das Miteinander in den peer-groups zurückzuführen, vor allem aber auch darauf, dass in den Entwicklungs- und Schwellenländern oft über 90 Prozent der Kreditkunden Frauen sind.

Auch die Anfänge von bei uns heute fest institutionalisierter Einrichtungen wie Bausparsparkassen, Kreditgenossenschaften sowie Versicherungsvereinen auf Gegenseitigkeit beruhen auf diesem Grundsatz der Selbsthilfe. Diese Gründungen gehen oft auf einen Anstoß von außen zurück und entwickeln sich besonders gut, wenn sie verantwortungsbewusst begleitet und rechtlich abgesichert werden.

Mikrokredit: Ein gesättigter Markt?

Die Weltbank schätzt die Zahl der weltweit tätigen Mikrofinanzinstitutionen (MFI) auf über 10.000, rechnet man auch die etwa 57.000 Credit Unions in 105 Ländern hinzu (www.woccu.org), sind Zahlen von bis zu 70.000 leichter erklärbar. Das Mikrokreditvolumen von im Microfinance Barometer 2015 erfassten rund 1.400 MFI weltweit lag bei 95 Mrd. US-Dollar (2013), die an über 105 Mio. Menschen weltweit vergeben worden sind. 87 Prozent des Volumens entfallen auf die 100 größten MFI. Der Gesamtmarkt dürfte noch deutlich größer sein. Allein in den letzten fünf Jahren sind durch Mikrofinanz schätzungsweise 700 Mio. Menschen „bankfähig" geworden. Sehr unterschiedlich ist die Herkunft der Mittel, die zur Mikrokreditvergabe bereitstehen. Zum einen verleihen die Institute eingelegte Spargelder, zum anderen erhalten sie größere Beträge von nationalen und internationalen Förder- aber auch Spenden- und Hilfsorganisationen oder auch von auf Renditeerzielung ausgerichteten Investoren wie z.B. Investmentfonds (siehe mit Angeboten Kapitel 2.6.2.5).

Die Gruppe der MFI ist sehr heterogen zusammengesetzt. Dazu gehören Institute, deren Ziel von kostendeckender Profitabilität bis hin zu regelrechtem Profitstreben geht. Demzufolge reicht auch das Engagement der Anleger von einem Beitrag in der Entwicklungszusammenarbeit bis hin zu einer hoch profitablen Kapitalanlage. Ob dieses Profitstreben noch vereinbar ist mit der Idee der Mikrokredite, das wird vielfach und besonders auch von Yunus bezweifelt. Anfang 2011 hatten sich 41 internationale Investoren in der Entwicklungsfinanzierung zu den – zusammen mit der UNO – erstellten „Principles for Investors in Inclusive Finance" bekannt, 2014 waren es 49 Investoren. Sie grenzen sich ab von den negativen Entwicklungen und wollen transparente Vergabebedingungen, einen fairen Umgang mit den Kunden und Beratung gewährleisten. Jährlich wird überprüft, wie die Richtlinien eingehalten wurden, und darüber berichtet.

Denn mit der fortschreitenden Professionalisierung sind neue Finanzierungsquellen aufgetan worden, in manchen Regionen besteht sogar schon ein Engpass an Kreditnehmern, so dass einige Mikrofinanzinstitute nach weniger strengen Kriterien Kredite vergeben. Dies hat zu einer Überschuldung vieler Kreditnehmer geführt, die ihre Kredite nicht mehr zurückzahlen können. Mit zum Teil fatalen Folgen: Weil sie keinen Ausweg mehr sahen, nahmen sich Kreditnehmer in Indien das Leben. Dies hatte in Indien Ende 2010 eine „Krise" des Mikrokredits ausgelöst, als der Bundesstaat Andhra Pradesh gesetzlich niedrigere Kreditzinsen, monatliche statt wöchentlicher Ratenzahlungen und die Unzulässigkeit von Mehrfachdarlehen regelte. In der Folge griff die indische Zentralbank ein und verpflichtete Kreditinstitute, die Grundversorgung mit Finanzdienstleistungen zu verbessern. Auch dadurch beruhigte sich die Lage.

Im kontinentalen Maßstab sieht das Research von responsAbility Investments, Zürich, den asiatisch-pazifischen Raum als Region mit den höchsten Wachstumsraten bei den Kreditnehmern (rund 30%). Dort war auch das Gesamtvolumen mit 22,5 Mrd. US-Dollar nach Lateinamerika (38,1 Mrd. US-Dollar) am höchsten (2013, Microfinance Barometer 2015). In Afrika besteht weiterhin Nachholbedarf. Die Märkte in Osteuropa haben stark aufgeholt, hier rechnet man mit geringerem Zuwachs (rund 10%), ähnlich wie in dem sehr reifen lateinamerikanischen Markt (5 bis 10%).

Streitfrage: Für welche Zielgruppe sind Mikrokredite geeignet?

Traditionell zielen Mikrokredite auf die arme und weibliche Bevölkerung – in Asien liegt der Frauenanteil bei über 90 Prozent. In den 1980er-Jahren wurde mit Mikrokrediten auch die Strategie verfolgt, langfristig die Position der Frauen in der Gesellschaft zu stärken. Auch wenn es viele Erfolgsgeschichten von Frauen gibt – Mikrokredite allein führen nicht zum Ziel. Selbst in Bangladesch, wo die größten MFI der Welt agieren, sind flankierende Aufklärungsmaßnahmen unerlässlich, um wirkliche Fortschritte für die Frauenrechte zu erzielen.

Deutlich konträrer sind die Positionen bei der Frage, ob Mikrokredite das geeignete Mittel sind, um die Ärmsten der Armen zu erreichen. Ja, sagte beispielsweise die Grameen Bank. Eine Studie habe gezeigt, dass jährlich fünf Prozent der Mitglieder dank Mikrokrediten ihre Armut überwinden können. Ja, sagten auch die Vertreter der Microcredit Summit Campaign (www.microcreditsummit.org). Andere kritisieren die Kooperation mit kommerziellen und vor allem auswärtigen Partnern, hohe Ertragserwartungen und neue Abhängigkeiten schaffende Angebote. Zusammengefasst gilt wohl auch heute, was bereits 1998 der Bericht des Generalsekretärs der Vereinten Nationen („Die Rolle von Mikrokrediten im Kampf gegen die Armut") vermerkt: „Die Vergabe von informellen Kleinkrediten hat Tradition und ist vor allem im ländlichen Raum erfolgreich. (...) In einer Zeit, in der die Regierungsausgaben sinken, bietet die Mikrofinanzierung für arme Menschen, insbesondere für Frauen, eine Möglichkeit, mit bescheidenem Kostenaufwand und einem Minimum an Bürokratie unternehmerische Fähigkeiten zu entwickeln." Jedoch, fährt der Bericht fort, seien „der Verwendung von Krediten als Instrument der Armutsbekämpfung Grenzen gesetzt (...), insbesondere wenn man (...) berücksichtigt, dass viele arme Menschen, vor allem die Ärmsten der Armen, nicht in der Lage sind, wirtschaftliche Tätigkeiten zu übernehmen – manchmal auch weil es ihnen an entsprechenden Fertigkeiten und an der Motivation für das Geschäft mangelt."

2.2.1 Mikrofinanzinstitute (MFI) weltweit

Besonders weit verbreitet sind MFI in Asien. In Malaysia ist dies z.B. das System der genossenschaftlichen Bank Rakyat (seit 1954, www.bankrakyat.com.my), in Thailand die staatliche Bank for Agriculture and Agricultural Co-operatives (seit 1966, www.baac.or.th/baac_en), in Vietnam People's Credit Funds (Volkskredit-Fonds) oder in Bangladesch die Association for Social Advancement (Vereinigung für den sozialen Fortschritt, seit 1978, www.asa.org.bd) und die vor allem im ländlichen Raum Kredite vergebende Grameen Bank. In Asien sind die meisten MFI beheimatet, im Hinblick auf das erwartete Wirtschaftswachstum stehen unter den 15 größten Mikrofinanzmärkten Indien, Kambodscha, Kenia und Bolivien vorne. Dies spiegelt sich in den Fondsportfolios teilweise schon wider.

Ein Beispiel für viele ist die Acción International (www.accion.org), die 1961 in Caracas (Venezuela) entstand und mittlerweile in 15 Ländern Lateinamerikas und der Karibik, vier afrikanischen Ländern südlich der Sahara, in Indien, China und in den USA arbeitet. Acción hatte 2014 über 7,5 Mrd. US-Dollar an Krediten (außerhalb der USA) vergeben, die Rückzahlungsquote lag bei 97 Prozent.

Auf das Jahr 1984 zurück geht die Idee, Kleinunternehmer in Bolivien zu fördern, aus der 1992 die erste auf Mikrokredite spezialisierte Geschäftsbank in Bolivien entstand: Banco Solidario S.A., an der auch Acción und deren Tochtergesellschaften beteiligt sind. 2003 ist auf den Cayman Islands mit einem Startkapital von 18 Mio. US-Dollar die im Sektor Mikrofinanzierung aktive Acción Investments neu gegründet worden.

Die genossenschaftliche Shared Interest Society (www.shared-interest.com) arbeitet seit Oktober 1990 von Großbritannien, Newcastle upon Tyne, aus und unterstützt mit etwa 29 Mio. Pfund Einlagen seiner rund 9.000 Mitgliedern u.a. Fair Trade-Projekte in weltweit 65 Ländern.

Informationen über Mikrofinanz sammelt und verbreitet die bei der Weltbank in Washington, D.C., angesiedelte Consultative Group to Assist the Poor (CGAP), sie betreut die Informationsplattform www.microfinancegateway.org. Über die internationalen Fortschritte bei der finanziellen Integration („financial inclusion") berichtet die Weltbank-Publikation Global Financial Development Report. Die Microfinance Information Exchange (www.themix.org) sammelt und bereitet Daten auf.

In Europa liegt der Fokus auf Osteuropa und den Balkanstaaten. Hier arbeiten sehr erfolgreich Credit Unions im Bereich der Finanzdienstleistungen für Kleinkunden, zumeist unselbständig Erwerbstätige; in Polen ist es aber in letzter Zeit zu einigen Zusammenbrüchen von Credit Unions (SKOK-System) gekommen. Die Europäische Union und ihre Institutionen unterstützen mit Finanzierungsprogrammen bestehende Kreditinstitute bei der Mikrokreditvergabe und fördern den Aufbau von MFI. Das zugehörige Programm JASMINE (Joint Action to Support Microfinance Institutions) wurde verlängert und in die neue Förderlandschaft (www.fi-compass.eu) eingebunden, in mehrere „European Structural and Investment Funds" (ESIF) und das „EU Programme for Employment and Social Innovation" (EaSI).

In Österreich arbeitet seit 2008 good.bee, ein Joint Venture zwischen der ERSTE Stiftung und der Erste Group, um Mikrokredite an Landwirte und Kleinstunternehmen und Sozialunternehmen in Mittel- und Osteuropa, angefangen in Rumänien, zu finanzieren.

Grameen Bank

Die Gründung der Grameen Bank (www.grameen.com und www.grameen-info.org), in der Landessprache für „Dörfliche Bank“, geht auf ein 1976 in Jobra gestartetes Projekt des Ökonomieprofessors Muhammad Yunus zurück. Unterstützt durch die Zentralbank des Landes konnte 1979 das Geschäftsgebiet erweitert werden. 1983 wurde aus dem Projekt eine Bank nach staatlichem Recht. Die Kunden sind zumeist in Kreditnehmergruppen eingebunden („peer-group monitoring“): Dadurch entsteht eine breitere Haftungsbasis und die Mittelverwendung bleibt für die Gruppenmitglieder transparent. Gegenseitige Hilfestellungen erhöhen die Rückzahlungswahrscheinlichkeit. In jedem Dorf soll sich eine begrenzte Anzahl von Gruppen mit jeweils einer Höchstzahl von Kreditnehmern gegenseitig unterstützen. Die Kreditnehmer erklären sich mit den „16 decisions“ einverstanden, die sich auf die verschiedensten Lebensbereiche beziehen wie Hausbau/sanitäre Einrichtungen/Hygiene, Ernährung, Geburtenkontrolle, Erziehung und Grundsätze zum Miteinander in der Familie und (Dorf-) Gemeinschaft. Über die finanziellen Dienste hinaus unterstützt die Grameen Bank ihre Kunden bei der Schaffung von Absatzmärkten für die Einzelhandelsprodukte. Grameen Telecom hat Mobilfunk-Netze aufgebaut.

Die Bank unterhielt Ende 2015 landesweit 2.568 Filialen, die 81.392 Ortschaften erreichen, und beschäftigte 21.851 Personen (2013). Die Einlagen betrugen Ende 2015 umgerechnet rund 2,4 Mrd. US-Dollar, wovon 63 Prozent von den 8,8 Mio. Mitgliedern stammen, die zu 96,5 Prozent Frauen sind. Diesen Frauen gehört die Bank. Dazu sagte Muhammad Yunus, dass dies gar nicht geplant gewesen sei, sondern aus Erfahrung wuchs. Denn die Frauen wollten anfangs gar keinen Kredit, um eheliche Konflikte zu vermeiden und aus fehlendem Zutrauen in den Umgang mit Geld. Dabei sind Frauen fähig, mit dem Geld viel produktiver umzugehen. Sie denken an die Zukunft ihrer Kinder und würden das Geld nicht wie die Männer vor allem für Statussymbole (oder gar Alkoholkonsum) ausgeben.

2015 beliefen sich die ausstehenden Kredite auf 1,2 Mrd. US-Dollar. Seit 1976 wurden 7,2 Mio. Kredite im Volumen von 18,3 Mrd. US-Dollar vergeben, wovon z.B. rd. 697.000 Häuser finanziert worden sind. Die Rückzahlungsquote lag bei 98,5 Prozent. Der Jahresgewinn lag 2013 bei 17,2 Mio. US-Dollar, 2005 wurde mit 20 Mio. US-Dollar der bislang höchste Gewinn erzielt, die Jahre 1983, 1991 und 1992 wurden mit einem kleinen Verlust abgeschlossen.

Von politischer Seite wurde die Arbeit von Yunus erschwert, als er 2011 als Direktor der Grameen Bank mit dem Hinweis auf die in seinem Fall überschrittene Altersgrenze für Bankleiter abberufen wurde, und er musste sich mit dem Vorwurf auseinandersetzten, in den 1990er Jahren für die Bank erhaltene Hilfsgelder aus Norwegen veruntreut zu haben, wovon die Grameen Bank jedoch von einer norwegischen Untersuchungskommission freigesprochen worden ist. Diese Angriffe könnten damit zusammenhängen, dass Yunus sich in der Vergangenheit kritisch gegenüber der Politik seines Landes geäußert hat.

Inzwischen hat das Grameen-Modell nicht nur weltweite Nachahmung gefunden, sondern auch selbst die Grenzen des Landes überschritten. So gibt es Grameen America seit Januar 2008 in New York, wo zwei Jahre später zwei weitere Filialen eröffnet wurden, und seit Sommer 2009 gibt es auch eine Filiale in Omaha, Nebraska, bis 2014 folgten weitere sieben Standorte in verschiedenen Bundesstaaten. Ende 2014 betrug die Bilanzsumme 45,5 Mio. US-Dollar, davon 32,5 Mio. US-Dollar Kredite. Zusammen mit Danone (für Entwicklungsländer) oder auch der österreichischen Erste Bank (für Osteuropa) verwirklicht Yunus seine Vision eines „social business" weiter (www.yunussb.com).

BRAC

Die 1972 in Bangladesch für heimkehrende Befreiungskriegsflüchtlinge gegründete Hilfsorganisation (www.brac.net) ist heute eine der größten Nichtregierungsorganisationen der Welt. 115.000 Mitarbeiter und fast ebenso viele selbständige Freiwillige erreichen allein in Bangladesch 138 Mio. Menschen – gut 80 Prozent der Gesamtbevölkerung – mit Hilfsangeboten in den Bereichen Bildung, Gesundheit mit Schwangerenfürsorge und Impfungen, Wasserversorgung, Menschenrechte, Unternehmensgründung. So stellt BRAC Schulkapazitäten für 11,2 Mio. Kinder in 45.000 Schulen bereit, unterhält Ausbildungszentren und eine eigene Universität. Zur Finanzierung wurden große Agrarbetriebe und eine Kunsthandwerkskooperative aufgebaut. BRAC verfügt über ein Budget von 537,4 Mio. US-Dollar (2014) und ist seit 2002 auch außerhalb Bangladeschs in neun Ländern Asiens und Afrikas tätig. Die im regulierten Status arbeitende BRAC Bank ist mehrheitlich im Eigentum von BRAC. Die Bank finanziert überwiegend kleine und mittelgroße Unternehmen, bietet aber auch Privat- und größeren Firmenkunden Bankleistungen an.

Im Rahmen seines Entwicklungsprogramms vergibt BRAC Mikrokredite an 4,5 Mio. Mitglieder, fast ausschließlich Frauen (95%). Ähnlich wie Grameen arbeitet BRAC mit „Village Organisations" (mit je ca. 15 bis 40 Mitgliedern) in Bangladesch und in Pakistan, Sierra Leone, Uganda, Liberia, Tansania und Myanmar. 2014 wurden 1,9 Mrd. US-Dollar neue, vor allem kurzfristige Kredite ausgezahlt, der Kreditbestand am Jahresende betrug 1,2 Mrd. US-Dollar. Rund 373 Mio. US-Dollar hatten 5,5 Mio. Kund(inn)en auf Sparkonten eingezahlt. Damit verfügt BRAC über eines der größten Mikrokredit-Programme weltweit, das seit 2001 kostendeckend arbeitet. Ein weiterer Fortschritt: Nach Erhebungen von BRAC hat sich der Anteil der Frauen, die selbstständig über ihr Einkommen verfügen können, seit dem Programmstart von 30 Prozent mehr als verdoppelt.

ProCredit Holding

Unter dem Dach der ProCredit Holding AG & Co. KGaA, die 1998 als IMI – Internationale Micro Investitionen AG gegründet worden ist, sind (Mehrheits-) Beteiligungen (meist über 90%-Anteil) an 19 Banken zusammengefasst (2014)

(www.procredit-holding.com). Diese zumeist als ProCredit Bank firmierenden Institute beschäftigten 7.794 Personen und unterhielten 503 Filialen in Ländern Osteuropas (11), Lateinamerikas (6), Afrikas (1, 2013: 3) ohne Asien (2013: 1). Bis Ende September 2015 wurden über 320.000 Kredite neu vergeben, insgesamt wurden mehr als 670.800 Kredite verwaltet mit einem Volumen von über 4,4 Mrd. Euro. Der Schwerpunkt lag auf den Balkan-Staaten (54,7%, Baltikum: 17,0%) bzw. auf Handel (31,3%) und Landwirtschaft (18,5%), „grüne“ Kredite (u.a. Energieeffizienz, erneuerbare Energien) wuchsen auf über 240 Mio. Euro Volumen (über 10.250 Kredite). Das Kreditvolumen ist nicht vollständig durch Einlagen (fast 4 Mrd. Euro) abgedeckt, so dass ergänzend Mittel von internationalen Finanzdienstleistern und über die Ausgabe von Anleihen herangezogen werden (Fitch Rating für die Holding: BBB).
Das Eigenkapital von 254,1 Mio. Euro entfällt u.a. auf die IPC Internationale Projekt Consult GmbH (18,4%), die KfW-Bankengruppe (13,6%), die Stiftung DOEN der niederländischen Wohltätigkeitslotterien (13,3%) und die zur Weltbank gehörende International Finance Corporation (IFC, 10,3%). Außerdem sind Mikrokreditfonds z.B. Omidyar-Tufts Microfinance Fund mit 5,7% und responsAbility Investments (siehe Kapitel 2.6.2.5) mit 4,0% beteiligt sowie über eine Beteiligungsgesellschaft (5,5%) die meisten Beschäftigten der ProCredit Holding und von vielen der beteiligten Banken, insbesondere Personen in Führungspositionen. Die Eigentümer sind zusätzlich z.T. auch direkt an einzelnen ProCredit-Banken beteiligt. Lag die Eigenkapitalrendite für den ersten Konzernabschluss 2003 bei 12 Prozent, so konnten 2014 rd. 9,4 Prozent nach Steuern ausgewiesen werden (50,2 Mio. Euro). Der für 2007 geplante Gang an die Börse wurde nicht realisiert, stellte aber auch danach eine Option für die Zukunft dar.
2012 wurde die ProCredit Bank AG, Frankfurt am Main (www.procreditbank.de), gegründet, die als Kunden vor allem kleine und mittlere Unternehmen anspricht, die in den ProcCredit-Ländern engagiert sind. Die Einlagen unterstützen die „Schwesterbanken“ in den Zielländern; Anfang 2015 betrug die Bilanzsumme rund 250 Mio. Euro.

Frauenbanken

Bei den meisten MFI stehen Frauen als Zielgruppe im Mittelpunkt. Spezielle Einrichtungen, die über eine verbesserte finanzielle Situation der Frauen deren Selbstvertrauen in ihre Fähigkeiten und ihre Stellung in der Gesellschaft insgesamt stärken, leisten einen wichtigen Beitrag zu einer gleichberechtigten Partnerschaft.

Die Anfänge einer weltweiten Initiative, die ein enges Netzwerk für Frauen geknüpft hat, Women's World Banking (WWB), gehen schon auf das Jahr 1979 zurück (www.womensworldbanking.org). Seitdem hat sich ein weltweites WWB-Netzwerk von inzwischen 38 Finanzinstituten in 27 Staaten aus fast allen Kontinenten entwickelt; Europa ist mit einem MFI aus Bosnien und Herzegowina

vertreten. Die Arbeit des WWB wird von einer Stiftung unterstützt, die 2014 neben Zuwendungen von öffentlichen Fördergebern u.a. mehr als 0,5 Mio. US-Dollar von der Credit Suisse Foundation, der MetLife Foundation oder – zwischen 0,1 bis unter 0,5 Mio. US-Dollar – von Barclays, Cisco Systems Foundation, ExxonMobil Foundation oder McGraw Hill Financial und Moody's Foundation erhielt. An der Mitwirkungsbereitschaft aus dem Umfeld großer internationaler gewinnorientierter Unternehmen lässt sich ablesen, dass Engagement in Mikrofinanz eine Ertrag bringende und zugleich Image bildende Geschäftstätigkeit darstellen kann.
In Pakistan gibt es die First Women Bank Ltd., Karachi, seit 1989 (www.fwbl.com.pk). Das Eigenkapital haben fünf große öffentlich-rechtliche Kreditinstitute (90%) und der Staat (10%) aufgebracht. Die Bank verfolgt das Ziel, insbesondere Frauen mit einem niedrigen bis mittleren Einkommen den Zugang zu Bankgeschäften jeder Art zu ermöglichen und so ihre Lage zu verbessern, ein eigenes Einkommen zu erzielen und Vermögen aufzubauen.

1999 trugen Unternehmerinnen in Tansania die Idee einer „Women's Bank" an den Präsidenten heran. 2007 wurde mit Hilfe des Staates, der 97% des Gründungskapitals bereitstellte, die Tanzania Women's Bank, Dar es Salaam (www.womensbank.co.tz), die Mitte 2009 ihre Geschäfte aufnahm, um die wirtschaftliche und soziale Situation der Frauen zu verbessern.

2.2.2 Entwicklungsgenossenschaft Oikocredit

Oikocredit, ältester Investor für Mikrokreditfinanzinstitute, ist eine Genossenschaft ohne Haftung nach niederländischem Recht mit Sitz in Amersfoort. Sie entstand 1975 auf Initiative des Ökumenischen Rats der Kirchen unter dem Namen EDCS (Ecumenical Development Cooperative Society U.A.). Die Entwicklungsgenossenschaft ist ein Pionier, der sich sehr positiv weiterentwickelt. Im Mittelpunkt steht ein „Careholder Value", indem Menschen einen Beitrag für Menschen und deren Aktivitäten leisten, und nicht die Profitmaximierung. Ihr Ziel ist die Vergabe zinsgünstiger Darlehen zur Entwicklungsförderung oder anderer Formen der „Finanzierung (Kapitalbeteiligungen, Quasikapital oder Bürgschaften) für den Aufbau tragfähiger Geschäftsbetriebe von Gruppen benachteiligter Menschen, denen der Zugang zu Finanzdienstleistungen meist verwehrt wird." 2014 standen Mittel von 811 Mio. Euro zur Verfügung, die zu über 90 Prozent als Darlehen vergeben wurden, der übrige Teil ist vor allem in Anleihen investiert. Direktkredite gehen an Partnerorganisationen in der Mikrofinanzierung (84%), Landwirtschaft (11 %) und im Handel (1%). Die Partnerorganisationen, darunter viele Non-Profit-Organisationen oder Genossenschaften, werden nach strengen Kriterien ausgewählt und überprüft. 34 Regionalstellen und 36 Büros in Ländern weltweit halten den Kontakt zu den MFI, die verzinsliche Darlehen von 50.000 bis zwei Mio. Euro mit einer Laufzeit von bis zu zehn Jahren erhalten und diese Mittel an ihre Kreditnehmer vergeben. Finanziert werden die Darlehen aus dem Anteilskapital der rund 600 Mitglieder, die sich ausschließlich aus Kirchen und kirchlichen Organisationen, Förderkreisen und Projekt-Mitgliedern zusammensetzen. Einzelpersonen können sich ab 200 Euro in der Regel nur indirekt über einen der regionalen Oikocredit-Förderkreise oder die niederländische Stichting Oikocredit International Share Foundation (ISF) beteiligen. Für die Mitgliedschaft in einem Förderkreis fällt jedes Jahr eine Mitgliedsgebühr an, für die Anteilsverwaltung werden keine Kosten berechnet. In Deutschland gibt es acht Förderkreise mit zusammen 22.600 Förderern (2014). Auf die Beteiligung wird eine jährliche Dividende von bisher maximal zwei Prozent gezahlt. Gekündigte Anteile wurden bisher immer zum vollen Nennwert zurückgezahlt, eine Mündelsicherheit besteht jedoch nicht. Weltweit gibt es etwa 53.000 Förderer, die meisten Förderer und Mittelneuzuflüsse stammen aus Deutschland (2014: 44,3 Mio. Euro neu), Österreich (14,6) und den Niederlanden (12,8). Beispielsweise verzeichnete Oikocredit Austria Ende 2014 ein Anteilskapital von 84,8 Mio. Euro, das 4.977 Investoren bereitgestellt haben.

Der Gesamtertrag nach Steuern von Oikocredit International verringerte sich von 21,5 Mio. Euro (2013) auf 17,3 Mio. Euro (2014). Die Rückstellungen für Risikokredite nahmen im gleichen Zeitraum von 5,5 Mio. Euro auf 10,6 Mio. Euro zu. Neben einer 2-prozentigen Dividendenzahlung (für Einlagen in CHF 1%) von insgesamt 11 Mio. Euro auf das Genossenschaftskapital wurden aus dem Überschuss die Rücklagen gestärkt. Zum Jahresende 2014 lag das gesamte Anteilskapital bei über 651 Mio. Euro.

Aus ethischer Sicht zählen Oikocredit-Anlagen für private Anleger sicher zu den effektivsten Möglichkeiten, sinnvolle Projekte und Entwicklung zu fördern – und in Zeiten niedriger Zinsen sind sie zudem auch finanziell attraktiv.

Kontakt:

- Oikocredit International,
  Berkenweg 7, NL-3818 LA Amersfoort, Tel.: 0031/33/4224040,
  E-Mail: info@oikocredit.org, www.oikocredit.coop

- Oikocredit Geschäftsstelle Deutschland,
  Berger Straße 211, D-60385Frankfurt am Main,
  Tel.: 069/21083110, E-Mail: info@oikocredit.de, www.oikocredit.de

- Oikocredit Austria,
  Möllwaldplatz 5/Mezzanin, A-1040 Wien,
  Tel.: 0043/1/5054855, E-Mail: office@oikocredit.at, www.oikocredit.at

- Oikocredit deutsche Schweiz,
  Haus zum Schwert, General-Guisan-Strasse 47, CH-8400 Winterthur,
  Tel.: 0041/44/2400062, E-Mail: deutsche.schweiz@oikocredit.ch,
  www.deutsche-schweiz.oikocredit.ch

2.2.3 Börsennotierte Mikrofinanzinstitute

Die wachsende Nachfrage nach Mikrokrediten und eine Kommerzialisierung drücken sich auch darin aus, dass einige MFI ihr Geschäftsmodell mit einem Gang an die Börse kapitalmarktfähig gemacht haben. Ob diese Entwicklung trotz des einzelwirtschaftlichen Erfolges in die richtige Richtung geht? Kritiker wenden ein, dass zur Mikrofinanzierung auch ein sozialer Bezug gehört, der bei einem Institut verloren gehen kann, das auf die Anforderungen externer Kapitalgeber und des Kapitalmarktes Rücksicht nehmen muss. Wenn diese ertragsorientierten Institute dann nur mehr bestimmte Kunden, z.B. ausdrücklich nicht mehr die Ärmsten der Armen, annehmen, tritt ihr Beitrag zur Entwicklung deutlich in den Hintergrund und sie, so argumentiert Yunus, berechnen zudem hohe Zinssätze, nur damit die Gewinne steigen. Doch die Aktionäre solcher börsennotierter MFI mussten in den fünf Jahren zwischen 2011 und 2015 zeitweise auch herbe Verluste hinnehmen. Während die Aktienkurse der mexikanischen Gentera-Holding und der indonesischen PT. Bank Rakyat um rund 50% bzw. fast 200% gestiegen sind, verlor die seit August 2010 notierte Aktie der indischen SKS Microfinance – der Ausgabepreis für Privatanleger betrug 935 Rupien – zuerst mehr als 90%, bevor sich der Kurs seit dem Tief Mitte 2013 (unter 60 Rupien) bis Anfang 2016 wieder auf über 500 Rupien erholt hat.

Anfang 2015 kamen die Aktien der 2005 gegründeten finnischen Mikrokreditvermittlerfirma Ferratum in Deutschland (zu 17 Euro) an die Börse. Der Kurs schwankte seither zwischen 18 und 30 Euro, Mitte Februar 2016 lag er bei rund 24 Euro, was einen Börsenwert von über 520 Mio. Euro ergibt. Ferratum vergibt – über Internet bzw. eine Handy-App – Kleinkredite zwischen 25 und 3.000 Euro, hat inzwischen mehr als 500 Mitarbeiter und über eine Mio. aktive Kunden in rund zwei Dutzend Ländern inkl. Mexiko. Seit Anfang 2016 werden in Deutschland – über die Tochter Ferratum Bank in Malta – auch Sparprodukte angeboten.

Kontakt:

- Ferratum Finland Oy,
  Ratamestarinkatu 11 A, FIN-00520 Helsinki,
  Tel.: 00358/800-166-308, E-Mail: asiakaspalvelu@ferratum.fi,
  www.ferratumgroup.com, www.xpresscredit.de

- Gentera SAB de CV mit Compartamos Banco,
  Av. de los Insurgentes Sur 1458, Col. Actipan, Del. Benito Juárez México,
  Distrito Federal C.P. 03230, Mexiko, Tel.: 0052/55/52767250-7177 oder
  -7696, E-Mail: investor-relations@gentera.com.mx, www.gentera.com.mx

- PT. Bank Rakyat Indonesia (Persero) Tbk.,
  Kantor Pusat, Gedung BRI 1, Jl. Jenderal Sudirman Kav.44-46, Jakarta 10210,
  Indonesia, Tel.: 0062/21/575-1966, E-Mail: ir@bri.co.id, www.bri.co.id

- SKS Microfinance Ltd,
  Hauptsitz: 3rd Floor, My Home Tycoon, Block A, 6-3-1192, Kundanbagh, Begumpet, Hyderabad- 500 016, Telangana, India. Tel.: 0091/40/44526000, E-Mail: info@sksindia.com, www.sksindia.com

2.3 Geschlossene Fonds

Geschlossene Fonds werden aufgelegt, um bestimmte Projekte zu finanzieren bzw. mit dem nötigen Eigenkapital auszustatten. Zwar ist das Geld oft 15 bis 20 Jahre gebunden, aber die Investoren wissen genau, wofür es verwendet wird. Sie können meist eine relativ stabile jährliche Rendite erwarten, weil die Erträge – beispielsweise aufgrund von gesetzlich regulierten Stromeinspeisetarifen – leicht kalkulierbar sind. Früher waren aufgrund anfänglich hoher Verlustzuweisungen meist auch noch größere Steuerspareffekte für die Wahl bestimmter Fonds entscheidend. Diese sind nun weniger interessant.

Auf jeden Fall ist es zu empfehlen, die Prospekte der Fonds-Anbieter genau zu studieren – Renditeversprechen in zweistelliger Höhe pro Jahr sollten skeptisch stimmen (vgl. auch Kapitel 7 Anlegerschutz). Aber auch bei seriös gestalteten Fonds kann es im Lauf der Zeit zu Problemen kommen, wenn sich – wie es z.B. bei vielen Schiffsfonds der Fall war – Annahmen über künftig erzielbare Einnahmen als überhöht heraus stellen, weil die Nachfrage am Markt stark zurückgeht oder sich die Rahmenbedingungen rapide ändern.

2.3.1 Windpark- und Solarfonds

Erst mit dem Geld von weit über 100.000 Privatanlegern konnte der Anteil der Wind- und Solarenergie am Stromaufkommen in Deutschland innerhalb von 25 Jahren von null auf rund 20 Prozent gesteigert werden. Wie bei Schiffs- oder Immobilienfonds werden hier Millionenprojekte von jeweils einigen Dutzend oder einigen hundert Anlegern finanziert. Jeder dieser Fonds-Investoren wird dabei Miteigentümer. Als ideale Rechtsform dieser Teilhabergesellschaften hat sich die GmbH & Co. KG erwiesen. Die GmbH führt die Geschäfte und haftet bis zur Höhe ihres Grundkapitals, die Anleger haften als Kommanditisten jeweils mit ihrer Einlage. Diese bewegt sich meist zwischen 3.000 und 30.000 Euro, liefert relativ hohe Renditen (meist zwischen 3% und 6% vor Steuern), ist dafür aber oft zwischen zehn und 25 Jahre gebunden. „Grüne" geschlossene Fonds dienen meist der Finanzierung von erneuerbaren Energieanlagen (Windkraft, Photovoltaik, Wasserkraft, Biogas, Biomasse).

Beim Kauf geschlossener Fonds-Anteile genügt ein unterschriebenes Formular. Ein Verkauf ist nicht so leicht möglich, auch wenn es inzwischen einige „Zweit-/Sekundärmarkt"-Handelsplattformen gibt, auf denen fallweise Anteile gelistet sind. Die dort erzielbaren Preise liegen teilweise erheblich unter der ursprünglichen Beteiligungssumme, vor allem wenn die Erträge des Fonds unter den prognostizierten Zahlen liegen. Vorsicht ist bei »Rückkaufgarantien« geboten. Denn selbst große Emittenten wie die seinerzeit börsennotierte Umweltkontor Renewable Energy AG können pleite gehen, und dann ist auch die Rückkaufgarantie nichts mehr wert.

Windenergiefonds

Das in Deutschland seit dem Jahr 2000 geltende Erneuerbare-Energien-Gesetz (EEG) garantiert den Betreiberfirmen pro Kilowattstunde Ökostrom, der ins Netz eingespeist wird, einen fixen Tarif über 20 Jahre nach Inbetriebnahme. Das macht die Kalkulation wesentlich leichter als z.B. bei Immobilienfonds, die darauf angewiesen sind, dass die Vermietungsquote hoch bleibt und die Mieter auch zahlen können.

Zwar steckt in geschlossenen deutschen Wind- und Solarparkfonds inzwischen eine hohe zweistellige Milliardensumme an Eigenkapital, aber bezogen auf den Gesamtmarkt der geschlossenen Fonds macht das „Erneuerbare-Energien"-Segment nur wenige Prozentpunkte aus. Der Boom der Anfangszeit wurde vor einigen Jahren auch durch Novellen des EEG etwas gebremst, wodurch die Einspeisekonditionen für neue Anlagen stärker als geplant reduziert worden sind. Hinzu kamen manche „Underperformer" (mit Ergebnissen unter den Erwartungen), weil z.B. das Windaufkommen unter den langjährigen Durchschnittswerten lag, Windgutachten mangelhaft waren oder die Prognosen für Reparaturkosten zu gering angesetzt wurden. Hilfreich für den Anleger ist hier die Broschüre „Mit einer grünen Anlage schwarze Zahlen schreiben" des Bundesverbandes WindEnergie e.V. (BWE). In diesem Anlegerratgeber sind nicht nur einige Qualitätskriterien für eine Windfonds-Beteiligung nachzulesen, sondern er sorgte auch für eine Professionalisierung und zunehmend höhere Standards in der Branche.

Auslandsbeteiligungen und Offshore

Bei inzwischen über 26.000 Windrädern in Deutschland – mit denen übrigens rund 150.000 Arbeitsplätze (2015) verbunden sind – werden neue gute Standorte Mangelware. Die Anbieter weichen daher verstärkt ins Ausland oder auf das Meer („offshore") aus. Einer der Pioniere, die auch Windparks in Portugal, Großbritannien und Griechenland für deutsche Anleger als geschlossene Fonds aufgelegt haben, war die Bremer Energiekontor AG. Inzwischen gibt es Dutzende weitere Anbieter, vor allem aber im Solarbereich. Etwas zäher sind die Angebote für Offshore-Windparks (Windparks auf offener See) angelaufen, eine gute Übersicht zu aktuell angebotenen Wind- und Sonnenfonds gibt es unter: www.greenvalue.de

Kontakt:

- Bundesverband WindEnergie (BWE),
  Neustädter Kirchstr. 6, D-10117 Berlin, Tel.: 030/212341-210,
  E-Mail: info@wind-energie.de, www.wind-energie.de

Solarfonds

Im Vergleich zu Windparkfonds waren Solarparkbeteiligungen in den Anfangsjahren wegen der höheren Investitionskosten wenig gefragt. Erst mit der Novelle des Erneuerbare-Energien-Gesetzes 2004, das wesentlich bessere Photovoltaik-Tarife garantierte, stieg auch die Nachfrage nach Solarfonds stark an. Zudem waren aufgrund der Leistungsgarantien der Hersteller die Erträge für die gesamte Laufzeit gut berechenbar. Nach Steuern blieb meist eine jährliche Rendite von bis zu fünf oder sechs Prozent. Solarparks im sonnigen Süden Europas lieferten oft mehr Ertrag, auch wenn die Einspeisevergütungen etwas unter den deutschen Sätzen lagen. Allerdings hapert es in manchen Ländern wie z.B. Italien, Spanien oder Tschechien an der Rechtssicherheit: Hier wurden in den letzten Jahren vorher festgelegte Einspeisetarife für Solar-Strom rückwirkend gekürzt oder zusätzliche Steuern darauf eingeführt, teilweise so massiv, dass auch Fonds in diesem Sektor plötzlich nicht mehr rentabel waren.

Wie bei der Windbranche gibt es seit 2005 auch für die Photovoltaik-Branche Qualitätskriterien, nach denen die Investoren die Angebote einschätzen können. Sie wurden vom Bundesverband Solarwirtschaft e.V. (BSW) erstellt.

Kontakt:

- Bundesverband Solarwirtschaft (BSW), Quartier 207, Französische Str. 23, D-10117 Berlin, Tel. 030/2977788-0, E-Mail: info@bsw-solar.de, www.solarwirtschaft.de

2.3.2 Sonstige geschlossene Fonds

Biogas- und Biomassefonds

Die durch das Erneuerbare-Energien-Gesetz gesetzlich garantierte Einspeisevergütung gilt nicht nur für Wind- und Solarenergie, sondern auch für andere erneuerbare Energien. Fondsangebote im Bereich von Biogas- und Biomasse-Kraftwerken gibt es aber wesentlich weniger. Auch sind sie untereinander – nicht nur wegen der kürzeren Erfahrungszeit und dem Einsatz unterschiedlicher Techniken – schwerer vergleichbar.

Außerdem haben sie einen entscheidenden Nachteil gegenüber Wind und Sonne, „die uns keine Rechnung schickt“ (Franz Alt): Die Erträge hängen stark von den jeweiligen Rohstoffkosten ab – und diese können stark schwanken. Je mehr Biomassekraftwerke es gibt, desto höher können z.B. die Altholzpreise steigen.

Im Biogas-Bereich haben sich schon manche Anbieter verkalkuliert bis hin zur börsennotierten Biogas Schmack AG (mit Biogasbeteiligungen wie z.B. der Hünxe KG), deren Aktie nach einem anfänglichen Höhenflug als penny stock (eine Aktie, die nur mehr wenige Cent wert ist) endete, nachdem das Unternehmen in die Insolvenz geschlittert war. Anlegerschutzrichtlinien sind in diesem Sektor noch nicht so weit entwickelt wie bei der Wind- oder Solarenergie. Der (deutsche) Fachverband Biogas e.V. vertritt vor allem die Anlagenbauer und landwirtschaftliche bzw. industrielle Biogasanlagenbetreiber. Der österreichische Biomasse-Verband setzt sich u.a. auf politischer Ebene für einen höheren Biomasse-Anteil in der Energie- bzw. Wärmeerzeugung ein.

Kontakt:

- Fachverband Biogas,
  Angerbrunnenstraße 12, D-85356 Freising, Tel.: 08161/984660,
  E-Mail: info@biogas.org, www.biogas.org

- Österreichischer Biomasse-Verband,
  Franz Josefs-Kai 13, A-1010 Wien, Tel.: 0043/1/5330797-0,
  E-Mail: office@biomasseverband.at, www.biomasseverband.at

- Biomasse Suisse,
  Oberdorfstr. 40, Postfach, CH-3035 Münchenbuchsee, Tel.:
  0041/31/8582224, E-Mail: contact@biomassesuisse.ch,
  www.biomassesuisse.ch

Unternehmensfinanzierungsfonds

Während in den letzten 15 Jahren hunderte Wind- und Solarfonds auf den Markt kamen, die oft auch von „konventionell“ orientierten Banken und Beratern angeboten worden sind, trifft man Fonds zur Finanzierung einzelner Unternehmen in anderen Sektoren oder anderen Rechtsformen als der KG relativ selten an.

Eines der wenigen Beispiele dafür ist der 2005 aufgelegte GLS Weleda Fonds II mit einem Volumen bis zu zehn Mio. Euro. Die (nicht börsennotierte) anthroposophisch orientierte Weleda AG stellt Arzneimittel und Kosmetika her und hat die Fondsgelder vor allem für einen Neubau am Stammsitz in Schwäbisch Gmünd verwendet. Der GLS Weleda Fonds II ist als sogenanntes „partiarisches Darlehen“ mit Erfolgsbeteiligung konstruiert. Dabei beteiligten sich die Fonds-Anleger mit mindestens 2.000 Euro an einer Gesellschaft bürgerlichen Rechts, die für mindestens zehn Jahre (bis Ende 2015) angelegt war. Neben einem Grundzins von 3,5 Prozent p.a. erhalten sie einen gewinnabhängigen Zusatzertrag von bis zu 1,5 Prozent p.a. – je nach Geschäftserfolg des Unternehmens. Sie riskieren aber auch einen Totalverlust, was jedoch laut Prospekt „angesichts der soliden Wirtschaftssituation der Weleda AG unwahrscheinlich ist“.

2.3.3 Kontaktdaten der Anbieter

Neben zahlreichen nicht notierten Emissionshäusern (wie z.B. Wind 7 AG) gibt es inzwischen auch viele Wind- und Solarenergie-Unternehmen, die an der Börse vertreten sind, z.B. ABO Wind AG, Energiekontor AG, Nordex AG oder die PNE Wind AG. Nicht wenige im Solarbereich (wie z.B. Conergy AG, Payom Solar AG, Q-Cells SE, S.A.G. Solarstrom AG, Solar-Fabrik AG, Solarparc AG, Solon AG, Sunways AG) wurden (u.a. aufgrund zu hoher Verschuldung bzw. chinesischer

Konkurrenten mit preisgünstigeren Anlagen) insolvent. Andererseits haben sich einige reine Betreibergesellschaften (wie Abo Invest AG, Capital Stage AG, Chorus Clean Energy AG oder zahlreiche US-Unternehmen) als Aktiengesellschaften etabliert und notieren als sog. „YieldCos" mit hohen Dividendenversprechen (siehe Kapitel 2.5.1.5) in Form von jederzeit handelbaren Aktien an der Börse, im Gegensatz zu den Fonds, bei denen Geld sehr lange gebunden ist.

Einige Emissionshäuser sind schon vor Jahren vom Markt verschwunden, weil sie (wie die EECH European Energy Consult Holding AG, Hamburg, oder die Perpetu Ressource GmbH, Kassel oder DonauWind GmbH & Co. KG, Klosterneuburg) Insolvenz angemeldet haben und/oder in betrügerische Machenschaften (wie die Provento AG, Koblenz oder WEL Fonds, Hamburg) verwickelt waren. Zahlreiche Pleiten bei Schiffsfonds brachten auch grosse Häuser unter Druck. Bei der 1999 von Tobias König gegründeten Hamburger König & Cie. GmbH & Co. KG, die mehrere Mrd. Euro akquirierte, schrumpfte bis Ende 2013 die Zahl der Mitarbeiterzahl von früher 140 auf 60. Das Hamburger Emissionshaus reconcept GmbH hat im Februar 2016 seine Kapitalverwaltungsgesellschaft (KVG) an die Konstanzer Xolaris-Gruppe und deren Software-Partner xpecto AG verkauft. Die Xolaris GmbH bietet auch „Alternative Investment Fonds" (AIF) an, die seit dem Inkrafttreten des deutschen Kapitalanlagengesetzbuchs (KAGB) 2013 zunehmend an die Stelle der früher üblichen geschlossenen Fonds treten.

Hinsichtlich des platzierten Eigenkapitalvolumens im Bereich Erneuerbare Energie rangierte bei den Privatanlegern 2015 nach der Statistik von „kapital-markt intern" die UDI UmweltDirektInvest-Beratungs GmbH (52,8 Mio. Euro) mit großem Abstand an erster Stelle, gefolgt von der Lacuna AG (5,0 Mio. Euro), Luana Capital (3,2 Mio. Euro) und Wattner AG (2,2 Mio. Euro). Im Vergleich zur letzten Ausgabe des Handbuchs ist die Übersicht zu Fondsanbietern in den Bereichen Wind- und Solarenergie aber vor allem deswegen geschrumpft, weil in den letzten Jahren die gesetzlichen Erfordernisse für die Auflage neuer Fonds verschärft worden sind. Viele Emissionshäuser haben diese Sparte daher entweder ganz aufgegeben haben, verkaufen bei Parks nun direkt einzelne Solaranlagen statt KG-Anteile am gesamten Park oder sprechen wie z.B. die KGAL nur mehr institutionelle Investoren an, wofür man keine aufwändigen Emissionsprospekte erstellen bzw. von der BaFin genehmigen lassen muss. Einige der Anbieter bereiten weitere Fonds vor bzw. sind beim Handel von Alt-Anteilen behilflich.

Kontaktdaten ausgewählter Anbieter

abakus SachWerte GmbH	www.abakus-sachwerte.de
Aquila Capital Concepts GmbH	www.aquila-capital.de
BVT Unternehmensgruppe	www.bvt.de
CEPP Capital AG	www.cepp-capital.de
Deutsche Eco AG	www.deutsche-eco.de

Ecovision GmbH	www.ecovision-gmbh.de
Energiekontor AG	www.energiekontor.de
Enertrag AG	www.enertrag.de
facesso GmbH	www.facesso.net
GLS Beteiligungs AG / GLS Bank eG	www.gls.de
Green City Energy AG	www.greencity-energy.de
Grundbesitz 24 Emissionshaus GmbH	www.grundbesitz24.de
HEP Capital AG	www.hep-capital.com
IFE Eriksen AG	www.ife-eriksen.de
Juwi AG	www.juwi.de
KWA Contracting AG	www.kwa-ag.de
Lacuna AG	www.lacuna.de
Leonidas Associates AG	www.leonid-as.com
LHI Leasing GmbH	www.lhi.de
Lloyd Fonds AG	www.lloydfonds.de
Luana Capital New Energy Concepts GmbH	www.luana-capital.com
Neitzel & Cie. Ges. für Beteil. mbH & Co. KG	www.neitzel-cie.de
Nordcapital GmbH	www.nordcapital.com
OekoGeno eG	www.oekogeno.de
Ökorenta AG	www.oekorenta.de
Ostwind-Gruppe	www.ostwind.de
Paribus Capital GmbH	www.paribus-capital.de
PI Pro Investor GmbH & Co. KG	www.proinvestorfonds.de
Primus Valor AG	www.primusvalor.de
Projekt Ökovest GmbH	www.projekt-firmengruppe.de
PT Erneuerbare Energien	www.pt-energie.de
SachsenFonds Holding GmbH	www.sachsenfonds.de
Solarcomplex AG	www.solarcomplex.de
Solverde Bürgerkraftwerke GmbH	www.solverde-buergerkraftwerke.de
Steiner & Company GmbH & Co. KG	www.steiner-company.de
UDI UmweltDirektInvest-Beratungs GmbH	www.udi.de
Umwelt Management AG UMaAG	www.umwelt-management.de
UmweltBank AG	www.umweltbank.de
Vienna Equity c.t. GmbH	www.vienna-equity.at
Voigt & Coll. GmbH	www.voigtundcollegen.de
Wattner AG	www.wattner.de
White Owl Capital AG	www.whiteowl.de
Windwärts Energie GmbH	www.windwaerts.de
WKN AG	www.wkn-ag.de
WSB Neue Energien GmbH	www.wsb.de
Wust – Wind & Sonne GmbH & Co. KG	www.wust-wind-sonne.de
Xolaris GmbH	www.xolaris.de

2.3.4 Zweitmarkt

Allein in Deutschland verwalteten Ende 2014 geschlossenen Fonds 160,1 Mrd. Euro Fondsvolumen (Assets under Management), darunter befanden sich als größte Segmente Immobilien (89 Mrd. Euro) und Schiffsbeteiligungen (28), aber auch Luftfahrzeuge (7), erneuerbare Energien (8) und Private Equity (6) (Quelle: Bundesverband Sachwerte und Investmentvermögen). Aufgrund einer oft bis zu 20 Jahre langen Fondslaufzeit ist es verständlich, dass sich manche Anleger von ihrer am Erstmarkt erworbenen Beteiligung (zumeist einem Kommanditanteil) vor dem Laufzeitende trennen wollen. Finden sie selbst keinen Käufer für ihren Anteil und ist auch der Emittent beim Verkauf nicht behilflich, bieten so genannte Zweit- oder Sekundärmärkte eine Alternative. Mit steigenden Preisen ziehen auch die Umsatzzahlen am Zweitmarkt wieder an. Die Finanzkrise hatte bei den Preisen für Anteile geschlossener Fonds den Wertverfall beschleunigt, und es kam nur zu einer kurzen Erholung. So ist z.B. der Deutsche Zweitmarktindex für Schiffsfonds (DZX-S), der seit 2006 berechnet wird (Startwert: 1.000), von 1289,79 (Ende Januar 2008) fast kontinuierlich auf 806 Punkte (Ende April 2010) gefallen, hatte sich bis Mitte Mai 2011 auf 1014 Punkte erholt und verzeichnete dann einen Abwärtstrend bis unter 500 Punkte Anfang 2015. Derzeit liegt er bei rund 575 Punkten (Anfang Februar 2016). Eine deutlichere Aufwärtsbewegung seit 2014 weist der Index für Immobilienfonds (DZX-I) auf, liegt aber mit rund 920 Punkten auch noch unter dem Startniveau von ebenfalls 1.000 im Jahr 2008.

2014 wurden über 220 Mio. Euro Nominalkapital am Zweitmarkt gehandelt, größte Segmente waren Immobilienfonds mit 123,8 Mio. Euro Umsatz an Nominalkapital (3.168 Handelsabschlüsse mit einem Gesamtvolumen von 70,0 Mio. Euro) und Schiffsfonds mit 49,0 Mio. Euro (1.180 Handelsabschlüsse, Gesamtvolumen 11,3 Mio. Euro). Der Anteilsverkauf ist über Handelsplattformen (institutionalisierte Zweitmärkte) oder direkt an Emissionshäuser von Zweitmarktfonds möglich. Emittenten von Zweitmarktfonds zählen zu den größten Nachfragern. Ein Zweitmarktfonds verfügt gegenüber einem Erstfonds über ein diversifiziertes Portfolio von Anteilen an vielen Erstfonds. Deren Vorhaben lassen sich besser beurteilen, weil sie bereits eine Weile laufen, z. T. schon entschuldet sind und Erfolgszahlen vorliegen.

Bestimmte Emittenten unterhalten Plattformen für den Handel mit Anteilen ihrer eigenen geschlossenen Fonds. Außerdem gibt es mehrere Zweitmärkte für geschlossene Fonds. Freie Finanzvertriebe und Vermögensberatungen bieten eine börsenähnlich organisierte Vermittlung auch von älteren Fondsanteilen an, wie beispielsweise die (selbst börsennotierte) Valora Effektenhandel AG, Ettlingen (www.veh.com), die laufend – neben außerbörslichen Aktien – auch für Dutzende Fonds An- und Verkaufskurse publiziert, oder – nur für registrierte Benutzer einsehbar – die efonds24 GmbH, München (www.efonds24.de). Auch Wertpapierbörsen haben Zweitmärkte eingerichtet: Die Fondsbörse Deutschland Beteiligungsmakler AG, Hamburg, (Börse Hamburg-Hannover und – von 2008 bis 2015 – auch München), www.zweitmarkt.de, bietet einen Handel in rund 5.500 geschlossenen Fonds (Immobilien-, Schiffs-, Lebensversicherungs-, Private Equity- und andere Spezialfonds) an. Die Fondsbörse hatte zum 1. Oktober 2014 die Deutsche Zweitmarkt AG (www.deutsche-zweitmarkt.de) übernommen. Die beiden größten deutschen Zweitmarkthandelsplattformen arbeiten weiterhin operativ unabhängig voneinander.

Da seit Juni 2012 Vorschriften des Kreditwesengesetzes (KWG) gelten, die den Handel auf Handelsplattformen regulieren, haben frühere Anbieter ihre Aktivitäten eingestellt. Die DSM Deutsche Sekundärmarkt GmbH z.B. hatte ihr Angebot an die Fondsbörse Deutschland Beteiligungsmakler übergeben. Zweitmärkte für eigene Anteile bieten z.B. die Emissionshäuser

- Jamestown US-Immobilien GmbH, Marienburger Straße 17, D-50968 Köln, Tel.: 0221/3098-0, E-Mail: info@jamestown.de, www.jamestown.de

und

- Meridian 10 Asset Management GmbH, Domstraße 17, D-20095 Hamburg, Tel.: 040/3347534-58, E-Mail: info@meridian10.com, www.meridian10.com

Zweitmarktfonds-Emittenten haben sich oft auf eine Anlageklasse spezialisiert und können einen Informationsvorsprung, eine allgemeine Nachfrageschwäche und das Fehlen anderer Verkaufsalternativen zum Nachteil der Verkäufer ausnutzen, was zu Abschlägen von durchaus zwischen 30 und 40 Prozent geführt hat. Sie bieten Interessenten wiederum einen günstigen Einstieg in ein diversifiziertes Portfolio. Emissionshäuser von Zweitmarktfonds im Bereich der erneuerbaren Energien sind z.B. Ökorenta oder wpd.

Kontakt:

- Ökorenta AG,
  Kornkamp 2, D-26605 Aurich, Tel.: 04941/60497-0,
  E-Mail: info@oekorenta.de, www.oekorenta.de

- wpd onshore GmbH & Co. KG,
  Stephanitorsbollwerk 3 (Haus LUV), D-28217 Bremen,
  Tel.: 0421/16866-10, E-Mail: info@wpd.de, www.wpd.de

2.4 Anleihen

Als Anleihen, Bonds oder auch Rentenpapiere werden verzinste Schuldverschreibungen öffentlicher oder privater Emittenten bezeichnet, die eine Laufzeit von mehreren Jahren haben. Im Unterschied zu den Direktschuldverschreibungen der grünen Banken sind sie in der Regel über die Börse handelbar. Es gibt Anleihen mit festem Zinssatz und solche, deren Zinsniveau an die allgemeine Marktentwicklung angepasst wird. Ihr Kurswert schwankt um die 100-Prozent-Marke. Nur bei den so genannten Null-Kupon-Anleihen oder Zerobonds erhöht sich der Rückzahlungskurs, da während der Laufzeit keine Zinsen gezahlt werden.

Neben nicht börsennotierten Anleihen und Schuldverschreibungen (von teilweise sehr kleinen Öko-Unternehmen mit wenig Eigenkapital) gibt es inzwischen auch sehr viele Papiere, die an den Börsen gehandelt werden. Zwar sind Anleihen prinzipiell weniger risikoreich als Aktien, aber bei der Beurteilung der Rückzahlungsfähigkeit können unterschiedliche Kriterien relevant sein, nicht nur, was den Geschäftsbereich selbst angeht, sondern – wenn kein externes Bonitätsrating vorliegt – auch bezüglich der Eigenkapitalausstattung des Emittenten. Anleger sollten sich also deren Bilanzen genauer ansehen.

Börsennotierte Anleihen kann man jederzeit über seine Hausbank kaufen und auch (zum aktuellen Kurs) verkaufen, wenn man nicht bis zur Endfälligkeit warten will. Bei ethisch orientierten Rentenfonds sind auch Staatsanleihen sehr beliebt, weil es relativ wenige Unternehmensanleihen mit guter Bonität („investment grade“) gibt. Bei Staatsanleihen kann meist aber nicht ausgeschlossen werden, dass mit den Geldern auch Militär- und Kriegsausgaben finanziert werden. Weniger problematisch sind im Vergleich dazu Bundesländer- und Kommunalanleihen oder Investitionen in Bahn und Infrastruktur. Auch supranationale Emittenten oder Spezialbanken wie die Kreditanstalt für Wiederaufbau (KfW), die African Development Bank oder die Europäische Bank für Wiederaufbau und Entwicklung (EBRD) kommen häufiger in Ethik- bzw. Umweltrentenfonds vor. Mit den Krediten der Entwicklungsbank des Europarats (Europäische Investitionsbank) werden vor allem die Bereiche soziale Integration, Bildung und Gesundheit sowie Umwelt gefördert, fallweise in Kooperation mit der Weltbank, der UNO oder UNICEF.

Im Folgenden einige Beispiele aus dem Bereich der zweckgewidmeten „Green Bonds“ bzw. der europäischen Eisenbahnen.

2.4.1 Green Bonds

Obwohl es den Begriff „Green Bonds“ erst seit wenigen Jahren gibt, summierten sich diese neu emittierten Anleihen 2015 weltweit schon auf rund 42 Mrd. US-Dollar. Das Hauptmerkmal von Green Bonds ist die Zweckbindung des Geldes: es muss für „grüne“ Investitionen im Umwelt- und/oder Sozialbereich eingesetzt werden. Zu den wichtigsten Emittenten zählen dabei Geschäfts- und Entwicklungsbanken, Kommunen, aber auch Unternehmen, die damit Öko-Investitionen finanzieren. Da diese grünen Anleihen ähnliche Zinssätze bzw. Bonitätsprofile wie „konventionelle“ Anleihen aufweisen, bieten sie Öko-Investoren einen ideellen Mehrwert in Form von positiven Umweltauswirkungen. Aufgrund der meist sehr hohen Nachfrage sind Green Bonds oft – auch in Zeiten sehr niedriger Zinsen – weit höher als nicht-grüne Anleihen überzeichnet. Oder man stockt das geplante Volumen entsprechend auf. 2015 hat die Berlin Hyp AG die ersten „grünen Pfandbriefe“ emittiert, deren Erlös in grüne Gebäude fließt – die zugleich auch als Sicherheit für die Rückzahlung dienen. Dass der Blick auf die Bonität wichtig ist, zeigt das Negativ-Beispiel der Anleihen der German Pellets GmbH: Solange die Geschäfte – der Jahresumsatz lag zuletzt bei über 500 Mio. Euro – nach Plan liefen, bewegten sich die Kurse der Green Bonds meist knapp über bzw. unter 100%. Doch als es zur Jahreswende 2015/16 zu Liquiditätsproblemen kam, fielen die Kurse – ähnlich wie Jahre vorher die mancher „Mittelstands-Anleihen“ deutscher Solarunternehmen – schnell unter 10% bzw. 5% – am 9.2.16 war die Marke von nur mehr 1% erreicht, am 10.2.16 folgte ein Insolvenzantrag mit Eigenverwaltung, das Gericht setzte jedoch eine erfahrene Insolvenzverwalterin ein. Bei einer (inzwischen gar nicht mehr gelisteten) Anleihe der MBB Clean Energy AG (zur Finanzierung von Windparks) warteten die Gläubiger jahrelang vergeblich auf die versprochenen 6,25% Zinsen – von der Rückzahlung ihres Investments ganz zu schweigen.

Aber auch bei Emittenten bester Bonität wie z.B. der KfW-Gruppe (vgl. Kapitel 2.1.7) – mehr als ein Drittel ihrer Förderzusagen von fast 80 Mrd. Euro (2015) ist „Klima- und Umweltfinanzierungen“ zuzuordnen – bestehen Verlustrisiken: Wenn das Zinsniveau in den nächsten Jahren wieder ansteigt, können die derzeit über 100% liegenden Kurse in Richtung 90% oder darunter zurückgehen, damit sich bis zur Tilgung (zu 100%) eine marktübliche Rendite ergibt. 2015 emittierte die KfW fünf Green Bonds in den Währungen EUR, USD, AUD, GBP und SEK im Gegenwert von 3,7 Mrd. Euro. Am Markt der Green Bonds gibt es weltweit schon viele Dutzend Emittenten wie z.B. die Kommunalbanken Norge (www.kbn.org) oder die Australia & New Zealand Banking Group (www.anz.com.au), die drittgrößte australische Bank, die 2015 einen AUD-600-Mio.-Bond (5 Jahre, Zinssatz 3,25%, Rating Aa2e/AA) auf den Markt gebracht hat: Aus dessen Erlös (es ist bis dato der größte „Certified Climate Bond“, er war zu 125% – von 46 Investoren – überzeichnet) werden grüne Immobilien (40%) und Wind-/Solarkraftwerke (60%) finanziert. Es gibt inzwischen auch einige Renten-Investmentfonds (vgl. Kapitel 2.6.2.2) – z.B. von Allianz, SEB und von der Heydt Invest – die Green Bonds als Schwerpunkt haben.

In der Tabelle auf der nächsten Seite finden Sie einige von Green Bonds „großer“ Emittenten, die noch 3 bis 13 Jahre Laufzeit haben (je einer davon – ISIN mit AU bzw. CH beginnend – in australischen Dollar bzw. Schweizer Franken):

Die Berlin Hyp ist schon rund 150 Jahre in der Finanzierung von Immobilienprojekten tätig, vor allem über Hypothekenpfandbriefe. Als 100%-Tochter der Landesbank Berlin Holding AG, die zur S-Finanzgruppe gehört, hat sie 2015 – im Sinne ihrer Nachhaltigkeitsmaßnahmen – den ersten sog. „Grünen Pfandbrief“ emittiert. Ein regelmäßiges Reporting zu den damit finanzierten grünen Immobilien soll die „Nachhaltigkeit und den ökologischen Mehrwert“ bestätigen. Die oekom research AG überprüft dabei die Einhaltung der strengen ökologischen

Zins (%)	Emittent	fällig am	Kurs (14.3.16)	Volumen (Mio.)	ISIN	Stückelung (Euro/AUD/CHF)
0,125	Berlin Hyp AG	05.05.22	99,75%	500	DE000BHY0GP5	1.000
2,000	Deutsche Bahn Finance	20.02.23	110,43%	400	XS0856032213	1.000
6,000	Eurofima	30.03.22	115,30%	200	AU3CB0022002	5.000
0,375	KfW	22.07.19	102,22%	2.000	XS1087815483	1.000
3,375	Kommunalkredit Austria	22.06.26	102,00%	309	CH0025662831	5.000
4,875	OeBB-Infrastruktur	27.06.22	129,16%	1.300	XS0307792159	50.000
2,250	OeBB-Infrastruktur	28.05.29	114,44%	500	XS1071747023	1.000
2,75	Vestas Wind Systems	11.03.22	101,00%	500	XS1197336263	1.000

Kriterien für die Auswahl der „Green Building"-Projekte (mit Energieeffizienz- oder Green-Building-Zertifikaten bzw. nach über 100 qualitativen und quantitativen Umwelt- und Sozialkriterien) und gibt eine „Second Party Opinion" ab. Trotz des Mini-Zinssatzes war die Pfandbrief-Emission (500 Mio. Euro) fast vierfach überzeichnet. Fast die Hälfte des Volumens ging an (großteils deutsche) Nachhaltigkeitsinvestoren bzw. -fonds. Der Deckungsstock besteht aus Bestandsimmobilien im Wert von über 650 Mio. Euro, darunter ein Gebäudekomplex im Wert von über 100 Mio. Euro in Polen. Die Berlin Hyp will während der Laufzeit mit jährlich zumindest rund 70 Mio. Euro jeweils neue Öko-Immobilien finanzieren.

Keine neuen „Green Bond"-Emissionen gibt seit einigen Jahren die 1958 gegründete Spezialbank Kommunalkredit Austria AG heraus, deren Kerngeschäft die Vergabe günstiger Kredite an österreichische Kommunen war. Mit Krediten – bei Laufzeiten von bis zu 25 Jahren und meist festem Zinssatz – wurden z.B. Infrastrukturmaßnahmen – teilweise auch über die Landesgrenzen hinaus – finanziert, die zur Verbesserung des Umweltschutzes beigetragen haben, u.a. im Bereich Abwasserentsorgung und Altlastensanierung. Zu deren Refinanzierung gab die Kommunalkredit Austria Anleihen heraus. Diese Umweltanleihen oder „Environmental Bonds" waren unter institutionellen Anlegern sehr begehrt, auch weil die Kommunalkredit über ihr „Debt-Issuance-Programm“ jährlich oft ein Volumen von mehreren Milliarden Euro platziert hat – mit für eine Geschäftsbank besten Bonitätsnoten. Im Zuge der Lehman-Finanzkrise im Herbst 2008 wurden jedoch einige Risiken im Handel mit anderen „toxischen“ Papieren schlagend, und die Bank musste, um einer Insolvenz zu entgehen, kurzfristig verstaatlicht werden. Die beiden Großaktionäre (die Dexia-Gruppe mit 49% und die österreichische Volksbankengruppe mit 50,8%) mussten ihre Anteile – für jeweils einen Euro – an die Republik abgeben, um nicht selbst weiter größeren Haftungen ausgesetzt zu sein. Dabei wurde eine „bad bank“ (KA Finanz AG) mit den Problem-Papieren abgespalten, die verbleibende Kommunalkredit Austria AG (www.kommunalkredit.at) wurde zwischenzeitlich wieder durch einen Verkauf an eine deutsche Investorengruppe „reprivatisiert“. Auch bei der KA Finanz AG konnten inzwischen die Haftungen bzw. Risiken stark abgebaut werden, nachdem einige „faule“ Papiere, für die es in der Krise plötzlich keinen Markt mehr gab, verkauft werden konnten.

2.4.2 Eurofima

Wer in einem modernen Zug durch die Gegend rollt, kann sich nicht nur über den gestiegenen Komfort freuen, sondern daran auch mitverdienen, indem er Anleihen von Eurofima ersteht. Die »Europäische Gesellschaft für die Finanzierung von Eisenbahnmaterial« (Eurofima) ist eine 1956 gegründete Aktiengesellschaft im Besitz von rund zwei Dutzend europäischen Eisenbahngesellschaften. Mit jeweils knapp 23 Prozent halten die Deutsche Bahn und die französische SNCF den Löwenanteil des Kapitals. In den vergangenen Jahren kamen als neue Eigner osteuropäische Staaten wie die Slowakei und Tschechien hinzu, die jedoch jeweils nur marginale Anteile von unter einem Prozent halten.

Eurofima sorgt dafür, dass den Aktionären nicht die Züge ausgehen, und gibt zur Finanzierung neuer Lokomotiven und Wagen auch Anleihen heraus. Für die langfristigen Anleihen vergeben Standard & Poor's und Moody's meist die Bestwerte (AAA/Aaa). Das ist nicht nur unter grünen Geldanlagen ein Traumwert. Der Grund für diese gute Noten: Die finanzierten Lokomotiven und Wagen bleiben bis zur vollständigen Rückzahlung Eigentum von Eurofima. Die Gesellschaft verfügt so ständig über wertvolle Sicherheiten in Form von mehreren tausend Lokomotiven und Waggons. Alle Verpflichtungen der Bahnen aus den Verträgen mit Eurofima besitzen zudem eine Garantie seitens der jeweiligen Regierungen.

Im Geschäftsjahr 2014 lag die Bilanzsumme bei über 26 Mrd. Franken, die Eigenkapitalquote bei rund sechs Prozent. Der Gewinn sank um rund 4,5 Prozent auf rund 33 Mio. Franken. Die Anleihenkäufer rührt das wenig. Für sicherheitsorientierte Anleger sind Euro-Anleihen der Eurofima nach wie vor eine attraktive Alternative zum klassischen Sparbuch. Am Ende der Laufzeit erhält man 100 Prozent zurück. Wer das Geld vorher braucht, kann die Anleihe jederzeit verkaufen. Eurofima-Papiere sind wegen des großen Marktvolumens, den Wahlmöglichkeiten unter verschiedenen Währungen (z.B. Euro, Dollar, Franken oder Yen) und Laufzeiten und – last but not least – wegen der ausgezeichneten Bonität auch bei „konventionellen" Investoren sehr beliebt – lieferten jedoch in den letzten (Niedrigzins-)Jahren wesentlich weniger Zinsen als 10 oder 15 Jahre vorher.

Kontakt:

- Eurofima,
  Rittergasse 20, CH-4001 Basel, Tel.: 0041/61/287-3340,
  www.eurofima.org

Anleihen nationaler Bahnen (z.B. Deutsche Bahn oder Österreichische Bundesbahnen, ÖBB) sind etwas riskanter, obwohl diese Unternehmen meist zu 100 Prozent in Staatsbesitz sind. Das zeigt sich auch daran, dass der Zinssatz ein wenig höher liegt als der bei Eurofima. Im Gegensatz zu deren relativ stetigen (und positiven) Ertragszahlen hatten z.B. die ÖBB auch mehrere Jahre mit Verlust abgeschlossen, im Jahr 2010 betrug das Minus z.B. – trotz eines um gut sechs Prozent auf über 6 Mrd. Euro gestiegenen Konzernumsatzes – knapp 330 Mio. Euro. Das lag vor allem am defizitär gewordenen Güterverkehr (Rail Cargo Austria, RCA), der 353 Mio. Euro Verlust zu verbuchen hatte. Der neue Bahnchef Christian Kern konnte das Unternehmen inzwischen wieder in die Gewinnzone führen. Trotz einiger „Altlasten" wie z.B. den hohen Kosten aufgrund des niedrigen Pensionsantrittsalters von durchschnittlich nur 53,5 Jahren (2010) und Zinsen für den gewachsenen Schuldenberg von 23,2 Mrd. Euro wurde 2014 bei 5,27 Mrd. Euro Umsatz ein Vorsteuergewinn von über 171 Mio. Euro erzielt.

2.4.3 Solar- bzw. „Mittelstands"-Anleihen

Während es im Windenergiebereich kaum börsennotierte Anleihen gibt (Energiekontor AG ist einer der wenigen Anbieter), kam es bei Solaranleihen vor Jahren (2010/11) zu einem regelrechten Boom, meist mit Zinssätzen von 6 bis über 9 Prozent. Doch viele der betreffenden Unternehmen – nicht alle waren auch selbst börsennotiert – mussten inzwischen Insolvenz anmelden, die Solaranleihen fielen von Kursen um 100% oft auf 2% oder darunter: die Anleger haben – je nach den vorher erhaltenen Zinsen – oft mehr als 80% ihres Einsatzes verloren. Bei einigen Unternehmen wurden, um eine Insolvenz zu verhindern, die Laufzeiten verlängert und der Zinssatz reduziert, bei der Carpevigo AG z.B. vom 9.7.2013 auf 30.6.2016 bzw. von 8,25% auf 2,5%, bei der Solar8 Energy AG um 5 Jahre bis 2021 bzw. von 9,25% auf 3,0%. Andere wie z.B. die der Rena GmbH notieren auch über das Datum der eigentlich fälligen Rückzahlung hinaus.

Bei der SolarWorld AG wurden im Zuge der Sanierung ältere Anleihen in neue (mit hoher Abwertung des am Ende rückzahlbaren Nennbetrags) umge-

Zins (%)	Unternehmen	fällig am	Kurs (14.3.16)	Volumen (Mio.)	ISIN	Stückelung (Euro)
6,00	BioEnergie Taufkirchen3	0.07.22	93,49%	15	DE000A1TNHC0	1.000
2,50	Carpevigo AG	30.06.16	15,00%	15	DE000A0N3X28	1.000
6,00	Energiekontor AG	30.06.22	102,60%	11	DE000A1MLW08	1.000
7,25	Energiezentr. Bayern 1	30.06.20	100,00%	20	DE000A12T283	1.000
7,375	eno energy GmbH	30.06.16	73,50%	25	DE000A1H3V53	1.000
7,25	German Pellets GmbH	27.11.19	1,96%	100	DE000A13R5N7	1.000
5,75	Murphy&Spitz Green Energy AG	06.10.21	92,90%	10	DE000A12UAK7	1.000
7,50	Payom Solar AG	07.04.16	1,60%	50	DE000A1H3M96	1.000
7,40	Pellex Bioenergie AG	01.01.17	38,00%	1	DE000A1EMCX1	1.000
8,00	Photon Energy Inv. NV	12.03.18	96,00%	40	DE000A1HELE2	1.000
7,00	Rena GmbH	15.12.15	4,15%	75	DE000A1E8W96	1.000
6,25	S.A.G. Solarstrom AG	14.12.15	29,45%	25	DE000A1E84A4	1.000
3,00	Solar8 Energy AG	07.04.21	61,00%	10	DE000A1H3F87	1.000
1,00+x	SolarWorld AG	21.01.17	210,10		DE000A1YDDX6	345,38
7,00	Sonneninvest AG	15.09.19	100,00%	10	AT0000A0EU88	50.000

tauscht und der vorherige Fixzins wurde z.B. auf 3-Monats-Euribor (mind. aber 1%) plus „6% Marge“ neu festgelegt.

In der vorstehenden Tabelle (Werte in Euro, wenn nicht anders vermerkt, das Volumen bezieht sich meist auf das ursprüngliche Angebot, auch wenn dieses nicht immer voll platziert werden konnte) finden sich Beispiele von „grünen“ Mittelstands-Emittenten, deren Papiere auch für Kleinanleger konzipiert worden sind, indem die Stückelung meist nur 1.000 Euro beträgt (bei anderen sind es oft 100.000 Euro oder mehr).

Die Volumina und die Börsenumsätze dieser Anleihen sind sehr unterschiedlich. Während manche mit einem täglichen Handelsvolumen von mehreren hunderttausend Euro (vor allem an der Stuttgarter Börse) eine hohe Liquidität haben, werden andere wie z.B. die der Hamburger Pellex Bioenergie AG mit einem Emissionsvolumen von nur 0,8 Mio. Euro oft tage- oder wochenlang gar nicht gehandelt. Die Entwicklung der einzelnen Unternehmen beschreiben zu wollen, würde den Rahmen dieses Buches sprengen (dazu gab es z.B. die mehr als 100 Seiten umfassende jährliche Öko-Invest-Solaraktienstudie).

Es kam auch eine Reihe nicht notierter Solaranleihen auf den Markt von Emittenten wie z.B. der Novatec Solar GmbH (ehemals NOVATEC BIOSOL AG, Volumen 10 Mio. Euro, konnte bei Fälligkeit 2015 nicht zurückgezahlt werden) oder der PHOTON Power AG, die drei Anleihen mit unterschiedlichen Zinssätzen (3/5/7,4%) und Laufzeiten (5/10/20 Jahre) emittiert hat, aber Ende 2015 – wie vorher schon einige Schwestergesellschaften im Verlagsbereich – Insolvenz angemeldet hat, nachdem zweckwidrig Darlehen in Millionenhöhe an die Verlagssparte weitergereicht worden sind, die dann nicht mehr einbringlich waren.

2.4.4 Wandelanleihen

Wandelanleihen sind festverzinsliche Wertpapiere mit bestimmter Laufzeit, die allerdings den Investoren ein Recht auf den Bezug von Aktien des ausgebenden Unternehmens einräumen – zu einem bestimmten Bezugskurs, der bei Ausgabe der Anleihe fixiert wird. Dieser liegt meist nicht allzu weit vom aktuellen Kurs entfernt, so dass sich bei Kurssteigerungen der Aktie interessante »Wandelprämien« ergeben können. Umgekehrt kann der Kurs der Anleihe auch fallen, wenn der Wert der zugrunde liegenden Aktie sinkt oder das Unternehmen Liquiditätsprobleme bekommt. Während es lange Zeit nur sehr wenige Wandelanleihen von Unternehmen aus dem Öko-Investmentbereich gab (2004 brachte z.B. die PNE Energie AG eine Wandelanleihe auf den Markt, im Solarbereich waren dies Sunways und die damalige Colexon AG, die inzwischen als 7C Solarparken AG notiert), hat sich die Szene in den letzten Jahren stark gewandelt, und zwar nicht nur von der Anzahl her, sondern auch von den Möglichkeiten, die nun auch Kleinanlegern offenstehen – mit allen Chancen und Risiken.

Nachdem die Q-Cells SE z.B. zwei Wandelanleihen mit Stückelungen von 100.000 Euro emittierten hatte, kamen im Oktober 2010 rund 29,4 Mio. Stück zu 6,75% verzinste Wandelanleihen zum Stückpreis von 4,38 Euro heraus. Zu diesem Preis konnte man das Papier – in den 5 Jahren Laufzeit bis 2015 – auch in eine Q-Cells-Aktie wandeln. Doch nachdem der Kurs dieser Aktie fiel, fiel auch der der Wandelanleihe – gegen null, als die Emittentin insolvent wurde. Ähnliche Verluste erlitten die Inhaber der Wandelanleihen der Solon SE und der chinesischen SunTech Power (in Dollar), in allen Fällen gingen dreistellige Millionensummen verloren.Hier eine der wenigen verbliebenen Solarwandelanleihen, die Sunpower in Dollar begeben hat (auf www.climatbonds.net finden sich viele weitere „nachhaltige" Wandelanleihen z.B. von Trina Solar, die allerdings meist nur für institutionelle Anleger geeignet sind):

Zins (%)	Unternehmen	fällig am	Kurs (14.3.16)	Volumen (Mio.)	ISIN	Stückelung (USD)
1,25 ($)	Sunpower	15.02.27	99,25	200	US867652AA76	1.000

2.4.5 Anleihen-Ratings

Bei der Anlageauswahl spielt neben Laufzeit und Höhe der Zinssätze die Bonität des Emittenten eine zentrale Rolle. Das Maß der Dinge sind hierbei die Beurteilungen der beiden Rating-Agenturen Standard & Poor's und Moody's oder auch Fitch Ratings. Zu den ethisch-ökologischen Qualitäten des Kreditnehmers sagen sie allerdings nichts aus. Bei der Beurteilung von Unternehmensanleihen können Anleger und Investoren zum Teil auf vorhandene Nachhaltigkeitsratings zurückgreifen.

Bei den Green Bonds lassen zunehmend mehr Emittenten die Veranlagung von externen Stellen zertifizieren bzw. laufend überprüfen, was die Sicherheit des Investors erhöht, der diese Papiere vor allem wegen der Zweckwidmung erworben hat. Für Staatsanleihen hat die oekom Research AG (siehe Kapitel 6.3.1) erstmals 2002 eine Untersuchung aller 30 OECD-Staaten und Russlands unter Nachhaltigkeitskriterien vorgelegt. Die Spitzenplätze belegten vier skandinavische Staaten, allen voran Norwegen. Deutschland kam aufgrund seiner Defizite in den Bereichen Bildung und Arbeitsmarkt nur auf Platz 12, die USA lagen wegen Schwächen bei der Menschenrechtspolitik und ihrer Versäumnisse in Klimaschutz und Entwicklungspolitik nur auf Platz 17. Ähnliche ethisch-ökologische Staatsanleihen-Ratings stellen inzwischen mehrere Research-Agenturen oder z.B. die Zürcher Kantonalbank (ZKB) kostengünstig zur Verfügung.

2.5 Aktien

Es würde den Rahmen dieses Buches sprengen, einen Überblick über hunderte von „grünen"Aktien geben zu wollen. Die folgenden Seiten können aber schon mittels einiger Beispiele einen kleinen Einblick in beliebte „grüne" Branchen geben. Aber Achtung: Das sind keine Kaufempfehlungen!

Wir stellen einige börsennotierte und nicht börsennotierte Aktien vor und behandeln anschließend auch die Möglichkeiten, die Investoren sonst im Aktienbereich haben: entweder sich bei Hauptversammlungen (kritisch) zu Wort zu melden oder sich zu Investmentklubs zusammenzuschließen und gemeinsam Aktien zu kaufen.

2.5.1 Börsennotierte Aktien

Von den vielen tausend Aktien, die weltweit notieren, sind für Öko-Investoren rund tausend Wertpapiere interessant, insbesondere einige hundert Aktien aus dem Bereich der erneuerbaren Energien.

2.5.1.1 Solar-, Wind- und Wasserkraft

Zwar ist der Erdölpreis in den letzten Jahren auf weit unter 50 Dollar pro „Barrel" (159 Liter) gefallen, aber die fossilen Vorräte an Öl, Gas und Kohle sind endlich. Es werden zunehmend mehr erneuerbare Energieträger zur Stromgewinnung gebraucht - zumindest in Ländern, in denen wegen der unbeherrschbaren Risiken (und auch Kosten) keine neuen Atomkraftwerke gebaut werden. Nicht nur in Europa wurde der Ausbau von Wind- und Solarenergieanlagen stark gefördert, das schon im Jahr 2000 in Deutschland in Kraft getretene Erneuerbare-Energien-Gesetz (mit verbindlichen Vergütungssätzen für jede erzeugte Kilowattstunde Strom) war für viele europäische Staaten ein Vorbild. In Ländern wie China und den USA sind es weniger die Einspeisetarife, die die Stromkonsumenten bezahlen, sondern Investitionszuschüsse oder Steuervorteile, die als Förderinstrumente ihre Wirkung tun.

Der Erfolg erneuerbarer Energien wird sich fortsetzen, allein in Deutschland ist eine Branche mit inzwischen mehreren hunderttausend Arbeitsplätzen gewachsen. Neben kleinen innovativen Unternehmen und vielen Mittelständlern sind inzwischen auch einige Großkonzerne im Spiel (nur Bosch hat sich wieder aus dem Solarsektor zurückgezogen). Der Öl-Gigant Total hat sich mehrheitlich am US-Photovoltaik-Unternehmen Sunpower beteiligt, die Mischkonzerne General Electric und Siemens gehören (durch Übernahmen) zu den Top Ten der Windturbinenhersteller, BayWa hat sich u.a. bei Solarfirmen eingekauft. Im Wasserkraftbereich hat sich die österreichische Verbundgesellschaft als einer der wenigen börsennotierten fast „reinen" Wasserkraftwerksbetreiber herauskristallisiert - mit über 95 Prozent Anteil an der eigenen Stromerzeugung.

Solarenergie

Die potenziell nutzbare Energie der Sonneneinstrahlung übersteigt alle anderen erneuerbaren Energieträger um ein Vielfaches. Neben der Nutzung von Sonnenenergie zur Wärmeerzeugung („Solarthermie") ist die Verstromung von Sonnenenergie („Photovoltaik") durch die Massenproduktion der Zellen und Module inzwischen so preisgünstig geworden, dass in sonnenreichen Regionen die sogenannte „grid parity" für Solarstrom erreicht ist: das heißt, die Kosten zu dessen Erzeugung sind nicht mehr höher als die auf Basis fossiler Energieträgern, bei höheren Ölpreisen sogar schon wesentlich niedriger.

Bei den Herstellern von Wafern, Zellen und Modulen hat innerhalb weniger Jahre China eine führende Rolle eingenommen und damit japanische und deutsche Unternehmen überholt. Und auch an den Börsen zeigt sich die enorme Expansion der letzten 15 Jahre: Gab es im Jahr 2000 nicht einmal ein Dutzend börsennotierte Solarunternehmen, sind es inzwischen schon rund 200. Allein die 30 (nach Börsenwert) größten Unternehmen (siehe Solaraktien-Index PPVX in Kapitel 2.8.3), haben derzeit (Februar 2016) einen Börsenwert von über 30 Mrd. Euro und über 100.000 Beschäftigte. Einige Unternehmen, insbesondere jene mit hohem Fremdkapitalanteil, sind jedoch insolvent geworden wie z.B. Aleo Solar AG, Centrosolar Group AG, centrotherm photovoltaics AG, Conergy AG, Energy Conversion Devices, Evergreen Solar, LDK Solar, Payom Solar AG, Powerbags AG, Q-Cells SE, Ralos New Energies AG, S.A.G. Solarstrom AG, Solar-Fabrik AG, Solar Millennium AG, Solarhybrid AG, Solarvalue AG, Solon SE Sunedison, Sunline AG, Sunways AG, SunTech Power (der ehemals größte Hersteller weltweit) und die systaic AG – großteils deutsche Unternehmen.

Durch eine Aktienzusammenlegung („Reverse Split": aus 150 Aktien wurde eine), die Ausgabe neuer Aktien und die Umwandlung von Anleihe-Verbindlichkeiten in Aktien konnte bei der SolarWorld AG eine drohende Insolvenz gerade noch verhindert werden. Die 1999 von Frank Asbeck – er hält als Vorstandschef noch 25 Prozent der Aktien – in Bonn gegründete Firma konnte den Umsatz von 2 Mio. Euro auf rund 1,3 Mrd. Euro (2010) steigern, fiel dann aber – u.a. durch den Preisverfall der Module und zunehmenden Konkurrenz aus Fernost – wieder zurück. In manchen Jahren fielen dreistellige Millionengewinne an, und der Aktienkurs stieg in der heißesten Phase (von 2002 bis Mitte 2008) um mehr als 19.000 Prozent (von 0,25 Euro auf über 48 Euro). Aber nach der „Lehman Brothers"-Börsenkrise 2008/9 sank der Kurs stark – und wer in der Höchstphase erst investiert hat, hat anschließend über 99% verloren. Denn durch den Split ist das jetzige Kursniveau nicht direkt mit dem früheren vergleichbar: Ein Kurs von rund 10 Euro (Februar 2016) entspräche nach „alter" Konstellation einem Niveau von 1.500 Euro. Die Börsenbewertung, die einmal über 5 Mrd. Euro lag, liegt inzwischen nur mehr bei rund 150 Mio. Euro. Das Unternehmen hat die Gewinnzone trotz wieder steigender Umsätze noch nicht wieder erreicht. Wie so oft kommt es an der Börse - auch bei Solaraktien - auf den richtigen Zeitpunkt für den Ein- und Ausstieg an. Auf lange Sicht (von 2003 bis Anfang 2016) lief der Index der 30 größten Solar-Titel jedoch rund 200 Prozentpunkte besser als der Erdöl-Aktien-Index.

Windenergie

Von den installierten Kapazitäten her gesehen hat die Windenergie noch einen relativ großen Vorsprung gegenüber der Solarenergie. 2010 trugen in Deutschland der Wind z.B. über sieben Prozent und die Sonne rund zwei Prozent zum Stromaufkommen bei, 2015 waren es bereits 13 Prozent bzw. knapp sechs Prozent. Durch diese Verdopplung innerhalb von 5 Jahren auf fast 19% haben die Erneuerbaren Energien aus Wind und Sonne sowohl die Steinkohle als auch die Atomkraft - 2015 mit Anteilen von 18% bzw. 14% - überrundet, und bald dürfte auch es auch die noch führende Braunkohle (24%) sein.

Laut der Europäischen Windkraftvereinigung EWEA wuchs die in Europa installierte Windkraftkapazität 2015 um 10 Prozent auf 142 Gigawatt (weltweit sind es über 432 Gigawatt, mit knapp 34% davon ist China knapp vor Europa) und hat damit einen Anteil von 11,4 Prozent an der europäischen Stromerzeugung. Der dänische Turbinenhersteller Vestas Wind Systems ist seit vielen Jahren weltweit führend, aber weit jüngere Unternehmen aus China holen auf. Denn dort ist man nicht mehr allein auf Exporte angewiesen, sondern auch der Heimmarkt wächst sehr schnell, um den stark gestiegenen Energiebedarf befriedigen zu können, wozu auch der Ausbau von Atom- und Kohlekraftwerken beiträgt.

Neben dem „Repowering", bei dem ältere und kleine Anlagen z.B. nach 20 Jahren durch moderne große ersetzt werden, machen manche Hersteller auch ein zusätzliches Geschäft mit sogenannten Offshore-Windparks, die einige Kilometer von der Küste entfernt im Meer gebaut werden. Bereits vor rund 10 Jahren wurden die ersten dieser Parks vor den Küsten von Dänemark, Großbritannien und Irland gebaut. Seit 2011 drehen sich auch die ersten deutschen Offshore-Rotoren in der Ostsee. An der Börse notieren rund drei Dutzend Windenergie-Aktien, sowohl von Turbinenherstellern als auch Windparkentwicklern.

In Europa sind als Hersteller neben der privaten deutschen Enercon vor allem die dänische Vestas und die spanische Gamesa bekannt, daneben auch die Senvion AG (erneuter Börsengang im März 2016, ehemals Repower Systems AG) und die Nordex AG. Als Windparkentwickler bzw. teilweise auch Betreiber haben sich u.a. die ABO Wind AG, die Energiekontor AG und die PNE Energie AG einen Namen gemacht. In Asien gehören u.a. die indische Suzlon Energy sowie China Ming Yang Wind Power, Sinovel Wind Group und Xinjiang Goldwind Science & Technology zu den börsennotierten Windkonzernen. Neben „reinen" Windenergieaktien gibt es auch einige von ihren Energieversorger-Mutterkonzernen abgespaltene „grüne" Töchter wie EDF Energies Nouvelles S.A. (Frankreich), Enel Green Power (Italien) oder EDP Renovaveis (Portugal), die meist ausschließlich Wind-, Wasser- und Solarkraftwerke betreiben.

2.5.1.2 Wasser

Nach zahlreichen Übernahmen im letzten Jahrzehnt (z.B. ging die Wedeco AG an ITT, Trojan Technologies an Danaher, Ionics an GE, Cuno an 3M, Thames Water und American Water Works an die RWE AG, Millipore an Merck) dominieren heute große Mischkonzerne wie Engie (früherer Name: Suez Environnement) und Veolia Environnement (mit über 300.000 Beschäftigten in über 70 Ländern) den Markt. Daneben findet der Investor nur mehr wenige eigenständige Wasserversorger wie die britische Severn Trent, Abwasseraufbereitungs- bzw. Rohrleitungs-Unternehmen wie die SW Umwelttechnik AG oder Sanitärunternehmen wie die Schweizer Geberit AG. Der österreichische Wasseraufbereiter BWT AG wird nicht mehr lange an der Börse notieren, weil der Hauptaktionär sich die Kosten und Publizitätspflichten sparen will und die Aktien sukzessive zurückkauft.

2.5.1.3 Geothermie

Auch ohne Wind und Sonne lässt sich – frei von radioaktiven oder CO_2-Emissionen – Strom gewinnen, nämlich über Erdwärme. Diese wird in Tiefen bis 200 Meter (Oberflächen-Geothermie) oder zwischen 2.500 m bis über 4.000 m (Tiefen-Geothermie) über Bohrlöcher „angezapft". Dabei wird z.B. kaltes Wasser („Hot-Dry-Rock-Verfahren") in das oft 130 bis über 200 Grad Celsius heiße Felsgestein gepumpt und kommt erhitzt bzw. als Dampf wieder nach oben, wo mittels Turbinen Strom erzeugt wird.

Zwar ging eine solche Turbine schon 1913 im weltweit ersten Erdwärmekraftwerk in Larderello (Italien) in Betrieb, aber neue Projekte – vor allem in Kenia und rund um den Pazifik in den USA, Mexiko, Indonesien und auf den Philippinen – sind um ein Vielfaches größer und erfordern von den Entwicklern bzw. Betreibern viel Zeit und Kapital. Für den Investor gibt es nach der Übernahme des großen Geothermiebetreibers Magma Power durch einen US-Stromversorger nur mehr wenig Alternativen an der Börse. Neben einer Handvoll meist sehr kleiner Gesellschaften in den USA oder Australien wie U.S. Geothermal oder Geodynamics, denen wie Western Geopower schnell das Geld für Bohrungen ausgehen kann, ist hier der Marktführer Ormat Technologies (www.ormat.com) zu nennen. Die 1994 in Israel gegründete und seit 2004 in den USA börsennotierte Gesellschaft macht mit dem Bau und dem Betrieb von Geothermiekraftwerken in mehreren Ländern jährlich hunderte Millionen Dollar Umsatz, allerdings bei schwankenden Gewinnen.

2.5.1.4 Bio-Lebensmittel

Ähnlich wie im Geothermiebereich sind auch im Bio-Lebensmittelbereich noch relativ wenig »reinrassige« Aktien auf dem Markt. Abseits der Börse gibt es die 2007 gegründete BioArt AG aus Salzburg-Seeham, die unter eigenem Namen oder unter fremden (Supermarkt-)Marken diverse Lebensmittel von Heumilch-Bioschokolade über Gewürze bis zu neuen Kreationen wie Maisstangen in Verkehr bringt, die zu 100 Prozent „bio“ und „fair gehandelt“ sind. Über einen Online-Shop (www.bioart.at) sind u.a. personalisierte Schokoladentafeln erhältlich. Die BioArt-Aktien werden selten (unter den rund 25 Aktionären) gehandelt, die letzte Kapitalerhöhung gab es 2010 zum Ausgabepreis von 12,50 Euro pro Aktie. Auf dieser Basis ist das profitable Unternehmen mit knapp 3,5 Mio. Euro, gut einem Jahresumsatz, bewertet. Hauptaktionäre sind die Gründerfamilie Rosenstatter (über 50%) sowie Daimler-Vorstand Dr. Wolfgang Bernhard (über 25%).

Die meisten börsennotieren Unternehmen weisen nur einen mehr oder weniger großen Anteil des Umsatzes im Bio-Bereich auf, wie z.B. die niederländische Wessanen-Gruppe, die kanadische SunOpta (www.sunopta.com) oder das US-Kaffee-Unternehmen Keurig Green Mountain. Der Kurs dieser Aktie ist - während der Mitgliedschaft im nx-25-Index - von 2004 (1,70 USD) bis 2015 um über 5.000 Prozent gestiegen, bevor das Unternehmen im März 2016 - zum Preis von 92 US-Dollar pro Aktie - von der deutschen Reimann-Gruppe (für über 13 Mrd. USD) übernommen wurde. Nicht ganz so stark, aber auch um einige hundert Prozent gestiegen ist der Kurs der führenden US-Naturkost-Supermarktkette Whole Foods Market (www.wholefoodsmarket.com), die mit hunderten großen Filialen inzwischen pro Jahr zweistellige Milliardenumsätze macht.

2.5.1.5 YieldCos (Kraftwerksbetreiber)

In den letzten Jahren kamen sog. „YieldCos“ auf den Markt, die aus relativ leicht zu kalkulierenden Kraftwerks-Stromerlösen den Investoren relativ stabile und hohe Renditen liefern sollen. Neben Unternehmen wie z.B. NextEra Energy Partners (mit Sitz in Florida), die u.a. auch Erdgas-Pipelines (in Texas) betreiben, gibt es inzwischen mehr als 30, die ausschließlich im Bereich erneuerbarer Energien, d.h. Solarenergie, Wasserkraft, Windenergie und Biomasse, tätig sind. 20 davon – mit einem Börsenwert von insgesamt über 20 Mrd. Euro - sind in der folgenden Tabelle aufgelistet – mit höchst unterschiedlichen Kursentwicklungen, die 2015 von hohen Verlusten (über 60% bei TerraForm Power) bis zu hohen Gewinnen (über 80% bei der Hamburger Capital Stage AG) reichen – und das, obwohl diese beiden Unternehmen großteils Solar-Kraftwerke betreiben.

Man sollte sich also vor einem Investment in YieldCos genau ansehen, wie das Unternehmen finanziell und personell aufgestellt ist – und welche Abhängigkeiten ggf. bestehen. Denn so einfach, wie es der Ausdruck „YieldCo“ vermuten lässt, ist es oft nicht: Neben der Managementqualität kommt es u.a. auch darauf an, dass die Fremdkapitalquote nicht zu hoch ist, dass die Verfügbarkeit und Rentabilität der Anlagen stimmen, dass gesetzlich garantierte Einspeisetarife oder steuerliche Rahmenbedingungen nicht rückwirkend (wie z.B. in Tschechien, Spanien oder Italien geschehen) geändert werden oder dass z.B. – insbesondere bei expansiven US-Gesellschaften – genügend neue Kraftwerke erworben und auch finanziert werden können. Die meisten dieser 20 YieldCos sind als

Aktiengesellschaften konstruiert, einige britische jedoch ähnlich wie ein Investmentfonds, bei dem man laufend einen „net asset value" berechnen kann: Diese notieren meist um 100% des Ausgabepreises, weil sie die Erträge jährlich ausschütten. Andere wiederum weisen aufgrund der Investitionskosten Anfangsverluste aus, bevor in späteren Jahren die Erträge kommen, wie z.B. die ABO Invest AG, die von der Muttergesellschaft Abo Wind AG 2011 separat an die Börse gebracht worden ist. Sie betreibt (ohne die Risiken einer eigenen Projektentwicklung und gestreut auf vier Länder sowie unterschiedliche Anlagenhersteller) inzwischen über 60 Windenergieanlagen sowie eine Biogasanlage mit insgesamt über 130 MW Leistung. Die über 4.000 Investoren (www.buergerwindaktie.de) schätzen die einer Anleihe sehr ähnliche stetige Kursentwicklung mit einer jährlichen Steigerung von bis dato rund 7%.

Übersichtstabelle: 20 YieldCos (alfabetisch gereiht, MK in Mio. Euro):

Unternehmen	Kurs	MK	KUV	KGV	Div-R.	YTD
7C Solarparken AG	2,46	105	3,4	6	0,0%	9%
8point3 Energy Partners LP	$ 14,31	905			6,1%	-11%
Abengoa Yield	15,59	1.562			10,2%	-10%
ABO Invest AG	1,49	64	3,0		0,0%	2%
Aventron AG (ehem. KKB AG)	CHF 8,30	130	9,6	194	2,5%	-7%
Brookfield Renewable Energy P.	CAD 38,10	3.716	2,5	938	6,3%	5%
Capital Stage AG	7,50	567	5,8	27	2,0%	-5%
Capstone Infrastructure	CAD 4,86	324	1,4		9,4%	34%
Chorus Clean Energy AG	8,80	244			0,0%	-10%
Edisun Power Europe AG	CHF 40,50	13	1,9	23	0,0%	-5%
Enel Green Power	1,90	9.550	3,4	55	1,7%	1%
Hannon Armstrong Sustainable	$ 18,77	641	9,4	85	6,4%	-1%
Innergex Renewable Energy	CAD 13,68	969	5,7		4,7%	21%

Unternehmen	Kurs	MK	KUV	KGV	Div-R.	YTD
NextEnergy Solar Fund	GBP 97,75	380			5,9%	-6%
NRG Yield	$ 14,07	2.247	4,5	26	6,4%	-5%
Pattern Energy Group	$ 19,03	1.264	4,2	-	8,0%	-9%
Renewables Infrastructure Group	GBP 100,9	945	36	34	6,1%	-1%
Scatec Solar	NOK 40,00	394	4,2	55	1,7%	3%
TerraForm Global	$ 2,88	457			38,6%	-48%
TerraForm Power	$ 9,04	1.130	1,2		15,5%	-28%
Summe bzw. Median		**25.607**	**4,2**	**45**	**6,0%**	**-5%**

Quellen: Öko-Invest, Bloomberg, Stand 22./23.3.16, Kurse in Euro wenn nicht anders angegeben
MK = Marktkapitalisierung in Mio. Euro, KUV = Kurs-/Umsatz-Verhältnis (2015 bzw. zuletzt), KGV = Kurs-/Gewinn-Verhältnis, Div-R. = Dividendenrendite, YTD: Kursentwicklung seit Jahresanfang 2016 (Wechselkurse: 1 US-$ = 0,89042 Euro, 1 Can-$ = 0,68113 Euro, 1 Pfund = 1,27345 Euro, 1 CHF=0,91723 Euro, 1 NOK = 0,1058 Euro)

Bei der Enel Green Power will der größte italienische Stromversorger Enel, der im November 2010 für rund 2,26 Mrd. Euro seine Wind- und Solarkraftwerke mittels Spin-off an die Börse gebracht hatte (u.a. um eigene Schulden zu reduzieren), den in Streubesitz befindlichen 30%-Anteil nun wieder als einen der „Wachstumstreiber“ im Konzern zurückkaufen. Der Enel-Konzern hat sein bis 2019 geplantes Investitionsvolumen um 2,7 Mrd. Euro auf 17 Mrd. Euro erhöht und will damit den Anteil der erneuerbaren Energieerzeugung auf über 50% steigern. Mit dem Rückkaufangebot geht Enel den gleichen Weg wie die spanische Iberdrola, die ihr 2007 verkauftes Aktienpaket an der Iberdrola Renovables SA 2011 zurückgekauft hat, während die portugiesische EDP Renovaveis SA seit dem Börsengang 2008 auch Streubesitz-Aktionäre hat.

Wesentlich kleiner, aber stark wachsend ist die Schweizer Aventron AG (www.aventron.com, ehemals Kleinkraftwerk Birseck AG), die auf den Erwerb und Betrieb kleinerer EE-Kraftwerke (zu rund 55% Wasserkraft, zu 30% Photovoltaik) in der Schweiz, Frankreich, Italien, Deutschland und Norwegen spezialisiert ist. Der kleinste Titel in der Tabelle ist die Edisun Power Europe AG (www.edisunpower.com), die 2014 – bei einem Umsatz von 7,9 Mio. CHF - wieder in die Gewinnzone gekommen ist. Gute Gewinne und mit Abstand die beste Kursentwicklung 2015 wies die Hamburger Capital Stage AG (www.capitalstage.com) auf. Durch den (von der Energiekontor AG) übernommenen neuen 38,5-MW-Küstenwindpark bei Bremerhaven stieg die Windkraft-Kapazität auf über 100 MW bzw. auf einen Anteil rund 19%. Durch die EEG-Vergütung von 0,089 Euro/kWh auf 20 Jahre ergibt sich für die Capital Stage AG mit dem neuen Park ein jährlicher Umsatzbeitrag von fast 8 Mio. Euro. Langfristig soll aber der PV-Anteil (dzt. 81%) weiterhin bei mindestens 75% liegen. Seit 2009 hat Capital Stage Solarkraftwerke und Windparks in Deutschland, Frankreich, Italien und Grossbritannien mit insgesamt fast 550 MW erworben und ist damit „Deutschlands größter unabhängiger Solarparkbetreiber". 2014 stieg der Umsatz um 44% auf 85,2 Mio. Euro, der Reingewinn um 91% auf 25,5 Mio. Erst im Herbst 2015 ist die Aktie der Neubiberger CHORUS Clean Energy AG (www.chorus.de) – im zweiten Anlauf zu 9,75 Euro – an die Börse gekommen. Deren Wind- und Solarparkportfolio stammt aus einer Reihe von geschlossenen Fonds der 1998 gegründeten Chorus-Gruppe, deren Fondsanleger statt Kommanditanteilen einzelner Betreibergesellschaften nun Aktien der Gruppe halten. 2014 stieg der Umsatz um rund 11% auf 55 Mio. Euro, als Jahresüberschuss blieben rund 3,7 Mio. Euro.

Die früher unter dem Namen Colexon bekannte Solarprojektierer-Firma 7C Solarparken AG (www.solarparken.com) hat sich in den letzten Jahren zur YieldCo entwickelt und den Sitz von Hamburg nach Bayreuth verlegt. 2015 wurde bei einem Umsatz von 24,05 Mio. Euro ein Gewinn von 2,93 Mio. Euro bzw. 0,10 Euro/Aktie erzielt.

Während die Kurse bei britischen „Solar-Fonds" wie z.B. dem Nextenergy Solar Fund, dessen Manager Bonte-Friedheim 2016 mit der Projektierer-Aktie Next-Energy European Solar Utility an die Londoner Börse strebt, relativ stabil sind, haben US-YieldCos wie z.B. die 8point3 Energy Partners (mit PV-Kraftwerken bzw. -Dachflächen von über 400 MW Leistung) trotz hoher Dividendenerwartungen (0,84 USD pro Aktie bzw. quartalsweise 0,21 USD) seit dem Börsengang teilweise hohe Kursverluste verbuchen müssen.

Die erst seit Juli 2015 gelistete Aktie der TerraForm Global (www.terraform.com) hat sogar über 75% verloren, was mit mehreren negativen Meldungen einherging. Mit über 40 PV-(und Wasser-/Wind-)Kraftwerken (rund 1.000 MW) u.a. in China, Honduras, Indien, Malaysia, Südafrika, Thailand und Uruguay – großteils aus dem früheren Bestand von SunEdison – wurde in den ersten neun Monaten 2015 ein Umsatz von knapp 73 Mio. US-Dollar – bei Zinskosten von fast 85 Mio. US-Dollar – ein Verlust von über 116 Mio. US-Dollar erwirtschaftet. Seit November 2015 wurden mehrere Sammelklagen von Aktionären gegen das Unternehmen eingebracht, bei denen irreführende Prospektangaben bzw. das Verschweigen von Risiken bemängelt werden – u.a. im Zusammenhang mit der mangelnden Finanzierungsfähigkeit geplanter Projekte seitens des Mutterkonzerns SunEdison: Dieser ist hoch verschuldet und hat am 6. August, kurz nach dem TerraForm-Börsengang, einen Quartalsverlust von 263 Mio. US-Dollar – bei einem Umsatz von 455 Mio. US-Dollar – bekannt gegeben. Daraufhin fiel der Kurs von TerraForm Global um 18% (der von SunEdison ist seit 2015 von über 33 USD auf unter 1,40 USD sehr stark gefallen).

2.5.2 Ethisch-ökologische Aktienindizes

Aktienindizes enthalten nach bestimmten Kriterien (z.B. Börsenplatz, Branche oder Unternehmensgröße) ausgewählte Werte. Sie sind ein wichtiges Hilfsmittel, um wirtschaftliche Entwicklung und Kursperformance einzelner Marktsegmente messen zu können. Parallel zur Entwicklung des „grünen" Aktienmarktes kamen im Lauf der 1990er-Jahre eine Reihe von Indizes auf den Markt, die nur Aktien einbeziehen, die nach ethisch-ökologischen Kriterien ausgewählt worden sind.

In den USA spielte der schon 1990 lancierte Domini Social Index eine Pionierrolle: Er enthielt 400 US-Titel, deren Auswahl mittels Negativkriterien (z.B. keine Rüstungs- und keine Tabakproduktion) erfolgte. Aufgrund der Kooperation mit Dow Jones sind die seit 1999 (nach einem „best-in-class"-Ansatz) entwickelten Dow Jones Sustainability Indizes weltweit sehr verbreitet.

2.5.2.1 Natur-Aktien-Indizes (NAI und nx-25)

Der erste internationale ethisch-ökologische Aktienindex im deutschsprachigen Raum wurde 1997 vom Öko-Invest-Verlag, Wien, im Auftrag des Monatsmagazins Natur & Kosmos, München, entwickelt. Zum Stichtag 1. April 1997 startete der 20 Werte umfassende Index mit einem Ausgangswert von 1.000 Punkten. 18 Jahre später stand er – trotz zwischenzeitlicher Börsenkrisen – bei knapp 10.000 Punkten. In den ersten fünf Jahren (1.4.1997 bis 1.4.2002) stieg der NAI von 1.000 auf rund 2.000 Punkte – das war rund fünfmal stärker als der MSCI-Welt-Index (+20% im selben Zeitraum). Der 1997 unter dem Kürzel „NAX" gestartete Index wurde nach einer gerichtlichen Intervention der Deutschen Börse AG, die eine Verwechslungsgefahr mit dem DAX sah, auf „NAI" bzw. „nx-25"umbenannt.

Anders als der in den 1980er-Jahren eingeführte Pollution-Control-Index des bekannten amerikanischen Index-Anbieters Standard & Poor's, der nur eine Handvoll US-Aktien aus der Umwelttechnologie- und Entsorgungsbranche umfasste, verfolgte der Natur-Aktien-Index einen breiteren Ansatz. Er sollte Gradmesser für die ökonomische Komponente ökologischer Bestrebungen sein. Die Titelauswahl erfolgt anhand umfangreicher ethisch-ökologischer Kriterien, die weit strenger gefasst sind als bei den meisten anderen Öko-Indizes. Die Titelgewichtung ist im Unterschied zu vielen anderen Indizes nicht von der Marktkapitalisierung oder dem reinen Nominalwert abhängig. Nach der Aufstockung der Titelanzahl auf 25 Anfang 2003 wurde jede Aktie zum Jahresanfang mit jeweils vier Prozent gleich stark gewichtet.

Änderungen bei der Zusammensetzung ergeben sich beispielsweise, wenn die betreffenden Unternehmen durch Übernahmen, Fusionen oder Verkäufe von ganzen Geschäftsbereichen nicht mehr die Kriterien repräsentieren, die Grundlage für die Aufnahme in den Index waren. In solchen Fällen oder wenn die Aktie vom

Börsenhandel ausgesetzt wird, wird der betreffende Titel so ersetzt, dass sich hierdurch keine Übergewichtung bestimmter Branchen oder Länder ergibt. Wegen Übernahmen sind beispielsweise die australische Wasserfilter-Aktie Memtec, die Rollstuhlhersteller-Aktie Sunrise Medical, die Eiscreme-Aktie Ben & Jerry's Homemade und die Biomilch-Aktie Horizon Organic aus dem Index ausgeschieden, zuletzt (Ende 2015) auch (wegen eines Übernahmeangebots) die Kaffee(automaten)-Aktie Keurig Green Mountain, deren Kurs während der zwölf Jahre Indexzugehörigkeit (2004-2105) von rund 1,70 auf rund 90 US-Dollar gestiegen ist.

Im Mai 2003 kam es zum Bruch zwischen dem „NAI"-Lizenznehmer Securvita und dem Indexentwickler Max Deml, der auch dem 1999 ins Leben gerufenen Index-Beirat angehörte. Anlass für die Trennung war die Aufnahme der Geberit-Aktie in den Index durch Max Deml. Securvita beharrte auf der Aufnahme des Möbeltitels Steelcase, obwohl sich damals bereits ein anderer US-Möbeltitel im Index befand, für den Steelcase ein Ersatz hätte sein können. Die juristischen Auseinandersetzungen zwischen Öko-Invest und Securvita, bei denen es vor allem um Urheber- und Markenrechte ging, dauerten über zehn Jahre an: Inzwischen wurde die für Securvita eingetragene Marke „NAI" vom Deutschen Patentamt gelöscht, der von Securvita dagegen erhobene Einspruch in letzter Instanz abgewiesen.

Der Öko-Invest-Verlag führt „seinen" Natur-Aktien-Index seit 2003 unter dem Namen nx-25 weiter. Durch unterschiedliche Neuaufnahmen haben sich die beiden Natur-Aktien-Indizes auch performancemäßig auseinander entwickelt. Der nx-25 (mit 25 Titeln) lief bis dato (Stand Mitte März 2016: 9.565 vs. 6.957 Punkte) rund 2.600 Punkte besser als der ebenfalls überdurchschnittliche NAI (seit 2007 mit 30 Titeln).

Der nx-25 lehnt sich an die Standards der internationalen „Börsen-Gewichtsverteilung" an. Entsprechend haben die 10 US-Aktien den höchsten Anteil, die restlichen 15 Titel verteilen sich auf die Länder Dänemark, Deutschland, Frankreich, Großbritannien, Italien, Japan, Kanada, Luxemburg (bzw. Listing in Hongkong), Norwegen, Österreich und Schweiz (mit jeweils 1 bis 2 Werten, Japan 3). Deutschland ist derzeit (mit der init- und UmweltBank-Aktie) mit acht Prozent gewichtet. Bei der Indexberechnung werden keine Dividendenzahlungen berücksichtigt, während beispielsweise die Entwicklung des Deutschen Aktienindex (DAX) auf dem Gesamtertrag mit sofortiger Wiederanlage der Dividenden beruht. Daneben gibt es weitere so genannte technische Kriterien: Beispielsweise darf keine Branche doppelt im Index vertreten sein, und die Börsenhandelsumsätze dürfen nicht zu gering sein. Alle Unternehmen müssen jedenfalls bestimmten ökologischen und ethischen Positiv- und Negativkriterien genügen. Ein ökonomisches Kriterium für die Zusammensetzung des nx-25 besteht darin, dass mindestens drei Viertel der Werte langjährig etablierte Firmen sein müssen, das ökonomische Ausschlusskriterium „negatives Eigenkapital" führte seinerzeit zum Ausschluss der Solarworld-Aktie, die vorher (von 2003 bis 2007) um mehr als 10.000 Prozent gestiegen war. Seither repräsentiert First Solar den Solarsektor im nx-25.

Indizes wie der nx-25, die auch kleinere innovative Unternehmen enthalten, sind nicht weniger nachhaltig als die „Großen“ – eher trifft das Gegenteil zu. Denn die ethisch-ökologischen Kriterien sind wesentlich strenger. Auch die Performance kann sich sehen lassen, in den meisten Jahren lief er wesentlich besser als der „konventionelle“ MSCI-Weltindex: In den fast zwölf Jahren von Mai 2003 bis Ende 2015 (Stand 9.666) hat der auf Dollarbasis kalkulierte nx-25 mit einem Plus von rund 565 Prozent seine Benchmark, den MSCI-Weltindex (+101%), um mehr als 460 Prozentpunkte hinter sich gelassen. Ein kostengünstiges Index-Finanzprodukt auf den nx-25 ist in Vorbereitung.

Kontakt:

- Öko-Invest-Verlag,
  Schweizertalstraße 8–10/5, A-1130 Wien,
  Tel.: 0043/1/87609501, E-Mail: oeko-invest@teleweb.at

Zu den 25 Titeln des nx-25-Index zählen derzeit (Stand 18. März 2016) folgende Unternehmen und Branchen (Kurse an der Heimatbörse):

Land	Unternehmen	Branche	Kurs 18.3.16	Internet
F	Boiron	Homöopathie	68,88	www.boiron.fr
USA	eBay	Handelsplattform	23,77	www.ebay.com
USA	EnerNOC	Energieman.	7,55	www.enernoc.com
USA	First Solar	Solarenergie	72,44	www.firstsolar.com
CH	Geberit AG	Sanitärtechnik	351,80	www.geberit.com
I	GEOX	Schuhe	2,95	www.geox.com
USA	HealthSouth Corp.	Gesundheitsdl.	36,13	www.healthsouth.com
USA	Herman Miller	Möbel	30,99	www.hermanmiller.com
D	init AG	Telematik (ÖPNV)	14,45	www.init.de
USA	Interface	Bodenbeläge	18,35	www.interface.com
USA	Kansas City Southern	Eisenbahnbetr.	87,51	www.kcsouthern.com
J	Kurita Water Ind.	Umwelttechnik	2.562	www.kurita.com
L	L`Occitane Int. SA	Kosmetik (in HKD)	14,32	www.loccitaine.com
A	Mayr-Melnhof Karton	Verpackung	107,40	www.mayr-melnhof.com

Land	Unternehmen	Branche	Kurs 18.3.16	Internet
USA	Ormat Technologies	Geothermie	41,07	www.ormat.com
J	Ricoh	Büromaschinen	1.149	www.ricoh.com
GB	Severn Trent	Wasservers.	21,41	www.severn-trent.com
J	Shimano	Fahrräder	17.830	www.shimano.com
CAN	SunOpta	Lebensmittel	6,39	www.sunopta.com
USA	Tesla Motors	Automobile	232,74	www.teslamotors.com
N	Tomra Systems	Pfandautom.	85,50	www.tomra.com
D	UmweltBank AG	Bank	70,50	www.umweltbank.de
A	Verbund AG	Wasserkwb.	11,02	www.verbund.com
DK	Vestas Wind Systems	Windturbinen	466,10	www.vestas.com
USA	Whole Foods Market	Naturkost-EH	33,42	wholefoodsmarket.com

2.5.2.2 Dow Jones Sustainability Group Indizes

Im September 1999 startete die SAM Sustainability Group, Zürich, inzwischen zur Robeco-Gruppe gehörig, zusammen mit dem amerikanischen Indexanbieter Dow Jones die Dow Jones Sustainability Group Index-Familie (DJSI). Der DJSI-Ansatz unterscheidet sich wesentlich vom nx-25. Es werden keine Ausschlusskriterien definiert, sondern die jeweils führenden Unternehmen eines Branchensegments werden nach dem Best-in-Class-Ansatz herausgefiltert. Dazu werden aus den über 2.000 größten börsennotierten Unternehmen der Welt mittels Fragebogenauswertung und anderen Research-Maßnahmen jene ausgewählt, die im Vergleich zu ihren Branchenkonkurrenten die meisten Pluspunkte auf einer Nachhaltigkeitsskala erzielen. Ökologische, soziale und finanzielle Aspekte werden jeweils mit rund einem Drittel gewichtet. Im Ergebnis werden die Unternehmen in so genannte Sustainability-Pioniere und Sustainability-Leader eingeteilt.

Anfangs enthielt der DJSI gut 220 Unternehmen, zwischenzeitlich wurde die Anzahl auf über 300 erhöht. Im ersten Jahr des DJSI ergab sich eine leicht schwächere Performance als beim „konventionellen“ Vergleichsindex DJ World, über die Jahre gerechnet liefen die Indizes ziemlich parallel.

Die DJSI-Familie besteht aus einem weltweiten Index und den Teilindizes für die Kontinente Europa, Nordamerika und Asien und den Pazifikraum. Daneben gibt es noch Sonderformen, die bestimmte Branchen wie die Tabakindustrie ausschließen. Rüstung hingegen kann in allen Index-Varianten vorkommen, sofern die betreffenden Unternehmen nicht mehr als 50 Prozent ihres Umsatzes in diesem Geschäftsfeld erwirtschaften. Auch wenn das manchen ethisch-ökologisch orientierten Privatanleger stört, bei Institutionellen kommt diese Philosophie nicht schlecht an, was sich auch in der Vielzahl von Lizenznehmern ausdrückt: Schon innerhalb der ersten drei Jahre haben über 50 meist europäische Banken, Fondsgesellschaften und Versicherungen eine Lizenzvereinbarung geschlossen und entsprechende Produkte, vor allem Fonds und Zertifikate, auf den Markt gebracht, deren Volumen sich insgesamt auf mehrere Mrd. Euro beläuft.

Die in diesen Produkten enthaltenen Aktien sind meist ziemlich bekannt (von BMW bis Royal Dutch), wurden aber im ersten Jahr des Bestehens des Index nicht publiziert. Kritische Stimmen gab es, sobald Unternehmen aus den Indizes in Umweltkatastrophenfälle (Erdöl, Atomenergie) verwickelt waren.

Da relativ viele Titel im Index ausgetauscht werden, meist mehrere Dutzend pro Jahr, ist dieser Index nicht so „prägnant“ wie der nx-25 mit insgesamt nur 25 ausgewählten Aktien, bei denen selten ein Austausch stattfindet. Er ist auch bei weitem nicht so „grün“, hat aber andererseits den durchaus erwünschten Nebeneffekt, dass auch bei einigen weniger „grünen“ Unternehmen ein kleiner Wettbewerbsdruck entstanden ist. Schließlich möchte kein Unternehmen gerne als letztes in einer Umweltbewertung abschneiden oder zu jenen gehören, die die Beantwortung von Fragebögen verweigern.

Die SAM Sustainability Group betreut nicht nur das Nachhaltigkeitsrating für die DJSI-Titelauswahl, sondern ist auch in der Vermögensverwaltung tätig und leitete lange Zeit die in Zürich börsennotierte Sustainable Performance Group (SPG), die ähnlich einem Fonds als Beteiligungsholding aufgebaut war und 2011 in einen Fonds übergeführt wurde, nachdem der Börsenkurs längere Zeit erheblich unter dem inneren Wert der Aktie lag.

2.5.2.3 Solaraktien-Index PPVX

Nachdem um die Jahrtausendwende – hauptsächlich in den USA und Deutschland – eine Reihe von Photovoltaik-Unternehmen an die Börse gegangen war, entschloss sich das deutsche Solarmagazin Photon die Branchenentwicklung mit einem eigenen Aktienindex abzubilden. Der vom Öko-Invest-Verlag, Wien, mitentwickelte Photon-Photovoltaik-Aktienindex (PPVX) startete am 1. August 2001 mit 1.000 Punkten und ist auf Euro-Basis kalkuliert. Der Index war zwischen 2003 und Mitte 2008 mit einem Plus von über 2.000 Prozent extrem erfolgreich, hat aber nach der Lehman-Brothers-Pleite auch wieder stark verloren – jedenfalls haben seine Wertentwicklung und die Änderungen bei der Zusammensetzung (Verlagerung nach Asien) die Entwicklung der PV-Branche gut abgebildet.

Der PPVX umfasste anfangs neun börsennotierte Unternehmen (AstroPower, Energy Conversion Devices, Evergreen Solar, S.A.G. Solarstrom AG, Solarworld AG, Solon AG, Spire, Sunways AG, Worldwater) sowie ein außerbörslich gehandeltes Unternehmen, das seit 2004 auch an der Börse ist (Phoenix Solar AG). Von diesen Unternehmen – erst nach einigen Jahren war die Obergrenze von 30 Titeln erreicht – ist heute keines mehr im Index. Auch der Pionier Solarworld ist ausgeschieden, weil das Unternehmen (mit rund 150 Mio. Euro statt früher zeitweise über 5 Mrd. Euro) schon seit Jahren nicht mehr zu den 30 mit dem größten Börsenwert gehört.

Aufgenommen werden Unternehmen, die über 50 Prozent des Vorjahresumsatzes mit Produkten oder Dienstleistungen gemacht haben, die direkt oder indirekt mit der Installation beziehungsweise Nutzung von Photovoltaikanlagen zusammenhängen. Der PPVX wird regelmäßig in der Zeitschrift Öko-Invest sowie auf Websites wie www.ee-news.ch veröffentlicht. Als Vergleichswert dient der jeweils aktuelle Stand des NYSE Arca Oil Index, der ein gutes Dutzend große Öltitel enthält und zum Start des PPVX bei 548 Punkten lag.

Hier eine tabellarische Übersicht der 30 Titel des PPVX (Gesamtbörsenwert rund 27 Mrd. Euro) mit den Kursen und Performancezahlen in den ersten sechs Wochen 2016, in denen der PPVX mit -31,1% weit stärker zurückgegangen ist als der Erdölaktienindex mit -14,4%. Langfrist sieht es etwas anders aus: Seit Anfang 2003 (das all-time-low lag 2002 bei 252 Punkten) liegt der PPVX (+276%) rund 178 Prozentpunkte vor dem Erdölaktien-Index (mit +98%).

				PPVX = 1.187
Land	Unternehmen	Branche	Kurs 22.4.16 (Heimatw)	% seit 1.1.16
USA	8point3 Energy Partners	Betreiber	15,88	-1,6
USA	Advanced Energy Industries	Wechselrichter, Dünnschicht	33,28	+17,9
CN	Canadian Solar	Wafer, Zellen, Module (USD)	19,04	-34,3
D	Capital Stage AG	Betreiber, Projekte	6,964	-11,7
CN	China Singyes Solar	BIPV, Kraftwerke (in HKD)	3,19	-42,7
D	Chorus Clean Energy AG	Betreiber	9,300	+8,0 *
USA	First Solar	Dünnschichtmodule, Projekte	61,54	-6,7
CN	GCL Poly Energy Holding	Silizium, Wafer, Projekte (in HKD)	1,21	+4,3
TW	Green Energy Technology	Wafer, Dünnschichtmodule,	19,30	0,0 **
CN	Hanergy Thin Film Power Gr.	Equipment, Module, Proj. (HKD)	0,215	0,0 a)
CN	JA Solar	Wafer, Zellen, Module, Systeme (USD)	8,81	-9,2
CN	JinkoSolar Holding	Ingots, Wafer, Zellen, Module (USD)	22,84	-17,5
CH	Meyer Burger Technol. AG	Equipment	3,50	-41,4
TW	Motech Industries	Zellen, Module, Wechselrichter	31,15	-31,1

			PPVX = 1.187	
Land	Unternehmen	Branche	Kurs 22.4.16 (Heimatw)	% seit 1.1.16
TW	Neo Solar Power	Zellen, Module	16,80	-30,9
N	REC Silicon	Silizium	1,610	-10,2
N	Scatec Solar	Betreiber, Projekte	37,70	-3,3
CN	Shunfeng International	Zellen, Ingots, Wafer (in HKD)	1,53	-22,3
TW	Sino-American Silicon Pr.	Wafer	33,30	-28,8
D	SMA Solar Technology AG	Wechselrichter	46,950	-9,2
USA	SolarCity	Installation, Finanzierung	33,34	-34,7
IL	SolarEdge Technologies	Wechselrichter (in USD	27,96	-0,7
CN	SPI Energy	Kraftwerke, PV-Zubehör (in USD)	5,86	-65,1
USA	SunPower	Module, Zellen, Systeme/Projekte	21,66	-27,8
USA	SunRun	Installation, Finanzierung	7,91	-32,8
USA	TerraForm Global	Betreiber, Projekte	3,11	-44,4
USA	TerraForm Power	Betreiber, Projekte	10,73	-14,7
CN	Trina Solar	Wafer, Zellen, Module	9,89	-10,3
CN	United Photovoltaics Group	Zellen, Module, Kraftwerke (in HKD)	0,67	-10,7
CN	Xinyi Solar Holdings	PV-Glas, Kraftwerke (in HKD)	2,98	-6,0

*a) Handel Ende Mai 2015 ausgesetzt, *) seit 25.3.16, **) seit 22.4.16*

Als reiner Branchen-Index ist der PPVX natürlich viel volatiler als ein breit gestreuter Index, d.h., er unterliegt im Schnitt höheren Wertschwankungen. Langfristig sollten die Solartitel den Erdöl-Vergleichsindex aber übertreffen können.

2.5.2.4 Sonstige Indizes

Neben Dow Jones Sustainability, nx-25 und PPVX gibt es inzwischen über 200 weitere ethisch-ökologisch ausgerichtete Indizes (eine gute Übersicht dazu bietet www.nachhaltiges-investment.org) wie z.B. seit Mitte 2005 den VÖNIX (VBV-Österreichischer Nachhaltigkeitsindex der VBV-Vorsorgekasse, Raiffeisen Zentralbank Österreich und Security KAG) aus Titeln an der Wiener Börse oder den von Vigeo betreuten Ethibel Sustainability-Index (ESI), dessen Zusammensetzung (darunter auch deutsche Aktien von Adidas und BMW bis Volkswagen) an die Branchenstruktur des S&P Global 1200 angelehnt ist. Die jeweiligen Konzepte sind mehr oder weniger „nachhaltig", oft enthalten die Indizes nur sehr große Unternehmen mit Börsenkapitalisierungen jenseits der Milliardengrenze. Hier einige ausgewählte Index-Beispiele:

Domini 400 Social Index

Der 1990 von Peter Kinder, Steve Lydenberg und Amy Domini (KLD) entwickelte MSCI KLD 400 Social Index war früher (als „Domini 400 Social Index" DSI) nach der KLD-Mitgründerin Amy Domini benannt. Die 400 Titel des Index – allesamt aus den USA – kommen einerseits durch die Anwendung sozialer Ausschlusskriterien beim S&P 500 zusammen, andererseits durch zusätzliche Titel, die Positivkriterien erfüllen. Er lief langfristig ziemlich parallel mit vergleichbaren Indizes wie dem S&P 500 bzw. dem MSCI USA IMI. Da er aber etwas technologielastiger ist (Technologiefirmen erfüllen die Kriterien leichter als Industrie- oder Energieunternehmen, die oft wegen Schadstoffemissionen oder Rüstungsproduktion scheitern), läuft der DSI in den Börsenzeiten besser, in denen auch die Technologiebranchen besser abschneiden. Da auch Aspekte wie Informationsoffenheit und Aktionärsfreundlichkeit bei der Auswahl eine Rolle spielen, gingen die Kursstürze mancher Skandalfirmen wie Enron oder Worldcom in den Wert des S&P 500 Index, nicht aber in den des DSI ein.

FTSE4Good

Mitte 2001 kam der FTSE4Good in Großbritannien auf den Markt. Der bekannte Name des britischen Indexanbieters FTSE, hinter dem die Financial Times und die Londoner Börse stehen, sorgte für eine schnelle Verbreitung des Konzepts, obwohl anfangs nur drei Branchen ausgeschlossen waren: Tabakproduzenten, Waffenproduzenten und Atomkraftwerksbesitzer oder -betreiber. Inzwischen gibt es eine FTSE4Good-Index-"Familie", z.B. auf bestimmte Regionen bezogene Indizes wie den FTSE4Good Europe 50. In den breiteren FTSE4Good Europe wurden von 39 nach Umweltschutz-, Menschenrechts- und Sozialstandards untersuchten deutschen Unternehmen seinerzeit 17 deutsche aufgenommen, darunter Allianz, BASF, Bayer, BMW, Deutsche Telekom, Lufthansa, Münchner Rück, SAP und Volkswagen.

Als der Dachverband der Kritischen Aktionäre in Deutschland die erste FTSE4Good-Liste mit deutschen Unternehmen sah, kritisierte er den Index in einer Pressemitteilung als eine „extreme Mogelpackung". Die im Index angelegten Aufnahmekriterien beträfen im Wesentlichen „nur Selbstverpflichtungen und Selbstauskünfte von Unternehmen, statt von unabhängiger Seite überprüfte Leistungsdaten". Index-Provider FTSE wollte mit der FTSE4Good-Indexserie die „Nachfrage weiter fördern und erstmals einen weltweit einheitlichen Standard für das ethische Investment" anbieten. Bei der Entwicklung des Kriterienkatalogs war u.a. auch das Londoner Institut Eiris (Ethical Investment Research Service) mit eingebunden.

WillderHill New Energy Global Innovation Index (NEX)

Der aus rund 100 Unternehmen im Bereich Erneuerbare Energien und Energieeffizienz bestehende „NEX"-Index (www.nexindex.com) wird vierteljährlich normiert. US-Titel dürfen höchstens mit 50% vertreten sein, die Unternehmen müssen zumindest 100 Mio. US-Dollar Börsenwert aufweisen. Von Ende 2000 bis Ende September 2015 wies er (auf US-Dollarbasis) eine Wertentwicklung von -0,1 Prozent p.a. auf, lief also im Schnitt jährlich rund zwei Prozentpunkte schlechter als der MSCI Welt (+1,9% p.a.), während er in den ersten zehn Jahren noch leicht vorne lag.Die NEX- Unternehmen haben durchschnittlich einen Börsenwert von rund 2,5 Mrd. US-Dollar (der Median liegt unter 1 Mrd. USD), bei den Branchengewichtungen dominierten Anfang 2015 die Bereiche Energieeffizienz (35%), Windenergie (27%) und Solarenergie (20%). Hier in alphabetischer Reihenfolge die aktuell 104 Titel des NEX:

Abengoa Yield plc	Enphase Energy Inc
Acuity Brands Inc	Epistar Corp
Aerovironment Inc	Everlight Electronics Co Ltd
AIXTRON SE	Falck Renewables SpA
Akenerji Elektrik Uretim AS	FDG Electric Vehicles Ltd
Albioma SA	First Solar Inc
Ameresco Inc	FuelCell Energy Inc
AO Smith Corp	Gamesa Corp Tecnologica SA
Ballard Power Systems Inc	GCL-Poly Energy Holdings Ltd
Blue Solutions	GCP Infrastructure Investments Ltd
Boralex Inc	Gigasolar Materials Corp
Byd Co Ltd	Green Plains Inc
Canadian Solar Inc	Greencoat UK Wind PLC/Funds
Capital Stage AG	GS Yuasa Corp
CENTROTEC Sustainable AG	Huaneng Renewables Corp Ltd
China Datang Corp Renewable Power Co Ltd	Innergex Renewable Energy Inc
China Everbright International Ltd	Intelligent Energy Holdings PLC
China High Speed Transmission Equipment Group	Itron Inc
China Longyuan Power Group Corp Ltd	JA Solar Holdings Co Ltd
China Power New Energy Development Co Ltd	Johnson Controls Inc
China Singyes Solar Technologies Holdings Ltd	Kingspan Group PLC
China Titans Energy Technology Group Co Ltd	Maxwell Technologies Inc
Contact Energy Ltd	Meidensha Corp
Covanta Holding Corp	Meyer Burger Technology AG
Cree Inc	Mighty River Power Ltd
Dialight PLC	Motech Industries Inc
EDP Renovaveis SA	Neo Solar Power Corp
Enel Green Power SpA	Nibe Industrier AB
Energy Absolute PCL	Nordex SE
Energy Development Corp	Novozymes A/S
EnerNOC Inc	Odelic Co Ltd

OPOWER Inc	Solazyme Inc
Ormat Technologies Inc	SPCG PCL
Pattern Energy Group Inc	SunEdison Inc
Plug Power Inc	SunPower Corp
PowerSecure International Inc	Taewoong Co Ltd
REC Silicon ASA	Takuma Co Ltd
Renewable Energy Group Inc	TerraForm Power Inc
Renewables Infrastructure Group Ltd/ The Ricardo PLC	Tesla Motors Inc TransAlta Renewables Inc
Rockwool International A/S	Trina Solar Ltd
Saeta Yield SA	United Photovoltaics Group Ltd
Saft Groupe SA	Universal Display Corp
Samsung SDI Co Ltd	Utilitywise PLC
Sao Martinho SA	Veeco Instruments Inc
Seoul Semiconductor Co Ltd	Verbund AG
Shunfeng International Clean Energy Ltd	Vestas Wind Systems A/S
Silver Spring Networks Inc	Vivint Solar Inc
Sino-American Silicon Products Inc	Wasion Group Holdings Ltd
SMA Solar Technology AG	West Holdings Corp
SolarCity Corp	Xinjiang Goldwind Science & Technology Co Ltd
SolarEdge Technologies Inc	Xinyi Solar Holdings Ltd

2.5.3 Außerbörsliche Aktien

Von den weit über 7.000 Aktiengesellschaften in Deutschland ist nur ein Bruchteil börsennotiert. Die meisten anderen sind beispielsweise im Besitz einer Familie oder eine 100-prozentige Konzerntochter ohne so genannte „freie Aktionäre" bzw. Streubesitz. Deren Aktien werden kaum weiterverkauft. Es gibt allerdings einige hundert Unternehmen, für deren Aktien es einen nicht börslichen Handelsplatz gibt, auch wenn dort manchmal nur wenige Stücke pro Monat oder gar pro Jahr umgesetzt werden. Unter diesen außerbörslichen Aktien sind wiederum einige Dutzend, die aus ökologischen oder sozialen Gründen interessant erscheinen. Einige davon, wie die UmweltBank AG (Kapitel 2.1.2) oder die Phoenix Solar AG, sind später an die Börse gegangen, andere gingen vorher unter oder wurden, wie die bekannte Rapunzel Naturkost AG, jahrelang nur in diesem „Segment" gehandelt, weil die Hauptaktionäre und/oder die Unternehmensleitung gar nicht an einem Börsengang aufgrund der damit verbundenen Kosten und Publizitätsvorschriften interessiert waren.

Manchmal werden solche außerbörslichen Aktien hoffnungsvoll auch als »vorbörslich« bezeichnet, auch wenn es später nie zu einem Börsengang kommt. Der außerbörsliche Handel ist in verschiedenen Formen üblich:

- über etablierte (externe) Händler,

- über das Unternehmen selbst, das Kauf- und Verkaufswünsche vermittelt,
- über Depotgemeinschaften, deren Mitglieder untereinander handeln,
- über private Angebote in Internetforen,
- über Kapitalerhöhungen, das heißt die Ausgabe von »jungen« Aktien.

Nur im letzten Fall fließt auch Geld in die Firmenkasse, ansonsten handelt es sich – wie beim Handel an der Börse – nur um einen Wechsel der Eigentümer. Im Unterschied zu den meisten börsennotierten Titeln ist das im außerbörslichen Handel umgesetzte Volumen sehr gering, manche Titel werden oft wochen- oder monatelang gar nicht angeboten oder nachgefragt. Auch dieses zusätzliche »Illiquiditäts-Risiko« sollte man bedenken, bevor man ein Engagement in solchen Titeln eingeht. Denn was nutzt es, wenn man die drohende Schieflage eines Unternehmens zwar erkennt, aber die Aktie nicht mehr rechtzeitig verkaufen kann, bevor Insolvenz angemeldet wird und die Aktien gänzlich wertlos werden?

Unabhängige Informationen über die außerbörslichen Öko-Aktien sind leider im Medienbereich dünn gesät: Neben dem Börsenbrief Öko-Invest, der seit 1997 ein »außerbörsliches Musterdepot« führt und in einer entsprechenden Rubrik darüber berichtet, gibt es fallweise Artikel im deutschen Nebenwerte-Journal. Das Swiss-Equity-Magazin, das z.B. die Entwicklungen bei mehr als 100 Berg- und Lokalbahnen behandelt hat, wurde vor Jahren eingestellt. Händler in der Schweiz sind u.a. die Kantonalbanken in Zürich und Bern.

Kaufen und Verkaufen: eine Händlerübersicht

Anders als an den verschiedenen Börsensegmenten erfolgt bei der Aufnahme des Handels außerbörslicher Titel keine große Prüfung des betreffenden Unternehmens. Allerdings liegt es im Interesse der Makler, möglichst Unternehmen auszuwählen, die auf absehbare Zeit auch noch existieren werden. Das ermöglicht auch in Zukunft größere Handelsumsätze und hilft Enttäuschungen bei den Kunden zu vermeiden. Meist ist eine jährliche »Listing-Gebühr« fällig, die die Unternehmen den Händlern für die Betreuung (teilweise inkl. Meldungsübersichten) zahlen. Daneben sollte es auch mindestens 100 bis 300 Aktionäre geben, damit eine Aktie in die Liste der Händler aufgenommen wird. Diese verdienen – neben geringen Fixgebühren pro Umsatz – an der Differenz zwischen An- und Verkaufskursen (»spread«), wobei diese »Geld-« und »Brief-Kurse« meist zehn Prozent oder mehr auseinander liegen. Wenn relativ viel Umsatz vorhanden ist, verringert sich diese Spanne auf fünf Prozent, selten darunter.

Die Anzahl der vom Aufsichtsamt zugelassenen Händler von Öko-Aktien ist in Deutschland allerdings seit dem Jahr 2001 geschrumpft. Die Future Securities GmbH, Frankfurt am Main, die angeblich rund 3.000 Kunden hatte, musste wegen Insolvenz schließen, ebenso die BAV GmbH, München, mit rund 1.000 Kunden und die Merlin Broker AG, die zur insolvent gewordenen Hermerlin-Gruppe gehört hat. Schon 2002 war die selbst börsennotierte AHAG, Dortmund, trotz rund 22.000 Kunden zahlungsunfähig, u.a. weil hohe Verluste aus den Beteiligungen angefallen waren. Nachdem sich die Depot VG, die für rund 30 Titel einen kostengünstigen Handel (1% Spesen) zwischen ihren gut 200 Mitgliedern organisiert hat, aufgelöst hat, blieb im Wesentlichen nur die Valora Effekten Handel AG übrig. Dieser »dienstälteste« deutsche Händler im außerbörslichen Bereich hat einige Dutzend Titel gelistet, die mehr oder weniger liquide gehandelt werden. Valora hat mehr als 5.000 aktive Kunden und führte früher auch Erstplatzierungen von jungen Aktien durch. 2005 wurde für den Öko-Bereich eine eigene Homepage (www.oekoaktie.de) eingerichtet, auf der aber inzwischen nur mehr eine Handvoll Unternehmen wie z.B. die wind 7 AG oder die WKV AG gelistet ist. Die anderen gingen an die Börse - oder pleite. Bei der „Umweltaktienbörse" der Berliner Umweltfinanz AG gibt es zwar eine längere Liste, aber kaum Angebote bzw. Nachfragen.

Auf jeden Fall empfiehlt es sich, vor einem Kauf mehrere Händler nach dem Preis zu fragen, da oft Unterschiede von zehn Prozent oder mehr auftreten können. Kaufen sollte man jedenfalls beim (inklusive Spesen) »billigsten« Händler, verkaufen kann man später auch dort, wo gerade der beste Preis geboten wird.

Kontakt:

- Umweltaktienbörse Umweltfinanz AG,
  Berliner Straße 36, D-10715 Berlin, Tel.: 030/889207-0,
  www.umweltfinanz.de

- Valora Effekten Handel AG,
  Postfach 912, D-76263 Ettlingen, Tel.: 07243/90001, www.valora.de,
  www.oekoaktie.de, www.boersenkandidaten.de, www.zweitfondsmarkt.de

Flops und Pleiten

Die Euphorie, die das außerbörsliche Segment bei Öko-Investoren zur Jahrtausendwende - anfangs durchaus auch mit steigenden Aktienpreisen - geweckt hat, ist inzwischen bei manchen Anlegern in einen Katzenjammer umgeschlagen, wie zahlreiche Beispiele zeigen. Insgesamt gab es mehrere Dutzend Insolvenzen im Bereich außerbörslicher Unternehmen, die mit ethisch-ökologischen Argumenten Anleger geworben haben. Manche Initiatoren hatten kein kaufmännisches Talent, bei anderen Unternehmen fehlte die nötige Eigenkapitalausstattung bei der Expansion, bei einigen gab es auch Fälle von Untreue und Betrug - was im Fall WABAG z.B. mit mehreren Haftstrafen bis zu acht Jahren endete.

Hier eine alphabetische Auswahl von Unternehmen, bei denen meist das gesamte Geld - in Summe mehrere hundert Mio. Euro - verloren gegangen ist:

- Air Car AG (Luftdruckbetriebenes Auto, Frankfurt)
- Antec Solar Energy International AG (Arnstadt)
- B.A.U.M. AG (Hamburg)

- B.A.U.M. EPAG AG (Hamburg)
- BEB Bioenergie AG (Horn)
- Bergquell Naturhöfe AG (Bio-Lebensmittel, Witten)
- Biokraftwerk Zittau AG
- Biospan AG (feuerfest Strohplatten, Aicha vorm Wald)
- BkmU Bank AG (Bank für Klein- und Mittelunternehmen, Berlin)
- BlueSun Systems AG (PV, Gelsenkirchen)
- all-a-Bike Mobilitätssysteme AG (2001 von der Deutschen Bahn übernommen)
- City Coaster Verkehrssysteme AG (Vorarlberg)
- ity Solar AG (Bad Kreuznach)
- lean Concept Gruppe (Gersthofen)
- BES European Bio Energy Services AG (Biomassehandel, Wien, Liquidation)
- ECH Group AG (Erneuerbare Energien, Hamburg)
- ecoConsort AG (Beteiligungen/Infinus-Gruppe, Dresden)
- Econ-Air Aerosol- und Chemierecyclingtechnologie AG (Porta Westfalica)
- Ecovest AG (Beteiligungen, Frankfurt)
- Eine-Welt-Handel AG (Steiermark)
- Elsbett AG (Pflanzenöle, Thalmässing)
- ENVIRE Solar AG (Berlin)
- Future Energy AG (Windparks, Berlin)
- GEO Bank AG (Genf)
- Green Planet AG (Plantagen, Frankfurt)
- Gumpp AG (Holzbau, Binswangen)
- Hanseatische AG (Kraftwerke, Hamburg-Berlin)
- Hermerlin ethic & innovation Öko-Beteiligungs AG (Langenaltheim)
- iku intelligente Fenstersysteme AG (Gewinnwertpapier, Wien)
- Intensys Solar AG (Deutschland/Österreich)
- Isofloc ökologische Bautechnik GmbH (VC-Fonds, Hessisch Lichtenau)
- Karphosit Lehmbaustoffe AG (Peißen)
- Kompakt AG (Düngemittel aus Abfällen, Malchin)
- Medipolan AG (Bandagen gegen Schmerzen, Wiesbaden)
- Mr. Evergreen AG (homöopathische Pflanzenpflegemittel, Calden)
- MTR Energy AG (Treibstoffadditive, Bonn)
- Nevest New Energy AG (Biodieselanlagen, Butzbach)
- NEW Umwelt AG (Beteiligungen, München)
- noa bank gmbh & co. kg (Bank, Frankfurt)
- Oekoland AG (Naturkostdiskontläden, Düsseldorf)
- Ökologik Ecovest AG & Co. Innovationsfonds VI isofloc KG (Dämmstoffe, Frankfurt)
- Ökopellets AG (Reichraming)
- Oloid AG (Rührtechnologien, Basel)
- Power Pulse Holding AG (Erneuerbare Energie, Basel)

- Premicon Biodiesel GmbH & Co. Lubmin KG (Lubmin)
- Prime Forestry AG (Teakplantagen, Zürich)
- PSP Papierschaum AG (Dämmstoffe, Achim)
- Reag Regenerative Energien AG (Erneuerbare-Energie-Kraftwerke, Berlin)
- RQM Raum-Quanten-Motoren AG („Freie Energie"-Erzeugung, CH-Jona)
- Sachsenholz AG (Biomasse, Siebenlehn) Stegmann Environment Technology
- Stegmann Environment Technology AG (Gotha)
- Stoffkontor Kranz AG (Nesselstoffe, Lüchow)
- Thermo Shield Europa AG (Dämm-Farben, Berlin)
- Trentec AG (Recycling, München)
- Trentec II AG (Recycling, Berlin)
- Treuhanf AG (Hanf, Berlin)
- Umho Umweltholding AG (Augsburg)
- united nature Beteiligungs AG (München)
- Wabag (München, Betrugsfälle bei mehreren Töchtern)
- Waschbär Umweltprodukt Versand GmbH (stille Gesellschafter, Freiburg)
- Windstar AG (Windkraftwerke, Augsburg)
- WRE AG (Wasser-/Windkraftwerke, Bad Homburg)
- Zenit AG (Wertstoffrückgewinnung, Siebenlehn)

Auch bei der Cargolifter AG, die im Juni 2002 Insolvenz anmelden musste, ist ein großer Teil der über 70.000 Aktionäre vorbörslich in die Aktie eingestiegen, die nach dem Börsengang zum Kurs von rund 15 Euro relativ schnell zum Penny-Stock wurde. Daneben gibt es eine Reihe weiterer Unternehmen, deren ursprüngliche Planung bei weitem nicht aufgegangen ist und die teilweise erhebliche Finanzierungsprobleme hatten bzw. noch haben.

Kontaktdaten für außerbörsliche Aktien

Im Folgenden sind einige außerbörsliche (Umwelt-)Unternehmen samt Internetadresse angeführt, bei denen Interessenten Geschäftsberichte bzw. Emissionsprospekte anfordern können. Diese Auflistung stellt keinerlei Kaufempfehlung dar, sondern soll nur einen Einblick geben, wie vielfältig auch dieses Segment des Kapitalmarktes schon geworden ist.

Einige Unternehmen wie die Abo Invest AG (www.buergerwindaktie.de) sind inzwischen an der Börse und deswegen nicht mehr dabei:

Name	Internetseite
ADEV Solarstrom AG	www.adev.ch
ADEV Wasserkraftwerk AG	www.adev.ch
ADEV Windkraft AG	www.adev.ch
Alternative Bank Schweiz AG	www.abs.ch
BioArt AG	www.bioart.at
Espen AG	www.espen.de

Klimagut Immobilien AG	www.klimagut.ag
KWA Contracting AG	www.kwa-ag.de
Naturstrom AG	www.naturstrom.de
Obstland Dürrweitzschen AG	www.obstland.de
Oekostrom AG	www.oekostrom.at
Phönix SonnenWärme AG	www.sonnenwaerme.de
Solar complex AG	www.solarcomplex.de
WEB Windenergie AG	www.windenergie.at
wind 7 AG	www.wind7.com
Windkraft Simonsfeld AG	www.wksimonsfeld.at
WISY AG Haustechniksysteme & Filtertechnik	www.wisy.de
WKV Wasserkraft Volk AG	www.wkv-ag.com

Außerbörsliche Aktien Vorsicht: Hohes Risiko

Engagements bei handelbaren Venture-Capital-Aktien an sich sind schon eine risikoreiche Sache, umso mehr gilt dies für manche Aktien der oben gelisteten Unternehmen, für die es keinen oder noch kaum einen Handel gibt. Einige dieser Unternehmen wie z.B. die Phönix SonnenWärme AG sind zudem stark hinter den ursprünglichen Umsatz- und Ertragsprognosen zurückgeblieben, haben schon jetzt erhebliche Liquiditätsprobleme oder ihr Geschäftsmodell hat kaum Chancen auf Erfolg. Andere, wie z.B. die ABO Wind AG, sind nach vielen Jahren mit steigenden Umsätzen und Gewinnen erfolgreich an die Börse gegangen. Dieser Titel ist vorbörslich bereits mehr als 1.000 Prozent gestiegen. Die meisten solcher außerbörslichen Öko-Aktien gibt es in Deutschland, zum Schluss dieses Kapitels noch ein Blick auf die Szene in den Nachbarländern.

Schweiz

Neben den börsennotierten Solar-Aktien von Edisun Power AG und Meyer Burger Technology AG gibt es in der Schweiz auch drei nicht notierte Öko-Energietitel, die mehrheitlich zur ADEV Energiegenossenschaft (www.adev.ch) gehören. Die von Andreas Appenzeller geleitete Genossenschaft konnte die Produktion 2014 abermals um 16% steigern und erzielte rund 11,6 Mio. CHF Umsatz. Dabei fiel - erstmals seit der Gründung 1985 - ein negatives Ergebnis an, aufgrund einer Wertberichtigung durch den Euro-Kursverfall und einmaliger Sanierungskosten. Die 1998 ausgegründete ADEV Solarstrom AG, die in der Schweiz Solaranlagen erstellt und betreibt, wie auch die ADEV Windkraft AG schütteten für 2014 Dividenden aus, nur die ADEV Wasserkraftwerk AG setzte aus. ADEV-Verwaltungsratspräsident Eric Nussbaumer - er ist in gleicher Funktion auch bei der Alternativen Bank ABS - ist nicht nur in Niedrigzinszeiten mit den erwirtschafteten Renditen durchaus zufrieden. Die Aktien der drei ADEV-AGs - sie wechseln relativ selten den Besitzer - wurden in den letzten Jahren meist unter dem letzten Ausgabepreis gehandelt.

Österreich

In Österreich gibt es bisher noch keinen unabhängigen außerbörslichen Handel. Für einige Unternehmen liegt nicht einmal ein kapitalmarktgeprüfter Emissionsprospekt vor, so dass die Aktien für Kleinanleger nicht öffentlich beworben werden dürfen. Viele dieser Gesellschaften brauchen einige Jahre, um in die Gewinnzone zu kommen. Die Oekostrom AG hat es zwar 2004 mit 0,3 Mio. Euro Gewinn geschafft, später aber Millionenverluste eingefahren, so dass die Aktie mehrere Jahre unter dem Nennwert von 100 Euro gehandelt worden ist. Nach einem Managementwechsel ging es in den letzten Jahren wieder aufwärts.

Die WEB Windenergie AG hat – wie die Oekostrom AG für mehrere tausend Aktionäre – auf ihrer Homepage einen „Trading Room" eingerichtet, in dem sich an- und verkaufswillige Internet-Aktionäre finden können. Inwieweit sich der vom Vorstand jeweils nach einem DCF-Modell (Discounted Cash Flow, abgezinster Zahlungsstrom) berechnete aktualisierte Aktienwert auch im freien Handel an der Börse ergeben würde, ist umstritten. Wie die Windkraft Simonsfeld AG hat die WEB neben Aktien seit 2010 auch erfolgreich mehrere Anleihen platziert, um weitere Windkraftwerke zu finanzieren.

Kontakt:

- Alpen Adria Energy AG,
  Kötschach 66, A-9640 Kötschach Mauthen, Tel.: 0043/4715/221,
  www.aae.at

- Oekostrom AG für Energieerzeugung und -handel,
  Laxenburger Str. 2,A-1100 Wien , Tel.: 0043/1/050575-902,
  www.oekostrom.at

- WEB Windenergie AG,
  Davidstr. 1, A-3834 Pfaffenschlag, Tel.: 0043/2848/6336,
  www.windenergie.at

- Windkraft Simonsfeld AG,
  Energiewende Platz 1, A-2115 Ernstbrunn, Tel.: 0043/2576/3324,
  www.wksimonsfeld.at

2.5.4 Initiativen kritischer Aktionärinnen und Aktionären

Jeder Aktionär ist Miteigentümer eines Unternehmens. Aktien sind deshalb nicht nur ein Instrument der Geldanlage, sondern auch der Mitbestimmung. Einmal im Jahr findet eine ordentliche Hauptversammlung statt, zu der alle Aktionäre eingeladen sind. In dieser Versammlung werden Beschlüsse gefasst, Funktionsträger gewählt und – wenn es einen Gewinn zu verteilen gibt – Dividendenausschüttungen festgelegt. Hier hat auch jeder Aktionär die Möglichkeit, von seinem

Rede-, Frage-, und Stimmrecht Gebrauch zu machen und kann auf diese Weise versuchen, dem Unternehmensmanagement bzw. dem Kontrollorgan Aufsichtsrat sozial bzw. ökologisch nachhaltiges Denken und Handeln näher zu bringen.

Da aber bei einer Kapitalgesellschaft – anders als bei einer Genossenschaft oder in einer Demokratie – für den Umfang der Einflussnahmemöglichkeiten nicht die Anzahl der Köpfe, sondern die Summe des eingebrachten Geldes maßgeblich ist, kann man als Kleinaktionär kaum tatsächlich mitbestimmen. Bei Abstimmungen zählen nicht die anwesenden Personen, sondern die Höhe des „anwesenden Kapitals", das heißt, Aktionäre mit größeren Aktienpaketen haben auch mehr zu sagen. Dennoch: Jeder Aktionär kann sich zu Wort melden und Kritik an der Geschäftspolitik „seines" Unternehmens üben.

Um insbesondere bei Großunternehmen besser Gehör zu finden, schließen sich weltweit Aktienbesitzer einzelner Unternehmen zu Interessensgruppen zusammen. Im Zentrum solch kritischer Aktionärinnen und Aktionäre steht allerdings nicht die Forderung nach höheren Dividenden, sondern die Kritik an sozialem und ökologischem Fehlverhalten des Unternehmens.

Die Anzahl solcher Initiativen ist im deutschsprachigen Raum in den 1980er-Jahren stark angestiegen. Die Ursprünge dieser Bewegung liegen in den USA und reichen über 100 Jahre zurück, als sich kritische Aktionäre zu Wort meldeten und mehr Information zum Geschäftsgebaren ihres Unternehmens (z.B. den New Yorker Gaswerken) forderten. Einen Höhepunkt erreichten die „shareholder action groups" im Zuge der Bürgerrechts- und Anti-Vietnamkriegsbewegung in den USA. Auch heute sind noch über 100 kritische Kleinaktionärsgruppen aktiv, zunehmend aber auch Verbände von großen institutionellen Investoren, die (englisch ausgesprochen) „Engagement" zeigen und – auch abseits von Aktionärsversammlungen – den Dialog mit dem Management eines Unternehmens suchen, um bestimmte Ziele, z.B. eine Verbesserung in der Unternehmensführung oder bei Umweltschutzmaßnahmen zu erreichen.

Rechte und Einflussmöglichkeiten

Ein zentraler Tagesordnungspunkt auf jeder Hauptversammlung ist der Bericht des Vorstands zum abgelaufenen Geschäftsjahr. Im Anschluss daran können sich die Aktionäre zu Wort melden und Fragen stellen, z.B. im Hinblick auf Umweltschutzaspekte und -investitionen oder Zukunftsaussichten. Der Vorstand muss wahrheitsgetreu antworten und kann die Antwort nur verweigern, wenn es sich um Geschäftsgeheimnisse handelt oder der Aufsichtsrat einer Antwortverweigerung zustimmt.

Neben dem Teilnahme- und Fragerecht kann jeder Aktionär – fallweise auch im Vorfeld der Hauptversammlung – Anträge einreichen und an den Abstimmungen mitwirken. Bei der notwendigen Entlastung von Vorstand und Aufsichtsrat, für den auch eigene Kandidaten vorgeschlagen werden können, zählt jede Stimme. Wer mit der Geschäftsführung bestimmter Manager nicht einverstanden ist, kann deren Nichtentlastung beantragen. Über Vorstandsgehälter und -bonuszahlungen wird nicht abgestimmt, wohl aber über die Höhe der Aufsichtsratsvergütung.

Wie wird man kritischer Aktionär?

Um mitreden zu können, genügt der Kauf der gewünschten Aktie über die Bank. Dann muss lediglich noch die Stimmkarte bzw. Einladung zur Hauptversammlung organisiert werden. Gruppen kritischer Aktionäre können häufig auch Eintrittskarten und damit Rederecht zur Verfügung stellen.

Neben Deutschland (seit Jahrzehnten z.B. bei der Bayer AG), Österreich (seit 1982 beim inzwischen aufgelösten Rüstungs- und Fahrzeugkonzern Steyr-Daimler-Puch) und der Schweiz sind auch in Großbritannien, Frankreich, Kanada, Italien und Japan schon seit vielen Jahren kritische Aktionärsgruppen aktiv. In Frankreich z.B. seit 1988 beim damaligen Rüstungs- und Öl-Unternehmen Total Fina Elf. Die größte Anzahl kritischer Aktionärsgruppen gibt es in den USA. Allein das „Interfaith Center on Corporate Responsibility" in New York (www.iccr.org) koordiniert bei mehr als 200 Hauptversammlungen pro Jahr die Anträge vorwiegend kirchlich-institutioneller Investoren. Für 2016 wurden z.B. über 250 „Proxy Resolutions" vorbereitet, ein „Voting Guide" unterstützt die Anliegen. Dabei stehen meist soziale, aber auch ökologische Themen im Mittelpunkt.

Kritische Aktionäre in Deutschland

In Deutschland werden die Aktionen seit 1986 vom Dachverband der Kritischen Aktionärinnen und Aktionäre (www.kritischeaktionaere.de) koordiniert. Wer zum Hauptversammlungstermin keine Zeit hat, kann seine Stimmrechte dem Dachverband übertragen. Er vermittelt auch Kontakte bzw. Stimmvollmachten zu ökologisch motivierten Aktion(är)sgruppen u.a. bei folgenden Aktiengesellschaften: Adidas, Aurubis, BASF, Bayer, Daimler, Deutsche Bank, EnBW (Energie Baden-Württemberg), Eon, Fraport, KWS (Kleinwanzlebener Saatzucht), RWE, Siemens, ThyssenKrupp und VW.

Auf der Hauptversammlung der RWE AG im Mai 2005 beispielsweise warnten kritische Aktionäre – darunter der Sprecher von Greenpeace – vor „Fehlinvestitionen in klimaschädliche Braunkohle-Kraftwerke und vor dem Weiterbetrieb der Atomkraftwerke". Der RWE-Vorstand wurde aufgefordert, stattdessen in klimafreundlichere Gas- und Dampfkraftwerke sowie Erneuerbare-Energie-Kraftwerke zu investieren. Bei der Siemens AG haben sich 1994 Mitarbeiter, die selbst Anteile am Unternehmen halten, im Verein von Belegschaftsaktionären in der Siemens AG e.V. zusammengeschlossen. Mittels „kritischer Analyse der Firmenpolitik" wollten sie Impulse geben z.B. für eine „verstärkte Vermögensbildung" oder zur „Verbesserung der Firmenkultur". Für die Hauptversammlungen im Jahr 2016 haben sich die Kritischen Aktionäre vorgenommen, sich mit der Kampagne „Rohstoffe – im Konflikt mit Menschenrechten" für „verbindliche menschenrechtliche Sorgfaltspflichten der Unternehmen" einzusetzen.

Die folgenden Beispiele sollen Anliegen und Arbeitsweise der mehr oder weniger lose organisierten Gruppen kritischer Aktionäre verdeutlichen. Der nach dem früh verstorbenen langjährigen Aktivisten und Geschäftsführer des Dachverbands benannte „Henry-Mathews-Preis" wird seit 2007 verliehen. Beispielsweise erhielten ihn 2010 das Aktionsbündnis „Landmine.de" und sein Leiter Thomas Küchenmeister. Das Bündnis setzt sich „seit vielen Jahren für ein weltweites Verbot der Entwicklung, der Produktion, des Exports und des Einsatzes aller Landminentypen und von Streumunition ein. Es hat das öffentliche Bewusstsein für die Gefahr, die von Rüstungsproduktion ausgeht, geschärft". 2009 waren Christiane Schnura und die „Kampagne für Saubere Kleidung" die Preisträger. Diese Aktionärsvereinigung setzt sich „für die Rechte der Arbeiterinnen und Arbeiter und eine Verbesserung der Arbeitsbedingungen in der internationalen Bekleidungs- und Sportartikelindustrie ein" u.a. bei Konzernen wie Adidas, Puma oder Metro.

Preisträger 2008 waren Gregor Böckermann und die „Ordensleute für den Frieden (IOF)", die „sich durch ihr hartnäckiges Engagement und ihre phantasievollen Aktionen gegen die Geschäftspolitik der Deutschen Bank" auszeichnen. Der erste Preisträger war 2007 „urgewald", eine Organisation, die „mit ihrem Engagement erheblich dazu beigetragen hat, dass deutsche Großbanken sich aus der Finanzierung eines risikoreichen Projektes, der Errichtung des Atomkraftwerks Belene (Bulgarien), zurückgezogen haben". Urgewald und andere NGOs aus dem umwelt- und entwicklungspolitischen Bereich wie auch z.B. das „Whistleblower-Netzwerk" (www.whistleblower-net.de) sind Mitglieder beim Dachverband. Jüngst ging der Preis 2014 an Maik Pflaum und die Christliche Initiative Romero für ihr langjähriges soziales Engagement in Mittelamerika.

Bayer: Konzern verklagt Kritiker

Die älteste und nach wie vor eine der aktivsten kritischen Aktionärsgruppen ist seit 1978 die „Coordination gegen Bayer-Gefahren" (www.cbgnetwork.org). Im Zentrum ihrer Arbeit stehen nicht nur die weltweiten Umweltsünden des Konzerns. Auch Gentechnik, Tierversuche und Menschenrechtsverletzungen sowie mangelhafter Opferschutz und eine fehlende Zwangsarbeiterentschädigung werden angeprangert. Im Jahr 1987 endete die Auseinandersetzung zwischen Konzern und kritischen Aktionären vor Gericht. Die Coordination und deren Sprecher, Axel Köhler-Schnura (Henry-Mathews-Preisträger 2011), wurden gerichtlich aufgefordert, bestimmte Behauptungen zu widerrufen bzw. zu unterlassen. Konkret ging es um zwei Sätze aus einem schon länger im Umlauf befindlichen Aufruf der kritischen Aktionäre: „In seiner grenzenlosen Sucht nach Gewinnen und Profiten verletzt Bayer demokratische Prinzipien, Menschenrechte und politische Fairness. Missliebige Kritiker werden bespitzelt, rechte und willfährige Politiker werden unterstützt und finanziert." Ausgerechnet der

Abschnitt „Gefahren für die Demokratie" wurde seitens des Konzerns beanstandet, nicht jedoch die im selben Flugblatt angeführten Aussagen zur Verseuchung der Umwelt, Gefährdung menschlicher Gesundheit oder Gefahren für den Frieden. Die kritischen Bayer-Aktionäre haben den Fall über alle Instanzen geführt und letztlich musste Bayer beim Bundesverfassungsgericht eine Niederlage einstecken. Gerichtliche Auseinandersetzungen dieser Art sind jedoch selten, allein schon aufgrund der knappen Finanzlage der meisten Aktionärsgruppen. Die Coordination hat als „reichste" deutsche Gruppe ein Jahresbudget von über 100.000 Euro, viele andere müssen mit wenigen Hundert oder Tausend Euro ihre gesamte Arbeit bestreiten.

Wer sich näher kritisch mit der Bayer AG befassen will, sei auf die Bücher „Widerspruch zu Protokoll" und „Bayer macht Kasse" sowie auf die informative Zeitschrift „Stichwort Bayer" verwiesen, die von der Coordination bezogen werden kann. Die Coordination vertritt Stimmrechte aus Hunderten von Depots und konnte mit der Vollmacht eines Erben, des als kritischer Aktionär bekannten Herrn Nold, sogar schon eigene Tagesordnungspunkte durchsetzen, z.B. zur Ökologisierung der Satzung der Bayer AG.

Auch bei der Hauptversammlung im April 2011, zu der rund 4.000 Bayer-Aktionäre nach Köln kamen, stammten die meisten der über 30 Redebeiträge von Seiten der kritischen Aktionäre, die mit rund 40.000 Aktien vertreten waren. Zur Sprache kamen u.a. Tierversuche, Pestizide wie Gaucho und Poncho, Bienensterben, Gefahren der Gentechnik und Nanotechnologie, Gesundheitsschädigungen durch die Antibabypille Jasmin sowie den Schwangerschaftstest Duogynon. Auch der Stellenabbau in den letzten 20 Jahren – 60.000 von 171.000 Arbeitsplätzen fielen weg – wurde kritisiert sowie die Steuermoral: „der Konzern fährt in geradezu asozialer Weise seine Steuer-Verpflichtungen gegenüber der Gesellschaft – bei steigenden Gewinnen wohlgemerkt – auf ein kaum noch erwähnenswertes Minimum herunter". Der Konzerngewinn stieg damals (2010) auf 7,5 Mrd. Euro – bei einem Umsatz von rund 35 Mrd. Euro. An Ertragssteuern wurden rund 0,4 Mrd. Euro bezahlt, rund 40 Prozent weniger als zehn Jahre zuvor. Die Dividendenausschüttung an die Aktionäre war mit 1,2 Mrd. Euro dreimal höher.

Schriftlich eingereichte Gegenanträge der Coordination gegen Bayer-Gefahren muss der Konzern vorab auf seiner Homepage (www.bayer.de) veröffentlichen. Von der Mehrheit der Aktionäre regelmäßig abgelehnt werden Anträge zur Kürzung der Dividende mit dem Ziel, die „frei werdenden Milliarden" zu verwenden für „Erhalt und Schaffung sicherer Arbeitsplätze und für die Zahlung sozial gerechter Löhne, einen Fonds zum angemessenen Ausgleich von Schäden, die infolge der Geschäftstätigkeit an Mensch und Umwelt eingetreten sind, den umfassenden ökologischen und sozialen Umbau des Konzerns ohne doppelte Standards und schließlich für die Zahlung von Wiedergutmachungen für die Verbrechen von Bayer und des von Bayer mitbetriebenen IG Farben-Zusammenschlusses an die Opfer bzw. deren Angehörige und Nachkommen."

Daimler AG

Ebenfalls unter der Beobachtung der „Kritischen AktionärInnen Daimler" (KAD, unterstützt u.a. vom Rüstungsinformationsbüro, www.rib-ev.de) steht seit vielen Jahren der Autobauer Daimler, der über verschiedene Beteiligungen auch im Rüstungssektor tätig ist. Zum Beispiel wurde die MBB-Panzerfaust „Armbrust" vom Tochterunternehmen Messerschmitt-Bölkow-Blohm produziert. Aus diesem Grund werden Themen wie Atomwaffen- und Minen-Produktion oder die Lieferung von Rüstungsgütern in Staaten, die für Menschenrechtsverletzungen bekannt sind, immer wieder aufgegriffen. Aber auch firmenpolitische Entwicklungen wie Entlassungen oder Arbeitszeiten werden thematisiert. Bei der Entwicklung von umweltfreundlichen Fahrzeug-Antrieben beispielsweise fordern die kritischen Aktionäre mehr Engagement von der Unternehmensführung. Ihre Kritik an der Unternehmenspolitik fassten die Aktionäre in einem „Alternativen Geschäftsbericht" zusammen.

Kritische Aktionäre in Österreich

In Österreich traten erstmals 1980 kritische Aktionäre u.a. bei Banken und Rüstungsunternehmen auf, später auch bei der Lenzing AG und den Strom-, Gas- und Erdölversorgern EVN AG, OMV AG und Verbund. Bei der Verbund-Teil-Privatisierung 1989 gründete sich die nach der Mitgliederzahl weltgrößte Initiative kritischer Aktionäre (über 1.000). Die erste „öffentliche" Hauptversammlung im Jahr 1989 dauerte nicht wie sonst üblich zwei oder drei Stunden, sondern rund 14 Stunden bis Mitternacht. Und anders als bei den meisten anderen Hauptversammlungen waren die kritischen Anteilseigner hier keine verschwindende Minderheit, sondern machten rund die Hälfte aller anwesenden Aktionäre aus. Die Mitglieder von Vorstand und Aufsichtsrat mussten sich somit wie in einem Hexenkessel vorkommen. In den letzten Jahren ist es jedoch still um die „grünen" Verbundaktionäre geworden. Denn viele der damaligen Forderungen, z.B. der Ausstieg beim Atomkraftwerk Zwentendorf, sind inzwischen erfüllt: Das alte Management, vor Jahrzehnten auch schon mal nur „Betonierer" genannt, hat längst abgedankt. Seit Jahren nimmt die Verbundgesellschaft – die Aktie wurde 2013 in den Natur-Aktien-Index nx-25 aufgenommen – das Thema Umwelt sehr ernst, publiziert einen mehrfach ausgezeichneten jährlichen Nachhaltigkeitsbericht und bietet seinen Strom, der zu mehr als 95 Prozent aus Wasserkraft gewonnen wird, auch im Ausland als Ökostrom an.

Einige der von kritischen Aktionären „heimgesuchten" Unternehmen gibt es nicht mehr, weil sie (wie der Rüstungskonzen Steyr-Daimler-Puch AG) zerschlagen oder (wie die Austrian Airlines AG) übernommen worden sind und damit nicht mehr an der Börse notieren. In jüngster Zeit wurde der Maschinenbauer Andritz AG auf Hauptversammlungen wegen beabsichtigter Turbinenlieferungen an umstrittene Staudammprojekte in Ilisu (Türkei) und Belo Monto (Brasilien) sowie wegen des Baus einer Zellstoff-Fabrik im tasmanischen Urwald kritisiert.

Kontakt:
- Grüne Verbundaktionäre, c/o Grüner Klub, Rathaus, A-1080 Wien
- Kritische Andritz-Aktionäre, c/o Greenpeace, Fernkorngasse 10, A-1100 Wien

Kritische Aktionäre in der Schweiz

In der Schweiz wurde Anfang 2000 ein eigener Dachverband gegründet: Actares AktionärInnen für nachhaltiges Wirtschaften (www.actares.ch). In den Jahren davor wurden nur wenige Unternehmen von kritischen Aktionären unter die Lupe genommen. Hierzu zählten vor allem der Waffenkonzern Oerlikon-Bührle AG, die UBS AG, die Credit Suisse sowie die Nestlé AG. Bei Nestlé verfolgte seit Ende der 1980er-Jahre die Organisation Canes (Convention d'actionnaires Nestlé) kritisch die Geschäfte des Schweizer Weltkonzerns. Themen wie Babynahrung, Umweltschutzmaßnahmen, preisgünstige Arzneimittel für die Dritte Welt oder die Einhaltung des WHO-Codes zum Marketing von Baby-Nahrung wären ohne Canes (ca. 50 Aktionäre, Jahresbudget seinerzeit ca. 50.000 Franken) sicher weniger oft behandelt worden. 1992 riefen die Delegierten des „Internationalen Nestlé-Boykott-Komitees" zu einem verschärften Boykott von Nestlé-Produkten auf, weil der Nahrungsmittelhersteller trotz verbaler Zustimmung zu der UNICEF-Aufforderung, keine Gratis-Babymilch in Krankenhäusern mehr zu verteilen, an der üblichen Praxis festhielt. Und sie hatten Erfolg: Die Diözesansynode von Oxford z.B. forderte kirchliche Vermögensverwalter auf, die in ihren Depots befindlichen Nestlé-Aktien im Wert von rund 1,6 Mio. Pfund zu verkaufen. Canes ist im neuen Dachverband aufgegangen, in Deutschland wird die kritische Arbeit zum Thema Babynahrung von einer eigenen Gruppe weitergeführt (www.babynahrung.org).

Die aus den Vorgängerorganisationen Canes und dem Verein kritischer AktionärInnen der UBS hervorgegangene Actares hat ihre Aktivitäten auf zahlreiche Schweizer Firmen ausgeweitet, z.B. auf ABB, Julius Bär, CS Group, Holcim, Lonza, Novartis, Richemont, Roche, SGS, Swatch Group, Swiss Re, Syngenta, Transocean und Zurich Financial Services. Die Initiative fordert z.B. eigene Umwelt- und Sozialberichte der Unternehmen ein und beteiligt sich aktiv an der Corporate-Governance-Diskussion in der Schweiz. Bei der Generalversammlung der Transocean AG im 13. Mai 2011 lehnte Actares die Entlastung des Managements für das Geschäftsjahr 2010 ab, in dem es zur Ölkatastrophe im Golf von Mexiko gekommen war. Betreiber der explodierten Ölbohrinsel „Deepwater Horizon" im Auftrag von BP war Transocean. Dass der Verwaltungsrat von Transocean einen Antrag auf Entlastung gestellt hat, zeige laut Actares, dass „es um das Verantwortungsbewusstsein der Transocean-Führung nicht besonders gut bestellt ist". Der Internetseite sind die Ergebnisse der letzten Jahre sowie aktuelle Aktivitäten und Abstimmungspositionen von Actares zu entnehmen, die sich bis 2005 an die von der Stiftung Ethos vorgeschlagenen Stimmenempfehlungen gehalten hat. Stimmrechte für nicht selbst behandelte Firmen leitet Actares an

Ethos oder eine andere „gleichgesinnte Organisation" weiter.

Nicht nur Privataktionäre, sondern zunehmen auch ethisch-ökologisch orientierte institutionelle Anleger wie Pensionskassen nutzen die Stimmrechte aus den Aktien ihrer Portfolios und zeigen damit (englisch ausgesprochen) „Engagement". Eine der größten Organisationen, die solche Rechte bündelt, ist die 1997 von zwei Genfer Pensionskassen gegründete Genfer Ethos-Stiftung für nachhaltige Entwicklung. Sie legt nicht nur ihr eigenes Vermögen nach Nachhaltigkeitskriterien an, sondern tritt für eine „Dialogkultur mit den Unternehmen" ein, und dies nicht nur auf den Hauptversammlungen (HV). Zu jedem der rund 100 schweizerischen und 250 ausländischen Unternehmen gibt es ein Unternehmensprofil mit Finanz-, Öko- und Sozialrating. Die „systematische und verantwortungsbewusste Ausübung ihrer Stimmrechte" beruht auf den wichtigsten Best-Practice-Kodizes über Corporate Governance sowie auf der Charta der Stiftung. Die „Abstimmungsentscheide sind vom Willen geleitet, den Wert des Unternehmens langfristig zu steigern, und zwar sowohl für seine Aktionäre als auch für seine übrigen Anspruchsgruppen (Stakeholders), insbesondere die Beschäftigten, Kunden und Lieferanten sowie die Zivilgesellschaft mit ihren staatlichen und nichtstaatlichen Organisationen." Dabei werden die Abstimmungsentscheide von Ethos bereits einige Tage vor dem HV-Datum mitgeteilt.

Kurzfristige Erfolge sind zwar kaum zu erwarten, aber die vorgebrachten Anträge auf der „Traktandenliste" erreichen nicht selten von Jahr zu Jahr steigende Zustimmungsquoten bei den Hauptversammlungen und können langfristig eine Änderung in der Unternehmensphilosophie bewirken. Beispielsweise steht das Thema „Corporate Governance" bei vielen US-Gesellschaften und auch in Europa auf der HV-Tagesordnung.

Die Ethos-Stiftung (www.ethosfund.ch) vertritt inzwischen mehr als 200 institutionelle Investoren und ist eine der Unterzeichnerinnen der Principles for Responsible Investment der Vereinten Nationen (UNPRI). Die im Eigentum der Ethos Stiftung und mehrerer Mitgliedsinstitutionen stehende Ethos Services AG bietet institutionellen Investoren Analysen von Generalversammlungen mit Stimmempfehlungen, ein Programm für den Aktionärsdialog mit Unternehmen sowie Nachhaltigkeits-Ratings und -Analysen von Unternehmen an. Bei europäischen Unternehmen außerhalb der Schweiz stimmt Ethos gemäß den Empfehlungen des Partners ECGS, der ähnliche Regeln hat. Ethos-Kunden, Anlagefonds und sonstige Institutionelle, verwalten ein Milliarden-Vermögen nach dem SRI-Ansatz („Socially Responsible Investment"). Ethos engagiert sich für eine kohlenstoffarme Wirtschaft und fungiert auch als Berater bestimmter Produkte wie Anlagefonds (Pictet-Ethos (CH) Swiss Sustainable Equities, Raiffeisen Pension Invest und Pictet-Environmental Megatrend Selection), Zertifikate und einem Private-Equity-Dachfonds (Unigestion – Ethos Environmental Sustainability). Über ein „Portfolio-Screening auf der elektronischen Plattform E-Services" bietet Ethos – kostenlos für die Bezieher des Generalversammlungs-Analysen-Services – auch Privatanlegern die Möglichkeit, mittels statistischer Auswertungen des Portfolios die Nachhaltigkeit Ihrer Schweizer Aktien zu überprüfen.

Internationale Entwicklungen bei der Nutzung des Stimmrechts

Wie das Beispiel Ethos zeigt, kann gerade das Engagement von Pensionskassen einen besonders positiven Einfluss auf die Unternehmensführung ausüben. In Deutschland müssen Pensionsfonds die Versorgungsberechtigten seit 2005 grundsätzlich bei Vertragsschluss sowie jährlich schriftlich darüber informieren, ob und wie sie ethische, soziale und ökologische Belange bei der Verwendung der eingezahlten Beiträge berücksichtigen (§ 115 Abs. 4 Gesetz über die Beaufsichtigung der Versicherungsunternehmen). Bereits seit Anfang 2005 haben Anbieter von Altersvorsorgeverträgen über die Struktur des Anlagenportfolios und das Risikopotenzial zu informieren sowie darüber, ob und wie ethische, soziale und ökologische Belange bei der Verwendung der eingezahlten Beiträge berücksichtigt werden (§ 7 Abs. 1 Ziffer 5 Gesetz über die Zertifizierung von Altersvorsorgeverträgen).

Die Ratingagentur GES Investment Services (www.ges-invest.com) mit Hauptsitz in Schweden hat 2005 – vor allem als Service für Pensionsfonds – das GES Engagement Forum eingeführt. Die Pensionsfonds erhalten damit mehr Möglichkeiten zum Dialog und zur Einflussnahme auf die Unternehmen, wodurch die Wahrscheinlichkeit, Aktien bei Nichterfüllung von Kriterien verkaufen zu müssen, gesenkt werden soll. GES betreut inzwischen Institutionelle mit einem Vermögen in dreistelliger Milliardenhöhe.

In den USA ist „Engagement“ über „Proxy Voting“ schon seit vielen Jahren üblich; es gibt jährlich hunderte von sozial oder ökologisch motivierten Resolutionen, über die bei der HV abgestimmt wird. 2005 hat Amnesty International USA die „SharePower”-Kampagne gestartet, die Instrumente bietet, mit denen Investoren ihre Stimmrechte zugunsten der Menschenrechte einsetzen können. In den Statistiken der „Corporate Library” ist das Abstimmungsverhalten einzelner US-Investmentfonds zu bestimmten Anträgen nachzulesen.

Neben Ethos und GES gibt es noch eine Reihe anderer auch mit „Engagement“ befasster Organisationen wie z.B. noch das Frankfurter CRIC – Corporate Responsibility Interface Center (www.cric-online.org). Als Netzwerk europäischer Kontakte fungiert das European Social Investment Forum (Eurosif, Paris: www.eurosif.org), das unter anderem das Handbuch „Active Share Ownership in Europe“ herausgegeben hat.

Außerhalb Europas aktiv sind z.B. das Social Investment Forum (US SIF, Washington, D.C., www.ussif.org) mit dem „Advocacy & Policy Program”, die Responsible Investment Association Australasia (RIAA, Sydney, www.responsibleinvestment.org) mit 150 Mitgliedern in Australien und Neuseeland (mit über 1 Billion Dollar Vermögen) sowie weltweit die von der UNO unterstützte

„Principles for Responsible Investment (PRI) Initiative" (www.unpri.org) mit Sitz in London, deren rund 1.000 Mitglieder jährlich berichten, welche Fortschritte sie bei der Implementierung der PRI-Kriterien gemacht haben; inaktive Mitglieder werden inzwischen ausgeschlossen. Der PRI-Verband organisiert zahlreiche Veranstaltungen und Initiativen wie z.B. das „Asset Owner Climate Change Strategy Project".

2.5.5 Investmentklubs

Ein Investmentklub sammelt Einlagen seiner Mitglieder, mit denen dann Wertpapiere gekauft werden. Ähnlich wie bei Fonds kann man schon mit kleinen Beträgen einen Anteil an einem breit gestreuten Wertpapierportfolio erwerben. Die Idee dazu wurde 1898 – von einem Farmer – in den USA geboren. Weltweit gibt es tausende Klubs, mit Mitgliederzahlen von 10 bis 50, aber auch manche mit mehreren hundert oder mehreren tausend Mitgliedern. Ein Hauptmotiv für den Beitritt zu einem Investmentklub liegt im Lerneffekt für die Mitglieder, die dann mit eigenem Geld „besser" wirtschaften können sollten als ohne die praktischen Erfahrungen im Investmentklub. Der Investmentklub führt ein Wertpapierdepot mit zugehörigem Konto, so dass – ähnlich wie bei einem Investmentfonds – auf jeden Mitgliederanteil ein entsprechender Anteil am Depotwert und am Kontoguthaben entfällt. Viel hängt natürlich von der Höhe des bis dahin eingezahlten „Spielkapitals" ab: Je mehr eingezahlt wird, desto breiter kann man die Anlagen streuen und das Risiko von Kursverlusten einzelner Aktien begrenzen.

In Deutschland gab es früher über 5.000 solcher Klubs, meist in der Rechtsform einer Gesellschaft bürgerlichen Rechts (GbR). Die gesetzlichen Bestimmungen für die Geschäftsführung eines Klubs wurden schon vor Jahren verschärft: Entweder es lag eine entsprechende Erlaubnis als Finanzdienstleister (Portfolioverwaltung laut § 1 Abs. 1a bzw. § 32 Kreditwesengesetz) vor oder eine ehrenamtliche Tätigkeit. Doch nach Einführung der Abgeltungssteuer in Deutschland (ab 2009) bzw. der Vermögenszuwachssteuer in Österreich (ab 2011) für realisierte Gewinne haben sich sehr viele Klubs selbst aufgelöst. Hauptgrund dafür war in vielen Fällen der mit der Notwendigkeit einer Art Steuerbuchhaltung verbundene Arbeitsaufwand, der ehrenamtlich nicht mehr zu bewältigen gewesen wäre.

Dieser Entwicklung fielen auch einige Investmentklubs mit ethisch-ökologischer Zielsetzung zu Opfer, obwohl deren Performance nicht selten weit besser war als die vieler professioneller Umwelt-Investmentfonds-Manager. Die meisten Anleger der Bonner Klubs „Murphy&Spitz Umwelt-Aktiendepot Welt" und „Murphy&Spitz Umwelt-Aktiendepot Deutschland" haben sich für die Einbringung ihrer Gelder – mehrere Mio. Euro – in entsprechende Investmentfonds entschieden, bei den wesentlich kleineren Berliner Klubs „Ökozoxx" bzw. „Greenbullix" floss das Geld zurück an die Mitglieder.

Auch der „dienstälteste“ unter den deutschsprachigen Klubs, der 1990 in Wien (mit 18 Mitgliedern und rund 800.000 Schilling) gegründete Öko-Investmentklub Austria musste 2011 aufgelöst werden, weil die Depotbank aufgrund von verschärften gesetzlichen Vorgaben (wie z.B. Geldwäsche-Bestimmungen) die Personaldokumente aller Miteigentümer brauchte, aber nicht bekommen konnte, weil ein paar Mitglieder im Lauf der Jahre unbekannt verzogen waren. Der Klub hatte in den letzten Jahren 250 Mitglieder (mehr wollte man aus Gründen des Zeitaufwands nicht aufnehmen), das Gesamtvolumen der beiden „Öko-Invest-Anlage-Gruppen“ (die zweite Gruppe konzentrierte sich auf außerbörsliche Werte und Nebenwerte) lag in der Spitze bei über vier Mio. Euro. Bei der Gruppe 1 betrug die Rendite in rund 20 Jahren rund 200%, bei der Gruppe 2 konnten bei der Auflösung die außerbörslichen Positionen meist nur mit kleinem Verlust verkauft werden. 2013 starteten gut 40 Klubmitglieder den Klub neu, indem sie einen AG-Mantel (mit Verlustvortrag) erwarben, mittels Kapitalerhöhung mit frischem Geld (über 550.000 Euro) füllten und ab März 2013 wieder ein Öko-Portfolio von rund 20 Titeln aufbauten. Durch Kursgewinne (die Vestas-Position war mit fast 900% der Spitzenreiter) und Dividenden wuchs das Vermögen in den ersten drei Jahren (bis Februar 2016) um rund 150.000 Euro.

Ein unrühmliches Beispiel für einen „Ethik-Klub“ lieferte der einst als Pionier der Szene gefeierte Hans Berner, der bei der Ethik Vermögensverwaltung AG in Köln als Klub-Geschäftsführer in den 1990er-Jahren mittels gefälschter Angaben zu den „Renditen seit Gründung“ neue Klubmitglieder geworben hat – und mehrere Mio. DM Anlegergelder über sogenannte Kick-back-Zahlungen veruntreut hat. Er wurde deswegen zwar strafrechtlich verurteilt, gilt aber nicht als vorbestraft und kann daher weiterhin seinen Beruf ausüben. Er ist nach wie vor Vorstand der Ethik Vermögensverwaltung AG (deren Bilanzverlust Ende 2012 bei über 888.000 Euro lag, während das Eigenkapital auf rund 6.000 Euro geschrumpft war) und wurde als Berater des „Meridio Green Balance“-Investmentfonds eingesetzt, in den seinerzeit – nach dem 1997 aufgedeckten Skandal – ein Teil des Klubvermögens geflossen ist.

In Deutschland unterliegen Klubs in bestimmten Fällen auch der Prospektpflicht, selbst wenn sie weniger als 50 Mitglieder bzw. 500.000 Euro Kapital aufweisen. Für Investmentklubs in der Schweiz, die nicht dem Kollektivanlagegesetz (KAG) unterstehen, gelten besondere Regeln, z.B. darf die Mitgliederanzahl 20 nicht überschreiten und es darf weder öffentliche Werbung betrieben noch ein externer Verwalter des Klubvermögens eingesetzt werden. Wer – trotz der „Bürokratie“-Problematik – selbst einen Investmentklub gründen möchte, kann z.B. beim Dachverband, der Deutschen Schutzvereinigung für Wertpapierbesitz (www.wertpapier.de), einen 80-seitigen Leitfaden dafür anfordern.

2.6 Investmentfonds

Ein Investmentfonds setzt sein Vermögen aus vielen verschiedenen Aktien und anderen Wertpapieren zusammen und betreibt „Risikostreuung". Der rechtlich neue Begriff in Deutschland lautet Investmentvermögen (§ 1 Kapitalanlagesetzbuch (KAGB)). Anleger können sich schon mit relativ kleinen Beträgen einmalig oder über einen Sparplan regelmäßig beteiligen. Durch die Verbreiterung auf zahlreiche Werte verschiedener Branchen und Länder wird das Preisänderungsrisiko reduziert. Neben Aktienfonds gibt es Rentenfonds und beide Anlageschwerpunkte kombinierende gemischte Fonds sowie in alternative Anlageklassen investierende Fonds, Hedge- oder Immobilienfonds, die einem breiteren Publikum jederzeit offen stehen für Anteilskäufe oder Anteilsverkäufe (offene oder Publikumsfonds). Weltweit stehen mittlerweile schon weit mehr als 1.500 verschiedene nach ethisch-ökologischen Kriterien geführte „nachhaltige Investmentfonds" zur Auswahl.

Ethik- und Umweltfonds sind für die Anleger teilweise profitabler als konventionelle Investmentfonds. Eine Ursache dafür mag darin liegen, dass die Anleger längerfristig denken und ihrem Fonds auch in schwierigen Zeiten treu bleiben. Den Börsen-Crash im Oktober 1987 – seinerzeit stürzten viele Aktien bis zu 40 Prozent innerhalb weniger Tage ab – hatten z.B. die amerikanischen Umweltfonds überdurchschnittlich gut überstanden, weil die Anleger »investiert« geblieben sind. Viele andere Fonds mussten infolge hoher Anteilsrückkäufe ihre Wertpapiere zu den sehr niedrigen Kursen nach dem Crash verkaufen, worunter natürlich die Gesamtrendite stark gelitten hat. Ähnlich verhielten sich die Anleger von Ethik- und Umweltfonds seit Beginn der jüngsten Finanzkrise 2008: Es kam sogar zu einem Mittelzufluss, und das Management vieler Fonds sah von einem Verkauf von Wertpapierpositionen ab, was gerade bei Aktien kleinerer Unternehmen den Abgabedruck (und damit eine Kursabwärtsbewegung) abgemildert oder sogar verhindert hat.

Während ethisch-ökologische Investmentfonds im angloamerikanischen Raum schon seit Jahrzehnten verbreitet sind, gibt es vergleichbare Produkte in anderen Ländern erst seit gut 25 Jahren. In Deutschland scheiterte die Einführung entsprechender Fonds zunächst an der Genehmigungsbehörde, die der Auffassung war, dass der Begriff »Ethik« fehl am Platz sei, da dadurch andere Investmentfonds oder einzelne Aktien als »nicht-ethisch« diskriminiert würden. Viele Fondsanbieter wichen deshalb nach Luxemburg aus.

Die ersten ethisch-ökologischen Fonds im deutschsprachigen Raum stammten aus dem Bereich Umwelttechnologie. In einer zweiten Phase gingen einzelne Fonds wie der Ökovision von einem umfassenderen Ansatz ethischer, ökologischer und sozialer Kriterien aus. Etwa ab 1994 tauchten vermehrt die Schlagworte »Öko-Effizienz«, »Best-in-Class« und später auch »Sustainability«, sprich Nachhaltigkeit, in der Fondslandschaft auf. Im Jahr 2000, dem Boom-Jahr der Erneuerbare-Energie-Aktien, kamen schließlich zahlreiche Branchenfonds (Wasser, erneuerbare Energien) auf den Markt. Inzwischen gibt es für fast jeden Geschmack ein passendes Fondskonzept. In jüngster Zeit ist die Entwicklung gekennzeichnet durch Aktivitäten wie „Corporate Engagement/Shareholder Action" mit einem aktiven Dialog und gezieltem Einsatz der Stimmrechte bei Unternehmen aus dem Fondsportfolio bzw. Impact Investing, neben einer finanziellen eine soziale Rendite z.B. durch die Investition in soziale Unternehmen zu erzielen, wobei hier bislang vielfach geschlossene Fonds aufgelegt wurden, z.B. Deutsche Bank Impact Investment Fund I (DBIIFI) oder LGT Venture Philantropy and Impact Ventures UK (IVUK) Fonds der Privatbank Berenberg.

Die Gelder, die in diese Fonds fließen, haben stark zugenommen. Das Sustainable Business Institute (www.nachhaltiges-investment.org) veröffentlicht für den deutschsprachigen Raum (Deutschland, Österreich, Schweiz) ein Fondsvolumen von 45 Mrd. Euro in 400 ethischen Publikumsfonds (Ende 2015), für Europa wurden sogar 957 Fonds mit zusammen 132,7 Mrd. Euro Fondsvolumen identifiziert (Juni 2014). Nach Schätzung des US SIF (The Forum for Sustainable and Responsible Investment, ussif.org) in den USA, dem »Mutterland« des ethischen Investments, wurden im Jahr 2014 weltweit etwa 30 Prozent des gesamten investierten Vermögens oder über 21.000 Mrd. US-Dollar nach sozial verantwortungsbewussten Strategien und Aspekten investiert. Aber nur ein Bruchteil davon befindet sich in Ethik-Investmentfonds. Der Löwenanteil wird in Eigenregie oder mittels professioneller Depotverwaltung nach bestimmten Kriterien angelegt.

Trotz eines insgesamt zunehmenden Angebots an nachhaltigen Investmentfonds stehen auf der anderen Seite auch Fondsschließungen auf der Tagesordnung, wenn es nicht gelingt, ein gewisses Mindestvolumen (von z.B. 5-10 Mio. Euro) zu erreichen bzw. zu halten, weil bei wesentlich kleineren Summen die jährlichen Fixkosten für einen Fonds prozentuell stärker ins Gewicht fallen. Zumeist wird ein „zu kleiner" Fonds dann mit einem anderen, oft größeren und konzeptionell umfassenderen Fonds zusammengelegt. Dabei kann auch die ethisch-ökologische Ausrichtung verloren gehen, wenn sie von dem neuen Fonds nicht mehr abgebildet wird.

2.6.1 Anlagekonzepte und Kriterienkataloge

Die meisten Ethik- und Umweltinvestmentfonds haben mehr oder weniger ausformulierte Auswahlkriterien in den Statuten verankert. Dabei werden immer mehr Ausschlusskriterien (Negativkriterien) und Positivkriterien, die von Unternehmen erfüllt sein sollen, kombiniert. Die Entwicklung sollen drei Beispiele verdeutlichen:

Beispiel 1: Ethical Investment Fund

Die ersten ethischen Investmentprodukte definierten sich über Ausschlusskriterien. Einer der ältesten britischen »ethicals« hatte in den 1980er Jahren seine Kriterien für den Ausschluss kurz und prägnant in zehn Verbote gefasst und die nicht zulässigen Wirtschaftszweige eindeutig definiert:

01. Rüstung: Bomben, Gewehre, Panzer, Kampfflugzeuge, Marschflugkörper, Sprengköpfe, Munition und Atomwaffen.
02. Südafrika: jedes Unternehmen mit Zweigstellen oder Tochterunternehmen in Südafrika. Dieses Kriterium wurde nach der Ablösung des Apartheidregimes gestrichen.
03. Atomkraft: jegliche Produktion von atomaren Brennstoffen in den letzten fünf Jahren, Zulieferbetriebe für die Nuklearindustrie.
04. Parteispenden: Unternehmen, die politisch motivierte Spenden von mehr als 10.000 Pfund jährlich geben.
05. Tierversuche: eigene Tierversuche bzw. Herstellung oder Handel mit Kosmetika oder Arzneien, die an Tieren getestet worden sind.
06. Werbung: Verstoß gegen die Vorschriften innerhalb der letzten zwei Jahre.
07. Glücksspiel: Umsatzanteil aus Kasinos, Wettbüros oder Glücksspielautomaten höher als zehn Prozent.
08. Alkohol: Umsatzanteil aus Brauerei, Brennerei oder Verkauf von alkoholischen Getränken höher als zehn Prozent.
09. Tabak: Umsatzanteil aus Anbau, Verarbeitung oder Verkauf von Tabakprodukten höher als zehn Prozent.
10. Banken: Da allgemein nicht kontrollierbar ist, wem und zu welchen Zwecken Banken Geld verleihen, sind alle Banken ausgeschlossen.

Beispiel 2: Calvert Social Investment Fund

Bei Fonds der zweiten Generation spielten ergänzende Positivkriterien eine immer wichtigere Rolle. Der amerikanische Calvert Social Investment Fund, dessen erstes Portfolio 1982 aufgelegt worden ist, bietet hierfür ein gutes Beispiel. Er hatte seine Auswahlkriterien schon Anfang 1990 vor allem in Bezug auf Umweltaspekte ausgeweitet bzw. verschärft:

- Umwelt: Entwicklung neuer umweltfreundlicher Produkte, innovative Programme zur Emissionskontrolle, Abfallreduzierung »an der Quelle«, Nutzung von Technologien zur Energieeinsparung, Notfallprogramme bei Katastrophenfällen, Aufzeichnungen in Richtung »Ökobilanz«.
- Produkte: Steigerung der Lebensqualität, Qualitätskontrolle und Zufriedenheit der Kunden, sofortige Reaktion bei Sicherheitsmängeln, wahrheitsgetreue Werbung und Kennzeichnung.
- Arbeitsplatz: Aufgeschlossenheit für Mitarbeiterbeteiligung, Förderung von Frauen und Minderheiten, gerechte Entlohnung, gutes Management-Betriebsrats-Verhältnis, Vergünstigungen für Familienmitglieder.
- Rüstung: nicht unter den Top 100 der Rüstungsbetriebe, Rüstungsanteil am Umsatz unter 10 Prozent, keine Produktion von Atomwaffenkomponenten.
- Internationales: Anwendung obiger Kriterien auch im Ausland, keine direkten oder indirekten Südafrikageschäfte (solange dort Apartheid-Politik herrschte).

Beispiel 3: Ökoworld Ökovision Classic

Die Anlagepolitik dieses 1996 – nach fünf Jahren Vorbereitung – aufgelegten Fonds orientiert sich an unmittelbar positiven Aspekten, die Unternehmen kennzeichnen. Vorangestellt ist ein Rahmen von bevorzugten Unternehmen, die

- umwelt- und sozialverträgliche Technologien und Verfahren entwickeln, vertreiben oder verwenden;
- sozial- und umweltverträgliche Produkte entwickeln, herstellen oder vertreiben;
- Dienstleistungen anbieten, die eine nachhaltige Entwicklung, insbesondere Umwelt- und sozialverträgliches Wirtschaften fördern;
- insbesondere wenn sie über die jeweiligen Standards der Branche, der Region oder des Landes hinausgehen.

Dann wird es konkreter: Zulässig sind Unternehmen, „die

- regenerative Energien gewinnen, einsetzen oder damit handeln, oder zur Reduktion des Energieverbrauchs und Erhöhung der Energieeffizienz beitragen und damit den Einsatz fossiler und atomarer Energiegewinnung verringern,
- Leistungen zur Verringerung des Verbrauchs nicht erneuerbarer, natürlicher Ressourcen oder zur Substitution nicht-erneuerbarer durch erneuerbare Ressourcen erbringen,
- Nahrungs- und Genussmittel naturverträglich oder gemäß den Kriterien des ökologischen Anbaus oder der artgerechten Tierhaltung gewinnen, herstellen, verarbeiten, vertreiben oder deren Absatz fördern,
- regionale Wirtschaftskreisläufe oder den Fairen Handel fördern,
- soziales oder ökologisches Engagement über den Unternehmenszweck hinaus zeigen oder entwicklungspolitische Ziele unterstützen,
- besonders demokratische Unternehmensstrukturen, humane, soziale oder emanzipatorische Arbeitsbedingungen schaffen oder gezielt zum Abbau von Diskriminierung beitragen,
- Korruption bekämpfen."

Außerdem zulässig sind Unternehmen, die lediglich mittelbar positiven Aspekten umwelt- und sozialverträglichen Wirtschaftens gerecht werden. Der Fonds hält sich auch an Negativkriterien, nach denen nicht in Unternehmen investiert wird, die u.a.

- den Kernübereinkommen der Internationalen Arbeitsorganisation (ILO) zuwider handeln,
- negative Aspekte zur Sozial- und Umweltverträglichkeit erkennen lassen, die wesentlich ausgeprägt sind, und
- strategische Beteiligungen an Unternehmen halten, Kapital von Unternehmen erhalten bzw. Unternehmen beliefern, für die jeweils schon eines der wie die Positivkriterien in den Anlagebedingungen ausführlich aufgeführten Negativkriterien zutrifft..

Zusätzlich gibt es einige Abwägungskriterien, die auch herangezogen werden, so z.B. den Umgang eines Unternehmens mit und sein Verhalten „in Kontroversen, Transparenz, Informations- und Dialogbereitschaft sowie Lernfähigkeit".

Die letzte Entscheidung über den Kauf einer bestimmten Aktie liegt bei den jeweiligen Fondsmanagern. Aber damit bei den Auswahlkriterien die ethischen und ökologischen Aspekte nicht zu kurz kommen, wacht ein Expertenbeirat (Anlageausschuss) über die Einhaltung der Kriterien bzw. entwickelt diese weiter und wählt die für das Fondsvermögen grundsätzlich infrage kommenden Titel aus. Dem elfköpfigen Ausschuss gehören derzeit (2016) sieben Vertreter und vier Vertreterinnen aus Umwelt-, Menschenrechts- und Verbraucherschutzorganisationen bzw. mit Sachverstand einer ökologischen und sozialverträglichen Wirtschaft an.

Rendite mit Gottes Hilfe

Aber nicht nur Umweltkriterien stehen bei „ethisch-ökologischen" Fonds im Mittelpunkt, manchmal spielt auch die Religion für die Rendite eine Rolle. Die Performance der so genannten islamischen Aktienfonds verläuft z.T. entkoppelt von den Aktienmärkten: Sehr erfolgreich hat im Krisenjahr 2008 z.B. der kuwaitische Al-Hilal Islamic Fund abgeschnitten (+7,5%), während der MSCI-Weltindex 40 Prozent eingebüßt hat. Ein Grund dafür war, dass Aktien westlicher Banken, deren Kurse 2008 stark gefallen sind, wegen des islamischen Zinsverbots im Fonds nicht enthalten waren. Allerdings hat der Fonds die beim MSCI folgende Aufwärtsbewegung nicht in gleicher Intensität mit vollzogen. Relativ gleichläufig haben sich in den letzten Jahren der Dow Jones Islamic Market World-Index, der gemäß der Scharia keine Aktien enthält, die mit Alkohol, Drogen, Waffen, Spielcasinos oder Schweinefleisch zu tun haben, und der Dow Jones Industrial Average-Index entwickelt. Man schätzt die insgesamt Scharia konform angelegten Gelder auf über 1.900 Mrd. US-Dollar (2012: über 1.600 Mrd. USD), wovon der Großteil auf Banken entfällt. Publikums-, Pensions-, Hedge- und Staatsfonds tragen mit etwa vier Prozent zum Gesamtvolumen bei (Ende 2013, EZB, IWF). Eine Studie von Deloitte erhob Anfang 2014 weltweit über 900 (Publikums-) Investmentfonds mit zusammen 29,6 Mrd. US-Dollar. Davon unterhalten die meisten Fonds ihren Sitz in Malaysia (263 Fonds, 10,2 Mrd. USD Fondsvolumen), Saudi-Arabien (163 mit 6,1 Mrd. USD) und Luxemburg (111 mit 3,4 Mrd. USD).

Der Markt hält aber nicht nur Wachstumsberichte bereit, immer wieder werden auch Fonds geschlossen, wie der *Islamic Fund - Global Equity* (USD) der UBS, der von Mai 2000 bis Oktober 2011 lief; mit - 38,3 Prozent Wertentwicklung wurde er bei 21 Mio. Euro Volumen aufgelöst. Ein Pionier in Deutschland, der *Al-Sukoor*-Fonds der Commerzbank, den es seit 1999 gab, wurde mangels Nachfrage Anfang 2006 wieder geschlossen. Aber es gibt auch Fonds, wie den *Imam Fund* des U.S. Bancorp Fund Services mit 71 Mio. US-Dollar, der – mit Amazon (4,5%), Apple (3,4%) und Johnson & Johnson (2,5%) als größten Einzelpositionen – im Jahr 2015 um 4,3 % zulegte, im Zehn-Jahres-Zeitraum sogar um 6,5 % pro Jahr.

2.6.2 Fonds im deutschsprachigen Raum

Ethisch-ökologische Investmentfonds kamen im deutschsprachigen Raum erst im Laufe der 1990er-Jahre auf den Markt. Einige traf es, dass ihre Startphase in eine Zeit allgemein stark sinkender Aktienkurse fiel (Stichwort: Golfkrieg) bzw. gerade die erste Ernüchterung im Umwelttechnologiesegment eingesetzt hatte. Eine ähnliche Entwicklung gab es nach dem Boom-Jahr 2000: Die viel zu schnell gestiegenen Kurse kehrten 2001 und 2002 wieder auf ein realistisches Niveau zurück. Trotzdem schnitten die Aktien meist besser ab als der Gesamtmarkt – von der »Internet-Blase« und den riesigen Verlusten am Neuen Markt ganz zu schweigen.

Mittlerweile umfasst das deutschsprachige Fonds-Portfolio 400 Produkte, die meisten nach luxemburgischem Recht als Teil-/Subfonds eines so genannten Umbrellafonds, der als SICAV (sociétéd'investissement à capital variable) ausgestaltet ist, einer Rechtform für eine Kapitalanlagegesellschaft mit variablem Grundkapital. Oftmals gibt es Teilfonds (auch: Fondsklassen) in verschiedenen Währungen oder auch getrennt für private und institutionelle Anleger mit unterschiedlichen Mindestsummen und Kostensätzen. Sehr oft gibt es jeweils zugleich auch eine ausschüttende und eine die Fondserträge thesaurierende (wieder anlegende) Variante.

Wie die einzelnen Fonds in der Realität gemanagt werden, das hängt von vielen Faktoren ab – nicht zuletzt von Zeit und Geld. Manchmal fehlt bei den Fondsgesellschaften eine eigene, tiefer gehende Begutachtung der tatsächlichen »Umweltsch(m)utzaktivitäten«, des Geschäftsgebarens oder der Mitarbeiterführung der für den Fonds auszuwählenden Unternehmen. Oft werden nur die Geschäftsberichte, Bilanzen und finanzielle Kennzahlen in Betracht gezogen. Bei einigen Fonds gibt es kaum direkte Kontakte mit der Firmenleitung bzw. dem jeweiligen Umweltbeauftragten, geschweige denn mit Bürgerinitiativen vor Ort. Sehr viele Fondsgesellschaften veröffentlichen auch den Namen des Fondsmanagers oder der Fondsmanagerin. Anders als im angloamerikanischen Raum sind externe Beiräte bei deutschsprachigen Umweltfonds bisher eher noch die Ausnahme.

Konventionelle Banken und Anlagegesellschaften haben zuweilen schmerzlich erfahren müssen, dass man einen Fonds nach ethisch-ökologischen Kriterien nicht nebenbei managen kann. Er erfordert wesentlich mehr Aufwand in Bezug auf Research (Aktienanalyse, Forschung) und Marktbeobachtung, und er steht im Blickfeld einer überdurchschnittlich kritischen Anlegergruppe. Es gibt Fondsgesellschaften, die ein Team von mehr als zehn „Nachhaltigkeitsanalysten" beschäftigten und externes Research zukaufen. Aber bei manchen Investmentfonds, insbesondere solchen, die nur zur Gewinnung neuer Kundenschichten oder zur Eroberung neuer Marktanteile gegründet wurden, bemerkt man kaum ein ökologisches Engagement. Denn nicht überall, wo »Öko« draufsteht, ist auch »Öko« drin. Der Sun Life Ecological Portfolio beispielsweise hatte – bevor er wegen des gesunkenen Volumens eingestellt wurde – über mehrere Jahre eine italienische

Aktiengesellschaft im Depot, die in den Bereichen Autokomponentenherstellung und Rüstung/Raumfahrt tätig war.

In den vergangenen Jahren kamen verstärkt so genannte Sustainability-/Nachhaltigkeitsfonds auf den deutschen Markt. Nicht zuletzt dadurch haben – neben den ökologischen – soziale Kriterien wie Mitarbeiterführung oder das Verhalten gegenüber Geschäftspartnern deutlich an Gewicht gewonnen. Der Erfolg des Segments wurde jedoch nicht allen Anbietern zuteil. Mangels Volumen wurden z.B. folgende Fonds schon wieder eingestellt bzw. in andere Fonds eingegliedert:

- Öko Trust (1992-1995)
- Hypo Umweltfonds (1990-1996)
- Z-Umweltfonds (1989-1996)
- Raiffeisen-Umweltfonds (1989-1997)
- Fürst Fugger Privatbank Sustainability Fonds (1999-2001)
- Lacuna Eco Tech New Energy (2001-2002)
- Auxvita-Investmentfonds (2001-2003)
- AXA WF II European Socially Responsible Equities (-2004)
- BB New Energy Invest (-2004)
- Fairway One-Universal (-2004)
- OP Sustainability (-2004)
- AMIS Eco Global (Betrugsfall, suspendiert 2005)
- Klassik ÖkoTrends (2001-2005)
- Unisector: Nature Tech (2001-2005)
- DLI-Global Quality (2002-2006)
- Jupiter Global SRI Fund L (-2006)
- Activest Eco Tech (2000-2007)
- CS EF (Lux) Global Sustainability (-2007)
- Absolut Future Mobility (-2011)
- Don Bosco Ethik fructus omnibus (-2011)
- SAM Sustainable Europe Active (-2011)
- SAM Sustainable Global (-2011)
- SAM Sustainable Multi-Theme (-2011)
- SAM Sustainable Water Evolution (-2011)
- SI Ökoselect (-2011)
- VCH New Energy (-2011)
- AAM New Mobility (-2012)
- Amundi Funds Clean Planet (-2012)
- AXA World Responsible Development Debt (-2012)
- BankInvest - BI SICAV Global Equities SRI (-2012)
- BNPP L1 Green Future Classics (-2012)
- Delta Better World (-2012)
- FairMögensFonds (-2012)
- FairMögensFonds Trilux. (-2012)

- Responsible Selection Fund UI (-2012)
- Warburg Photovoltaik Global 30 (-2012)
- Amundi ETF Green Tech Living Planet (-2013)
- Aviva Inv. Sust. Future Pan Europa Equity (-2013)
- AXA WF Framlington Global Environment (-2013)
- BankInvest Global Emerging Markets Equity SRI (-2013)
- DWS Invest Responsibility (-2013)
- LIGA PAX Balance Stiftungsfonds Union (-2013)
- Living Planet Fund Equity (-2013)
- MEAG KlimaStrategie (-2013)
- ÖkoTrend Bonds (-2013)
- ÖkoVision Europe (-2013)
- Alpin Global Ethic (-2014)
- BILKU 1 Carbon Efficient Bond (-2014)
- CATUS Global Chance P (-2014)
- DJE LUX Sicav DJE Vermögensmanagement (-2014)
- INIK Fonds (-2014)
- UBS (Lux) EF Climate Change (-2014)
- UBS (Lux) ES Sustainable Global Leaders (-2014)
- Amundi Equity Aqua Global (-2015)
- BlueValue EthicFund (-2015)
- Erste Responsible Stock Austria (-2015)
- Erste Responsible Stock Europe Emerging (-2015)
- ESPA WWF Climate Change (-2015)
- F&C Global Climate Opportunities (-2015)
- FT Navigator Sustainability (-2015)
- PARIUM – Sustainability Fund P (ehem. Infinus ecoConsort, -2014)
- Quantex Environmental Fund (-2015)
- transparente Invest (-2015)

Research und Zertifizierungen

Neben externen Researchquellen, die etwa von Imug oder oekom research in Deutschland, Inrate in der Schweiz oder vom Forum Ethibel in Belgien stammen oder von Sustainalytics (vgl. Kapitel 6.3.2), die an mehreren Standorten vor allem in Europa vertreten ist, nutzen die Banken zunehmend auch die Informationen eigener Researchteams. Die Zürcher Kantonalbank beispielsweise oder die Bank J. Safra Sarasin unterhalten solche Teams, die den unabhängigen Instituten teilweise Konkurrenz machen.

Gut eingeführt ist das Audit für Nachhaltigkeitsfonds bei der Bank Coop AG aus der Schweiz: Hier entscheidet der „Beirat Nachhaltigkeit“ abschließend über die von der Bank vertriebenen fremden Nachhaltigkeitsfonds. Die Fonds werden auch danach einem ausführlichen Audit unterzogen und erhalten das Qualitätsprädikat „Nachhaltigkeit kontrolliert". Dem Auditgremium gehören neben drei bankinternen Mitgliedern vier bankexterne aus Wirtschaft und Politik an. In Österreich wurde ein Umweltzeichen für »Grüne Fonds« eingeführt, nach dessen Maßgaben bereits mehr als ein Dutzend Fonds zertifiziert ist. Ausschlaggebend für die Zertifizierung ist u.a., ob die Fonds auch einen unabhängigen Anlagebeirat haben. Auf europäischer Ebene gibt es für Publikumsfonds die Möglichkeit, sich an den *European SRI Transparency Code* von Eurosif zu halten. Fondsgesellschaften, die mehr als die Hälfte aller europäischen Nachhaltigkeitsfonds repräsentieren, haben diesen Standard für ihre Fonds als gültig anerkannt (www.eurosif.org).

Volumina und Gesamt-Performance

Im deutschsprachigen Raum liegt das Volumen der ethisch-ökologischen Publikumsfonds mit etwa 45 Mrd. Euro bzw. mit etwa 1,4 Prozent des gesamten in Fonds veranlagten Vermögens auf dem Niveau von vor fünf Jahren (Gesamtmarkt Ende 2015: Deutschland: 2.222 Mrd. Euro, Österreich: 168 Mrd. Euro, Schweiz: umgerechnet 819 Mrd. Euro). Der Anteil hat sich aber in den letzten zehn Jahren mehr als verdoppelt, und das Wachstum hält weiter an. Mit dem Marktvolumen ist auch die Anbieterzahl gestiegen, und fast jede Großbank hat inzwischen einen Ethik- oder Umweltfonds im Programm. Allerdings haben sich in den letzten Jahren die Gewichtungen im Ethikfonds-Bereich etwas verschoben. Während vor 20 Jahren Aktienfonds die Szene dominierten und 10 Jahre später das Volumen deutschsprachiger Publikumsfonds in Renten- und gemischte Fonds auf fast 50 Prozent angestiegen war, behaupteten sich 2015 Aktienfonds auf diesem Niveau: Mehr als 50 Prozent aller Ende 2015 verzeichneten Fonds sind Aktienfonds (206 von 400), die etwa die Hälfte des Fondsvermögens auf sich vereinen (23 Mrd. Euro). Ein seit einigen Jahren anhaltender Trend, der in Konkurrenz zu den Investmentfonds steht, sind Zertifikatemissionen (siehe Kapitel 2.7). Im Jahr 2015 sind 39 Fonds im deutschsprachigen Markt zum Vertrieb zugelassen worden, die entweder neu aufgelegt wurden, ihre Strategie auf „Nachhaltigkeit" umgestellt haben oder bereits in anderen Ländern zugelassen waren, 32 Fonds wurden seit Beginn des Jahres geschlossen oder mit anderen Fonds zusammengelegt. Über den in diesem Kapitel beschriebenen Publikumsfonds rangiert noch eine ganze Reihe ethisch-ökologisch orientierter Großanlegerfonds (ab 100.000 Euro). Eine Besonderheit stellen Mikrokreditfonds dar (siehe Kapitel 2.2.2), die nach dem deutschen Kapitalanlagegesetzbuch zulässig sind.

Nach den überdurchschnittlich hohen Wertzuwächsen von 32 Prozent bzw. 11 Prozent in den Jahren 1999 und 2000 weist auch die Entwicklung 15 Jahre später positive Kennzahlen auf, wobei es zwischendurch und in den ersten Wochen 2016 wieder Rückschläge gegeben hat und die Renditen der verschiedenen Nachhaltigkeits-Aktienfonds im selben Jahr nicht selten 30 bis 50 Prozentpunkte auseinander liegen können. Nach Berechnungen des Sustainable Business Institutes entwickelten sich die Anteilspreise bei den Aktienfonds 2015 zwischen +27

Prozent und -18 Prozent, was auf die oft sehr unterschiedlichen Schwerpunkte zurückzuführen ist. Die Spanne bei den Rentenfonds ist kleiner, mit zwischen +7 Prozent und -9 Prozent, es haben also auch einige Rentenfonds das Jahr 2015 mit einer negativen Rendite abgeschlossen. Was den Werterhalt angeht, schnitten Dachfonds am erfolgreichsten ab mit zwischen +10 und 0 Prozent, während Mischfonds zwischen +9 Prozent und -11 Prozent rentierten.

Früher noch kaum ein Thema, rücken – insbesondere in Zeiten niedriger Renditen – auch die Gebühren der Fonds mehr in den Blickpunkt. Als aussagekräftigste Kennzahl hat sich die so genannte Total Expense Ratio (TER) eingebürgert. Diese Gesamtkostenquote in Prozent umfasst alle jährlich dem Fondsvermögen belasteten Kosten mit Ausnahme der Transaktionskosten. Zusätzliche erfolgsabhängige Vergütungen (performance fees) werden separat als Prozentsatz des durchschnittlichen Fondsvolumens berechnet und ausgewiesen. Außerdem zu beachten ist ein Ausgabeaufschlag (von bis zu 5 Prozent), der einmalig beim Kauf der Anteile anfällt und bei Aktienfonds in der Regel höher ausfällt als bei Rentenfonds.

In den folgenden Fondskurzportraits stellen wir Ihnen Anlagephilosophie und Anlageschwerpunkte zu den in der Tabelle (siehe Kapitel 2.6.3) enthaltenen Fonds(gruppen) der Kategorien Aktien-, Renten-, Misch- und Dachfonds vor, zusätzlich berücksichtigen wir ETFs (Exchange Traded Funds), Mikrofinanzfonds, Geldmarktfonds, vermögensverwaltende Fonds und Spendenfonds. Außerdem finden Sie hier eine zugehörige Kontakt:.

Sollten Sie sich für einen der Fonds näher interessieren, so empfiehlt es sich, vor einem Investment zumindest einen Rechenschafts- bzw. (Halb-)Jahresbericht einzusehen, um bei einzelnen Öko-Titeln mancher Fonds nicht unliebsame Überraschungen zu erleben. Diese Informationen werden – wie auch der Verkaufsprospekt und aktuelle „Factsheets" – von der Fonds-/Kapitalanlagegesellschaft veröffentlicht (neue rechtliche Bezeichnung in Deutschland: Kapitalverwaltungsgesellschaft).

2.6.2.1 Aktienfonds

3 Banken Nachhaltigkeitsfonds

Dieser internationale Aktienfonds betont bei der Auswahl Öko-Kriterien in Verbindung mit klar definierten Ausschlusskriterien. Der Fondsmanager Sarasin trifft die Auswahl nach der „Sarasin Sustainability Matrix". Zukunftsthemen wie Wasser, erneuerbare Energien oder Gesundheit sind übergewichtet, davon am stärksten Gesundheit (24% Anteil im Fondsvermögen). Zuletzt erfolgreichster und zugleich gewichtigster Einzeltitel war American Water Works (+9%, 4,1%-Anteil). Träger der Fondsgesellschaft sind die drei österreichischen Regionalbanken Oberbank (zugleich Depotbank), BKS Bank und Bank für Tirol und Vorarlberg (BTV), zusammen mit der Generali Holding Vienna.

Kontakt:

- 3 Banken-Generali Investment-Gesellschaft m.b.H., Untere Donaulände 28, A-4020 Linz, www.3bg.at

ACATIS Fair Value Aktien Global

Die Anlagestrategie dieser 1994 gegründeten Vermögensverwaltung beruht darauf, Aktien nachhaltiger Unternehmen zu kaufen, die unter ihrem inneren Wert notieren, aber nach einer Fundamentalanalyse als stabil und aussichtsreich eingeschätzt werden.

Kontakt:

- Acatis Investment GmbH, Taunusanlage 18, D-60325 Frankfurt am Main, www.acatis.de

Allianz Global Sustainability | Allianz Global EcoTrends

Anfang 2003 legte noch die DIT der Dresdner Bank diesen Nachhaltigkeitsfonds auf, der 2005 umbenannt wurde. Der Fonds investiert mindestens 75 Prozent in Aktien von Unternehmen mit nachhaltigen Geschäftspraktiken, die eine langfristige Wertschöpfung anstreben und umwelt- sowie sozialbewusst handeln. 2006 kam der Global EcoTrends hinzu, der im gleichen Umfang in Aktien von Gesellschaften anlegt, die „zumindest auch in den Sektoren ‚Eco Energy‘ (Alternative Energien und Energieeffizienz), ‚Pollution Control‘ (Umweltqualität, Abfallwirtschaft und Recycling) und ‚Clean Water‘ (u.a. Wasseraufbereitung und -versorgung) tätig sind“. Inzwischen befindet sich auch das Fondsmanagement des Global Sustainability bei der Allianz.

Kontakt:

- Allianz Global Investors mbH, Bockenheimer Landstraße 42-44, D-60323 Frankfurt am Main, www.allianzglobalinvestors.de

BAWAG P.S.K. Öko Sozial Stock

Dieser internationale Aktienfonds mit einer ausschüttenden und einer thesaurierenden Variante wählt nach ethisch-ökologischen Ausschlusskriterien aus. Die Nachhaltigkeitsbewertung erfolgt durch Sustainalytics. Regionaler Schwerpunkt sind die USA (60%) vor Japan (9%), in Bezug auf die Branchen stehen Finanzwesen (17%), IT (15%) und zyklische Konsumgüter (14%) an erster Stelle. BAWAG P.S.K. INVEST steht zu 100% im Eigentum von Amundi S.A., die mehrheitlich zur genossenschaftlichen Crédit Agricole Gruppe aus Frankreich gehört.

Kontakt:

- BAWAG P.S.K. Invest GmbH, Georg-Coch-Platz 2, A-1010 Wien, www.bawagpskfonds.at

BlackRock Global Fund New Energy Fund

Der Fonds investiert weltweit 70 Prozent seines Vermögens in Aktien von Unternehmen, deren überwiegende Geschäftstätigkeit in den Bereichen erneuerbare Energien und Energietechnologien liegt. Anfang 2016 waren die Schwerpunkte Energieeffizienz (27%), Energie-Hilfstechnologien und Infrastruktur (19%) und EE-Entwickler (18%). Die drei größten Titel machten zusammen 20 Prozent aus (Vestas Wind Systems, EDP Renovaveis und Novozymes). BlackRock ist mit über 4.645 Mrd. US-Dollar verwaltetem Vermögen einer der weltweit führenden vor allem konventionellen Investmentmanagern und in mehr als 30 Ländern präsent. Inzwischen gibt es die Factsheets auch auf Chinesisch.

Kontakt:

- BlackRock Investment Management (UK) Limited,
  German Branch, Bockenheimer Landstraße 2-4, D-60306 Frankfurt am Main,
  www.blackrockinvestments.de

Candriam Equities Sustainable World

Mit dem Namenswechsel von Dexia Asset Management in Candriam sind auch die Fonds umbenannt worden. Der Equities Sustainable World folgt dem Best-in-Class-Grundsatz, dabei investiert man in den OECD-Staaten in dort ansässige Unternehmen, „die zu den besten 35 % in ihrem Sektor gehören, bezogen auf den Bereich der ökologischen und sozialen Aspekte, der Unternehmensführung, des Geschäftsmodells und des Umgangs mit den Stakeholdern." Die Unternehmen halten auch die Grundsätze des United Nations Global Compact ein und dürfen nicht in der Waffenindustrie tätig sein. Ausgeschlossen sind auch z.B. die Bereiche Tabak und Pornografie. Zusätzlich werden Aktionärsrechte (z.B. das Stimmrecht) aktiv ausgeübt.

Kontakt:

- Candriam Luxembourg – Zweigniederlassung Deutschland,
  Grüneburgweg 58-62, D-60322 Frankfurt am Main, www.candriam.de

C-Quadrat Global Quality ESG Equity

Der Fonds trägt den Namen des Fondsmanagers: C-Quadrat wurde von Thomas Rieß und Alexander Schütz 1991 gegründet, beide sind am Unternehmen beteiligt, größter Aktionär ist die deutsche Talanx Asset Management (25,1%). Für die Auswahl kommen nur Wertpapiere in Betracht, die Mindeststandards in den Bereichen Umweltschutz, Soziales und gute Unternehmensführung (ESG-Kriterien) erfüllen. Der Fonds wurde im September 2013 aufgelegt und verwaltet 33 Mio. Euro; größte Einzeltitel innerhalb des Schwerpunktes Konsumgüter (zyklisch und nicht-zyklisch, 50%) sind L'Oreal, Unilever und PepsiCo (alle je fast 4%).

Kontakt:

- C-Quadrat Investment AG,
  Schottenfeldgasse 20, A-1070 Wien, www.c-quadrat.com

Deka-UmweltInvest CF

Im Mittelpunkt stehen Unternehmen weltweit, „die ihre Umsatzerlöse oder ihr Jahresergebnis überwiegend in den Bereichen Klima- und Umweltschutz, Wasserwirtschaft und/oder erneuerbare Energien erzielen." Größte Titel waren Anfang 2016 Vestas Wind Systems, OSRAM Licht und Shimano (mit je über 2%). Größte Regionen sind die USA (30%) vor Japan (13%), Schweiz und Deutschland (je über 10%). Die Deka-Gruppe ist zentraler Asset Manager und Wertpapierdienstleister der Sparkassen-Finanzgruppe und einer der größten Anbieter in Deutschland mit einem verwalteten Fondsvermögen von etwa 225 Mrd. Euro (12/2015) und rund vier Mio. Depots.

Kontakt:

- Deka Investment GmbH,
  Mainzer Landstraße 16, D-60325 Frankfurt am Main, www.deka.de

DKB Ökofonds | DKB Zukunftsfonds

Diese beiden thesaurierenden Themenfonds ohne Ausgabeaufschlag dienen vor allem den Kunden der Deutschen Kreditbank, einer Tochtergesellschaft der Bayerischen Landesbank. Der Ökofonds hat seinen Schwerpunkt auf Aktien international erweitert und konzentriert sich auf die Segmente Klima- und Umwelttechnologie mit den Geschäftsfeldern erneuerbare oder alternative Energien, Wasser, Klimaschutz und energieeffiziente Mobilität. Unter den zehn größten Einzelwerten liegt die Spanne der Gewichtung eng mit zwischen 2,6 und 3,6 Prozent, größter Einzeltitel ist Ormat Technologies aus den USA (Geothermiekraftwerke). Der Zukunftsfonds ist vor allem in Europas investiert, mit fast 30 Prozent in Deutschland, gefolgt von Dänemark (12%), von wo der größte Wert stammt: Vestas Wind Systems (4,8%); größte deutsche Titel sind Allianz, SAP und Henkel (je etwa 3%) – Unternehmen, die durch Nachhaltigkeit geprägt sind und konservativen Bewertungskriterien standhalten.

Kontakt:

- BayernInvest Luxembourg S.A., 6B, rue Gabriel Lippmann, L-5365 Munsbach, www.bayerninvest.lu

DNB Global SRI | DNB Renewable Energy

Die Fonds gehören zur DNB-Gruppe (DNB: Den Norske Bank), dem größten norwegischen Finanzdienstleistungskonzern. Der Global SRI investiert sozial verträglich und wurde 1990 aufgelegt, der Renewable Energy läuft seit 2007 mit Schwerpunkt Erneuerbare Energien. Größte Einzeltitel waren Anfang 2016 beim Global SRI Citigroup (4%), Samsung Electronics und Oracle (je 2,6%) und beim Renewable Energy die US-amerikanischen Renewable Energy Group und Tenneco (je 7,6%).

Kontakt:

- DNB Luxembourg S.A., 13, rue Goethe, L-1637 Luxembourg, www.dnb.no/lu/de

DWS Water Sustainability | DWS Zukunftsressourcen

Die mit einem Fondsvolumen von rund 777 Mrd. Euro größte Kapitalanlagegesellschaft in Deutschland hat auch nachhaltige international investierende Fonds in ihr Angebot aufgenommen und verfügt dank der Muttergesellschaft Deutsche Bank über eine große Vertriebskraft. Der DWS Water Sustainability geht auf den DWS Klimawandel zurück. Heute steht die gesamte Wertschöpfungskette des Wassersektors im Mittelpunkt mit Wasserversorgung, Wasserinfrastruktur, Wassertechnologie und Wasser-Ressourcen-Management. Hier sind die USA am stärksten gewichtet (38%), bei den Titeln führen Veolia Environnement (6,7%, Multiversorger), United Utilities Group (4,9%, Wasserversorger), Suez Environnement (4,7%, Multiversorger), Geberit (4,3%, Baustoffe) und American Water Works (4%, Wasserversorger). Der mit über 210 Mio. Euro Volumen mehr als doppelt so große DWS Zukunftsressourcen konzentriert sich auf Aktien in den Geschäftsbereichen Wasser, Agrochemie und erneuerbare Energien, ebenfalls mit US-Schwerpunkt (43%) und zum Teil den gleichen Titeln an der Spitze mit Geberit (5,2%), AO Smith Corp (5,1%), Veolia Environnement SA (5,1%), Danaher Corp. (4,7%) und Suez Environnement (3,5%).

Kontakt:

- Deutsche Asset & Wealth Management International GmbH, Mainzer Landstraße 11-17, D-60329 Frankfurt am Main, www.dws.de

Ecology Stock

Die Fondsgesellschaft ist mit dem unabhängigen Salzburger Bankhaus Carl Spängler verbunden. Dabei greift man für Asset- und Risikomanagementstrategien auf die Expertise im Spängler IQAM Research Center zurück, einer Kooperation mit Technischer Universität Wien und Wirtschaftsuniversität Wien, dessen Leitung und Beirat hochkarätig besetzt sind. Verwaltet wird das Fondsvermögen von der Münchener Focus Asset Management GmbH. Zu den größten nach ethischen und ökologischen Kriterien ausgewählten Einzelwerten zählten Ende Oktober 2015 Alphabet (vormals Google, USA, 4,6%) und Henkel (4,2%).

Kontakt:

- Spängler IQAM Invest GmbH, Franz-Josef-Straße 22, A-5020 Salzburg, www.spaengler-iqam.at

ERSTE Responsible Stock America | ERSTE Responsible Stock Europe ERSTE Responsible Stock Global | ERSTE WWF Stock Environment

Innerhalb Österreichs ist die Emittentin dieser Fonds die zweitgrößte nach dem verwalteten Fondsvermögen. Bereits Mitte 2001 hatte sie den ESPA Stock Umwelt auf den österreichischen Markt gebracht, der schwerpunktmäßig in Umwelttechnologietitel investierte. Hinzu gekommen sind bzw. umgewidmet wurden Fonds mit regionalen Schwerpunkten in der „ESPA VINIS Stock"-Familie. Die Fonds sind neu geordnet und umbenannt worden. Der America-Fonds ist zum Vertrieb in Österreich, der Slowakischen und Tschechischen Republik und Ungarn zugelassen, anders ist es beim Europa-Fonds (A, D) und Global-Fonds (A, CH, D, Spanien).

Der America-Fonds ist auf langfristigen Substanzzuwachs ausgerichtet und am amerikanischen Aktienmarkt orientiert. Das Fondsmanagement wendet einen aktiven Investmentansatz nach fundamentalen Bewertungsmethoden und technischen Selektionskriterien an. Es werden großkapitalisierte Werte wie auch mittlere und kleine aufgenommen. Fremdwährungen werden zumeist nicht abgesichert. Deutlich größter Titel ist Alphabet (8%).

Der Europe-Fonds veranlagt nach ethisch nachhaltigen Kriterien. In seinem integrativen Managementansatz sind die wichtigsten nachhaltigen Analysemethoden enthalten. Hier stehen britische (24%), deutsche (19%) und französische Aktien (16%) an erster Stelle, wichtigste Branche ist das Finanzwesen (21%).

Der Global-Fonds wird nach einem vierstufigen Investmentprozess verwaltet. Zunächst wird das Investmentuniversum des Fonds nach Umwelt-, Stakeholder- und Corporate Governance-Kriterien gefiltert. Auf Ebene 2 überprüft ein Investment-Beirat die Ergebnisse des Nachhaltigkeitsfilters nochmals und diskutiert spezielle Einzeltitel sowie IPOs, danach steht das mögliche SRI-Universum fest. Dann folgen die Portfoliokonstruktion und das Risikomanagement. Auf Ebene 4 finden sich die Engagementaktivitäten des Fondsmanagements. Dieser Fonds ist der größte unter den vier, mit über 180 Mio. Euro Vermögen, davon entfallen auf US-Unternehmen über 44 Prozent, es folgen Großbritannien (10%) und Japan (8%).

Die Schwesterfonds ERSTE WWF Stock Climate Change und ERSTE WWF Stocck Umwelt wurden im Oktober 2015 zusammengelegt und erhielten den Namen ERSTE WWF Stock Environment. Zwischen der Kapitalanlagegesellschaft Erste-Sparinvest und dem WWF (World Wide Fund for Nature) besteht seit Oktober 2006 diese Kooperation, bei der ein vom WWF bestellter Umweltbeirat das Aktienuniversum auswählt bzw. überwacht. Die Erste-Sparinvest spendet einen Teil ihrer Einnahmen dem Wasserschutzprogramm des WWF Österreich. Alle vier Fonds gibt es in einer ausschüttenden und einer thesaurierenden Variante.

Kontakt:

- Erste-Sparinvest Kapitalanlagegesellschaft m.b.H., Am Belvedere 1, A-1100 Wien, www.erste-am.at

F&C Responsible Global Equity

Nachdem der größte Investor im F&C Global Climate Opportunities sich im Januar 2015 von seinen Anteilen getrennt hatte, fiel das Fondsvolumen unter drei Mio. Euro, weshalb dieser F&C-Fonds Ende Februar 2015 geschlossen wurde. Ein halbes Jahr zuvor waren aus den F&C Stewardship-Fonds im Zuge der Integration von F&C Fund Management in die BMO Global Asset Management die F&C Responsible-Fonds hervorgegangen (F&C steht für Foreign & Colonial und legte 1868 den ersten Investmentfonds weltweit auf). In der Gruppe der Responsible-Fonds investiert der Global Equity weltweit auf Basis eines Kriterienkatalogs und übt sein Stimmrecht aktiv aus. Nicht infrage kommen Unternehmen, die durch bestimmte Produkte gekennzeichnet sind, wobei es z.T. Umsatzgrenzen gibt, bzw. die durch negatives Verhalten aufgefallen sind. Zu den Ausschlussprodukten zählen u.a. Alkohol, Atomenergie, Bankgeschäfte, sofern der Ergebnisbeitrag des Investmentbankings über 50 Prozent liegt, fossile Energieträger, Einfluss von Gentechnologie, giftige Chemikalien, Glücksspiel, Pelze, Tabak, Transport, Waffen. Über die Hälfte ist in US-Unternehmen investiert, Branchenschwerpunkt bildet Gesundheit (12%), größter Einzeltitel war Ende Januar 2016 Apple (3,5%)

Kontakt:

- F&C Management Limited,
  Oeder Weg 113, D-60318 Frankfurt am Main, www.fandc.com

FBG 4Elements

Orientiert an den vier Elementen legt der Fonds in Umwelttechnologie-Aktien an mit Schwerpunkten in saubere Energie (Element Feuer), Klimaschutz (Luft), Wasser (Wasser) und erneuerbare Rohstoffe (Erde). Bis Dezember 2012 hatte es für jedes Element einen eigenen Fonds gegeben. Wie die Bereiche gewichtet werden, liegt im Ermessen des Fondsmanagers. Der Fonds investiert derzeit weltweit in 40 bis 60 überwiegend kleine und mittlere Unternehmen, kein Titel ist mit mehr als zwei Prozent gewichtet. Größter Titel war Ende Januar 2016 die US-amerikanische Stericycle. Fondsmanager ist die Frankfurter Bankgesellschaft (Deutschland) AG, deren Initialen der Fondsname enthält und deren Muttergesellschaft Frankfurter Bankgesellschaft (Schweiz) AG heißt, die im Eigentum der Landesbank Hessen-Thüringen steht. Kapitalverwaltungsgesellschaft ist die VP Fund Solutions (Luxembourg), eine Tochtergesellschaft der liechtensteinischen VP Bank.

Kontakt:

- VP Bank (Luxembourg)
  SA, 26, Avenue de la Liberté, L-1930 Luxembourg, www.vpbank.lu

GAMAX Funds Junior

Der Junior-Fonds hat nichts mit ökologischen Anlagekriterien zu tun, umfasst aber einige Negativkriterien, wie z.B. keine Rüstungs- und keine Tabakaktien zu kaufen. Der im Fonds am höchsten gewichtete Titel ist Alphabet (4,3%), die drei größten Anlageschwerpunkte bilden zyklische Konsumgüter (37%), IT (17%) und Konsumgüter (16%). Der von DJE Kapital gemanagte Fonds versteht sich auch als Angebot zum Vermögensaufbau für Jüngere. Neben dem internationalen Fonds mit „Jugendbezug" gab es vor Jahren auch ein Produkt mit „Seniorenbezug", das dann in einen anderen Fonds der Fondsgesellschaft integriert wurde.

Kontakt:

- GAMAX Management AG,
  42, rue de la Vallée, L-2661 Luxembourg, www.gamaxfunds.com

Generali Investments SRI Ageing Population

Angesichts eines zunehmenden Anteils älterer Menschen wählt dieser im Oktober 2015 aufgelegte Fonds europäische Aktien (mindestens 75%) auf Basis demographischer Entwicklungen und Investitionsschwerpunkte in der Zielgruppe „Grey Power" aus. Die dabei gewonnenen rund 450 Unternehmen aus den Bereichen Gesundheit, Pensionen und Sparen sowie Konsumgüter werden dann einer SRI-Analyse durch ein eigenes Team unterzogen, danach verbleibende Titel werden fundamental analysiert. So verbleiben die etwa 50 Titel des Portfolios, dessen gewichtigste Titel sind Ontex Group, Fresenius Medical Care, Essilor International, L'Oreal, Reckitt Benckiser Group, Sanofi und Genussscheine der Roche Holding (alle je über 3%).

Kontakt:

- Generali Investments Europe in Deutschland,
  Tunisstraße 19-23, D-50667 Köln, www.generali-invest.com

GLS-Bank Aktienfonds

Hier wendet das Fondsmanagement den Buy-and-Hold-Ansatz an, bei dem die langfristige unternehmerische Beteiligung im Vordergrund steht. Weniger geht es um das aktuelle Kurspotenzial des jeweiligen Unternehmens, sondern insbesondere um seine sozialen und ökologischen Leistungen und Potenziale: „Die ökonomische Rendite ist dann die Konsequenz dieses Anlageprozesses." Im Blick stehen gerade auch junge innovative Unternehmen und die aktive Mitwirkung als Aktionär und damit Eigentümer, um Nachhaltigkeitsstrategien zu unterstützen und kritische Entwicklungen zu begleiten. Man grenzt sich mit seiner Strategie von den reinen Best-in-Class-Verwaltungsansätzen ab. Bei den Kosten fällt auf, dass auf den Ausgabeaufschlag verzichtet wird, ebenso wie auf Performance Fees (im Falle eines Wertzuwachses des Fonds) und eine Bestandsprovision (Vertriebsrückvergütung). Die Kapitalverwaltungsgesellschaft Universal-Investment-Gesellschaft mbH bekommt ein Honorar, die Verwahrstelle des Fonds, Joh. Berenberg, Gossler & Co. KG, wird dafür vergütet und die GLS Bank, bei der das Fondsmanagement, der Anlageausschuss und das Research angesiedelt sind, erhält für die Umsetzung ihres Nachhaltigkeits- und Investitionskonzeptes ein Beratungshonorar. Derzeit liegt ein Schwerpunkt auf europäischen Aktien, an erster Stelle mit Unternehmenssitz in Deutschland (14%) vor den USA (14%) und Großbritannien (10%). Die Einzeltitel sind durchwegs mit weniger als zwei Prozent gewichtet, angeführt von BCE, Storebrand, EDP Renováveis, Sekisui House (alle über 1,9%).

Kontakt:

- GLS Gemeinschaftsbank eG, Christstraße 9, D-44789 Bochum, www.gls.de

Gutmann Aktien Nachhaltigkeitsfonds

Dieser aktiv verwaltete Nachhaltigkeitsfonds wurde im März 2014 aufgelegt und investiert international gemäß dem Nachhaltigkeitsansatz der Notenstein La Roche Privatbank AG, die zur genossenschaftlichen Raiffeisen Schweiz gehört. Die im Fonds enthaltenen Unternehmen fördern eine umweltbewusste und sozialverantwortliche Entwicklung und achten darauf, „ihren ökologischen Fußabdruck zu minimieren und ökologische und ethische Kriterien sowie eine große Auswahl an verschiedenen Interessensgruppen bei der Festlegung ihrer Strategien berücksichtigen.“ Wie bei vielen anderen Fonds dürften auch hier Geldmarktinstrumente erworben werden. Den größten Anteil hielten Vestas Wind Systems (2,5%), Microsoft (2,5%) und Total (2,3%), seit Auflegung stieg der Anteilspreis um 13,1 Prozent.

Kontakt:

- Gutmann Kapitalanlageaktiengesellschaft, Schwarzenbergplatz 16, A-1010 Wien, www.gutmannfonds.at

H&A Prime Values Equity

Hinter dem vorher von Dr. Höller gemanagten Fonds steht das Management der Schweizer Tochtergesellschaft der unabhängigen Privatbank Hauck & Aufhäuser, die es seit 220 Jahren gibt. Das mit rund sieben Mio. Euro relativ kleine Vermögen hat einen Baranteil von 15 Prozent, größte Titel mit mehr als vier Prozent waren Mitte Februar 2016 Eurofins Scientific (5,3%), Orpea (4,4%), Lindt & Sprüngli (4,2%, Inhaber-Partizipationsscheine) und Linde (4,1%). Fast ein Drittel ist in den USA veranlagt.

Kontakt:

- Hauck & Aufhäuser Privatbankiers KGaA,
  Kaiserstraße 24, D-60311 Frankfurt am Main, www.hauck-aufhaeuser.de

INVESCO Umwelt und Nachhaltigkeitsfonds

Der ehemalige Focus GT Umwelttechnologie Fonds heißt seit 2003 Invesco Umwelt- und Nachhaltigkeitsfonds. Er wird schon viele Jahre von Manuela von Ditfurth und Helene Korczok-Nestorov verwaltet. Entsprechend den Nachhaltigkeitskriterien können aus dem breit diversifizierten Dow Jones Sustainability Index Aktien aus fast allen Branchen – außer Alkohol, Glücksspiel, Tabak, Rüstung und Waffen – ausgewählt werden. Die Top-3-Schwergewichte sind Intel (6%), CitiGroup (5,9%) und Bank of America (5,4%).

Kontakt:

- Invesco Asset Management Deutschland GmbH,
  An der Welle 5, D-60322 Frankfurt am Main, www.de.invesco.com

JSS Multilabel New Energy Fund | JSS New Power Fund
JSS OekoSar Equity Global | JSS Sustainable Equity Europe
JSS Sustainable Equity Global
JSS Sustainable Equity Global Emerging Markets
JSS Sustainable Equity Real Estate Global
JSS Sustainable Equity Switzerland
JSS Sustainable Equity USA | JSS Sustainable Water

Die Bank J. Safra Sarasin steht neben ihren eigenen nachhaltigen Publikumsfonds u.a. auch für Verwaltungsmandate und Spezialfonds in den Bereichen Aktien-, Obligationen- oder gemischte Kapitalanlagen zur Verfügung.

Die Anlageverwaltung jedes Fonds liegt bei einem auf Nachhaltigkeit spezialisierten Team, gemessen am nachhaltig verwalteten Fondsvolumen war dieser Anbieter Marktführer in der Schweiz. Ausgangspunkt des vierstufigen Investmentprozesses ist die „Sarasin-Sustainability Matrix", in der der Grad der Nachhaltigkeit durch ein Branchenrating und das Unternehmensrating erhoben wird, anschließend werden die Ausschlusskriterien angewendet, dann werden unter den verbliebenen die attraktivsten Werte in Bezug auf die Ergebnisse der Finanzanalyse ausgewählt.

Die beiden Fonds New Energy und New Power investieren mindestens 80 bzw. 85 Prozent in Aktien; ausgeschlossen sind Unternehmen, die mehr als 25 Prozent des Umsatzes aus der Produktion von Kernenergie erzielen, und setzen zu mindestens zwei Dritteln auf den zukunftsgerichteten und innovativen Umgang mit Energie und ökologische und soziale Nachhaltigkeit, vor allem auf Unternehmen der erneuerbaren Energie wie Wind, Wasser, Biomasse, Sonne oder Geothermie. Bis zu 30 Prozent dürfen in Unternehmen aus Industriezweigen angelegt sein, die aus nachhaltiger und besonders energetischer Sicht im Vergleich zu anderen Branchen vorteilhaft abschneiden. Der wesentliche Unterschied der beiden Fonds besteht im Anteil der Anlagen in kleineren und mittelgroßen Unternehmen, der beim New Power bei mindestens 25 Prozent liegen muss. Während beim New

Energy mit USA (19%), Schweiz (15%), Kanada (13%) und China (10%) die Länderzusammensetzung an der Spitze viel ausgewogener ist, sind beim New Power die USA (39%) am stärksten vertreten, vor Japan (13%), Schweiz und Großbritannien (je 6%). Die jeweils zwei größten Aktien waren bei beiden mit First Solar und SunPower ident, an dritter Stelle folgen Alliant Energy bzw. Owens Corning beim New Power.

Der Sarasin OekoSar Equity Global investiert mindestens zwei Drittel in Unternehmen, die einen nennenswerten Beitrag zum umwelt- und sozialverträglichen Wirtschaften leisten. Im Mittelpunkt stehen zukunftsorientierte Themen wie z.B. saubere Energie, Gesundheit, Wasser, nachhaltiger Konsum und nachhaltige Mobilität. Die Anlagen werden überwiegend aufgrund von Unternehmensanalysen ausgewählt, auch kleinere und mittelgroße Firmen sollen berücksichtigt werden. Unternehmen mit Geschäftsaktivitäten, die besonders konträr zu den ethisch-ökologischen Anforderungen stehen (z.B. Produktion von Kernenergie oder Waffen), können ausgeschlossen werden. Etwa die Hälfte entfällt auf US-Aktien, die größten waren Estée Lauder (3,3%), American Water Works und Pediatrix Medical Group (je 3%).

Beim Sarasin Sustainable Equity Europe und beim Sarasin Sustainable Equity Global haben die Unternehmen einen Beitrag zu einer umwelt- und sozialverträglichen Wirtschaftsweise zu leisten, beim auf europäische Aktien gerichteten Fonds umfasst dies aber nur zwei Drittel des Volumens. Hier finden sich große Werte wie Roche, Sanofi-Aventis oder Unilever. Beim Global sind es CVS, Microsoft und Procter & Gamble.

Beim Sarasin Sustainable Equity Global Emerging Markets sind mindestens drei Viertel der Anlagen direkt oder indirekt in Aktien von in Schwellenländern (Asiens, Lateinamerikas, Osteuropas und Afrikas) ansässigen Unternehmen investiert, die bei ihrer Geschäftstätigkeit ökologische und soziale Nachhaltigkeitsaspekte mit berücksichtigen. An erster Stelle fanden sich Griechenland (25%), Singapur und China (je 12%) sowie Brasilien (10%), u.a. mit den größten Aktien Yuhan, CJ Corp. und Lotte Chemical.

Der Sarasin Sustainable Equity Real Estate Global bezieht weltweit Unternehmen ein, die mehrheitlich im Immobiliensektor arbeiten und ökologische und soziale Nachhaltigkeitsaspekte berücksichtigen. Darunter fallen Unternehmen, deren Tätigkeit in der Erschließung, Überbauung und Nutzung von Grundstücken liegt oder die zur Erzielung von Einkünften Eigentum an Grundstücken und Immobilien besitzen, es sind auch geschlossene Immobilien-Investmentfonds wie REITs (Real Estate Investment Trusts) oder andere vergleichbare Immobilienverwaltungsgesellschaften zulässig. Konträr zu den ökologischen oder sozialen Anforderungen stehende Geschäftsaktivitäten können grundsätzlich ausgeschlossen werden (z.B. Militärinfrastruktur). Schwerpunkte waren USA (52%), Japan (16%) und Hongkong (7%), u.a. mit Simon Property Group (8,2%), Boston Properties (6,3%) und UDR (6%).

Nachhaltige Länderfonds sind der mit 500 Mio. Schweizer Franken sehr große Equity Switzerland, mit Aktien hauptsächlich von Schweizer Unternehmen, die einen Beitrag zu einer nachhaltigen Wirtschaftsweise leisten, und Equity USA, bei dem mindestens 75 Prozent in Aktien investiert sind, deren Unternehmen einen Beitrag zu einer umwelt- und sozialverträglichen Wirtschaftsweise leisten und zudem entweder ihren Sitz in den USA haben oder den überwiegenden Anteil ihrer wirtschaftlichen Aktivität in den USA ausüben. Unternehmen mit kritischen Aktivitäten, z.B. Produktion von Kernenergie oder Waffen, können auch bei diesen Fonds ausgeschlossen werden. Folgende Schweizer Aktien wurden ausgewählt: Roche (18,1%), Nestlé (17,3%), Novartis (15%), deutlich weniger Anteil haben CIE Financiere Richmont, Swiss Re (je 5%), Givaudan (3,2%), Logitech International, Georg Fischer (je 2,6%), Flughafen Zürich und Julius Baer (je 2,5%). Das mit 28 Mio. US-Dollar viel kleinere USA-Portfolio enthält viele Titel, keiner hat mehr als rund zwei Prozent Gewicht, die größten waren Pool Corp., Hess Corp. und Spectra Energy.

Der Sarasin Sustainable Water Fund umfasst weltweit Unternehmen, die sich durch einen nachhaltigen Umgang mit der Ressource Wasser auszeichnen und dabei ökologische und soziale Nachhaltigkeitsaspekte berücksichtigen, z.B. bei der Wasserversorgung (38%), -infrastruktur (28%), -nutzung (21%) und -behandlung (13%). Auch dieser Fonds ist wie die meisten Wasser-Fonds relativ groß und kommt auf über 200 Mio. Euro Fondsvolumen, davon sind in den USA 44 Prozent veranlagt. An erster Stelle standen Aqua America (5,1%), American Water Works (5,1%), Veolia Environnement (4,8%), Suez Environnement und A.O. Smith Corp. (je 4,2%).

Kontakt:

- Bank J. Safra Sarasin AG,
  Elisabethenstrasse 62, CH-4002 Basel,
  www.jsafrasarasin.ch

Jupiter Global Ecology Growth

Der Teilfonds des The Jupiter Global Fund (SICAV) investiert in Unternehmen, „die auf die Herausforderungen der ökologischen Nachhaltigkeit und des Klimawandels positiv reagieren." Das Portfolio umfasst zwischen 70 und 90 Einzelwerte, größte waren Cranswick (3,6%), Vestas Wind Systems (3,1%) und LKQ (2,8%), neben den USA (38%) und Europa (23%, ohne Großbritannien) bilden britische Aktien (15%) den drittgrößten Schwerpunkt vor Japan (10%).

Kontakt:

- Jupiter Asset Management Limited,
  The Zig Zag Building, 70 Victoria Street, London, SW1E 6SQ,
  www.jupiterinternational.com

KBC Eco Fund Climate Change

Der Fonds legt mindestens 75 Prozent seines Vermögens in Unternehmen an, die auf nachhaltige und sozialverträgliche Weise im Themenbereich arbeiten und einen bedeutenden Teil ihres Umsatzes mit Produkten und Dienstleistungen erzielen, die Ursachen des Klimawandels bekämpfen und/oder Treibhausgase verringern, z.B. Energieeffizienz und Energieeinsparung, Energiespeicherung, erneuerbare Energie, Trink- und Abwasserbehandlung, Recycling und Abfallverarbeitung, neue umweltfreundliche Materialien, Auffangen und Verarbeiten von Treibhausgasen. Die Auswahl erfolgt anhand von positiven Kriterien und/oder Ausschlusskriterien. Dabei geht es u.a. um Umwelt, Menschenrechte, Waffenhandel und -produktion sowie Kernenergie. USA und Großbritannien sind vor Kanada die größten Märkte, Capital Stage (2,6%), Renewables Infrastructure (2,4%) und Greencoat UK Wind (1,9%) die größten Titel.

Die belgische KBC Group ist börsennotiert und ging 1998 aus einer Fusion von Kredietbank Gruppe, CERA Bank und ABB Versicherungsgruppe hervor.

Kontakt:

- KBC Asset Management NV,
  Havenlaan 2, B-1080 Brüssel, kbcam.kbc.be

KCD-Union Nachhaltig Aktien

Der Fonds investiert weltweit in Aktien von Unternehmen, die einem umfangreichen Verfahren zur Ermittlung der Nachhaltigkeit der Emittenten entsprechen. Strenge Kriterien schließen Unternehmen aus, die z.B. Rüstungsgüter, Alkohol und Tabak produzieren oder Glücksspiele anbieten. Nach dem Best-in-Class-Ansatz werden diejenigen ermittelt, die das Nachhaltigkeitskonzept am besten umsetzen. Daraus wählt das Fondsmanagement der genossenschaftlichen Union Investment Einzeltitel nach der Renditeerwartung aus. Der Fonds wird von den genossenschaftlichen Kirchenbanken (das Kürzel KCD steht für Kirche, Caritas und Diakonie) vertrieben. Sehr anlegerfreundlich ist der Fonds aufgrund der Tatsache, dass es keinen Ausgabeaufschlag gibt. USA (40%), Frankreich (10%) und Japan (9%) sind derzeit die wichtigsten Anlagezielländer.

Kontakt:

- Union Investment Privatfonds GmbH, Weißfrauenstraße 7,
  D-60311 Frankfurt am Main, www.union-investment.de

Kepler Ethik Aktien | Kepler Öko Energien

Beide Fonds sind international ausgerichtet. Das Fondsmanagement wählt beim Kepler Ethik Aktienfonds Unternehmen aus, die ökologisch und sozial nachhaltig wirtschaften. Ethische Ausschlusskriterien sind z.B. Rüstung, Atomenergie, Tierversuche, Alkohol, Biozide, Glücksspiel, Gentechnik, Tabak und Kinderarbeit.

Der vom Volumen her deutlich kleinere Kepler Öko Energien richtet sich derzeit vor allem auf europäische Aktien in den Sektoren „Saubere und Nachhaltige Energien“ mit Schwerpunkt Wasser/Hydroelektrik, Solarenergie, Erdwärme, Windkraft, Brennstoffzellen, Bioenergie und Energieeffizienz. Ausschlusskriterien sind Atomenergieproduktion und kontroverses Umweltverhalten. Es werden auch klassische Versorger- und Energietitel aufgenommen, sofern sie den Bereich Nachhaltigkeit stark betonen. Die Kepler-Fonds Kapitalanlagegesellschaft gehört zu den Top 5 der 24 österreichischen Fondsanbieter und verwaltete Ende 2015 in 138 Fonds ein Kundenvolumen von 13,3 Mrd. Euro, sie gehört zur Raiffeisenbankengruppe Oberösterreich.

Kontakt:

- Kepler-Fonds Kapitalanlagegesellschaft m.b.H., Europaplatz 1a, A-4020 Linz, www.kepler.at

LBBW Global Warming | LBBW Nachhaltigkeit Aktien

Beide Fonds sind auf europäische Aktien ausgerichtet. Der LBBW Global Warming Strategie investiert in Unternehmen, die sich mit der zunehmenden Erderwärmung und deren Folgen auseinandersetzen. Dazu gehören regenerative Energien, Wassersektor, Baubranche, Versicherer, Versorger sowie der Anlagenbau. Die Nachhaltigkeitsprüfung basiert auf einem Negativ-Screening. Als Ausschlusskriterien gelten: Fehlende Strategie zur Verringerung des CO2-Ausstoßes, Kernkraftwerke, Waffen aller Art, Tabakwaren, Alkohol als Nahrungs-/Genussmittel, Kinderarbeit und Glücksspiel. Langfristig strebt der Fonds einen Mehrertrag verglichen mit der durchschnittlichen Entwicklung europäischer Aktien an. Die Aktien im LBBW Nachhaltigkeit Aktienfonds weisen ein überdurchschnittliches ökologisches und soziales Rating auf, sie werden auf Grundlage einer Bewertung durch oekom research ausgewählt. Auch hier werden ähnliche Negativkriterien herangezogen wie z.B. aber auch Abtreibung oder Menschenrechtsverletzungen und wird eine Best-in-Class-Auswahl getroffen. Dann stehen betriebswirtschaftliche Gesichtspunkte im Mittelpunkt. Beide Fonds favorisieren in ihrem Portfolio Unilever und Novo-Nordisk (Global Warming: 7,3% bzw. 5,5%, bei 33 Aktien im Portfolio, und Nachhaltigkeit Aktien: 4,7% bzw. 7,7%, bei 46 Aktien).

Kontakt:

- LBBW Asset Management Investmentgesellschaft mbH, Fritz-Elsas-Straße 31, D-70174 Stuttgart, www.lbbw-am.de

Legg Mason ClearBridge US Equity Sustainability Leaders Fund

Das Fondsmanagement kombiniert finanzielle und ESG-Kriterien und vertritt einen breiten Nachhaltigkeitsbegriff, der auch eine nachhaltige Arbeitsweise innerhalb des Unternehmens und entlang der Wertschöpfungskette berücksichtigt, wie auch faire Arbeitsbedingungen und eine transparente und aktionärsfreundliche Corporate Governance, es investiert auch in Unternehmen, die Fortschritte im Ausbau nachhaltiger Unternehmensführung zeigen und deren nachhaltige Wirtschaftsweise anderen als Vorbild dienen kann. Im Zentrum dieses 2015 errichteten Fonds stehen große US-amerikanische Unternehmen der IT (24%), des Gesundheits- (16%) und Finanzwesens (14%), größte zehn Aktien waren Ende 2015 mit zusammen 38,4 Prozent Alphabet (4,7%), Lowe's Companies (4,2%), Microsoft (4,1%), US Bancorp (3,9%), CVS Health (3,9%), Apple (3,7%), Nike (3,7%), American Express Company (3,5%), Costco Wholesale (3,4%) und Roche Holdings (3,3%).

Kontakt:

- Legg Mason Investments (Europe) Limited,
  201 Bishopsgate, London EC2M 3AB, www.leggmasonglobal.com

LGT Sustainable Equity Fund Global

Das Fondsmanagement verwaltet mit Nachhaltigkeitskriterien aktiv ein vor allem in weltweit tätigen Unternehmen investiertes Aktienportfolio. Seiner Anlagephilosophie entspricht es, langfristige Wertschöpfung und Erhöhung des menschlichen Wohlbefindens zu berücksichtigen. Entsprechend steht das Gesundheitswesen an erster Stelle (21%). In den letzten drei Jahren blieb die Anteilspreisentwicklung über der Benchmark (MSCI World).

Kontakt:

- LGT Bank AG, Herrengasse 12, FL-9490 Vaduz, www.lgt.li

LIGA-Pax-Cattolico-Union

Der Fondsname deutet in Richtung der beiden kirchlichen (katholischen) Kreditgenossenschaften, LIGA Bank und Pax-Bank. Es handelt sich um einen internationalen Aktienfonds, der in dividendenstarke Standardaktien und aussichtsreiche Nebenwerte investiert. Die einfließenden Nachhaltigkeitskriterien „orientieren sich im Einklang mit christlich-ethischen Wertvorstellungen an sozialen, ökologischen und ökonomischen Faktoren.“ Seit 2016 verfolgt das Management eine dynamische Wertsicherungsstrategie. Länderschwerpunkt sind aktuell die USA (40%), Branchenschwerpunkte Finanzen (14%) und IT (12%) und die Top 3-Aktien sind CME Group, ARC Resources und Kimberly-Clark (mit je über 3%). Die Fondsgesellschaft Union Investment gehört zur genossenschaftlichen FinanzGruppe und ist die Nummer 2 in Deutschland mit über 225 Mrd. Euro verwaltetem Fondsvermögen (12/2015).

Kontakt:

- Union Investment Privatfonds GmbH, Weißfrauenstraße 7,
  D-60311 Frankfurt am Main, www.union-investment.de

LSF Solar & Sustainable Fund

Der Teilfonds des Luxembourg Selection Fund (LSF) investiert vorwiegend in Unternehmen des Solar- und Windenergiesektors, er wurde 2015 umbenannt (früher: LSF Asian Solar & Wind). Den Kern seines Anlageuniversums bilden Hersteller von Solar- und Windenergieausrüstung. Es gibt aber eine Reihe von weiteren Optionen, so können u.a. Unternehmen auch allgemein im Bereich der Erzeugung, Übertragung und Verteilung erneuerbarer Energien tätig sein, wie z.B. Anbieter/ Hersteller von dazugehörigen Materialien, Bauteilen und Ausrüstungen sowie Unternehmen, die Patente und Schlüsseltechnologien besitzen; der Fonds hat auch Betreiber von Windkraftanlagen und gewerblichen Solarenergiesystemen (photovoltaisch oder solarthermisch) oder von Geothermie-, Wasser-, Gezeiten- oder Biomasse-Kraftwerken einschließlich Müllheizkraftwerke im Blick. Regionaler Schwerpunkt der Unternehmen im Portfolio ist Asien (Schwellenländer 66%, Industrieländer 12%) mit China (einschließlich Taiwan), Japan, Südkorea, Indien, Singapur, Malaysia, Thailand, den Philippinen, Australien und Neuseeland. Die mit Abstand vier größten Titel sind Trina Solar (9,2%), JinkoSolar (9%), Canadian Solar (8,7%) und First Solar (7,2%). Der Fonds gehört in das zusätzliche Angebot der UBS und wird verwaltet von UBS Third Party Management Company, die mit dem Mandat FiNet Asset Management aus Marburg beauftragt hat.

Kontakt:

- UBS Third Party Management Company S.A.,
  33A, avenue J.F. Kennedy, L-1855 Luxembourg, www.ubs.com

MEAG Nachhaltigkeit

Der MEAG Nachhaltigkeit steht in der Nachfolge des MEAG KlimaStrategie, der Mitte April 2013 bei rund fünf Mio. Euro Fondsvermögen aufgelöst worden ist. Der neue Fonds hat einen breiteren Ansatz, der sich auf nachhaltig arbeitende Unternehmen richtet, die ihren finanziellen Erfolg mit Rücksicht auf Umwelt und Gesellschaft erzielen. Ertragsstarke große Unternehmen kommen ebenso in Betracht wie innovative kleinere bis mittelgroße Firmen. Ausschlusskriterien sind Tabak, Alkohol, Glücksspiel, Rüstung und Waffen. Parma/Chemie und der Finanzsektor sind am stärksten gewichtet (je 22%). Novartis, Intel und Microsoft haben den höchsten Portfolioanteil (über 2%).

Kontakt:

- MEAG Munich Ergo AssetManagement GmbH,
  Oskar-von-Miller-Ring 18, D-80333 München, www.meag.com

Meridio Green Balance

Der Meridio Green Balance, errichtet im Jahr 2000, investiert weltweit in Unternehmen, „die im Bereich Umweltschutz, alternative bzw. regenerative Energien tätig sind", und in solche, „die ökologische Unternehmensstrategien verfolgen oder mit natürlichen Ressourcen verantwortungsvoll umgehen". Der von Uwe Zimmer 1998 gegründete und seit Oktober 2007 (mit Unterbrechung) börsennotierte Fondsmanager Meridio versteht sich als „unabhängig von Banken, Produktanbietern oder -initiatoren". Die größten Titel des mit sechs Mio. Euro vergleichsweise kleinen Fondsvermögens sind gute Bekannte aus dem nx-25 (siehe Kapitel 2.5.2.1): UmweltBank (8,3%), Boiron (6,6%), Ormat Technologies (5,8%) und Vestas Wind Systems (5,6%).

Kontakt:
- Axxion S.A., 15, rue de Flaxweiler, L-6776 Grevenmacher, www.axxion.de

Monega FairInvest Aktien

Der Fonds investiert in internationale Aktien führender Unternehmen im Bereich Nachhaltigkeit und ethisch-sozialer Verantwortung mit Schwerpunkt Europa, wobei die Selektion der Aktientitel durch die Bank J. Safra Sarasin erfolgt. Seine größten Engagements waren im Februar 2016 Roche Holding (4,2 %, Inhaber-Genußscheine), Sanofi (3,1 %) und Greencore Group (2,6%). Die Kapitalverwaltungsgesellschaft mit ca. fünf Mrd. Euro Fondsvolumen in Publikums- und Spezialfonds ist ein Unternehmen der DEVK Versicherungen, der Sparda-Banken und des Bankhauses Sal. Oppenheim jr., Anteile werden von DEVK Versicherungen und den Sparda-Banken angeboten.

Kontakt:
- Monega Kapitalanlagegesellschaft mbH, Stolkgasse 25-45, D-50667 Köln, www.monega.de

Murphy&Spitz Umweltfonds Deutschland

Der Fonds investiert in Small-, Mid- und Microcap-Aktien von Unternehmen, die in nachhaltigen Branchen in Deutschland oder mit Kerngeschäft im deutschsprachigen Raum tätig sind. Dazu zählen umweltschonende Verkehrstechnik, Gesundheit, ökologisches Bauen, Energieeffizienz, Wasser, nachwachsende Rohstoffe, Erneuerbare Energien und biologische Nahrungsmittel. Ausgeschlossen sind Unternehmen in der Militär- oder Atomindustrie, Produktion und Nutzung fossiler Energieträger, umweltschädlichen Technologien, Drogenproduktion und -handel, Prostitution sowie Unternehmen, die vermeidbare Tierversuche durchführen, Kinderarbeit zulassen, sozial diskriminieren, gentechnisch manipulierte Produkte herstellen oder verbreiten, Geschäftsbeziehungen zu Staaten pflegen, die Menschenrechte verletzen, Korruption oder Geldwäsche betreiben oder einen sonstigen negativen Einfluss auf die Gesellschaft ausüben.

Die Auswahl der „ökonomischen und ökologischen Vorreiter nachhaltiger Branchen mit hohem Wachstumspotenzial" basiert auf den Analysen von Murphy&Spitz Green Research. Der Murphy & Spitz Umweltfonds Welt wurde Ende Dezember 2011 geschlossen und die Anteile wurden in den Murphy&Spitz Umweltfonds Deutschland überführt. Die größten Einzeltitel mit je über vier Prozent Anteil waren Ende 2015 E.N.O. Energy (6,2%, eine Anleihe), Umweltbank (5,4%), Novo Nordisk (4,5%) und Capital Stage (4,1%).

Kontakt:

- Murphy&Spitz Nachhaltige Vermögensverwaltung, Riesstraße 2, D-53113 Bonn, www.murphyandspitz.de und www.umweltfonds-deutschland.de

NN (L) Global Sustainable Equity

Der Fonds investiert weltweit in börsennotierte Unternehmen, die soziale Grundsätze (z. B. in Bezug auf Menschenrechte, Antidiskriminierungsvorschriften und Kinderarbeit) und umweltbezogene Prinzipien beachten und solide Finanzergebnisse erzielen. Die Unternehmen gehören gemäß dem „Best in Class“-Ansatz zu den Branchenbesten. Über einen Zeitraum von mehreren Jahren soll die Wertentwicklung des Fonds die Benchmark, den MSCI World, übertreffen. Das Fondsvolumen ist in den letzten Jahren stark gewachsen (09/2013: 162 Mio. Euro, 09/2015: 443 Mio. Euro). Alphabet und Apple waren die größten Einzeltitel (je 3,4%). Die NN Group ist im Zuge der Neuordnung der niederländischen ING Group, die in der Finanzkrise Staatshilfe erhielt, entstanden. Die NN Group ist ein in mehr als 18 Ländern tätiger Versicherungs- und Investment-Management-Konzern, stark präsent in Europa und Japan. NN Investment Partners ist der Vermögensverwalter der NN Group. Die Aktien der NN Group sind an der Börse handelbar.

Kontakt:

- NN Investment Partners Holdings N.V., Niederlassung Deutschland, Westhafenplatz 1, D-60327 Frankfurt, www.nnip.com

Notenstein Sustainable Equity Switzerland
Notenstein (Lux) Sustainable Equity World
Notenstein (Lux) Sustainable Water

Die drei Notenstein Sustainable-Fonds wurden 2013 aufgelegt. Der Equity Switzerland als größter und der Equity World investieren in Unternehmen, „für die eine umwelt- und sozialverträgliche Wirtschaftsweise einen wesentlichen Faktor für den ökonomischen Erfolg darstellt.“ Der Equity Switzerland ist in drei Titeln sehr stark engagiert: Über die Hälfte des Fondsvolumens liegt auf Nestlé (19,7%), Novartis (16,9%) und Roche Holding (15,9%), mit Abstand folgen Swiss Re (4,5%) und Cie. Financière Richemont (3,6%). Beim Equity World ist kein Titel über zwei Prozent gewichtet, hier führen Microsoft (2,6%), Alphabet (2,5%) und Vestas Wind Systems (2,3%). Der Water-Fonds investiert entlang der Wertschöpfungskette der

Ressource Wasser mit Infrastruktur, Technologie, Wasserqualität, Wassereffizienz und Wasserversorgung. Es rangieren an der Spitze nach dem Volumen American Water Works (4,3%), Veolia Environnement (3,9%) und Suez Environnement (3,7%). Alle drei Fonds schließen Unternehmen und Branchen mit übermäßigen ökologischen und sozialen Risiken mit Hilfe einer Nachhaltigkeitsanalyse vom Anlageuniversum aus.

Vescore, ein Unternehmen der Raiffeisen Schweiz, verwaltet die Fonds. Entstanden ist die Gesellschaft 2015 aus dem institutionellen Kundengeschäft der Notenstein La Roche Privatbank, 1741 Asset Management und Vescore Solutions zunächst als Notenstein Asset Management und wenig später als Vescore. Im Research-Team arbeiten viele sehr erfahrene SRI-Analysten und Fondsmanager wie Andreas Knörzer, die im Zuge des Verkaufs der Bank Sarasin an die Familie Safra zu Notenstein gewechselt sind.

Kontakt:

- Vescore AG,
  Freie Strasse 90, CH-4010 Basel, www.vescore.com/de

Öko-Aktienfonds

Der Fonds investiert weltweit überwiegend in Aktien der „Ökoleader" einer Branche oder von Unternehmen, die in der umweltfreundlichen Energiegewinnung, Technologien zur Verringerung und Beseitigung von Schadstoffbelastungen in der Umwelt tätig und/oder spezialisiert sind auf die Entwicklung, die Herstellung, den Vertrieb und die Verwertung umweltfreundlicher Produkte, Umstellung von umweltschädlichen Roh-, Hilfs- und Betriebsstoffen auf umweltverträgliche Alternativen und Förderung naturnaher Verfahren im Gesundheits- und Ernährungswesen. Negativkriterien sind u.a. Rüstung, Kernenergie, Kinderarbeit, Pornographie, Alkohol und Tabak. Die Liste der zehn größten Titel mit je über zwei Prozent wird angeführt von: Essilor International (2,9%, Gesundheitsbewusstsein), Suez Environnement (2,7%, Wasser), Gea Group (2,6%, Industrieeffizienz) und Canadian Solar (2,6%, Solarenergie). Verwaltungsgesellschaft des Fonds war die bei dessen Auflegung 1991 gegründete EKK Invest S.A. (Luxembourg), eine Tochtergesellschaft der damaligen Evangelischen Kreditgenossenschaft eG in Kassel (heute Evangelische Bank eG); heute ist es IPConcept (Luxemburg), eine Tochtergesellschaft der DZ Privatbank S.A.

Kontakt:

- IPConcept (Luxemburg) S.A.,
  4, rue Thomas Edison, L-1445 Strassen, www.ipconcept.com

ÖkoWorld Growing Markets 2.0 | ÖkoWorld Klima ÖkoWorld ÖkoVision Classic | ÖkoWorld Water for Life

Der 1996 – nach fast sechs Jahren Vorbereitungszeit – von der damaligen Ökobank lancierte Fonds Ökovision (Classic) wurde vorübergehend (ab Mitte 2005) von Fortis gemanagt, nachdem sich dieser Allfinanzkonzern mit rund 25 Prozent an der Versiko AG beteiligte, die die Fondsgesellschaft Ökoworld S.A. seinerzeit von der Ökobank übernommen hatte. Der ÖkoVision Classic war der erste mit sehr strengen und ausführlichen ethisch-sozialen und ökologischen Anlagekriterien (vgl. Kapitel 2.6.1, Beispiel 3). Seit November 2009 liegt das Fondsmanagement beim eigenen SRI-Team von Ökoworld, das die Auswahlkriterien (negative und positive) festlegt und neue Investment- und Produktideen entwickelt. Das Anlageuniversums analysiert und bestimmt ein Anlageausschuss mit dzt. elf unabhängigen Experten. Es hat immer wieder Neuordnungen in der Fondsfamilie gegeben, die heute aus sieben Fonds besteht, neben den genannten auch noch ÖkoWorld Ökotrust, ÖkoWorld Ökovision Garant 20 und New Energy Fund.

Kontakt:

- ÖKOWORLD AG,
  Itterpark 1, D-40724 Hilden, www.oekoworld.com

Parvest Environmental Opportunities

Ziel des Fonds ist ein mittelfristiger Wertzuwachs aus der Anlage weltweit in Aktien und aktienähnlichen Titeln von Unternehmen der Umwelttechnik, die die Empfehlungen der Vereinten Nationen bezüglich sozial- und umweltverträglicher Geschäftspraktiken sowie die Grundsätze der Corporate Governance berücksichtigen. Folgende fünf größte Titel hatten je über drei Prozent Anteil am Fondsvermögen: American Water Works, Xylem, EDP Renovaveis, Horiba und Clean Harbors. Fondsmanager ist Impax Asset Management, an der u.a. die Fondsgesellschaft BNP Paribas Investment (24,9%) und Impax Asset Management Group plc Employee Benefit Trust 2012 (15,1%) beteiligt sind.

Kontakt:

- BNP Paribas Investment Partners,
  Europa-Allee 12, D-60327 Frankfurt am Main, www.bnpparibas-ip.de

Petercam Equities World Sustainable

Der in Belgien domizilierende Fonds investiert international auf der Grundlage von Kriterien für eine nachhaltige Entwicklung anhand der Aspekte Gesellschaft, Umwelt und Nachhaltigkeit. Größte Werte waren Exxon Mobil (2,3%), Intel (2,2%) und der Schweizer Tiefkühl- und Convenience-Backwaren-Konzern Aryzta (2,2%) (11/2015). Der Assetmanager gehört der unabhängigen privaten belgischen Bank Degroof Petercam.

Kontakt:

- Degroof Petercam Asset Management sa,
  18, rue Guimard, B-1040 Brüssel, funds.degroofpetercam.com

Pictet Clean Energy
Pictet Environmental Megatrend Selection
Pictet-Ethos (CH) Swiss Sustainable Equities
Pictet European Sustainable Equities | Pictet Water

Die Schweizer Fondsgesellschaft Pictet hatte bereits im Jahr 2000 – nach Biotech, Telekom und Freizeit – den Spezialfonds Wasser aufgelegt (mit heute Veolia Environnement (5,1%), Suez Environnement (4,2%) und Danaher (4,1%) als größten Werten). Dank institutioneller Kunden der Schweizer Privatbank Pictet erreichte der Fonds schnell ein dreistelliges Millionenvolumen und hat inzwischen die Drei-Milliarden-Euro-Schwelle überschritten. Der Fondsmanager dieses Fonds hat gewechselt und ist zu einem Zweierteam mit Hans Peter Portner und Simon Gottelier erweitert worden, die Verbindung zum Environmental Megatrend Selection ist beibehalten worden. Denn dessen inzwischen dreiköpfigem Managementteam gehört auch Hans Peter Portner an. Dies mag auch damit zusammenhängen, dass die am stärksten vertretene Branche im Fonds Wasserversorgung und -technologien (24,6%) sind. Mit 87 Einzelpositionen ist der European Sustainable Equities am breitesten diversifiziert, hier ist Roche Holding der größte Wert (3,9%) vor Novo-Nordisk (2,9%). Der Clean Energy kommt auf immerhin über 400 Mio. Euro Fondsvolumen (bei 48 Positionen) und hat vier Positionen von je vier und mehr Prozentanteil: Sunpower (4,7%), Delphi Automotive (4,6%), Vestas Wind Systems (4,4%) und Nxp Semiconductors (4%). Die Pictet-Fondsmanager können auf einen je Fonds individuell besetzten Beirat zurückgreifen.
Ältester ist der 1999 damals als Pictet Sustainable Equities Switzerland gestartete Fonds, in seinem Namen weist „Ethos“ darauf hin, dass Ethos (www.ethosfund.ch) den Fonds bei nichtfinanziellen Analysen und der Ausübung von Stimmrechten berät. In Frage kommen branchenführende Unternehmen, die im Swiss Performance Index enthalten sind und das Prinzip der Nachhaltigkeit befolgen. Der Fonds ist nur in der Schweiz und in Liechtenstein zugelassen. Die drei größten der 32 Titel – Nestlé, Novartis und Roche (ab je rund 20%) – kommen zusammen auf einen über 64 Prozent-Anteil am Fondsvermögen (alle Daten 12/2015).

Kontakt:

- Pictet Asset Management Ltd, Niederlassung Deutschland,
  Neue Mainzer Strasse 1, D-60311 Frankfurt am Main, www.pictetfunds.com

Pioneer Funds – Global Ecology

Das eine Mrd. Euro umfassende Fondsvolumen wird in ein diversifiziertes Portfolio an Unternehmen investiert, „die Produkte herstellen oder Technologien entwickeln, die eine sauberere und gesündere Umwelt fördern oder die umweltfreundlich sind", z.B. Unternehmen aus den Bereichen Kontrolle der Luftverschmutzung, alternative Energien, Wiederverwertung, Abwasseraufbereitung und Biotechnologie, darunter Veolia Environnement (3,1%), Vestas Wind Systems (3%) und Suez Environnement (2,9%).

Die schon 1927 in den USA gegründete Fondsgesellschaft zählt zu den Pionieren des ethischen Investments, obwohl die Kriterien bei den US-Fonds oft gar nicht in den Statuten verankert sind. Aber man richtet sich danach. 2016 wird Pioneer – nach einigen Jahren als 100%-Tochter der italienischen UniCredit-Gruppe – mit der spanischen Santander Asset Management zur weltweit zehntgrößten Fondsgesellschaft verschmolzen.

Kontakt:

- Pioneer Investments Kapitalanlagegesellschaft mbH,
  Arnulfstraße 124-126, D-80636 München, www.pioneerinvestments.de

PRIMA Global Challenges

Der Fonds investiert nur in Aktien, die im *Global Challenges Index* (GCX) enthalten sind. Der Index bezieht sieben globale Herausforderungen (u. a. Bekämpfung von Armut, den Folgen des Klimawandels, Sicherstellung der Trinkwasserversorgung und verantwortungsvolle Führungsstrukturen) ein und umfasst 50 weltweit tätige Unternehmen aus der EU und den G7-Staaten, z.B. SAP, Intel oder Accenture. Die Auswahl erfolgt nach strengen Kriterien durch oekom research.

Kontakt:

- PRIMA Fonds Service GmbH,
  Borsigstraße 18, D-65205 Wiesbaden, www.primafonds.com

Raiffeisen-Nachhaltigkeitsfonds-Aktien

Der im Mai 2002 aufgelegte Fonds (Raiffeisen-Ethik-Aktienfonds) investiert laut Prospekt „in Aktien oder Aktien gleichwertigen Wertpapieren von Unternehmen, die jeweils auf Basis sozialer, ökologischer und ethischer Kriterien als nachhaltig eingestuft wurden. Gleichzeitig wird in bestimmte Branchen wie Rüstung oder grüne/pflanzliche Gentechnik sowie in Unternehmen, die etwa gegen Arbeits- und Menschenrechte verstoßen, nicht veranlagt. Zusätzlich kann auch in andere Wertpapiere, in u.a. von Staaten, Unternehmen oder supranationalen Emittenten begebene Anleihen und Geldmarktinstrumente, in Anteile an Investmentfonds sowie in Sicht- und kündbare Einlagen veranlagt werden. Der Fonds wird aktiv verwaltet und ist nicht durch eine Benchmark eingeschränkt." An der Erstellung der Kriterien war zuerst der bekannte Innsbrucker Sozialethiker und Jesuitenpater Herwig Büchele beteiligt. US-Aktien trugen zu mehr als der Hälfte des Fondsvermögens bei. In den letzten Jahren wurde das SRI-Team u.a. durch

Wolfgang Pinner erweitert, der zu den Pionieren des Nachhaltigkeitsinvestments in Österreich zählt.

Kontakt:

- Raiffeisen Kapitalanlage-Gesellschaft m.b.H., Mooslackengasse 12, A-1190 Wien, www.rcm.at

Raiffeisen Futura Global Stock | Raiffeisen Futura Swiss Stock

In den beiden 2001 aufgelegten Fonds sind internationale unterbewertete bzw. Schweizer Blue Chips aber auch Aktien von kleineren Unternehmen zu finden, die vom Schweizer Ethik-Research-Institut Inrate nach ökologischen, sozialen und ethischen Kriterien positiv bewertet (Best-in-Service) und durch das bei Vontobel Asset Management liegende Portfolio finanzanalytisch ausgewählt worden sind. Nach dem Öko- und Sozialrating sind je maximal drei Punkte (hervorragende Ausprägung) zu erzielen. Im Global Stocks entfallen 15 Prozent auf sechs (4,1%) und fünf (10,9%) Punkte-Aktien, größte waren Ende Januar 2016 Berkeley Group (5,6%), Pandora (5,2%) und Alphabet (4,6%), beim Swiss Stocks sind es über 30 Prozent (sechs (2,4%) und fünf (28,8%) Punkte) mit Roche (16,2%), Novartis (15,5%) und Swiss Re (4,2%).

Kontakt:

- Raiffeisen Schweiz Genossenschaft, Raiffeisenplatz, CH-9001 St. Gallen, www.raiffeisen.ch

RobecoSAM Global Child Impact Equities (neu)
RobecoSAM Global Gender Impact Equities (neu)
RobecoSAM Smart Energy Fund | RobecoSAM Smart Materials Fund
RobecoSAM Sustainable Agribusiness Equities
RobecoSAM Sustainable European Equities
RobecoSAM Sustainable Global Equities
RobecoSAM Sustainable Global Small Cap Equ.
RobecoSAM Sustainable Healthy Living Fund
RobecoSAM Sustainable Water Fund

Die SAM Sustainable Asset Management AG wurde 1995 in Zürich als eine der weltweit ersten Vermögensverwaltungsgesellschaften gegründet, die sich auf „Sustainability Investing" konzentrieren. 2006/7 wurde SAM Teil der Robeco-Gruppe, die 1929 als Rotterdamsch Beleggings Consortium entstanden ist und seit 1997 zu 50 Prozent und seit 2001 vollständig zur niederländischen Rabobank gehörte. 2013 übernahm die japanische ORIX die Anteilsmehrheit an der Robeco und der Name von SAM änderte sich in RobecoSAM.

Das umfangreiche Angebot an nachhaltigen Fonds besteht vor allem aus Themenfonds, zu denen im September 2015 zwei neue hinzugekommen sind: Der

Child Impact bezieht Unternehmen ein, die besonders verantwortungsvoll gegenüber Kindern und Nachhaltigkeit arbeiten, indem sie Richtlinien und Verfahren eingeführt haben, um das Wohl und die Menschenrechte der Kinder zu schützen; über die Hälfte sind US-Unternehmen, gefolgt von Japan (11%) und Großbritannien (7%), die größten Aktien bilden Roche, Xylem und Cisco Systems. Für den Gender Impact kommen Unternehmen in Betracht, die auf geschlechtliche Vielfalt und Parität („Gender Equality") setzen und nachhaltig wirtschaften. Gender Equality fällt positiv auf, wenn ein Unternehmen geschlechtliche Parität anerkennt und fördert, indem weibliche Talente auf allen Ebenen der Organisation einschließlich Ausschuss- und Verwaltungsratsebene eingebunden, gepflegt und gebunden werden. Auch hier dominieren US-Unternehmen (58%) vor Titeln aus Deutschland (10%) und Schweden (8%), die gewichtigsten Titel sind Unilever, Pepsico und Procter & Gamble.

Die Aktien im Smart Materials stammen von Unternehmen, die Technologien, Produkte oder Dienstleistungen mit Bezug zum Abbau und effizienten Umgang von Rohstoffen, der Rückführung von verbrauchten Ressourcen sowie innovativen, alternativen Materialien erbringen, z.B. IPG Photonics (6%), Hexcel (4,7%), PTC (3,9%), Praxair (3,5%), Albemarle (3,5%), Croda International (3,2%) und 3M (3%). Der etwas jüngere aber vom Volumen mit über 215 Mio. Euro fast ähnlich große Smart Energy setzt – auch mit über 45 Prozent US-Aktienanteil – auf Technologien, Produkte und Dienstleistungen im Bereich zukunftsgerichteter Energien, z.B. erneuerbare Energien, dezentrale Energieversorgung und Energieeffizienz, im Portfolio befinden sich u.a. First Solar (4,6%), Monolithic Power Systems (4,3%), APA Group (4%), Microchip Technology (3,9%) und Alstom (3,8%).

Im Mittelpunkt der drei Nachhaltigkeitsfonds mit mindestens der Hälfte in US-Aktien stehen bei Agribusiness, Healthy Living und Water Technologien, Produkte oder Dienstleistungen entlang der jeweiligen Wertschöpfungsketten. Beim Agribusiness reicht dies von der Erzeugung bis zur Verarbeitung und dem Angebot fertiger Lebensmittel, hier sind die Top 3 nach ihrem Portfolioanteil Keurig Green Mountain, Agrium (je 4%) und Ingredion (3,6%). Zum Thema Ernährung, Gesundheit, physische Aktivitäten sowie körperliches und psychisches Wohlergehen wurden u.a. folgende Titel aufgenommen Roche (3,1%), Johnson & Johnson (2,8%) und Nestlé (2,6%). Der mit über 600 Mio. Euro Fondsvermögen deutlich größte der zehn hier vorgestellten RobecoSAM-Fonds zum Thema Wasser hat die Wertschöpfungskette mit Wasserverteilung, -management, -aufbereitung, Wasseranalyse sowie Bewässerung im Blick. Hier befinden sich u.a. Thermo Fisher Scientific (4,8%), Danaher (4,6%) und Veolia Environnement (4,4%) im Fondsvermögen.

Die drei Fonds mit regionalem Schwerpunkt – Europa bzw. Welt – setzen auf innovative und nachhaltige Unternehmen. Der Europa-Fonds investiert ab einer Marktkapitalisierung der Aktie von einer Mrd. US-Dollar. Länderschwerpunkte sind Großbritannien (27%), die Schweiz (21%) und Deutschland (19%), die größten Titel sind derzeit Nestle (5,8%), Roche (5,6%) und Unilever (4,3%). Der Small

Cap richtet sich weltweit auf kleinere und mittlere Unternehmen, die sich den Problemen widmen, die sich z.B. aus dem demographischen Wandel, der Ressourcenknappheit, der Umweltverschmutzung und dem Klimawandel ergeben. Zum mit 60 Prozent US-Aktien dominierten Portfolio gehören als größte Werte AO Smith (2,8%), TreeHouse Foods (2,7%), Xylem (2,6%), IPG Photonics (2,5%) und American Water Works (2,4%). Dem leitenden Prinzip aller RobecoSAM-Fonds, Unternehmen mit einer Vorreiterrolle bei der Nachhaltigkeit zu identifizieren, die wirtschaftlichen Erfolg unter Berücksichtigung ökologischer und sozialer Zielsetzungen anstreben, folgt der Global Equities-Fonds mit einer weltweiten Perspektive. Das Portfolio hat einen US-Aktienanteil von ebenfalls 60 Prozent, die gewichtigsten fünf Titel waren Roche (3,3%), Microsoft (3,1%), PNC Financial Services Group (2,9%), Foot Locker (2,8%) und Cisco Systems (2,7%).

Kontakt:

- RobecoSAM AG, Josefstrasse 218, CH-8005 Zürich, www.robecosam.com

S EthikAktien

Dieser Fonds der oberösterreichischen Sparkassen „veranlagt in bedeutende ethisch-soziale und ökologische Aktiengesellschaften mit hohem Qualitätsstandard. Ausschlusskriterien sind im Wesentlichen: Rüstung, Tabak, Pornographie, Embryonenforschung, schwere Verstöße gegen Richtlinien der Kinderarbeit.“ Dabei kooperiert man mit oekom research. Stark gewichtet sind Konsumgüter- (24%), Finanz- (20%) und Gesundheitsaktien (14%) mit Nike (1,6%), Daimler (1,4%) und Novo Nordisk (1,4%) als größten Werten.

Kontakt:

- Sparkasse Oberösterreich Kapitalanlagegesellschaft m.b.H.,
  Promenade 11-13, A-4020 Linz, www.s-fonds.at

Schroder ISF Global Climate Change Equity

Dieser International Selection Fund (ISF) wählt Aktien von Emittenten weltweit aus, die davon profitieren, mit den Auswirkungen des globalen Klimawandels fertig zu werden oder diese zu begrenzen. Anders als der Vergleichsindex MSCI World werden im Fondsvermögen Industrie- und Gebrauchsgüter über- und Finanzwerte untergewichtet. Drei Viertel des Fondsvermögens entfallen auf Aktien mit fünf und mehr Mrd. US-Dollar Marktkapitalisierung, an der Spitze stehen Amazon (3,4%, Gebrauchsgüter), Hexagon (2,8%, Informationstechnologie) und Danaher (2,6%, Industrie).

Kontakt:

- Schroder Investment Management GmbH,
  Taunustor 1, D-60310 Frankfurt, www.schroders.com/de

SEB ÖkoLux

Der 1992 aufgelegte Fonds war einer der ersten deutschsprachigen Umweltfonds, die auch definitiv ethische Kriterien in den Veranlagungsbestimmungen verankert hatten. Er ist ein globaler Aktienfonds mit einem nachhaltigen „Best-in-Class"-Ansatz. Das Portfoliomanagement berücksichtigt Nachhaltigkeitsaspekte. Unternehmen, in die investiert werden darf, haben den „Oekom Prime Status" erhalten, d.h., sie erfüllen überdurchschnittlich Umwelt-, soziale und Unternehmensführungsgesichtspunkte. Bestimmte Sektoren wie Kernenergie, Gentechnik in der Landwirtschaft und Kriegswaffen sind ausgeschlossen. Der Fonds bevorzugt große Unternehmen, kann aber auch attraktive mittelständische einbeziehen. Größte Engagement waren zuletzt Johnson & Johnson (3,2%), Intel (2,9%), Cisco Systems (2,8%), OMV (2,5%) und Texas Instruments (2,5%).

Kontakt:

- Skandinaviska Enskilda Banken S.A.,
  4, rue Peternelchen, L-2370 Howald, www.sebgroup.lu

Steyler Fair und Nachhaltig - Aktien

Der von der Hamburger Warburg Invest verwaltete internationale Aktienfonds geht von einer Ethik- und Nachhaltigkeitsanalyse aus. Dabei bringen die Steyler Bank (vgl. Kapitel 2.1.5) und ein unabhängiger Ethik-Beirat, der „in ständigem Dialog mit Steyler Missionaren und Missionsschwestern der ganzen Welt steht", ihre Expertise ein. Daran schließen die Finanzanalyse und Titelselektion an. Das Fondsvermögen wird in große internationale Unternehmen sowie in kleinere und mittelgroße europäische Unternehmen investiert. Deutschland (27%), USA (20%) und Frankreich (19%) sind nationale Schwerpunkte, an erste Stelle standen zuletzt Vestas Wind Systems (5,4%), Deutsche Telekom (3,2%) und SAP (3,1%).

Kontakt:

- Steyler Bank GmbH,
  Arnold-Janssen-Straße 22, D-53757 Sankt Augustin, www.steyler-bank.de

Superior 4 Ethik Aktien | Superior 6 Global Challenges

Der Superior 4 erwirbt Aktien und Aktien gleichwertige Wertpapiere ausschließlich auf Basis der von einem unabhängigen Ethikbeirat festgelegten Ausschlusskriterien und Anforderungen. Geeignete Emittenten werden durch Auswertung vieler Kriterien von oekom research vorausgewählt. Die Auswahl der Werte für den Superior 6 orientiert sich an den 50 im Global Challenges Index enthaltenen Aktien von Unternehmen, die Ursachen und Folgen des Klimawandels bekämpfen, die Versorgung mit Trinkwasser sicherstellen der Entwaldung entgegenwirken und nachhaltige Waldwirtschaft fördern, die Artenvielfalt erhalten, auf die Bevölkerungsentwicklung eingehen, Armut bekämpfen und verantwortungsvolle

Governance-Strukturen unterstützen. Große Titel beim Superior 4 sind Continental (3,3%), Intel (3,3%) und Texas Instruments (3,2%), beim Superior 6 sind es SAP (9,1%), Intel (7,4%) und Union Pacific (Transport) (5,3%). Beide Fonds werden mit einer ausschüttenden bzw. thesaurierenden Variante angeboten.

Kontakt:

- Bankhaus Schelhammer & Schattera Kapitalanlagegesellschaft m.b.H., Hadikgasse 60A, A-1140 Wien, www.schelhammer.at/fonds

Swisscanto (LU) Equity Fund Global Climate Invest
Swisscanto (LU) Equity Fund Water Invest
Swisscanto (CH) Equity Fund Nachhaltig Large Cap
Swisscanto (CH) Equity Fund Nachhaltig Small & Mid Cap
Swisscanto (LU) Green Invest Emerging Markets
Swisscanto (LU) Green Invest Equity

Als die schweizerischen Kantonalbanken 1993 den größten Teil ihres Fonds- und Vermögensverwaltungsgeschäftes in die Finanzholding, Swisscanto Holding AG, Bern, einbrachten, entstand eine Einheit mit zahlreichen Anlagefonds für private und institutionelle Anleger. Gleichzeitig wurde die Swisscanto Asset Management AG, Zürich, als Spezialistin für anspruchsvolle Aufgaben im Bereich der institutionellen Vermögensverwaltung gegründet. 1998 wurde mit dem Swisscanto Green Invest der erste eigene Nachhaltigkeitsfonds aufgelegt. 2015 übernahm die Züricher Kantonalbank 100% der Holding, und im Juni 2015 fusionierten Balfidor Fondsleitung und Swisscanto Asset Management zur Swisscanto Fondsleitung AG. Sie wuchsen damit zur drittgrößten Fondsgesellschaft in der Schweiz mit rund 80 Mrd. Schweizer Franken verwaltetem Fondsvermögen – nach UBS und Credit Suisse und vor Pictet.

Der älteste Fonds, der Green Invest Equity hat seine USA-Position in den letzten fünf Jahren von 24 auf 51 Prozent ausgedehnt, es folgen Japan (10%) und Deutschland (7%), unter den fünf größten Titel befinden sich Gamesa, East Japan Railway, Bristol-Myers Squibb, Canadian National Railway und Henkel.

Innerhalb der beiden Themenfonds stehen US-Werte zwar auch an erster Stelle, aber weniger stark. Der Climate Invest favorisiert neben den USA (29%) Aktien aus Deutschland (16%, u.a. Manz, Alba und Infineon) und Kanada (14%), Österreich (7%, mit Verbund, Binder & Co., Andritz, Mayr-Melnhof und Facc) liegt auf Rang 4. Schwerpunkte sind erneuerbare Energien (36%) und Energieeffizienz (26%). Beim Water Invest mit u.a. Wasserversorgung, -technologien, -aufbereitung, -dienstleistungen, -reinigung und -recycling) sind die größten Titel aus den höher gewichteten USA (40%): American Water Works (4%), Xylem (3,4%) und Ecolab (3,2%). Es folgen sechs Länder mit zwischen 7 und 8 Prozent: Frankreich, Schweiz (mit Sika Finanz, Geberit und Georg Fischer), Kanada, Großbritannien, Deutschland (u.a. mit Gea und Henkel) und Österreich (u.a. mit Mayr-Melnhof und Verbund).

Als vierter der Luxemburger Fonds setzt der Emerging Markets, dessen Anteile in US-Dollar notieren, auf die Schwerpunkte Zugang zu Finanzdienstleistungen (28%), Bildung und digitale Innovation (22%) und Energieversorgung und -effizienz (18%) mit starkem Engagement im asiatischen Bereich (China (15%), Südkorea (14%), Hongkong und Taiwan (je 11%)). Die größten fünf Titel sind Telekomunikasi Indonesia, Taiwan Semiconductor, Hyundai, HDFC Bank und Steinhoff International.

Die beiden in der Schweiz angebotenen internationalen Aktienfonds unterscheiden nach der Unternehmensgröße. Beim Large Cap dominieren US-Werte (62%) bzw. Finanzwesen (18%), IT (16%) und Gesundheitswesen (14%) mit Microsoft, Johnson & Johnson, Intel, Verizon Communications und JPMorgan Chase. Im Small & Mid Cap sind Industriewerte (47%) besonders stark vertreten, regionale Schwerpunkte bilden USA (30%), Euro-Raum (24%) und Japan (21%) mit East Japan Railway, CSR Corporation, Central Japan Railway, Canon und Applied Materials. Beide Fonds erzielen den höchsten Nachhaltigkeitsindikator (A) der Swisscanto-Skala.

Kontakt:

- Swisscanto Fondsleitung AG,
  Europaallee 39, CH-8021 Zürich, www.swisscanto.ch

terrAssisi I AMI

Das Sondervermögen terrAssisi Aktien I AMI (früher Gerling Select 21) investiert weltweit in Unternehmen, die neben ökonomischen auch Umwelt- und Sozialkriterien einbeziehen. Grundlage ist der Global Challenge Index. Verschlechtert sich das oekom research-Rating oder verstößt ein Unternehmen/Land gegen ein Ausschlusskriterium, wird das Wertpapier innerhalb von zwei Monaten aus dem Portfolio genommen. Einen weiteren ethischen Filter liefern die Grundsätze des Franziskanerordens, die durch Anlage- und Ausschlusskriterien den sozialen und kulturellen Aspekt überprüfen. Das Portfolio führen an SAP (9,7%), Intel (8,9%), Accenture (7,3%), Union Pacific (6,9%) und BT Group (British Telecommunications) (6,1%). Ampega ist die Kapitalverwaltungsgesellschaft der Talanx AG, der drittgrößten Versicherungsgruppe in Deutschland, die mehrheitlich dem HDI-Versicherungsverein auf Gegenseitigkeit gehört und die Gerling-Versicherungsgruppe übernommen hatte.

Kontakt:

- Ampega Investment GmbH,
  Charles-de-Gaulle-Platz 1, D-50679 Köln, www.ampega.de

Triodos Sustainable Equity | Triodos Sustainable Pioneer

Beide Fonds investieren international. Dabei richtet sich der Triodos Sustainable Equity Fund ausschließlich auf Aktien von Unternehmen mit großer Marktkapitalisierung, die an den Weltbörsen notiert sind und neben einer soliden finanziellen Ertragslage überdurchschnittliche soziale und ökologische Leistungen aufweisen. Dagegen investiert der Triodos Sustainable Pioneer Fund in Aktien von Unternehmen mit kleiner und mittlerer Marktkapitalisierung, die als „Pioniere" in den Bereichen Klimaschutz, gesunde Menschen und sauberer Planet tätig sind. Im Mittelpunkt stehen nachhaltige Energie (Klimaschutz), Umwelttechnologie (sauberer Planet) und Medizintechnologie (gesunde Menschen). Ein weiterer Anlageschwerpunkt sind Unternehmen, die in ihrer Branche im Bereich Corporate Social Responsibility führen. Die Nachhaltigkeitsanalysen werden jeweils vom Triodos Research Team anhand strenger Kriterien durchgeführt. Unternehmen, die gegen die Ausschlusskriterien wie Atomenergie, Kinderarbeit, Rüstung, Glücksspiel oder Gentechnik verstoßen, werden nicht aufgenommen. Größte Aktien im Sustainable Equity waren Roche Holding (3%, Genussschein), Novo Nordisk (2,3%), Walt Disney (2,1%), Time Warner (2,1%) und Starbucks (1,9%), im Sustainable Pioneer First Solar (4,1%), Edwards Lifesciences (3,5%), Vestas Wind Systems (3,5%), Tesla (3,1%) und Sun Power (3,1%).

Kontakt:

- Triodos Bank N.V. Deutschland,
  Mainzer Landstraße 211, D-60326 Frankfurt am Main, www.triodos.de

UBS (Lux) ES Emerging Markets Sustainable
UBS (Lux) Global Sustainable
UBS (Lux) Global Sustainable Innovators

Die Schweizer UBS Global Asset Management hat seit 1996 ein eigenes SRI-Team an Spezialisten für nachhaltige Anlagen. Innerhalb des Emerging Markets konzentriert sich das SRI-Portfoliomanagement-Team bei der Titelauswahl insbesondere auf Unternehmen mit vielversprechendem Wachstumspotenzial, die oftmals innovative Produkte herstellen oder Dienstleistungen anbieten, die mit einem besonders hohen ökologischen und sozialen Nutzen einen Beitrag zur nachhaltigen Entwicklung der aufstrebenden Märkte leisten. Dazu zählen als Anteilsschwergewichte Taiwan Semiconductor (5,8%), Bank of China Hong Kong (5,2%) und New Oriental Education & Technology (4,9%). Auf über zehn Prozent-Anteil kommen die Länder China (18%), Taiwan (18%), Indien (15%) und Südkorea (14%).

Der Sustainable Global (Leaders) umfasst überwiegend groß kapitalisierte Unternehmen, die in den Bereichen Umweltschutz, soziale Verantwortung und Unternehmensführung eine überdurchschnittliche Leistung erbringen und Wachstumspotenzial aufweisen. Hier gehören Procter & Gamble, Unilever (je 2,6%) und Costco Wholesale (2,5%) zu den größten Werten, der regionale Schwerpunkt liegt auf den USA (47%). Das gleiche Dreierteam wie beim Emerging Markets-Fund verwaltet das Fondsvermögen des ältesten der drei Fonds (2001): Der Global Sustainable Innovators legt weltweit an, überwiegend in Aktien kleinerer bis mittlerer Marktkapitalisierung. Unternehmen mit Produkten und Dienstleistungen stehen im Vordergrund, die im Bereich Ressourcenknappheit angesiedelt sind, insbesondere Klimawandel (50%), Demographie (Ernährung/Gesundheit) (35%) und Wasser (13%). Es dominieren US-amerikanische Aktien (55%), an erster Stelle stehen insgesamt Berkeley Group (4,6%), IPG Photonics (4,1%) und Fifth Third Bancorp (3,7%).

UBS Global Asset Management verwaltete Ende 2015 rund 635 Mrd. Schweizer Franken Kundenvermögen und ist in der Schweiz die größte Fondsgesellschaft. Die Aktien der Muttergesellschaft UBS sind an der Börse notiert und in den Dow Jones Sustainability Index, in die FTSE4Good Index Series und den CDP Climate Performance Leadership Index aufgenommen worden.

Kontakt:
- UBS Deutschland AG Asset Management,
  Bockenheimer Landstraße 2-4, D-60306 Frankfurt am Main,
  fundgate.ubs.com

UniSector: Klimawandel

Im Mittelpunkt stehen Aktien und Indexzertifikate von Unternehmen, die sich in ihrer Strategie auf Herstellung und Anwendung in den Bereichen alternative Energien, Umwelttechnologien und Recycling konzentrieren. Im Februar 2016 waren 39 Prozent in US-amerikanischen, gefolgt von 12 Prozent in dänischen Titeln angelegt, die größten drei waren Tesla (8,2%), Vestas Wind Systems (6,7%) und Shimano (5,7%). Interessant ist hier die Offenlegung der Provisionsteilung: Je nach ihrem Vertriebsstatus gehen 90 bis 100 Prozent des Ausgabeaufschlages (4%) und 25 bis 35 Prozent der Verwaltungsvergütung (z.Zt. 1,55%) an die vermittelnde Bank.

Kontakt:
- Union Investment Privatfonds GmbH,
  Weißfrauenstraße 7, D-60311 Frankfurt am Main, www.union-investment.de

VB Ethik Invest

Der Fonds veranlagt global in Aktien und wählt die Vermögenswerte auf Basis wirtschaftlich-finanzieller Analysen aus, in die soziale, ökologische und ethische Erwägungen einbezogen werden. Länderschwerpunkte sind USA (37%) und Deutschland (15%), bevorzugte Branchen Konsumgüter (33%) und Finanzdienstleister (18%). Im Zuge der Neuordnung des österreichischen Volksbankensektors – das Spitzeninstitut Österreichische Volksbanken-AG (ÖVAG) wurde Mitte 2015 auf immigon portfolioabbau ag umbenannt und wird abgewickelt, die Funktion der Zentralorganisation ist auf die Volksbank Wien AG übergegangen – wurde dessen Kapitalanlagegesellschaft, Volksbank Invest, 2015 von Union Investment erworben und umbenannt.

Kontakt:

- Union Investment Austria GmbH,
  Schottenring 16, A-1010 Wien, www.union-investment.at

Vontobel Clean Technology

Der Fonds investiert weltweit in vor allem mittelständische Unternehmen, „die Technologien und innovative Lösungen zur Milderung von Klimaveränderungen und zur Verringerung von Luft- und Wasserverschmutzung anbieten." Größte Sektoren waren Ende Januar 2016 „Sauberes Wasser" (30%), „Saubere Energie" (20%) und „Transport" (17%) mit den größten Werten Aqua America (4%), First Solar (3,9%) und Danaher (3,2%), wobei US-amerikanische Aktien fast 44 Prozent des Fondsvermögens ausmachten.

Kontakt:

- Vontobel Holding AG,
  Gotthardstrasse 43, CH-8002 Zürich, www.vontobel.com

Warburg Zukunft-Strategie-Fonds

Dieser europäische Aktienfonds berücksichtigt neben finanziellen Kriterien die Auswirkungen der Unternehmensaktivitäten auf Umwelt und Gesellschaft anhand von ESG-Kriterien. Je nach Relevanz für die entsprechende Branche werden die verschiedenen Indikatoren unterschiedlich stark gewichtet, für die Aufnahme in das Anlageuniversum muss eine Mindestbewertung erreicht werden. Kontroverse Geschäftsfelder und -praktiken werden durch die Ausschlusskriterien gemieden. Die ESG-Bewertung erfolgt in Zusammenarbeit mit einer externen Ratingagentur. Die Top-3-Positionen, Steyler Fair und Nachhaltigkeit – Aktien-Fonds, Deutsche Telekom und Cap Gemini kommen auf 16,8 Prozent, insgesamt waren 9,8 Prozent in Investmentanteilen angelegt.

Kontakt:

- Warburg Invest Kapitalanlagegesellschaft mbH,
  Ferdinandstr. 75, D-20095 Hamburg, www.warburg-fonds.com

2.6.2.2 Rentenfonds

Eine Alternative zum Kauf einzelner Anleihen bieten Rentenfonds. Als die Staatshaushalte nicht zuletzt durch die in der Finanzkrise gewährten Hilfen an in Schwierigkeiten geratene Banken ihre Belastungsgrenze erreichten, trennten sich viele Investoren von den Anleihen dieser Emittenten. Das Rating einst guter Schuldner bewegte sich bei einigen Staaten unterhalb des Investment-Grades mit überschaubarem Risiko (BBB-), bis zu dem institutionelle Investoren wie Versicherungen oder Pensionsfonds nur investieren dürfen. Island (BBB+) und Rumäniens (BBB-) liegen heute beim „Issuer Credit Rating“ von Standard & Poor‘s nahe bzw. an der Grenze, im Falle Bulgariens (BB+), Ungarns (BB+) und Griechenlands (B-, 2011: CC) liegt das Rating schon im Bereich von (hoch)riskanten Anleihen („Junk Bonds“), Irland hat sich in den letzten fünf Jahren deutlich verbessert (A+, 2011: BBB+). Erstklassige Schuldner (AAA) sind in Europa nach wie vor Dänemark, Deutschland, Großbritannien, Liechtenstein, Luxemburg, die Niederlande, Norwegen, Schweden und die Schweiz, international z.B. Australien und Kanada. Im August 2011 wurden die USA (erstmals seit 1941) von Standard & Poor´s von der Bestnote AAA auf AA+ zurückgestuft, Österreich betraf dies Anfang 2012. Als Investmentalternativen gerade auch für Fonds rücken immer mehr wieder Unternehmensanleihen oder Staatsanleihen von Schwellenländern in den Blick.

Acatis Fair Value Bonds UI

Der Fonds investiert mindestens 51 Prozent in verzinsliche Wertpapiere und maximal 25 Prozent in Aktien, er bevorzugt Euro-Anleihen, die möglichst unterbewertet sind, und beachtet eine regionale Streuung und eine Streuung nach Art des Emittenten. Emittenten stehen im Vordergrund, „die ethisch-nachhaltige Kriterien (insbesondere hohe Standards in Bezug auf soziale, unternehmerische und ökologische Verantwortung sowie ökologische Nachhaltigkeit) berücksichtigen.“ Über die Hälfte des Anleihevolumens hatte ein Rating von Non-Investment-Grade (niedriger als BBB-) bzw. sechs Prozent waren nicht geratet. Die größten Engagements waren UniCredit (4,6%, EO-Medium-Term Notes), Republik Montenegro (4,6%, EO-Notes) und PostNL (4,4%, LS-Bonds). 46 Prozent entfallen auf Unternehmensanleihen, 43 Prozent haben eine Restlaufzeit von drei oder weniger Jahren. Der Fondsmanager ACATIS Investment wurde 1994 in Frankfurt am Main als unabhängige Vermögensverwaltung gegründet und hat sich auf Value Investing spezialisiert.

Kontakt:

- Universal-Investment-Gesellschaft mbH,
  Theodor-Heuss-Allee 70, D-60486 Frankfurt am Main,
  www.universal-investment.com

BI SICAV Emerging Markets Corporate Debt

Der Teilfonds des Luxemburger BI SICAV erwirbt vorrangig Unternehmensanleihen aus Schwellenländern mit einem Mindestrating von CC. 20 Prozent des Fondsvermögens können in nicht geratete Anleihen und bis zu 5 Prozent in Anleihen mit einem Rating unter CC angelegt werden. Länderschwerpunkte bilden

Mexico (12%) und Brasilien (8%). Die Fondsgesellschaft gehört zu BankInvest, einem großen nordeuropäischen Asset Manager, der 1969 in Dänemark gegründet wurde und unabhängig von den großen Kreditinstituten operiert. BankInvest befindet sich im Eigentum einer größeren Zahl lokaler und regionaler Banken.

Kontakt:

- BI Asset Management Fondsmæglerselskab A/S, Sundkrogsgade 7, DK-2100 Kopenhagen, www.bankinvest.com

BAWAG P.S.K. Öko Sozial Rent

Der Fonds investiert vor allem in Unternehmens- und Staatsanleihen sowie in besicherte Pfandbriefe. Die Nachhaltigkeitsbewertung erfolgt durch die Researchagentur Sustainalytics. Der Fonds eignet sich auch für die Wertpapierdeckung von Pensionsrückstellungen. Über 75 Prozent der Anleihen sind mindestens A-geratet, Staatsanleihen machen über ein Drittel aus, an erster Stelle stehen dabei belgische und österreichische. Verwaltungsgebühr (0,66% p.a.) und Ausgabeaufschlag (2,5%) sind moderat bemessen.

Kontakt:

- BAWAG P.S.K. Invest GmbH, Georg-Coch-Platz 2, A-1010 Wien, www.bawagpskfonds.at

Candriam Sustainable Euro Corporate Bonds

Der auf überwiegend fest oder variabel verzinsliche, auf Euro lautende Wertpapiere aus dem Privatsektor spezialisierte Fonds investiert zumeist in Emittenten, die mindestens eine der drei führenden Rating-Agenturen zum Zeitpunkt des Erwerbs mit wenigstens BBB-/Baa3 bewertet. Die Emittenten zählen bei der Einbindung von sozialen und ökologischen Kriterien sowie Corporate-Governance-Aspekten mit ihrem Geschäftsmodell und Stakeholder-Management zu den besten 50 Prozent ihrer Branche, müssen die zehn Grundsätze des UN Global Compact einhalten und dürfen nicht in der Rüstungsindustrie tätig sein. Fast 60 Prozent des Portfolios haben eine Laufzeit von fünf und mehr Jahren. Liquidität hält ein Candriam Geldmarktfonds (6,7%), häufig vertreten sind Emissionen von europäischen Banken wie Crédit Agricole, der belgischen Belfius Bank, die auch Vertriebspartner für den Fonds ist, ING Bank oder Santander.

Daneben gibt es noch die Candriam-Fonds Sustainable Euro Bonds, Sustainable Euro Short Term Bonds, Bonds Sustainable Euro Government, Bonds Sustainable Euro und Sustainable World Bonds.

Kontakt:

- Candriam Luxembourg – Zweigniederlassung Deutschland, Grüneburgweg 58-62, D-60322 Frankfurt am Main, www.candriam.de

Convertinvest European Convertible & Bond

Der von Convertinvest betreute Fonds legt mindestens 51 Prozent des Fondsvermögens in Wandelanleihen oder Anleihen mit Wandelbarkeit in europäische Aktien und in Anleihen an, deren Emittenten in Europa ansässig sind oder hier überwiegend wirtschaftlich aktiv oder als Holdinggesellschaften überwiegend an Gesellschaften mit Sitz in Europa beteiligt sind. Die Wandelanleihen sollen zu mindestens 70 Prozent Investment Grade-Qualität aufweisen. Wandelanleihen im Portfolio stammen z.B. von Total, Siemens Finance oder Qiagen. Fondsgesellschaft ist die 3 Banken-Generali Investment, deren einer Partner, die BKS Bank, als Depotbank fungiert.

Kontakt:
- Convertinvest Financial Services GmbH,
  Liebermannstraße F03/401, A-2345 Brunn am Gebirge,
  www.convertinvest.com

C-Quadrat Global Quality ESG Bond

Dieser Anleihenfonds strebt einen hohen laufenden Ertrag mit Rücksicht auf Sicherheit und Liquidität an. Im Wesentlichen investiert das Management von C-Quadrat in Unternehmensanleihen globaler Emittenten, Fremdwährungen werden dabei größtenteils gegenüber dem Euro abgesichert. Bis zu einem Viertel des Vermögens darf im Non-Investment Grade-Bereich angelegt werden. ESG-Kriterien fließen in die Auswahl der Emittenten ein. Seit Beginn im März 2009 gerechnet, kommt der Fonds auf eine Wertentwicklung von 4,6 Prozent pro Jahr. Große Anleihevolumina entfallen auf AIV (4,2%, Laufzeit bis 2040), Roche (2,9%, Laufzeit bis 2024) und Bristol-Myers Squibb (2,7%, Pharma, Laufzeit bis 2022).

Kontakt:
- C-Quadrat Investment AG,
  Schottenfeldgasse 20, A-1070 Wien, www.c-quadrat.com

Crowd Green Bond Impact Fund

Der Ende 2015 aufgelegte Fonds wählt überwiegend auf Euro lautende verzinsliche Wertpapiere aus, die mit hoher Wahrscheinlichkeit „die Entfaltung positiver ökologischer und/oder sozialer Effekte erwarten lassen, während keine oder zumindest keine vergleichbar hohen ökologischen und sozialen Schäden befürchtet werden müssen." Der „Sustainable Impact" hat durch eine vom jeweiligen Emittenten unabhängige Stelle überprüft und bestätigt zu werden. Dies gilt z.B. gemäß den „Green Bond Principles" als erfüllt, wenn eine neutrale Einrichtung ein Urteil abgegeben hat oder dieses durch den Investment Manager eingeholt wird. Im Blick stehen „Green Bonds", „Climate Bonds", „Social Bonds" oder ähnliche Anleiheformen, auch Zertifikate, Investmentfonds sowie Geldmarkt- und Barmittel-Positionen sind erlaubt. Die drei größten Positionen sind derzeit 1,5%-Anleihe der österreichischen Verbund AG (10,2%, Laufzeit bis 2024), 2,75%-Anleihe Vestas Wind Systems A/S (9,8%, Laufzeit bis 2022) und 1,0%-Anleihe Unibail-Rodamco SE (9,7%, Laufzeit bis 2025).

Kontakt:

- von der Heydt Invest SA,
  304, route de Thionville, L-5884 Hesperange, www.vdhi.lu

Ecology Bond

Der Ecology Bond wurde mit 17.02.2014 zur Erste-Sparinvest übertragen und neu ausgerichtet. Sein Fondsmanager, Focus Asset Management, im Eigentum der österreichischen Flotte Privatstiftung und der Geschäftsführung, arbeitet mit oekom research zusammen und investiert nach Maßgabe ökologischer und ethischer Vorgaben überwiegend in sichere Euro-Anleihen: Staatsanleihen, Anleihen von staatsnahen Emittenten, Pfandbriefe oder gerade auch Unternehmensanleihen. Nur etwa 20 Prozent haben ein Rating von BBB+ oder schlechter bzw. sind nicht geratet, 28 Prozent gelten als AAA.

Kontakt:

- Erste-Sparinvest Kapitalanlagegesellschaft m.b.H.,
  Am Belvedere 1, A-1100 Wien, www.erste-am.at

ESPA Bond Euro-Mündelrent | ERSTE Responsible Bond ERSTE Responsible Bond Emerging Corporate ERSTE Responsible Bond Euro-Corporate ERSTE Responsible Bond Global Impact

Der ursprünglich (1988) konventionelle österreichische Rentenfonds ESPA Bond Euro-Mündelrent änderte seine Statuten und wurde durch explizite ethische Anlagekriterien zum Ethikfonds. Der Fonds investiert in Anleihen österreichischer Emittenten, welche auf Euro lauten (Bundesanleihen (zusammen derzeit, d.h. 01/2016: 73%), Pfandbriefe (16%) und fundierte Bankschuldverschreibungen (11%)).

Der Responsible Bond ist ein Euro-Anleihenfonds, dessen Anlageuniversum sich nach ethisch-nachhaltigen Kriterien zusammensetzt. Der Fonds investiert in Staatsanleihen, in staatsnahe und supranationale Emittenten (zusammen derzeit 28%), in Unternehmensanleihen (38%), in Anleihen von Finanzdienstleistern (17%), in Pfandbriefe (16%) sowie in spezielle nachhaltige Anleiheemissionen.

Der Responsible Bond Emerging Corporate investiert in einzelne Anleihen von Unternehmen aus den Schwellenländern, mit Asien (40%), Lateinamerika (33%), Osteuropa und GU (18%), Naher Osten und Afrika (6%) und Pazifik ohne Japan (3%). Das Anlageuniversum setzt sich nach nachhaltigen Kriterien zusammen. Der Responsible Bond Euro-Corporate investiert überwiegend in Unternehmensanleihen europäischer Emittenten bester bis mittlerer Bonität, die auf Euro lauten (derzeit 80%). Das Anlageuniversum setzt sich nach ethisch-nachhaltigen Kriterien zusammen und es gelten die Ausschlusskriterien: Atomenergie, grüne Gentechnologie, Kinderarbeit, nachgewiesene (schwere) Manipulation der Geschäfte, Pornographie, Rüstung/Waffen, Tabak, (vermeidbare) Tierversuche, Todesstrafe und Verstoß gegen das ILO-Protokoll. Das Rating (Bonität) der Anleihen im Fonds liegt vorrangig im Investment Grade-Bereich AAA bis BBB- (Aaa bis Baa3).

Der Responsible Bond Global Impact ist ein globaler Anleihenfonds, der in Green-Bonds, Climate-Awareness-Bonds und zertifizierte Social-Bonds investiert. Es werden ausschließlich Wertpapiere erworben, die auf Basis eines vordefinierten Auswahlprozesses von der Verwaltungsgesellschaft als nachhaltig eingestuft werden. Der Fonds investiert hierfür in Staatsanleihen (derzeit 20%), in Emissionen von staatsnahen und supranationalen Emittenten (22%), in Unternehmensanleihen (30%), in Anleihen von Finanzdienstleistern (26%), in Pfandbriefe (2%) sowie in spezielle nachhaltige Anleiheemissionen. Fremdwährungsrisiken sind auf 50 Prozent des Fondsvermögens begrenzt. Die Erste-Sparinvest zählt mit Rentenfondsmanagern wie Martin Cech und seinen Teamkollegen zu den SRI-Pionieren in Österreich.

Kontakt:

- Erste-Sparinvest Kapitalanlagegesellschaft m.b.H., Am Belvedere 1, A-1100 Wien, www.erste-am.at

Fisch CB Sustainable Fund (Wandelanleihen)

Der Fisch CB Sustainable Fund investiert weltweit in hybride Wandelanleihen nachhaltiger Unternehmen. Das Nachhaltigkeits-Research stammt von der Bank J. Safra Sarasin AG. 2014 bzw. 2015 sind neben der Anteilsklasse für Privatanleger eine ausschüttende und eine thesaurierende für Einlagen ab 250.000 Euro hinzugekommen. Die Managementgesellschaft ist auf Wandelanleihen spezialisiert und wurde 1994 von Kurt und Pius Fisch sowie Swisspartners gegründet, 2010 beteiligte sich die britische Schroders mit 10 Prozent, 2013 kaufte man die Anteile zurück, so dass die Gesellschaft nur im Eigentum der Geschäftsleitung und Mitarbeiter steht. Vom Volumen her waren Wandel- und Optionsanleihen von Emittenten aus den USA (33%), Japan, den Niederlande und Frankreich am stärksten repräsentiert. Große Einzelemissionen stammten von Siemens Finance (NL), Nbaduh (Arabische Emirate) und Intel und Tesla (USA). Deutsche Emissionen haben – Stand Mitte 2015 – einen Anteil von 4,7 Prozent (Adidas, Laufzeit bis 2019, Deutsche Post, Laufzeit bis 2019, Fresenius, Laufzeit bis 2019 bzw. 2020)

Kontakt:

- Fisch Asset Management AG, Bellerive 241, CH-8034 Zürich, www.fam.ch

Gutmann Euro Anleihen Nachhaltigkeitsfonds
Gutmann Euro ShortTerm Anleihen Nachhaltigkeit

Beide Fonds sind auch zur Wertpapierabdeckung von Abfertigungs- und Pensionsrückstellungen und als Wertpapieranlage für Pensionskassen geeignet und investieren in Euro-denominierte Anleihen. Der Anleihen Nachhaltigkeitsfonds bezieht neben europäischen auch internationale nachhaltige Emittenten ein: Staaten, Unternehmen, Banken und andere, die sich durch eine umwelt- und sozialverträgliche Politik auszeichnen. Der Short Term konzentriert sich auf den europäischen Markt und bezieht auch Pfandbriefe und Inflation linked Bonds ein; die durchschnittliche Restlaufzeit seiner Einzeltitel beträgt maximal drei Jahre. Der überwiegende Teil der Anleihen in beiden Portfolios zeichnet sich durch gute Bonität, d.h. Investment Grade Rating nach den Rating Agenturen Standard & Poor‘s bzw. Moody‘s aus.

Kontakt:

- Gutmann Kapitalanlageaktiengesellschaft,
  Schwarzenbergplatz 16, A-1010 Wien, www.gutmannfonds.at

HSBC Trinkaus Corporate Bonds Europe

Der Fonds investiert in europäische Unternehmensanleihen von hoher Bonität, ausgenommen sind Finanzdienstleister. Fast drei Viertel haben ein Rating von BBB+ bis BBB-. Größte Emittenten waren RCI Banque (2,7%), Telefonica Emisiones (2,1%) und BHP Billiton Finance (2,1%). Einziger Gesellschafter der Internationale Kapitalanlagegesellschaft mbH – HSBC INKA, die 1968 gegründet wurde, ist seit 2002 das Bankhaus HSBC Trinkaus & Burkhardt AG.

Kontakt:

- Internationale Kapitalanlagegesellschaft mbH,
  Yorckstraße 21, D-40476 Düsseldorf, www.inka-kag.de

JSS Sustainable Bond CH | JSS Sustainable Bond EUR
JSS Sustainable Bond EUR Corporates

Die Anlagen der beiden Sustainable Bond erfolgen weltweit ausschließlich in auf Schweizer Franken bzw. Euro lautenden Anleihen, Wandel- und Optionsanleihen. Sie investieren in Schuldtitel von Ländern (CH: 20%, EUR: 48%), supranationalen Organisationen (11%, 6%) und Unternehmen (68%, 46%). Das durchschnittliche Rating ist beim Bond CH-Fonds – große Emissionen stammen von EIB und Rabobank – mit AA etwas höher als bei Bond EUR-Fonds mit A+, hier sind Anleihen von Bpifrance, BEI und Spanien besonders gewichtig. Der Anteil von Anleihen mit einer Laufzeit von sieben und mehr Jahren liegt bei 32 bzw. 43 Prozent.

Der Sustainable Bond EUR Corporates legt weltweit nur in Euro-Unternehmensanleihen an. Große Emissionen stammen von SNAM, Tennet und Rabobank, das Durchschnittsrating liegt niedriger, bei A-. Einen Schwerpunkt bilden Anleihen mit einer Laufzeit von fünf bis sieben Jahren (31%, sieben und mehr Jahre: 26%). Alle drei Fonds investieren nur in Wertpapiere, deren Emittenten einen Beitrag zu einer nachhaltigen Wirtschaftsweise leisten. Einzelne Schuldner können aufgrund kritischer Aktivitäten (z.B. Produktion von Kernenergie oder Waffen) ausgeschlossen werden.

Kontakt:

- Bank J. Safra Sarasin AG,
  Elisabethenstrasse 62, CH-4002 Basel, www.jsafrasarasin.ch

KCD-Union Nachhaltig Renten

Der Fonds investiert weltweit in auf Euro lautende verzinsliche Wertpapiere. Beim umfangreichen Verfahren zur Ermittlung der Nachhaltigkeit der Emittenten werden strenge Ausschlusskriterien angelegt, z.B. werden Unternehmen, die Rüstungsgüter, Alkohol und Tabak produzieren oder Glücksspiele anbieten, grundsätzlich ausgeschlossen, ebenso Staaten, die Menschenrechte systematisch verletzen oder die Todesstrafe praktizieren. Aus dem nach einem Best-in-Class-Filter verbleibenden Anlageuniversum wählt das Fondsmanagement der zur genossenschaftlichen Finanzgruppe gehörenden Union Investment Einzeltitel nach der Renditeerwartung aus. Über 50 Prozent des Fondsvolumens entfielen Anfang 2016 auf Emittenten aus Frankreich (17%), Spanien (10%) und Italien (10%).

Kontakt:

- Union Investment Privatfonds GmbH,
  Weißfrauenstraße 7, D-60311 Frankfurt am Main, www.union-investment.de

Kepler Ethik Rentenfonds

Die Linzer Kapitalanlagegesellschaft hat neben ihren Ethik- bzw. Sustainability-Aktienfonds seit Mai 2003 auch den Kepler Ethik Rentenfonds im Programm, der Anleihen internationaler Emittenten enthält, die ökonomische, ökologische und soziale Nachhaltigkeitskriterien erfüllen. Zusätzlich werden ethische Ausschlusskriterien gemäß den oekom research-Standards für Unternehmen bzw. Länder wie z.B. Rüstung, Atomenergie, Geldwäsche, Tierversuche und Kinderarbeit berücksichtigt. Den größten Teil bilden österreichische (22%), deutsche (12%) und niederländische (12%) Rententitel. Die Fondsgesellschaft ist einer der deutschsprachigen Erstunterzeichner des Eurosif Kodexes (Transparenz Kodex für Nachhaltigkeitsfonds).

Kontakt:

- Kepler-Fonds Kapitalanlagegesellschaft m.b.H.,
  Europaplatz 1a, A-4020 Linz, www.kepler.at

LBBW Nachhaltigkeit Renten

Der 2010 aufgelegte Fonds investiert in Staatsanleihen, Pfandbriefe und Unternehmensanleihen mit guter bis sehr guter Bonität (etwa die Hälfte hat ein Rating von mindestens A) und Sitz der Emittenten in der EU. Die Auswahl erfolgt durch eine strenge Nachhaltigkeitsprüfung der sozialen und ökologischen Qualität von Unternehmen und Ländern. Die Datengrundlage stammt von oekom research. Negativkriterien sind kontroverse Geschäftsfelder bzw. Geschäftspraktiken wie z.B. Atomenergie, Rüstung, Tabak, Abtreibung, Glücksspiel, Kinderarbeit und Menschenrechtsverletzungen. Regionale Schwerpunkte sind Spanien (18%), Deutschland (13%) und Italien (12%). Die Fondsgesellschaft gehört der Landesbank Baden-Württemberg.

Kontakt:

- LBBW Asset Management Investmentgesellschaft mbH,
  Fritz-Elsas-Straße 31, D-70174 Stuttgart, www.lbbw-am.de

LGT Sustainable Bond Fund Global

Den Fonds bildet ein mit Nachhaltigkeitskriterien aktiv verwaltetes Anleihenportfolio, das weltweit breit in Geldmarktinstrumente und Anleihen mit überwiegend Investment Grade-Qualität von privaten sowie öffentlich-rechtlichen Schuldnern investiert ist. Sämtliche Anlagen werden unter dem Aspekt der langfristigen Wertschöpfung und Erhöhung menschlichen Wohlbefindens getätigt. An erster Stelle stehen Emittenten aus dem Sektor Finanzwerte (24%), auf US-Dollar-Anleihen entfallen 40 Prozent.

Kontakt:

- LGT Bank AG,
  Herrengasse 12, FL-9490 Vaduz, www.lgt.li

Lebenswerte Zukunft Rentenfonds

Der Anleihefonds hat das Ziel mindestens 70 Prozent in Emittenten aus den „Leitmärkten einer lebenswerten Zukunft“ zu investieren. Dafür qualifizieren sich Unternehmen, indem sie wesentliche Umsätze in den Branchen umweltfreundliche Energien, Energiespeicherung, Energieeffizienz, Rohstoff- und Materialeffizienz, Kreislaufwirtschaft, nachhaltige Wasserwirtschaft und Mobilität, Telekommunikation, Agrarwirtschaft und nachhaltige Urbanisierung erzielen. Bis zu 30 Prozent dürfen in Banken-, Versicherungs- und Staatsanleihen investiert werden. Alle Unternehmen werden von einer unabhängigen Nachhaltigkeitsratingagentur auf ethisch-ökologische Kriterien überprüft. Sie dürfen keine wesentlichen Umsätze in Bereichen wie Atomkraft, Rüstung, Gentechnik, Alkohol oder Tabak erzielen, sowie größere Umweltskandale aufweisen oder gegen die Normen der Internationalen Arbeitsorganisation verstoßen. Große Positionen waren Companhia de Saneamento Basico do Estado De Sao Paulo (6,1%, Laufzeit bis 2020), KazAgro National Management (5,5%, Laufzeit bis 2023), Nordex (5,3%, Laufzeit bis 2016) und Alliander (5,0%, Laufzeit bis 2022).

Kontakt:
- LBBW Asset Management Investmentgesellschaft mbH,
  Kronenstraße 20, D-70173 Stuttgart, www.lbbw-am.de

Notenstein Sustainable Bond CH | Notenstein Sustainable Bond EUR

Diese Notenstein Sustainable Fonds investieren weltweit in erstklassige, überwiegend auf Schweizer Franken bzw. Euro lautende Schuldtitel von Staaten, Unternehmen sowie anderen öffentlichen und privaten Schuldnern, welche einen Beitrag zu einer nachhaltigen Wirtschaftsweise leisten. Als erstklassige Schuldtitel gelten solche, die von einer anerkannten Rating-Agentur mindestens mit der Note A (CHF) bzw. BBB (Euro) oder einer damit vergleichbaren Beurteilung eingestuft werden. Die Gebietskörperschaften (19% bzw. 67%), deren Anleihen Teil des Portfolios sind, zeichnen sich durch ein relativ großes Vermögen an Umwelt- und Sozialressourcen sowie deren vergleichsweise hohe Produktivität aus. Charakteristisch für die im Portfolio vertretenen Unternehmen (65% bzw. 21%) ist einerseits, dass sie Marktchancen, die sich aus dem Trend zu einer nachhaltigen Wirtschaftsweise ergeben, nutzen wollen. Andererseits sind sie im Rahmen einer guten Unternehmensführung besonders bestrebt, finanzielle Risiken durch ein gezieltes Management von ökologischen und sozialen Risiken zu senken. Entsprechend werden mit übermäßigen ökologischen oder sozialen Risiken behaftete Wertpapieremittenten vom Anlageuniversum des Fonds ausgeschlossen.

Kontakt:
- Vescore AG,
  Freie Strasse 90, CH-4053 Basel, www.vescore.com/de

ÖKOBASIS Renten Plus

Fondsbasis bildet ein globales Rentenportfolio, das definierte Nachhaltigkeitskriterien erfüllt. Der Fonds setzt sich zu mindestens 51 Prozent aus verzinslichen Wertpapieren zusammen, deren Emittenten unter Berücksichtigung dieser Kriterien ausgewählt werden. Es fließen insbesondere soziale, ethische und ökologische Kriterien ebenso ein wie Standards der Internationalen Arbeitsorganisation (ILO) sowie Publikationen von Anbietern von Nachhaltigkeits-Research. Die Anlagepolitik wird durch ein Multi-Manager-Konzept in derzeit zwei Segmenten umgesetzt. In einem Segment wird in Rentenpapiere u.a. unterschiedlicher Laufzeiten und geografischer Herkunft investiert. Dabei steht der Vermögenserhalt im Vordergrund. In einem anderen Segment des Fonds wird mit drei etablierten und aufeinander unter Risikogesichtspunkten abgestimmten Strategien in Dax-,

Bund- und Bobl-Futures investiert. Dadurch sollen prozyklisch Marktchancen wahrgenommen und zusätzliche Erträge generiert werden. Fondspartner ist Ökorenta Consulting, Aurich.

Kontakt:

- Universal-Investment-Gesellschaft mbH, Theodor-Heuss-Allee 70, D-60486 Frankfurt am Main, www.universal-investment.com

Petercam L Bonds Emerging Markets Sustainable
Petercam L Bonds Government Sustainable

Das Portfolio des Emerging Markets-Fonds setzt sich aus Anleihen und Sonderformen wie inflationsgesicherten oder Nullkupon-Anleihen zusammen, ohne auf eine bestimmte Währung festgelegt zu sein. Emittent (oder Garant) ist ein Schwellenland bzw. eine regionale Behörde oder öffentliche Einrichtung, es kommen auch Weltbank und Europäische Bank für Wiederaufbau und Entwicklung in Frage. Wichtig ist der Beitrag zu sozialem Ausgleich, Umweltbewusstsein und einer sozial ausgewogenen politischen und wirtschaftlichen Regierungsweise. Stark vertreten sind Anleihen mit Bezug zu Rumänien (9%), Mexiko und Brasilien (je 8%).

Der Government-Fonds setzt vor allem auf Anleihen, die von einem OECD-Mitgliedsstaat, einer regionalen Behörde oder internationalen öffentlichen Emittenten aufgelegt wurden, und stützt sich ebenfalls auf Kriterien für eine nachhaltige Entwicklung. An erster Stelle stehen Emissionen aus Deutschland (17%), Großbritannien (10%) sowie Norwegen und Dänemark (je 9%).

Kontakt:

- Degroof Petercam Asset Management sa,
  18, rue Guimard, B-1040 Brüssel, funds.degroofpetercam.com

Raiffeisen Futura Global Bond
Raiffeisen Futura Swiss Franc Bond

Entsprechend den Raiffeisen Futura Global Stock-Aktienfonds (siehe Kapitel 2.6.2.1) gibt es zwei festverzinsliche Bond-Varianten. Der Raiffeisen Futura Global Bond setzt auf langfristigen Kapitalzuwachs, indem er weltweit in Obligationen investiert, die nachhaltigen Kriterien gerecht werden. Fremdwährungsrisiken werden gegenüber dem Schweizer Franken abgesichert. Beim Raiffeisen Futura Swiss Franc Bond stehen Obligationen im Mittelpunkt, die auf Schweizer Franken lauten. Bei beiden Fonds analysiert die Ratingagentur Inrate die Emittenten nach ökologischen, sozialen und ethischen Kriterien (Best-in-Service-Ansatz). Das aktive Fondsmanagement liegt bei Vontobel Asset Management. Beim Futura Global Bond war über ein Viertel der Anleihen mit AAA bewertet, beim Futura Swiss Franc Bond etwa ein Drittel.

Kontakt:

- Raiffeisen Schweiz Genossenschaft,
  Raiffeisenplatz, CH-9001 St. Gallen, www.raiffeisen.ch

Raiffeisen-Nachhaltigkeitsfonds-ShortTerm Raiffeisen-Österreich-Rent Raiffeisen-OK-Rent

Der Raiffeisen-Nachhaltigkeitsfonds-ShortTerm (R) ist ein Anleihefonds. Er investiert überwiegend, d.h. mindestens 51 Prozent des Fondsvermögens, in Euro-denominierte Anleihen und Geldmarktinstrumente, deren Emittenten nach sozialen, ökologischen und ethischen Kriterien als nachhaltig eingestuft wurden. In Branchen wie Rüstung oder grüne/pflanzliche Gentechnik sowie in Unternehmen, die etwa gegen Arbeits- und Menschenrechte verstoßen, wird nicht veranlagt. Die maximale (Rest-)Laufzeit dieser Anleihen beträgt fünf Jahre und die durchschnittliche Portfoliorestlaufzeit darf drei Jahre nicht übersteigen. Es darf auch in Asset-Backed-Securities und Mortgage-Backed-Securities investiert werden. Über 40 Prozent sind mit AAA geratet.

Der Raiffeisen-OK-Rent ist ein Anleihefonds. Er strebt als Anlageziel regelmäßige Erträge an und investiert überwiegend in Anleihen, insbesondere in KESt-freie Anleihen und/oder andere Wertpapiere. Geldmarktinstrumente, Anteile an Investmentfonds sowie Sicht- und kündbare Einlagen dürfen erworben werden. Der Anteil AAA-gerateter Emissionen liegt über 75 Prozent. Emittenten können bei jedem dieser beiden Fonds u.a. Staaten, supranationale Emittenten und/oder Unternehmen sein.

Der Raiffeisen-Österreich-Rent (R) ist ein mündelsicherer Anleihefonds. Er investiert überwiegend in Anleihen österreichischer Emittenten (Republik Österreich, Gebietskörperschaften und/oder Unternehmen), deren Wertpapiere den Vorschriften für Mündelgeld entsprechen und die sich durch gute ökologische, soziale und ethische Leistungen hervortun (Positiv-Screening). Kontroverse Geschäftsaktivitäten und Verhaltensweisen werden grundsätzlich von der Veranlagung ausgeschlossen (Negativ-Screening). Hier liegt der Anteil an AAA-Emissionen bei fast 98 Prozent.

Kontakt:

- Raiffeisen Kapitalanlage-Gesellschaft m.b.H.,
  Mooslackengasse 12, A-1190 Wien, www.rcm.at

S EthikBond

Neben ihrem Ethik-Aktienfonds gibt es auch einen Ethik-Rentenfonds der oberösterreichischen Sparkassen. Dieser Fonds investiert in die bedeutendsten Anleihemärkte und in die wichtigsten Währungen weltweit. Euro-Veranlagungen liegen immer bei mindestens 70 Prozent (Ende Januar 2016: 74%), der Anteil an

US-Dollar-Anleihen liegt maximal bei 30 Prozent (25%). Eine Beimischung von Unternehmensanleihen ist mit bis zu 40 Prozent möglich (14%, Banken: 21%); mehr als 35 Prozent dürfen in Schuldverschreibungen aus Deutschland und Österreich veranlagt sein. Es gibt Ausschlusskriterien für Länder wie vor allem Todesstrafe, autoritäre Regime und Verstöße gegen Menschenrechte. Die Bewertung der Unternehmen und Länder aus ethisch-ökologischen Gesichtspunkten erfolgt durch oekom research.

Kontakt:

- Sparkasse Oberösterreich Kapitalanlagegesellschaft m.b.H., Promenade 11-13, A-4020 Linz, www.s-fonds.at

Salm-Salm Sustainability Convertible

Die Anlagepolitik des Fonds ist auf langfristigen Kapitalerhalt gerichtet und durch Teilhabe an den positiven Entwicklungen von Renten- und Aktienmärkten durch weltweite Anlage in Wandel- und Optionsanleihen gekennzeichnet. Je nach Marktlage können für den Fonds Aktien durch direkten Erwerb oder durch Ausübung von Wandlungsrechten erworben werden. Größte Positionen waren Anfang 2016 Shenzhou (3,2%, Laufzeit bis 2019) und zwei Euro-Nullkuponanleihen: América Móvil (2,8%, Laufzeit bis 2020) und RAG Stiftung/Evonik (2,7%, Laufzeit bis 2012).

Kontakt:

- Salm-Salm & Partner GmbH, Schloßstraße 3, D-55595 Wallhausen, www.salm-salm.de

Sarasin-FairInvest-Bond-Universal

Dieser von der Bank J. Safra Sarasin betreute Fonds richtet sich speziell an institutionelle Anleger. Es wird in Renten von Unternehmen, Ländern und Organisationen investiert, die einen Beitrag zu einer nachhaltigen Wirtschaftsweise leisten. Emittenten sind dadurch gekennzeichnet, „dass sie ein umweltgerechtes, öko-effizientes Management und die proaktive Gestaltung der Beziehungen zu den wesentlichen Anspruchsgruppen (z.B. Mitarbeiter, Kunden, Geldgeber, Aktionäre, öffentliche Hand) zu einem wichtigen Bestandteil ihrer Strategie machen.“ Darunter sollen Länder Umwelt- und Sozialressourcen möglichst gering verbrauchen und effizient nutzen, Organisationen sollen „Nachhaltigkeit bei der Mittelverwendung integrieren und den Erfolg auch unter nachhaltigen Gesichtspunkten messen.“ Unternehmen, Länder und Organisationen können ausgeschlossen werden. Neben sozialen und ökologischen Kriterien fließen traditionelle finanzielle Faktoren ein. Große Positionen waren zu Jahresbeginn 2016 eine Anleihe der Bundesrepublik Deutschland (4,8%, Laufzeit bis 2024), der KfW (4,3%, Laufzeit bis 2037) und der Europäischen Investitionsbank (3,9%, Laufzeit bis 2025). Alle Anleihen waren wenigstens mit BBB- geratet.

Kontakt:

- Universal-Investment-Gesellschaft mbH, Theodor-Heuss-Allee 70, D-60486 Frankfurt am Main, www.universal-investment.com

SEB Green Bond Fund

Der als Secura-Rent Lux gegründete Rentenfonds wurde als »Pionier« der SEB Invest-Gruppe Ende 1989 in Luxemburg herausgebracht, und zwar auf Initiative der Bank für Sozialwirtschaft GmbH. Der Fonds setzt auf langfristigen Ertrag unter Wahrung eines günstigen Nachhaltigkeitsprofils. Dazu investiert das Management weltweit in „grüne" Anleihen, die über ein Nachhaltigkeitsprofil verfügen und sich direkt oder indirekt günstig auf die Umwelt und das Klima auswirken, wie z.B. Windparks, Wasseraufbereitungsanlagen, umweltfreundliche Transportmittel, nachhaltige Landwirtschaft und Abfallmanagement. Mindestens 70 Prozent sind als grüne Anleihen einzustufen. Es fließen auch Kriterien der Unternehmensethik sowie Umwelt- und Sozialverträglichkeitskriterien ein. Daher scheiden Unternehmen aus, die nachweislich internationale Arbeitsrechts-, Korruptionsbekämpfungs- und Umweltschutznormen oder die Menschenrechte verletzt haben. Darüber hinaus investiert der Fonds nicht in Unternehmen, die Waffen produzieren oder verkaufen, die gegen internationale Konventionen verstoßen. Die Anlagen des Fonds werden zweimal jährlich überprüft. Stark vertreten sind Emissionen internationaler Entwicklungsbanken wie African Development Bank, Asian Development Bank, Europäische Investitionsbank oder KfW.

Kontakt:

- Skandinaviska Enskilda Banken S.A., 4, rue Peternelchen, L-2370 Howald, www.sebgroup.lu

Steyler Fair und Nachhaltig - Renten

Wie beim Steyler Aktienfonds geht beim Rentenfonds der Fondsmanager, Warburg Invest, zweistufig vor: In die Ethik- und Nachhaltigkeitsanalyse bringen die Steyler Bank (vgl. Kapitel 2.1.5) und ein unabhängiger Ethik-Beirat ihre Expertise ein. Der Kriterienkatalog der Bank enthält die Bewertungsdimensionen Kultur-, Natur- und Sozialverträglichkeit sowie Ausschlusskriterien für kontroverse Geschäftsfelder und Geschäftspraktiken. Daran schließen die Finanzanalyse und Titelselektion an. Neben öffentlichen Emissionen, z.B. von Litauen oder dem Bundesland Hessen, sind auch (Wandel-/Options-) Anleihen z.B. von Adidas, Cap Gemini oder Tesla vertreten.

Kontakt:

- Steyler Bank GmbH, Arnold-Janssen-Straße 22, D-53757 Sankt Augustin, www.steyler-bank.de

Superior 1 Ethik Renten

Für diesen Superior-Fonds werden vor allem Anleihen erworben. Die Veranlagung erfolgt überwiegend in Euro. Die Auswahl der Wertpapiere wird ausschließlich auf Basis der von einem unabhängigen Ethikbeirat festgelegten Ausschlusskriterien und Anforderungen getroffen. Geeignete Emittenten wählt oekom research durch Auswertung vieler Kriterien im Vorfeld aus. Der Kapitalanlagefonds investiert weltweit überwiegend in fix und variabel verzinste Staats-, Bank- und Unternehmensanleihen. Es werden hauptsächlich Anleihen mit Investment Grade Rating von anerkannten Rating-Agenturen (wie z.B. Moody's oder S&P) erworben. Dabei kann das gesamte Laufzeitenspektrum genutzt werden. Größte Anlagen waren Irland (1,6%, Laufzeit bis 2024), österreichische Bundesanleihe (1,5%, Laufzeit bis 2024) und British Telecom (1,3%, Laufzeit bis 2019). Anlageziel des Fonds sind Sicherheit, Liquidität und Ertrag unter Beachtung ethischer Gesichtspunkte.

Kontakt:

- Bankhaus Schelhammer & Schattera Kapitalanlagegesellschaft m.b.H., Hadikgasse 60A, A-1140 Wien, www.schelhammer.at/fonds

Swisscanto (CH) AZF Nachhaltigkeit Zinsertrag
Swisscanto (LU) Green Invest Income

Das Anlageziel des Nachhaltigkeit Zinsertrag-Fonds, der nur in der Schweiz zugelassen ist, besteht in einem langfristigen Kapitalzuwachs mit angemessenem Ertrag. Dabei werden Kriterien der Nachhaltigkeit berücksichtigt. Das Teilvermögen investiert mehrheitlich direkt und indirekt in derzeit 104 Obligationen, Notes sowie andere fest oder variabel verzinsliche Forderungswertpapiere und -rechte von privaten (Finanzwesen 42%, z.B. Banco Santander Chile oder Freiburger Kantonalbank, Unternehmen 25%, z.B. Holcim oder Sulzer) und öffentlich-rechtlichen Schuldnern (33%, z.B. Städte Bern und Zürich) mit nachhaltiger Geschäftstätigkeit weltweit. Mit Daten aus den drei Dimensionen Umwelt (E), Reputation (S) und Corporate Governance (G) (ESG-Kriterien) wird der Grad der Nachhaltigkeit von Anlagefonds ermittelt. Die Anlagefonds bewegen sich in den Nachhaltigkeits-Klassen von A (höchste Stufe) bis G (niedrigste Stufe). Die jeweils verwendeten Daten stammen von unabhängigen Organisationen: GMI (Beurteilung der Corporate Governance von Unternehmen), RepRisk (Bewertung von Risikoexpositionen von Unternehmen und Projekten) und Trucost (Bewertung der Auswirkung von Unternehmensaktivitäten auf die Umwelt). Von den Swisscanto Nachhaltigkeitsfonds können nur Anlagefonds unter A eingruppiert werden, die neben einer umfassenden Nachhaltigkeitsanalyse auch Ausschlusskriterien in den Investmentprozess integriert haben. Der Nachhaltigkeit Zinsertrag-Fonds verfügt über die Klasse A. Der Green Invest Income-Fonds investiert in Obligationen, Notes sowie andere fest oder variabel verzinsliche Forderungswertpapiere und -rechte von privaten und öffentlich-rechtlichen Schuldnern mit nachhaltiger Geschäftstätigkeit weltweit.

Dabei werden Kriterien der Nachhaltigkeit berücksichtigt. Das Teilvermögen investiert mehrheitlich direkt und indirekt. Es gibt eine Anlageklasse für Anleger in Deutschland (A) und in der Schweiz (B) mit eigenen Portfolios, da in der Schweiz auch ein Aktienanteil (zwischen 35 bis 65%) vorgesehen ist, z.B. mit Gamesa, East Japan Railway oder Bristol-Myers Squibb (je rund 1%).

Kontakt:

- Swisscanto Asset Management International SA (Niederlassung Deutschland), Taunusanlage 1, D-60329 Frankfurt am Main, products.swisscanto.com

terrAssisi Renten I AMI

Der Rentenfonds investiert in Wertpapiere mit einer durchschnittlichen Zinsbindung von 24 Monaten. Die Wertpapiere stammen von Emittenten, die neben ökonomischen auch Umwelt- und Sozialkriterien erfüllen. Grundlage dieser Auswahl ist das Nachhaltigkeitsrating nach dem „Best-in-Class"-Prinzip eines unabhängigen Researchpartners. Einen zusätzlichen ethischen Filter stellen die Grundsätze des Franziskanerordens dar, die durch Anlage- und Ausschlusskriterien den sozialen und kulturellen Aspekt der Investments überprüfen. Regionale Schwerpunkte waren Ende Januar 2016 Deutschland (24%), Italien (11%) und Norwegen (8%). Mit einem Ausgabeaufschlag von 0,5 Prozent und einer jährlichen Verwaltungsgebühr von 0,46 Prozent sind Erwerb und Verwaltung des Fonds vergleichsweise kostengünstig.

Kontakt:

- Ampega Investment GmbH,
  Charles-de-Gaulle-Platz 1, D-50679 Köln, www.ampega.de

Triodos Sustainable Bond

Der Sustainable Bond investiert ca. 60 Prozent in auf Euro lautende Anleihen von Unternehmen mit überdurchschnittlichen sozialen und ökologischen Leistungen wie KfW, Europäische Investitionsbank oder ING Bank. Etwa 40 Prozent sind in Staatsanleihen von Ländern wie Österreich, Belgien, Frankreich, Deutschland, Niederlande, Schweden und Großbritannien angelegt. Bei der Titelauswahl für den Fonds werden sehr strenge Kriterien für die Prüfung der Nachhaltigkeitspolitik von Unternehmen und Ländern angewendet. Zudem werden grundsätzlich Unternehmen ausgeschlossen, die gegen eines der zahlreichen Ausschlusskriterien wie zum Beispiel Atomenergie, Kinderarbeit, Rüstung, Glücksspiel oder Gentechnik verstoßen. Im Test von Nachhaltigen Investmentfonds (Rentenfonds) von Öko-Test kam der Fonds auf den 1. Rang (10/2015).

Kontakt:

- Triodos Bank N.V. Deutschland,
  Mainzer Landstraße 211, D-60326 Frankfurt am Main, www.triodos.de

VB-Mündel-Rent

Der Fonds – mit einer ausschüttenden und einer thesaurierenden Variante – veranlagt in auf Euro lautende, mündelsichere österreichische Staatsanleihen. Er eignet sich für die Veranlagung von Mündelgeldern und zur Pensionsrückstellung. Etwa ein Drittel des Fondsvermögens hat eine Restlaufzeit von über zehn Jahren. Die derzeitige Durchschnittsrendite beträgt 0,68%.

Kontakt:

- Union Investment Austria GmbH,
  Schottenring 16, A-1010 Wien, www.union-investment.at

2.6.2.3 Gemischte Fonds

Gemischte Fonds legen sowohl in Aktien als auch in Renten an, wobei die meisten Fonds Renten stärker gewichten als Aktien, oft gibt es Obergrenzen für die jeweilige Anlageklasse. Ein neuer Trend ist mit Multi-Asset-Fonds aufgekommen, die auch z.B. in Immobilien, Rohstoffe oder sogar Hedgefonds investieren dürfen und 2004 in Deutschland zugelassen worden sind. Ob diese zusätzlichen Anlageklassen aber auch immer ethischen Ansprüchen entsprechen, wäre im Einzelfall zu prüfen.

Bethmann Nachhaltigkeit

Der Fonds ohne Ausgabeaufschlag berücksichtigt Nachhaltigkeitskriterien. In die Analyse von Unternehmen, Ländern und Organisationen gehen Umwelt-, soziale und unternehmensethische Kriterien ein. Sein Management, die zur niederländischen ABN Amro-Gruppe gehörende Bethmann Bank AG, achtet bei den Untersuchungskriterien für Unternehmen auf Produkte und Dienstleistungen, Corporate Governance und Business Ethics sowie Umweltmanagement und Öko-Effizienz, bei der Länderanalyse auf die Bereiche Institutionen und Politik, soziale Rahmenbedingungen, Infrastruktur, Umweltschutz und Umweltbelastungen. Ende Januar 2016 gab es einen Überhang der Aktien (58%, gegenüber Anleihen 41%) mit z.B. folgenden großen Einzeltiteln: Allianz (2,1%), Vestas Wind Systems und Münchener Rückversicherung (je 2%).

Kontakt:

- Deutsche Asset & Wealth Management International GmbH,
  Mainzer Landstraße 11-17, D-60329 Frankfurt am Main, www.dws.de

BfS Nachhaltigkeitsfonds Ertrag

Der Fonds investiert zu mindestens 51 Prozent in Wertpapiere europäischer Aussteller. Dabei dürfen ausschließlich Wertpapiere erworben werden, die unter Beachtung des auf Analysen von oekom research gründenden Nachhaltigkeitskonzeptes ausgewählt werden. Der Aktienanteil des Fonds darf maximal 30 Prozent (derzeit 29,64%, Renten: 70,19%) betragen, aber vorübergehend überschritten werden, wenn die im Fonds enthaltenen Aktien und Optionsscheine im Wert steigen oder Bezugs-, Wandlungs- und Optionsrechte ausgeübt werden. Den Fonds vertreibt die Bank für Sozialwirtschaft (BfS), Fondsmanager ist Raiffeisen Kapitalanlage-GmbH, Wien. Carlsberg (1,9%), Wienerberger (1,8%) und Statoil (1,7%) sind die größte Aktienwerte, bei den Renten sind es Emissionen von KfW (6,9%, Laufzeit bis 2020), Nordrhein-Westfalen (3,3%, Laufzeit bis 2017) und AXA Bank Europe (2,6%, Laufzeit bis 2020).

Kontakt:

- Universal-Investment-Gesellschaft mbH, Theodor-Heuss-Allee 70, D-60486 Frankfurt am Main, www.universal-investment.com

DWS Stiftungsfonds

Der als DVG Stiftungsfonds 2002 aufgelegte Fonds ist mit über 1,6 Mrd. Euro Fondsvermögen der größte der hier besprochenen gemischten Fonds, die sehr oft speziell an Stiftungen adressiert sind und deshalb ausschütten und bevorzugt, aber nicht zwingend nachhaltig anlegen. Der in DWS Stiftungsfonds umbenannte Fonds berücksichtigt den Nachhaltigkeitsgedanken und investiert überwiegend an den europäischen Aktien- und Rentenmärkten. Bis zu 30 Prozent des Fondsvermögens dürfen in Aktien investiert sein. Das Fondsvermögen setzte sich Ende Januar 2016 aus Renten(fonds) (82%) und Aktien (16%) zusammen.

Kontakt:

- Deutsche Asset & Wealth Management International GmbH, Mainzer Landstraße 11-17, D-60329 Frankfurt am Main, www.dws.de

FairWorldFonds

Aus einer Kooperation mehrerer Partner ist dieser Fonds 2010 hervorgegangen: „Brot für die Welt" hat mit dem Südwind-Institut für Ökonomie und Ökumene Kriterien formuliert, die Finanzanlagen neben einer sozialen und ökologischen auch aus einer entwicklungspolitischen Sicht bewerten: „Fairer Handel und faires Investment verfolgen das gleiche Ziel: die Gemeinwohlorientierung des globalisierten Wirtschaftens." Der Fonds ist zusammen mit GLS Bank und Bank für Kirche und Diakonie – KD-Bank und Union Investment aufgelegt worden. Das Anlageuniversum ergibt sich schrittweise: Die ethischen Kriterien definieren das Anlageuniversum und werden vom Kriterienausschuss, dem 13 Entwicklungs- und Finanzexpert(inn)en weltweit aus Ländern der Nord- und Südhalbkugel angehören, festgelegt und laufend geprüft. Gerechtigkeit, Frieden und Bewahrung der Schöpfung bezeichnen die zentralen Leitwerte, an denen sich die Negativ- und Positivkriterien orientieren. Imug analysiert auf Basis der sozialen, ökologischen und entwicklungspolitischen Kriterien weltweit Unternehmen und Länder und stellt das mögliche Anfangsuniversum dar. Die Einzeltitelauswahl trifft Union

Investment, beraten vom vierköpfigen Anlageausschuss. Der Fonds investiert derzeit 67 Prozent des Fondsvolumens in Staats- und Unternehmensanleihen sowie Pfandbriefe und 24 Prozent in Aktien. Die Mikrofinanzquote von maximal 10 Prozent wird derzeit wegen offener regulatorischer Fragen nicht ausgeschöpft.

Kontakt:

- Bank für Kirche und Diakonie eG – KD-Bank, Schwanenwall 27, D-44135 Dortmund und GLS Gemeinschaftsbank eG, Christstraße 9, D-44789 Bochum, www.fairworldfonds.de

Fonds für Stiftungen INVESCO

Im Februar 2003 wurde der Fonds für Stiftungen Invesco als international anlegender Mischfonds aufgelegt. Initiatoren waren die Bank im Bistum Essen eG und die Kölner Pro Secur, die den Fonds auch vertreiben. Das Fondsmanagement liegt bei Invesco. Es gibt einen Ethikbeirat mit vier Mitgliedern, darunter ein Vertreter des Bundesverbands Deutscher Stiftungen, dessen Mitglieder Sonderkonditionen erhalten. Aktien und Renten werden über einen ethischen Filter nach den Vorgaben des Anlageausschusses ausgewählt, der sich aus den Initiatoren (je zwei Personen), dem Fondsmanagementteam und dem Ethikbeirat zusammensetzt. Ende Januar 2016 waren 48 Prozent des Fondsvolumens in Aktien angelegt, die Barmittel waren mit 23 Prozent vergleichsweise hoch. Große Aktienanteile tragen Visa (2,2%), CVS Health und Public Storage (je 2,1%).

Kontakt:

- Pro Secur Vermögensberatung und -verwaltung GmbH, Lindenstraße 43, D-50674 Köln, www.stiftungsfonds.de

H&A Prime Values Growth | H&A Prime Values Income

Beide Fonds investieren weltweit in Anleihen und Aktien, unterscheiden sich aber im Aktienanteil. Beim Growth-Fonds dürfen Aktien zwischen 20 und 80 Prozent im Portfolio enthalten sein (derzeit 47%, u.a. mit Fresenius, Lindt & Sprüngli, Alphabet), beim Income-Fonds liegt der maximale Anteil bei 30 Prozent (19%, u.a. mit Alphabet, Humana, Microsoft). Neben einem sicheren und rentablen Anlageangebot wacht ein Ethik-Komitee über ein sozial und ökologisch verantwortliches Anlageverhalten, das auf nachhaltige unternehmerische Wertschöpfung ausgerichtet ist. Hierbei fließen die Ergebnisse einer Ethikanalyse mit Positiv- und Ausschlusskriterien ein.

Kontakt:

- Hauck & Aufhäuser (Schweiz) AG, Talstrasse 58, CH-8022 Zürich, www.hauck-aufhaeuser.ch

JSS Sustainable Portfolio Balanced

Der Fonds investiert in Wertpapiere, die von Staaten, Unternehmen oder Organisationen ausgegeben werden, die einen Beitrag zu einer umwelt- und sozialverträglichen Wirtschaftsweise leisten. Kritische Aktivitäten wie z.B. Produktion von Kernenergie oder Waffen können ausgeschlossen werden. Derzeit überwiegt der Aktien- (54%, u.a. mit National Grid, Reckitt Benckiser, Danone) den Rentenanteil (45%, u.a. mit BEI, KfW und Österreich).

Kontakt:

- Bank J. Safra Sarasin AG,
  Elisabethenstrasse 62, CH-4002 Basel, www.jsafrasarasin.ch

KCD-Union Nachhaltig MIX

Der Fonds investiert in Euro-Anleihen (derzeit 76%) und Aktien (19%). Nachhaltigkeitskriterien fließen bei der Auswahl der Unternehmen ein. Danach sind Unternehmen ausgeschlossen, die Rüstungsgüter, Alkohol und Tabak produzieren oder Glücksspiele anbieten, ebenso wie Staaten, die Menschenrechte verletzen oder die Todesstrafe anwenden. Dann werden die besten nach dem Best-in-Class-Ansatz ausgewählt, zuletzt fließen die mit dem Titel voraussichtlich erfüllbaren Renditeerwartungen ein.

Kontakt:

- Union Investment Privatfonds GmbH,
  Weißfrauenstraße 7, D-60311 Frankfurt am Main, www.union-investment.de

MEAG FairReturn

Überwiegend legt dieser als Stiftungsfonds 2015 ausgezeichnete Fonds in europäischen verzinslichen Wertpapieren guter Qualität an (u.a. Bundesrepublik Deutschland, Italien, Spanien; Crédit Agricole), die Aktienquote liegt zwischen 0 und 15 Prozent (01/2016: 11%, u.a. mit Total, Bayer, Daimler). Ein positiver Ertrag mit Ausschüttung sowie ein attraktiver Wertzuwachs werden unter Berücksichtigung nachhaltiger Grundsätze angestrebt.

Kontakt:

- MEAG Munich Ergo AssetManagement GmbH,
  Oskar-von-Miller-Ring 18, D-80333 München, www.meag.com

Mi-Fonds (CH) 45 Sustainable A

Der für die Migros Bank von der Bank J. Safra Sarasin gemanagte international diversifizierte Anlagestrategiefonds investiert in Unternehmen, Staaten und Organisationen, die nach ethischen, ökologischen, sozialen und ökonomischen Grundsätzen ausgewählt werden. Es gibt auch Ausschlusskriterien. Der Aktienanteil beträgt rund 45 Prozent (Ende Januar 2016: 50%). Überwiegend wird in der Währung Schweizer Franken investiert (64%). Größte Aktientitel waren Nestlé, Roche und Novartis.

Kontakt:

- Migros Bank AG,
  Seidengasse 12, CH-8001 Zürich, www.migrosbank.ch

Notenstein Sustainable Balanced Allocation CH
Notenstein Sustainable Conservative Allocation EUR

Diese beiden Notenstein-Fonds investieren weltweit in Wertpapiere von Staaten, Unternehmen sowie anderen öffentlichen und privaten Schuldnern. Beim Sustainable Balanced liegt der Aktienanteil mit 30 bis 50 Prozent höher (derzeit 39%, u.a. mit Nestlé und Novartis), Anleihen erstklassiger Emittenten bewegen sich zwischen 50 bis 70 Prozent (57%). Der Fremdwährungsanteil liegt bei maximal 30 Prozent, der Fonds ist auch für Vorsorgeeinrichtungen geeignet. Der Sustainable Conservative legt zwischen 20 bis 35 Prozent in europäischen Aktien an (derzeit 30%, u.a. mit Unilever und Michelin) und 70 bis 80 Prozent (67%) in auf Euro lautenden Anleihen erstklassiger Emittenten.

Nachhaltigkeitsaspekte werden z.B. bei Gebietskörperschaften berücksichtigt durch ein großes Vermögen an Umwelt- und Sozialressourcen, bei Unternehmen, dass sie Marktchancen einer nachhaltigen Wirtschaftsweise nutzen und im Rahmen einer guten Unternehmensführung finanzielle Risiken durch ein gezieltes Management von ökologischen und sozialen Risiken senken. Mit übermäßigen ökologischen oder sozialen Risiken behaftete Emittenten werden ausgeschlossen.

Kontakt:

- Vescore AG,
  Freie Strasse 90, CH-4053 Basel, www.vescore.com/de

Pioneer Funds Austria - Ethik Fonds

Der Fonds investiert in Aktien und Anleihen, die die Kriterien eines ethischen Investments erfüllen, d.h., wenn der Wirkungsbereich des Emittenten im Einklang mit definierten Anforderungen nach sozialer, humaner und ökologischer Verantwortlichkeit steht. Dies wird durch Ausschlusskriterien und eine Titelauswahl aufgrund der Bewertung nach ethischen Einzelkriterien sichergestellt. Der Aktienteil ist international ausgerichtet und liegt bei maximal 40 Prozent (derzeit 28%, u.a. mit Microsoft, AT&T, Verizon Communications, Yum! Brands und Roche). Bei den Anleihen kommen überwiegend Emissionen von OECD-Staaten, supranationalen Ausstellern und staatsnahe Anleihen in Frage, die auf Euro lauten, das gesamte Laufzeitenspektrum umfassen können und ein Investment Grade-Rating erhalten haben.

Kontakt:

- Pioneer Investments Austria GmbH,
  Lassallestraße 1, A-1020 Wien, www.pioneerinvestments.at

Raiffeisen-Nachhaltigkeitsfonds-Mix
Raiffeisen-Nachhaltigkeit-Solide

Diese beiden ausschüttenden Fonds investieren nur in Wertpapiere, deren Emittenten auf Basis sozialer, ökologischer und ethischer Kriterien als nachhaltig eingestuft wurden; in bestimmte Branchen, wie Rüstung oder grüne/pflanzliche Gentechnik sowie in Unternehmen, die etwa gegen Arbeits- und Menschenrechte verstoßen, wird nicht veranlagt.

Der Nachhaltigkeitsfonds-Mix investiert zumindest 51 Prozent des Fondsvermögens in Aktien (derzeit 49%), deren Unternehmen ihren Sitz oder ihren Tätigkeitsschwerpunkt in Nordamerika, Europa oder Asien haben, und/oder in Anleihen, bei denen der Sitz des Emittenten in Nordamerika, Europa oder Asien liegt. Der Nachhaltigkeit-Solide hat einen Aktienanteil von bis zu 35 Prozent (derzeit 14%). Emittenten der im Fonds befindlichen Anleihen bzw. Geldmarktinstrumente können u.a. Staaten, supranationale Emittenten und/oder Unternehmen sein.

Kontakt:

- Raiffeisen Kapitalanlage-Gesellschaft m.b.H.,
  Mooslackengasse 12, A-1190 Wien, www.rcm.at

Sarasin-FairInvest-Universal

Das Anlagekonzept richtet sich auf Aktien und Renten von Unternehmen, Ländern und Organisationen, die zu einer nachhaltigen Wirtschaftsweise beitragen. Infrage kommende Unternehmen verfügen über ein umweltgerechtes, öko-effizientes Management und gestalten die Beziehungen zu den wesentlichen Anspruchsgruppen (z.B. Mitarbeiter, Kunden, Geldgeber, Aktionäre, öffentliche Hand). Länder zeichnen sich aus durch möglichst geringe und effizient genutzte Umwelt- und Sozialressourcen. Organisationen integrieren Nachhaltigkeit bei der Mittelverwendung und messen den Erfolg auch unter nachhaltigen Gesichtspunkten. Das Fondsmanagement, das bei der Bank J. Safra Sarasin liegt, darf einzelne Industrien, Länder und Organisationen ausschließen. Die Aktienquote soll bei ca. 25 Prozent (derzeit 26%) liegen.

Kontakt:

- Universal-Investment-Gesellschaft mbH,
  Theodor-Heuss-Allee 70, D-60486 Frankfurt am Main,
  www.universal-investment.com

Schoellerbank Ethik Vorsorge

Die Mittel des Fonds sind zu mindestens 30 und bis zu 70 Prozent in internationalen Aktien erstklassiger Unternehmen veranlagt (derzeit 58%, u.a. mit Vodafone, Unilever, Procter & Gamble). Der verbleibende Anteil ist in Euro-Anleihen bester Bonität investiert. Die Auswahl folgt den Kriterien des bankeigenen Ratings und bezieht ethische Grundsätze ein.

Die Fondsgesellschaft, Schoellerbank Invest, ist eine Tochtergesellschaft der Schoellerbank AG, Wien, und verwaltete rd. vier Mrd. Euro Fondsvolumen in 40 Fonds (Ende 2015). Die bereits 1833 gegründete Bank ist Teil der Division Private Banking & Asset Management der UniCredit Group.

Kontakt:

- Schoellerbank Aktiengesellschaft,
  Renngasse 3, A-1010 Wien, www.schoellerbank.at

Superior 2 Ethik Mix | Superior 3 Ethik

Superior 2- und Superior 3-Fonds unterscheiden sich durch den Aktienanteil. Beim Superior 2 sind bis zu 50 Prozent des Fondsvermögens in Aktien angelegt (u.a. Heineken, CBRE Group, Renault und Nike mit je über 1%), beim Superior 3 nur bis zu 20 Prozent (u.a. Continental, TE Connectivity, Renault und Osram Licht, je etwa 0,5%). Die Auswahl erfolgt wie bei den anderen Superior-Fonds (siehe auch Kapitel 2.6.2.1 und 2.6.2.2). Das längerfristige Anlageziel ist das Wachstum des Kapitals bei überschaubarem Risiko unter Beachtung ethischer Gesichtspunkte.

Kontakt:

- Bankhaus Schelhammer & Schattera Kapitalanlagegesellschaft m.b.H.,
  Hadikgasse 60A, A-1140 Wien, www.schelhammer.at/fonds

Swisscanto Green Invest Balanced
Swisscanto Green Invest Balanced (Euro)
Swisscanto Green Invest Yield

Ende 2001 wurde die Swisscanto Green Invest-Fondsfamilie (siehe Kapitel 2.6.2.1) durch den gemischten Fonds Swisscanto Green Invest Balanced erweitert, der – in Schweizer Franken notiert – weltweit in nachhaltige Aktien, Anleihen und Geldmarktpapiere investiert.

Der Aktienanteil ist nach oben und unten ausgedehnt worden auf zwischen 35 und 65 Prozent (Ende Januar 2016: 54%). Seit 2005 gibt es auch einen in Euro notierenden Fonds (Aktienanteil: 53%). Größte Einzelaktien waren bei beiden mit leicht unterschiedlicher Gewichtung Gamesa, East Japan Railway und Bristol-Myers Squibb. Der ebenfalls in Franken notierende Swisscanto Portfolio Fund Green Invest Yield folgte 2008 und unterscheidet sich von den Balanced-Fonds durch den auf zwischen 10 und 40 Prozent begrenzten Aktienanteil (aber es führen die gleichen Aktien die Liste der Einzeltitel an). Alle drei Fonds gibt es mit einer ausschüttenden (A) bzw. thesaurierenden (B) Variante.

Kontakt:

- Swisscanto Asset Management International SA (Niederlassung Deutschland), Taunusanlage 1, D-60329 Frankfurt am Main, products.swisscanto.com

Triodos Sustainable Mixed

Der 2015 von Öko-Test preisgekrönte Sustainable Mixed Fund investiert zu 30 bis 60 Prozent in nachhaltige Aktien (derzeit 38%, u.a. mit Roche-Genussschein, Novo Nordisk, Walt Disney) und zu 40 bis 70 Prozent in Euro-Anleihen (58%) von Staaten, Institutionen und nachhaltigen Unternehmen mit überdurchschnittlichen sozialen und ökologischen Leistungen. Die Nachhaltigkeitsanalysen führt das Triodos Research Team nach strengen Kriterien durch. Unternehmen sind bzw. werden vom Anlageuniversum ausgeschlossen, wenn sie gegen die Ausschlusskriterien verstoßen z.B. Atomenergie, Rüstung, Kinderarbeit oder Gentechnik und nicht die Mindeststandards erfüllen.

Kontakt:

- Triodos Bank N.V. Deutschland, Mainzer Landstraße 211, D-60326 Frankfurt am Main, www.triodos.de

Warburg Pax-Substanz Fonds

Nachhaltigkeitskriterien spielen eine wesentliche Rolle bei der Investmentauswahl. Der Fonds investiert weltweit in Aktien bis zu 15 Prozent (derzeit 10%). Aus den verschiedenen internationalen Anleihemärkten dürfen Unternehmensanleihen einen Investitionsgrad von höchstens 40 Prozent (40%) erreichen, Staats- und Unternehmensanleihen aus Schwellenländern können beigemischt werden (derzeit je 3%). Das Mindestrating ist im Rentenbereich auf BBB- (Einzeltitelebene) begrenzt, das Mindest-Durchschnittsrating beträgt A. Der Währungsanteil liegt unter 10 Prozent des Fondsvolumens.

Kontakt:

- Warburg Invest Kapitalanlagegesellschaft mbH, Ferdinandstr. 75, D-20095 Hamburg, www.warburg-fonds.com

2.6.2.4 Exchange Traded Funds (ETF)

An den Börsen zogen schon vor mehr als einem Jahrzehnt als weiteres Handelsprodukt Investmentfonds ein: Mit „Exchange Traded Funds (ETF)" werden an einer Börse gehandelte Fonds bezeichnet. Man unterscheidet zwei Arten von ETF: Es gibt passiv gemanagte, auch häufig Indexfonds genannt, die lange Zeit das Marktsegment dominierten, und aktiv gemanagte ETF. Bei passiv gemanagten Fonds wird das Fondsvermögen nur dann neu strukturiert, wenn sich die Zusammensetzung der Werte und/oder deren Gewichtung im Index ändert. Bei einem aktiv verwalteten ETF erfolgt ein Portfoliomanagement, d.h., Manager des Emittenten analysieren die Märkte und versuchen, die Zusammensetzung der Werte im Fondsvermögen zu optimieren. Der größere Teil des Fondsvermögens wird zwar weiterhin passiv angelegt, also 1:1 zum Index (z. B. (Aktien-/Renten-)(Teil-) Markt-, Regionen- oder Branchenindex), aber ein kleiner Teil des Vermögens wird aktiv bewegt.

Im Gegensatz zu Zertifikaten (siehe Kapitel 2.7) haben ETF eine unbegrenzte Laufzeit, so dass kein Wiederanlagerisiko besteht. Außerdem bilden ETF wie Investmentfonds ein Sondervermögen des Emittenten, das somit vom Vermögen des Emittenten getrennt geführt wird und bei Insolvenz des Emittenten erhalten bleibt. Die Mehrzahl der ETF sind passiv gemanagte Aktienfonds. Die Anfänge der ETF gehen auf das Jahr 1993 zurück, als erstmals in den USA diese Wertpapiere aufgelegt und gehandelt worden sind. In Deutschland hat die Deutsche Börse im April 2000 ein Marktsegment für börsengehandelte Indexfonds mit dem Namen „XTF Exchange Traded Funds" eröffnet.

Die Börsen Hamburg-Hannover bieten seit August 2002 einen Fondshandel, der heute rund 4.500 Fonds umfasst, darunter auch ETF, und zusammen mit den Börsenmaklern Schnigge Wertpapierhandelsbank und die mwb fairtrade Wertpapierhandelsbank durchgeführt wird. Hinzu kommen über die Fondsbörse Deutschland noch über 5.000 geschlossene Fonds – Immobilien-, Schiffs-, Windpark- oder Leasingfonds (siehe Kapitel 2.3.4). Die Börsenmakler stellen An- und Verkaufskurse und verpflichten sich, dass die Differenz (Spread) zwischen den beiden Kursen bei Aktienfonds mit Schwerpunkt auf Dax- und EuroStoxx-Werten und bei Rentenfonds mit Schwerpunkt auf Deutschland und Westeuropa maximal ein Prozent beträgt, zudem wird die Handelbarkeit bis zu einem Ordervolumen von 100.000 Euro garantiert. Übrige Aktien-, Rentenfonds und gemischte Fonds sind mit 1,5 Prozent und bis zu 20.000 Euro Volumen kalkuliert. Geldmarktfonds sind sogar frei von einem Spread, der nur in Ausnahmefällen bis zu 0,5 Prozent beträgt, bei bis zu 200.000 Euro garantiertem Handelsvolumen. Daneben fallen noch eine Maklerprovision und die Handelsspesen der Hausbank an.

Die größten Handelsvolumina entfielen in den zurückliegenden zwölf Monaten auf Immobilienfonds (über 120 Mio. Euro beim am meisten gehandelten Fonds), bei Aktienfonds erreichten die am meisten gehandelten bis zu 38 Mio. Euro, Nachhaltigkeitsfonds erzielten Umsätze von rund einer Mio. Euro und mehr, z.B. Pictet

Water oder GLS Bank Aktienfonds (siehe Kapitel 2.6.2.1). Die größten ETF kamen auf über 30 Mio. bzw. 13 Mio. Euro Umsatz, darunter sehr viele iShares-Produkte (Stand: 02/2016).

iShares DJ Eurozone Sustainability Screened
iShares S&P Global Clean Energy
iShares S&P Global Water

Vergleichsindex des iShares DJ Eurozone Sustainability Screened-ETF ist der Dow Jones Sustainability Eurozone Index ex Alcohol, Tobacco, Gambling, Armaments & Firearms and Adult Entertainment. Der ETF schüttet bis zu viermal jährlich aus und kam auf eine Ausschüttungsrendite von 3,4 Prozent. Die Gesamtkostenquote (TER) liegt bei 0,41 Prozent. Am stärksten gewichtet waren Sanofi (7,4%), SAP (5,7%) und Unilever (5,7%). Die beiden anderen iShares-ETF lehnen sich an den S&P Global Clean Energy Index (größte Titel im ETF: First Solar (7,8%), Gamesa Corporacion Tecnologica (6,5%) und Vestas Wind Systems (6,54%)) bzw. S&P Global Water 50 Index (größte Titel im ETF: Geberit (8,1%), American Water Works (7,2%) und United Utilities Group (5,7%)) an, hier sind halbjährliche Ausschüttungen vorgesehen (Rendite zuletzt rund 3,0% bzw. 1,7%), die TER liegt mit 0,65 Prozent etwas höher. Größter der drei ist der Global Water mit fast 400 Mio. US-Dollar Volumen.

Mit Investitionen in Höhe von etwa einer Billionen US-Dollar (08/2014) in mehr als 716 Fonds hält iShares, eine Marke von BlackRock, einen Anteil am weltweiten ETF-Markt von 37,8 Prozent aller börsengehandelten ETF-Vermögenswerte (02/2014).

Kontakt:

- BlackRock Advisors (UK) Limited,
  12 Throgmorton Avenue, GB-London EC2N 2DL, www.ishares.com

Lyxor ETF New Energy | Lyxor ETF World Water

Der New Energy-ETF hat das Ziel, den Referenzindex World Alternative Energy CW Net Total Return so genau wie möglich abzubilden. Der Index bezieht sich auf die 20 größten Unternehmen weltweit, die im Bereich alternative Energie tätig sind. Um effizient zu diversifizieren, ist die Gewichtung eines einzelnen Unternehmens im Index auf zehn Prozent begrenzt. Innerhalb des Fonds waren die größten Werte Vestas Wind Systems (11,1%), Murata Manufactoring (10,6%) und Acuity Brands (8,7%).

Der deutlich größere World Water-ETF ist auf den World Water CW Index Net Total Return bezogen der die – ebenfalls mit maximal zehn Prozent Gewicht – 20 größten Titel im Bereich Wasserkraft und verwandten Themen zum Wasser abbildet. An erster Stelle standen Geberit (9,3%), Pentair (9,3%) und United Utilities (9%).

Die jährliche Gesamtkostenquote (TER) betrug jeweils 0,6 Prozent (alle Daten

04/2015). Beide zugrundeliegenden Indizes werden von Dow Jones berechnet und in ihrer Zusammensetzung von SAM (Sustainable Asset Management) vierteljährlich überarbeitet.

Lyxor ETF ist mit einem verwalteten Volumen von über 51 Mrd. US-Dollar die Nummer 3 in Europa und bietet 239 ETF an, die weltweit an 13 regulierten Börsen gehandelt werden. Lyxor Asset Management gehört zur Société Générale Gruppe.

Kontakt:

- Lyxor Asset Management,
  17, cours Valmy, F-92987 Paris-La Défense, www.lyxor.com

PowerShares Global Clean Energy PowerShares Global Water

Bei diesen vom Volumen her noch relativ kleinen ETF sind die nachgebildeten Indizes der WilderHill New Energy Global Innovation Index bzw. der NASDAQ OMX Global Water Index. Der Global Clean Energy enthält als größte von 104 Positionen Cree (2,3%), Itron (2,2%) und TransAlta Renewables (2,2%), größte der 35 Positionen des Global Water sind Geberit (9,2%), Veolia Environnement (8,1%) und Ecolab (7,7%). Beide ETF schütten aus, seit 2011 liegt die TER konstant bei 0,75 Prozent.

Kontakt:

- Invesco Asset Management Deutschland GmbH,
  An der Welle 5, D-60322 Frankfurt am Main, www.invescopowershares.net

2.6.2.5 Mikrofinanzfonds

Zunächst konzentrierten sich Investitionen und Investmentangebote im Bereich Mikrofinanzierung auf institutionelle Investoren, sehr oft auch ohne ausdrückliches Renditeziel. Schon seit Ende der 1990er Jahre beteiligte sich die heute als ProCredit Holding firmierende IMI AG am Eigenkapital von Mikrofinanz-Banken in Südost-/Osteuropa und Lateinamerika (siehe Kapitel 2.2.1). Der Microcredit Development Fund der Deutschen Bank in den USA hat ebenfalls die Kapitalverstärkung von Mikrofinanzinstituten (MFI) zum Ziel. Hieraus erhalten Organisationen Kredite mit einem niedrigen Zinssatz über eine Laufzeit von ein bis fünf Jahren. Der Fonds arbeitet auf Non-Profit-Basis und hat ein Volumen von 4,4 Mio. US-Dollar, dessen Schwerpunkt auf Lateinamerika liegt (55%). Mitarbeiter der DZ Bank, Frankfurt am Main, haben den DZ BANK Mikrofinanzfonds gegründet, der innerhalb des Korrespondenzbankennetzes der DZ Bank ehrenamtlich Mikrofinanzinstitute in Afrika unterstützt. Ende 2014 hatte der Fonds 231 Mitglieder und 260.000 Euro Volumen. Seit 2012 ist er eine Genossenschaft, hervorgegangen aus einer GbR.

Der erste (Publikums-)Mikrokreditfonds wurde 1998 in Luxemburg aufgelegt, wo heute die weltweit größten aller Mikrokreditfonds verwaltet werden, deren Gesamtvolumen man auf über acht Mrd. US-Dollar schätzt. Jedoch sind nicht alle diese Fonds auch zum Vertrieb in Deutschland, Österreich oder der Schweiz zugelassen. In Deutschland wurde im Zuge des Investmentänderungsgesetzes 2007 den Kapitalanlagegesellschaften gestattet, auch an den Marktentwicklungen im Bereich der Mikrofinanzdienstleistungen zu partizipieren (heute: § 222 Kapitalanlagegesetzbuch: Mikrofinanzinstitute) und diese Anlageklasse gesetzlich zugelassen.

Eine Besonderheit bei vielen (Publikums-)Investmentfonds besteht darin, dass die Fondsanteile monatlich ausgegeben und bewertet werden. Zeichnungsschluss ist einige Bankgeschäftstage vor dem Bewertungstag. Die Rücknahme von Fondsanteilen ist oft auch nur zu Stichtagen möglich, eine eventuelle Kündigungsfrist ist zu beachten.

Das *Good Growth Institut* in Hennef (www.goodgrowthfund.com) hat in Europa mehr als 30 Mikrofinanzfonds identifiziert, von denen 14 offen für Anleger sind. Darunter befinden sich mit dem eigenen BN&P Good Growth Fund (über 10 Mio. Euro Fondsvermögen), der auch zum Vertrieb in Deutschland zugelassen ist, aber mit 15 bis 20 Prozent Mikrofinanzanteil kein „reiner" Mikrokreditfonds ist, und dem ERSTE Responsible Microfinance (30 Mio. Euro, zuvor: ESPA VINIS Microfinance) auch zwei Dachfonds, die in Mikrokreditfonds investieren und deren Anteile schon ab 500 bzw. rund 100 Euro erworben werden können. Die Hälfte der für Anleger in Frage kommenden Fonds spricht mit hohen Mindestanlagebeträgen vor allem institutionelle Anleger an wie z.B. der EMF Microfinance Fund oder der responsAbility Microfinance Leaders mit Beträgen ab 250.000 CHF bis 1 Mio. CHF/Euro. Im Folgenden konzentrieren wir uns auf für private Anleger überwiegend erschwinglichere Angebote und zwei Anbieter.

BlueOrchard Microfinance Fund

Dieser 1998 gegründete Investmentfonds war der erste kommerzielle, explizit auch auf Gewinnerzielung ausgerichtete Mikrokreditfonds. Aufgelegt wurde der Fonds von der Dexia-Gruppe als Dexia Micro-Credit Fund. Der Investmentfonds ist in Luxemburg (als SICAV) angesiedelt und kann nur indirekt über eine Transaktionsbank gekauft werden, der Anteilspreis wird einmal im Monat festgestellt. Für die P-Anteile (Verwaltungsgebühr 1,85% für Privatanleger) liegt die Mindestbeteiligung mit 10.000 Euro/USD/CHF schon recht hoch. Für die I-Anteile (Verwaltungsgebühr 1,2% für institutionelle Investoren) liegt das Minimum bei 5 Mio. Euro/USD/CHF. Anfang 2016 hatte der Fonds ein Nettovermögen von 310,4 Mio. US-Dollar, aus dem Kredite mit einer durchschnittlichen Laufzeit von 20 Monaten an rund 85 Mikrofinanzinstitute in 38 Ländern vergeben wurden, die wiederum 0,4 Mio. Kleinunternehmer(innen) erreicht haben. Anfangs konzentrierte sich der Fonds fast ausschließlich auf Zentral- und Lateinamerika, wo die größte Dichte an rentablen MFI zu finden ist, inzwischen sind aber fast 75 Prozent in Ländern der übrigen Welt investiert. Den größten Anteil am Fondsvermögen haben MFI in Ecuador (über 9%), Kambodscha (über 9%) und Paraguay (fast 8%). Der Fonds erzielt eine positive Rendite, die im Jahr 2000 bei 7,8 Prozent, für 2015 bei 3,2 Prozent lag (auf US-Dollar-Basis), seit Auflegung ist der Anteilspreis bis Ende Januar 2016 um 86 Prozent gestiegen.

BlueOrchard Finance Ltd.

Der gleichnamige Fondsverwalter des BlueOrchard Microfinance Fund ist auf Mikrofinanz-Investments spezialisiert und wurde 2001 in der Schweiz gegründet. Die Gesellschaft konzentriert sich auf die Verwaltung von Mikrokreditfonds, die Mikrofinanzinstituten Fremdkapital für deren Geschäft zur Verfügung stellen. Zu den verwalteten Fonds gehören auch fünf Mandate z.B. die Microfinance Growth Facility („The Obama Fund", seit April 2009) mit 120 Mio. US-Dollar von der Inter-American Development Bank und Inter-American Investment Corporation oder die Microfinance Enhancement Facility von IFC (International Finance Corporation) und KfW, deren über 500 Mio. US-Dollar sind u.a. bereitgestellt worden von Europäischer Investitionsbank, Oesterreichischer Entwicklungsbank (OeEB), dem OPEC Fund for International Development und der Swedish International Development Cooperation, aber auch von privaten Investoren. Insgesamt erreichen die Mandate ein Volumen von über 850 Mio. US-Dollar.

Kontakt:

- BlueOrchard Finance Ltd.,
  Rue du commerce 9, CH-1204 Genf, www.blueorchard.com

Dual Return Vision Microfinance

Dieser Luxemburger Fonds besteht seit 2006; an ihm können sich Privatanleger (Luxemburg) ab 1.000 Euro beteiligen, in zweierlei ausschüttenden Klassen und drei Währungen (Euro/USD/CHF). In Deutschland und Österreich ist der Fonds nicht für den öffentlichen Vertrieb an Privatanleger zugelassen. Aus den Fondsmitteln werden vor allem festverzinsliche Direktdarlehen an derzeit 85 Mikrofinanzinstitute in 27 Schwellenländern weltweit vergeben. Das Volumen liegt bei ca. 183 Mio. Euro (2014), wovon etwa 163 Mio. Euro in MFI investiert waren. Die Wertentwicklung lag seit Auflegung meistens bei oder über 2,5 Prozent (2014: 3%, 2015: 1,7%). Als Manager fungiert C-QUADRAT Asset Management, als Anlageberater Symbiotics, Genf; institutionellen Anlegern in Deutschland bietet z.B. die Bank im Bistum Essen eG (www.bibessen.de) den Fonds an.

Kontakt:

- Axxion S.A., 15, rue de Flaxweiler, L-6776 Grevenmacher, www.axxion.lu
  Für Österreich: C-Quadrat Asset Management GmbH,
  Schottenfeldgasse 20, A-1070 Wien, www.visionmicrofinance.com

Invest in Visions IIV Mikrofinanzfonds

Dieser Mikrofinanzfonds vergibt das von auch Privatanlegern investierte Kapital als Darlehen an ausgewählte Mikrofinanzinstitute (MFI) in Entwicklungsländern, vor allem an kleine und mittlere MFI, die in ländlichen Gebieten arbeiten. Dabei werden die Partner-Institute nach strengen finanziellen und sozialen Kriterien ausgewählt, überwiegend aus der Gruppe etablierter Non-Banking Financial Institutions (NBFI), Non-Governmental Organisations (NGO) und Genossenschaftsbanken. Die durchschnittliche Darlehenshöhe beträgt rund zwei Mio. US-Dollar mit einer Laufzeit von durchschnittlich 20 Monaten (Stand: Dezember 2015). Die ausgewählten MFI stellen den Kreditnehmern oft nicht nur Kapital und Finanzdienstleistungen zur Verfügung, sondern unterstützen sie beispielsweise im Rahmen von Weiterbildungsmaßnahmen. Die Rückzahlungsquoten liegen bei durchschnittlich 98 Prozent. Von den über 63.000 Kreditkunden sind 65 Prozent Frauen. Regionale Schwerpunkte sind Ecuador (13%, davon Banco Solidario mit 4,4% als größtes MFI), Kambodscha (13%, mit Prasac 3,5%) und Georgien (6%, mit MFO Credo LLC 3,3%).

Kontakt:

- Invest in Visions GmbH,
  Querstraße 4, D-60322 Frankfurt am Main, www.investinvisions.com

responsAbility Global Microfinance Fund
resonsAbility SICAV (Lux) Mikrofinanz-Fonds

Eine weitere Besonderheit aus der Schweiz ist die 2003 gegründete responsAbility Social Investments AG, ein mit über drei Mrd. US-Dollar verwaltetem Vermögen weltweit führendes Unternehmen im Bereich der Social Investments mit den Anlageschwerpunkten Mikrofinanz, KMU-Finanzierung, Fair Trade und unabhängige Medien. Zu den Aktionären der Gesellschaft gehören die Schweizer Finanzdienstleister Baumann & Cie., Raiffeisen Schweiz, Swiss Re und Bank Vontobel AG (70%, Credit Suisse war Gründungspartner) und die Mitarbeitenden (30%).

Mit dem responsAbility Global Microfinance Fund startete im November 2003 der erste eigene Mikrofinanz-Anlagefonds. Das Startvolumen von 5,6 Mio. US-Dollar stellten Baumann & Cie, Raiffeisen-Gruppe, Staatssekretariat für Wirtschaft (seco), Swiss Re, Sammelstiftungen Ethos und NEST und das Hilfswerk Swissaid bereit. Im April 2004 wurde der Fonds als erster Mikrofinanzfonds auf dem Finanzplatz Schweiz öffentlich angeboten. Der Fonds ist zum Vertrieb auch in Luxemburg, Liechtenstein, den Niederlanden und Singapur zugelassen. Die Mindestanlage beträgt 1.000 US-Dollar, daneben gibt es zwei abgesicherte Klassen in Schweizer Franken und Euro. Inzwischen verfügt der Fonds über ein Volumen von 1,1 Mrd. US-Dollar. Größte Länderpositionen sind Indien (8%), Kambodscha (7,6%) und Costa Rica (5,5%). Der thesaurierende Fonds strebt eine über fünf Jahre betrachtete Rendite zwischen 3 und 5 Prozent p.a. an und berechnet jährlich bis zu 2,6 Prozent Verwaltungsgebühr. Seit Auflegung (2003) hatte sich der Anteilspreis um 51,5 Prozent erhöht (Ende 2015).

Mit dem responsAbility SICAV (Lux) Mikrofinanz-Fonds ist 2007 eine in Luxemburg bewilligte kollektive Kapitalanlage entstanden. SICAV (société d'investissement à capital variable) bezeichnet eine Kapitalanlagegesellschaft mit variablem Grundkapital, die als sogenannter Umbrellafund mehrere Unterfonds haben kann. Dieses Produkt ist nur für qualifizierte Anleger im Sinne der schweizerischen Regulierungen über kollektive Kapitalanlagen zugelassen. Mit der Zusatzbezeichnung KCD bietet die im Mikrofinanzbereich sehr engagierte genossenschaftliche Bank im Bistum Essen den KCD resonsAbility Mikrofinanz-Fonds an, der Privatanlegern ab einer Beteiligungshöhe von 1.000 Euro offen steht. Das Fondsvolumen beträgt rund 500 Mio. Euro, der Wertzuwachs seit Auflegung betrug hier 34,9 Prozent.

Kontakt:

- responsAbility Investments AG,
  Josefstrasse 59, CH-8005 Zürich, www.responsability.com

Triodos Fair Share Fund

Nach zwei Mikrofinanzfonds, die 1994 für institutionelle Investoren aufgelegt worden waren (Triodos-Doen-Fund, Hivos-Triodos Fund), legte die niederländische Triodos Bank im Dezember 2002 mit dem Fair Share Fund ihren ersten Publikumsfonds auf. Der Fonds, der ausschließlich in den Niederlanden angeboten wird, beteiligt sich an MFI in Entwicklungsländern, in Osteuropa und Zentralasien.

Das Triodos Engagement im Bereich Mikrofinanzierung wurde 2009 erweitert um den Triodos SICAV II – Triodos Microfinance Fund. Dieser richtet sich an institutionelle Investoren, vermögende Privatpersonen und Kunden von Triodos Private Banking, aus Belgien, Dänemark, Großbritannien, Luxemburg und den Niederlanden, ab 250.000 Euro. Das Nettovermögen stieg innerhalb von fünf Jahren von 61,7 Mio. Euro auf 290,6 Mio. Euro (Ende 2015), wovon 235,3 Mio. Euro in 66 Mikrofinanzinstituten in 34 Ländern in Lateinamerika (28%), Ostasien und Pazifik (22%), Südasien (13%), Afrika und Mittlerer Osten (10%) sowie Osteuropa und Zentralasien (25%) und übrige weltweit (2%) investiert waren. Ein Anteilsverkauf wird nach 45 Tagen wirksam.Das Gesamtengagement von Triodos im Bereich Mikrofinanz umfasste Ende 2014 neben den beiden Funds zwei Stiftungen, Stichting Triodos Sustainable Finance Foundation und Stichting Hivos-Triodos, alle zusammen verwalteten 600 Mio. Euro und unterstützten 117 MFI in 47 Ländern.

Deutsche Kunden können leider von der Expertise der Triodos Bank im Bereich Mikrofinanzierung derzeit nicht profitieren. Allerdings werden hierzulande seit Herbst 2011 Socially Responsible Investment (SRI)-Fonds (Aktien-, Renten- und Mischfonds nach dem Best-in-Class-Ansatz) angeboten.

Kontakt:

- Triodos Investment Management B.V., Utrechtseweg 60, P.O. Box 55, NL-3700 AB Zeist, www.triodos.com

Wallberg Global Microfinance Fund

Ziel der Anlagepolitik ist es, geringverdienenden Bevölkerungsschichten in Dritt- und Schwellenländern den Zugang zum Finanz- und Kreditmarkt, und damit auch zur Schaffung von Arbeitsplätzen zu ermöglichen. Institutionelle Investoren und Privatanleger, der Mindestanlagebetrag liegt bei 90.000 Euro, sollen einen angemessenen Wertzuwachs, der über der Geldmarktrendite liegt, erzielen. Der Fonds, der vor allem in US-Dollar investiert (95%), verfügt über ein diversifiziertes Portfolio aus dem Mikrofinanzbereich sowie aus anderen damit verbundenen Mikrokapitalbereichen. Länderschwerpunkte sind Kambodscha (13%), Ecuador (12%), Aserbaidschan, Costa Rica und Sri Lanka (je rund 7%). Der Fonds erreicht direkt und indirekt fast 10.000 Kreditnehmer über Einzelkredite (88%), von denen etwa die Hälfte Frauen sind. Die Wertentwicklung lag 2010 bis 2013 bei über drei Prozent jährlich (2014: 2,4%, 2015: 1,8%).

Gemanagt wird dieser Fonds von der *Symbiotics Investment Management S.A.*, die als Spezialistin im Bereich Mikrofinanz Ende 2004 in der Schweiz gegründet worden ist. Standorte bestehen auch in Kapstadt, London, Zürich, Mexico City und Singapur. Geschäftsschwerpunkte sind neben einem eigenen Research die Vermögensverwaltung von Mikrokreditfonds als Manager und die Funktion als Broker, um Kapital gebende und Kapital suchende Institutionen zusammenzuführen. Außerdem wird die Informationsplattform www.syminvest.com betrieben und werden Symbiotics Microfinance Indizes (SMX) sowie die Benchmark SYM50 berechnet, die viele Investoren und Kapitalanlagegesellschaften als Vergleichsindikatoren heranziehen.

Kontakt:

- Wallberg Invest S.A.,
  4, rue Thomas Edison, L-1445 Strassen, www.wallberg.eu
  Symbiotics SA,
  Rue de la Synagogue 31, CH-1204 Genf, www.symbioticsgroup.com

2.6.2.6 Geldmarktfonds

In Geldmarktfonds fließen vor allem Gelder, die relativ kurzfristig wieder benötigt werden (könnten). Gerade in Zeiten eines allgemein hohen Zinsniveaus verbanden Geldmarktfonds die Vorteile einer attraktiven Verzinsung mit einer raschen Verfügbarkeit ohne die Gefahr von Wertverlusten. Geldmarktfonds verlieren an Bedeutung, wenn das Zinsniveau allgemein sinkt. Sie investieren ihr Kapital in Bankguthaben, Tagesgeld, kurzfristige Termineinlagen und/oder Wertpapiere mit kurzer Restlaufzeit bzw. regelmäßiger Zinsanpassung. Bei diesen Fonds gibt es sehr oft auch einen Ausgabeaufschlag und eine Verwaltungsgebühr, die gerade bei einer niedrigen Marktrendite mit kalkuliert werden sollten.

ERSTE Responsible Reserve

Dieser Fonds mit kurzer Zinsbindung und nachhaltigem Investmentansatz bietet sowohl eine thesaurierende als auch ausschüttende Variante. Sein Anlageschwerpunkt richtet sich auf kurz laufende Anleihen, Geldmarktpapiere und Pfandbriefe von Finanzinstituten, Staaten, supranationalen Emittenten und Unternehmen mit einer Bonität im Bereich AAA bis BBB. Es kommen ausschließlich Emittenten in Frage, die soziale und umweltgerechte Produktionsprozesse ermöglichen. Über 50 Prozent des Volumens hatten eine (Rest-) Laufzeit von nicht mehr als einem Jahr. Der größte Anteil entfällt auf Emissionen von Kreditinstituten (45%) und Unternehmen (41%). Der Ausgabeaufschlag beträgt 0,75 Prozent, die jährliche Verwaltungsgebühr 0,24 Prozent.

Kontakt:

- Erste-Sparinvest Kapitalanlagegesellschaft m.b.H.,
  Am Belvedere 1, A-1100 Wien, www.erste-am.at

SUPERIOR 5 – Ethik Kurzinvest

Auch dieser Geldmarktfonds wird mit einer ausschüttenden und einer thesaurierenden Klasse angeboten. Im Vordergrund stehen Anleihen mit variabler Verzinsung sowie Anleihen mit fester Verzinsung und kurzer Restlaufzeit. Die Veranlagung erfolgt ausschließlich in Euro. Die Auswahl der Wertpapiere erfolgt wie bei den anderen Superior-Fonds u.a. auf Basis der vom Ethikbeirat festgelegten Ausschlusskriterien und Anforderungen. Der Fonds investiert weltweit überwiegend in Staats-, Bank- und Unternehmensanleihen mit Investment Grade-Rating. Große Emissionen stammen derzeit von den Kreditinstituten Westpac (3,6%), EIB (3,5%) und DZ Bank (2,8%). Es fallen ein Ausgabeaufschlag von 0,5 Prozent sowie die jährliche Verwaltungsgebühr von bis zu 0,36 Prozent an.

Kontakt:

- Bankhaus Schelhammer & Schattera Kapitalanlagegesellschaft m.b.H.,
  Hadikgasse 60A, A-1140 Wien, www.schelhammer.at/fonds

2.6.2.7 Vermögensverwaltende Fonds

Vermögensverwaltende Fonds versuchen, zumindest das Kapital zu erhalten – und wenn möglich (ohne größere Risiken) zu vermehren. Sie bieten sich daher gerade auch für Stiftungen an. Im Gegensatz zu den üblichen Fondsklassen, die z.B. nur in Aktien oder nur in Anleihen investieren dürfen, stehen den Managern hier alle Arten von Wertpapieren, aber auch Rohstoffe, Immobilien und Derivate offen. In den ersten Jahren nach Beginn der Finanzkrise hatten die vermögensverwaltenden Fonds laut einer Scope-Studie im Schnitt – bei geringerer Volatilität – wesentlich weniger verloren als z.B. ausgewogen gemanagte Mischfonds, die von ihren Möglichkeiten her am ehesten vergleichbar sind.

Nähere Informationen zu dieser Fondsart liefert u.a. der *„Interessenverbund Vermögensverwaltender Investment-Fonds“* (www.ivif.de), zu dem sich Fondsanbieter mit unterschiedlichen Management-Konzepten zusammengeschlossen haben. Allerdings beachten bis dato nur wenige Manager auch ethisch-ökologische Anlagekriterien.

Acatis Fair Value Modulor Vermögensverw.

Die Titelauswahl ist auf Nachhaltigkeit ausgerichtet. Es werden nur Emittenten ausgewählt, die ethisch-nachhaltige Kriterien erfüllen, sowie hohe Standards in Bezug auf soziale, unternehmerische und ökologische Verantwortung und ökologische Nachhaltigkeit einhalten. Der Fonds hat keine geographischen, industrie- oder branchenspezifischen Schwerpunkte. Er investiert weltweit in Aktien (derzeit 33%), REITs (Real Estate Investment Trusts, 1,3%), Renten und Genussscheine (56%) sowie in andere innovative Anlageinstrumente, wie Income Trusts oder Zertifikate, die Finanzindizes, Aktien, Zinsen und Devisen als unterliegenden Basiswert umfassen. Bis zu zehn Prozent des Fondsvermögens können in Investmentfonds investiert werden. Der Ausgabeaufschlag beträgt wie bei vielen Aktienfonds fünf Prozent, die laufenden Kosten (ohne Performance Fee) liegen je nach Anteilsklasse bei bis zu rund 2,7 Prozent jährlich.

Kontakt:

- Acatis Fair Value Investment AG,
  Güetli 166, CH-9428 Walzenhausen, www. acatis-fairvalue.ch

BN & Partner - Good Growth Fonds

Das Anlagespektrum dieses Fonds mit einer maximalen Aktienquote von 60 Prozent (derzeit 24%) umfasst außerdem Renten (13%), Wandelschuldverschreibungen, Optionsanleihen, Genussscheine, Investmentanteile (einschließlich Indexfonds/ETF, 44%), Optionsscheine und Zertifikate (zusammen 17%) auf Finanzindices, Aktien, Zinsen und Devisen sowie Zertifikate auf Rohstoffindices und Rohstoffpreise oder andere erlaubte Basiswerte. Laut Fondsprospekt gibt es u.a. einen Ausgabeaufschlag von bis zu 5,75 Prozent und eine Anlageberatungsvergütung von bis zu 1,575% p.a.

Kontakt:

- Hauck & Aufhäuser Investment Gesellschaft S.A.,
  1c, rue Gabriel Lippmann, L-5365 Munsbach, www.haig.lu

C-Quadrat Absolute Return ESG Fund

Das Portfolio ist auf kontinuierlichen Vermögenszuwachs und möglichst hohe Sicherheit angelegt. Der Fonds steuert aktiv die Aktienquote, die maximal 50 Prozent betragen darf (derzeit 15%, Anleihen 76%). Der Fonds ist auch für die Wertpapierdeckung österreichischer Pensionsrückstellungen geeignet. Bei der Auswahl berücksichtigt der C-Quadrat u.a. die sogenannten ESG-Kriterien, so dass nur Emittenten in Frage kommen, die bestimmte Mindeststandards in den Bereichen Umweltschutz, Soziales und gute Unternehmensführung erfüllen. Darunter waren bei den Anleihen Deutschland, Finnland, die Niederlande, Österreich und Slowenien, bei den Aktien Alphabet, Roche (je 4%), Merck & Co und Microsoft (je 3,8%). Der Ausgabeaufschlag beträgt 3 Prozent, die Verwaltungsgebühr derzeit 1,35 Prozent jährlich (bis zu 1,54% p.a. sind möglich).

Kontakt:

- C-Quadrat Investment AG,
  Schottenfeldgasse 20, A-1070 Wien, www.c-quadrat.com

DNB ECO Absolute Return

Das Management des Fonds arbeitet mit long/short-Positionen und standardisierten OTC-Derivaten (OTC: over the counter, d.h. außerbörslich) und konzentriert sich auf den Sektor Erneuerbare Energien weltweit. Dieser Sektor wird als noch unterentwickelt auch in Bezug auf das Research angesehen und enthält daher sowohl viele Chancen als auch Risiken und eignet sich für Hedgefonds-Strategien. Große Aktienpositionen (long) im Portfolio waren zuletzt Renewable Energy Group (5,6%), Vishay Intertechnology (5,3%), CECO Environmental (4,9%), Dana Holding (4,9%) und Tenneco (4,8%). Der Ausgabeaufschlag beträgt 5 Prozent, zur Verwaltungsgebühr (1,5% p.a.) kann eine Erfolgsprovision (Performance Fee) hinzukommen (20% auf den Erfolg bezogen auf einen Index), die 2015 nicht anfiel.

Kontakt:

- DNB Asset Management S.A.,
  13, rue Goethe, L-1637 Luxembourg, www.dnb.no/lu/en/funds

Excellent Global Mix

Die Zürcher *INVERA Investment Ethics Research & Advisory AG* (siehe Kap. 6.3.1) um Dr. Elisabeth Höller verfolgt als Beraterin eine aktive Strategie mit mäßigem Anlagerisiko und ausgewogener globaler Diversifikation nach Assetklassen, Regionen – mit Schwerpunkt Europa einschließlich der Schweiz – und Branchen und filtert das Anlageuniversum nach ethisch und ökologisch verantwortungsbewussten Kriterien, die von einer externen Prüfstelle untersucht und durch einen unabhängigen Beirat überwacht werden. Zudem wird die Erwirtschaftung eines laufenden Ertrages angestrebt. Das Fondsvermögen kann bis zu 100 Prozent in

Anleihen und Geldmarktinstrumente investiert werden, die ein Mindestrating von BBB- aufweisen. Der Aktienanteil liegt bei maximal 40 Prozent. Daneben kommen Anteile an anderen Investmentfonds, Sichteinlagen und kündbare Einlagen sowie Derivate in Betracht. Der Ausgabeaufschlag beträgt 5 Prozent, die laufenden Kosten werden mit 2,29 Prozent angegeben.

Kontakt:

- Spängler IQAM Invest GmbH,
  Franz-Josef-Straße 22, A-5020 Salzburg,
  www.spaengler-iqam.at

FOS Rendite und Nachhaltigkeit

Der Fonds innerhalb der FOS (Family Office Strategie)-Fonds wird von *Deutsche Oppenheim Family Office* beraten und investiert in verzinsliche Wertpapiere (01/2016: 70%) sowie bis zu maximal 30 Prozent in Aktien (19%, u.a. mit Swisscom, General Electric, Roche, Novo Nordisk und EG Group) oder Aktienfonds (Investmentfonds und REITs: 8%). Neben einer Vermögenssteigerung nimmt er Verantwortung gegenüber Gesellschaft sowie Mensch und Natur wahr, indem er Nachhaltigkeitskriterien berücksichtigt. Der Ausgabeaufschlag beträgt 3 Prozent, es kommen jährlich noch eine Kostenpauschale (0,9% p.a.) und eine erfolgsbezogene Vergütung (0,22%) hinzu sowie eine erfolgsbezogene Vergütung auf Erträge aus der Wertpapierleihe (0,019%).

Kontakt:

- Deutsche Asset & Wealth Management International GmbH,
  Mainzer Landstr. 11-17, D-60329 Frankfurt am Main,
  www.dws.de

Globalance Sokrates Fund

Anlageberater dieses im Mai 2011 auf Initiative von Credit Suisse gestarteten Fonds ist die *Globalance Bank*. In den Fonds wurden im Juni 2011 die Vermögenswerte der Investmentgesellschaft Sustainable Performance Group (SPG) eingebracht, die damit der Globalance Bank das Vermögensverwaltungsmandat übertragen hat. Die Anlageentscheidungen werden im mehrstufigen Globalance Research- und Anlageprozess getroffen und es wird in verschiedene Anlageklassen und „nachhaltige Megatrends" investiert (Liquidität (01/2016: 4%), Aktien/-fonds (39% von bis zu 50%) Obligationen/-fonds (49% von bis zu 90%) und alternative Anlagen (insgesamt 8%) wie z.B. Immobilien (3%) und Rohstoffe). Mit dem „Footprint Report" wird die Wirkung einer Anlage in Bezug auf Wirtschaft, Gesellschaft und Umwelt ermittelt. Der Ausgabeaufschlag beträgt 5 Prozent, dazu kommen die laufenden Kosten (2,71% p.a.), es gibt keine an die Wertentwicklung gebundenen Gebühren.

Kontakt:

- Globalance Bank AG,
  Gartenstraße 16, CH-8002 Zürich, www.globalance-bank.com

green benefit Nachhaltigkeit Plus

Ziel des von green benefit gemanagten und von Axxion verwalteten Fonds (aufgelegt vor gut einem Jahr) ist es, sich von den „Best-in-Class"-Ansätzen mit dem eigenen „Pure Play"-Ansatz abzugrenzen, wonach nur Unternehmen ausgewählt werden, die in einem bestimmten Sektor arbeiten, wie z.B. LED oder Solar, um Mischkonzerne, die oftmals einen, wenn auch kleinen Prozentsatz z.B. in Kernenergie oder ähnlichen Bereichen aufweisen, die unter die umfangreichen Ausschlusskriterien fallen (z.B. Agrar-Gentechnik, Atomenergie, Erdöl, Spekulation mit Nahrung; Alkohol/Spirituosen, Glücksspiel, Pornographie, Tabakwaren, Waffen, Rüstungsgüter, ausbeuterische Kinderarbeit, Menschenrechtsverletzungen oder Tierversuche). Ergänzt wird dieser Ansatz durch die Vorgabe, in Unternehmen aus zehn verschiedenen Bereichen zu investieren. Derzeit sind 98 Prozent in Aktien investiert, davon Solar (26%), Wind (16%), Energieeffizienz (16%), LED und Mobilität (je rund 11%). Der Ausgabeaufschlag beträgt bis zu 5 Prozent, die Verwaltungsvergütung bis zu 1,75 Prozent; der Fonds berechnet eine Performance Fee im Umfang von 15 Prozent des Anteilwert-Anstiegs pro Geschäftsquartal mit All-Time High-Water Mark.

Kontakt:

- green benefit AG,
  Charles-Lindbergh-Str. 7a, D-90768 Fürth, www.greenbenefit.com

JSS Multilabel OekoFlex

Der Fonds legt weltweit und breit diversifiziert direkt oder indirekt in Aktien und festverzinslichen Wertpapiere an. Investiert wird in Unternehmen, die einen Beitrag zu einer nachhaltigen Wirtschaftsweise leisten, wobei einzelne Branchen ausgeschlossen werden können. Anlagen in andere offene Anlagefonds sind bis zu 100 Prozent des Fondsvermögens möglich. Ein Nachhaltigkeitsbeirat unterstützt den Anlageverwalter in Bezug auf Konzept und Auswahlkriterien. Größte Werte waren Nestlé, Novartis und Roche (02/2016). Der Ausgabeaufschlag beträgt 5 Prozent, die laufenden Kosten werden mit 3,11 Prozent angegeben, eine Rücknahmegebühr (bis zu 1%) und ein Rücknahmeabschlag (bis zu 0,4%) sind möglich.

Kontakt:

- J. Safra Sarasin Fund Management (Luxembourg) S.A.,
  11-13, Boulevard de la Foire, L-1528 Luxembourg,
  product-ch.jsafrasarasin.com

2.6.2.8 Dachfonds

Ein Dachfonds investiert nicht in einzelne Aktien oder Anleihen, sondern in Anteile anderer Investmentfonds (so genannte Ziel- oder Subfonds). Durch die Streuung über mehrere Produkte können Dachfonds im Vergleich zu Branchenfonds zwar das Risiko senken, gehen damit aber auch einige Nachteile ein: Erstens kann ein Dachfonds nur so strenge grüne Ausschlusskriterien haben wie der am wenigsten »grüne« darin enthaltene Einzelfonds und zweitens sind die Gebühren meist höher, da auch bei Dachfonds Ausgabeaufschlag und jährliche Managementgebühren anfallen.

Die auf Investmentfonds beruhenden Anteile von Dachfonds können wie die anderen Fondsanteile täglich gekauft und verkauft werden. Sie sind aber nicht zu verwechseln mit »Windpark-Dachfonds«, wie sie z.B. von der Prokon-Gruppe auf den Markt gebracht worden sind. Diese Anteile geschlossener Fonds werden nur innerhalb einer gewissen Zeichnungsfrist angeboten und sind danach meist nicht fungibel, d.h., man ist oft zehn Jahre oder länger an sie gebunden, wenn man sie nicht über einen Zweitmarkt veräußern kann (siehe Kapitel 2.3.4). Im deutschsprachigen Raum gibt es inzwischen einige Dachfondsangebote.

Ampega Responsibility Fonds

Der Fonds investiert ausgewogen in Aktien-, Renten- und Geldmarktfonds und berücksichtigt ökologische, soziale und ethische Kriterien. Anlagegrundsatz ist Nachhaltigkeit. Die Zielfonds legen Wert auf ein umweltgerechtes, ökoeffizientes Management und/oder verfolgen attraktive Themen wie z.B. Gesundheit, erneuerbare Energien, Umwelttechnologie und Bionahrungsmittel. Größte Zielfonds waren mit über zehn Prozent Anteil Erste Sparinvest – Ecology Bond (17%), Raiffeisen Nachhaltigkeitsfonds Short Term (12%), Superior 1-Ethik Renten (11%) und Kepler Ethik Rentenfonds (10%). Der Fonds hielt Anfang 2016 einen hohen Kassenbestand von 27 Prozent. An Kosten fallen an: Ausgabeaufschlag (5%) und TER (2,69%).

Kontakt:

- Ampega Investment GmbH,
  Charles-de-Gaulle-Platz 1, 50679 Köln, www.ampega.de

CG Global Sustainable Fund of Funds

Dieser Dachfonds ist weltweit auf Aktien-Nachhaltigkeitsfonds ausgerichtet. Die Analyse stammt von Partners for Sustainability (1997 als Care Group AG gegründet und im Dezember 2014 umbenannt) und ist für diesen Dachfonds entwickelt worden. Partners for Sustainability beobachtet weltweit ungefähr 1.100 Nachhaltigkeitsfonds verschiedener Anlageklassen, Themen und Regionen, unter www.partnersforsustainability.com werden die Analysen von rund 700 Fonds veröffentlicht. Die Bewertung umfasst Nachhaltigkeitskriterien aus den Bereichen nicht-finanzieller Research Prozess, Portfolio, Engagement und Transparenz. Die

Nachhaltigkeitsanalyse basiert auf mehr als 50 Kriterien, wobei der beste Fonds die Note 5 und der schlechteste Fonds die Note 1 erreicht. Die Fondsgesellschaft bietet für Anleger, die sich registrieren, ein Factsheet-Abo an. An Kosten fallen an: Ausgabe-/Rücknahmekommission (maximal je 2,5%) und TER (3,13%, zuzüglich einer 10%-Performance Fee).

Kontakt:

- PMG Fonds Management AG,
  Sihlstrasse 95, CH-8001 Zürich, www.pmg-fonds.ch

ComfortInvest Perspektive

Das Fondsvermögen setzt sich vor allem aus Bankguthaben, Geldmarktinstrumenten, verzinslichen Anlagen, Aktien, Aktienfonds und/oder Zertifikaten zusammen und setzt auf eine längerfristige, möglichst hohe Wertentwicklung. Fondsmanager ist die Baader Bank. Größte Positionen waren Fonds und ETF: Pioneer – Global Ecology (8,9%), Bellevue Lux-BB Entrepreneur Europe (8%), JSS Sustainable Equity Global (7,4%), iShares DJ Euro Stoxx Sustainability 40 (7,3%) und iShares Nasdaq-100 (7,2%). An Kosten fallen an: Ausgabeaufschlag (5%) und TER (2,55%).

Kontakt:

- Ampega Investment GmbH,
  Charles-de-Gaulle-Platz 1, 50679 Köln, www.ampega.de

DekaSelect: Nachhaltigkeit Wachstum

Das Fondsmanagement wählt Zielfonds im Nachhaltigkeitsbereich aus. Es gelten folgende Anlagegrenzen: Aktienfondsquote 0 bis 60 Prozent (01/2016: Europa: 33%, Welt: 2%), Rentenfonds 0 bis 80 Prozent (22%), sonstige Fonds (z.B. Mischfonds) 0 bis 30 Prozent (10%), Geldmarktfonds 0 bis 30 Prozent (33% einschließlich Liquiditätsreserve) des Fondsvermögens. Die größten Fonds waren Deka-LiquiditätsPlan 2 (19,8%), Candriam Sustainable Euro Short Term Bonds (9,6%) und Deka-Cash (5,4%). An Kosten fallen an: Ausgabeaufschlag (3,75%) und TER (2,23%).

Kontakt:

- Deka Investment GmbH,
  Mainzer Landstraße 16, D-60325 Frankfurt am Main, www.deka.de

ERSTE Responsible Balanced | ERSTE Responsible Microfinance

Der Responsible Balanced ist ein Active Return Fonds und investiert ausschließlich in nach ethisch nachhaltigen Kriterien verwaltete Fonds. Zur Ertrags- und Risikooptimierung wird die Vermögensaufteilung monatlich zwischen Aktien (0 bis 30%, derzeit 14%), Anleihen (70 bis 100%, derzeit 62%) und Geldmarkt (derzeit 25%) in der taktischen Asset Allocation festgelegt. An Kosten fallen an: Ausgabeaufschlag (derzeit 3,5%, möglich bis 5%) und Verwaltungsgebühr (1%).

Der Responsible Microfinance ist ein Dachfonds, der in Mikrofinanzfonds bzw. Anleihen auf Mikrofinanzinstrumente und -fonds sowie bis zu 10 Prozent in Anteilen an Unternehmen und Mikrofinanzinstituten investiert, u.a. in EMF Microfinance (8,9%), BlueOrchard Microfinance Fund (8,7%) und KCD Mikrofinanz (8,7%). Fremdwährungen werden zumeist abgesichert. An Kosten fallen an: Ausgabeaufschlag (3%) und Verwaltungsgebühr (1%).

Kontakt:

- Erste-Sparinvest Kapitalanlagegesellschaft m.b.H., Am Belvedere 1, A-1100 Wien, www.erste-am.at

IAM ProVita World Fund

Als Basisinvestments sind hier global investierende Aktienfonds mit Valueorientierung, Renten- oder Geldmarktfonds möglich. Zu diesem Zweck wird das Teilfondsvermögen nach den oben erwähnten Strategien bis zu 100 Prozent in Aktien-, Renten- und Mischfonds angelegt, welche dem Prinzip der Nachhaltigkeit nachgehen. Hierbei sucht der Anlageberater (Fund Development and Advisory, Subanlageberater: ProVita) solche Fonds aus, die den Kriterien der „Darmstädter Definition nachhaltiger Geldanlagen" genügen oder diesen möglichst nahe kommen. Unter die „Darmstädter Definition nachhaltiger Geldanlagen" fallen Investitionen, welche in ökologischer und sozialkultureller Hinsicht zur Zukunftsfähigkeit der Menschheit beitragen. Ende Januar 2016 waren Fidelity Funds – Euro Cash Fund (19,7%), DWS Flexizins Plus (19,6%), SUPERIOR 5 – Ethik (19,6%) und FT Accugeld (19,6%) die größten Fonds, größte Einzeltitel waren Verbio Vereinigte Bioenergie (1,1%) und Renesola (0,9%). An Kosten fallen an: Ausgabeaufschlag (bis zu 5,26%), Verwaltungsgebühr (bis zu 1,2% p.a.), Marketing- und Vertriebsstellenvergütung (bis zu 0,7% p.a.), Depotbankgebühr (bis zu 0,26% p.a.) und Performance Fee (20%, ab 4% pro Halbjahr).

Kontakt:

- MK LUXINVEST S.A., 9A, Rue Gabriel Lippmann, L-5365 Munsbach, www.mkluxinvest.lu

ÖkoWorld ÖkoTrust

Der Fonds ist als vermögensverwaltender Mischfonds konzipiert. Das Portfolio bietet eine Mischung aus sicherheitsorientierten Anlagen zum Werterhalt sowie Positionen mit überdurchschnittlichen Ertragschancen zum Vermögensaufbau. Die Gewichtung der Wertpapiere erfolgt in Abhängigkeit der Attraktivität der Investments unter Berücksichtigung der jeweiligen Risikostruktur. Dabei investiert der Fonds ausschließlich innerhalb der geprüften ethisch-ökologischen Anlageuniversen der Ökoworld. Derzeit setzt sich das Fondsvermögen aus Renten (fonds) (49%), Aktien(fonds) (36%, u.a. mit ÖkoWorld – Growing Markets (2,1%), Renewables Infrastructure (2,5%) und Pandora (1,4%)), Infrastrukturinvestitionen (4%, z.B. Habona Kita Fonds (1,9%)) und Liquidität (11%) zusammen. An Kosten fallen an: Ausgabeaufschlag (5%), Verwaltungs- (1,76% p.a) und Betreuungsgebühr (0,2% p.a.).

Kontakt:

- ÖKOWORLD AG,
  Itterpark 1, D-40724 Hilden, www.oekoworld.com

2.6.2.9 Spenden- und sonstige Fonds

Bei Spendenfonds profitierten Anleger lediglich von den Kursgewinnen, die sie beim Verkauf der Anteile erhalten. Die jährlichen Zinsen bzw. Dividenden werden dagegen einer Hilfsorganisation gespendet. Ihre Rendite erwirtschaften Spendenfonds meist über eine konservative, risikoarme Anlagestrategie, bei der häufig auf Standardwerte gesetzt wird und ethisch-ökologische Kriterien nur eine untergeordnete Rolle spielen. Der Markt bei Spendenfonds ist überschaubar. Von den bekanntesten Fonds ist der GKD-Fonds, mit dem SOS-Kinderdörfer finanziert wurden, 2010 mit einem anderen Fonds verschmolzen worden. Am Markt aktiv sind weiterhin der *Pro Mundo Fonds*, der kirchliche Hilfswerke fördert, der frühere DWS Bildungsfonds (heute: **DWS Balance**), dessen Ausschüttung der Anleger gemeinnützigen, privaten Bildungseinrichtungen zur Verfügung stellen kann, der *Panda Renditefonds* und der Schweizer *Cancer Charity Support Fund.*

2.6.3 Wertentwicklung ethisch-ökologischer Fonds

In den folgenden Tabellen finden Sie in alphabetischer Reihenfolge, unterteilt in die Kategorien Aktien-, Rentenfonds, gemischte Fonds, ETF, Mikrofinanzfonds, Geldmarktfonds und vermögensverwaltende Fonds sowie Dachfonds, die Wertentwicklungen der letzten beiden Jahre ausgewählter und zuvor portraitierter Fonds auf Basis des Rückkaufwerts in Euro. Außerdem sind in den Tabellen das aktuelle Fondsvolumen, das Jahr der Auflage des Fonds und der Ausgabeaufschlag enthalten. Zusätzliche Informationen rund um das Thema „Mikrokredite" finden Sie im Kapitel 2.2, die zugehörigen Investmentfonds im Kapitel 2.6.2.5.

Aus Platzgründen konnten leider nicht alle auf dem deutschsprachigen Markt befindlichen Fonds in diesem Handbuch ausführlich beschrieben bzw. in die nachfolgende Tabelle aufgenommen werden. Spezialfonds für institutionelle Anleger mit Mindestanlagesummen von 50.000 Euro aufwärts wurden z.B. nicht berücksichtigt.

Sitz	Fonds	Entwicklung (in %) 2015	2014	Volumen (Mio. EUR)	Jahr der Auflage	Ausgabe-aufschl.
Aktienfonds						
A	3 Banken Nachhaltigkeitsfonds	+7,1	+14,3	90	2001	5,00%
L	Acatis Fair Value Aktien Global EUR	+9,7	+11,4	40	2004	5,00%
L	Acatis Fair Value Aktien Global (CH gehedged)	+0,8	+4,7	19	2004	5,00%
L	Allianz Global Eco Trends A	-2,6	+5,4	114	2006	5,00%
L	Allianz Global Sustainability A EUR	+12,7	+13,7	191	2003	5,00%
A	BAWAG P.S.K. Öko Sozial Stock	+9,2	+21,2	92	2007	4,00%
L	Black Rock Global Fund New Energy (A,B,Q)	+6,0	+10,6	854	2001	5,00%
B	Candriam Equities Sustainable World C	+7,5	+16,3	336	1998	3,00%
A	C-Quadrat Global Quality ESG Equity	(neu)		35	2015	5,00%
D	Deka-UmweltInvest CF	+12,7	+8,8	190	2006	3,75%
L	DKB Ökofonds TNL	+9,5	+10,0	13	2008	0,00%
L	DKB Zukunftsfonds	+10,1	+13,6	22	2007	0,00%
L	DNB Global SRI (EUR)	+7,0	+12,7	53	(1990)	5,00%
L	DNB Renewable Energy (A)	+11,8	+1,1	36	2007	5,00%
D	DWS Water Sustainability	+6,9	+13,3	90	2007	5,00%
D	DWS Zukunftsressourcen	+10,9	+8,0	239	2006	5,00%
A	Ecology Stock A	+8,5	+10,6	15	2009	5,00%
A	ERSTE Responsible Stock America T	-2,8	+21,4	49	(2012)	5,00%
A	ERSTE Responsible Stock Europe T	+10,7	+6,9	45	(2005)	5,00%
A	ERSTE Responsible Stock Global T	+10,9	+15,2	201	(2005)	5,00%
A	ERSTE WWF Stock Environment	+9,5	+14,7	99	2001	5,00%
L	F&C Responsible Global Equity (A)	+14,5	+14,1	188	2007	5,00%
L	FBG 4Elements (P)	+3,3	+9,4	25	2007	5,00%
L	Gamax Funds Junior (A)	+14,6	+13,6	150	1997	6,10%
L	Generali Investments SRI Ageing Population	(neu)		46	2015	5,00%
D	GLS-Bank Aktienfonds	+1[illegible],7	+8,9	72	2013	0,00%
A	Gutmann Aktien Nachhaltigkeitsfonds	+9,2	(neu)	21	2014	5,00%
L	H&A Prime Values Equity (A)	+12,5	+7,8	7	2009	5,00%
D	INVESCO Umwelt und Nachhaltigkeitsfonds	+4,4	+14,5	20	1990	4,50%
L	JSS Multilabel New Energy Fund	+9,9	+4,0	67	2000	5,00%
L	JSS New Power Fund (P)	+10,0	+2,9	33	2007	5,00%
L	JSS OekoSar Equity Global (A,B,F)	+7,7	+12,3	161	2005	5,00%
L	JSS Sustainable Equity Europe (P T)	+14,6	+0,3	70	2008	5,00%
L	JSS Sustainable Equity Global (P)	+4,4	+12,2	83	1999	5,00%
L	JSS Sustainable Equity Global Em. Markets P	-3,6	+10,1	24	2010	2,30%
L	JSS Sustainable Equity Real Estate Global P	+12,6	+26,7	81	2007	5,00%
CH	JSS Sustainable Equity Switzerland	+10,0	+12,3	480	1994	5,00%
L	JSS Sustainable Equity USA P	-2,0	+31,5	52	2010	5,00%

Entwicklung „deutschsprachiger" Umweltfonds				Volumen (Mio. EUR)	Jahr der Auflage	Ausgabe-aufschl.
		Entwicklung (in %)				
Sitz	Fonds	2015	2014			
L	JSS Sustainable Water P T	+11,6	+6,2	219	2007	5,00%
L	Jupiter Global Ecology Growth	+6,1	+8,4	10	(2005)	5,00%
B	KBC Eco Climate Change A	+3,7	+8,9	23	2007	3,00%
D	KCD-Union Nachhaltig Aktien	+9,5	+16,4	39	2001	0,00%
A	Kepler Ethik Aktien R A	+10,6	+17,3	153	2002	4,00%
A	Kepler Öko Energien (T)	+18,8	+5,1	5	2008	4,50%
D	LBBW Global Warming	+27,1	+7,7	33	2007	5,00%
D	LBBW Nachhaltigkeit Aktien (R)	+14,6	+4,5	33	2007	5,00%
IRL	Legg Mason ClearBridge US Eq. Sust. Leaders	(neu)		1	2015	5,00%
LI	LGT Sustainable Equity Fund Global (EUR) B	+17,7	+18,2	176	2011	5,00%
L	Liga-Pax-Cattolico-Union	+4,9	+10,4	59	2002	2,50%
L	LSF Solar & Sustainable Energy	-6,2	-14,4	52	2009	5,00%
D	MEAG Nachhaltigkeit	+6,6	+12,9	45	2003	5,00%
L	Meridio Green Balance	+8,7	+14,9	6	2000	5,00%
D	Monega FairInvest Aktien	+15,4	+0,3	30	2006	5,00%
D	Murphy&Spitz Umweltfonds Deutschland	+24,1	+9,0	6	2008	5,00%
L	NN (L) Global Sustainable Equity P.	+9,2	+17,2	542	2000	3,00%
CH	Notenstein Sustainable Equity Switzerland	+10,7	+14,4	71	2013	5,00%
L	Notenstein (Lux) Sustainable Equity World	+10,2	+16,1	18	2013	5,00%
L	Notenstein (Lux) Sustainable Water	+12,0	+16,6	56	2013	5,00%
L	Öko-Aktienfonds (IPConcept)	+11,7	+12,2	40	1991	5,00%
L	Ökoworld Growing Markets 2.0 (D)	+5,4	+17,4	64	2012	5,00%
L	ÖkoWorld Klima (C)	+15,4	+10,7	19	2007	5,00%
L	ÖkoWorld ÖkoVision Classic (C,A)	+14,5	+11,8	533	1996	5,00%
D	ÖkoWorld Water for Life (C)	+3,6	+8,9	15	2008	5,00%
L	Parvest Environmental Opportunities (C)	+7,5	+10,5	133	2006	5,00%
L	Petercam Equities World Sustainable (B)	+2,5		314	(2014)	3,00%
L	Pictet Clean Energy (P)	-2,6	+10,7	453	2007	5,00%
L	Pictet Environmental Megatrend Selection (P)	+10,2	+16,2	55	2010	5,00%
L	Pictet Ethos (CH) Swiss Sustainable Equities (P)	+13,7	+19,3	140	1999	5,00%
L	Pictet European Sustainable Equities (P)	+11,3	+12,3	129	2002	5,00%
L	Pictet Water (P)	+10,4	+12,7	3.142	2000	5,00%
L	Pioneer Funds - Global Ecology (A)	+10,8	+13,0	1.108	1990	5,00%
L	PRIMA - Global Challenges (A)	+11,5	+20,7	67	(2013)	5,00%
A	Raiffeisen- Nachhaltigkeitsfonds-Aktien (R,T)	+8,7	+14,4	34	2002	5,00%
CH	Raiffeisen Futura Global Stock (A)	+12,4	+22,1	265	2001	1,50%
CH	Raiffeisen Futura Swiss Stock (A)	+15,4	+12,0	690	2001	1,50%
L	RobecoSAM Global Child Impact Equities	(neu)		11	2015	5,00%
L	RobecoSAM Global Gender Impact Equities	(neu)		11	2015	5,00%

Sitz	Fonds	Entwicklung (in %) 2015	2014	Volumen (Mio. EUR)	Jahr der Auflage	Ausgabe-aufschl.
Entwicklung „deutschsprachiger" Umweltfonds						
L	RobecoSAM Smart Energy Fund (C)	+10,4	+11,2	231	2003	5,00%
L	RobecoSAM Smart Materials Fund (B)	+6,3	+8,6	245	1999	5,00%
L	RobecoSAM Sustainable Agribusiness Equities (D)	-4,3	+14,9	143	2008	5,00%
L	RobecoSAM Sustainable European Equities (D)	+7,2	+6,4	518	2004	5,00%
L	RobecoSAM Sustainable Global Equities	+7,5	+16,4	28	2004	5,00%
L	RobecoSAM Sustainable Global Small Cap Equ.	+6,1	+6,3	11	2013	5,00%
L	RobecoSAM Sustainable Healthy Living Fund B	+7,6	+17,8	292	2007	5,00%
L	RobecoSAM Sustainable Water Fund (B)	+10,6	+15,0	632	2001	5,00%
A	S Ethik Aktien (Allg. Spk. Oberösterreich, A/T)	+11,4	+9,2	14	2002	5,00%
L	Schroder ISF Global Climate Change Equ. A	+10,5	+7,8	192	2007	5,00%
L	SEB ÖkoLux A	+5,9	+20,0	30	1992	4,50%
D	Steyler Fair und Nachhaltig – Aktien (R)	+8,5	+8,0	22	2012	4,00%
A	Superior 4 Ethik Akten (A,I)	−8,1	+20,9	31	(2006)	4,00%
A	Superior 6 Global Challenges	−9,3	+18,8	11	2008	4,00%
L	Swisscanto (LU) Equity F. Global Climate Invest (P)	+6,5	-4,3	50	2007	5,00%
L	Swisscanto (LU) Equity F. Global Water Invest (P)	+6,2	+13,2	119	2007	5,00%
CH	Swisscanto (CH) EF Nachh. Large Cap AA	-0,6	+12,7	50	2007	2,50%
CH	Swisscanto (CH) EF Nachh. Small & Mid Cap AA	-3,2	+9,8	20	2008	2,50%
L	Swisscanto (LU) Green Invest Emerging Markets	-14,3	+1,4	18	2008	5,00%
CH	Swisscanto (LU) Green Invest Equity (A,B)	-10,1	+9,3	170	1998	5,00%
D	terrAssisi Aktien I AMI	+11,4	+21,0	55	2000	4,50%
L	Triodos Sustainable Equity	+15,6	+16,3	526	(2010)	3,00%
L	Triodos Sustainable Pioneer (R)	+17,2	+18,9	161	2007	3,00%
L	UBS (Lux) EF Global Sustainable (P)	+4,8	+19,9	237	1997	2,00%
L	UBS (Lux) EF Global Sustainable Innovators (P)	+3,6	+12,1	103	2001	6,00%
L	UBS (Lux) ES Emerging Markets Sustainable (P)	-3,6	+14,0	17	2008	5,00%
L	UniSector: Klimawandel	+12,0	+11,8	37	2007	5,00%
A	VB Ethik Invest	+9,2	+16,7	3	(2011)	5,00%
L	Vontobel Clean Technology (A)	+10,8	+16,2	104	2008	5,00%
D	Warburg Zukunft-Strategie-Fonds (A)	+9,9	+5,1	17	2005	3,75%
	Summe bzw. Durchschnitt	**+8,5**	**+12,0**	**17.290**		**4,40%**
Rentenfonds						
L	Acatis Fair Value Bonds UI	+0,6	+5,6	15	(2010)	5,00%
L	BI SICAV Emerging Markets Corp. Debt (R)	+0,3	+4,9	115	2007	5,00%
A	BAWAG P.S.K. Öko Sozial Rent (T)	-1,0	+7,5	195	2009	2,50%
B	Candriam Sustainable Euro Corporate Bonds (C)	-0,9	+7,6	231	2005	2,50%
A	Convertinvest European Convertible & Bond(A)	+1,2	+0,5	174	(2002)	5,00%
LI	C-Quadrat Global Quality ESG Bond	(neu)		32	(2015)	5,00%
L	Crowd Green Bond Impact Fund	(neu)		1	2015	3,00%

Entwicklung „deutschsprachiger" Umweltfonds						
		Entwicklung (in %)				
Sitz	Fonds	2015	2014	Volumen (Mio. EUR)	Jahr der Auflage	Ausgabe-aufschl.
A	Ecology Bond A	-1,8		18	(2014)	2,50%
A	ESPA Bond Euro-Mündelrent (A)	-1,0	+12,2	589	(2003)	2,50%
A	ERSTE Responsible Bond (T)	-0,4	+9,7	137	2013	3,50%
A	ERSTE Responsible Bond Emerging Corporate (T)	+0,6	+6,0	76	2013	3,50%
A	ERSTE Responsible Bond Euro-Corporate (T)	-1,1	+7,6	156	2011	3,50%
A	ERSTE Responsible Bond Global Impact	(neu)		32	2015	3,50%
L	Fisch CB Sustainable Fund (AE, Wandelanl., EUR)	+2,2	+5,0	350	2009	3,00%
A	Gutmann Euro Anleihen Nachhaltigkeitsfonds(T)	-0,5		35	2014	2,00%
A	Gutmann Euro ShortTerm Anleihen Nachhaltigk.	0,0		12	2014	3,00%
D	HSBC Trinkaus Corporate Bonds Europa (LD)	-3,5	+9,0	271	2004	3,00%
L	JSS Sustainable Bond CH (A)	+11,2	+5,8	52	2001	5,00%
L	JSS Sustainable Bond EUR (A)	-1,1	+8,7	92	2003	3,50%
L	JSS Sustainable Bond EUR Corporates (P)	-1,2	+7,1	82	(2011)	5,00%
D	KCD-Union Nachhaltig Renten	-0,1	+8,0	160	2001	0,00%
A	Kepler Ethik Rentenfonds (T)	-0,3	+10,6	157	2003	3,00%
L	LBBW Nachhaltigkeit Renten (R)	-0,1	+7,9	34	2010	2,50%
LI	LGT Sustainable Bond Fund Global (EUR) B	+6,9	+13,0	176	2009	3,00%
D	Lebenswerte Zukunft Rentenfonds UI	-2,2	-9,0	12	2012	3,00%
CH	Notenstein Sustainable Bond CH	+11,6	+8,3	71	2013	5,00%
*CH	Notenstein Sustainable Bond EUR	-0,4	+10,2	30	2014	5,00%
D	ÖKOBASIS Renten Plus UI	+1,7		6	2014	3,00%
L	Petercam L Bonds Emerging Markets Sust. (B)	-2,1	+15,4	160	2013	3,00%
L	Petercam L Bonds Government Sustainable (B)	-0,3	+10,5	69	2007	3,00%
CH	Raiffeisen Futura Global Bond R1	+0,1	+13,1	290	2001	1,00%
CH	Raiffeisen Futura Swiss Franc Bond R1	+11,2	+6,5	480	2001	1,00%
A	Raiffeisen-Nachhaltigkeitsfonds-ShortTerm	-0,1		63	(2014)	5,00%
A	Raiffeisen-Österreich-Rent (T)	-0,5	+5,0	459	(1999)	2,50%
A	Raiffeisen-OK-Rent (A)	+1,0	+6,2	98	(2010)	2,50%
A	S Ethik Bond (Allg. Spk. Oberösterreich, A/T)	+3,3	+10,1	24	2002	4,00%
L	Salm-Salm Sustainability Convertible B	+5,4	+3,3	36	2008	4,50%
D	Sarasin-FairInvest-Bond-Universal	+1,0	+12,7	19	2002	3,50%
L	SEB Green Bond Fund D	+9,2	+12,2	25	1989	1,50%
D	Steyler Fair und Nachhaltig – Renten (R)	+0,2	+8,6	14	2013	2,00%
A	Superior 1 Ethik Renten (A)	-0,2	+5,5	191	(2005)	2,50%
CH	Swisscanto (CH) AZF Nachhaltigkeit Zinsertrag	+7,7	+6,4	270	2008	2,50%
L	Swisscanto (LU) Green Invest Income (A,B)	-0,6	+8,3	16	2007	5,00%
D	terrAssisi Renten I AMI P	-0,5	+0,7	27	2009	0,50%
L	Triodos Sustainable Bond	-1,3	+8,7	354	(2010)	5,00%
A	VB Mündel-Rent (A)	-1,0	+13,0	185	(2007)	2,50%
	Summe bzw. Durchschnitt	**+1,2**	**+7,7**	**6.091**		**3,20%**

Entwicklung „deutschsprachiger“ Umweltfonds		Entwicklung (in %)		Volumen (Mio. EUR)	Jahr der Auflage	Ausgabe-aufschl.
Sitz	Fonds	2015	2014			
Gemischte Fonds						
D	Bethmann Nachhaltigkeit	+6,5	+8,8	99	2011	0,00%
D	BfS Nachhaltigkeitsfonds Ertrag - SEB Invest	+3,0	+3,0	37	2005	3,00%
D	DWS Stiftungsfonds	-0,2	+6,4	1.640	2002	3,00%
L	FairWorldFonds	+3,2	+9,3	373	2010	2,50%
D	Fonds für Stiftungen INVESCO	+3,5	+10,4	49	2003	3,00%
A	H&A Prime Values Growth	+4,0	+7,5	30	(2006)	5,00%
A	H&A Prime Values Income	+1,5	+7,8	166	1995	5,00%
L	JSS Sustainable Portfolio Balanced EUR (P)	+1,0	+7,4	251	1994	5,00%
D	KCD-Union Nachhaltig MIX	+2,5	+6,6	293	1990	4,00%
D	MEAG FairReturn	+0,4	+4,6	572	2010	3,00%
CH	Mi-Fonds (CH) 45 Sustainable A	+12,0	+8,6	140	2009	5,00%
CH	Notenstein Sustainable Balanced Allocation CH	+11,4	+11,5	22	2013	5,00%
CH	Notenstein Sustainable Conservative Allocation EUR	+4,3		46	2015	5,00%
A	Pioneer Funds Austria - Ethik Fonds (A)	+2,8	+12,5	64	2003	3,50%
A	Raiffeisen-Nachhaltigkeitsfonds-Mix	+5,5		215	(2014)	3,00%
A	Raiffeisen-Nachhaltigkeit-Solide	(neu)		24	2015	3,00%
D	Sarasin-FairInvest-Universal (A)	+2,7	+4,7	251	2001	5,00%
A	Schoellerbank Ethik Vorsorge (ohne RVO)	+7,9	+11,6	14	1998	3,00%
A	Superior 2 Ethik Mix	+1,9	+8,7	24	(2007)	4,00%
A	Superior 3 Ethik	+0,9	+6,8	213	2001	2,50%
L	Swisscanto Green Invest Balanced (A,B)	-1,7	+5,3	181	2001	3,00%
L	Swisscanto Green Invest Balanced (Euro)	+4,0	+8,2	118	2005	3,00%
L	Swisscanto Green Invest Yield (A,B)	+2,0	+9,0	33	2007	3,00%
L	Triodos Sustainable Mixed	+6,1	+12,1	215	(2010)	5,00%
D	Warburg Pax Substanz Fonds	+0,5	+10,0	167	2013	5,00%
	Summe bzw. Durchschnitt	**+3,6**	**+8,2**	**5.237**		**3,40%**
ETFs						
D	iShares DJ Eurozone Sustainability Screened (DE)	+6,2	+3,4	127	2007	0,00%
D	iShares S&P Global Clean Energy (DE)	+12,3	+12,4	106	2007	0,00%
IR	iShares S&P Global Water (EUR)	+7,8	+16,5	391	2007	0,00%
F	Lyxor ETF New Energy	+13,5	+6,6	45	2007	0,00%
F	Lyxor ETF World Water	+17,1	+19,1	344	2007	0,00%
IR	PowerShares Global Clean Energy UCITS	+7,8	+19,2	11	2007	0,00%
IR	PowerShares Global Water UCITS	+1,4	+15,3	4	2007	0,00%
	Summe bzw. Durchschnitt	**+9,4**	**+13,2**	**1.028**		**0,00%**
Mikrofinanzfonds						
L	BlueOrchard Debt Fund P (EUR)	+2,6	+3,0	240	2003	4,00%
L	Dual Return Vision Microfinance (A)	+2,3	+3,0	225	2006	3,00%

Sitz	Entwicklung „deutschsprachiger" Umweltfonds Fonds	Entwicklung (in %) 2015	 2014	Volumen (Mio. EUR)	Jahr der Auflage	Ausgabe-aufschl.
D	Invest in Visions IIV Mikrofinanzfonds (R)	+2,8	+3,7	198	2011	3,00%
L	responsAbility Global Microfinance Fund (EUR)	+1,3	+2,8	1.010	2003	5,00%
L	responsAbility Sicav (Lux) Mikrofinanz-Fonds (A)	+1,8	+4,5	1.006	2007	2,00%
L	Wallberg Global Microfinance Fund (P)	+1,4	+2,0	19	2008	3,00%
	Summe bzw. Durchschnitt	**+2,0**	**+3,2**	**2.698**		**3,30%**
Geldmarkt-Fonds						
A	ERSTE Responsible Reserve (A)	0,0	+1,8	124	2006	0,75%
A	SUPERIOR 5 – Ethik Kurzinvest	-0,1	+1,1	52	2006	0,50%
	Summe bzw. Durchschnitt	**-0,1**	**+1,5**	**176**		**0,60%**
Vermögensverwaltende Fonds						
L	Acatis Fair Value Modulor Vermögensverw. A/B	+3,9	+10,8	10	(2012)	5,00%
L	BN & Partner - Good Growth Fonds B	0,0	+1,3	11	2008	5,75%
A	C-Quadrat Absolute Return ESG Fund RT	(neu)		39	(2015)	3,00%
L	DNB ECO Absolute Return A (EUR)	-8,4	-1,6	11	2010	5,00%
A	Excellent Global Mix EUR T	+6,1	+7,5	20	2007	5,00%
D	FOS Rendite und Nachhaltigkeit	+4,1	+5,0	798	2009	3,00%
L	Globalance Sokrates Fund (B)	+3,6	+6,6	30	2011	5,00%
D	green benefit Nachhaltigkeit Plus (P)	(neu)		3	2015	5,00%
L	JSS Multilabel OekoFlex	-1,5	+1,5	11	1994	5,00%
	Summe bzw. Durchschnitt	**+1,1**	**+4,4**	**933**		**4,60%**
Gesamtsumme/Durchschnitt aller Fondskategorien		**4,3**	**+8,1**	**33.277**		
Dachfonds						
D	Ampega Responsibility Fonds	+1,9	+6,4	12	2004	5,00%
CH	CG Global Sustainable Fund of Funds	+9,5	+16,6	21	(2003)	2,50%
D	ComfortInvest Perspektive	+7,8	+10,6	5	2008	5,00%
D	DekaSelect: Nachhaltigkeit Wachstum	+0,3	+2,5	27	2011	3,75%
A	ERSTE Responsible Balanced T	-2,3	+7,6	19	2012	5,00%
A	ERSTE Responsible Microfinance (per Ult. Vormonat)	+3,6	+4,1	30	2009	5,00%
L	IAM ProVita World Fund	+1,5	+8,1	20	2005	5,00%
D	ÖkoWorld ÖkoTrust	+1,3	+7,8	27	2008	5,00%
	Summe bzw. Durchschnitt	**+3,0**	**+8,0**	**161**		**4,50%**

(Quelle für Fondsdaten: © 2016 Morningstar, Inc. Alle Rechte vorbehalten)

Basis: Performance in EURO incl. Wiederveranlagung von Ausschüttungen

2.6.4 Internationale Fonds

USA

Im Ursprungsland der Ethikfonds ist nicht nur das Volumen immer noch am größten, auch die Breite verschiedener Entstehungsgeschichten, Anlageinstrumente und Kriterienkombinationen ist beeindruckend, wie schon folgende Beispiele verdeutlichen. Jeweils mehr als ein oder zwei so genannte SRI-Fonds (Socially Responsible Investment Funds) haben die bekannten Fondsgesellschaften *Calvert, Capstone, Citizens, Parnassus, Pax World* und *Pioneer* aufgelegt. Stellvertretend für viele hier ein kurzer Blick auf die

Pioneer-Fonds-Gruppe

Die schon 1928 gegründete und durch ein weit verzweigtes Vertriebssystem weltweit sehr bekannte Gruppe ist ein Grenzfall: Zwar werden seit 1928 keine »Sündenaktien« (Sin Stocks) aufgenommen (also z.B. Alkohol-, Tabak-, Pornographie- und Glücksspielunternehmen), aber diese »puritanische« Geschäftspolitik ist nirgends formell festgelegt. In manchen Publikationen werden die Pioneer-Fonds als ethische Investmentfonds geführt. Kritische (europäische) Geister würden hier wohl sofort Einspruch einlegen, denn in Pioneer-Fonds wurden beispielsweise auch Öl-Titel wie Exxon Mobil oder (für Milliardensummen) US-Staatsanleihen aufgenommen. Dafür finden sich keinerlei Aktien von Brauereien, Glückspielanbietern oder aus anderen – seit 1928 – abgelehnten Branchen.

Religiöse Fonds

Es gibt in den USA außerdem über 20 religiös orientierte Investmentfonds, die zusammen über eine Milliarde Dollar Volumen umfassen. Die Fondsvolumina erreichen in der Regel zweistellige Millionen-Dollarbeträge. Zu den Negativ-Anlagekriterien zählen – neben den üblichen »Sin-Stock-Ausschlüssen« – je nach religiöser Ausrichtung auch Themen wie Abtreibung, Bankgeschäfte (Zinsen) oder Verarbeitung von Schweinefleisch.

Hier eine Auswahl religiöser Fonds und ihre Anbieter im Internet:

- Amana Mutual Funds — www.amanafunds.com
- American Trust Allegiance Fund — www.allegiancefund.com
- LKCM Aquinas Funds — www.aquinasfunds.com
- Ave Maria Mutual Funds — avemariafunds.com
- CCIIM Catholic Values Trust — www.cciassetmanagement.org.au
- New Covenant Mutual Funds — newcovenantfunds.com
- Praxis Mutual Funds — www.everence.com
- Thrivent Financial for Lutherans — www.thrivent.com
- Timothy Plan Funds — www.timothyplan.com

Europa

Nach den USA beheimaten Frankreich (396 Fonds), Belgien (197) und die Niederlande (106) die breiteste Auswahl an Fonds und davon abgeleiteten Anlageinstrumenten (Quelle: Vigeo, www.vigeo.com, Stand: Mitte 2015, ohne Großbritannien). Auch nach dem Gesamtvolumen haben die französischen (47 Mrd. Euro) Ethik- und Umweltfonds in den letzten Jahren die britischen (20 Mrd. Euro) überholt, die belgischen Fonds erreichten 7 Mrd. Euro, für den deutschsprachigen Raum ergaben sich Ende 2015 rd. 45 Mrd. Euro Fondsvolumen (siehe Kapitel 2.6.2). Die Fonds (Sicav) nach luxemburgischem Recht sind dabei dem Land zugerechnet worden, in dem die Muttergesellschaft ihren Sitz hat.

Zu den weiteren Ländern, in denen teilweise schon seit über 20 Jahren Umwelt- und Ethikfonds auf dem Markt sind, zählen Spanien (23 Fonds) und Italien (19) und skandinavische Länder wie Schweden (43) und Dänemark (15). Eine Besonderheit stellen manche französische Fonds dar: Da sie als *Solidaritäts- und Arbeitsplatzfonds* konzipiert sind, kann ihre Wertentwicklung nicht mit den auf Gewinnmaximierung ausgerichteten internationalen Aktienfonds verglichen werden.

Kanada, Japan, Australien

Kanada ist nach den USA und Großbritannien das Land mit der längsten Tradition im Bereich des ethischen Investments. Inzwischen gibt es hier auch schon über zwei Dutzend nach verschiedenen ethisch-ökologischen Kriterien anlegende Investmentfonds. Die Anregungen dazu kamen vor allem von aktiven Verbänden kirchlicher und grüner kritischer Aktionärsinitiativen, die auf den Hauptversammlungen mit Forderungen nach mehr sozialer Gerechtigkeit und Umweltschutz auftraten. Nach einigen Jahren Stagnation brachten Firmen wie The Good Bankers Co. in den Jahren 1999/2000 frischen Wind in die Landschaft der japanischen Umweltfonds. Auch in Australien hat sich die Ethik- und Umweltfondsszene in den letzten Jahren – nicht zuletzt durch die Kooperation mit europäischen Banken bzw. Fondsgesellschaften – stark vergrößert. Sogar ein eigenes Monatsmagazin zum Thema »ethisches Investment« wurde gegründet.

2.6.5 Fondsindizes

Für die ethisch-ökologisch orientierten Fonds im deutschsprachigen Raum hatte sich der OeKB Sustainability Fund Index (OeSFX) der Oesterreichischen Kontrollbank AG als interessanter Gradmesser entwickelt, auch wenn er 2005 mit nur gut zwei Dutzend in Österreich zugelassenen, in- und ausländischen Fonds dieser Szene an den Start gegangen ist. Die Index-Entwicklung des OeSFX wurde bis Herbst 2015 auf Eurobasis mit dem Startzeitpunkt 1.1.2005 berechnet und war unter www.oesfx.at tagesaktuell abrufbar. Neben inhaltlichen Auswahlkriterien (z.B. mussten zumindest Rüstung und Atomkraft Ausschlusskriterien sein) hatten die Fonds auch formale Hürden zu nehmen, z.B. ein Mindestvolumen von drei Mio. Euro aufzuweisen.

Dieser Index ermöglichte es, die Wertentwicklung eines bestimmten Aktienfonds ab Ende 2004 mit jener des Gesamtmarktes der in Österreich zugelassenen ökologischen und nachhaltigen Aktienfonds zu vergleichen – und den Markt der ethisch-ökologisch orientierten Investmentfonds anzutreiben. Laut einer OeKB-Presseaussendung zeigte er schon beim Start eine große Wirkung: »Noch bevor der OeSFX erstmals veröffentlicht wurde, hat er schon etwas im Markt bewegt: Einige Fondsgesellschaften denken daran, ihre Veranlagungspolitik so zu ändern, dass ihre Fondsprodukte künftig im OeSFX berücksichtigt werden können.«

Damit hat der OeSFX „eine wichtige Pionierfunktion für Nachhaltiges Investieren in Österreich" erfüllt. Er wurde eingestellt, „weil inzwischen genügend andere Indikatoren und Analysemöglichkeiten zur Verfügung stehen." Mangels eines vergleichbaren Index für „konventionell" investierende internationale Aktienfonds wurde als Benchmark der MSCI- World-Aktienindex (in Euro) verwendet. Erstaunlicherweise hat der OeSFX zeitweise – als z.B. Erneuerbare-Energie-Aktien sehr gut liefen – den MSCI World outperformt, obwohl dieser nicht den Nachteil von im Schnitt jährlich bis zu 2 Prozent Fondsgebühren aufweist.

Kontakt:

- Oesterreichische Kontrollbank (OeKB),
  Am Hof 4, A-1011 Wien, www.oekb.at

2.7 Zertifikate

Im Gegensatz zu Investmentfonds stellen Zertifikate rechtlich gesehen kein vor dem Konkurs geschütztes „Sondervermögen" dar, sondern sind Inhaberschuldverschreibungen (Anleihen) eines Emittenten, in der Regel eines Kreditinstitutes. Zertifikate sind eine Art strukturiertes Wertpapier, das zumeist statt einer festen Verzinsung eine Teilhabe an der Kursentwicklung von anderen Wertpapieren bietet. Deshalb zählen sie zu den „derivativen" Wertpapieren. Die Emission von Zertifikaten ist eine Erfolgsgeschichte und hat viele Typen hervorgebracht wie Discount-, Bonus-, Express-, Index- oder Garantie/Kapitalschutz-Zertifikate. Das erste Zertifikat wurde bereits 1990 ausgegeben. So richtig durchgesetzt bei Privatanlegern haben sich Zertifikate spätestens 2003, als die ersten Bonus-Zertifikate ausgegeben worden sind. Einen Markteinbruch gab es im September 2008, als mit der Insolvenz der *Lehman-Brothers*-Bank als einem wichtigen Emittenten sichtbar wurde, wie sehr die Rückzahlungswahrscheinlichkeit von der Bonität des Emittenten abhängt. Inzwischen hat sich der Markt erholt. Allein in Deutschland liegt das Marktvolumen bei schätzungsweise fast 68,6 Mrd. Euro (Stand: 12/2015, zum Vergleich 06/2011: 109,3 Mrd. Euro, Quelle: Deutscher Derivate Verband). Die 16 größten Emittenten, deren Volumina regelmäßig abgefragt werden, kommen allein auf über 90 Prozent davon. Während für den Gesamtmarkt 2011 von über 500.000 verschiedenen Zertifikaten ausgegangen wurde, sind es

Ende 2015 über 1,3 Mio. Zertifikate. Über 520.000 entfallen auf Anlageprodukte, der größere Teil auf Hebelprodukte wie Optionsscheine, Faktor-Zertifikate und Knock-Out-Produkte. Größte Emittenten waren Deutsche Bank, DZ Bank, Hypo-Vereinsbank, Landesbank Hessen-Thüringen und Landesbank Baden-Württemberg (06/2015).

Nachhaltige Zertifikate tragen nur einen Bruchteil zum Gesamtmarkt bei. In ihrer aktualisierten Studie zum Markt für nachhaltige Zertifikate und Exchange Traded Funds in Deutschland, die ebenso wie aktuelle Marktinformationen beim Deutschen Derivate Verband veröffentlicht ist (www.derivateverband.de), kommen Stefan Schneider, Annett Baumast, Markus Scholand und Ernst Fahling für Ende 2011 (Mitte 2009) auf 310 (245) nachhaltige Zertifikate mit 10,2 (8,71) Mrd. Euro Emissionsvolumen, also durchschnittlich rund 33 (35) Mio. Euro Emissionsvolumen je Zertifikat. Nicht eingerechnet sind Zertifikate, die auf Einzelaktien bezogen sind, wie sie z.B. in Nachhaltigkeitsindizes enthalten sind. Nachhaltige Zertifikate wurden von 30 Kreditinstituten ausgegeben, besonders aktiv waren dabei gemessen an der Zahl der Emissionen Österreichische Volksbanken-AG, DZ Bank, UniCredit, Raiffeisen Centrobank und The Royal Bank of Scotland (RBS, einschließlich der Emissionen der übernommenen ABN Amro). Hinsichtlich des Volumens führten fast gleichauf Bayerische Landesbank, Erste Bank und Raiffeisen Centrobank. Viele Emittenten haben eigene Internetplattformen zu ihrem Angebot an Zertifikaten eingerichtet. Die RBS-Zertifikate wurden in das Angebot der BNP Paribas überführt, die jetzt als Ansprechpartner fungiert.

Wie bei Fonds kann man auch bei Zertifikaten schon mit kleinen Beträgen an der Kursentwicklung eines breit gestreuten Portfolios teilhaben. Ein schwerwiegender Nachteil im Vergleich zu den Anteilen an Fonds ist die Abhängigkeit von der Bonität des Emittenten. Als Inhaberschuldverschreibungen eines Kreditinstitutes sind Zertifikate grundsätzlich nicht von der (gesetzlichen) Einlagensicherung erfasst. Doch es gibt auch beachtliche Vorteile:

- Die Transparenz ist höher. Man weiß jederzeit genau, welche Aktien mit welcher Gewichtung im Korb enthalten sind, während Fonds nur zweimal im Jahr einen Rechenschaftsbericht (Jahres-/Halbjahresbericht) und meist monatlich ein Stichtagsportfolio publizieren.
- Die Kosten (Ausgabeaufschläge, Managementgebühren) sind meistens geringer, es fallen aber die banküblichen Kauf- und Verkaufsspesen an.

Steuerlich sind mit der Abgeltungsteuer in Deutschland Änderungen eingetreten, die dazu führten, dass Emittenten von ihrem Kündigungsrecht Gebrauch gemacht und Emissionen Mitte Juni 2009 fällig gestellt hatten. Insgesamt hat die Zahl der Zertifikate zugenommen, bei denen nicht von Anfang an ein Laufzeitende festgelegt wird („open end"); jedoch behält sich der Emittent in der Regel ein Kündigungsrecht vor. Einige der in der vorangegangenen Ausgabe des Handbuches vorgestellten Zertifikate können nicht mehr erworben werden. Dazu zählen u.a das Vontobel Klimaschutz Zertifikat, das im März 2014 gekündigt wurde, oder das Renewable Energy Zertifikat, RBS Climate Change & Environment (RBS Klimawandel) und RBS Ökoinvest Zertifikat, die im Mai 2015 gekündigt wurden.

Auf jeden Fall sollte man sich die Emissionsprospekte genau ansehen, auch was die Grundlage für die Kursentwicklung angeht. Denn z.B. enthält nicht jedes »New-Energy-Zertifikat« ausschließlich Titel aus dem Sektor erneuerbare Energien. Im New-Energy-Basket von ABN Amro waren beispielsweise auch Öl-Titel wie Royal Dutch oder BP enthalten. Die Lancierung von Zertifikaten mit dem Schwerpunkt Brennstoffzellen oder erneuerbare Energien erfolgte leider oft zu sehr ungünstigen Boom-Phasen, nahe an den Kurshöhepunkten. Nicht wenige dieser Zertifikate waren deshalb zeitweise stark im Minus. Neben Themen-Zertifikaten im Bereich Umweltschutz (Wasser, erneuerbare Energien, Brennstoffzellen) gibt es auch breiter angelegte Umwelt-/Ethik- bzw. Nachhaltigkeits-Zertifikate, die z.B. auf einem Ethik-Umwelt-Aktienkorb (Basket), einem regulären oder extra für das Zertifikat gebildeten Index basieren. Hier stellen wir nur stellvertretend vier Zertifikate von drei verschiedenen Emittenten vor. Detaillierte Informationen finden sich auf eigenen Zertifikate-/Derivate-Informationsseiten im Internet, z.B. von den großen Emittenten wie

- BNP Paribas (mit RBS) www.derivate.bnpparibas.com
- Deutsche Bank www.xmarkets.db.com
- DZ Bank www.dzbank-derivate.de
- Landesbank Baden-Württemberg www.lbbw-markets.de
- Société Générale www.sg-zertifikate.de.

BasketKlassik Garant Nachhaltigkeit 2012/3

Dieses von der DZ Bank mit drei Prozent Ausgabeaufschlag aufgelegte Garantie-Zertifikat mit einem Gesamtvolumen von 30 Mio. Euro bietet seit 13. April 2012 mit einer Laufzeit bis 23. Oktober 2018 einen Kapitalschutz in Höhe des Ausgabekurses von 100 Euro, der mindestens bei Fälligkeit zurückgezahlt wird. Als Höchstbetrag sind 155 Euro festgelegt. Dem Zertifikat liegt ein Aktienkorb mit den fünf Aktien Daimler, Deutsche Lufthansa, Deutsche Post, Veolio Environnement und Volkswagen zugrunde. Der Preis des Zertifikates ergibt sich aus der durchschnittlichen Wertveränderung der fünf Aktien im Vergleich zum Kurs bei Auflegung des Zertifikates (Startpreis) multipliziert mit dem Kapitalschutzbetrag.

WirtschaftsBlatt Green investor Basket

Das Index-/Partizipationszertifikat der Raiffeisen Centrobank AG, Wien, wurde im April 2011mit einem Startwert von 100 Euro zu 100,25 Euro ausgegeben. Es hat eine unbegrenzte Laufzeit und startete mit 30 gleich gewichteten Titeln im Aktienkorb, dem WirtschaftsBlatt Green investor Basket. Im Laufe der Zeit haben sich die Gewichtungen verändert bzw. können jährlich im Mai und November angepasst worden, es soll kein Titel auf einen Anteil von mehr als zehn Prozent kommen. Derzeit sind 29 Titel im Aktienkorb enthalten, darunter befinden sich Itv (9,2%), Adidas (5,7%), Legal and General Group (6%), Verbio Vereinigte Bioenergie (4,3%), LVMH Moet Hennessy Louis Vuitton (3,8%), BMW AG (3,8%), Sunpower Corp. (4,9%), EDP Renovaveis (3,3%) und Green Plains Renewable Energy (4,2%). Das Zertifikat ist an der Wiener Börse notiert (Geldkurs: 122,97/Briefkurs: 124,47, Stand: 03/2016), es fällt keine Managementgebühr an.

Solactive Asien Umwelt Index Zertifikate

Von der Deutschen Bank stammt dieses im Umfang von 0,5 Mio. Stück ausgegebene Indexzertifikat ohne Laufzeitbegrenzung. Es bietet die Möglichkeit, an der Entwicklung des Solactive Asien Umwelt Performance-Index (zuvor: S-BOX Asien Umwelt Performance-Index) zu partizipieren, den die 2013 in *Solactive AG* umbenannte *Structured Solutions AG* berechnet und der die Kursentwicklung asiatischer Unternehmen abbildet, deren Hauptgeschäftszweck darin besteht, moderne Umwelttechnologien und Produktionsweisen zu entwickeln oder einzusetzen. Dabei handelt es sich vor allem um die Bereiche erneuerbare Energien, Wasseraufbereitung und Müllverwertung.

Derzeit gehören 14 Werte dem Index an, die fünf gewichtigsten sind China Resources Power Holdings (11,9%), China Everbright International (11,5%), Guangdong Investment (11%), Beijing Enterprises Water Group (9,8%) und Hanwha Q Cells (9,4%).

Nach der Erstausgabe Ende März 2007 – zum Ausgabepreis von 100 Euro – startete das Zertifikat sehr erfolgreich. Als Folge der weltweiten Einbrüche der Börsenkurse schwankte der Kurs innerhalb der letzten fünf Jahre der Kurs jedoch zwischen 34,61 (11/2012) und 94,35 (04/2015) Euro und beschreibt das Potenzial der zugehörigen asiatischen Werte dieses Indexzertifikates. Es fällt eine Managementgebühr von 1,5 Prozent pro Jahr an.

Solactive Nachhaltige Forstwirtschaft

Der Solactive Forestry Index wurde als Grundlagen für dieses Zertifikat der Raiffeisen Centrobank ausgewählt. Der Index setzte sich zusammen aus den Aktien Canfor, Holmen, Potlatch, Rayonier, Sino-Forest, Stora Enso, Timbercorp., West Fraser Timber und Weyerhaeuser. Es läuft seit Mai 2008 auf unbestimmte Zeit und wurde zu 10 Euro ausgegeben. Im April 2015 wurde mit über 16,30 Euro das All-Zeit-Hoch erreicht, derzeit notiert das Zertifikat bei 13,50 Euro.

Ethisch-ökologische Zertifikate im Überblick

Inzwischen haben die meisten Indexzertifikate keine Laufzeitbegrenzung, sondern sind Open-End-Zertifikate. Die folgende Tabelle mit einer Auswahl reiht die Zertifikate nach der Performance im Jahresvergleich. Daten zu den Emissionsvolumina werden in der Regel nicht bekannt gegeben, sie liegen meist im ein- oder zweistelligen Millionenbereich.

Zertifikate auf erneuerbare Energien-, Wasser- und Nachhaltigkeits-Indizes

WKN	Zertifikat (Börseneinführung)	Fälligkeit	Kurs 31.12.14	Kurs 31.12.15	Perf.	Benchmark	
SG1ERX	ERIX Open End (24.10.2005)	open end	54,27 €	84,71 €	56,09%	STOXX Europe 600	+7,35%
ABN1DK	BNP Paribas Water (12.9.2005)	open end	226,37 €	268,24€	18,50%	MSCI World (Euro)	+0,84%
RCE08J	WirtschaftsBlatt Green investor Basket	open end	91,92 €	108,52 €	18,06%	MSCI World (Euro)	+0,84%
SG1WWX	WOWAX (10.2.2006)	open end	33,61 €	38,58 €	14,79%	MSCI World (Euro)	+0,84%
RCB2EQ	Wasserbasket (16.12.2005)	open end	16,15 €	18,45 €	14,24%	MSCI World (Euro)	+0,84%
AK0CK8	BasketKlassik Garant Nachhaltigkeit 2012/3	23.10.2018	127,96 €	133,76 €	4,53%	MSCI World (Euro)	+0,84%
RCB9VX	Solactive Nachhaltige Forstwirtschaft (02.05.2008)	open end	14,69 €	15,02 €	2,25%	MSCI World (Euro)	+0,84%
DB6GQB	Solactive Organic Food (6.10.2006)	open end	244,89 €	245,22 €	0,13%	MSCI World (Euro)	+0,84%
DB1UMW	Solactive Asien Umwelt (29.03.2007)	open end	65,45 €	65,18 €	-0,41%	MSCI World (Euro)	+0,84%
788888	FTSE4GOOD Index (10.9.2001)	open end	34,97 €	34,76 €	-0,60%	STOXX Europe 600	+7,35%
SG0SUN	SOLEX (30.3.2006)	open end	12,81 €	12,30 €	-3,98%	MSCI World (Euro)	+0,84%
SG9BEX	BIOX (7.6.2006)	open end	11,01 €	10,51 €	-4,54%	MSCI World (Euro)	+0,84%

Quelle: eigene Recherchen.

wikifolio Financial Technologies AG

Neben den Zertifikaten, die von Großbanken emittiert werden, gibt es seit 2012 eine neue Variante, die dem Trend des „sozialen" Börsen-Tradings im deutschsprachigen Raum Rechnung trägt. Unter dem Begriff „Wikifolio" werden - ähnlich wie beim Online-Lexikon Wikipedia - die Informationen bzw. Strukturen von den Nutzern selbst zusammengestellt. Die von der wikifolio Financial Technologies AG mit Sitz in Wien lancierte Internet-Plattform (wikifolio.com) macht es sehr einfach, sich mit eigenem Geld (meist ab rund 100 Euro) einem oder mehreren „Tradern" anzuschliessen, die ähnlich einem Fondsmanager Papiere kaufen und verkaufen. Das formelle Vehikel dafür bilden Zertifikate (mit jeweils eigener ISIN) des deutschen Wertpapierhändlers Lang & Schwarz AG. Neben einer fixen Gebühr von 0,95% p.a. – und dem Ausfallsrisiko des Emittenten – haben die Investoren auch eine Erfolgsprämie zu tragen. Deren Höhe kann der Trader (zwischen 5% und 30% des Zugewinns nach dem „high water"-Prinzip) zwar für sein „Musterdepot" selbst festlegen, muss sie dann aber mit Lang & Schwarz teilen.

Die verschiedenen Trader-Strategien, Transaktionen und Wertentwicklungen sind jederzeit online einsehbar. Seit dem Start Mitte 2012 summierten sich die Volumina der inzwischen über 3.000 investierbaren Wikifolio-Zertifikate auf über 300 Mio. Euro. Weitere rund 5.000 Wikifolio-Zertifikate sind noch nicht investierbar, weil dafür bestimmte Bedingungen erfüllt sein müssen: Erst frühestens 21 Tage nach dem Start des Musterdepots und mit mindestens 10 Vormerkungen von Interessenten in Höhe von insgesamt mindestens 2.500 Euro kann ein Wikifolio den Status von „publiziert" zu „investierbar" wechseln, d.h., es wird ein entsprechendes Wikifolio-Zertifikat aufgelegt, das dann gehandelt werden kann. Wenn der Trader mindestens 5.000 Euro eigenes Geld einsetzt, erhält er den Status „Real Money Trader".

Die Wikifolios kann man nach verschiedenen Kriterien suchen, z.B. nach dem Namen, der Performance oder dem bisher investierten Volumen: zu den größten gehören das seit Ende 2013 investierbare „Börse Online Nebenwerte" (11,7 Mio. Euro, ca. +51% Performance seit Beginn), das „Euro am Sonntag Offensiv" (6,4 Mio. Euro, ca. +22% seit Ende 2013) und das „Umbrella" des österreichischen Molekularbiologen „Ritschy" mit derzeit rund 5,0 Mio. Euro (rund +200% seit April 2013). Natürlich gibt es auch jede Menge Wikifolios, die im Minus liegen, manche wurden auch wieder geschlossen – und viele kommen gar nicht auf den Markt, weil sich zu wenig Interessenten dafür melden. Doch die Medienpräsenz ist groß, denn einige Medien betreiben (und bewerben) eigene Wikifolios, und neben dem Gründer und Vorstand Andreas Kern, SpeedInvest und Business Angels wie Michael Altrichter ist auch die Verlagsgruppe Handelsblatt an der Plattform beteiligt.

Bei mehr als 50 der Wikifolios gibt es ethische bzw. nachhaltige Auswahlkriterien. Diese „Öko"-Wikifolios haben Namen wie Echt Grün, Ecological Invest, ecovest, FuTecUS, Grünes Geld Global, Gutmenschentitel, Investieren wie SAM - nachhaltig!, Nachhaltige Megatrends, Nachhaltige und soziale Werte, Nachhaltige Zukunft, NEÖ Green Sustainable AB, NewEnergy, oekethic Nachhaltigkeit, Photovoltaik, Renewables, Solarboom 2.0, Solare Chance, Solarenergie, Solarenergy and more, Trade Green – Think Global oder Zukunfts-Portfolio.

Hier ein Blick auf das Beispiel Gutmenschentitel: Der „roadrunner" (Andreas Sauer) managt das im Februar 2013 emittierte Wikifolio, das inzwischen ein Volumen von rund 168.000 Euro hat und derzeit bei rund 250 Euro notiert (+150% seit Beginn, bei einer Mindestperformancegebühr von 5%). Er nennt es „das ideale Depot für Moralapostel und Weltverbesserer!" und sucht dabei u.a. nach Solar- und Windradunternehmen, Herstellern von Ökoprodukten und Unternehmen, die sich im „Kampf gegen Rechts" engagieren bzw. einen relativ hohen Frauenanteil in den Aufsichtsräten und Vorständen aufweisen. Im März 2016 hatte er neben Cash (27%) nur die fünf Titel Frosta (Performance +96%), Indus Holding (35% Gewichtung, 53% Performance), Jinko Solar (-5%), die Nordex-Windaktie (+685%) und den Fahrzeugzulieferer SHW (-20%) im Depot.
Man kann auf wikifolio.com auch nach einzelnen Aktien suchen, die in Wikifolios enthalten sind: Wenn man z.B. die ISIN von First Solar in das Suchfenster eingibt, ergeben sich 152 Wikifolios mit diesem Titel, wovon 72 investierbar sind.

Es kann auch nicht schaden, wenn Wikifolio-Investoren immer wieder mal auch einen Blick auf die finanzielle Situation der Emittentin aller Wikifolio-Zertifikate werfen, denn deren Werthaltigkeit ist letztlich nicht von den Portfolio-Inhalten, sondern von der Bonität dieses einen Unternehmens abhängig – die Pleite der Lehman Brothers 2008 führte auch zu Totalverlusten bei deren Zertifikaten. Die 1996 gegründete und seit 2006 börsennotierte Lang & Schwarz AG in Düsseldorf hat rund 50 Mitarbeiter und ist auf derivative Finanzinstrumente spezialisiert. Bei 3,146 Mio. Aktien (á 3 Euro) und einem Kurs von aktuell rund 18 Euro ist das Unternehmen mit rund 57 Mio. Euro bewertet. Auf Basis der vermeldeten Gewinne für die letzten vier Quartale ergibt sich ein KGV von rund 10. Der Börsenwert entspricht rund einem Fünftel des letzten Jahresumsatzes, die Dividendenrendite beträgt 2,9%, und die Fremdkapitalquote über 80%.

2.8 Risikokapital und Direktbeteiligungen

Damit »grüne« Ideen Realität werden können, braucht es nicht nur Ideengeber, sondern auch in einem sehr frühen Stadium („seed capital") schon Geldgeber. Viele Unternehmen werben so außerhalb des regulierten Börsenmarktes Kapital ein, z.B. über Genossenschaftsanteile, Genussrechte oder außerbörsliche Aktien (siehe Kap. 2.5.3). Natürlich ist auch bei börsennotierten Aktien oder anderen etablierten Finanzmarktprodukten ein Totalverlust nicht auszuschließen, aber das Risiko ist insofern gemindert, als es mehr gesetzliche oder mediale »Kontrollinstanzen« gibt, die Fehlentwicklungen frühzeitig aufzeigen können. Anders bei den Papieren des so genannten »grauen Kapitalmarkts«, der relativ unreguliert ist. Insbesondere »Wagniskapital« (Venture Capital, VC) wird bewusst riskiert, um neue Projekte oder Unternehmen zu finanzieren, von denen viele oft schon in den ersten ein bis vier Jahren wieder scheitern. Auf der anderen Seite sind die Gewinnaussichten für die Pionierinvestoren sehr hoch, wenn die Geschäftsidee am Markt gut ankommt oder man gar eine „zweite" Microsoft- oder Google-Aktie entdeckt hat, die den Investoren später tausende Prozent Gewinn bringt.

In der Vergangenheit haben viele Anleger ihr Kapital auch aus tiefer Überzeugung für die gute Sache bereitgestellt. Häufig war ihnen dabei nicht bewusst, welches Risiko sie eingehen. Nicht wenige haben fast ihr gesamtes Barvermögen in riskante Anlagen gesteckt – und viel davon verloren. Wagniskapital sollte immer nur einen kleinen Teil des investierten Vermögens ausmachen.

Angesichts zahlreicher Pleiten ist jedoch eine gewisse Ernüchterung eingetreten. Die Verluste haben großteils die hoch motivierten Anleger der ersten Stunde getroffen. Sie werden künftig vorsichtiger agieren. Durch drei-, vier- und fünfstellige Kursgewinne mancher Öko-Investments an der Börse – die Solarworld-Aktie stieg von 2002 bis 2008 um über 19.000 Prozent – angelockt, kamen seit den 2000er Jahren verstärkt neue Investoren in diesen Markt: Erfahrene Privatanleger, die bislang »konventionell« in Venture Capital investiert haben, und institutionelle Investoren, die attraktive und Erfolg versprechende Beteiligungen suchen.

Die folgenden fünf Abschnitte geben einen Einblick in die Welt der Genossenschaften, der Genussscheine, der ethisch-ökologisch orientierten VC- und Beteiligungsgesellschaften, und in die erst seit wenigen Jahren boomenden Crowd-Investment-Plattformen bzw. so genannten Nachrangdarlehen als eine Finanzierungsform, die gesetzlich weniger reguliert ist.

2.8.1 Genossenschaften

Die eingetragene Genossenschaft (eG) ist im Genossenschaftsgesetz (GenG) geregelt, ihr können sich beliebig viele natürliche oder juristische Personen als Mitglieder anschließen und übernehmen dann mindestens einen Geschäftsanteil. Die eG weist kein Mindestkapital auf. Wesentliches Merkmal ist die wirtschaftliche Förderung ihrer Mitglieder, die demzufolge Kunden der eG sind (Identitätsprinzip). Genossenschaften gibt es weltweit in den verschiedensten Wirtschaftssektoren mit einer oft sehr großen Bedeutung (www.monitor.coop). Seit 2006 gibt es mit der Europäischen Genossenschaft (SCE: Societas Cooperativa Europaea) eine der Europäischen Aktiengesellschaft vergleichbare europäische Rechtsform. Die SCE kommt in der Praxis höchst selten vor, ihre Einführung hat aber zu einigen Änderungen im nationalen GenG geführt (ausdrückliche Förderung von sozialen und kulturellen Belangen, Aufnahme von investierenden Mitgliedern).

Als soziale Erscheinung reichen die Wurzeln der Genossenschaften in Deutschland bis in die Mitte 19. Jahrhundert zurück, als die ersten neuzeitlichen Gründungen entstanden. Ein eigenes GenG erleichterte die weitere Entwicklung, seit 1867 in Preußen und seit 1873 in Österreich mit größerer Satzungsfreiheit geregelt. Neben Warengenossenschaften bildeten sich Volksbanken und Raiffeisenbanken (Kreditgenossenschaften), verbunden mit den Namen Hermann Schulze-Delitzsch und Friedrich Wilhelm Raiffeisen, als erste aus, um eine wirtschaftliche Mangelsituation für bestimmte Erwerbszweige zu lösen, insbesondere für die Bauern, Handwerker und kleinen Gewerbetreibenden. Vielfach bis heute haben sich diese Gründungen der Kreditgenossenschaften, ländlichen Genossenschaften, Waren- und Dienstleistungs-, Wohnungs(bau-) und Konsumgenossenschaften erhalten.

Inzwischen sind deutschlandweit über 18 Mio. Menschen Mitglieder der über 1.000 Kreditgenossenschaften (Österreich: über 2 Mio. bei den rund 490 Raiffeisenbanken und für 2017 geplanten rund zehn Instituten des Volksbankensektors). Die Dividende lag bei den deutschen Kreditgenossenschaften im Durchschnitt bei fünf Prozent, hier sind Höchstbeteiligungsgrenzen zu beachten. Besonders interessant sind Institute mit ethisch-ökologischem Bezug z. B. kirchliche Kreditgenossenschaften. 48 Wohnungsgenossenschaften bieten Mitgliedern und deren Angehörigen über eine Spareinrichtung attraktive Konditionen.

Eine Gründung ist schon ab drei (D) bzw. zwei (A) Personen möglich. Da eine eG jederzeit neue Mitglieder aufnehmen kann, besitzt sie eine Art „Daueremissionsrecht" im Gegensatz zur AG, bei der die Ausgabe neuer Anteile (Kapitalerhöhung) von der Aktionärsversammlung beschlossen und vom Aufsichtsrat genehmigt werden muss. Beispielsweise hatte die GLS Bank im Vorfeld der Integration des Ökobank-Geschäfts ihr Eigenkapital erfolgreich aufgestockt. Von der Ökobank eG hat sich die OEKOGENO eG, Freiburg, als Beratungs- und Finanzierungsgenossenschaft erhalten, die vor allem exklusiv für Mitglieder soziale und ökologische Beteiligungen anbietet. Ab einem Geschäftsanteil in Höhe von 33,71 Euro – auf diesen Wert wurden seinerzeit die 100-DM-Anteile an der

Ökobank eG reduziert - kann man jederzeit Mitglied werden (www.oekogeno.de), die Haftung ist auf den Geschäftsanteil begrenzt.

Der Geschäftsanteil ist anders als die Aktie kein Wertpapier und daher weder übertragbar noch handelbar. Ein Mitglied kann mehrere Geschäftsanteile übernehmen und diese einzeln kündigen. Das auf die Geschäftsanteile eingezahlte Kapital (Geschäftsguthaben) kann ganz oder teilweise auf ein anderes Mitglied übertragen werden.

Während in der AG jeder Aktionär über so viele Stimmen verfügt, wie er Aktien hält, bietet die eG sich für »basisdemokratische« Organisationen an: Jedes Mitglied hat grundsätzlich nur eine Stimme. Indirekt wird dieses Demokratieprinzip, wenn eine Vertreter- bzw. Delegiertenversammlung eingerichtet wird, auf der nur eine Mitgliedergruppe die Interessen für alle Mitglieder vertritt.

Im Vergleich zu anderen Rechtsformen mögen Gründung und Betrieb einer eG als relativ aufwändig gelten, Genossenschaften werden jedoch stark von den Verbänden und immer mehr auch im Zusammenhang bei sozialen Aufgaben von staatlicher Seite unterstützt und gelten als relativ „krisenfest". So nimmt die Zahl an Neugründungen zu, während die Zahl der „alten" Genossenschaften fusionsbedingt zurückgeht. Es finden sich Beispiele, wo Partner mit ähnlichen Interessen sich zur „Selbsthilfe" zusammenschließen, z.B. bei Ärzte-, Einkaufsgenossenschaften, oder (IT-) Dienstleistungsgenossenschaften oder sogar wieder bei Konsumgenossenschaften, die als Dorfläden entstehen. Reichhaltige Beispiele und Informationen nicht nur für Gründer finden sich auf der Seite des deutschen Dachverbandes, Deutscher Genossenschafts- und Raiffeisenverband e.V. (DGRV), Berlin: www.genossenschaften.de. Für Österreich geben die Seite der Raiffeisen-Revisionsverbände: www.kooperieren.at bzw. des Österreichischen Genossenschaftsverbandes (Schulze-Delitzsch): www.crowdcoopfunding.at Auskunft, auch über die Möglichkeiten und Grenzen genossenschaftlich organisierten Crowdfundings (vgl. Kapitel 2.8.4).

Ebenso engagieren sich die regionalen Prüfungsverbände, z. B. der Rheinisch-Westfälische Genossenschaftsverband, der die nordrhein-westfälische Landespolitik auf kommunaler Ebene unterstützt: Energiegenossenschaften und Bürgerenergieprojekte sind für die Akzeptanz der Energiewende vor Ort bedeutsam und wichtige Partner im Bereich Klimaschutz und Energiewende. Da ihre Zahl aufgrund geänderter rechtlicher Rahmenbedingungen (EEG: Erneuerbare-Energien-Gesetz) in den letzten Jahren rückläufig ist – 2014 gab es deutschlandweit nur 54 neue (2011: 167) – setzt die EnergieAgentur.NRW auf Beratung der Gründungen aber auch der bestehenden Vorhaben, auf Austausch und Vernetzung (Plattform Bürgerenergie und Energiegenossenschaften).

Auf Bundesebene gibt es die Bundesgeschäftsstelle Energiegenossenschaften beim DGRV, das unabhängige Bündnis Bürgerenergie e.V. (www.buendnis-buergerenergie.de) und z. B. das Forschungsnetzwerk Energiegenossenschaften. Vor Ort unterstützen Kreditgenossenschaften Projekte, deren Erträge den Mitgliedern der Genossenschaft – Bewohnern der Region – zufließen. Beispielsweise konnte zwei Jahre nach der Gründung im April 2012 die BürgerEnergie Neckar-Odenwald eG, Mosbach, 2015 erstmalig eine Dividende von 2,1 Prozent je Anteil in Höhe von 250 Euro ausschütten. Die Dividende der schön länger bestehenden Energiegenossenschaft Odenwald, Erbach, gegründet 2009, an der man sich ab 100 Euro beteiligen kann, lag für 2014 bei 2,5 Prozent. Ihr Partner und zusammen mit Kommunen Initiator, die Volksbank Odenwald, schüttete für das Geschäftsjahr 2014 wieder 5,8 Prozent Dividende an die Mitglieder aus (2014: über 43.500).

In jedem Fall sollte es sich nicht um eine reine „Dividendengenossenschaft“ handeln, sondern sollten die Mitglieder weitere Förderungsvorteile erhalten, idealerweise durch Strom-/Wärmeabgabe an sie oder eben exklusive Bankdienstleistungen.

Laut DGRV-Jahresumfrage im Frühjahr 2015 bei den fast 800 Energiegenossenschaften (einbezogen sind Gründungen ab 2006) lassen diese sich mit im Durchschnitt etwa 170 Mitgliedern charakterisieren, die mit je 3.350 Euro Geschäftsguthaben beteiligt sind. Im Mittelpunkt steht die Stromerzeugung. Die durchschnittliche Dividende 2014 betrug 3,59 Prozent (2013: 4,26%).

In Norddeutschland ansässig, versorgt die schon 1999 gegründete Greenpeace Energy eG (www.greenpeace-energy.de), Hamburg, inzwischen rund 111.000 Stromkunden, darunter etwa 9.000 Geschäfts- und Industriekunden, sowie rund 10.000 Gaskunden bundesweit mit „sauberer Energie“. Sie plant, finanziert, errichtet und betreibt Erzeugungsanlagen und bietet als Vermögensanlage eine Beteiligung am Unternehmenserfolg der Kraftwerke an. Der Genossenschaft gehören rund 23.000 Mitglieder an, sie erzielte 2014 einen Umsatz von rund 100 Mio. Euro und setzte 372 Mio. Kilowattstunden Leistung ab. 2013 wurde der fortgeschriebene Verlustvortrag ausgeglichen und konnten die Rücklagen dotiert werden. Nach über einer Mio. Euro Rücklagenbildung 2014 verblieb ein Bilanzgewinn von rund 0,7 Mio. Euro zur Zahlung einer Dividende an die Mitglieder von 5,5 Prozent. Der Geschäftsanteil beträgt 55 Euro.

Ein Beispiel aus Süddeutschland: 1997 hatten die Einwohner von Schönau im Schwarzwald mit Unterstützung der GLS Bank, darunter 1,48 Mio. Euro durch den GKG Energiefonds Schönau, das Stromnetz übernommen, weitere angrenzende Gemeinden sind seitdem hinzugekommen. Die Elektrizitätswerke Schönau (EWS) versorgen die Stadt mit dezentralem, ökologischem Strom und haben bundesweit über 2.000 neue „Ökostrom-Anlagen“ gefördert (www.ews-schoenau.de). Zum 30.04.2015 waren es ca. 160.000 Strom- und ca. 10.000 Gaskunden. Träger von insgesamt fünf operativen Tochtergesellschaften ist die

Holdinggenossenschaft Netzkauf EWS eG. 2014 wurde die Energie in Bürgerhand eG, Freiburg, integriert, die 2009 gestartet war, um einen Anteil an der Thüga AG, München, zu erwerben. Der Jahresüberschuss der Netzkauf EWS eG konnte 2014 um 0,56 Mio. Euro auf 2,74 Mio. Euro gesteigert werden. Die Mitglieder erhielten eine Dividende von 3,5 Prozent (insgesamt 0,99 Mio. Euro, was 36% des Jahresüberschusses entspricht). Derzeit werden nur neue Mitglieder aufgenommen, wenn sie Kunde einer Tochtergesellschaft sind, da die Netzkauf EWS über ausreichend Eigenkapital verfügt. Maximal können 100 Anteile zu je 100 Euro übernommen werden. Ende 2014 gehörten der Genossenschaft über 4.300 Mitglieder an.

GLS Bank, die Elektrizitätswerke Schönau und die NATURSTROM AG hatten auch das Genossenschaftsmodell für die Genussrechteinhaber der Prokon (nach deren Insolvenz) unterstützt und engagieren sich im Bündnis Bürgerenergie. In Richtung Netzübernahme geht auch die BürgerEnergie Berlin eG, die mit rund 2.300 Mitgliedern schon etwa 11 Mio. Euro Kapital eingesammelt hat.

Wie mit Genossenschaften auch die Meinungsvielfalt in den Medien gefördert werden kann, belegen zwei Beispiele: Die Berliner taz Genossenschaft ist seit 1992 die Trägergenossenschaft für die gleichnamige Tageszeitung (www.taz.de). Für die über 15.600 taz-Mitglieder ist „eine politische Rendite wichtiger als finanzielle Gewinne". Ein weiteres Beispiel, ebenfalls aus Berlin, ist die über 1.800 Mitglieder zählende LPG junge Welt e.G. (www.jungewelt.de). LPG steht für „Linke Presse Verlags-, Förderungs- und Beteiligungsgenossenschaft", statt einer finanziellen Rendite gibt es eine ideelle: „Jeden Morgen eine druckfrische, antikapitalistische Tageszeitung".

Die Gruppe von im sozialen (social business) oder kulturellen Bereich angesiedelten Genossenschaften nimmt zu und wird auch z.B. in der Zukunftsinitiative Sozialgenossenschaften Bayern (www.sozialgenossenschaften.bayern) direkt gefördert.

Hier einige Einzelbeispiele:
Anfang 2016 noch in Gründung befand sich Die WoGen Wohnprojekte-Genossenschaft e.Gen. i. Gr. (www.diewogen.at), Wien, mit deren Hilfe soziale, nachhaltige und inklusive Projekte, in denen Menschen aller Generationen wohnen und arbeiten sollen, entwickelt, errichtet und betrieben werden sollen. Eine Mitgliedschaft ist ab 1.000 Euro (10 Anteile zu je 100 Euro) möglich, je nach Art sind weitere Beteiligungen notwendig (objektbezogene Geschäftsanteile) oder möglich (investierende Mitglieder, mit inflationsorientierter Werterhaltsgarantie).

Die ALLMENDA Social Business eG (www.allmenda.com), Dornbirn, ist 2007 als Talent Dienstleistung und Handel e.Gen. aus dem Verein TALENTE Vorarlberg hervorgegangen. Sie organisiert für Gemeinden und Regionen Gutscheinsysteme und komplementäre Währungen mit zugehörigem IT-Service. Im Bereich regionale erneuerbare Energie fungiert die Genossenschaft als Plattform, um Projektinitiatoren und Investoren zusammenzuführen. Für Klein- und Kleinstbetriebe werden Kooperationen z. B. im Vertrieb und Marketing angebahnt und gefördert. Im Change Lab werden nachhaltige Projekte entwickelt und untersucht, z.B. zu den Themen Mobilität, Bienen oder Verhaltensveränderungen für einen enkeltauglichen Lebensstil.

Die 2010 gegründete und seit 2011 tätige B.A.U.M. Zukunftsfonds e.G. wurde 2015 umbenannt in B.A.U.M. Zukunftsgenossenschaft e.G. (www.baumzg.de), Hamburg. Sie plant und setzt Energie-Effizienz-Maßnahmen in Unternehmen und öffentlichen Institutionen um. Hier wird man Mitglied mit 100 Euro und gibt dann ein Mitglieder-(Nachrang-)Darlehen von mindestens 900 Euro (mit jährlich 4% verzinst, bei fünf Jahren Mindestlaufzeit). Der Geschäftsanteil wird nicht verzinst. Die B.A.U.M. Zukunftsgenossenschaft eG ist ein Projekt der Just Capital – Global Social Business Development GmbH, Hamburg, die vom Better economy / Besser Wirtschaften e.V. getragen wird. Eigentümer der Genossenschaft sind über 50 Mitglieder, derzeit laufen Projekte in einer Größenordnung von über 600.000 Euro, das Volumen der Nachrangdarlehen ist etwas geringer.

Die BioBoden Genossenschaft eG (www.bioboden.de), Bochum, betreibt Landwirtschaft, erwirbt Flächen auf Wunsch von Landwirten und verpachtet sie an diese. Über 1.370 Mitglieder haben mit Genossenschaftskapital von über sieben Mio. Euro eine Fläche von 465 Hektar gesichert. BioBoden kauft Betriebe und übergibt sie an Landwirte zur Bewirtschaftung und zur Umstellung auf ökologischen Betrieb und unterstützt bei der Vermarktung der Produkte. Eine Mitgliedschaft ist ab 1.000 Euro möglich, die erste Mitgliederversammlung findet 2016 statt. Die BioBoden steht in der Tradition der Förderung ökologischer Landwirtschaft durch die Gemeinnützige Treuhandstelle GTS, die spätere GLS Treuhand (vgl. Kapitel 2.1.1), und deren GTS Landwirtschaftsfonds und BioBodenGesellschaft (BBG), die aber nur einem kleinen Kreis Anleger offenstanden.
Für den Bereich der nachhaltigen tropischen Forstwirtschaft wurde Anfang 2016 in Hamburg die Waldmenschen eG (vgl. Kapitel 2 9.2) gegründet.

2.8.2 Genussrechte

Genussrechte bzw. Genussscheine ähneln vom Risiko her einer Aktie, von der Rendite her eher einer „gewinnabhängigen Anleihe". Sie verbriefen weder Stimmrechte noch Substanzanteile, dafür liegt die Dividendenrendite meist wesentlich höher als bei den Aktien des jeweiligen Unternehmens und – aufgrund des höheren Risikos – häufig mehrere Prozentpunkte über der Rendite von Staatsanleihen. Ausgegeben werden Genussscheine zur Finanzierung der Unternehmenstätigkeit, ohne dass dabei das Grundkapital erhöht werden muss, was zu einer Verwässerung bei den Aktien führen würde.

Genussrechtskapital hat meist eine bestimmte Laufzeit – bei mindestens fünf Jahren kann es gegebenenfalls als Eigenkapital bilanziert werden – und unterliegt oft längeren Kündigungsfristen. Es gibt aber auch unbefristete Genussscheine, z.B. die der in der Medizin- und Umwelttechnik tätigen Drägerwerk AG, von denen mehrere Serien aufgelegt wurden.

Meist setzt sich der jährliche Ertrag aus einer Mindestverzinsung und einer zusätzlichen Gewinnbeteiligung je nach Geschäftserfolg zusammen, so dass in Summe auch fünf bis acht Prozent keine Seltenheit sind. Auf jeden Fall ist es ratsam, sich vor einem Investment auch das Kleingedruckte in den Genussscheinbedingungen anzusehen. Auch im Öko-Sektor gibt es seit 2004 mehr als ein Dutzend verschiedener Genussrechtsemittenten.

Ein Nachteil fast aller dieser Genussscheine ist – neben dem Ausfallsrisiko aufgrund der Nachrangigkeit gegenüber anderen Gläubigern – die mangelnde Handelbarkeit. Selbst wenn erkennbar ist, dass es mit einem Unternehmen bergab geht, kann man die Papiere nicht verkaufen. Nur wenige Genussscheine wie die des Drägerwerk-Konzerns sind seit Jahrzehnten börsennotiert – und die UmweltBank AG stellt täglich im hausinternen Telefonhandel Kurse für die eigenen Emissionen. Die meisten UmweltBank-Genussscheine sind (nach meist mindestens fünf Jahren Laufzeit) bereits ausgelaufen.

Für die meisten Genussrechte in der folgenden Tabelle besteht keine Handelsplattform. Die Unternehmen kommen großteils aus dem Bereich erneuerbare Energien, einzelne aus nachhaltiger Forstwirtschaft, Verkehr oder Vermögensverwaltung: Die Frauenvermögensverwaltung AG wollte mit dem Kapital die erste „Frauenbank“ Deutschlands aufbauen, hat diesen Plan aber mangels Zuspruch schon vor Jahren wieder aufgegeben, und kauft ihre Genussscheine zurück.

Genussscheine von Unternehmen in nachhaltigen Branchen

Emittent	Internet	Handelbarkeit
100% Re IPP GmbH & Co KG	www.re-ipp.com	nein (Rückkauf)
ABO Wind AG	www.abo-wind.com	nein
Beutelsbacher Fruchtsaftkelterei GmbH	www.beutelsbacher.de	nein
BIO MERCATO seiVital GmbH	www.bio-mercato.de	nein
Bonergie GmbH & Co KG	www.bonergie.com	nein
Drägerwerk AG	www.draegerwerk.de	Börse
Energiekontor AG	www.energiekontor.de	nein
Enertrag Energiezins GmbH	energiezins.enertrag.de	nein
Frauen Vermögensverwaltung AG	www.frauenvermoegen.de	nein
GDZ - Genussrecht der Zukunftsenergien	www.reconcept.de	nein
German Pellets Genussrechte GmbH	www.german-pellets.de	ja (Insolvenz)

Emittent	Internet	Handelbarkeit
GLS Energie AG	www.gls.de	nein
Hanse Bioenergie Holding	www.hanse-bioenergie.de	nein
Imkerei Dr. Egbert Seibertz	www.imkerei.seibertz.de	nein
Ökoring Handels GmbH	www.oekoringcom	nein
PNE Wind AG	www.pne.de	nein
Planet Energy GmbH	www.planet-energy.de	nein
Solarcomplex AG	www.solarcomplex.de	nein
Sonne + Wind 2018	www.ms-green-energy.de	nein
solarplus GmbH	www.solarplus-dortmund.de	nein (dzt. keine)
UmweltBank AG	www.umweltbank.de	UmweltBank
Vollkornbäckerei Köhler e.K.	vollkornbaeckerei-koehler.de	nein

Die Emittenten sind unterschiedlich große Unternehmen: vom Einzelunternehmen Imkerei Dr. Egbert Seibertz, dessen Genussrechte ab 1.000 Euro neben dem „Standardzins von einem Prozent über der amtlichen Teuerungsrate" auch ein „Honigzinspaket" per Post liefern, bis zu großen Konzernen wie der Drägerwerk AG.

Aber selbst Unternehmen mit dreistelligen Millionenumsätzen wie die 1997 gegründete Prokon-Gruppe können insolvent werden, die Genussrechtsinhaber haben dabei einen erheblichen Teil ihres Geldes verloren. Wie in der letzten Handbuchausgabe geschildert, gehörte Prokon zu den größten, aber auch zu den umstrittensten Anbietern der Branche. Gerichtsurteile zugunsten von Instituten wie der Sparkasse Göttingen (2009) oder der Verbraucherzentrale Hamburg (2011) bestätigten, dass Prokon-Werbeslogans für Anleger irreführend waren. Auch das bayerische Fernsehen berichtete (im April 2011 in der Sendung „Kontrovers") über Prokon – mit dem Titel „Anlegerabzocke leicht gemacht". Hauptkritikpunkt war, dass auf den Prokon-Werbeflyern nur die Vorteile der Genussrechte, nicht aber die Gefahr des Teil- oder Totalverlusts erwähnt waren. Inzwischen ist ein Teilverlust – eine dreistellige Millionensumme – eingetreten. Die PROKON Regenerative Energien GmbH wurde auf mehrheitlichen Wunsch der Gläubiger in eine Genossenschaft umgewandelt, die nun – statt Genussrechtsinhabern – über 38.000 Mitglieder hat.

Ebenfalls im Windkraftbereich ist die Windwärts GmbH engagiert, die aufgrund von Verzögerungen bei Großprojekten die Genussrechte nicht mehr termingerecht bedienen bzw. tilgen konnte. Doch sie wurde nach der Insolvenz von der MVV Energie AG als neuem Investor aufgefangen und kann – mit verkleinerter Mannschaft – in Hannover weiter arbeiten. Die Genussrechte der GLS Energie AG (2008-2023, Kupon 5%) dienen u.a. der Finanzierung einer 1-MW-PV-Anlage. Durch die mehrheitliche Übernahme der juwi-Gruppe wurde aus der juwi renewable IPP GmbH & Co. KG die 100% RE IPP GmbH & Co. KG, und es gab ein Rückkaufangebot für die zwei Genussschein-Tranchen 2010/2020 und 2011/2021 im

Gesamtvolumen von rund 29,4 Mio. Euro.

Einige Gesellschaften wie z.B. die Bonner Murphy&Spitz Green Energy AG haben für den Ausbau der Energieerzeugungskapazität (Photovoltaik- und Windenergie) neben Anleihen als weitere Fremdkapitalquelle auch Genussrechte ausgegeben. Das „Genussrecht Sonne + Wind 2018" ist z.B. mit einem Fixzins ausgestattet (6,0% p.a. bei halbjährlicher Auszahlung). Es besteht ein Kündigungsrecht zum 31. Dezember 2018, anschließend alle zwei Jahre, letztmalig zum 31. Dezember 2030. Derzeit betreibt die Murphy&Spitz Green Energy AG neben einer 2-MW-Windenergieanlage zehn Photovoltaik-Anlagen mit einer Gesamtleistung von rund 3,6 MW in Deutschland, Italien und der Tschechischen Republik, die jährlich über 7,6 Mio. kWh Solarstrom liefern.

Die Bio-Vollkornbäckerei Köhler in Würzburg-Rottenbauer hat 2008 angeboten, sich mittels Genussrechten zu je 1.000 Euro zu beteiligen. Neben der finanziellen Rendite (dzt. rund 3%, früher mehr) gibt es Rabatte beim Einkauf. Rund zwei Dutzend Anleger haben rund 200.000 Euro investiert, neue Genussrechte werden nicht mehr ausgegeben. Es gibt eine Reihe von Kleinunternehmen, bei denen das Volumen fallweise auch weniger als 100.000 Euro beträgt, bei größeren Unternehmen sind es meist ein- bis zweistellige Millionensummen.

Die Energiekontor AG zahlte beispielsweise den Inhabern ihres 2010 ausgelaufenen „7 x 7 Wetterzins"-Genussscheins eine jährliche Rendite von sieben Prozent auf sieben Jahre (Volumen 5 Mio. Euro, Mindestanlagesumme 2.500 Euro). Mit dem Geld wurden Windparkprojekte, die schon eine Baugenehmigung hatten, zwischenfinanziert. Ähnliches gilt für die Genussscheine der ABO Wind AG. Sieben Prozent und einen erfolgsabhängigen Bonus bot auch die PNE Wind AG. Während der Laufzeit (2004-2014) des PNE-Genussscheins haben die Anleger – nachdem 2005 ein dreistelliger Millionenverlust samt Liquiditätskrise bekannt geworden war – große Kursschwankungen erlebt. An der Börse Stuttgart, an der die meisten Genussscheine in Deutschland gelistet sind, lag der Kurs des Papiers 2009 z.B. bei 50%, im Mai 2011 bei 110%.

„Sonnige" Genussscheine zur Finanzierung von Solarkraftwerken im Bodenseegebiet bietet seit 2003 die Solarcomplex AG (3%, früher 4% Verzinsung, Minimum 1.000 Euro). Für 2014 konnte Vorstand Bene Müller nicht nur einen starken Anstieg des Umsatzes (+35% auf 9,5 Mio. Euro), sondern auch des Reingewinns (+48% auf rund 298.000 Euro) verkünden, der fast voll (0,04 Euro pro Aktie) als Dividende an über 1.000 Aktionäre ausgeschüttet worden ist. Die Bilanzsumme betrug 2014 rund 55 Mio. Euro, das Anlagevermögen 47 Mio. Euro, und die Eigenkapitalquote 24 Prozent. Durch die Ausgabe weiterer Aktien (zum Preis von 2,50 Euro) wurden 2015 vor allem neue Windkraftanlagen und Wärmenetze finanziert wie z.B. ein Wärmenetz in Wald bei Sigmaringen, das z.B. dem dortigen Kloster jährlich rund 200.000 Liter Heizöl spart. Der außerbörsliche Kurs der Aktie hat sich in den letzten Jahren im Schnitt von 1,90 Euro auf 2,41 Euro erhöht, was per 31.12.14 einem Unternehmenswert von 17,3 Mio. Euro entspricht.

2.8.3 Venture Capital- und Beteiligungsgesellschaften

Beteiligungsgesellschaften investieren das Geld ihrer Anleger meist direkt in die Finanzierung junger Unternehmen. Anleger können die Wirkung ihres Kapitals also unmittelbar nachvollziehen. Weil viele dieser Pionier-Unternehmen aber in den ersten drei bis fünf Jahren ihres Bestehens scheitern, versuchen Beteiligungsgesellschaften das Risiko des Einzelinvestments zu streuen. Sie gehen beispielsweise 10 bis 20 Beteiligungen ein, von denen dann durchaus 30 Prozent oder mehr ausfallen dürfen, wenn die anderen halbwegs gut laufen und damit die Verluste mehr als ausgleichen können. Auch im ethisch-ökologischen Investmentbereich sind – vor allem nach dem Jahr 2000 – einige solcher Beteiligungsgesellschaften entstanden, die ihrerseits wieder Geld von risikobereiten Investoren einsammeln – meist über die Ausgabe von Aktien. Einige davon wie z.B. die ADVENGYS AG, Cleantech Invest AG, Envire Holding AG, Hermerlin Öko-Beteiligungs AG, New Energies Invest AG, NEW Umwelt AG, Ökologik Ecovest AG, Sustainable Performance Group AG oder Umho Umwelt Holding AG haben (meist nach Total- und Teilausfällen im Portfolio) wieder aufgegeben und wurden liquidiert, fusioniert oder für andere Zwecke umgestaltet.

Die Ende 2009 in Berlin gegründete MAMA Sustainable Incubation AG (Vorstand Volker Weber) suchte „erfolgversprechende nachhaltige Technologien", hatte aber mit den ausgewählten Projekten wenig Glück und hat nun kaum mehr Geld für weitere Investments. Durch hohe laufende Kosten sowie z.B. die Liquidation der „CO2-Online-Coach"-Firma Ecogood GmbH (2014) mit rund 0,6 Mio. Euro Verlusten und die Insolvenz des Höhenwind-Unternehmens NTS Energie- und Transportsysteme GmbH (2015) waren die MAMA-Verluste schon Ende 2012 mit über 4,9 Mio. Euro höher als das eingezahlte Eigenkapital.

Hier einige Beispiele – in alphabetischer Reihenfolge – von noch bestehenden aktiven Gesellschaften aus Deutschland und der Schweiz:

ADEV Energiegenossenschaft

Ausschließlich im Bereich erneuerbarer Energien – vor allem im Betrieb von Kleinwasserkraftwerken, Solarstromanlagen und Windkraftwerken – bewegt sich die 1985 gegründete ADEV Energiegenossenschaft. Sie ist Initiatorin und Hauptaktionärin der drei Unternehmen ADEV Wasserkraftwerke AG (11.862 Aktien à 1.000 CHF), ADEV Solarstrom AG (23.628 Aktien á 500 CHF) und ADEV Windkraft AG (16.289 Aktien mit Nennwert 290 CHF). Zwischen den Kapitalerhöhungen können diese Aktien auf der Nebenwerteplattform der Berner Kantonalbank (www.otc-x.ch/markt) erworben werden. Das Genossenschaftskapital (von rund 650 Genossenschaftsmitgliedern) betrug Ende 2014 knapp 1,6 Mio. Schweizer Franken, die in den letzten Jahren mit 2,0 bis 2,5 Prozent verzinsten Direktdarlehen von GenossenschafterInnen machten rund 9,5 Mio. Schweizer Franken aus.

Die ADEV („Arbeitsgemeinschaft für dezentrale Energieversorgung") managt alle drei Tochtergesellschaften und hält jeweils immer mindestens 34% der Stimmen.

Der Nennwert der Genossenschaftsanteile beträgt 500 Schweizer Franken für natürliche Personen und 2.000 Schweizer Franken für juristische Personen, fallweise geben die ADEV-Tochtergesellschaften auch Obligationen aus.

Kontakt:

- ADEV Energiegenossenschaft,
  Kasernenstrasse 63, CH-4410 Liestal, Tel.: 0041/61/927 20 48,
  www.adev.ch

Bio Bauern Beteiligungs AG

Wie der Name vermuten lässt, beteiligt sich die 2001 gegründete Gesellschaft an Unternehmen bzw. Investitionen im Bereich Landwirtschaft und Lebensmittel, z.B. an Molkereien in Upland und Andechs. Alleinvorstand Ralf Lottmann kalkulierte anfänglich mit einer Rendite von drei Prozent – diese Marke wurde 2013 und 2014 auch annähernd erreicht: Bei 221.000 bzw. 320.000 Aktien zu je 1 Euro fiel ein Gewinn von jeweils über 8.500 Euro an. Den schon für 2003 geplanten außerbörslichen Handel gibt es aber bis heute nicht. Eines der Ziele ist die „Steigerung der Effizienz durch Kosten senkende Kooperationen und die Nutzung gemeinsamer Synergieeffekte in der Vermarktung".

Kontakt:

- Bio Bauern Beteiligungs AG,
  Korbacher Str. 9, D-34508 Willingen, Tel.: 0234/687050, keine Homepage

Coopera Beteiligungen AG

Seit 1990 beteiligte sich die Gesellschaft (CBAG, Aktienkapital 17 Mio. CHF) in Form von Anteilen oder Darlehen an nicht börsennotierten Unternehmen, u.a. im Bereich der ökologischen Landwirtschaft, im Öko-Textilbereich (Remei AG) und bei Öko-Hotels (L'Aubier SA). Über die Bio Development AG ist man indirekt auch mit 74 Prozent an der größten Bio-Grosshändlerin der Schweiz, der Bio Partner Schweiz AG, der Schweizer Demeter-Molkerei Biomilk AG und der deutschen Bio-Großhändlerin Phönix GmbH beteiligt. Mit im Portfolio ist auch die eWin AG (Mikroraumklima/nachhaltige Haustechnik). Der Gewinn der CBAG lag in den Jahren 2010 bis 2014 im Schnitt bei rund 466.000 Schweizer Franken. Die Dividende betrug zuletzt (2014) vier Prozent.

Kontakt:

- Coopera Beteiligungen AG,
  Talweg 17, Postfach 160, CH-3063 Ittigen, Tel.: 0041/31/9222822,
  www.coopera.ch

New Value AG

Die 2000 gegründete, börsennotierte schweizerische Beteiligungsgesellschaft fördert – vor allem in den Bereichen Cleantech und Health – „innovative Geschäftsmodelle mit Venture Capital und begleitet diese bis zum Markterfolg". Das Portfolio umfasst Beteiligungen u.a. an der Bogar AG (Tiergesundheit), Idiag AG und Sensimed AG (Medizinaltechnik), der Silentsoft AG (Energieeffizienz-Software) und Swiss Diagnostic Solutions AG.

Während in den Anfangsjahren durch die Börsengänge der Beteiligungen 3 S Swiss Solar Systems AG bzw. der Meyer Burger Technology AG hohe Gewinne anfielen, gab es in den Jahren danach hohe Verluste, u.a. auch durch den Ausfall von Darlehen. Per Ende Februar 2016 wies das Unternehmen als „Net Asset Value" pro Aktie 2,61 Schweizer Franken aus, der Börsenkurs lag mit 1,30 Franken nur halb so hoch. Im März 2016 wurden die 38,2 Prozent New-Value-Aktien der in Liquidation befindlichen Genfer Investorin Pégase International SA an andere Aktionäre verkauft, das Unternehmen war danach – bei einem Kurs von über 1,50 mit gut 5 Mio. Schweizer Franken bewertet.

Kontakt:

- New Value AG,
  Zugertstr. 8a, CH-6340 Baar, Tel.: 0041/43/3443838, www.newvalue.ch

SOLVIVA AG

Das 1992 gegründete Winterthurer Unternehmen war (unter den früheren Namen VTZ Oeko Casa AG bzw. zuletzt OC Group AG) mit den drei Beteiligungen Enercontract AG, Eco Bauhaus AG und Pflegeheim Berntor AG in den Bereichen Energie, Immobilien und Alterspflege tätig und bot Beteiligungsmöglichkeiten in Form von Anleihen und Aktien (z.B. 2001 mittels Kapitalerhöhung zum Preis von 24 Franken, Aktienkapital 2015: rund 3,74 Mio. CHF) an. Inzwischen hat man sich konzentriert auf „Betrieb, Beratung und Führung von Pflegezentren, betreuten Wohnungen und Spitexunternehmen". Die SOLVIVA AG hat rund 240 private und institutionelle Aktionäre, die Familie des Präsidenten Willi Gyger hält 77 Prozent.

Kontakt:

- SOLVIVA AG,
  Wartstrasse 131, CH-8400 Winterthur, Tel.: 0041/52/50803-20,
  www.solviva.ch

Sonne+ Wind Beteiligungen AG

Für die von der Ökoworld AG (ehemals versiko AG) im Jahr 2000 gegründete Beteiligungsgesellschaft wurde ein Paket von über 30 teilweise börsennotierten, großteils aber geheim gehaltenen Beteiligungen vorwiegend im Bereich erneuerbare Energien geschnürt. Bei der ersten öffentlichen Kapitalerhöhung wurde ein Agio von fast 100 Prozent auf den damaligen Wert (4 Euro pro Aktie) dieses „Überraschungspakets" verlangt, inzwischen (März 2016) notiert die Aktie mit 0,04 Euro auf Penny-Stock-Niveau. 2014 hat die CRESCES Clean Technologies GmbH & Co. KGaA von der Ökoworld AG ein 39 Prozent-Paket an der S+W übernommen. 2015 wurde eine der letzten Beteiligungen (an der SolarC Innovative Solarprodukte GmbH) verkauft. Doch statt der Konzentration auf „Beteiligungen an wachstumsstarken Frühphasen-Unternehmen in den Cleantech-Segmenten Energieerzeugung, Energiespeicherung sowie Energieeffizienz" war Vorstand Alexander Romahn laut Geschäftsbericht 2014 (Bilanzverlust über 10 Mio. Euro, erstmals ein nicht durch Eigenkapital gedeckter Fehlbetrag) schon froh, „wenigstens die Existenz des börsennotierten Mantels" zu erhalten. Umsätze im neuen Geschäftsfeld Energie-Brokerage wurden 2014 noch nicht erzielt: „seit April 2015 haben wir eine Beratungs- und Vermittlungstätigkeit für gebrauchte Windenergieanlagen begonnen, die zukünftig eine größere Rolle spielen könnte", so Romahn.

Kontakt:

- Sonne + Wind Beteiligungen AG,
  Waghäuseler Str. 10E, D-10715 Berlin, Tel.: 030/6891 0493,
  www.sonnewindag.com

2.8.4 Crowd-Investments und -Plattformen

2007 fanden sich über www.myfootballclub.co.uk 20.000 Fans (eine „crowd" aus 80 Ländern), um für 35 Pfund jährlicher Mitgliedsgebühr den britischen Fußball-Club Ebbsfleet United zu übernehmen, um ihn fortan „demokratisch" weiterzuführen: Über Internet-Abstimmungen werden nicht nur Ticketpreise, sondern auch die Mannschaftsaufstellung und Spielertransfers fixiert. Ein typisches Beispiel einer ähnlichen „Schwarmfinanzierung" mit Kleinbeträgen im Finanzbereich war in den 1980er Jahren die Ökobank. Nach einem Aufruf aus der Friedens- und Umweltbewegung Anfang der 80er Jahre dauerte es über vier Jahre, bis 1988 von tausenden Genossenschaftsmitgliedern (1 Anteil kostete 100 DM) die für eine Bankgründung nötige Summe (damals rund 5 Millionen Euro) aufgebracht war (die Ökobank ist inzwischen in der GLS Bank aufgegangen, siehe Kap. 2.1.1).

Zu den deutschen „Crowd"-Plattform-Pionieren gehört die 2006 lancierte Seite www.sellaband.com, über die Musiker z.B. Geldgeber für CD-Produktionen finden. Allein für die TV-Serie „Stromberg" wurde über eine Million Euro eingesammelt. Neben dem Crowd-Investing, bei dem meist (stimmrechtslose) Beteiligungen in Form von nachrangigen (bzw. partiarischen) Darlehen, seltener auch Genussrechte oder (atypisch) stille Beteiligung angeboten werden, gibt es auch Crowd-„Reward"- oder „Donating"-Portale wie z.B. www.100-days.net, bei denen es um Sachprämien oder Spenden geht. Seit 2012 liegt das weltweite „Crowd-Volumen" jährlich bereits bei mehreren Milliarden Euro und weist hohe jährliche Wachstumsraten – bisher meist über 100 Prozent – auf. Auch viele Solaranlagen werden so finanziert, in den USA z.B. durch die Firma Mosaic, in Deutschland durch Bürgersolarpark-Genossenschaften, die z.B. auf www.crowdEner.gy (ab 500 Euro pro Investor) zu finden sind. In Deutschland dürfte das Volumen 2016 die 100-Mio.-Euro-Grenze überschreiten, in Österreich waren es 2015 gut acht Mio. Euro (allein an die GmbH des Fußballklubs Rapid Wien gingen innerhalb weniger Wochen rund drei Mio. Euro).

Bettervest sieht sich als „Pionier im Bereich Energieeffzienz", Econeers hat als Tochter des deutschen Marktführers Seedmatch einen großen Startvorteil, was die schon vorhandenen Investoren angeht. In Österreich haben über www.greenrocket.com – neben den „Tyroler Glückspilzen" und einigen anderen Unternehmen im Ökobereich – auch Solar-Start-ups schnell sechsstellige Summe erhalten, z.B. die Linzer Quantum PV GmbH, die sich auf die Effizienzsteigerung von Photovoltaikmodulen mittels Nanobeschichtung spezialisiert hat, oder die Grazer SunnyBag GmbH, die Umhängetaschen und Rucksäcke mit solarer Energieversorgung produziert.

Von den über 5.000 deutschen Unternehmen und Projekten, die inzwischen auf Dutzenden von Crowd-Plattformen zu finden waren, haben rund die Hälfte auch genügend Investoren gefunden. Im Öko-Bereich sieht Klaus-Martin Meyer vom Crowdstreet.de-News-Portal mit Green Rocket, Bettervest und Econeers drei führende Player und ist „skeptisch, ob weitere Nischenplayer des Ökosegmentes relevante Größenordnungen erreichen werden". Auch Oliver Gajda vom European Crowdfunding Network rechnet damit, dass viele Plattformen wieder verschwinden werden, wenn sie nicht professioneller werden bzw. ihre Aufnahmekriterien verschärfen, um die Quote späterer Pleiten wie beim Hotelvermittler betandsleep oder foodiesquare (mit über 0,5 Mio. Euro Totalverlust bei fast 700 Anlegern) senken zu können. Bei www.welcomeinvestment.com entscheiden nicht die Portalbetreiber, sondern die Nutzer, welche Unternehmen überhaupt in die Finanzierungsphase kommen. Die deutsche BERGFÜRST Bank AG, die der Crowd nur stimmberechtigte Aktien angeboten hat, bietet auch einen Handel an und hat sich schon 2014 zur „echten" Bank gemausert.

Es gibt auch Fälle, in denen Angebote auf Plattformen stehen, obwohl die betreffenden Unternehmen eigentlich konkursreif sind. Bei der Medical Implant Competence GmbH hieß es z.B. auf der regionalfunding-Plattform: „Auf Grund geänderter Umstände zieht die Medical Implant Competence GmbH ihr öffentliches Angebot zur Zeichnung von Genussrechtsanteilen … im Gesamtvolumen von insgesamt EUR150.000 zurück und bricht daher die laufende Emission mit sofortiger Wirkung ab." Die geänderten Umstände: Anfang 2016 musste das 2010 gegründete Wiener Unternehmen Konkurs anmelden.

Ähnlich erging es der Berliner NTS Energie- & Transportsysteme GmbH, deren

3,5 Mio.-Euro-Projekt „X-Wind II“ von der Plattform Deutsche Mikroinvest im Oktober 2014 als das größte deutsche Crowdinvesting-Projekt angekündigt wurde. Doch schon kurz nach dem Start Ende 2014 überraschte NTS seine Geldgeber mit einem Insolvenzantrag, der mangels Masse abgelehnt worden ist. Auf der Seite www.crowd-investment.de sind allein zwischen Mitte 2013 und Mitte 2015 fast zwei Dutzend solcher „Crowd-Pleiten“ in Deutschland aufgelistet, großteils mit sechsstelligen Summen.

Die Zahl der registrierten Investoren reicht von meist 1.000 bis 10.000 und über 300.000 (bei startnext). Manche Plattformen wie crowd-investment.eu (Betreiber SolteQ Energy GmbH) oder www.greenvesting.com sammeln Darlehen großteils nur für eigene Projekte, z.B. bestimmte Wind- oder Solarkraftwerke.
Die Wiener Conda AG hat inzwischen mehrere andere Plattformbetreiber wie z.B. die deutsche www.bankless24.de übernommen und tritt unter der englischsprachigen Seite conda.eu auch in Ländern wie der Slowakei auf. Oneplanetcrowd, die „größte, auf Nachhaltigkeit fokussierte Crowdfundingplattform in den Niederlanden“, wurde 2015 auch auf dem deutschen Markt aktiv.

Während viele Plattformen oft noch sehr junge, teilweise noch umsatzlose Unternehmen präsentieren, konzentriert sich die Wiener Finnest GmbH auf Finanzierungen für schon einige Jahre bestehende, profitable Unternehmen, die bereits Millionenumsätze machen. Als erstes Unternehmen erhielt so die Biogena Naturprodukte GmbH & Co KG Ende 2015 die Summe von 500.000 Euro zu einer Verzinsung von 6 Prozent von Investoren mit einem durchschnittlichen Betrag von 15.000 Euro.

Die nachfolgende Übersicht enthält ausgewählte Crowd-Investment-Plattformen in D-A-CH, über die auch ökologisch und/oder sozial interessante Unternehmen finanziert wurden oder werden:

Plattform-Website	online seit	Beispiele
www.1000x1000.at	2012	Woodero GmbH (ins.), Greenride GmbH
www.bergfuerst.com	2013	Urbanara Home AG
www.bettervest.de	2013	Green Technology Consulting GmbH
www.c-crowd.com	2011	SuitArt AG
www.companisto.com	2012	ENIO GmbH
www.conda.at	2013	Wohnwagon GmbH, Kaahée R&D GmbH
www.crowdEner.gy	2013	PV-Betreiber-Genossenschaften
www.crowd-investment.eu	2015	SolteQ Energy GmbH
www.dagobertinvest.at	2016	Flybelt GmbH
www.dasErtragReich.at	2014	KTB Klima- und Sonnenschutztechnik G.
www.deutsche-mikroinvest.de	2012	NTS GmbH (insolv.), Alga Pangea GmbH

Plattform-Website	online seit	Beispiele
www.econeers.de	2013	DZ-4 GmbH
www.finnest.at	2015	Biogena Naturprodukte GmbH & Co KG
www.fundernation.eu	2014	EnerKite GmbH
www.fundsters.de	2012	Vierfreunde GmbH
www.greenrocket.at	2013	BikeCityGuide Apps G., SunnyBag GmbH
www.greenvesting.com	2014	Mobile Solarkraftw. Afrika GmbH &Co.KG
www.investiere.ch	2010	Agile Wind Power AG
www.kapitalfreunde.de	2012	RE-sponsibility GmbH
www.innovestment.de	2011	Sonnenrepublik GmbH (ins.), WeGreen UG
www.leihdeinerumweltgeld.de	2013	SolarArt Kraftwerk 1 KG
www.oneplanetcrowd.de	2012	Moringreen GmbH
www.regionalfunding.at	2014	Schilift Unterberg GmbH
www.seedmatch.de	2011	Protonet GmbH
www.startnext.de	2013	Fairnopoly eG
www.welcomeinvestment.com	2014	vairRes GmbH
www.wemakeit.com	2012	Band „The bianca Story“

Quelle: Öko-Invest

Bei den reinen „reward based“-Plattformen wie z.B. www.fundraizer.at kann man nicht investieren, sondern z.B. vorab Produkte erwerben oder erhält andere Dinge oder Dienstleistungen für sein Geld. Über die Plattform 1000x1000.at hat die Wiener Oekostrom AG steckdosenfertige 105 Watt- Photovoltaikanlagen namens „Simon“ angeboten: Die ersten 1.000 Investoren bzw. Käufer erhielten diese zum Preis von 499 Euro, später lag der Preis 100 Euro höher.

Die wemakeit.ch GmbH ist als größte Schweizer Crowdfunding-Plattform für kreative Projekte in den Bereichen Kunst, Musik, Film und Design bekannt geworden. Dabei geht es nicht um Unternehmensbeteiligungen oder Darlehen, sondern die Unterstützer erhalten für ihr finanzielles Engagement von den Künstlern individuelle Belohnungen wie signierte Bücher, Erst-Editionen von Bildern und Fotos, Einladungen oder andere exklusive Gegenleistungen. Es gibt auf der Plattform auch spezielle „Channels“ wie z.B. den des Casinotheaters Winterthur, über die ausgewählte Bühnenprojekte u.a. aus den Bereichen Kabarett und Comedy unterstützt werden können. In den ersten vier Jahren wurden so – von über 90.000 Unterstützern – über 13 Mio. Euro für über 1.600 Projekte gesammelt, was einer Erfolgsquote von 66 Prozent entspricht.

In Österreich ist seit Jahren – über einen Verein – die Crowd-(Spenden-) Plattform www.respekt.net aktiv, die vor allem gesellschaftspolitisch relevante Projekte unterstützt. Erst im 2. Quartal 2016 will sich die Crowd4Climate (www.crowd4climate.org) als „Plattform zur Beteiligung an Klimaschutzprojekten in Entwicklungsländern“ positionieren.

2.8.5 Darlehen und Nachrangdarlehen

Im Gefolge der in den letzten Jahren modern gewordenen Crowd-Investment-Plattformen hat die Finanzierungsform der Nachrangdarlehen für Unternehmensfinanzierungen – auch von Start-up-Unternehmen – einen großen Aufschwung erlebt. Und das obwohl der nachrangige Darlehensgeber keinerlei Mitbestimmungsrechte hat und im Liquidations- oder Insolvenzfall mit seinen Rückzahlungsansprüchen hinter alle anderen „vorrangigen" Gläubiger wie Banken oder Lieferanten zurücktritt, also automatisch immer die rechtlich schwächste Position einnimmt.

Trotz einiger Unternehmenspleiten (mit Totalverlusten für die Anleger) übt diese Form nach wie vor eine große Faszination aus: Oft handelt es sich um auch für Öko- bzw. sozial engagierte Investoren sehr interessante Unternehmen bzw. Geschäftsideen, so dass die erhöhten Risiken, was die Rückzahlungsfähigkeit angeht, in den Hintergrund treten. Außerdem geht es wie bei vielen Angeboten im Crowd-Bereich – auch bei den Nachrangdarlehen meist um relativ kleine Summen, deren Ausfall zu verschmerzen sein sollte.

Klaus-Martin Meyer vom Info-Portal www.crowdstreet.de sieht die aktuelle Nachrangdarlehen-Konjuktur vor allem darin begründet, dass man damit die Prospektpflicht in Ländern wie Deutschland oder Österreich umgehen kann, um Crowdfundings zu realisieren, die deutlich über der gesetzlich erlaubten Obergrenze von 100.000 bzw. 250.000 Euro liegen. Es gibt inzwischen schon eine Reihe von Unternehmen, die über Nachrangdarlehen schon mehrere Millionen Euro eingesammelt haben. In Einzelfällen kann es auch dazu kommen, dass Venture-Capital-Investoren zur Senkung des eigenen Risikos Start-ups dazu drängen, zusätzlich noch Nachrangdarlehen aufzunehmen.

Selbst (Atomkraft-)Großkonzerne wie die EnBW Energie Baden-Württemberg AG haben Nachrangdarlehen – zur (Re-)Finanzierung von Windparks – entdeckt. Das Nachrangdarlehen läuft über die Tochter EnBW Wind Onshore 1 GmbH. Zum Zeitpunkt der Darlehensemission hatte diese GmbH ein Stammkapital von 25.000 Euro und fast 200 Mio. Euro Schulden aufgenommen, um ihre 17 Windparks mit 156 MW zu finanzieren. Das Nachrangdarlehen-Volumen von 2 Mio. Euro war im Oktober 2014 innerhalb von nur einer Woche von rund 300 Anlegern (mit Summen von 1.000 bis 10.000 Euro, Zinssatz 2,5%, Laufzeit bis 30.11.2021) gezeichnet.

Zu den größten unabhängigen Emittenten bzw. Vermittlern von Eigenkapital und Darlehen im Wind-, Biogas- und Solarbereich (mit einem Investitionsvolumen von insgesamt gut 1,2 Mrd. Euro) zählt die 1998 gegründete bayerische UDI Beratungsgesellschaft GmbH, die auf der Homepage auch eine Leistungsbilanz aller verzinslichen Geldanlagen mit dem jeweiligen Volumen und der geplanten bzw. tatsächlich ausgezahlten Verzinsung zeigt.

Nachrangdarlehen interessieren nicht nur viele Investoren, sondern auch Unternehmen und Finanzaufsichtsbehörden. Letztere sind nämlich in vielen Ländern für diese Anlageform - im Gegensatz zu fix verzinsten Darlehen ohne Nachrang - (noch) gar nicht zuständig (siehe Kapitel 7). Aufgrund der immer umfangreicher werdenden Anlegerschutzbestimmungen, die für viele Kapitalmarktangebote umfangreiche geprüfte Prospekte erfordern, haben allein im deutschsprachigen Bereich hunderte Unternehmen das Modell des qualifizierten Nachrangdarlehens entdeckt. Das ist nicht nur mit wesentlich weniger Aufwand zu erstellen bzw. zu vertreiben, sondern verbessert in der Regel auch die Bonität des Unternehmens, weil es wirtschaftlich als Eigenkapital gewertet werden kann.

Doch letztlich handelt es sich um Darlehen, die zurückzuzahlen sind - wenn das Unternehmen dazu noch in der Lage ist. Denn es häufen sich mit dem Gesamtvolumen auch die Pleiten, wie z.B. bei der Deutsche Umweltberatung GmbH & Co. KG, über die 2014 ein Insolvenzverfahren eröffnet wurde. Das Solarunternehmen hatte Genussrechtskapital eingeworben und dieses als Nachrangdarlehen an die Tochter Deutsche Umwelt Invest GmbH für den Bau sogenannter „Bürgersolarkraftwerke“ weitergeleitet. Auch das Ende 2012 gegründete Berliner Start-up-Unternehmen Sonnenrepublik GmbH, das ein zusammensteckbares Solarmodulsystem zur Akku-Nachladung von USB-kompatiblen Kleingeräten entwickelt hat, wurde 2015, statt in die Gewinnzone zu kommen, insolvent. Es fanden sich - über die Plattform www.fundedbyme.com - 2014 nicht genügend Interessenten für ein Nachrangdarlehen-Volumen von mindestens 150.000 Euro (Zinssatz 4,5% + Gewinnanteil und ggf. Exit-Bonus). Mehr Glück hatten die Darlehensgeber der FEI Larissa I eG & Co KG bzw. Future Energy Investment eG, die beim „Projekt Larissa I“ Solaranlagen auf griechischen Privathäusern realisieren und damit Braunkohlestrom ersetzen wollten. Verzögerungen vor Ort und der erfolglose Versuch, eine Hermes-Bürgschaft zu erreichen, führten zur Liquidation der Genossenschaft, die Darlehen wurden dabei ohne Verlust für die Anleger rückabgewickelt.

Eines der Pionierunternehmen, die sich mit Privatdarlehen finanzieren, ist die Waldviertler Werkstätten GmbH: Heinrich Staudinger, einer der - im besten Sinn des Wortes - eigen-sinnigsten Unternehmer in Österreich hat vor über 30 Jahren in Schrems, im strukturschwachen Waldviertel an der tschechischen Grenze, eine insolvente Schuhfabrik übernommen und damit auf Dauer mehr als 100 neue Arbeitsplätze geschaffen. Nachdem ihm seine Hausbank mangels Sicherheiten (ein Fabrikgebäude in dieser Region ist nicht viel wert, wenn es nicht anderweitig genutzt werden kann) keinen Kredit mehr geben wollte, kam er auf die Idee, den Betrieb - es ist die letzte in Österreich verbliebene Schuhproduktion - bzw. die Investitionen mittels Darlehen (4% Verzinsung) seiner Kunden zu finanzieren. Viele Jahre lang konnte er dies – mit rund drei Mio. Euro von rund 200 Kunden – ungestört tun, die Kunden haben ihre Zinsansprüche nicht selten lieber in – qualitativ sehr hochwertige – Waren statt in Geld eingelöst. Doch dann trat die Finanzmarktaufsicht (FMA) auf den Plan und entdeckte plötzlich, dass das „Sparverein"-Kreditmodell von Heini Staudinger nicht gesetzeskonform war, weil die Entgegennahme von verzinslichen Einlagen als Bankgeschäft einer Banklizenz bedarf. Sie forderte ihn mehrfach auf, den „Sparverein" aufzulösen und diese Einlagen zurückzuzahlen. Weil er sich weigerte, dies zu tun, brummte ihm die FMA eine Strafe (50.000 Euro) auf. Diese hat er nicht bezahlt, sondern den Bescheid beeinspruncht und angekündigt, notfalls lieber ins Gefängnis zu gehen. Inzwischen wurde das Problem jedoch auf eine gesetzeskonforme Weise gelöst, die allerdings die „Waldviertel-Sparer", die eigentlich geschützt werden sollten, rechtlich noch schlechter stellt: Bis auf ein oder zwei, die ihr Geld zurück haben wollten, haben alle der 185 Darlehensgeber eine Nachrangsklausel unterschrieben, so dass ihre Forderung als „nachrangig" verbucht wird. Die öffentliche Diskussion über den „Fall Staudinger" hat dem österreichweit als „Banken-Rebell" bekannten Heini eine enorme Publicity und Solidaritätswelle beschert: Inzwischen haben ihm über 150 neue Nachrangdarlehensgeber weiteres Geld anvertraut, so dass die Gesamtsumme auf rund fünf Mio. Euro gestiegen ist. Mehr Geld wird derzeit im Betrieb nicht gebraucht, neue Interessenten können sich auf einer Warteliste vormerken lassen.

Einige der in der folgenden Tabelle gelisteten Unternehmen (siehe auch die Beispiel-Unternehmen aus der Crowd-Plattform-Tabelle in Kap. 2.8.3) bieten neben Nachrangdarlehen u.a. auch Genussrechte oder – eher selten – GmbH- oder Genossenschaftsanteile an. Die Abo Invest AG ist eines der wenigen Unternehmen, die selbst börsennotiert sind.

Land / Unternehmen		Branche	Internet
D	ABO Invest AG	Windenergiebetreiber	www.buergerwindaktie.de
D	Bohrerhof GmbH	Restaurant/Hofladen	www.bohrerhof.de
D	CONTIGO Fairtrade GmbH	fairer Handel	www.contigo.de
A	Göttin des Glücks GmbH	fair-trade-Textilien	www.goettindesgluecks.com
D	Green City Energy AG	Erneuerbare Energien	www.greencity-energy.de
CH	green-cube.org Swiss Projekte AG	Stromprod./-Speicher	www.green-cube.org
A	Grüne Erde GmbH	Möbel/Mode/Handel	www.grueneerde.com
D	Grüne Werte Energie GmbH	Ökostrom	www.gruenewerte.de
CH	GWWK-Genossenschaft	Wasserwirbelkraftwerk	www.gwwk.ch
A	Jugend Eine Welt – Don Bosco	Bildung/Projekte	www.jugendeinewelt.at
A	Karma Werte GmbH	Solaranlagen	www.karmawerte.at
D	Bischöfl. Hilfswerk MISEREOR	Entwicklungsarbeit	www.misereor.de
D	Ostwind AG	Windenergie	www.ostwind.de

Land / Unternehmen		Branche	Internet
D	Planet Energy GmbH	Erneuerbare Energien	www.planet-energy.de
D	Prime Energy Invest AG	PV-Anlagen	www.prime-energy-invest.de
D	SL NaturEnergie GmbH	Windenergie	www.sl-naturenergie.com
D	Solardach Invest GmbH	PV-Anlagen	www.solardach-invest.de
A	SOLID International GmbH	Solarthermie	www.solid.at
A	Sonneninvest AG	Solaranlagen	www.sonneninvest.com
A	Sonnenkraft B.Beteiligungs GmbH	PV-Anlagen	www.sonnenkraftgmbh.at
D	soulproducts GmbH	Glastrinkflaschen	www.soulbottles.de
D	UDI Beratungs-GmbH	Erneuerbare Energien	www.udi.de
A	VCÖ e.V.	Verkehrsclub	www.vcoe.at
A	Waldviertler Werkstätten GmbH	Schuhe	waldviertler-schuhwerkstatt.at
D	wind 7 AG	Windenergie	www.wind7.com
A	WOHNGESUND GmbH	Parkett / Holztüren	www.wohngesund.at

Darlehen im Non-Profit-Sektor

Der Verkehrsclub Österreich (VCÖ), der sich seit über 25 Jahren für eine „ökologisch verträgliche, sozial gerechte und effiziente Mobilität“ einsetzt, finanziert seine Studien u.a. mit zinslosen Darlehen vor, derzeit im Umfang von rund 70.000 Euro. Hundertfach höher ist dieses Volumen beim deutschen Hilfswerk Misereor, das weltweit Projekte vor allem zur „ländlichen und gesellschaftlichen Entwicklung, des Gesundheitswesens sowie der Bildung und Information“ fördert und „in Kriegsfällen und bei Naturkatastrophen Not- und Wiederaufbauhilfe“ leistet. Von den Gesamteinnahmen von rund 216 Mio. Euro stammten 2014 rund 55 Mio. Euro aus Sammlungen, aber es gibt auch die Möglichkeit, Misereor zinslos Geld zu leihen. Inzwischen haben über 300 Menschen rund 7 Mio. Euro zur Verfügung gestellt. Der aus den angelegten Geldern – diese sind durch die Bürgschaft einer Bank abgesichert – erwirtschaftete Ertrag (zuletzt knapp 40.000 Euro) kommt der Projektarbeit zugute. Die Kündigungsfrist beträgt drei Monate, im Notfall bekommt man das Geld auch schneller zurück.

Die Arbeit der österreichische Hilfsorganisation Jugend Eine Welt wird auch seit vielen Jahren in Form zinsloser Darlehen unterstützt. Doch Mitte 2012 wurde die Finanzmarktaufsicht (FMA) hellhörig und ermittelte gegen den Verein Jugend Eine Welt, dessen Darlehensmodell man als „verbotenes Einlagengeschäft“ sah. Seit November 2012 ist dieses Modell wieder erlaubt, allerdings nur, wenn die Darlehen nachrangig gestellt sind: zur Verbesserung des Anlegerschutzes!
Unabhängig davon hat Jugend Eine Welt über ihre gemeinnützige Tochtergesellschaft Don Bosco Finanzierungs GmbH Mitte 2015 eine „Social Impact“-Anleihe in US-Dollar (12 Mio. USD, Zinssatz 1,5% p.a. auf sechs Jahre) aufgelegt, 2016 folgte eine weitere Don-Bosco-Bildungsanleihe in Euro (Volumen bis zu 10 Mio. Euro, 1,5% p.a. auf fünf Jahre, Stückelung 100.000 Euro). Das Kapital dient jeweils dem Ausbau der Universität der Salesianer Don Boscos in Ecuador.

Jugend Eine Welt hat inzwischen eine weitere innovative Fundraising-Idee entwickelt, die „Wertpapierspende“: Aktien, Anleihen oder Fonds können aus einem bestehenden Depot an das von Jugend Eine Welt übertragen werden, die Partnerbank Erste Bank verbucht den Eingang spesenfrei. Während Unternehmen so eine Wertpapierspende steuerlich absetzen können, ist dies bei Privatpersonen noch nicht möglich, so dass es – wenn die steuerliche Absetzbarkeit wichtig ist – günstiger ist, die Wertpapiere zu verkaufen und den Erlös zu spenden.

2.9 Immobilien und Sachwerte

Der Grundstückskauf zur Rettung von Natur vor drohender Verbauung bzw. anderweitiger Nutzung (z.B. militärischer) ist heute keine Seltenheit mehr. Unter dem Slogan »Die Au braucht Kröten« wurden z.B. in Österreich schon vor über 30 Jahren einige Mio. Euro aufgebracht, um erhaltenswerte Auenlandschaften in das Eigentum des World Wide Fund For Nature (WWF) zu bringen. Die dabei ausgegebenen »Au-Anteilscheine« hatten jedoch nur Symbolwert. Die Einzahlungen waren rechtlich gesehen Spenden, Grundbucheigentum wurde auf diese Weise nicht erworben. Zu ähnlichen Aktionen riefen auch andere Umweltschutzorganisationen auf, z.B. der BUND mit der Aktion »Grünes Band«, bei der Grundstücke am ehemaligen innerdeutschen Grenzstreifen angekauft worden sind.

Anders verhält es sich, wenn Grundstücke, auf denen z.B. eine Autobahn oder ein Truppenübungsplatz gebaut werden soll, als Ganzes angekauft werden und dann stückweise an möglichst viele engagierte Anrainer oder Umweltschutzaktivisten weiterverkauft werden. Auf diese Weise wird erreicht, dass eine Vielzahl von Personen Parteienstellung bei Bauverhandlungen bzw. vor Gericht erlangen, dadurch Zeit gewonnen wird und die geplanten Bauten verzögert oder verhindert werden können.

2.9.1 Ökohäuser

Neben den grünen Banken gibt es inzwischen auch eine Reihe konventioneller Banken, die für ökologische Immobilieninvestitionen vergünstigte Zinssätze anbieten. Die KfW-Bank fördert ökologisches Bauen (z.B. mit Nah-/Fernwärme-Systemen) bzw. Modernisieren mit so genannten Ökokrediten, z.B. über das KfW-CO2-Gebäudesanierungsprogramm (Wärmedämmung, Erneuerung der Fenster, Wechsel der Heizungsart). In Deutschland kamen in den 1990er-Jahren die ersten »Öko- und Sozial-Immobilien« auf den Markt, an denen man sich als Privatanleger direkt beteiligen konnte. So z.B. bei dem 1997 von der Ökobank aufgelegten (aber relativ schwer platzierbaren) geschlossenen Öko-Immobilienfonds Rommelmühle, durch den in der Nähe von Stuttgart ein Ökokaufhaus samt Wohnungen und ausgewählter Dienstleistungsunternehmen (als Mieter) finanziert wurde. Das Ökokaufhaus-Konzept ging jedoch wegen zu geringer Besucherfrequenz nicht auf, wie sich schon nach wenigen Jahren zeigte.

Kleine Initiativen wie die Wohnungs- und Siedlungsgenossenschaft Ökodorf eG in Beetzendorf oder die Wogeno in München gibt es schon länger als große Öko-Immobilienfonds in Form einer Kommandit- oder Aktiengesellschaft. Doch auch Genossenschaften können scheitern. Die 1996 zum Zweck der zivilen Umnutzung der Prinz-Karl-Kaserne gegründete Augsburger Baugenossenschaft Neue Wege eG wurde aufgelöst, nachdem die Finanzierung ins Stocken geriet, obwohl es anfangs – bundesweit – eine große Nachfrage nach den Genossenschaftsanteilen gab. Neben ökologischen und sozialen Aspekten (z.B. Rollstuhlfähigkeit einiger Wohnungen) wurde auch der generationenübergreifende

Charakter des Wohnobjekts gelobt. Aufgrund des damals novellierten Eigenheimzulagengesetzes (EigZulG) erhielten Anleger mit Kindern sehr attraktive staatliche Förderungen. Bedingt durch die Förderrichtlinien gab es allerdings einen Wermutstropfen, weil nur rund ein Drittel der eingesammelten Gelder tatsächlich in das Projekt investiert werden konnte. Rund zwei Drittel mussten im Sinne einer verzinslichen Kapitalanlage für die spätere Auszahlung der »reinen« Investoren angespart werden, so dass nach acht Jahren – als die ersten Anleger kündigen konnten – ungefähr wieder die Anfangssumme erreicht war. Bis Ende 2000, dem Jahr, in dem die 38 Wohnungen bezugsfertig wurden, konnte ein Eigenkapital von über 6 Mio. Euro eingesammelt werden. Doch dann tauchten Liquiditätsprobleme auf, und die Genossenschaftsmitglieder beschlossen – mit einem Verlust eines Teils ihres eingesetzten Kapitals – die Selbstauflösung der Genossenschaft und den Verkauf der Wohnungen an den Bayerischen Rundfunk, der auch Immobilien ankauft, um mit den Erträgen die Firmenpensionen zu finanzieren.

Sehr viel Geld (bis zu 100%) hingegen verloren die Investoren bei den „Green-Building"-Fonds „Wölbern Holland 52" (2014 Insolvenzanmeldung) und „Wölbern Holland 72" (die Rotterdamer Büroimmobilie mit 5.500 Quadratmetern Nutzfläche musste verkauft werden, um Bankkredite zu tilgen). Weniger betroffen waren die drei weiteren „nachhaltigen" Wölbern-Fonds „Holland 69", „Holland 70" und „Deutschland 05" von den Veruntreuungen des Chefs des Hamburger Fondshauses Wölbern Invest: Heinrich Maria Schulte wurde 2015 zu 8,5 Jahren Haft verurteilt, weil er laut Gericht per Saldo – nach Rückzahlung von rund 31 Mio. Euro – rund 115 Mio. Euro aus geschlossenen Fonds veruntreut hat. Nach der Wölbern-Insolvenz hat die Hamburger Paribus Fondsdienstleistung GmbH das Management für 23 der 38 geschlossenen Wölbern-Immobilienfonds übernommen, bei denen sich rund 40.000 Investoren mit über 700 Mio. Euro engagiert hatten.

Neben den auf den folgenden Seiten kurz vorgestellten Immobilienbeteiligungen gibt es eine Reihe von Investmentfonds, die z.B. Aktien von Unternehmen rund um das Thema „green building" enthalten (also z.B. Immobilienentwickler, Baustoff- oder Dämmstoffhersteller) oder direkt Immobilien erwerben wie der im Mai 2009 für Schweizer Anleger aufgelegte Credit Suisse Real Estate Fund Green Property, dessen Anteile seit 2013 an der Börse in Zürich notieren (Kurs 133 CHF Ende März 2016, Volumen über 650 Mio. CHF, Dividendenrendite ca. 2,6%). Bei einer Mindestzeichnungssumme von 500.000 Euro für Kleinanleger ungeeignet ist der Ende 2015 aufgelegte „klimaneutrale Immobilienfonds" Credit Suisse (Lux) European Climate Value Property Fund. Er investiert in ausgewählte europäische Gewerbeimmobilien, deren Energieeffizienz zu steigern ist. Damit sind nicht nur die CO2-Emissionen zu reduzieren, sondern auch Betriebskosten, wodurch für die Investoren (Zielrendite sind 5 bis 6%) „das Mietpotenzial gesteigert und die Zukunftsfähigkeit der Immobilien erhöht" werden soll. Gemessen in Schweizer Franken betrug die Rendite des Fonds 2014 rund 9,4 Prozent (2015 rund 8,0%).

Daneben gibt es geschlossene Fonds für Immobilien im Bereich von (Kur-) Kliniken oder anderen Einrichtungen mit sozialem oder ökologischem Zweck. In den USA – und seit 2007 auch in Deutschland – sind so genannte REITs (Real Estate Investment Trusts) als Aktien börsennotiert, von denen einige als Investitionsbereich Krankenhäuser oder Pflegeheime gewählt haben. Die von der SeniVita Sozial gGmbH und der Ed. Züblin AG gegründete Bayreuther SeniVita Social Estate AG hat 2015 eine mit 6,5 Prozent verzinste Wandelschuldverschreibung (Volumen 50 Mio. Euro) ausgegeben, die an der Börse notiert (Kurs rund 96%, Ende März 2016). Mit dem Geld werden nach dem Konzept AltenPflege 5.0 („Selbstbestimmtes Wohnen im eigenen Apartment kombiniert mit anspruchsvoller Pflege") Einrichtungen in Süddeutschland und Österreich realisiert.

Ein als AG gestartetes deutsches Unternehmen im Gesundheitsimmobiliensektor, die Stiller Berg AG, hat ihre Planung mangels Aktiennachfrage wieder einstellen müssen. Auch die vor Jahren geplante Errichtung eines Öko-Studentenwohnheims in Marburg ist gescheitert, nachdem die Öko-Wohnbau GmbH nicht genügend Mittel sammeln konnte und die Erstinvestoren damit ihr Geld abschreiben mussten. Die Genossenschaft Studentendorf Berlin-Schlachtensee eG (www.studentendorf.berlin) hatte 2003 vom Berliner Senat das Studentendorf Schlachtensee in der Nähe der Freien Universität Berlin erworben, es 2009 an die Schweizer Pensionsstiftung CoOpera Sammelstiftung PUK verkauft und zugleich mittels Erbbaupachtvertrag über 99 Jahre zurückgepachtet, um die inzwischen rund 900 Wohnplätze zu vermieten.

Seit Mai 2009 gibt es in Berlin auch eine Aktiengesellschaft, die sich die ökologische bzw. energetische Sanierung von Berliner Miethäusern auf die Fahnen geschrieben hat. Das Umfeld passt: „Grünes" Bauen und Wohnen ist hoffähig geworden. Inzwischen wünschen sich 70 Prozent der Deutschen ökologische Standards für ihre Wohnung. Auch die öffentlichen Förderungen, Gesetze und Labels wurden verbessert, und auch Kapitalanlagegesellschaften haben das Thema aufgegriffen wie z.B. Union Investment (www.nachhaltige-immobilien-investments.de) – aber es gibt noch relativ wenige „grüne" Investmentangebote im Immobilienbereich.

KlimaGut Immobilien AG

Die im Mai 2009 in Berlin von 17 privaten- und institutionellen Investoren aus Deutschland, der Schweiz und Österreich gegründete KlimaGut Immobilien AG sieht sich als Entwickler für nachhaltige Immobilien. Im Zuge von zwei Kapitalerhöhungen 2010 (Ausgabepreis war 2 Euro) und 2011 ist der Kreis der Aktionäre auf 29 Personen mit Kapitaleinlagen von 708.000 Euro angewachsen. Der Gründer und Vorstand Fabian Tacke ist seit fast 25 Jahren in der Berliner

Stadterneuerung tätig und hat bisher Immobilienprojekte vorwiegend in den Bereichen Wohnen, Soziales und Kultur betreut. Zusammen mit der UmweltBank AG – von 2005 bis 2014 war Fabian Tacke Mitglied in deren Umweltbeirat – hat er 2003 einen ersten Immobilienfonds aufgelegt (Stadtwerk Berlin KG). Seit 2015 arbeitet Tacke im Vorstand des FNG Forum Nachhaltige Geldanlagen e.V. mit.

Das ursprünglich geplante Geschäftsmodell (Erwerb und Sanierung von Berliner Miethäusern und damit Entwicklung und Platzierung von Immobilienfonds) wurde 2014 aufgrund des sich ungünstig entwickelnden Umfeldes (Immobilienmarkt, Regulierung) aufgegeben. Ein zwischenzeitlich erworbenes Objekt – ein Haus mit 21 Wohnungen und zwei Gewerbeobjekten (insgesamt 1.253 qm Nutzfläche) in der Edisonstrasse in Berlin-Oberschöneweide – wurde mit Gewinn wieder veräußert, die Entwicklung eines eigenen Fonds eingestellt. Die Verluste der ersten Jahre konnten durch den Verkauf des ersten Objektes weitgehend aufgefangen werden.

Das neue Geschäftsmodell der KlimaGut Immobilien AG hingegen ist auf die Entwicklung, Planung und Durchführung von nachhaltigen Immobilien(neubau) projekten konzentriert. Unter Nachhaltigkeit versteht die Gesellschaft Klimaneutralität im Betrieb, Verwendung ökologischer Baustoffe sowie eine sozial- und stadtverträgliche Nutzung. Neben Berlin liegt der regionale Fokus auch auf anderen Städten Ostdeutschlands, in denen die AG Chancen auf angemessene Renditen sieht. Die Immobilienprojekte werden dann institutionellen Anlegern und Fonds zum Erwerb angeboten. Für private Anleger und Stiftungen bietet die AG die Beteiligung an Projektgesellschaften ab 200.000 Euro ohne BaFin-Prospekte an. Mit diesem neuen Geschäftsmodell will die Gesellschaft ab 2016 Gewinne erwirtschaften.

Kontakt:

- KlimaGut Immobilien AG,
  Greifenhagener Straße 25, 10437 Berlin, Tel.: 030/44359418,
  E-Mail: post@klimagut.ag, www.klimagut.ag

Grundbesitz 24 Emissionshaus GmbH

Die schon seit 2002 im Einkauf, der Entwicklung, Bewirtschaftung und Vermarktung von Mehrfamilienhäusern und Wohnanlagen vor allem im Hamburger Raum tätige Grundbesitz 24 Emissionshaus GmbH hat sich in letzter Zeit vor allem auf die energetische Sanierung konzentriert, nachdem laut Geschäftsführer Christoph Marloh – er ist auch Europäischer Energiemanager (IHK) – die Raumheizung „heute für über 30% der deutschen Energieimporte verantwortlich“ ist. Er investiert in „Mehrfamilienhäuser und Wohnanlagen in deutschen Metropolregionen ab Baujahr 1960“, um diese dann energetisch nachhaltig zu bewirtschaften. Der erste – über mindestens 10 Jahre laufende – Fonds, die Nachhaltige Wohnimmobilien Renditefonds Nord GmbH & Co. KG, strebt einen

Primärenergieverbrauch von unter 100 kWh/qm an, was insgesamt Millionen Liter Heizöl einspart, sobald – „weitgehend warmmietenneutral“ – die energetischen Modernisierungen erfolgt sind. Mit den Sozialbehörden wurden Verhandlungen geführt, damit Mieter, deren staatliche Zuwendungen (Hartz IV) bisher auf Basis der Nettokaltmiete berechnet worden sind, durch die Modernisierung nicht benachteiligt werden. Für die Anleger soll der seit Mitte Juni 2013 voll investierte Fonds („Hamburg 1“, Volumen 10 Mio. Euro plus rund 9 Mio. Euro Fremdkapital) eine Rendite nach Steuern von 6,9 Prozent p.a. liefern. Das Management erhält eine Erfolgsprämie von 30 Prozent jener Rendite, die 5 Prozent p.a. übersteigt. Inzwischen wurden weitere Fonds mit ähnlichen Konditionen und Laufzeiten von unter 10 bis 15 Jahren aufgelegt.

Kontakt:
- Grundbesitz 24 Emissionshaus GmbH,
  Am Heestern 26, D-21218 Seevetal, Tel.: 04105/6900800,
  E-Mail: willkommen@gb24fonds.com, www.gb24fonds.com

Wogeno München eG Genossenschaft für selbstverwaltetes, soziales und ökologisches Wohnen

Mitglied bei der 1993 gegründeten Wohnungsgenossenschaft wird man mit der Zeichnung von drei Geschäftsanteilen (á 500 Euro) zuzüglich einer Verwaltungsgebühr von 70 Euro. Ab dem zweiten Anteil hat man Anspruch auf bis zu vier Prozent Dividende. Bewohner müssen mindestens einen Anteil haben bzw. zahlen eine entsprechend geringere Miete, wenn sie mehrere Anteile kaufen. Über die GLS Bank eG, die Ökogeno eG und die Raiffeisenbank München eG (allesamt auch selbst Genossenschaften) wurden Wogeno-Sparbriefe aufgelegt, über die auch Nichtmitglieder diese Form des genossenschaftlichen Wohnbaus unterstützen konnten. Denn die Genossenschaft erhielt aus diesen Mitteln für ihre Projekte relativ günstige Hypothekardarlehen. Neben eigenen Objekten – von 1993 bis Anfang 2016 wurden 19 Häuser mit rund 540 Wohnungen gekauft bzw. neu gebaut – willl die Wogeno „ihr Dach über weitere selbstverwaltete Hausgemeinschaften spannen und damit die Idee des sozial vernetzten Wohnens im Rahmen genossenschaftlicher Wirtschaftsweise stärken“. Die Tochter Cohaus München GmbH hat als Ziel „die Verbindung von Wohn- und Arbeitswelten mit menschlichen und nachhaltigen Maßstäben und kooperativen Methoden“. An der 2013 gegründeten hell & warm Forstenried GmbH hält die Wogeno eine 50%ige Beteiligung.

2014 stiegen die Geschäftsguthaben um über 28 Prozent auf 30,3 Mio. Euro, die Bilanzsumme um knapp 52 Prozent auf 93,4 Mio. Euro, der Jahresüberschuss auf rund 603.000 Euro (+21%). Die Eigenkapitalquote lag trotz des starken Wachstums bei 35 Prozent. Aus dem Jahresüberschuss der Wogeno erhalten die rund 3.800 Mitglieder (Stand März 2016, 2012 waren es rund 1.900) eine Dividende auf die freiwilligen Geschäftsguthaben.

Kontakt:

- Wogeno München eG,
  Aberlestraße 16 Rgb., D-81371 München, Tel.: 089/8905718-30,
  E-Mail: info@wogeno.de, www.wogeno.de

Wohnungs- und Siedlungsgenossenschaft Ökodorf eG

Auch diese mit dem Tatorte-Preis „für die Entwicklung und Realisierung einer sozialökologischen Modellsiedlung im ländlichen Raum“ ausgezeichnete Gesellschaft verbindet genossenschaftliches Immobilieneigentum mit individuellen Wohnrechten. Nach rund acht Jahren Vorbereitungszeit entstand 1997 in der Nähe von Poppau das Ökodorf „Sieben Linden“. Nach Schaffung der Infrastruktur (u.a. eine Pflanzenkläranlage und ein Teich) wurden ein Regionalzentrum, ein Gästehaus und ein Freilichttheater erbaut, Ende 2000 schließlich auch die ersten Wohnhäuser – teilweise in Strohballen-Bauweise. Auf dem 82 Hektar großen Areal (davon 47 ha Wald und 21 ha Acker, die verpachtet sind) leben nun über 140 Menschen in 5 „Nachbarschaften“ samt ökologischem Gartenbau. 2016 ist der Bau eines neuen Strohbau-Gästehauses mit etwa 15 weiteren Gästezimmern geplant. Zeichner weiterer Anteile und auch Darlehensgeber sind nach wie vor willkommen.

Kontakt:

- Wohnungs- und Siedlungsgenossenschaft Ökodorf e.G.,
  Sieben Linden 1, D-38489 Beetzendorf, Tel.: 039000/51235,
  E-Mail: info@siebenlinden.de, www.siebenlinden.de

Aller Wohnen eG

Die 1997 eingetragene Genossenschaft „Aller Wohnen“ besitzt Wohnräume im Ökozentrum in Verden an der Aller (Attac Deutschland hatte dort sein erstes Bundesbüro und die Bewegungsstiftung hat dort ihren Sitz), einen ehemaligen Bauernhof und weitere Wohnungen im „Allerhaus“ in der Nähe der Innenstadt von Verden. Der Wert der Grundstücke und Gebäude, die es Hausgemeinschaften ermöglichen, „selbstbestimmt, ökologisch und gleichzeitig preisgünstig zu wohnen“, ist mit rund 2,9 Mio. Euro bilanziert. Neben Genossenschaftsanteilen wurden auch Privatdarlehen (z.B. zu 3% Verzinsung) eingeworben, um eine günstigere Zinsquote zu erzielen.

Ende 2013 betrug das Eigenkapital der Genossenschaft mit der Prämisse „Alle Objekte sind dauerhaft jeglicher Spekulation entzogen und bleiben sozial gebundenes Eigentum“ rund 1,3 Mio. Euro, die Bankkredite gut 1,0 Mio. Euro. Auf die Geschäftsguthaben von Bewohnern werden keine Gewinne ausgeschüttet. Die externen „nicht-wohnversorgten“ Mitglieder, die „ihr Geld bewusst aus ethischen

Gründen in der Aller Wohnen angelegt haben", erhielten bisher meist drei Prozent Gewinnausschüttung. Für 2014 waren es nur zwei Prozent, nachdem dieses Geschäftsjahr wegen eines „längeren Leerstands mit Mietausfällen und einigen ungeplante Erhaltungs- und Instandhaltungsarbeiten" mit einem Minus abgeschlossen wurde.

Kontakt:

- Aller Wohnen eG,
  Artilleriestraße 6, D-27283 Verden, Tel.: 04231/957-300,
  E-Mail: info@allerwohnen.de, www.allerwohnen.de

Solarsiedlung GmbH / 1. Sonnenschiff-Fonds GmbH & Co. KG

Die vom bekannten Öko-Architekten Rolf Disch entworfenen „komfortablen Stadthäuser in Plus-Energiebauweise" sind nur wenige Minuten von Freiburgs Altstadt entfernt. Ab 5000 Euro – früher lag das Minimum bei 25.000 Euro – konnte man sich an insgesamt vier Freiburger Solarfonds beteiligen (Immobilienfonds in der Rechtsform KG). Die Prognosen (Renditeerwartung 5%) wurden laut Homepage „in allen Punkten erreicht oder sogar übertroffen". Und das soll auch so bleiben, wenn es keine größeren Mietausfälle oder Leerstände gibt. Da diese Fonds fast ausschließlich mit Eigenmitteln arbeiten, sind auch die möglichen Renditen nach Steuern etwas niedriger als mit einem „Kredithebel", wie er bei anderen Projekten üblich ist. Auch die Gewerbeimmobilie „Sonnenschiff" wurde in „Plusenergie"-Bauweise errichtet und produziert somit mehr Energie als sie verbraucht. Zur Finanzierung ist 2008 mit der Bauträgerin Solarsiedlung GmbH ein zweiter Sonnenschiff-Fonds (mit über 4 Mio. Euro) aufgelegt worden. Beim „worst case" würden die Mieteinnahmen nach Ablauf der zehnjährigen Grundmietzeit um 20 Prozent sinken, was bei einem Investment von 15.000 Euro einen Rückfluss von insgesamt 24.141 Euro bedeuten würde und somit einer durchschnittlichen Rendite von jährlich rund 3,13 Prozent entspricht. Beim „best case" käme der Anleger auf „fast das Vierfache" seines Einsatzes an Rückflüssen.

Kontakt:

- Solarsiedlung GmbH / Rolf Disch,
  Merzhauser Straße 177, D-79100 Freiburg, Tel.: 0761/45944-0,
  E-Mail: info@rolfdisch.de, www.rolfdisch.de

Weiberwirtschaft eG

Das 1989 gegründete Berliner Gründerinnenzentrum, das mit rund 7.100 qm Nutzfläche das größte in Europa ist und u.a. einen Anerkennungspreis des NABU für ökologisches Bauen erhalten hat, vermietet seine Büroräumlichkeiten in einem ehemaligen Fabrikgebäude an über 60 Frauenbetriebe, Vereine und

Verbände und funktioniert schon seit vielen Jahren als „Genossinnenschaft". Rund 1.700 Frauen sind beteiligt, Männer sind ausgeschlossen. Ein Anteil kostet 103 Euro zuzüglich einer einmaligen Beitrittsgebühr. Mit dem Geld werden die Bankkredite, die auf der Immobilie lasten (2009 rund 4,9 Mio. Euro, 2014 rund 4,1 Mio. Euro), langsam abgelöst. Die Zinszahlungen für die Bankkredite konnten 2014 auf unter 187.000 gesenkt werden. 2013 hat die WeiberWirtschaft – in Zusammenarbeit mit dem Goldrausch e.V. – ein eigenes Mikrokreditangebot für ihre Genossenschafterinnen realisiert, 2014 folgte (mit dem Modellprojekt FrauenUNTERNEHMEN green economy von Life e. V.) der Gründungsleitfaden „Grün.Gerecht.Gestalten" sowie – zum 25. Jubiläum – das Buch „Unsere Luftschlösser haben U-Bahn-Anschluss" über die eigene Geschichte.

Die Erlöse der WeiberWirtschaft eG sind 2014 – bei einem Personalaufwand von 0,24 Mio. Euro und Abschreibungen von über 0,31 Mio. Euro – um knapp 4 Prozent auf rund 1,07 Mio. Euro gestiegen. Der erneute Fehlbetrag von rund 54.000 Euro führte dazu, dass der aufgelaufene Bilanzverlust auf über 3,4 Mio. Euro gestiegen ist. Da die Genossenschaft ein Eigenkapital von rund 0,87 Mio. Euro ausweist, war sie Ende 2014 mit über 2,6 Mio. Euro bilanziell überschuldet, nicht aber rechtlich, denn durch den Wertzuwachs der Immobilie (Verkehrswert) wurden stille Reserven von mehreren Mio. Euro aufgebaut.

Ein ähnliches Projekt wie die Weiberwirtschaft, die Dr. Mechthild Upgang Women Business Park GmbH & Co KG (kurz „Women's Prosperity Fund No.1) wurde 2001 mit knapp 150 Anlegerinnen und Anlegern in Bonn realisiert. Wie geplant konnte das Objekt zwölf Jahre später „erfolgreich verkauft werden und befindet sich nun in guten Händen". Im Objekt (www.upgang.de) sind weiterhin „neun erfolgreiche, von Frauen geführte Unternehmen" ansässig.

Kontakt:

- Weiberwirtschaft eG,
  Anklamer Straße 38, D-10115 Berlin, Tel.: 030/440223-0,
  E-Mail: infos@weiberwirtschaft.de, www.weiberwirtschaft.de

Stadtwerk Berlin KG

Die „Stadtwerk Berlin" hat nichts mit den Berliner Verkehrs- oder Versorgungsbetrieben zu tun, sondern ist ein ökologischer Immobilienfonds mit „Verantwortung und Engagement" – so der Prospektslogan. Der Fonds wurde im Jahr 2000 von Fabian Tacke gegründet, einem ehemaligen Hausbesetzer, der sich zum Immobilienmanager und Stadterneuerungsexperten entwickelt hat. Der bis 2027 laufende Fonds mit knapp sechs Mio. Euro Investitionsvolumen begann 2002 mit einem Sanierungsprojekt in Berlin-Lichtenberg. Ein zweites Haus wurde in Berlin-Kreuzberg erworben. Die UmweltBank AG übernahm sowohl die Fremdfinanzierung von ca. 51 Prozent der Investition als auch den Vertrieb des Fonds. Beide Objekte wurden in den Jahren 2003 und 2004 saniert und energetisch aufgewertet. Zwei Blockheizkraftwerke sorgen für die effiziente Versorgung mit Wärme und Strom.

Über die Stadtwerk Berlin KG konnte man sich auch als privater Anleger am Erwerb von Berliner Miethäusern beteiligen, die dann – auch mithilfe von Fördermitteln – ökologisch saniert worden sind. Während der Sanierungsphase wohnten die Mieter in Ersatzwohnungen. Der Bezirk zahlte für zwölf Monate einen Mietausfall-Zuschuss, so dass daraus keine Verluste entstanden sind. Das Fondsmanagement hat auf einen „einvernehmlichen Umgang mit den Mietern", auf baubiologische Aspekte und vor allem auf Energiesparen Wert gelegt.
Die Substanz- und Ertragsperspektiven für den Investor ergaben sich einerseits aus dem Besitz von als relativ sicher geltenden Wohn- und Gewerbeimmobilien und deren potenzieller Wertsteigerung sowie den daraus resultierenden Mieteinnahmen (Ausschüttungsprognose 3 bis 5%) und steuerlichen Verlustzuweisungen in den Anfangsjahren im Bereich von 5 bis 15 Prozent. Laut Bericht der Geschäftsführung wurden die prospektierten Investitionskosten leicht unterschritten. Die jährlichen Ergebnisse des Fonds entsprechen seit 2004 den seinerzeit prospektierten Prognosen.

Kontakt:

- Stadtwerk Berlin KG,
  Schönhauser Allee 175, 10119 Berlin, Tel.: 030/44359418,
  E-Mail: ftacke@stadterneuerung.de, www.stadterneuerung.de

2.9.2 Bäume, Plantagen, Wälder und Felder

"Buy land, they're not making it any more!" sagte schon vor weit über 100 Jahren der Schriftsteller (und als Wagnis-Kapitalgeber glücklose) Mark Twain. Investitionen in Grund und Boden, neben Wohn- und Gewerbeimmobilien speziell auch in Wälder und Felder, erscheinen nicht nur in Niedrig- bzw. Negativzinszeiten attraktiv. Für steigende Preise sorgen vor allem die Bedürfnisse einer weiter zunehmenden Weltbevölkerung. Die Flächenkonkurrenz wird dabei nicht nur durch den Wohnbedarf verstärkt, sondern auch durch mehr Verkehrsaufkommen (Straßenbau, aber auch Verbrauch an Biotreibstoffen: „Tank statt Teller") und einen erhöhten Fleischkonsum (für ein Kilo Rindfleisch werden als Futtermittel sieben Kilo Getreide bzw. entsprechende Weideflächen gebraucht). Eine zusätzliche Boden-Verknappung bringt der Klimawandel mit sich. Die Bodenqualität verschlechtert sich (auch ohne längere Dürreperioden) bis hin zur Bildung von Wüsten. Allein durch diese Bodendegradation geht wöchentlich (!) eine Bodenfläche von rund 700 qkm verloren. Das entspricht etwa der Fläche des Insel-Stadtstaates Singapur, der versucht, sich durch den (teilweise illegalen) Import von Sand aus anderen Ländern zu vergrößern. Seit einigen Jahren ist auch zu beobachten, dass große (u.a. chinesische) Konzerne Acker- und Waldflächen – u. a. in Afrika – aufkaufen, was viele NGOs als eine neue Form des Kolonialismus

(„Land Grabbing“) kritisieren. Neben Erdöl und Erdgas gehört Holz (mit einem Volumen von jährlich über 250 Mrd. Euro) zu den wichtigsten Rohstoffen, wobei fast die Hälfte davon Tropenholz ist und rund drei Prozent auf Edelhölzer wie Teak oder Mahagoni entfallen.

Die Herkunft von Holzprodukten interessiert nicht nur zunehmend Verbraucher, auch Anleger fragen verstärkt nach Investitionsmöglichkeiten im Bereich nachhaltiger Forstwirtschaft. Kurz vor der ersten Auflage dieses Handbuchs (1990) kamen die ersten Angebote für Beteiligungen an Öko-Plantagen oder Edelholz-Termingeschäfte auf den deutschsprachigen Kapitalmarkt, etwas später folgten so genannte Baumsparverträge und andere Varianten bzw. Rechtsformen. Die Recherchen zu über 50 Anbietern – mehr als doppelt so viel wie noch vor vier Jahren – in diesem Holz-/Agrar-Kapitel glichen vielfach detektivischer Kleinarbeit, insbesondere wenn hohe Renditen versprochen werden. Manchmal stellt sich heraus, dass die handelnden Personen bzw. deren „Hintermänner“ schon früher – in der gleichen oder einer anderen Branche – durch Insolvenzen bzw. Untreue oder Betrug aufgefallen sind. Bei der letzten Auflage wollte z.B. der Anfang 2016 zu über sechs Jahren Gefängnis verurteilte Vorstand der inzwischen insolventen Frankfurter Green Planet AG, Manfred Wander, einige Fragen nach seinem Geschäftsmodell nicht beantworten. Zwei Jahre später, 2013, wurde er nach einer Razzia wegen des Verdachts auf Betrug verhaftet und sitzt nun – nach über zwei Jahren U-Haft – seine Strafe ab.

Unabhängige Informationen zu dieser Branche sind bis dato noch selten. 2011 hat die Tropenwaldstiftung Oro Verde (www.oroverde.de) zusammen mit dem Global Nature Fund (www.globalnature.org) die Broschüre „Investieren in Waldklimaprojekte – Leitlinien für Unternehmen und private Investoren“ publiziert, bei der es darum geht, wie Waldprojekte einerseits wirksam zum Klimaschutz beitragen, andererseits auch den Schutz der biologischen Vielfalt und die Wahrung der Interessen der lokalen Bevölkerung sicherstellen. Eine andere OroVerde- Fallstudie („Waldinvestments. Artenreichtum oder Rendite?“) beleuchtete vor einigen Jahren die ökologischen und sozialen Auswirkungen verschiedener Waldinvestment-Angebote im Regenwald.

Im Rückblick auf die letzten 25 Jahre – nach dem ersten Handbuch Grünes Geld (1990) gab es 1992 auch eine Öko-Invest-Schwerpunktausgabe zum Thema „Plantagen“ – stellt sich heraus, dass die meisten Unternehmen, die in diesem Sektor Anleger im D-A-CH-Raum ansprechen, kaum mehr als 5 bis 8 Jahre existieren – obwohl für viele Baumarten eine Ernte frühestens nach 15 bis 20 Jahren wirtschaftlich sinnvoll erscheint. Und meist sieht man auch erst nach so langer Zeit, wie gut – oder schlecht – die Unternehmen mit dem Geld der Investoren umgegangen sind. Denn während man in anderen Branchen meist schon nach kurzer Zeit erkennen kann, wie sich Umsätze und Erträge entwickeln oder ob ein neues Geschäftsmodell am Markt ankommt, sind hier oft 10 bis 20 Jahre ohne nennenswerte Umsätze zu finanzieren. Wer von den eingesammelten Beträgen keine ausreichenden Rückstellungen für diese Jahre bildet oder zu hohe Fremdmittel einsetzt, gerät leicht in einen Liquiditätsengpass. Zudem sind die Interessen der Anbieter – z.B. schnelle oder hohe Gewinne für sich zu verbuchen – oft anders gelagert als die der Investoren bzw. Kunden, die Setzlinge oder junge Bäume kaufen und nicht wissen, wie hoch zum Zeitpunkt der Ernte die Erlöse sein werden – selbst wenn bis dahin die Bewirtschaftung plangemäß funktioniert.

Doch neben einer Reihe von Insolvenzen und Betrügereien bietet diese Branche bei gutem Management auch Chancen auf ansehnliche Renditen. Legt man den „Timberland Index" des National Council of Real Estate Investment Fiduciaries (NCREIF) in Chicago zugrunde, lieferten Investments in Wälder in den letzten 25 Jahren im Schnitt jährliche Renditen von bis zu 15 Prozent – nicht selten steuerfrei. Laut Studien ergibt sich die „Holzrendite" vor allen aus drei Komponenten: im Schnitt zu 75 Prozent aus dem Mengenwachstum, zu 20 Prozent aus dem Holzpreisanstieg und zu 5 Prozent aus steigenden Grundstückspreisen. Im Vergleich zu Indien bzw. Asien, wo über 90 Prozent der weltweit über sechs Mio. Hektar (ha) Teakbäume bewirtschaftet werden, wachsen die Bäume in Costa Rica fast doppelt so schnell und sind schon mit rund 20 Jahren für den Export geeignet.

Weltweit wurden schätzungsweise schon weit über 100 Mrd. Euro in Wälder bzw. Plantagen investiert, vor allem von großen institutionellen Investoren wie reichen Familien (denen es oft mehr um den Erhalt ihres Vermögens als um hohe Renditen geht), Stiftungen oder Pensionskassen. Daneben gehören zahlreichen Orden und anderen religiösen Institutionen schon seit Jahrhunderten Immobilien im Land- und Forstwirtschaftsbereich. Einer der Vorreiter im weltlichen Bereich war die Universität Harvard, deren Stiftung schon vor über 30 Jahren begonnen hat, einen Teil der Gelder – zeitweise bis zu 15 Prozent – in Äckern und Wäldern anzulegen. Insgesamt dürften institutionelle Investoren inzwischen weltweit mehr als 50 Mio. Hektar (über 30% der investierbaren Waldflächen) besitzen. Einige dieser Groß-Investoren haben dafür 2014 eigene Nachhaltigkeitsrichtlinien im Rahmen der „UN Principles for Responsible Investment" mitformuliert, in denen es neben der ökologischen Nachhaltigkeit auch um Arbeits-, Land- und Menschenrechte sowie ethische Grundsätze der Unternehmensführung geht.

Zertifizierungen

Weltweit sind inzwischen mehr als 10 Prozent aller Wälder zertifiziert, vor allem im Sinne nachhaltiger Forstwirtschaft, so dass – wie bei der EU-Holzverordnung – der Handel mit illegal abgeholzten Bäumen erschwert wird. Immer mehr Anbieter können darauf verweisen, dass die entsprechenden Flächen nach den strengen Grundsätzen des Forest Stewardship Councils (FSC, www.fsc-deutschland.de) zertifiziert sind – das erleichtert den Vertrieb. Dieses Gütesiegel – Achtung bei Werbeaussagen: „nach FSC-Kriterien bewirtschaftet" heißt nicht, dass eine Zertifizierung vorliegt! – ist für ökologisch orientierte Investoren das glaubwürdigste – und für EU-Importeure seit Jahren auch Pflicht. Denn der von der Holzwirtschaft selbst entwickelte PEFC-Standard („Programme for the Endorsement of Forest Certification Schemes") hat nicht nur weit geringere Anforderungen, sondern wird auch nicht selten ohne Prüfung von Unternehmen, Wäldern bzw. Plantagen für ganze Regionen vergeben. In Österreich ist z.B. seit 2002 jeder Wald, das sind insgesamt fast 4 Mio. Hektar, PEFC-zertifiziert, in Deutschland sind es über 7 Mio. Hektar und somit über 60 Prozent. Neben der Produktion können zusätzlich auch der Transport und die Weiterverarbeitung von Hölzern zertifiziert („Chain of Custody") werden.

Plantagenbeteiligungen in Süd- oder Mittelamerika sind nicht so einfach zu erklären wie ein Windparkangebot vor Ort, auch wenn die Laufzeiten mit bis zu 20 Jahren einander ähneln. Ein Vergleich der in den Beteiligungsprospekten angeführten Kosten und möglichen Erträge ist wegen der oft sehr unterschiedlichen Konzeptionen eher schwierig. Insgesamt liegt das Volumen der im deutschsprachigen Raum platzierten „Wald"-Finanz- bzw. Holzprodukte bereits seit Jahren im dreistelligen Millionenbereich. Im Folgenden werden über 50 Anlagemöglichkeiten kurz beschrieben, hier vorweg die

Internetadressen der Anbieter:

- www.1tree4one.com
- www.agrarinvest.com
- www.althelia.com / www.ecospherecapital.com
- www.aquila-capital.de
- www.asian-bamboo.com
- www.bauminvest.de
- www.bosquesnaturales.com
- www.catchmark.com
- www.cathaia.com
- www.deutscherwald.de
- www.ecobosques.com/www.ecoforests.eu
- www.eco-forestry.de / www.nor-ecoforestry.de
- www.fincabayano.net
- www.forminternational.nl
- www.forestfinance.de / www.baumsparkasse.de / www.baumsparvertrag.de
- www.forstinvest.de
- www.futuroforestal.com / www.waldfamilien.de / www.waldmenschen.de
- www.global-forest.eu
- www.greenwood-management.com
- www.green-wood-international.com / www.treeme.ch /
- www.grünesbaumfairmögen.de
- www.gwdforestry.com / www.gwdforestry-coconuts.com
- www.holz-investment.eu / www.forestry-investment.eu

- www.invest-in-forest.com
- www.iplantatree.org
- www.jaederberg.de
- www.jamestown.de
- www.kgal.de
- www.kiri-management.eu
- www.latifundium.de
- www.lifeforestry.com / www.teakinvestment.de
- www.majestic-trees.com / www.viva-ag.de
- www.mama-earth.de
- www.miller-investment.de / www.gruenesklima.de
- www.newforestsforafrica.org
- www.noble-woods.com
- www.nordcapital.com
- www.olivetreefarmers.com
- www.pandoinvest.de
- www.preciouswoods.com
- www.puroverde.de
- www.regenwald.at
- www.rusforest.com
- www.sensus-vermoegen.de
- www.sharewood.com
- www.taaat.de
- www.terravitalis.nl
- www.timberfarm-gmbh.de
- www.tfsltd.com.au
- www.tree-partner.com
- www.tree-value.org
- www.waldaktie.de
- www.wald-energie.eu
- www.waldfamilien.de
- www.we-grow.de
- www.weltwaldklima.de
- www.woodsource.eu

Prinzipiell lassen sich die Investment- bzw. Aufforstungsmöglichkeiten in sieben Kategorien einteilen:

1) Börsennotierte – und damit jederzeit handelbare – „Holz"-Aktien bzw. -Investmentfonds oder -Zertifikate, in denen diese Aktien enthalten sind. Dabei gibt es jedoch ein breites Spektrum an Unternehmen, von (konventionell orientierten) Plantagenbetreibern bis zu Holzverarbeitungsfirmen.

2) Geschlossene Fonds, die Eigentum an Forst- bzw. Aufforstungsflächen erwerben und bewirtschaften.
3) Direktbeteiligungen, bei denen der Anleger Eigentümer von Grund und Boden wird, meist in Kombination mit einem Dienstleistungsvertrag zur Bewirtschaftung bzw. Holzernte.
4) Anteile an Genossenschaften, deren Mitglieder z.B. – neben einer finanziellen Rendite – auch das Recht haben, Produkte vergünstigt zu beziehen.
5) Warentermingeschäfte, bei denen Bäume oder Holz gekauft werden bzw. Ansprüche (Nießbrauchsrechte) auf den Erlös beim Verkauf, der erst in ferner Zukunft liegt.
6) (Nachrang-)Darlehen und ähnliche Formen.
7) Supranationale Fonds sowie Spenden ohne persönlichen „Return on Investment“.

In den Kategorien 2 bis 5 gehen die Investoren meist sehr lange Bindungsfristen ein, oft 15 Jahre oder mehr. Zudem gibt es im Plantagen-/Holz-Investmentsektor – neben sehr unterschiedlichen Bodenqualitäten – oft schwer kalkulierbare Risikofaktoren wie etwa das Wetter oder eine mögliche Veränderung politischer Rahmenbedingungen, und die Interessen der Initiatoren decken sich nicht immer mit denen der Investoren. Auf den folgenden Seiten werden nicht nur die Eckpunkte und Entwicklungen aktueller, mehr oder weniger seriöser Angebote auf dem Markt beschrieben, sondern auch eine Reihe von Pleiten bis hin zu Betrugsfällen, was die im Vergleich zu anderen Branchen höheren Risiken deutlich machen soll.

Risikobereitschaft und einen langen Atem braucht man bei Investitionen in nachhaltige Holzwirtschaft in allen Fällen, aber die Hebelwirkung ist dafür relativ groß, vor allem solange rund um den Globus immer noch Regenwaldflächen von „Kahlschlagkonzernen“ oder zum Bau von Öl-Pipelines oder Ölpalmen-Plantagen abgeholzt werden. Es kommt auch vor, dass Ölpalmen als ökologisches Investment angepriesen werden wie z.B. bei der

Agrofinanz GmbH

Anfang 2016 hat das Amtsgericht Kleve das Insolvenzverfahren über das Vermögen der Agrofinanz GmbH eröffnet, nachdem die Bundesanstalt für Finanzdienstleistungsaufsicht (BaFin) der GmbH der Agrofinanz GmbH am 8. September 2015 aufgegeben hat, „das von ihr unerlaubt betriebene Einlagengeschäft einzustellen und durch unverzügliche Rückzahlung an die Kapitalgeber abzuwickeln. (...) Die Agrofinanz GmbH hatte auf der Grundlage eines sogenannten „Kauf-, Miet- und Rückkaufvertrags“ gewerbsmäßig Gelder angenommen und deren unbedingte Rückzahlung versprochen, ohne über die hierfür erforderliche Erlaubnis der BaFin zu verfügen“. Worum handelte es sich bei den „unerlaubten Geschäften“ und wer stand hinter der Agrofinanz GmbH?

Das Ende 2011 mit einem Grundkapital von 25.000 Euro gegründete Unternehmen bot Investoren den Kauf von Ölpalmen auf der Plantage Puebloviejo in Los Ríos in Ecuador an, die dann an die Agrofinanz GmbH zurückvermietet werden sollten. Das Mindest-Investment bei dem angebotenen Rückmietverkauf betrug 7.500 Euro pro „Plot", bestehend aus 35 bestimmten Ölpalmen auf rund 0,25 Hektar Plantagenfläche, die durch ihre GPS-Koordinaten und Nummern lokalisierbar wären. In den 10 Jahren Laufzeit, nach der die Palmen zu 100 Prozent des Kaufpreises zurückgekauft werden sollten, versprach die Agrofinanz eine vierteljährliche Auszahlung (der „Jahres-Miete" 675 Euro) in Höhe von 9 Prozent p.a. Dieses „Sachwert-Direktinvestment" in Palmöl böte „extra Sicherheit und hohe Wertstabilität", denn der Wert einer Plantage würde bei steigenden Preisen für Palmöl ebenfalls steigen, hieß es. Kritikern – laut Greenpeace gibt es „weltweit kein nachhaltig produziertes Palmöl" – hielt Agrofinanz entgegen, dass man sich an die Vorgaben des 2003 auf WWF-Initiative gegründeten Branchenverbands „Roundtable on Sustainable Palm Oil" (RSPO, Agrofinanz ist 2012 beigetreten) halte und dass „für unsere Plantagen kein Regenwald gerodet und kein Moor trocken gelegt wurde und auch in Zukunft nicht wird". Das meteorologische Risiko wäre durch eine Ernteversicherung (über QBE Seguros Colonial in Ecuador) reduziert, der Ankauf der Palmölplantagen in Ecuador erfolge laut Agrofinanz ohne Fremdkapital. Auf Anfrage der Öko-Invest-Redaktion wollte die Agrofinanz vor Jahren (2013) „aus Wettbewerbsgründen" weder die Anzahl der Investoren noch die Höhe des bis dahin verkauften Volumens bekannt geben. Auch auf die Frage nach der Art der Veranlagung der Rückstellungen für die Rückkaufgarantie („Anleihen?") blieb seitens des Unternehmens unbeantwortet. Zum dreiköpfigen Management-Team gehörte Anthony Berends, der laut der inzwischen vom Netz genommenen Homepage (www.agrofinanz.de) neben der Agrofinanz GmbH auch die niederländische Kronos Agri Holding (2008) mitgegründet hat und 17 Jahre (1993-2010) im Bereich Due Diligence, Ankauf, Entwicklung, Verwaltung und FSC-Zertifizierung von Wiederaufforstungsprojekten (3.000 ha) in Costa-Rica tätig war. Sein Mitgesellschafter Bram Holthausen verwies auf 5 Jahre als Investor-Relations-Mitarbeiter für ein nachhaltiges Waldunternehmen (6.000 ha) in Mittelamerika, und Stefan van Ühm schließlich hat von 1998 bis 2008 als Private-Banking-Berater bei der Deutschen Bank, danach als selbstständiger Finanzberater gearbeitet. Die Eigentümer- bzw. Betreiberfirma der Plantage, das Schwesterunternehmens Titan Agro S.A., hatte laut Agrofinanz Ende 2011 ein Eigenkapital von über einer Mio. US-Dollar, das „im Jahr 2012 weiter angewachsen" sei. Zudem, so ein damaliges Verkaufsargument, habe die Agrofinanz GmbH seit 2008 schon fünf Palmöl- und ein Kakaoprojekt platziert.

Trotz manch negativer Erfahrung und einiger Pleiten, vor allem bei mittelamerikanischen Tropenholz-Plantagenprojekten holländischer Anbieter, werden seit 2003 verstärkt deutsche und Schweizer Investoren umworben. 2002 ging mit Precious Woods das erste Unternehmen im Bereich der FSC-zertifizierten Forstwirtschaft an die Börse: Während dieses Unternehmen – Details folgen später in diesem Kapitel! - nun schon über 25 Jahre alt ist und zuletzt (2015) auf einen Jahresumsatz von über 44 Mio. US-Dollar kam, haben viele andere die ersten fünf oder sechs Jahre nicht überstanden bzw. nicht genügend Investoren gefunden. Holländische Plantagen-Unternehmen wie »Green Fund«, »Robinia«, »Terra Vitalis« oder »Tropeco Deutschland« haben sich nach vergeblichen Versuchen, auf dem deutschen Markt Fuß zu fassen, wieder zurückgezogen; Terra Vitalis – die Homepage gibt es nur mehr in holländischer Sprache – hatte zuletzt vermeldet, über 3.300 Investoren und über 4.000 Hektar Teakholzplantagen in Costa Rica zu haben.

Auch die spanische (nicht notierte) Bosques Naturales SA, die vor 2005 Aktien zu drei Euro ausgegeben hatte, hat keinen Vertrieb mehr in Deutschland. Auf der spanischsprachigen Homepage ist aber zumindest ein aktueller Jahresabschluss abrufbar: demnach stieg der Umsatz 2014 um 7 Prozent auf 1,68 Mio. Euro, der Verlust jedoch (von 0,74 Mio. Euro 2013) auf rund 1,9 Mio. Euro.
Auf der Website der 2004 gegründeten spanischen ecoBosques SA (www.ecobosques.com / www.ecoforests.eu) war 2011 noch ein Geschäftsbericht gar aus dem Jahr 2005 abrufbar, inzwischen gar keiner mehr. Aber immerhin ein Aktionärsbrief vom Dezember 2015. Die AG mit Sitz in Alicante hat ihre Plantagen in Costa Rica und Argentinien.

Auf der Homepage (www.foret.de) der Kölner Forêt-2000-FSC-Tropenholzplantage AG & Co. KG steht auch Anfang 2016 noch folgender Satz: „Diese Seiten werden gerade aktualisiert. Schauen Sie in den nächsten Tagen noch einmal herein. Letzte Aktualisierung: 24.12.2004“. Der Initiator, der Kölner Biologe Jörg Maas, wollte seinerzeit Plantageninvestoren mit einer Renditeprognose von 19 Prozent gewinnen, aber durch einen Tausch (um 2003/2004) der Foret-Anteile in eine Beteiligung an einem nicht börsennotierten „Fiam-N1“-Fonds hatten die Anleger hohe Verluste, denn der Wert der Fiam-Beteiligung musste „zum größten Teil abgeschrieben werden, da sich die Plantagenerträge nicht wie gewünscht entwickelt haben. Der Fonds besitzt aktuell die Rechte an ca. 40.000 ha Regenwaldes in Brasilien“, so Maas auf Nachfrage Anfang 2016. Inzwischen sucht Maas Financiers für seine Firma Ecoconstruct, die den Bau und Vertrieb von Wohnungen in Kolumbien zum Ziel hat, „die mit ökologischen Verfahren gekühlt werden und deshalb auf Klimaanlagen verzichten können“.

Ihr Angebot ganz zurückgezogen hat 2011 die Günter Manfred Raabe Unternehmensberatung, die Website www.premiumforest.de wurde eingestellt. Zurückgezogen wurde auch die in Deutschland – mit BaFin-genehmigtem Prospekt von 2008 - angebotene Beteiligung an der GVA Waldfonds AG & Co. KG, nachdem der Vertrieb über „konventionelle“ Kanäle kaum Interesse bei Investoren wecken konnte. Die Global Woods International AG des ehemaligen FDP-Bundestags- und Europaabgeordneten Dr. Vohrer war GVA-Beraterin, hat aber auch große eigene

Projekte (mit angeblich rund 6 Mio. Bäumen auf 12.000 ha) vor allem in Uganda. Diese sind, so ein Spiegel-Artikel von Ende 2015, sehr umstritten, weil umliegende Bauern klagen, von ihren Äckern vertrieben worden zu sein und die in den Kiefernplantagen eingesetzten Herbizide Krankheiten bei ihrem Vieh verursacht hätten. Zudem arbeitete der Sohn Vohrers bei der Gold-Standard-Stiftung, während der TÜV Süd die Vohrer-Plantagen geprüft und mit dem „Gold-Standard"-Label versehen hat.

Die RWI GmbH & Co. KG, die 2015 Regenwaldinvest-Nachrangdarlehen angeboten (und rückabgewickelt) hat, wurde aufgelöst, die RUK For Forest GmbH &Co. KG will als „exclusive Vertriebsgesellschaft für die Regenwald-, Umwelt- und Klimaschutzpolice" ihre ersten Produkte im Lauf des Jahres 2016 auf den Markt bringen. Ein relativ kurzes Leben hatte auch die 2012 von den beiden Deutschen Frank Arndt und Bernd Wittweg (mit 100.000 CHF) gegründete Schweizer ESA-Edelholz Südamerika AG (die Website www.edelholz-suedamerika.ch ist seit Herbst 2015 offline). Aus den geplanten Regenwald-Aufforstungen in Bolivien (Aime Hecker wurde zum Geschäftsführer der ESA Bolivia S.A. bestellt) und Paraguay (u.a. mit einem 30 Jahre laufenden„Edelholz-Aufbauplan" mit Monatsraten ab 100 Euro) wurde nichts, das Kantonsgericht Nidwalden hat im Oktober 2015 die Liquidation angeordnet. Sang- und klanglos hat sich auch die Arboreus Switzerland Holding AG aus dem Tropenholzgeschäft zurückgezogen und den Namen gewechselt.

Einige Forst-Unternehmen, die in der letzten Handbuch-Ausgabe (2012/2013) noch am Markt waren, sind inzwischen insolvent geworden bzw. endeten mit Betrugsprozessen. Zu den unrühmlichen Beispielen aus der Schweiz gehört die inzwischen liquidierte

Sensei Energy AG

mit Sitz in Adliswil (mit Jürgen Käfer, Gerhard Borchers und Marco Käfer), die K-Geld-Redakteur (www.kgeld.ch) Bernhard Bircher im Artikel „Anlegen: Im Bambus steckt der Käfer" im April 2013 als „jüngsten Spross im Dschungel der Anbieter riskanter Holzinvestments" bezeichnet hat. Sensei hat - u.a. über „Cold-Call"-Telefonverkäufer - Ernterechte an Bambuspflanzen auf den Philippinen verkauft (ein ähnliches Modell hatte auch die Kawa Energy AG). Jürgen Käfer - im Handelsregister eingetragen war bei Sensei nur seine Frau Karin - war schon bei mehreren „schneeballartigen Verkaufsfirmen" wie z.B. der 2006 gegründeten Max Entertainment Group AG dabei, die 2007 in Konkurs ging. Die „Käfer-Tuppe" verkaufte (u.a. über eine „You AG") für schätzungsweise über 40 Mio. Schweizer Franken völlig überteuerte Aktien von meist umsatzlosen Start-ups wie z.B. der NicStic AG aus Hünenberg, die „nikotinfreie Zigaretten" vermarkten wollte. Im Fall Max Entertainment wurden die Ermittlungen 2011 - nach vier Jahren - von einer Staatsanwältin eingestellt. Das Ehepaar wurde erst im Juli 2014 von der Zuger Polizei mit dem Verdacht auf „gewerbsmässigen

Betrug sowie allenfalls ungetreue Geschäftsbesorgung mit Bereicherungsabsicht" in U-Haft genommen, Anfang 2016 begann dann am Strafgericht Zug der Betrugs-Prozess gegen Hans-Jürgen und Karin Käfer sowie drei weitere Mitangeklagte (der ehemalige Bankberater Gionni P., Andreas K. und Daniel K, alle 5 sind deutsche Staatsbürger). Unter den Zuschauern: viele der rund 300 Privatkläger, die Millionen verloren haben.

Neben solchen Betrugsfällen gibt es noch einige Plantagen- bzw. Holz-Anbieter, die aus anderen Gründen nicht mehr mehr am Markt aktiv sind wie z.B. die

Eco Suisse Group AG

Sie hat 2010 begonnen, diverse Varianten von Holzinvestments über Plantagen in Panama (Landeswährung ist dort der US-Dollar) und Paraguay anzubieten, z.B. unter der Bezeichnung „ecowood" (0,5 ha Edelholzbestände – Teak, Mahagoni, Paulownia – für 14.950 Euro, bis 22 Jahre Laufzeit), „ecomix" (0,5 ha Mischwaldbestände für 5.200 Euro bis 12 Jahre Laufzeit) oder „ecobambo" (0,25 ha Bambusbestände für 3.750 Euro, bis 6 Jahre Laufzeit), jeweils mit prognostizierten Renditen (nach IRR, „internal rate of return" = interner Zinsfuß) zwischen 5 und 14 Prozent p.a. Inzwischen hat die Eco Suisse Group AG – nunmehr als Consulting-Unternehmen (www.ecosuissegroup.com) tätig - diese Angebote zurückgezogen: sie „bietet keine neuen Schenkbäume, Anlageobjekte in Bambus, Plantagen oder Wald mehr an" und freut sich „sämtliche Bestände an Bambus, mit Pflanzjahr 2011/2012 frühzeitig zurückzukaufen".

Noch schneller das Handtuch geworfen hat die Kemptner my-teakinvest GmbH (die Homepage www.my-teakinvest.com ist offline). Deren Geschäftsführer Richard Marlin hat schon im Jahr nach dem Vertriebsbeginn (Mitte 2011) von Teakbaumsetzlingen bzw. Baumverwertungsrechten (1.100 Teakbäume auf der Fläche von einem Hektar in Costa Rica kosteten 32.890 Euro, das Mindest-Investment lag bei 275 Bäumen auf 0,25 ha zu 8.635 Euro) wieder aufgegeben, u.a. wegen des damals schon „sehr schlechten Rufes der Branche". Und der wurde inzwischen wieder einmal bestätigt durch den

Betrug bei der Green Planet AG

Die 2003 als AG gegründete Firma stand schon einige Jahre vor der Insolvenz – und der Verhaftung des Gründers und Vorstands - auf der grau-grünen Liste (siehe Kap. 7.9) des Öko-Invest. Sie hat einen „SmartTeak-Sparvertrag" angeboten, bei dem mittels monatlicher Sparraten von 33 Euro sich in einem Jahr (Mindestansparzeit) eine Summe von 396 Euro ergibt. Dafür sollten 10 Teakholz-Bäume – in Costa Rica und der Dominkanischen Republik – gekauft werden, die nach 20 Jahren eine Rendite von 13 Prozent und mehr pro Jahr (nach IRR) bringen sollen. Die Bewirtschaftung – keines der Grundstücke hatte je eine FSC-Zertifizierung – sollte nach dem „Permakulturprinzip" und einer „revolutionierenden Mineralstoff-Blatt-Düngung" erfolgen. Laut Website (www.

green-planet-ag.com ist inzwischen offline) gab es – neben Teak- und Kautschukbäumen - auch das Angebot, Aktien zu erwerben, doch über Ausgabepreise bzw. aktuelle Kennzahlen der AG gab der Vorstand seinerzeit keine Auskunft. Inzwischen (Ende 2015) wurde er vom Landgericht Frankfurt wegen Betrugs in erster Instanz zu 6 Jahren und 10 Monaten Haft verurteilt – mehr als 2 davon hat er bereits in U-Haft verbracht. Ende August 2015 kam noch ein anderer (anfangs nur wegen Geldwäsche) Verdächtiger in U-Haft: Karl-Peter Hennige, der Lebensgefährte der „Bierkönig-Witwe" Meharit Schubert, der verdächtigt wird, über verschachtelte Briefkastenfirmen hinter dem Millionenbetrug zu stehen. Ob die fast 800 Anleger, die für nahezu 23 Mio. Euro Baum-Zertifikate erworben haben, etwas bzw. wie viel dafür noch bekommen, das wird vielleicht der Insolvenzverwalter Miguel Grosser klären können, der die angeblich „41 Plantagen mit 1.200 Hektar" – davon eine Kautschukplantage mit 114 Investoren – in einer Tochterfirma in Costa Rica zu verwerten hat.

Dass man sich auch bei einer börsennotierten AG nicht immer auf die Richtigkeit von Forstgutachten über die ungefähre Anzahl der Bäume oder das Testat eines Wirtschaftsprüfers verlassen kann, zeigt der Fall der inzwischen ebenfalls insolventen

Teak Holz International AG

Die Teak Holz International AG mit Sitz in Linz hat ihren Baumbestand in den Plantagen (rund 2.000 ha, davon 850 ha FSC-zertifiziert) Ende März 2011 mit über 124 Mio. Euro bilanziert: über 7 Mio. Euro mehr als ein halbes Jahr zuvor. Dieser Zuwachs entsprach dem Zehnfachen des Umsatzes, der bei knapp 0,7 Mio. Euro im Halbjahr lag. Doch wie sich später herausstellte, war der Baumbestand nur rund halb so gross wie viele Jahre bilanziert. Und von der für 2016 geplanten ersten „großen Ernte" – da sollten die Teakbäume in Costa Rica 25 m hoch und bis zu 35 cm dick sein und der „naturgegebene Zins durch Wachstum" fällig sein – sehen die Aktinäre auch nichts mehr, denn die Firma musste im September 2015 Insolvenz anmelden, nachdem eine fällige Anleihe nicht bedient werden konnte.

Im Frühjahr 2007 startete die THI-Aktie (www.teak-ag.com, jetzt offline) an der Wiener Börse mit einem Emissionspreis von 9,00 Euro. Die ursprüngliche Preisspanne von 11,60 bis 14,00 Euro wurde mangels Investorennachfrage herabgesetzt, um das geplante Volumen platzieren zu können. Der Kurs sank bis Ende 2008 auf ein Niveau von 2,00 Euro, erholte sich aber bis Mitte Juni 2011 wieder auf über 7,00 Euro, was aber immer noch relativ weit unter dem als „Net Asset Value" berechneten Wert von 17 Euro pro Aktie lag. Dieser Wert hat sich später, bei einer Inventur 2014, als ohnehin weit überhöht herausgestellt: „Es ist davon auszugehen, dass sämtliche Verkehrswertgutachten beginnend mit der Sacheinlage im Jahr 2006 sowie in den Folgejahren 2007, 2008, 2009, 2011 und

2013 fehlerhaft sind: Sie weisen überhöhte Bestandszahlen und Nutzflächen aus, was zu einer deutlich überhöhten Bewertung des Vermögens geführt hat", so das Eingeständnis im Geschäftsbericht.

Im Sommer 2010 wurden Wandelschuldverschreibungen (50.000 Euro Mindestinvestment, 5 Jahre Laufzeit, 5% Verzinsung) ausgegeben. Mitte 2011 wurde eine Kapitalerhöhung (zum Aktienpreis von 6,70 Euro) beschlossen, um wesentlich ältere Teakbestände (für rund 40 Mio. Euro) in Costa Rica aufzukaufen, die frühere und stetigere Ernteumsätze ermöglichen sollten. Doch dazu kam es nicht mehr. Seit 2015 ermittelt die Wirtschafts- und Korruptionsstaatsanwaltschaft (WKStA) wegen des Verdachts auf schweren Betrug, Untreue und Bilanzfälschung. Laut einer vorläufigen Bilanz Ende September 2014 wurden die Bäume in Costa Rica (die „biologische Aktiva") nur mehr mit 6 Mio. Euro statt 97,6 Mio. Euro bewertet, das Land mit 4 Mio. Euro – und das bei Schulden von über 30 Mio. Euro. Gut die Hälfte der Schulden entfiel auf die Gläubiger der THI-Wandelschuldverschreibung, deren Depotbank und Zahlstelle (Semper Constantia Privatbank AG) Pfandrechte an den Anteilen an den costa-ricanischen THI-Plantagenbesitzgesellschaften sichern liess. Doch die Versteigerung der Betriebs- und Plantagenbesitz-Beteiligungen in Costa Rica im März 2016 brachte einen mageren Erlös von nur 2,2 Mio. Euro. Die Aktionäre, die beim Börsengang zu 9 Euro eingestiegen waren und bis dato nicht verkauft haben, sitzen nun auf 99 bzw. bald 100 Prozent Verlust. Ähnlich erging es den Aktionären der

Asian Bamboo AG

Die deutsche Holding Asian Bamboo AG hat – wie viele ähnliche Konstruktionen, über die chinesische Firmen in den letzten Jahren an die Börse in Deutschland kamen – inzwischen (Mitte 2015) Insolvenz angemeldet, mehrere Organmitglieder sind aus ihren Funktionen zurückgetreten. Hauptgeschäftsfeld des von Lin Zuojun gegründeten Unternehmens ist der Anbau von Bio-Bambus in China, der dann für verschiedene Zwecke – von Bambussprossen bis zu Bau- und Möbelholz – verkauft bzw. (u.a. nach Japan) exportiert worden ist. Mit dem Erlös aus dem Börsengang im November 2007 hat sich durch zusätzliche Pachtverträge für über 10.000 ha erntereife Plantagen die bewirtschaftete Plantagenfläche mehr als verdoppelt. Das Unternehmen erhielt Auszeichnungen wie jene als „National Key Flagship Enterprise", was in China mit einer Steuerbefreiung für mindestens vier Jahre verbunden war. Im Oktober 2009 wurden weitere rund 1,3 Mio. Aktien zum Stückpreis von 20,00 Euro an institutionelle Anleger ausgegeben, der Börsenwert stieg anschliessend – bei Kursen von über 40 Euro (Ende 2010) auf weit über 500 Mio. Euro, die Aktie wurde - auch aufgrund von ausführlichen Umwelberichten – in viele Nachhaltigkeitsfonds aufgenommen. Inzwischen ist der Börsenwert – beim Kurs von 0,12 Euro im März 2016 – auf unter 2 Mio. Euro gesunken, ebenso der Jahresumsatz, nachdem Kredite nicht mehr bedient werden konnten, Bilanzierungsprobleme aufgetaucht und hohe Abschreibungen angefallen sind: 2013 betrug der Verlust rund 200 Mio. Euro – bei über 800 Beschäftigten und 31,4 Mio. Euro Umsatz.

Bevor es zu rund 30 „Wälder und Felder"-Angeboten abseits der Börse geht, hier noch ein Blick auf einige börsennotierte Unternehmen bzw. Fonds:

Precious Woods Holding AG

Als erste fungible Beteiligung im FSC-Tropenholzbereich kamen im Frühjahr 2002 die Aktien der Precious Woods Holding AG an die Börse in Zürich. Der Ausgabepreis betrug 60 Franken pro Aktie (Nennwert 50 CHF). Das 1990 in der Schweiz bzw. Costa Rica gegründete und vor allem in Süd- und Mittelamerika in der nachhaltigen Holzwirtschaft tätige Unternehmen konnte nach dem Börsengang recht gute Kennzahlen vorweisen: 2004 nahm der Umsatz z.B. um 40 Prozent auf 15,5 Mio. US-Dollar zu, der Gewinn verdoppelte sich auf über 3,3 Mio. US-Dollar. Ein Teil des Gewinns stammte dabei aus der Aufwertung der „biologischen Aktiva", d.h. der in der Bilanz sichtbaren Wertzunahme des Baumbestandes. Precious Woods besaß damals rund 2.450 Quadratkilometer Waldfläche, umgerechnet rund 1.800 Quadratmeter pro Aktie. Neben der Holzverarbeitung sowie dem Handel von FSC-zertifizierten Holzprodukten gehört zum Geschäftsmodell auch die Stromproduktion aus Holzabfällen. Ein 600-Hektar-Wiederaufforstungsprojekt von Precious Woods in der Region Sapoa in Nicaragua wurde für den Bio Carbon Fund der Weltbank ausgewählt. Im Lauf der Jahre bildete der Verkauf von CO_2-Zertifikaten – neben dem Holzverkauf – eine steigende Einnahmequelle, auch wenn in den USA für CO2-Zertifikate – auf freiwilliger Basis – meist weit weniger bezahlt worden ist als auf dem regulierten europäischen Markt. Die land- und forstwirtschaftlichen Bio-Carbon-Fund-Projekte entlasten nicht nur die Umwelt, sondern dienen auch der Bekämpfung der ländlichen Armut.

Der Kurs der Precious-Woods-Aktie an der Züricher Börse – sie war zeitweise auch im Natur-Aktien-Index nx-25 - stieg innerhalb von 5 Jahren auf 150 Franken, fiel in der Folge aber wieder auf unter 10 Franken zurück, nachdem es herbe Millionenverluste im operativen Geschäft gab: nicht nur bei den erworbenen Beteiligungen an Forstwirtschaftsunternehmen in Afrika, sondern vor allem auf dem Hauptmarkt in Brasilien. Dort haben sich die Rahmenbedingungen in der Branche bzw. für den Export verschlechtert: einerseits durch bürokratische Hemmnisse – wer wie Precious Woods grundsätzlich ohne Schmiergeldzahlungen agiert, wartet dort nicht selten monatelang auf behördliche Bewilligungen - andererseits durch den Anstieg des brasilianischen Real gegenüber anderen Währungen. Ohne frisches Geld aus Aktionärskreisen, darunter einigen Schweizer Pensionskassen, wäre es in manchem Verlustjahr schwierig geworden. Denn vom Zuwachs der biologischen Aktiva allein kann man keine Löhne und Gehälter zahlen.

Im August 2013 wurde die Aktie – auch aus Kostengründen – wieder von der Börse (SIX Swiss Exchange) genommen und ist seither im Telefonhandel der ZKB (OTC ZKB Plattform, zkb-finance.mdgms.com) gelistet. Ende 2015 lag der Kurs (das ist auch der „Steuerkurs“) bei 3,85 Franken, ein Plus von gut 56 Prozent gegenüber Ende 2014 mit 2,46 Franken. 2015 sank der Nettoumsatz um 5,7 Prozent auf 44,1 Mio. US-Dollar, das Ergebnis vor Zinskosten und Steuern (EBIT) drehte jedoch von einem Verlust (4,1 Mio. USD) auf einen Gewinn (1,1 Mio. USD). Freudig vermeldete man auch, dass 2015 alle Gesellschaften die „FSC-Zertifizierung mit Bestnoten bestanden“ haben und Schulden abgebaut werden konnten durch eine Kapitalerhöhung Ende 2015 (8,2 Mio. CHF, teilweise durch Umwandlung von Darlehen in Aktien). Zur weiteren Entschuldung – und damit Reduktion der Zinsbelastungen – wurde Anfang 2016 durch die Ausgabe von knapp einer Mio. neuer Aktien (Nominalwert 1,00 CHF) das Grundkapitel auf rund 5,96 Mio. Namensaktien erhöht. Bei einem Kurs von 4,60 Franken (März 2016) ergibt sich eine Bewertung von rund 27,5 Mio. Franken (ca. 62% des Umsatzes). Auf eine ähnlich hohe Bewertung – aber bei nur halb so viel Umsatz – kommt die

RusForest AB

Schon 2014, drei Jahre nach Einführung (2011) von Umweltmanagement-Richtlinien und -zielen, konnte das börsennotierte Unternehmen mit Sitz in Stockholm die FSC-Zertifizierung durch die Rainforest Alliance für den Großteil seiner Forstwirtschaftsaktivitäten in der ostsibirischen Region von Irkutsk abschließen. Das Hauptsägewerk Magistralny samt der Handelsabteilung (RusForest Trade House) erhielten dabei auch das „Chain of Custody“-Zertifikat für die Lieferkette von Rohstoffen und Produkten. Durch die FSC-Zertifizierung wird dokumentiert, dass darauf geachtet wird, kein Holz zu beziehen, das illegal geschlagen worden ist, genetisch verändert wurde oder aus bedrohten Wäldern bzw. Regionen stammt, in denen die Menschenrechte missachtet werden.

RusForest kooperiert nicht nur mit den jeweiligen Kommunen, sondern ist auch mit Umweltschutzorganisationen wie dem WWF und Greenpeace in engem Kontakt. 2014 konnte bei einem Umsatz von rund 20 Mio. Euro (-56%) der Verlust (seit 2009 gab es keine Gewinne mehr) um 65 Prozent auf 10,6 Mio. Euro reduziert werden. Bei 132 Mio. Aktien und einem Kurs von rund 1,90 Schwedischen Kronen (März 2016, 1 SEK entspricht knapp 0,11 Euro) errechnet sich ein Börsenwert von rund 25 Mio. Euro. Das entspricht rund dem 1,3-fachen Jahresumsatz. Im März 2011 lag der Kurs noch bei über 500 Kronen, d.h. die Investoren haben innerhalb von 5 Jahren mehr als 99 Prozent ihres Geldes verloren. Doch 2014 verbesserte sich die Eigenkapitalquote von 59 auf 88 Prozent, und 2015 wurde auch ertragsmässig ein Wendejahr. In den ersten 9 Monaten 2015 wurden rund 172.000 m3 (-1%) Holzstämme geerntet, von Subunternehmen weitere 398.000 m3 (+86%). Die Schnittmenge aus den Sägewerken betrug in diesem Zeitraum gut 63.000 m3 (+10%), die (vor allem nach Japan) verkaufte Menge an Schnittholz 46.400 m3 (-21%), an Stämmen knapp 62.000 m3 (+7%). Zwar ging - vor allem aufgrund fallender Preise - der Umsatz weiter (um fast 25%) auf 15,6 Mio. US-Dollar zurück, aber das Ergebnis drehte von einem Verlust (9,6 Mio. USD) auf einen Gewinn (1,8 Mio. USD). 2015 wurde (durch Auflassung zypriotischer Zwischenholdings und den Verkauf des Archangelsk-Bereichs) die Konzernstruktur auf 13 Gesellschaften vereinfacht. Mit rund 1.200 Beschäftigten hatte RusForest 2015 weniger als halb so viel wie 2012 (über 2.600). Die Verschuldung konnte weiter (auf rund 9 Mio. USD) abgebaut werden, Ende 2015 betrug der Cash-Bestand konzernweit über 8 Mio. US-Dollar. Im 4. Quartal 2015 ging ein eigenes Pelletswerk in Magistralny in Betrieb, ausserdem wurde ein Aktienrückkaufsprogramm eingeleitet. Vorsitzender des dreiköpfigen Vorstands ist der Russe Anton Bogdanov, der vorher Chef der Nova Management Group war, die ebenfalls grosse Waldgebiete in Ostsibirien bewirtschaftet. Im sechsköpfigen Aufsichtsrat ist u.a. (seit 2013) der Wiener Investmentbanker, Managementberater und Vorstand der PP Land Investment AG, Paul Putz, vertreten.

Vor allem in den USA gibt es eine Reihe von börsennotierten Wald- oder Holzkonzernen, die aber in der Regel keine FSC-Zertifizierungen vorweisen können, also mehr oder weniger konventionell wirtschaften - bis hin zu Kahlschlag-Aktionen, die von NGOs stark kritisiert werden. Hier noch ein Beispiel einer börsennotierten Aktie eines US-Wald(besitz-)unternehmens, das zumindest - seit 2008 - eine Zertifizierung der Sustainable Forest Initiative (SFI) besitzt:

CatchMark Timber Trust

Beim Kurs von rund 11 US-Dollar (März 2016) ist das seit 2007 tätige Unternehmen mit rund 430 Mio. US-Dollar bewertet, d.h. rund dem 6,3-fachen Jahresumsatz. Zwar fielen auch 2014/15 noch Verluste an, aber die Dividendenrendite betrug zuletzt rund 4,5 Prozent. Der CatchMark Timber Trust mit Sitz in Georgia (und 13 Beschäftigten) gehört zur Kategorie der "real estate investment trusts" (REIT), d.h. außer dem Eigentum und der Verwaltung/Verpachtung von Immobilien - in diesem Fall Waldflächen - gibt es keine weiteren Geschäftsbereiche wie z.B. Verarbeitung oder Vertrieb. Das erlaubt in der Regel relativ leicht zu kalkulierende Geldflüsse und Renditen. Der SFI-Standard, der in Nordamerika mit mehr als 100 Mio. zertifizierten Hektar der verbreitetste ist, wird von den meisten NGOs als wesentlich weniger „streng" angesehen als der FSC-Standard. CatchMark besitzt in den acht Bundesstaaten Alabama, Florida, Georgia, Louisiana, North Carolina, South Carolina, Tennessee und Texas rund 425.000 acres (1 acre sind knapp 4.047 m2), also rund 172.000 ha an Waldflächen. 2015 wurde damit ein Umsatz von 69,1 Mio. US-Dollar (+27%) erzielt, wobei 42.900 acres (für 73,7 Mio. USD) zugekauft und 6.400 acres (für 11,8 Mio. USD) verkauft worden sind. Das Ergebnis vor Zinsen, Steuern und Abschreibungen stieg in diesem Jahr um 36 Prozent auf 32,2 Mio. US-Dollar.

Im Bereich Landwirtschaft können Investoren neben den Aktien börsennotierter Gesellschaften inzwischen auch relativ leicht Acker- oder Forstflächen kaufen oder sich an einzelnen Betrieben wie z.B. der AIG Agrar Investment GmbH & Co KG mit Sitz in Schwerin beteiligen (allerdings erst ab 300.000 Euro, weswegen wir solche Angebote hier nicht näher behandeln). Daneben gibt es eine Reihe von börsennotierten – meist nur zu einem kleinen Teil „bio“ bewirtschafteten -Landwirtschaftsbetrieben wie z.B. die KTG Agrar SE (www.ktg.ag, mit über 1.000 Beschäftigten und rund 50.000 ha eigenen und fremden Ackerböden die grösste deutsche „Bauernhof“-Aktie) oder die AGRARIUS AG (www.agrarius.de) mit rund 30 Beschäftigten und Flächen grossteils in Rumänien, wo der Preis für einen Hektar gutes Ackerland (Schwarzerde, Westrumänien) inzwischen auf rund 6.000 Euro gestiegen ist. Die nicht börsennotierte Braunschweiger realkapital KGaA – sie legt in Immobilien, davon 50 Prozent als Zielgröße auch in Agrarflächen, an – wies laut Bilanz 2014 rund 2,9 Mio. Euro Eigenkapital und 1,5 Mio. Euro Verbindlichkeiten auf. Bis Ende 2014 fielen Verluste von rund 0,22 Mio. Euro an. 2014 fand die letzte Kapitalerhöhung (174.000 Aktien zum Ausgabepreis von 1,15 Euro je Aktie) statt, weitere „sind aufgrund der im vergangenen Jahr durch den Gesetzgeber verabschiedeten regulatorischen Hürden (AIFM-Richtlinie) für alternative Investmentfondslösungen zunächst nicht absehbar“, so dass künftig kaum Chancen auf Wachstum und damit höhere Wirtschaftlichkeit bestehen.

Agrar Invest Romania AG

Das im August 2010 von Schweizer Initiatoren wie Theodor Häni – er war bis zur Pensionierung im September 2015 auch Alleinvorstand - in Deutschland gegründete und seit Ende 2012 börsennotierte Unternehmen (www.agrarinvest.com) hat sich der biologischen Landwirtschaft (nach Bio-Suisse-Richtlinien) verschrieben. D.h., bei den in Rumänien erworbenen Ackerflächen bzw. Beteiligungen kommen keine Kunstdünger, Pestizide oder Herbizide zum Einsatz, im Gegensatz z.B. zur börsennotierten Black Earth Farming (www.blackearthfarming.com), die in Russland (Stand Ende 2014) über 270.000 Hektar erworben (zu fast 90%) bzw. gepachtet hat und rund 184.000 Hektar davon bewirtschaftet (vor allem Getreide und Ölsaaten). Die Agrar Invest Romania AG spart durch die Umstellung auf Bio-Landwirtschaft laufende Kosten und Energie und rechnet mittelfristig mit einem höheren Wertzuwachs der Böden als es ohnehin bei konventioneller Bewirtschaftung der Fall ist. Über die Beteiligungen werden Landwirtschaftsflächen erworben, Lebensmittel produziert und verkauft, sowie Farmen und Maschinen betrieben. Ziel des Unternehmens ist es, „durch nachhaltige Bewirtschaftung und Aufwertung der Landwirtschaftsflächen eine Wertsteigerung zu erreichen sowie Erträge durch landwirtschaftliche Dienstleistungen zu generieren“. Neben der steigenden Nachfrage nach Bio-Lebensmitteln sollten auch geringere Kosten bei der Anschaffung und Wartung der nötigen Maschinen das Risiko reduzieren helfen. Zwar hat die AG geringe Personalkosten hat (2014 knapp 55.000 Euro), arbeitet fast ausschliesslich mit Eigenkapital (das Land gehört den Beteiligungsgesellschaften) und erzielt laufende Erträge durch Zinsen (bisher meist 5% p.a.) aus Darlehen, so dass sie relativ gut gegen unerwartete Entwicklungen abgesichert ist. Aber es besteht auch ein Schlüsselpersonen-Risiko (Alleinvorstand ist der Schweizer Christof Arnold, einige Aufsichtsratsmitglieder haben viel Erfahrung und bewährte Kontakte in der „Bio"-Branche) sowie ein politisches Länderrisiko, auch wenn Rumänien nun schon seit vielen Jahren der EU angehört. In Rumänien werden derzeit über 9,4 Mio. Hektar Ackerfläche bewirtschaftet (in Deutschland sind es gut 11 Mio. ha), über 60% der Landfläche dienen der Landwirtschaft. Wie Theo Häni, der einige international tätige Agrargesellschaften mit aufgebaut hat und nun (zusammen mit seiner Frau und den Familien seiner Kinder) einen eigenen Bio-Landbaubetrieb in Rumänie betreibt, lebt auch Christof Arnold – er ist seit 2009 auch Aufsichtsratsmitglied bei der österreichischen BioArt AG – mit seiner Familie derzeit in Rumänien.

Insgesamt gehören dem Konzern über 3.600 Hektar zu 100 Prozent, an weiteren Flächen von rund 7.500 Hektar ist man aliquot (zu über 25% über die Agroinvest Romania) beteiligt. Die hohe Steigerung des Gewinns 2014 auf rund eine Mio. Euro (nach Anlaufverlusten und einem kleinen Gewinn von rund 32.000 Euro im Jahr 2013) wurde vor allem durch den Verkauf der Tochtergesellschaft Zarand Estate S.R.L. ermöglicht, die im Frühjahr 2012 (im Raum Foeni, ausserhalb der Kernregion der Agrar Invest Romania AG) 601 ha Land gekauft und seither verpachtet hatte. Durch den Preisanstieg für Agrarböden in Rumänien konnte eine hohe Wertsteigerung – über 50% in nicht einmal 3 Jahren – realisiert werden. Der Erlös aus dem Verkauf wurde in ein neues Logistikzentrum investiert mit Silos für Bio-Getreide sowie Reinigungs- und Trocknungsanlagen, um sicherzustellen, dass die Käufer den Weg des Bio-Getreides bis zum Produzenten zurückverfolgen können, was in Rumänien bisher kaum möglich war. Ausserdem werden an anderen Stellen (z.B. im Murestal) weiterhin kleinere Flächen zwecks Arrondierung der Bestandsflächen zugekauft, was in der Regel – und nach Eintragung ins Grundbuch - den Gesamtwert dieser Flächen steigert. Erheblich wertvoller werden neu zugekaufte Flächen auch durch die Bio-Zertifizierung, wobei der Umstellungsprozess mindestens 3 bis 4 Jahre in Anspruch nimmt.

2011 wurde das Kapital (von 50.000 Euro) auf über 12 Mio.Euro erhöht, der Ausgabepreis lag bei 1,00 Euro je Aktie. 2012 folgte die zweite Kapitalerhöhung (von 7,18 Mio.Inhaber-Stückaktien zu 1,11 Euro je Aktie). Der „net asset value" (NAV) pro Aktie wurde bei einem Zwischenbericht 2015 mit 1,15 Euro berechnet – die stillen Reserven sind darin allerdings nicht enthalten. Bisher schwankte der Kurs – die Aktie wird nur an der Börse Düsseldorf und mit durchschnittlich geringen Tagesumsätzen gehandelt – in einer Spanne von 0,79 bis 1,20 Euro. Beim Kurs von 1,00 Euro (am 11. März 2016) errechnete sich ein Börsenwert von gut 19 Mio.Euro. Um Kosten zu sparen, soll die Gesellschaft – wenn die Aktionäre bei den Hauptversammlungen 2016 zustimmen – mit den beiden ebenfalls in Traunreut ansässigen, aber nicht börsennotierten Unternehmen Agroinvest Plus AG (AIP) und Agroinvest Romania AG (AIRO) verschmolzen werden, die ebenfalls erhebliche Beteiligungen an rumänischen Gesellschaften sowie einer ungarischen halten und Bilanzsummen von 20 Mio. Euro (AIP) bzw. von rund 22 Mio. Euro (AIRO) aufweisen. Neben den Kosteneinsparungen erwartet man sich durch einen einheitlichen Auftritt mehr Gewicht auf dem rumänischen Markt. Nach der Verschmelzung soll wieder eine Zulassung im Freiverkehr einer deutschen Börse beantragt werden.

Mit der Forst Ebnath AG (www.forst-ebnath.de, Bilanzsumme gut 14 Mio. Euro) war auch eine relativ kleine deutsche AG börsennotiert, die Forstgründe konventionell bewirtschaftet. Der Hauptaktionär, die Münchener Rück, hatte im Rahmen eines Squeeze-Out die Anteile der Minderheitsgesellschafter im September 2015 zum Kurs von 1.807 Euro/Aktie übernommen.

TFS (Tropical Foresty Services)

Die börsennotierte TFS (www.tfsltd.com.au) betreibt in Australien die weltweit größte Plantagenfläche (3.700 ha) mit indischem Sandelholz sowie auch die weltgrößte Sandelholz-Destillerie. Sandelholzbäume, in Indien auch als „heilige Bäume" bezeichnet, gehören neben Teak zu den teuersten Tropenhölzern. Das daraus gewonnene Öl kostet bis zu 2.000 Euro pro Kilogramm und wird vor allem für Parfums und Arzneien verwendet. Auch Räucherstäbchen aus Sandelholz sind in Asien sehr beliebt. Während Sandelholz in Indien durch Raubbau fast vom Aussterben bedroht ist, wird es in Australien seit 1998 auf Plantagen angebaut. Von 2013 auf 2014 hat sich der TFS-Aktienkurs von 0,50 auf über 2,00 Australische Dollar (AUD) mehr als vervierfacht (im März 2016 lag er bei rund 1,75 AUD). Der Börsenwert (rund 600 Mio. AUD) liegt dabei gut dreifach höher als der Jahresumsatz, aber das KGV von 5 erscheint sehr günstig neben einer Dividendenrendite von fast 2,5 Prozent. Über die Tochter Santalis Healthcare soll Sandelholzöl künftig verstärkt auch als Basis für pharmazeutische Zwecke dienen bzw. vermarktet werden. An den TFI-Plantagen hat sich - neben einem US-Forstinvestor, einem arabischen Staatsfonds und zuletzt auch der Church of England - die deutsche

JC Indian Sandalwood 2 GmbH & Co. KG

beteiligt. Dieser auch für kleinere Summen (Mindestbeteiligung 25.000 AUD exkl. 5% Agio, Gesamtvolumen bis zu 15 Mio. AUD, Laufzeit 15 Jahre) geeignete geschlossenen Publikumsfonds folgte auf den JC Indian Sandalwood 1 GmbH & Co. KG (Minimum AUD 0,3 Mio.), bei dem Ende 2014 rund 7,4 Mio. Euro an Kommanditpflichteinlagen verbucht waren. Beim JC Indian Sandalwood 2 GmbH & Co. KG waren es 2014 rund 10,9 Mio. Euro. Komplementär ist jeweils die Hamburger Jäderberg & Cie. GmbH. Die KG-Anleger sind indirekt am Erlös der

Öl- und Holzprodukte beteiligt, wissen aber noch nicht, inwieweit die Prognose eines Rückflusses von über 600% der Einlage bis 2026 realisiert werden kann. Die für das Jahr 2014 anfänglich geplante erste Ausschüttung (29% der Einlage) wurde jedenfalls nicht erreicht. Ende 2015 brachte die Jäderberg & Cie unter dem Motto „Natur im Portfolio" ein Beteiligungsangebot für den SpezialFonds (AIF) Eagle Park 4 GmbH & Co. KG auf den Markt. Das Emissionsvolumen betrug AUD 11,4 Mio.(ca. 7,3 Mio. Euro), die Mindestzeichnungssumme AUD 300.000 (zzgl. 3% Agio), die Laufzeit reicht bis zum 31.12.2028. Als Ergebnisprognose für den Investor wurden 16,8 Prozent (IRR) bzw. eine Gesamtausschüttung von 773% (vor Steuern) genannt. Investiert wird das Geld in die australische JC Indian Sandalwood 4 LLP, die Anteile an dem „Eagle Park Tree Trust, einem Treuhandvermögen australischen Rechts" erwirbt. Auf dieser 2012 angelegten Plantage (ca. 108 ha) wurden knapp 55.000 Sandelholz-Bäume gepflanzt. Geschäftsführer Peter Jäderberg hat seit 2003 „in Zusammenarbeit mit verschiedenen Partnern" Sachwert-Investments mit einem Gesamtinvestitionsvolumen von rund 1,5 Mrd. Euro realisiert, darunter fünf TFS-Plantagen mit rund 650 Hektar. Zwar unterliegt die Jäderberg & Cie. Investment Management GmbH als Kapitalverwaltungsgesellschaft (KVG) der Aufsicht der Bundesanstalt für Finanzdienstleistungsaufsicht (BaFin), aber das Investment-Memorandum für die Eagle Park 4 GmbH & Co. KG bedarf (wegegn des hohen Mindestbetrags) „keiner Prüfung, Genehmigung oder Billigung durch die BaFin".

Nun zu weiteren Beispielen in der Rechtsform einer Kommanditgesellschaft. Die 2013 mit dem Zweck „Erwerb und Bewirtschaftung oder Verpachtung von land- und forstwirtschaftlichen Flächen im Inland und im europäischen Ausland" gegründete Lübecker Natcap Agrarbetrieb GmbH & Co. KG wurde mangels Vertriebserfolgs wieder liquidiert. Ebenso gelöscht wurde – 2014 – ist auch die Initiatorin Nature Capital GmbH, auf deren Homepage aber auch im März 2016 noch zu lesen war: „PLATZIERT!!!!! AGRARFONDS wird an einzelnen Investor übertragen werden".

Aquila WaldINVEST III GmbH & Co. KG

Das Hamburger Emissionshaus Aquila Capital, das u.a. auch Farminvestments in Neuseeland (Aquila AgrarINVEST) anbietet, lancierte 2007 den ersten Waldfonds (www.aquila-waldinvest.de ist nicht mehr aufrubar). Ende 2015 betreute das „Forst-Team" um Nils von Schmidt und Johannes von Hertell 19 Investitionsprojekte in zehn Ländern mit über 35.000 Hektar und über 90 Mio. Euro „assets under management", gut ein Prozent des gesamten, von den weltweit über 200 Mitarbeitern der Aquila-Gruppe betreuten Vermögens von rund acht Mrd. Euro (2015). Mit dem 2010 platzierten Fonds Aquila WaldINVEST III (Mindestanlage 10.000 Euro, Agio 5%) wollte Aquila Capital in Brasilien – zusammen mit der Entwicklungsbank Banco Nacional de Desenvolvimento Economico e Social (BNDES) über die Amata S.A. - bis zu 1 Mio. Hektar tropischen Regenwald schützen und bis zu 40.000 Hektar am Rand des Regenwaldes wieder aufforsten. Das eingeworbene Gesamtvolumen von über 14 Mio. Euro wurde u.a. in eine Eukalyptusplantage investiert, eine FSC-Zertifizierung war kein Thema. An die Auszahlungsprognose von 315 Prozent (vor Abgeltungsteuer) für die rund 15 Jahre Laufzeit dürfte inzwischen jedoch wohl kaum mehr einer der Investoren glauben. Allein im Jahr 2013 fielen 5,4 Mio. Euro Verlust an, wodurch der Verlustvortrag auf rund 8,5 Mio. Euro angewachsen ist. Beim ersten Waldfonds (Aquila WaldINVEST, 18,7 Mio. Euro Kommanditanteile) betrug der Verlustvortrag per Ende 2013 rund 8,8 Mio. Euro, der Jahresverlust 2013 rund 3,0 Mio. Euro. Beim (minimal dotierten vierten Fonds) Aquila WaldINVEST IV GmbH & Co. KG wies die Bilanz 2012 einen nicht durch Eigenkapital gedeckten Fehlbetrag auf, weshalb sich die Gesellschafter zu einer Liquidation entschlossen haben. Mit Gewinn endete hingegen – nach kurzer Behaltezeit – das folgende Angebot:

Tropenwald_1/ Schrader Umweltmanagement Malaysia GmbH & Co. KG

Nachdem der erste Anlauf – damals unter der Fondsbezeichnung „Green Growth 1 – Malaysia“ – nicht geklappt hatte, startete die Schrader Umweltmanagement Malaysia GmbH & Co. KG mit dem 68-seitigen Prospekt „Tropenwald_1“ den zweiten Versuch. Statt 6,2 Mio. Euro Fondsvolumen ging es um eine Summe von 3,5 Mio. Euro, wobei von den Investoren ab einer Mindestbeteiligung von 5.000 Euro jeweils ein Viertel als KG-Einlage, der Rest als Gesellschafterdarlehen einzuzahlen war. Die KG wiederum finanziert die operative Gesellschaft in Malaysia mittels Darlehen. Dieses Mal war die Platzierung kein Problem. Denn nachdem rund 21 Prozent platziert waren, griff mit Ende 2003 eine Platzierungsgarantie für den Rest von M.M. Warburg & Co. Die vor über 100 Jahren als Baumschule in Deutschland gegründet Firma Schrader dehnte ihr Geschäft 1997 auch nach Malaysia aus. Im Jahr 2001 wurde ca. 50 Kilometer nordwestlich von Kuala Lumpur vom Staat eine Fläche von rund 5.000 Hektar für 60 Jahre zum Zweck einer nachhaltigen Forstwirtschaft gepachtet. Neben der Verwertung der Bestände einer früheren Akazienplantage für Sägeholz sollten die Fondserträge vor allem aus der Aufforstung mit verschiedenen Edelhölzern nach FSC-Zertfizierung sowie teilweise auch aus anderen Nutz- und Medizinalpflanzen kommen. Doch soweit kam es dann gar nicht mehr. Denn durch die „rasante Stadtentwicklung traten grenznah an der Projektfläche im Jahr 2006 Nutzungsänderungen ein“ und die Projektgesellschaft in Malaysia wurde verkauft: „Die Anteilseigner sind im Sommer 2008 mit einer mehr als 20-prozentigen Rendite ausbezahlt worden“.

BaumInvest GmbH und Co. KG (1, 2 und 3)

Die Freiburger Querdenker GmbH – gegründet und geleitet von Leo Pröstler, der seinerzeit auch den Waschbär-Versand für Ökoprodukte aufgebaut hat – hat bis dato drei geschlossene Fonds (KG mit Sitz in Deutschland) aufgelegt: 2007 den „BaumInvest“ (Volumen 7,8 Mio. Euro, Laufzeit 22 Jahre), 2009 den „BaumInvest 2“ (Volumen 8,35 Mio. Euro, ebenfalls 100% Eigenkapital) und 2012/13 den „BaumInvest 3“, für den wie geplant weitere 12 Mio. Euro eingeworben worden sind. 2014 wurde ein Konzept für „BaumInvest 4“ angekündigt, aber nicht realisiert.

Das im Norden Costa Ricas zuerst erworbene Land (224 ha ehemaliger, abgeholzter Regenwaldes, auf dem intensive Weidewirtschaft betrieben worden ist) wird nun wieder aufgeforstet. Die Flächen aller 3 Fonds bzw. des Tochterunternehmens Isla Bosques erhielten die FSC-Zertifizierung, sobald diese möglich war. Nach ein paar Jahren wurde die nachhaltige Edelholz-Forstwirtschaft mit Landbau kombiniert, damit die einheimische Bevökerung zusätzlich auch Nutzpflanzen ernten konnte. Die Artenvielfalt trägt auch zu einer Stabilisierung der Holzerträge bei. Mit einem Mischwaldkonzept - „Visionswald“ laut Leo Pröstler - werden inzwischen über 2.500 Hektar ehemaliger Regenwald nachhaltig bewirtschaftet. Partner vor Ort ist die Forstdienstleistungsfirma Puro Verde Paraiso Forestal S. A., die von Stefan Pröstler, dem Sohn des Gründers, geleitet wird. Er richtete seinerzeit auf der Finca San Rafael eine Baumschule ein und forstete dort für den „BaumInvest 1“ 140 ha Weideland mit Tropenholz auf. Zu den 630 Anlegern gehörten auch einige bekannte Unternehmer wie Georg Salvamoser, der inzwischen verstorbene Gründer der (später insolventen) Freiburger Solarfabrik AG. Laut Fondsprospekt können die Investoren (Minimum waren 50.000 Euro) in 20 bis 25 Jahren mit einer jährlichen Rendite zwischen zwei und elf Prozent rechnen. Initiator Leo Pröstler prognostizierte sieben Prozent, wenn der Holzpreis jährlich um etwa zwei Prozent steigt – und der Dollar gegenüber dem Euro nicht allzu viel verliert. Von den 100.000 gepflanzten Bäumen sind die ältesten schon sehr hoch, rund die Hälfte sind jedoch keine Teakbäume, sondern kleinere heimischen Arten wie Almendro oder Cebo. Dazwischen bauen die Mitarbeiter, die rund 25 Prozent mehr verdienen als den gesetzlichen Mindesttageslohn von nicht einmal 1000 Colones (1,36 Euro), z.B. Bananen oder Ingwer an. Das Geld des „Bauminvest 2“ diente der Aufforstung von rund 350 der 500 Hektar großen Finca in La Virgen, die ebenfalls im Norden des Landes liegt. Pro Hektar, der die 740 Anleger rund 23.500 Euro gekostet hat, sind 700 Setzlinge vorgesehen, von denen dann 20 Jahren später rund 240 ausgewachsene Bäume geerntet werden sollen. Wenn sich die Anleger bis dahin zu Nachpflanzungen entscheiden, könnte auf Dauer wieder ein Waldgebiet daraus werden.

Bei der Mitte 2015 gegründeten PuroVerde eG sollen durch die Kombination von Aufforstung mit Landwirtschaft klimaschädliche Treibhausgas-Emissionen verringert werden. Der Projektpartner Puro Verde Paraíso Forestal S.A (neben Stefan Pröstler ist ab 2016 auch der Agrarökologe und Projektmanager Roberto Martinez aus Nicaragua vor Ort) hat inzwischen auch eine FSC-Gruppenzertifizierung (Nr. C109842, einsehbar unter info.fsc.org) erhalten und damit begonnen, zwischen den Bäumen bestehender Aufforstungen Bio-Ingwer anzubauen. Seit

2012 wird daraus das „feurige Fruchtsaftgetränk GingerVerde“ hergestellt und u.a. auch nach Deutschland exportiert. Weitere Produkte wie Ananas, Mango, Maracuja, Papaya, Banane, Süßkartoffeln, Maniok sind für den „Anbau in Permakultur und Waldfeldbau“ in Überlegung, ebenso Kaffee und Kakao sowie Pfeffer und andere Gewürze, die teilweise auch im Dorfladen verkauft werden können. Die Genossenschaftsmitglieder erhalten die direkt gehandelten Produkte zum Vorzugspreis, zudem wird als finanzielle Rendite aus dem Handel und Verkauf „eine Dividende von 2-3% ab dem fünften Wirtschaftsjahr angestrebt“.

KiriFonds Deutschland GmbH & Co. KG
KiriFonds II Deutschland GmbH & Co. KG
KiriFonds III Spanien GmbH & Co. KG

Die 2009 von der Volkswirtin Allin Beatrice Gasparian und dem Wissenschaftler Peter Diessenbacher gegründete Bonner Initiatorin WeGrow GmbH hält die Rechte an der von Diessenbacher nachgezüchteten „NordMax 21“-Sorte des aus Asien stammenden Kiri-Baums. Die Baumart Paulownia, auch als Blauglocken- oder Kaiserbaum bezeichnet, in Japan als „Kiri“ bekannt, wurde nach der Zarentochter und späteren niederländischen Königin Anna Pawlowna benannt. Da dies auch der Lieblingsbaum des österreichischen Kaisers Franz Joseph war, stehen noch heute viele davon in Schlossgärten in Europa wie z.B. in Wien-Schönbrunn. Unter den klimatischen Bedingungen in Deutschland – die erste KiriFonds-Plantage liegt in Birlinghoven bei Bonn, weitere in Mannheim, Bonn, Duisburg, Mettmann, Wismar und Rostock – sollen auf rund 130 Hektar die insgesamt rund 80.000 Bäume jährlich rund 2 Meter wachsen und so innerhalb von 12 Jahren im Schnitt rund 380 Kubikmeter Edelholzertrag pro Hektar liefern.

Pro Kubikmeter rechneten die Initiatoren mit einem Verkaufspreis von 280 Euro. An die Investoren des ersten Fonds (Gesamtvolumen 5 Mio. Euro, Mindestanlage 5.000 Euro, 5% Agio) sollen nach einer Laufzeit von 12 Jahren insgesamt rund 224 Prozent des Geldes zurückfliessen. Die laufenden Gebühren für das Fonds-Management sind mit rund 1,4 Prozent p.a. moderat, nur am Schluss fällt eine Erfolgsprämie in Höhe von 11,5 Prozent der Mittelrückflüsse an. Ein Teil des Geldes wurde für Landkauf bzw. Landpacht und Jungpflanzen investiert, die Rücklagen dienen u.a. den Pflegekosten über die Laufzeit. Doch es kann, wie die Bilanz des KiriFonds II Deutschland GmbH & Co. KG – Emissionsvolumen 5 Mio. Euro – für das Jahr 2014 zeigt, auch zu Problemen bzw. Verzögerungen kommen: zwar lag die 2012 gegründete KG Ende 2014 mit einem Millionenanlaufverlust im Plan, aber die „Liquiditätsreserve“ lag mit rund 3,4 Mio. Euro weit über dem geplanten Betrag von rund 1,8 Mio.Euro, weil sich die Flächen-Pachtpreise zwischenzeitlich nachfragebedingt („infolge der Entwicklung der allgemeinen Finanzmärkte in der EU“) erhöht haben und Verträge erst wesentlich später – und zu höheren Preisen – abgeschlossen werden konnten. Hinzu kommt, dass durch die gesunkenen Martkzinsen wohl erheblich geringere Zinserträge aus den Rücklagen zu erwarten sind als ursprünglich kalkuliert. Auch beim 3. Kiri Fonds, der 2013 lanciert wurde und ausschliesslich in Spanien Flächen pachten soll, gab es Verzögerungen, weil schon die Kapitaleinwerbung schleppender lief als geplant. So steht in den Sternen, ob der geplanten „Gesamtmittelrückfluss" (rund 215% bis Ende 2023 (ab dem 5. Jahr von 5% bis 10% p.a. ansteigend) auch nur annähernd erreicht werden kann. Denn „Jahresüberschüsse sind erst mit dem Holzeinschlag und der Holznutzung geplant". Laut Bericht zum Jahr 2014 sollen Kiri-Pflanzungen auf rund 180 Hektar gepachtet und/oder erworben werden. Es wurde ein „Vertrag über den Erwerb von 35.000 Kiribaum-Jungpflanzen zu einem Erwerbspeis von 190.000 Euro" abgeschlossen – und es fielen „sonstige betriebliche Aufwendungen" von über 460.000 Euro an, u.a. für die „Konzeption und Prospektierung" (82.000 Euro), die Eigenkapitalvermittlung (198.000 Euro), das „Projektmanagement und die Projektentwicklung" (99.000 Euro) sowie die „Haftungs- und Geschäftsführungsvergütung an die WeGrow Beteiligungs-GmbH" (16.000 Euro). Laut Verkaufsprospekt vom März 2014 war für 2014 ein Verlust von über 1,54 Mio. Euro geplant, er fiel jedoch niedriger aus, „weil sich die Platzierung des Fonds und damit der Beginn der operativen Tätigkeiten verzögert haben". Statt der geplanten rund 4,1 Mio. Euro betrug die Liquiditätsreserve Ende 2014 nur rund 2,0 Mio. Euro. Erst Ende März 2015 konnte der erste Pachtvertrag (33 ha bei La Portella für mindestens 10 Jahre zu jährlich Euro 300 pro ha) abgeschlossen werden. Neben Mindererträge durch die „Verschiebung der Realisierung der gesamten Investitionsphase um eine Vegetationsperiode" besteht das Risiko, „dass die erwarteten Kosten für die operative Bewirtschaftung der Plantagenflächen sich erhöhen, so dass sich die Wirtschaftlichkeit des Anlageobjektes mindern könnte".

In der Bilanz der WeGrow GmbH (Bilanzsumme knapp 0,6 Mio. Euro) standen Ende 2014 als Verbindlichkeiten 400.000 Euro in Form der börsennnotierten Anleihe (6%, Laufzeit bis 2021, Kurs 92% am 22.3.2016) sowie ein nicht durch Eigenkapital gedeckter Fehlbetrag von rund 217.000 Euro zu Buche.

Wald:Energie Fonds Nr. 3 GmbH & Co KG

Der von Prof. Dr. Dominique Demougin (Wiesbaden) bzw. Volker Weber (Berlin) geführte Berliner Geschlossene Private-Equity-Fonds erwirbt – ähnlich wie der Vorgängerfonds Wald:Energie Fonds Nr. 2 GmbH & Co KG (der erste Wald:Energie Fonds wurde 2013 liquidiert) – im In- und europäischen Ausland Boden in Form von Acker- und Waldflächen, aus denen z.B. Energieholz geerntet werden kann. Eine Tochtergesellschaft produziert in Aizpute/Lettland z.B. auf Weiden- und Pappelfeldern Hackschnitzel. Die Bodenpreise in Lettland sind seit 2004 (von unter 500 Euro/ha) auf über 2.000 Euro/Hektar um über 300 Prozent gestiegen. Die Wald:Energie-Bäume – inzwischen rund 4 Mio. auf 500 Hektar - wurden laut Vertriebskoordinator Stefan Maiss von der Stuttgarter ProVita GmbH vorwiegend auf zuvor brachliegenden Flächen angepflanzt. Dem dreiköpfigen Fachbeirat, der für die nachhaltige Ausrichtung im Sinne des deutschen Naturschutzbunds NABU sorgen soll, gehören neben Harry Assenmacher (siehe forest finance!) noch der Berliner Prof. Dr. Hans Peter Schwintowski, ein Kapitalmarkt-und Energierechtsexperte sowie der Biowärme-Pionier Dipl. Forstingenieur Ludwig Pertl aus Kaufering an. Die prognostizierte Laufzeit endet 2037, Kommanditisten können erstmals zum 31.12.2022 kündigen. Die Mindestinvestmentsumme für den Fonds mit einem Gesamtvolumen von bis zu 20 Mio. Euro beträgt 2.500 Euro bzw. bei einer Direktbeteiligung als Kommanditist 10.000 Euro (jeweils zzgl. 5% Agio) und kann auf Wunsch auch in höchstens 105 monatlichen Raten gezahlt werden. „In Abhängigkeit zum Holzwachstum und der Marktgegebenheiten“ sollten die Ausschüttungen plangemäß 2017 beginnen, „mit anfänglich ca. 4,2% steigend auf ca. 10% und mehr. In Summe sollen so (bis 2027 rund 7,6% p.a., bis 2037 rund 8,6% p.a.) 182% an laufenden Ausschüttungen zusammenkommen, zusammen mit einem Liquidations- bzw. Veräußerungserlös (zu „ca. 180% des Kommanditkapitals“) ergeben sich „prognosegemäss Gesamtmittelrückflüsse von 362%“, die für die Investoren (sie sind Eigentümer) als Einkünfte aus Land- und Forstwirtschaft zu versteuern sind.

Pando Invest GmbH & Co. KG

Mit ihrer Vision, durch „direktes Handeln für den Erhalt des Regenwaldes auch das Klima in Europa für jetzige und folgende Generationen zu verbessern und eine Verbesserung der Lebensverhältnisse der indigenen Landbevölkerung in Bolivien zu schaffen“ hat die Vermögensberaterin Stefanie Schoth im nordrhein-westfälischen Kaarst Anfang 2015 begonnen, Anleger für das „sozialökologische Rohstoffinvestment“ in Form von Paranussbäumen um sich zu versammeln. Die 2x5 cm grossen Paranüsse - sie machen rund ein Prozent des Weltnussmarktes aus und kommen zu über 70 Prozent aus Bolivien – gedeihen (wegen der für die Bestäubung nötigen Bienenart Euglossa) in Naturwäldern, nicht auf Plantagen. Stefanie Schoth ist mit ihrer Firma Pando Invest eine Kooperation mit der nordostbolivianischen Hylea 1884 S.R.L. (in Riberalta) eingegangen, deren Namen auf das griechische Wort für Wald (hyle) zurückgeht. Diese von der Schweizer Familie Hecker gegründete Paranussproduzentin liefert seit 1919 Paranüsse u.a. nach Europa und gilt weltweit als einer der fünf größten Paranuss-Exporteure. Es gibt einen Abnahmevertrag mit der Londoner Voicevale Ltd., einem der grössten Nuss- und Trockenfrucht-Importeure in Europa (2014: über 350 Mio. USD Umsatz). Vier bis sechs Monate im Jahr werden die reifen, von den bis zu 50 m hohen Bäumen herabgefallenen Paranüsse wild geerntet, im Schnitt befinden sich auf einem Hektar Naturwald nur 3 bis 10 Bäume. Die Bewirtschaftung der Hylea-Wälder wird jährlich von IMO control, dem Schweizer Institut für Marktökologie, bio-zertifiziert. Peter und Aimé Hecker von der Hylea 1884 S.R.L. sichern über tausend „Castanheiros“, einheimischen Sammler(innen), in der Erntezeit von Dezember bis März einen Grossteil ihres Jahreseinkommens - Kinderarbeit ist verboten. Nach einer Verankerung des Bodenschutzes im bolivianischen Grundgesetz (2006) wurden Regenwaldgebiete als Gemeindeeigentum an die Landbevölkerung übertragen, die es so auch wirtschaftlich nutzen kann.

Anleger können sich (ab 10.000 USD) mittels Nachrangdarlehen mit qualifiziertem Rangrücktritt bei Pando beteiligen. Von den rund 70 Anlegern, die seit Anfang 2015 rund 2,5 Mio. Euro eingezahlt haben, haben die ersten nach einem Jahr die erste Zinszahlung (13%) erhalten, die mit 25% Kapitalertragsteuer belegt ist. Die nachfolgenden, ab 1.6.2015 (in US-Dollar) abgeschlossenen Verträge sehen jährlich 11 Prozent bei drei Jahren Bindung bzw. 9 Prozent bei zwei Jahren vor (in Euro sind es 8% bzw. 6%), bei der thesaurierenden Variante sind die Zinsen endfällig. Im Pando-Investment-Exposé wird sehr transparent auf die Risiken und z.B. einen möglichen Interessenskonflikt hingewiesen, weil der Steuerberater Joachim Schoth zu 50 Prozent an der Pando Invest beteiligt ist, zugleich aber auch die Funktion des Mittelverwendungskontrolleurs innehat. Ab Mai 2016 soll es einen neuen Prospekt für die nächste Tranche gegen; später ist auch vorgesehen, dass man (ab ca. 20.000 Euro) direkt die schon geernteten Nüsse (bzw. andere Rohstoffe wie Wildkakao oder Peffer) kaufen kann, bevor sie vermarktet werden.

Forstinvest GmbH & Co. KG

Das 2004 von Harald Rode gegründete Unternehmen mit Sitz in Kirchgellersen bei Lüneburg verkauft bzw. verpachtet Flächen für Aufforstungsprojekte im Osten Paraguays. Bei der Kaufvariante wird man grundpfandrechtlicher „Eigentümer eines Grundstücks in einer deutschgeprägten Wachstumsregion". Forstinvest pflanzt dort „mindestens 1.000 Bäume je Hektar" und pflegt diese bis zur Ente nach 20 Jahren. Die Eintragung in das Grundbuch erfolgt über einen Notar. Ein Hektar (Mindestinvestment) kostete bei Eukalyptus 6.950 Euro, bei Edelholz 8.950 Euro. In der KG-Bilanz 2015 waren 9.000 Euro als Kommanditeinlagen verbucht und rund 450.000 Euro als Verbindlichkeiten. Laut Homepage „erwirbt jeder Kunde seine eigenen Bäume, wird regelmäßig über Wachstum und Wertentwicklung benachrichtigt und kann sie auf Wunsch auch besuchen und umarmen". Vertriebspartner ist ist u.a. die aus dem Edel- und Technologiemetall-Bereich kommende Einkaufsgemeinschaft für Sachwerte GmbH (www.holzinvestments.org).

Invest-in-Forest GmbH

Das Leipzig Unternehmen bietet - neben der Möglichkeit, für das Projekt „Regenwald pur" zu spenden - den Kauf von Bäumen bzw. die Pacht von devastierten Weideflächen in Brasilien an, die von der 2014 gegründeten Tochter MI Reflorestamento Ltda. betreut bzw. aufgeforstet werden. Vor Ort, in der Region Mata Atlântica/Rio Grande do Norte, unterstützt Forstingenieur Michael Grieshaber den Verkauf der Bäume „zu auskömmlichen Preisen auf dem lokalen

Markt". Laut Prospekt sind Teak, Eukalyptus und Akazie schon nach fünf Jahren „wirtschaftlich nutzbar. Nach 10 bis 12 Jahren sind die Bäume dann in eine Stärkeklasse hineingewachsen, für die sehr gute Preise gezahlt werden". Auch Risikohinweise fehlen, im Gegensatz zu vielen anderen Anbietern, nicht: „Die Pächter und Baumkäufer sollten es verkraften können, dass ihre gepachteten Flächen oder ihre Bäume im schlimmsten Fall keinerlei Erträge bringen und das eingesetzte Kapital verloren ist". Da die vom Aussterben bedrohten brasilianischen Baumarten nach brasilianischem Recht weder gefällt noch verarbeitet werden dürfen, „getraut sich niemand, einheimische Baumarten als Nutzholz anzupflanzen". Martin Lutz, Jurist und geschäftsführender Alleingesellschafter der GmbH, hat sich zum Ziel gesetzt, brasilianische Baumarten zu fördern und „die Behörden im Nordosten davon zu überzeugen, dass die kontrollierte Nutzung solcher Bäume von Vorteil für Natur und Menschen ist".

Beim Preis für einen „Brasilien-Baum" – 54 Euro (inkl. 19% MwSt.) – ist die Pflege für 12 Jahre samt Ernte und Verkauf inkludiert, ebenso eine „Anwachsgarantie" für die ersten sieben Jahre. Beim Pachtmodell-Beispiel für einen Hektar (Kostenpunkt 14.850 Euro, Minimum sind 0,3 ha für 4.455 Euro) werden pro Hektar 1.600 Setzlinge (Teak, Akazie, Eukalyptus) gepflanzt. Die Pacht für 12 Jahre wird dabei mit 4.200 Euro kalkulkiert, Bodenvorbereitungen samt Bepflanzug mit rund 6.500 Euro. Der Kunde entscheidet, wann geerntet werden soll: Ab dem 7. Jahr könne man mit 2 bis 3 Prozent Rendite rechnen, nach 12 Jahren mit bis zu 8 Prozent p.a.

LATIFUNDIUM Wald I GmbH & Co. KG

Das Ende 2010 von Maximilian Graf von Maldeghem gegründete Unternehmen in Weilheim (mit einem Büro in München) folgt u.a. den Prinzipien „Nachhaltigkeit, Kapitalerhalt und der Erwirtschaftung attraktiver, risikoadjustierter Renditen". Vor allem private und institutionelle Kunden der als Family Office spezialisierten FOCAM AG haben inzwischen über 10 Mio. Euro investiert. Über die finnische Tochter Latifundium Wald I Oy – werden rund 17.000 Hektar Wald bewirtschaftet, daneben in Uruguay weitere 1.500 Hektar. Als Zielrendite für den Eigenkapitalfonds (Laufzeit 10 bis 13 Jahre) wurden seinerzeit – „unabhängig von einer Bodenwertsteigerung" – drei bis fünf Prozent nach Steuern kalkuliert.

Paulownia Razgrad 1 GmbH & Co. KG

Kurz vor Erscheinen des Buches im Frühjahr 2016 gegründet, will diese KG zeigen, wie man Paulownia-Plantagen kostengünstiger und transparenter als so mancher Konkurrent betreiben kann. Die Plantagen sind bereits angepflanzt, vorfinanziert von den Gründern Lorenz Dobrot (TWL Technologie GmbH), Olaf Henke (Forstbesitzer und agrarwissenschaftlicher Doktorand an der Uni Göttingen), Dirk Jesaitis (Plan 8 GmbH) und Bastian Schröder (Paulownia Baumschule Schröder). Als ein Dienstleister für Aufforstung und Betrieb dient die Cathaia

International GmbH & Co. KG (www.cathaia.com). Die Gründer beteiligen sich auch selbst – mit mindestens 20 Prozent der KG-Anteile – an der Paulownia Razgrad 1 GmbH & Co. KG, weitere bis zu 20 Investoren können ab 50.000 Euro Einlage mit dabei sein. Die Plantage (mit ca. 36 ha eines vorher brach liegenden 42-ha-Geländes) liegt an einem Südhang in der Nähe der Stadt Razgrad. Mit einem Hektarpreis von höchstens 35.000 Euro liegt man wesentlich günstiger als manche Konkurrenten, die auf 80.000 Euro oder gar weit über 100.000 Euro kommen. Als erzielbare Holzverkaufspreise werden pro m3 derzeit – sehr konservativ – nur rund 40 Prozent der aktuellen Preise (ca. 800/500/300 Euro für die drei Qualitätsstufen A/B/C) kalkuliert, für die Transportkosten z.B. auf Donauschiffen bis Deutschland bis zu 20 Euro pro m3. Die Baumsorte wurde von der Paulownia Baumschule Schröder in Hannover speziell für dieses Gebiet ausgewählt. Die Sicherung der Baumbestände beruht u.a. auf einem mit dem Büro verbundenen Überwachungszaun, Wachpersonal, Kameras sowie einigen an Bäumen befestigten GPS-Funkchips. Außerdem würde es dem Personal vor Ort bzw. den für die Plantage arbeitenden Bewohnern der umliegenden Dörfer wohl auffallen, wenn plötzlich fremde LKWs mit Baumstämmen auftauchen würden.

TRIPLE A TRUST AG

Das 2007 gegründete und von den Vorständen Gert Heilmann und Andreas Jelinek von Suhl aus geleitete Unternehmen ist neben dem Geschäftsbereich Energieerzeugung vor allem in der Land- und Forstwirtschaft tätig. Schon im Mai 2010 hat man in Mbocayaty (Paraguay) begonnen, auf 50 Hektar Eukalyptus-Bäume anzupflanzen, die inzwischen über 16 m hoch sind. Der Verkauf ist als Bauholz oder Brennholz geplant. 2011 wurde die Baumschule Paso Pe in Villarrica übernommen und mit Gewächshäusern, einer Produktionshalle, Zäunen und Bewässerungsanlagen ausgebaut. Die dort gezogenen Eukalyptus-Setzlinge werden vor allem an das Aufforstungsprojekt „A Todo Pulmon – Paraguay Respira“ geliefert, bei dem – staatlich gefördert – bis zu 450.000 Hektar mit bis zu 15 Mio. Setzlingen einheimischer Bäume rekultiviert werden sollen. Seit 2012 ist die TRIPLE A TRUST AG in Paraguay auch in der Rizinusöl- Produktion (für den Export z.B. nach Brasilien) tätig, mit rund 750 Hektar eigener bzw. gepachteter Flächen.

Im bulgarischen Lyubimez wurden 2011 von der Tochter Bionuts OOD auf einer Fläche von 220 Hektar großteils Bio-Walnuss- und Haselnusssträuchern bepflanzt. In wenigen Jahren sollten daraus die ersten Erträge anfallen, ab dem Jahr 2020 rechnet man mit der „vollen Ertragsleistung von sechs bis acht Tonnen pro Hektar“, samt „Bio-Zertifizierung für ökologischen Anbau“. Zudem gelten die bis zu 30 m hohen Walnussbäume als gefragtes Edelholz.

Investoren können ab 2.500 Euro sog. „Dividendengenussrechte“ erwerben, z.B. mit mindestens einem, drei, fünf oder bis zu 20 Jahren Bindung und – thesaurierend – 5 bzw. 6 Prozent jährlicher Dividende samt Schlussbonus von 3 oder

4 Prozent bzw. 1 Prozent p.a. Es gibt auch ausschüttende Varianten und Ratensparpläne ab 25 Euro monatlich. Laut AG-Bilanz 2014 (rund 3,3 Mio. Euro Bilanzsumme) wurden (gemäß § 24 Vermögensanlagengesetz) rund 204.000 Euro als „Rückzahlungen aus Verträgen an Genussrechtsinhaber", rund 46.000 Euro als Dividenden und rund 369.000 Euro an Vertriebskosten bezahlt. 2014 wurde ein Gewinn von knapp 109.000 Euro erzielt, der den Verlustvortrag auf rund zwei Mio. Euro reduziert hat. Neben den 50.000 Euro Stammkapital sind als Aktiva u.a. ein eingezahltes Genussrechtskapital von rund 2,3 Mio. Euro verbucht, bei den Verbindlickeiten dominieren Anleihen mit rund 1,9 Mio. Euro.

Während BaumInvest, WeGrow und ähnliche kleinere Unternehmen meist nur wenige Millionen Euro pro Projekt einwerben, hatten große Emissionshäuser kaum Probleme, auch zweistellige Millionensummen zu platzieren wie z.B. 2011/12 beim Fonds

Timber Class 1 GmbH & Co. KG

Laut einer Information der 1968 gegründeten KGAL GmbH & Co. KG, die rund 110.000 Anleger in über 130 Fonds betreut, sich aber 2014 aus dem Neugeschäft mit Publikumsfonds zurückgezogen hat, ist der rechnerische Wert einer Mindestbeteiligung (15.000 USD zzgl. 750 USD Agio) am Waldfonds Timber Class 1 GmbH & Co. KG (www.kgal.de) per Ultimo 2014 auf unter 9.800 US-Dollar, d.h. um mehr als ein Drittel gesunken. Die bis Mitte 2009 eingesammelten "Timber Class 1"-Gelder wurden – indirekt über große US-Zielfonds (2011: mit über 600.000 ha in vier US- Bundesstaaten) – in ein Portfolio von „nachhaltigen Waldinvestments in den USA" (z.B. Kiefernwälder) investiert, um Einnahmen aus dem Verkauf von Holz sowie (zum Laufzeitende 2019, um bis zu 3 Jahre verlängerbar) und Waldflächen zu erzielen. Ab 2010 sollten – je nach Holzerlös - Ausschüttungen in Höhe von jährlich ein bis sieben Prozent erfolgen, z.B. für die Jahre 2011 und 2012 drei Prozent, danach bis 2018 jährlich ansteigend von vier bis sechs Prozent. Doch davon können die Investoren derzeit nur träumen, ausser einer Zwei-Prozent-Vorab-Ausschüttung für jene Investoren, die vor Ablauf der Zeichnungsfrist (Mitte 2009) beigetreten sind, gab es noch keine. Zum Geschäftsjahr 2013 informierte die KGAL die Anleger so: „Hinsichtlich der Entwicklung der Holzpreise sind zwar positive Tendenzen zu erkennen. Dennoch liegen diese weiterhin deutlich unter den Erwartungen, so dass wir derzeit aus Vorsichtsgründen erst zum Ende der Fondslaufzeit von einer eintretenden wertstabilen Entwicklung des Portfolios und Ausschüttungen an die Anleger ausgehen." Laut jüngster Anlegerinformation „geht der Waldmanager zum jetzigen Zeitpunkt auf Ebene der Waldgesellschaft von einer Rückführung in Höhe von 110% des eingesetzten Eigenkapitals aus." Bei der Platzierung des Fonds lag die Erwartung für die Rückführung (nach Abzug einer 20%-Gewinnbeteiligung für den US-Waldmanager Campbell Group für Gewinne über 7% p.a.) noch bei

170 bis 210 Prozent. Ob in einigen Jahren die rund 3.400 Investoren tatsächlich mehr bekommen als sie einbezahlt haben, steht jedoch in den Sternen, denn seit Ende 2015 müssen auf Ebene eines Zielfonds in den USA (an dem die KG mit 4% beteiligt ist) auch noch Beträge für die Tilgung von hohen Fremdmitteln (mehrere hundert Mio. Dollar) bereitgestellt werden. In der KG-Bilanz 2014 werden für die Kommanditisten 3 Kapitalkonten ausgewiesen: eines mit 69,1 Mio. Euro, die beiden anderen mit einem Fehlbetrag von zusammen rund 18,4 Mio. Euro (nach 24,5 Mio. Euro im Jahr zuvor). Unter Beteiligungen wurden 47,1 Mio.Euro verbucht, der Cash-Bestand fiel unter 0,8 Mio. Euro.

Eine schlechte Entwicklung des Timber-Fonds könnte nicht nur die Investoren treffen, sondern auch auf Vertriebspartner könnten Schadenersatzforderungen zukommen, ähnlich wie bei einem bereits im März 2015 gegen die Commerzbank AG „wegen verschwiegener KickBack-Zahlungen der Emittentin KGAL" ergangenen Urteil des Landgerichts Nürnberg-Fürth (Schadensersatz von über 37.500 Euro, betreffend den KGAL Timber Class 1 GmbH & Co. KG sowie den KGAL European Infrastructure Nr. 1 und den Tomorrow Income Portfolio 33).

SilviRom Forest 2 GmbH & Co. KG (Nordcapital Waldfonds 2)

Als „Nordcapital Waldfonds 2" (Laufzeit 2009 bis 2021, www.nordcapital.com) konnten 2009 wie geplant – von über 1.200 Investoren mit Mindestanlagen von 15.000 Euro - über 35 Mio. Euro eingesammelt werden, die Renditeprognose betrug rund 7,5% p.a. für die Laufzeit von 11 Jahren. Mit der Erschließung und der „nachhaltigen Bewirtschaftung" wurde der bekannte private österreichische Forstbetrieb Esterházy beauftragt. Neben den geplanten jährlichen Barausschüttungen von 4 Prozent hoffte man auf höhere Verkaufspreise beim späteren Verkauf der Waldflächen, die z.B. nach 12 Jahren 100 bis 200 Prozent über dem Einkaufspreis liegen könnten. Doch in der Zwischenzeit hat sich ein ganz anderes - existenzielles – Problem für die KG ergeben: laut Zeitungsberichten im Jahr 2015 hat die rumänische Forstbehörde Romsilva Ansprüche auf mehr als 5.000 Hektar Wald (Forst Gura Teghii in den Ostkarpaten) angemeldet, die der Fonds im Juni 2011 für rund 22 Mio. Euro von der rumänischen Millionärsfamilie Ceteras gekauft hat – gutgläubig. Denn laut der Nationalen Anti-Korruptionsbehörde gehörten diese Wälder der Familie gar nicht: In Rumänien gibt es oft keine „eindeutigen" Grundbuchdaten, denn nach dem Ende der kommunistischen Herrschaft samt Verstaatlichungen können frühere Besitzer bzw. deren Erben Ansprüche anmelden oder Vorkaufsrechte zu historisch meist viel niedrigeren Preisen geltend machen.

Auch beim 2008 aufgelegten Vorgängerfonds SilviRom Forest GmbH & Co. KG (15.000 Euro Mindesteinlage, 60 Mio. Euro Volumen, über 2.700 Investoren und fast 10.000 ha in Rumänien) liegen die bisherigen jährlichen Ausschüttungen (mit in Summe 7,5% bis Ende 2013) unter Plan (4% bis 6% p.a. ab 2010) bzw. sind ganz ausgefallen – trotz Auszeichnung durch Scope Ende 2009 als „Bestes Emissionshaus im Segment geschlossene Fonds Holz und Agrar". Auf dem Zweitmarkt werden unter Plan liegende Produkte meist auch unter den Erstausgabepreisen bzw. zeitweise gar nicht gehandelt. Tägliche Kurse hingegen gibt es bei Fonds wie dem

VALOR SIF – Sensus Waldfonds

Als „offener Spezial-AIF" im Luxemburg ist der von der (inzwischen insolventen) Dr. Seibold Capital GmbH initiierte und seinerzeit von ihr gemanagte Sensus-Waldfonds seit Februar 2015 durch die BaFin für den Vertrieb an „semi-professionelle und professionelle Anleger in Deutschland" zugelassen. Ende März 2013 hat die Sensus Vermögen GmbH mit Sitz im bayerischen Marktredwitz das Management des Umbrella-Teilfonds (von der Heydt Invest SA) übernommen, sich zu diesem Zeitpunkt aber aus Kostengründen nicht für eine FSC-Zertifizierung entschieden. Der Anteilspreis sank im ersten Jahr (2012) um fast 10% auf rund 9.100 Euro, stieg 2013 – durch „Erstbewertung" bzw. Aufwertung der Teakholzplantagen in Costa Rica aufgrund neuer Bewertungsgutachten – auf fast 12.000 Euro und lag im März 2016 bei rund 13.700 Euro. Ende 2012 wies der Fonds ein Nettovermögen von rund 1,1 Mio. Euro aus, mit März 2016 waren es laut Bloomberg über 8 Mio. Euro. Beim Kauf der Anteile fallen Gebühren an (3%, beim Verkauf 6%). Im Sommer 2015 wurde – wie üblich über eine Zweck(aktien)gesellschaft bzw. deren Schuldverschreibungen – von der Teakholz-Pionier-Familie Rodriguez Lobo eine weitere Teakholzplantage (Tectona Nicoya S.W.F., S.A.) zugekauft: auf gut 33 ha der insgesamt 75 ha standen zu diesem Zeitpunkt laut Pressemeldung elfjährige Teakbäume. Weitere 11 Hektar sollen 2016 mit Teakpflanzen (und einem staatlichen Zuschuss von rund 1.300 USD/ha) aufgeforstet werden, die restlichen gut 30 Hektar „sind Naturschutz- und Infrastrukturflächen, die per Gesetz nicht kommerziell genutzt werden dürfen".

Ein Sensus-Vertriebspartner, Geschäftsführer Thomas Ringshandl vom Regensburger Unternehmen Waldklasse GmbH, vermittelt auch Direktinvestitionen in Teak-Farmen in Costa Rica wie z.B. der Finca San Isidoro: ab $ 55.000 kann man Anteile an der Grundbesitzgesellschaft erwerben. Doch auch börsengelistete Themen-Anlagefonds können innerhalb weniger Jahre in schwere Turbulenzen geraten wie z.B. der inzwischen liquidierte

F.I.T. Timber Growth Fund Ltd.

Der in St. Vincent registriete Fonds (ehemals www.fit-tgf.com) investierte vor allem in FSC-zertifizierte Plantagen der Baumart „Acacia mangium" sowie Naturwald-Projekte in Roraima im Norden von Brasilien. Forstdienstleister waren die Tochter F.I.T. Manejo Florestal Ltda, die 2008 aus der Ouro Verde Florestal Management Ltd. hervorgegangen war, und ab 2009 auch die Madereira Vale Verde Ltda. Doch als die ersten Bäume (ca. 2013) erntereif waren, kam es zu mehrfachen Verzögerungen aufgrund fehlender Mittel, um das Holz „in allen Teilstufen bis zum Verkauf zu bearbeiten". Die Fondsinvestoren wurden im März 2014 informiert, „dass es nicht gelungen ist, die angestrebte Finanzierung des Businessplans für das Forstprojekt der F.I.T. Gruppe in Roraima, Brasilien zu bewerkstelligen. Die finanzielle Situation der F.I.T. hat sich in der Zwischenzeit weiter verschlechtert. (...) sind wir derzeit nicht in der Lage, all unseren finanziellen Verpflichtungen in Brasilien und der Schweiz nachzukommen. Die Forstbestände in Brasilien sind daher einem erhöhten Wertverlustrisiko ausgesetzt. Falls kurzfristig keine Lösung gefunden werden kann, sehen wir uns gezwungen, sämtliche verfügbaren Vermögenswerte umgehend zu liquidieren, um unseren Verpflichtungen wie Steuern, Salär-Zahlungen und anderen operativen Auslagen nachzukommen. Es ist äussert unwahrscheinlich, dass in derartigen Umständen überschüssige Finanzmittel an die Investoren zurückerstattet werden könnten." Es gab zwar mehrere Sanierungsversuche und -pläne eingeschlossen die Weiterführung als „private equity limited company" (mit starker Verwässerung für den Anleger), doch die Anleger haben einen Grossteil ihres Investments verloren.

JAMESTOWN Timber 2 L.P.

Damit bot das Kölner Emissionshaus JAMESTOWN US-Immobilien GmbH Investments u.a. in Kiefernwälder im Süden der USA, wo die Bäume wesentlich schneller als in Deutschland wachsen – und auch die Holznachfrage für z.B. Bauholz gesichert erscheint. Der platzierte Fonds (gut 26,4 Mio. USD von knapp 800 Investoren) ist ausschließlich mit Eigenkapital finanziert, wobei die Investoren Kündigungs- bzw. Rückgaberechte haben. Ökologische Aspekte spielen bei diesem Fonds allerdings kaum eine Rolle. Eine erste Ausschüttung (8,75% + 3,00%) erfolgte Ende 2014, nachdem eine Holzernte vorgezogen wurde, weil die US Navy eine Teilenteignung für das gut 4.700 Hektar große Grundstück in Georgia angekündigt hatte. Neben weiteren Ertragsausschüttungen (geplant sind insgesamt noch 27% bis 2024) soll der grösste Teil der Rückflüsse (Prognose 160% bis 210%) dann durch den Verkauf der Grundstücke finanziert werden. Beim 2008 bis 2010 platzierten Fonds JAMESTOWN Timber 1 soll es für die gut 1.300 Investoren insgesamt Rückflüsse von 170 bis 230 Prozent geben (auf das Fondsvolumen von rund 52,8 Mio. USD). Anteilsumsätze auf Zweitmarktplattformen sind bei beiden Fonds selten, zuletzt meist zu Kursen zwischen 90 und 105 Prozent.

Forest Finance GmbH

Die ForestFinance-Gruppe hat schon Seit Mitte der 1990er Jahre begonnen, Mischforste in Panama zu übernehmen bzw. nachhaltig aufzuforsten und ist daneben in Vietnam, seit 2011 auch in Kolumbien und Peru aktiv. Insgesamt bewirtschaftet die Gruppe für über 15.000 Investoren bzw. Kunden über 16.000 Hektar Agroforst- und Waldflächen (Stand 2016). Mit Produkten wie dem

„BaumSparen" (ab monatlich 30 Euro für mindestens ein Jahr) gehört das Bonner Unternehmen EU-weit zu den größten Anbietern der Waldinvestment-Branche. Zur Produkpalelle gehör(t)en u.a. folgende Möglichkeiten:

1) Beim „BaumSparVertrag" pachtet der Kunde ein Grundstück, auf dem jährlich mindestens zwölf Bäume gepflanzt und nach 25 Jahren geerntet werden.
2) Das „WaldSparBuch" (ab 2.900 Euro) umfasst 1.000 qm tropisches Waldgrundstück mit rund 100 Bäumen sowie eine Rückkaufgarantie.
3) „WoodStockInvest" steht für FSC-zertifizierte Aufforstungsflächen ab 10.000 qm. Die Hektar-Kosten reichten dabei von 25.000 Euro – als Pächter – bis über 30.000 Euro als Grundeigentümer, wobei jeweils die Bewirtschaftungskosten für 25 Jahre enthalten sind
4) Das Agro-Forstprodukt „Cacao-Invest" kam als Mix aus jeweils 50 Prozent Bio-Kakaobäumen und Edelholz auf den Markt, mit jährlichen Ausschüttungen (anfänglich ab dem zweiten), dzt. ab dem fünften Jahr. Die Anbaugebiete (in Panama bzw. Peru) sind als Agroflächen nicht FSC-zertifizierbar. 2009/10 wurden der ersten 100 ha verkauft (Mindestinvestment 0,25 ha; 0,5 ha kosteten 9.900 Euro). Für die 25 Jahre Laufzeit wurde eine Rendite von jährlich bis zu 8,5% (IRR) „aus der Vermarktung des Holzes, des Bio-Kakaos sowie Erträgen aus dem Verkauf von Samen und Setzlingen und CO_2-Zertifikaten" erwartet.
5) Als Nachfolgeprodukt für das ausverkaufte „GreenTeak" (Preis 24.000 Euro/ha mit Umwandlung von Teak-Monokulturplantagen in Mischwald) kam das Kurzläuferprodukt „GreenAcacia" (anfänglich ab 2.250 Euro „Forstgeldkonto") auf den Markt. Auch hier wurde auf „nachhaltigen Mischforst" umgestellt und den Investoren neben einer jährlichen Rendite (ab dem dritten Jahr) eine Abschlusszahlung nach 12 (früher 7) Jahren Laufzeit in Aussicht gestellt.
6) Im April 2011 wurde das Not-for-profit-Produkt „Wilde Buche Deutschland" (www.wildebuche.de) lanciert. In Kooperation mit B.A.U.M. werden die bis zu 200 Jahre alten Bäume eines großen Buchen(ur)waldes in der rheinland-pfälzischen Gemeinde Hümmel „zum Zeitpunkt ihres maximalen ökologischen (und ökonomischen!) Wertes stillgelegt und aus der wirtschaftlichen Nutzung genommen, zugunsten des Erhalts und Schutzes dieses ökologisch besonders wertvollen und seltenen Waldlebensraums".
7) Der Waldfonds „Pure Forest 1", der im Mai 2012 in rund 400 Hektar Waldflächen in Panama (mit Teak-Aufforstungen aus den Jahren 1995 bis 2007) investiert hatte, hätte 2016 die ersten Holzerlöse liefern sollen. Er konnte aber nicht voll platziert werden und wurde deswegen - ohne Schaden für die Anleger, sogar mit Zinsen als Entschädigung – rückabgewickelt.

Neben diesen Produkten hat Forest Finance auch den Geschäftsbereich „CO2OL" (www.co2ol.de) für Beratungsdienstleistungen im Bereich betrieblicher Klimaschutz und Klimaneutralität entwickelt. Forest-Finance-Gründer Harry Assenmacher, der früher Geschäftsführer bei der Umweltschutzorganisation B.U.N.D. war, verweist stolz darauf, dass man gleich drei internationale Standards erfüllt habe, neben jenen für das FSC-Siegel auch die für CarbonFix und CCBA und dass mit CO2OL bereits seit 1997 CO2-Zertifikate angeboten werden: ausserhalb des formellen EU-Emissionsrechte-Marktes und meist zu höheren Preisen als z.B. bei Händlern wie der Berliner GEMB mbh (www.emissionshaendler.com) oder der Advantag AG.

2015 wurde die ForestFinest Consulting GmbH (www.forestfinestconsulting.com) in die börsennotierte kanadische Gesellschaft NatureBank Asset Management (www.NatureBank.com, vormals Offsetters Climate Solutions bzw. ERA Carbon Offsets) eingebracht. ForestFinance wurde dadurch Großaktionär (und Assenmacher Aufsichtsratschef) des früher u.a. in der Entwicklung von Emissionszertifkaten tätigen Unternehmens. NatureBank war im März 2016 beim Kurs von 0,04 Kanadischen Dollar nur mehr mit rund 1,7 Mio. Kanadischen Dollar bewertet, nachdem in den letzten Jahren bei sinkenden Umsätzen Millionenverluste angefallen waren. 2010 war die deutsche Forest Carbon Group GmbH (FCG), die - damals als AG - zur Darmstädter HEAG Südhessische Energie AG gehörte, mit knapp 30% (für 5,52 Mio. CAD, Aktienpreis damals 0,75 CAD) bei der NatureBank Asset Management eingestiegen. Die FCG (www.forestcarbongroup.de) „initiiert, finanziert, entwickelt und vermarktet weltweit Aufforstungs- und Waldschutzprojekte. Intakte Wälder werden bewahrt, degradierte Wälder wieder aufgeforstet und andere nachhaltig bewirtschaftet".

Was viele Anbieter erst noch vor sich haben, nämlich zu zeigen, dass Logistik und Händlerkontakte bei der (Zwischen-)Ernte auch funktionieren, hat die Forest Finance-Gruppe erstmals 2010 in Panama absolviert: Bei einigen hundert Hektar, die zwischen 1997 und 2000 aufgeforstet worden sind, wurden Teak- (sowie Amarillo-, Mahagoni- und Zapatero-)Bäume geerntet und als Rundholz mit 20 bis 40 cm Durchmesser an einen indischen Holzhändler verkauft, der es dann in Container zum Export nach Indien verladen ließ. Die erzielten Festmeterpreise von 120 bis 300 US-Dollar je nach Baumart und Durchmesser lagen dabei um 50 bis 150 Prozent über den ursprünglichen Preisprognosen.

Direktinvestments unterliegen nicht der BaFin-Prüfungspflicht, ebenso können deutsche Privatanleger jederzeit Geschenkbäume erwerben. Für andere Produkte wartete man bei der ForestFinance im März 2016 noch auf die Genehmigung der BaFin, in Österreich und der Schweiz ist hingegen die ganze Palette im Angebot. ForestFinance hat sein Vertriebsnetzwerk auch schon in Frankreich ausgebaut – und wenn ein Finanzprodukt in Frankreich genehmigt ist, kann es in der Regel auch gleich EU-weit vertrieben werden. Forest-Finance-Gründer Assenmacher hat sich Anfang 2016 aus der operativen Geschäftsführung zurückgezogen, die nun Christiane Pindur und (neu) Richard Focken obliegt. Er bleibt der Gruppe aber im Aufsichtsrat erhalten, z.B. auch bei der neu gegründeten Vermarktungs-Genossenschaft IPO oder beim Waldfondsprojekt „Welt Wald Klima“ der Bonner World Forest Foundation des Senat der Wirtschaft e.V. (www.weltwaldklima.de). Im Februar 2016 wurde das Qualitätsmanagementsystem der Forest Finance Service GmbH vom Bureau Veritas nach der ISO-Norm 9001:2008 zertifiziert. Zu den deutschen Unternehmen, die nun bald auf mindestens 10 Jahre zurückblicken können, gehört auch die

Miller Forest Investment AG

Das 2006 vom Reiseunternehmer Josef Miller gegründete schwäbische Unternehmen bietet südamerikanische Grundstücke an, entweder zur Pacht (Minimum rund 970 Euro für 0,25 ha auf 6 Jahre) oder zum Kauf (aktuell 40.000 Euro für 5 ha), jeweils einschließlich Bewirtschaftung bis zur Ernte samt Holzverkauf. Die „Kombiwald“-Aufforstungen in Paraguay sehen je zur Hälfte Eukalyptus-Energieholzarten und verschiedene Wertholzarten vor, Edelhölzer spielen – im Gegensatz zu vielen anderen Anbietern – inzwischen keine Rolle mehr. In den ersten 9 Jahren, so Miller, wurden – für fast 700 Investoren - rund 9 Mio. Bäume auf über 9.000 Hektar Brach- und Weideland gepflanzt. Mit inzwischen jährlich 1.000 bis 1.500 Hektar ist das Unternehmen bzw. dessen Dienstleister (Felber Forestal S.A., www.felber-forestal.com, mit rund fast 200 Beschäftigten vor Ort) der „größte Aufforstungsbetrieb in Paraguay“. 2015 erzielte Miller mit rund 705 Hektar verkaufter bzw. verpachteter Fläche (+26%) einen Umsatz von rund 5,0 Mio. Euro (+46%). Die Renditeprognosen bewegen sich zwischen 4 und 6 Prozent für „Energieholz“ (z.B. Hackschnitzel oder Grillkohle) mit 5 bis 10 Jahren Laufzeit bzw. 7 bis 8 Prozent für „Wertholz“ mit 16 bis 20 Jahren Laufzeit, das ebenso vor allem den lokalen Bedarf (z.B. als Furnierholz oder für Masten) deckt.

Einwöchige Investoren-Reisen nach Paraguay werden z.B. in den Wintermonaten ab Dezember angeboten. Als Investorenvertretung wurde der Waldrat e.V. gegründet, den Heinz-Dieter Klein als Vorstandsvorsitzender leitet und der „zweimal im Jahr die Aufforstung auf Vertragskonformität“ prüft, z.B. ob die Zahl der Setzlinge pro Hektar eingehalten wird (z.B. 1.300 bei Eukalyptus-Energieholz, 880 bei Eukalyptus-Wertholz, 1.140 bei Pinien). Bei den bis dato 10 Waldrat-Inspektionen wurden keine grösseren Abweichungen festgestellt. Auch der jährliche Holzzuwachs pro ha und der Holzpreis zur Erntezeit lagen meist im Rahmen der Prognosen. Das erstmals 2015 vom Waldrat beauftragte externe Beratungsunternehmen UNIQUE forestry and land use GmbH hat nach einem Besuch von drei Miller-Standorten im Südosten von Paraguay einen Zustands-, Markt- und Risikobericht erstellt. Darin wird dem waldbaulichen Konzept „auf Grund der guten Baumartenwahl und Flächenvorbereitung“ eine hohe Professionalität bescheinigt, aber fallweise auch auf Mängel hingewiesen: bei der Estancia Curuzú z.B. werden Pflege und Ernte der Energieholzbestände positiv bewertet, bei den älteren Wertholzbeständen aber „Pflegerückstände und nicht optimale Wertzuwächse“ festgestellt.

Einen Vorteil, den Miller im Gegensatz zu den meisten anderen Anbietern einige Jahre besaß, nämlich die garantierte Rücknahme von Beteiligungen bis zu 10.000 Euro (bei einer Dauer bis zu 5 Jahren mit 2,5 Prozent fester Verzinsung), gibt es seit Anfang 2014 nicht mehr, da die Garantie von der BaFin als „Bankgeschäft“ eingestuft und somit untersagt worden ist. Die bisherigen Rückabwicklungen (weniger als ein Dutzend, z.B. wenn jemand „dringend sein Kapital benötigt“) erfolgten jedoch ohne Verlust für den Investor bzw. mit entsprechend angebotener Verzinsung (von 5 bis 10% p.a.).

Miller berücksichtigt ökologische und soziale Aspekte, FSC-Zertifizierungen gibt es hingegen nicht. Nach Abschluss eines Voraudits 2012 hat man sich gegen eine FSC-Zertifizierung entschieden, seit 2015 läuft eine Qualitäts-Zertifizierung nach ISO 9001:2015. Als zur Jahreswende 2014/15 ein Schädlingsbefall (auf weniger als 2% Prozent der Flächen) festgestellt wurde, hat Miller die betroffenen Investoren informiert und individuelle Lösungen angeboten, z.B. in Form einer vorgezogenen Ernte mit anschliessender Neuanpflanzung.

Die Miller Forest Investment AG verbuchte 2014 bei einem Umsatz von rund 1,86 Mio. Euro (+33%) einen Verlust von rund 35.000 Euro (nach über 165.000 Euro im Jahr zuvor). In der Bilanz war Ende 2014 (bei einer Bilanzsumme von gut 6 Mio.Euro und einem Stammkapital von 50.000 Euro) zwar ein Cash-Bestand von fast 2 Mio.Euro verbucht, aber auch Verbindlichkeiten von fast 1 Mio. Euro und ein nicht durch Eigenkapital gedeckter Fehlbetrag von knapp 0,1 Mio. Euro. Die Verträge mit den Investoren werden bei der Miller Forest AG als passive Rechnungsabgrenzung verbucht. 2014 waren dies über 5 Mio. Euro. Zieht man davon die aktive Rechnungsabgrenzung (gut 1,4 Mio. Euro) ab, ergeben sich „noch nicht realisierte Erlöse“ von rund 3,6 Mio.Euro. Für die Rendite, die die Investoren erzielen können, spielen die AG-Kennzahlen jedoch kaum eine Rolle, da sind die Ernteerlöse bzw. Holzverkäufe entscheidend.

Die ersten Ernten gab es 2014, aufgrund eines bis August 2015 bestehenden Liefervertrags hat eine nahe gelegene Kartonfabrik 3.500 Tonnen Holz für USD 300.000 – der Preis lag über den Miller-Prognosen - übernommen. Seit Mitte 2015 wurden nur mehr kurzfristige Verträge mit lokalen Abnehmern geschlossen, da die Energieholzpreise (u.a. aufgrund des billigeren Erdöls) deutlich gesunken sind und „ein Einschlag des Holzes bzw. der Verkauf zu den geringeren Preisen unwirtschaftlich wären“. Dadurch wurden auch die erstmalig geplanten Ertragsausschüttungen verschoben. Wie hoch letztlich die tatsächliche Rendite beim Energieholz sein wird, hängt vor allem von der Entwicklung der (Brenn-)Holzpreise in Paraguay ab, die zwar tendenziell steigen (von rund USD 6 pro Tonne 2008 auf rund USD 16 im Jahr 2015), aber – wie das Jahr 2015 gezeigt hat - auch stark schwanken können. In den Neuverträgen seit Oktober 2015 wurde – auf Wunsch des Waldrats - eine Erfolgsprämie für Miller Forest vereinbart: sie beträgt ein Drittel jenes Ertrags, um den die Prognose übertroffen wird. Anfang 2016 war Miller laut Vertriebsleiter Pierre Guttwein im Gespräch mit der BaFin: Man geht davon aus, dass es für die Angebote ab Mitte 2016 auch einen BaFin-gebilligten Prospekt geben wird – bisher fielen sie nicht in die Kategorie der prospektpflichtigen Angebote. Die Waldinvestments werden auch über die Website www.grueneskIima.de angeboten, die Beispielrechnungen zur CO2-Kompensation bietet.

Mama Earth Foundation

Die auf den Philippinen registrierte Stiftung mit einem Büro beim Hamburger Rechtsanwalt Dittmar Kania wird von Gründer und Präsident Ulrich Kronberg geleitet. Er kommt aus der Verlagsbranche (u.a. Yachtmagazine) und wurde auch als Aktivist für den Hamburger Verein „Rettet den Regenwald“ bekannt, als er 2003 ein Mangrovenprojekt auf der philippinischen Insel Samal ins Leben rief, mit dem Ziel, etwa 1,2 Mio. Mangroven anzupflanzen. Unterstützung fand dieses Projekt u.a. durch die UmweltBank AG, die seit Anfang 2012 für jeden Neukunden 5 Euro zur Pflanzung und Aufzucht von 20 Mangroven-Setzlingen spendet und durch die Wiederaufforstung des durch Raubbau dezimierten Mangrovengürtels auch den Lebensunterhalt für die lokale Bevölkerung im Golf von Davao/Philippinen sichert. Nun bietet Kronberg auch Investments an: ab einem Betrag von 1.600 Euro für 200 Mahagoni-Setzlinge á 8 Euro ist man dabei, nach 12 Jahren wird aus dem Erlös der Mahagonibäume eine Auszahlung von 6.400 Euro kalkuliert. Denn ein 12 Jahre alter Mahagonibaum – inzwischen wurden rund 130.000 angepflanzt - liefert laut Homepage (bei 30cm Durchmesser und einer Höhe von rund 12 Meter) rund 0,50 Kubikmeter verwertbares Holz und kann – je nach Wechselkurs - für umgerechnet dzt. rund 90 Euro verkauft werden. Mit dem Slogan „Trotz der guten Rendite investieren Sie in ein sozial gerechtes Projekt!“ verweist Kronberg auf die Möglichkeit, die „Auszahlung dem Holzpreis anzupassen“. In dieser Vertragsvariante erhält im Jahr der Ernte der Farmer 50 Prozent vom Holzerlös (der Anleger 36% und Mama Earth 14%, von denen rund 10% dem Kauf von Setzlingen und Materialien dienen). Die 36% für die Investoren entsprechen also – bei rund 90 Euro Verkauferlös pro Baum – rund 32 Euro bzw. über 12% „grünen und sozialen Zinsen“. Kronberg führt als Kaufargumente folgende ins Feld: „unschlagbar günstige Startkosten“ durch eigene Baumschulen, keine Monokultur-Plantagen (es wird zugleich auch Kakao angebaut) und kein „land grabbing“ (die Farmer behalten ihr Land und erhalten mit 50% den Löwenanteil für die Bewirtschaftung und Bewachung) sowie die GPS-Flächenvermessung für Google Earth.

Neben Mahagoni- werden inzwischen auch Kakaobäume angeboten: ab 350 Stück für 1.450 Euro. Nach drei Jahren erlaubt ein Kakaobaum „der neuen Generation (UF18, BR25, W10 etc.) zwei Ernten im Jahr mit insgesamt fünf Kilogramm nassen Kakaobohnen – gute sachkundige Bewirtschaftung vorausgesetzt“. Auf zwei Farmen (mit 6 ha bzw. 8 ha) in Monkayo wachsen die ersten Bäume. Durch die Betreuung mittels ausgebildeter „Mama Earth Cacao Master“ können Investoren „ruhig mit 9,00 Prozent und mehr für ihr soziales Investment“ rechnen.

OLIVE TREE PHARMACY SE

Das Düsseldorfer Unternehmen hat die Olivenhaine der inzwischen auf Veranlasssung der Schweizer Finma im Mai 2015 liquidierten Basler Firma Oliveda Switzerland AG übernommen. Gründer und Vorstand Thomas Lommel bewirbt – mit Barbara Becker als Markenbotschafterin – seine olivenölbasierten Produkte u.a. im Kosmetikbereich (im Eigenvertrieb und über andere wie z.B. Müller-Drogeriemärkte). Die seinerzeitigen rund 300 Investoren – sie haben für rund 6,3 Mio. Euro Olivenhaine in Andalusien (Arroyomolinos de León, ca. 100 km nördlich von Sevilla) gekauft und Pachtzahlungen erhalten – konnten laut Lommel schadlos gehalten werden und haben ihr Finanzprodukt in Form eines Sale-and-Leaseback-Modells mit „vertraglich garantierter Miete" nun über die Olive Tree Invest S.L. in Flächen mit je 10 Olivenbäumen umgetauscht. Die Käufer können sich mit ihrem „nachhaltigen Bio-Direktinvestment" über eine „Rendite aus acht Jahrzehnten Wachstum" freuen. Lommel, der 2003 die Naturkosmetikfirma Oliveda gegründet und als „mediterrane Antwort auf Ayurveda" eine „Olivenbaum-Therapie" entwickelt hat, plant außerdem, seine Holding OLIVEDA Group Inc. mit Sitz im kalifornischen Santa Monica an die Börse zu bringen. Lommel plant, durch Zukäufe bis 2020 den Eigenbestand auf bis zu eine Mio. Bergolivenbäume aufstocken zu können. Kostenpunkt für einen Hain mit 10 Bäumen (ca. 0,1 ha, mittels GPS dokumentiert und in einer Urkunde verbrieft): 9.500 Euro bzw. 79.000 Euro für 10 Haine. Bei einer jährlichen „Ernteausschüttung" von 780 Euro je Olivenhainset pro Jahr ergeben sich Renditen von bis zu 9,8 Prozent. Im Kaufvertrag enthalten ist die Pflege und Bewirtschaftung durch die Olive Tree Farmers/Olive Tree Pharmacy S.E. für eine Mindestlaufzeit von 5 bis 10 Jahren. Während dieser Zeit genießt man „VIP-Status in den SPA Resorts sowie 20 Prozent Nachlass auf alle Oliveda-Kosmetikprodukte". Danach vermittelt man auf Wunsch den Weiterverkauf des Olivenhains zu einem marktgerechten Preis („Sollte dieser unter dem Einstiegspreis liegen, so übernimmt die Olive Tree Pharmacy S.E. den Differenzbetrag").

Noble Woods Eco Invest S.L.

Bisher haben rund 150 Kunden über 2 Mio. Euro für Bäume auf einer Finca in Katalonien investiert, 2017 startet wieder eine neue Tranche am Rande des Naturschutzgebietes „La Garrotxa" 80 km nördlich von Barcelona. Der Geschäftsführer Jorge Asensio ist für die „in naturbelassenen Terrassen-Strukturen eingebetteten und durch natürlichen Hecken- und Unterholzwuchs begrenzten" Bestände vor Ort zuständig. In Planegg bei München gibt es ein Vertriebsbüro, zu den deutschen Vertriebspartnern zählt die SRI concepts GmbH. Begonnen hat man – in sog. „Camp"-Abschnitten - mit der Pflanzung von 1.300 Setzlingen eines Walnussbaumes (Hybrid MJ209), einer speziell für Furnierholz geeigneten Holzsorte. Laut Finanzchef Dominik Anke, einem der fünf Gesellschafter von Noble Woods, werden viele Dienstleistungen ehrenamtlich von den Gesellschaftern geleistet. Da die Privatkunden (ab 3.850 Euro bzw. in monatlichen Raten ab 100 Euro) Bäume erwerben, werden steuerfreie Erträge „mit einer Verzinsung von mehr als 12% pro Jahr“ in Aussicht gestellt. Wer sein Geld schon vor Ablauf der Schlussernte zurück haben will kann die „Noble Woods Liquiditätsoption“ nutzen: Nach 7 bzw. 14 Jahren Laufzeit kauft Noble Woods die Bäume zum Nettokaufpreis samt „linearer jährlicher Verzinsung in Höhe von 4% und Zinsansammlung“ zurück.

Milestone Consulting AG

Die 2006 gegründete Schweizer Milestone Consulting AG mit Sitz in Wallisellen lässt in Panana Teakhölzer (www.woodsource.eu) aufforsten. Milestone-Chef ist Nubu Migmar, der vorher jahrelang als Marketingleiter bei der Prime Forestry AG tätig war: „Für die Sicherheit der Baumpartner wurde (2010) in Liechtenstein die Woodsource Foundation gegründet“, argumentiert er. Als kleinste Einheit wurde Wald auf einem Zehntel Hektar (für 3.190 Euro) angeboten, derzeit beträgt die Mindestmenge für einen Kauf- und Bewirtschaftungsvertrag 110 Bäume für insgesamt 4.675 Euro, 1.100 kosten (mit Mengenrabatt) 41.800 Euro. Es werden „Baumurkunden“ ausgestellt, in denen die Nummern und die GPS-Koordinaten der erworbenen Bäume stehen, die von der Terraland Panama S.A. bewirtschaftet werden (Milestone verpflichtet sich für die restlichen Pflegekosten zu monatlichen Rückstellungen). Bei der Schlussernte nach 20 Jahren erhält der Anleger 85 Prozent der Bruttoholzverkaufserlöse – wenn die Prognosen aufgehen! Nicht nur in der Ecoreporter-Wachhund-Rubrik wird zur Vorsicht bei diesem Angebot geraten. Auf die Warnliste der Schweizer Finanzmarktaufsicht Finma kam 2015 das Unternehmen

Eco Forestry AG

Die im Schweizer Handelsregister (Stand März 2016) „ohne Domizil“ eingetragene Gesellschaft (vorher Zug/CH, der vorherige Firmenname war Beaumont Finance AG) hat ein Stammkapital von 100.000 Schweizer Franken und ist eine Tochter der NorEco Forestry s.r.l. in Puerto Plata (Dominikanische Republik). Dort ist man auf mehreren Plantagen „spezialisiert auf den Anbau und die Aufzucht des Edelholzes Mahagoni“, das „ausnahmslos legal und zertifiziert“ für den Heimmarkt produziert wird. Investoren werden (u.a. über ein Büro in Wiesbaden) mit Renditeprognosen von bis zu 9,5 Prozent p.a. „Mahagonibäume als Eigentum“ angeboten, bei Bewirtschaftsungszeiträumen von 6 bis 20 Jahren.

Robinia Invest GmbH

Wie der Name schon sagt, bietet die Firma – ein deutscher Ableger eines holländischen Anbieters – Robinien als Investment an. Im April 2011 kamen die sogenannten „Paulownien-Sparverträge“ (damals noch über www.robinia-invest.com) auf den Markt: wer ein Jahr lang monatlich 38 Euro – insgesamt 456 Euro

– einzahlt, für den werden 5 Paulownia-Bäume gepflanzt und nach 12 Jahren geerntet, was einen Gesamtgewinn von 198 Prozent ergeben soll, wenn man vom Holzverkaufspreis (seinerzeit 1.600 Euro) noch 15 Prozent Kosten für Ernte, Verarbeitung und Verkauf abzieht. Dabei wird angenommen, dass sich pro Baum ein halber Kubikmeter Rundholz ergibt sowie – ausgehend vom damaligen Kubikmeter-Preis von 400 Euro – eine Preissteigerung von 4 Prozent p.a.

Inzwischen werden auf der Seite www.holz-investment.eu „Baumkauf-Investments“ (ab 5.400 Euro) und „Eigentumsflächen“ (ab 220.000 Euro) angeboten, mit einer Rendite-Aussicht von 7,1 bis 8,8 Prozent in Abhängigkeit von Laufzeit, Baumart und Preisentwicklung. Pro Hektar werden 5.000 Robinien gepflanzt, von denen dann 90% geerntet werden sollen. Daneben operiert man mit der englischsprachigen Seite www.forestry-investment.eu: britischen Investoren werden Steuervorteile in Aussicht gestellt, wenn sie für die ausschliesslich in Brandenburg wachsenden Bäume Beträge ab 6.150 Pfund investieren. Als Rendite-Prognose (nach IRR) wird die Spanne von 8,2 bis 9,7 Prozent p.a. genannt, „calculated from the moment of harvest“. Der Geschäftsführer wollte trotz mehrfacher Anfragen keine Details über die Anzahl der Investoren bzw. das Volumen der zwischenzeitlich zusätzlich angebotenen Beteiligungsarten wie z.B. Anleihe und Nachrangdarlehen bekannt geben, weshalb das Unternehmen 2016 auf die „grau-grünen Liste“ des Öko-Invest (vgl. Kapitel 7.8) gekommen ist.

ShareWood Switzerland AG

Die Anfang 2007 mit 200.000 Franken gegründete ShareWood Switzerland AG mit Sitz in Zürich (der Geschäftsführer Peter Möckli war vor deren Insolvenz als Finanzvorstand bei der Prime Forestry AG tätig) hat die ShareWood do Brasil Reflorestadora Ltda. als Tochtergesellschaft, die vor Ort nachhaltige Forstwirtschaft betreibt und sich später auch um den Absatz kümmern soll. ShareWood unterhält laut Homepage eine eigene Holzverarbeitungsindustrie, „über 200 festangestellte Mitarbeiterinnen und Mitarbeiter in der Schweiz und Brasilien“ und „über 6.000 Hektar Plantagen unter Management“. Sharewood betreibt Sägewerke und verkauft z.B. Teakmöbel im Online-Shop. Die auch als Kunden bezeichneten Investoren – inzwischen sind es über 2.500 - können wählen zwischen Teak-, Eukalyptus- und Balsabäumen: Sie besitzen die Bäume, pachten den Boden, auf dem diese stehen, und können einen Servicevertrag abschliessen. 2011 wurde in Liechtenstein die ShareWood Foundation gegründet, die Cash-Reserven verwalten soll, zur „Sicherstellung der Finanzierung für die Bewirtschaftung, Ausforstung und Vermarktung aller Teakholz-, Balsaholzbäume und anderer Pflanzen, welche sich auf den von der ShareWood Switzerland AG, Zürich, vermarkteten Plantagen befinden und im Eigentum von Dritten stehen“. Investoren können Bäume kaufen oder Regenwaldflächen mit Grundbucheintragung. Wer 2007 für 1.100 einjährige Teakbäume 26.500 Euro (oder 28.000 Euro für zweijährige) investiert hat, dem wurden bis zur Ernte (um 2026) Renditen von bis zu 14 Prozent versprochen, aktuell werden laut Homepage nur mehr 6 Prozent avisiert. In den Jahren 9 und 14 sollen Zwischenernten erste Erträge bringen, von denen die Anleger 85 Prozent erhalten. Laut AG-Satzung erfolgt die wirtschaftliche Tätigkeit „in Zusammenarbeit mit Behörden und Schutzorganisationen nach den Standards der FSC-Zertifizierung". „Nach den Standards" bedeutet aber nicht, dass eine FSC-Zertifizierung vorliegt.

The Tree Partner Company AG / Prime Forestry Switzerland AG (liquidiert)

Viele Dutzend Mio. Euro haben tausende Anleger bei der Prime Forestry Switzerland AG verloren, die 2003 auf dem Markt kam und ihren ‚Baumpartnern" – man sprach dabei von Kunden, nicht von Investoren – Teakbäume in Panama angeboten hat (111 Teakbäume für 3.200 Euro). Neben einer aufwändigen Ligatus-Internet-Werbung versuchte Kurt Meier mit rund fünf Dutzend Telefonverkäufern, an neue Kunden zu kommen. Sie versprachen – von Zürich bzw. Toronto aus – für das Produkt „Treedirect" jährliche Renditen von bis zu 14 Prozent. 2006 hat die Eidgenössische Bankenkommission die Liquidation der Prime Forestry Switzerland AG angeordnet, da diese „gegen das Verbot der gewerbsmäßigen Entgegennahme von Publikumsgeldern" verstoßen hat, weil weder Bäume übereignet worden sind, noch ein Eigentumsnachweis in Panama möglich war. Das Unternehmen war außerdem überschuldet. Die ehemalige Prime-Forestry-Verwaltungsrätin (und frühere Chefin des WWF), Dr. Carol Franklin Engler, bemühte sich um Schadensbegrenzung und formte die Nachfolgegesellschaft Forests for Friends AG, um – mit weiterem Geld – doch noch einen Teil der Investments zu retten. Deutsche Anleger können sich nun über Aktien der „The Tree Partner Company AG" mit Sitz in Glarus/Schweiz oder Kommanditanteile an der The Tree Partner Company GmbH & Co. KG beteiligen. Die Firmenstruktur ist sehr schlank, für die operative Führung ist nicht einmal eine Vollzeitstelle erforderlich. Die 100%ige Tochtergesellschaft, The Tree Partner Company Panama Inc, besitzt und bewirtschaftet die Plantagen.

Auch Dominique Leuba, der Geschäftsführer der seinerzeitigen Tochtergesellschaft, Prime Forestry Panama, wurde wieder aktiv, und zwar bei der – in Panama samt einer Schweizer Niederlassung – neu gegründeten Firma Tecaland Plantation Properties. Für diese wiederum war dann die Düsseldorfer Futura Mind Consulting GmbH als „Telefonkeilerfirma" tätig. Die Websites von Tecaland und Futura Mind sind inzwischen wieder offline. Im März 2011 fand eine FSC-Rezertifizierung statt. Bei der Generalversammlung 2014 waren 18 Aktionäre vertreten (rund 90% der Aktien (nach einer Kapitalerhöhung im Juli stieg das Aktienkapital um CHF 80.000 auf CHF 3,19 Mio., die Zahl der Aktien auf 1.595).

Tree Value Forestry GmbH

Die 2012 in Berlin gegründete Firma mit Büro in Oberursel bei Frankfurt verkauft keine Setzlinge, sondern (ab 5.000 Euro Mindestkaufsumme) „bereits über 10 Jahre alte Mahagoni-Bäume", die zum Zeitpunkt der Ernte (für deren Abwicklung, Verwaltung und Verkauf werden 15% in Rechnung gestellt) nach 5 Jahren eine IRR-Rendite von 9,7 Prozent p.a. bringen sollen, falls dann der Holzpreis gleich hoch wäre wie heute (Annahme: 600 Euro pro Kubikmeter). Der Kaufpreis beträgt pro Baum bzw. den Nießbrauchsrechten daran 225 Euro, abzüglich der Kosten blieben dann pro Baum 357 Euro (bei 10% höheren Kubikmeterpreisen kalkuliert mit 11,8% p.a.). Wie viele Kunden das Unternehmen bisher hatte bzw. welcher Umsatz erzielt worden ist, darüber schweigt sich Geschäftsführer Veljko Richling auf Anfrage aus, denn diese Daten seien „nicht als Produktqualitätsmerkmal" zu werten. Auch das Ausmass der Fläche („sämtliche Wälder liegen in der näheren Umgebung von Moca, Dominikanische Republik") wird nicht genannt, aber man könne „sukzessive auf ca. 100 Hektar bepflanzte Fläche zurückgreifen", die von der Mahagoni Trees Value E.I.R.L. bewirtschaftet wird. Die GmbH-Firmenbilanz 2014 war im März 2016 im Bundesanzeiger noch nicht verfügbar (2013 war bei einem Stammkapital von 25.000 Euro ein Jahresüberschuss von rund 32.800 Euro und ein Cash-Bestand von 35,41 Euro verbucht). Eine FSC-Zertifizierung ist bisher nicht erfolgt, aber für 2017 geplant. Eine erste Ernte wird „frühestens ab dem Jahr 2019 empfohlen", der Verkauf soll im Inland erfolgen, aber um für die Erntegemeinschaft „die Erlöse zu maximieren, kann auch der Export genutzt werden". Im September 2014 hat der Versicherungsmakler Helmut Nichtern die Geschäftsführung der GmbH übernommen, die in den beiden Jahren vorher – noch am Sitz in Berlin - bei der früheren Bank-Prokuristin bzw. Vermögensberaterin Beate vom Felde lag. Nichtern hat den Vertrieb mittels Call-Center ausgebaut und Internetseiten online gestellt, bevor sie fertig waren. Im November 2015 wurde Nichtern dann vom Versicherungsvermittler Veljko Richling-Kovacevic als Geschäftsführer der tree value forestry GmbH abgelöst.

Majestic-Trees Inversiones S.R.L.

Das Unternehmen (MTI) ist eine (80%-)Tochter der Viva AG mit Sitz in Wiesbaden, die auch der Hauptvertriebspartner ist. Verkauft werden Amerikanische Mahagonibäume der Sorte Swietenia Macrophylla, die auf vier Plantagen (mit insgesamt rund 240 ha) in der Dominikanischen Republik angepflanzt werden, z.B. in Paketen zu 100 Bäumen á 120 Euro (12.000 Euro) bzw. mit Mindermengenaufschlag von 3 bis 24 Prozent. In diesem Preis (150 Euro pro Baum bzw. bei 100 Stück mit 20% Rabatt) sind neben dem Mahagoni-Setzling und der „Pacht für den notwendigen Grundstücksanteil bis zur Schlagreife nach etwa 12 Jahren" auch diverse Sach- und Dienstleistungen enthalten wie ein „organischer Dünger für die ersten Jahre", eine Nachpflanzungsgarantie sowie die Bewirtschaftungs- und Erntekosten. Außerdem werden alle Bäume mit Nummer, Standort, GPS- und Eigentümerdaten registriert. Die Bäume werden „mit Kakao unterpflanzt, welcher auf natürlichem Wege Schädlinge fernhält". Die MTI selbst hält laut

Geschäftsführer Marcel Bahr – er lebt seit 1994 in der Dominikanischen Republik – die Nutzungsrechte („la mejora") an den vier Farmen und die behördlichen Lizenzen bzw. Schlaggenehmigungen. Die Standorte (mit insgesamt rund 240 ha) liegen laut Firmenbroschüre im Norden nahe dem Flughafen Puerto Plata bzw. den Städten Sosua und Cabarete auf einer Höhe zwischen 80 und 300 Metern. Für das Management vor Ort ist die Majestic-Trees S.R.L. zuständig, die 20 Prozent an der MTI hält und vom Ehepaar Bahr geleitet wird. Die Rückstellungen für die Kosten bis zur Ernte (aktuell rund 200.000 Euro) werden großteils von der MTI verwaltet. Eine FSC-Zertifizierung wird – aus Kostengründen – nicht angestrebt.

Laut Viva-Vorstand Frank Mendel bzw. Aufsichtsrat Feri Brosza gibt es bis dato rund 150 Kunden, die mittels Einmalzahlungen oder Ratenverträgen Bäume erworben haben. In der Firmenprognose wird der Wert einen Baumes 3 Jahre nach der Anpflanzung auf rund 100 Euro geschätzt, nach 12 Jahren (bei 0,4 m^3 bis 0,6 m^3 Holz und einem Holzpreis von 1.000 Euro/m^3) auf mindestens rund 400 Euro und nach 20 Jahren auf rund 1.200 Euro, was einer Rendite von 12,25 Prozent p.a. entspräche. Liegt der Verkaufserlös über den MTI-Prognosen erhält MTI eine „Erfolgsbeteiligung von 25% des Mehrerlöses". Die Dominikanische Republik wird als sicherer Absatzmarkt gesehen, weil das Land nach den USA und China der weltweit drittgrößte Importeur von Amerikanischem Mahagoni ist.

Wenig begeistert ist man von „Trittbrettfahrern" bzw. kleineren oder ehemaligen Vertriebspartnern wie z.B. der FlexCOM Caribe s.r.l. (www.flexcom-caribe.com) des deutschstämmigen Auswanderers Hans/James Gampert, die für das gleiche Produkt („The Green Project") reißerische Slogans (und z.B. Renditen „ab 12,25%") und zum Teil widersprüchliche Mahagoni-Tagespreise (1.900 USD, an anderer Stelle 2.040 USD) auf ihrer Webseite stehen haben. Hauptaktionärin der Viva AG ist die Luxemburger PYRAMIDON AG (www.pyramidon.eu), deren „größte Leidenschaft, aber auch Kernkompetenz, das Verkaufen" ist. Sie wurde vom Vorstandsmitglied Wolfgang Thust gegründet, einem ehemaligen Vertreter der Hamburg Mannheimer International bzw. ERGO, der auch durch sein Buch „Geldmaschine Strukturvertrieb" bekannt ist. Die Viva AG ist nebenbei (Webshop Moringa Oleifera: www.moringa-caribbean.com) auch im Import-Export von Moringa-Produkten tätig, die z.B. als Tee oder Nahrungsergänzungsmittel angeboten werden.

Kiri Management GmbH

Das von Janine Metzger geleitete Frankfurter Unternehmen verweist auf die rumänische Kiri Project Development S.R.L., die mit dem „Kiri MaXimuS" eine besonders widerstandsfähige Sorte des „europäischen" Kiribaumes gezüchtet habe. Diese Kiri-MaXimuS-Bäume, die im Pflanzjahr 2015/16 als Jungbäume bis zu 2m Höhe erreicht haben, werden zu Paketen ab 4.900 Euro (50 Stück zu 98 Euro) verkauft, samt Urkunde mit Standort-Nummern. Pflege und Verkauf des Kiri-Holzes „nach maximal 12 Jahren zu bestmöglichen Konditionen“ sind im Preis inbegriffen, vom Verkaufserlös zieht die Kiri Management GmbH dann eine 10%-Servicegebühr ab. Neben der aktuellen Pflanzung im Bezirk Arad hält die Unternehmensgruppe in Rumänien und in Bulgarien auch eigene Plantagen, auf den die ältesten Bäume rund 3,5 bzw. 5,5 Jahre alt sind. Die Anfrage, welcher Teil des Kaufpreises für die Pflegekosten in den nächsten 12 Jahren zurückgestellt wird, wollte man im März 2016 nicht beantworten, weil „diese Kalkulation umfassender ist als eine einfache Zahl“. Renditeprognosen werden prinzipiell nicht abgegeben, die Kunden können – z.B. auf Plattformen wie www.alibaba.com – selbst „die aktuellen Preise für unbearbeitetes Paulownia/KIRI Holz je m^3 einsehen“. Man könne jedoch nach 12 Jahren durchaus von einem Verkaufspreis ausgehenn, der bis zu dreifach höher ist als der Kaufpreis einschließlich Dienstleistung.

Laut letztverfügbarer Bilanz im Bundesanzeiger wies das früher unter Kiri Investment GmbH firmierende Unternehmen für 2013 ein Stammkapital von 25.000 Euro, eine Bilanzsumme von 13.479,13 und einen Verlust von rund 21.000 Euro auf. Auf Presseanfragen reagiert die Kiri Management GmbH grundsätzlich nicht mehr, seit man schlechte Erfahrungen mit vermutlich „gekaufter“ Presse gemacht hat wie im Fall der Firma GoMoPa GmbH, gegen die man beim Berliner Landgericht erfolgreich prozessiert hat. Allerdings wurde im Juli 2015 beim Amtsgericht Hamburg (Az. 67c IN 207/15) das Insolvenzverfahren bei der GoMoPa GmbH eröffnet, und laut Insolvenzverwalter kann der laut Gerichtsurteil beanstandete „Schmier- und Lügenartikel“ nicht verändert werden, weil er auf einem ausländischen Server liegt.

Deutsche Forst Invest GmbH

Das Aachener Unternehmen (www.deutscherwald.de) berät vor allem institutionelle Anleger und bietet ihnen die Möglichkeit, sich an einem luxemburgischen Spezialfonds (SICAV) namens „Deutscher und Österreichischer Waldfonds“ zu beteiligen, der in Waldflächen mit Nadel-, Laub- und Mischwälder investiert und diese verpachtet. Die bisher eingesammelten rund 2 Mio. Euro sind inzwischen zu rund 60 Prozent, vorerst nur in Deutschland, investiert, eine erste Ausschüttung ist schon für 2016 geplant.

rainforest-invest S.A.

Die 2006 gegründete und in der Wiederaufforstung tätige rainforest-invest S.A. ist 2010 nach Panama City umgezogen. Der deutsche „Aussteiger“ Stefan Mudry, früher für die Berliner rainforest-invest GmbH tätig, hat gut 300 Kilometer westlich von Panama City Landflächen erworben, um auf der „Finca Bayano 2012“ eine große Krise („Kälte, Hunger, Geldentwertung, Gewalt und Krieg; der Euro wird zerbrechen, die Europäer sterben aus“) als Selbstversorger überdauern zu können. Die Region ist „dünn besiedelt und malariafrei“, die Finca hat rund 30

Hektar, geteilt durch einen Bach. Bis zu 100 Gleichgesinnte können sich den beiden anschließen, zu Hektarpreisen, die anfangs nach dem aktuellen Goldpreis kalkuliert worden sind. Auf Wunsch konnte man – ab 10.000 Euro – auch gleich ein Haus dazu bestellen oder sich später selber einer errichten. 2016 will man sich „weiterhin der Bepflanzung des Landes, der Fisch- und Hühnerzucht, der Zucht von Hunden für die Sicherheit der Finca, dem Bau von Staudämmen, dem Bau erster Häuser, der Bewässerung und der Elektrizität widmen". Investoren erhalten – quasi als „Überlebensversicherung" - einen Vertrag über den „Kauf der Grundstücke, die Bewirtschaftung des Agrargrundstücks und die Erschließung des Baugrundstücks" auf bestimmten Teilflächen der Finca Bayano. Inzwischen haben 20 Personen, grossteils aus Deutschland, Land erworben, aber nach Panama ausgewandert ist noch niemand davon.

Waldmenschen eG i.G. / Futuro Forestal

Die Anfang 2016 im Rahmen des Hamburger Social Impact Lab gegründete Genossenschaft will langfristig einen artenreichen tropischen Dauerwald aufbauen, der einerseits sowohl für die Investoren als auch die lokale Bevölkerung ökonomisch sinnvoll sein soll und andererseits dem nachhaltigen Schutz von Boden, Wasser und Biosphäre dienen soll. Pro Hektar werden mehr einheimische Edelholzbäume angebaut als im Naturwald stehen – und es wird nie der ganze Wald "abgeerntet", sondern es werden jeweils nur einzelne Bäume entnommen. Mit diesem „Generation Forest"-Konzept (G.F.) soll ein grundlegendes Dilemma gelöst werden, nämlich dass tropische Naturwälder in der Regel zwar artenreich, aber wirtschaftlich nicht interessant sind, Plantagen hingegen – weil oft als Monokultur „optimiert" - wirtschaftlich ertragreich sein können, aber meist nicht artenreich und damit auch nicht nachhaltig sind.

Die Waldmenschen eG bietet – auch über einen Sparplan ab 50 Euro im Monat – Geschäftsanteile á 1.200 Euro an (Mindesteinlage zwei Geschäftsanteile), ein Businessplan ist erst in Ausarbeitung. Als Rendite werden "nur" mindestens 5% p.a. (IRR) angestrebt, zugleich aber ein hoher „Impact" im öko-sozialen Sinn. Die Vision der Waldmenschen eG ist es, dass „im Jahr 2100 auf grossen gerodeten Regenwaldflächen wieder artenreiche, ökonomisch sinnvolle und dauerhafte Tropenwälder wachsen". Über ein Forschungsprojekt an der Leuphana-Uni Lüneburg will man herausfinden, wieviele Hektar z.B. nötig sind, um den „ökologischen Gesamtfussabdruck" eines durchschnittlichen deutschen Bürgers zu kompensieren. Mit den Geschäftsguthaben der Genossenschaftsmitglieder wird Land in Panama erworben und die panamaische Futuro Forestal mit der Aufforstung und Pflege nach dem „Generation Forest"-Prinzip beauftragt. Dabei werden in den Wäldern ausschließlich einheimischen Baumarten wie Goldzeder, Mahagoni oder Rosenholz nach den Richtlinien des FSC-Standards angepflanzt, deren Holz dann – mit Zertifikat nachhaltiger Produktion – verkauft wird.

Eines der Vorbilder für die Genossenschaft ist das Modell der erst im April 2015 gegründeten, aber ebenfalls sehr langfristig angelegten BioBoden-Genossenschaft mit inzwischen rund 1.400 Mitgliedern (vgl. Kapitel 2.8.1). Mastermind hinter dem Waldmenschen-Unternehmen ist Andreas Eke, der schon 1994 die Futuro Forestal in Panama gegründet hat und seither mit seiner Familie dort als „impact investment manager" lebt. Er hat in Hamburg u.a. Geographie studiert und sein erstes Unternehmen 1988 in Nicaragua gegründet, bevor er 1994 mit Futuro Forestal das Investmentmodell einer nachhaltigen und wissenschaftlich begleiteten (Wieder-)Aufforstung tropischer Wälder realisiert hat (durch die Aufforstung von inzwischen über 8.500 ha Tropenholz, und zwar Teak und heimische Arten). Futuro Forestal ist das erste tropische Forstunternehmen, das in Panama die FSC-Zertifizierung erhalten hat, und – weltweit als erstes - als „B Corp" (Benefit Corporation) zertifiziert worden ist. Für grössere Investoren - das erste G.F.-Projekt (Volumen 5 Mio. USD) für einen deutschen Investor startete 2014 - ist die Gründung einer europäischen Waldvermögen AG geplant, die ähnlich wie die Genossenschaft über eine Tochtergesellschaft in Panama operativ tätig sein soll.

Mit der Futuro Forestal, die als Sozialunternehmen inzwischen der 2006 gegründeten Community and Forest Fundation gehört, sowie dem Verein zur Schaffung und zum Erhalt tropischer Wälder will Eke mit verschiedenen Investmentprodukten in den nächsten 20 Jahren den "Proof of Concept" für sein „Generation Forest"-Modell liefern und damit auch viele andere motivieren, Dauerwälder zu schaffen. Dabei soll höchstmögliche Transparenz (samt Evaluatiuon von dritter Seite) herrschen: Alle erhobenen Daten, waldbaulichen Forschungsergebnisse (allein in Panama gibt es über 800 Baumarten), Techniken, Berichte über Erfolge wie auch Fehler sollen öffentlich zugänglich sein.

Futuro Forestal hat in den letzten 20 Jahren viel Erfahrung – auch mit großen institutionellen US-Investoren in dreistelliger Millionenhöhe – gesammelt und verwaltet derzeit die meisten Flächen für Family Offices, denen maßgeschneiderte „Family Forest"-Anlagen angeboten werden (Mindestinvestment 0,5 Mio. Euro für ca. 30 ha, www.waldfamilien.de). Man darf gespannt sein, ob das neue „Generation Forest"-Modell auch zu einem "Game Changer" in der Forst-Investment-Branche werden wird. Für eine zusätzliche Verbreitung soll u.a. die GEXSI Impact UG (www.gexsi.org, Global Exchange for Social Investment) sorgen. Dieses ebenfalls als "B Corp" zertifizierte Berliner Beratungsunternehmen wird von Dr. Andreas Renner – er ist auch im Vorstand er Waldmenschen eG - geleitet und ist u.a. im Bereich soziale Investments zur Armutsbekämpfung tätig. GEXSI hat Anfang 2016 zusammen mit der Zürcher Socential AG (www.sosense.org) die Impact-Investmentplattform www.inclusify.org lanciert und soll künftig auch an der Entwicklung von forstlichen Finanzprodukten mitwirken.

Life Forestry Switzerland AG

Das Unternehmen mit Sitz in Stans bewirtschaftet vor allem Teakplantagen in

Costa Rica und Ecuador und bietet seinen Kunden an, Eigentümer von Teakbäumen zu werden, die alle FSC-zertifiziert sind. Die Life Forestry Costa Rica SA bzw. die Life Forestry Ecuador SA sind dabei Eigentümer des Grundes und Bodens und kümmern sich als Dienstleister (Kosten im Kaufpreis inkludiert) um die Bewirtschaftung und – nach ca. 20-jährigem Wachstum – um den Verkauf des Holzes. Die Kunden erhalten eine Baumeigentumsurkunde, auf der die nummerierten und mittels GPS registrierten Teakbäume aufgelistet sind. Selbst wenn alle Unternehmen der Gruppe insolvent werden würden, „würden die Anleger Eigentümer der Bäume bleiben, da der Boden unabhängig von den darauf wachsenden Pflanzen veräußerst würde". Im Sinn einer zusätzlichen Sicherheitsmaßnahme fungiert die Liechtensteiner Life Forestry Foundation (www.lifeforestryfoundation.li/de) als Treuhänder für die Kundengelder bzw. für die mündelsichere Veranlagung der Rücklagen. Im Gegensatz zu vielen anderen Anbietern lässt Life Forestry lässt seine Baumbestände schon seit 2006 („als viele Unternehmen vor den hohen Kosten zurückschreckten") vom FSC zertifizieren und kann laut Geschäftsführer Lambert Liesenberg „Kostenvorteile und Marktchancen nutzen, die einem weniger nachhaltigen Holzproduzenten verschlossen bleiben." Den inzwischen rund 5.000 Life-Forestry-Kunden wurde vertraglich zugesichert, „dass ihre Baumbestände bis zum Erntezeitpunkt vom FSC zertifiziert werden".

Für Life Forestry rechnet Liesenberg – bei einer Neupflanzungsdichte von 800 bis 1.100 Teakbäumen pro Hektar – in 20 Jahren insgesamt mit einem kommerziell verwertbaren Holzertrag von rund 258 Kubikmeter. Das würde bei gleich bleibenden Teakholzpreisen einen jährlichen Durchschnittsertrag von rund 5 bis 7 Prozent ergeben, bei weiter steigenden Preisen entsprechend mehr.

Lignum Sachwert Edelholz AG

Die Berliner Lignum Sachwert Edelholz AG hat kurz vor der Drucklegung dieses Buches, im April 2016, Insolvenzantrag gestellt, nachdem die BaFin (mit nicht bestandskräftigem Bescheid vom 17. März 2016) der Lignum Sachwert Edelholz AG untersagt hat, ihre Vermögensanlageprodukte ohne Prospekt öffentlich anzubieten. Das tat die BaFin auch bei anderen Anbietern, die vor Inkrafttreten des Kleinanlegerschutzgesetzes mit Anfang 2016 von Prospektpflichten „unbehelligt" waren, nun aber bangen, bis entschieden ist, ob der Bescheid – Untersagung nach § 18 Abs. 1 Nr. 2 Vermögensanlagengesetz (VermAnlG) – rechtskräftig wird. Lignum argumentierte vergeblich, dass die Angebote nicht unter die Prospektpflicht fallen würden, das Verwaltungsgericht Frankfurt am Main hat dem Lignum-Antrag auf einstweiligen Rechtsschutz nicht stattgegeben.

Lignum hat anfangs brasilianische Teak-Baumbestände (insgesamt rund 118 ha, großteils 2002 gepflanzt) des niederländischen Kooperationspartners Floresteca Holding N.V. in Form von Kommanditanteilen (bis 2001 unter dem

Namen Quadris) bzw. individuell wählbarer Holzmengen verkauft und kam 2005 mit Robinien-Aufforstungsflächen in Bulgarien auf den deutschen Markt. Seit 2009 bot Lignum (auf www.nobilis-sachwert.de, ging nach dem Insolvenzantrag 2016 offline) nur mehr europäische Hölzer an, die Flächen in Bulgarien wurden seit 2006 durchgängig FSC-zertifiziert. Es gab drei Varianten: nobilisRent (ab 25.000 Euro, mit jährlichen Erlösen), nobilisPriva (ab 5.000 Euro) und nobilisVita (monatliche Raten ab 100 Euro) mit Laufzeiten von 12 bis 24 Jahren und Erlösen jeweils zum Laufzeitende. Die Renditeprognosen bewegten sich (meist mit der Laufzeit steigend) zwischen 4,9 und 6,6 Prozent. Mit Anfang 2016 wurden – (Edelholz-)marktkonform – die nobilis-Verkaufspreise um 5 Prozent erhöht. Über die Hälfte der Anlagen ist in Robinien investiert, daneben wurden noch Maulbeere (seit 2009 gepflanzt), Kirsche und Schwarznuss angeboten.

Der „Vermögenswert Aufforstungen" hat 2014 die Marke von 80 Mio. Euro überschritten. Lignum sprach dabei nicht von Wald, sondern von Pflanzungen, da die Bäume im Abstand von 5x5 Metern gepflanzt werden. Die inzwischen über 5.000 Kunden haben (für insgesamt über 60 Mio. Euro) keinen Waldbesitz, sondern z.B. bestimmte Rundholzmengen zu einem festen Erntezeitpunkt erworben. Die Verkaufserlöse hätten somit nicht als Einkünfte aus Land- und Forstwirtschaft versteuert werden müssen, sondern wären nach 10 Jahren steuerfrei gewesen. Doch mit der Insolvenz sieht nun alles anders aus, denn mangels ausreichender Rücklagen fehlt nun das Geld, die rund 160 bulgarischen Lignum-Pflanzungen mit insgesamt knapp 3.000 Hektar entlang der Donau bzw. am Schwarzen Meer weiter zu bewirtschaften. Denn neben rund 20 Mitarbeitern in Deutschland beschäftigte die Lignumgruppe an die 400 Mitarbeiter in Bulgarien sowie externe Wachdienste.

Bei einer Versteigerung im Zuge der Insolvenz dürften die Lignum-Kunden wohl einen mehr oder weniger großen Teil ihrer Ansprüche verlieren, selbst wenn sich einige der über 130 Vertriebspartner entschließen, ihren Kunden die erhaltenen Provisionen zurückzuzahlen, und obwohl im Konzernbericht 2013 festgehalten wurde: „Auf den Parzellen wächst voraussichtlich deutlich mehr Rundholz heran, als von den jeweiligen Anlegern gekauft wurde, womit die Werthaltigkeit der Sicherheiten im vollen Umfang gegeben ist".

Die Lignum Sachwert Edelholz AG gehört der Lignum Holding GmbH (knapp über 50%) und Vorstand Andreas Rühl (knapp unter 50%). Die von Dr. Andreas Nobis gegründete gemeinnützige Lignum-Stiftung hält 90 Prozent an der 2000 gegründeten Lignum Holding GmbH, die bei allen nobilis-Verträgen als Sicherungsgeber (besondere Baumpfandrechte) dient. In dieser Holding-Bilanz waren Ende 2013 60 Mio. Euro als Fremdkapital verbucht, 58,9 Mio. Euro davon stammten aus „Edelholz-Vorab-Verkäufen". 2013 hat die Holding einen Gewinnvortrag von rund 12,64 Mio. Euro und einen Jahresgewinn von rund 2,73 Mio. Euro ausgewiesen.

Green Wood International AG

Die von Verwaltungsrat Wolfgang Göse, einem Deutschen, geleitete Schweizer Firma mit Sitz in Rorschach bietet Bäume an, die in Deutschland bzw. EU-Ländern wie Spanien, Italien oder Portugal gepflanzt werden. Die Kunden erwerben Jungbäume und sollen nach 10 bis 12 Jahren den Holz-Verkaufserlös erhalten. Im Startjahr (2014/2015) wurde das Planziel von 10.000 verkauften Bäumen Ende 2015 erreicht. Neben den beiden eigenen Web-Seiten treeme.com und green-wood-international.com werden die Bäume auch unter www.grünesbaumfairmögen.de des von der AG rechtlich unabhängigen Frankfurter Vertriebspartnerin Green Wood Sales Management GmbH angeboten, die weitere rund 200 Vertriebspartner koordiniert. Deren Geschäftsführer Sebastian Born leitet – an der gleichen Büro-Adresse (Geleitstrasse 14) wie die Green Wood Sales Management GmbH – noch weitere Firmen wie die firsthand real estate gmbH und die firsthand capital management gmbh und war bis 2014 Vorstand der inzwischen insolventen Real Estate Marketing AG, die in ihrer zuletzt publizierten Bilanz (2012) bei 12.500 Euro Stammkapital (25% einbezahlt) einen Jahresverlust von rund 258.000 Euro und einen nicht gedeckten Fehlbetrag von rund 520.000 Euro auswies.

Mit dem Slogan „mein Baumvermögen“ werden auf der Green-Wood-Sales-Vertriebs-Homepage („über 500 zufriedene Kunden“) Versuchs- und Musterplantagen in Starnberg, Lindau und Osterburg sowie „jährlich bis zu 9% Ertrag und mehr, mit Edelholzplantagen aus Deutschland!“ angepriesen. Weiter heißt es: „Seit 1990 verzeichnet Holz als Rohstoff eine 810% Wertsteigerung; Schäden oder Ausfälle (z.B. mangelhaftes Anwachsen, Unwetterschäden etc.) sind während der gesamten Laufzeit versichert“. In den Allgemeinen Geschäftsbedingungen der Green Wood International AG (Stand Februar 2016) heißt es unter Punkt 10 („Produktversicherung“) wörtlich „GWI hat zur Sicherung der Investition des Käufers über die Willis AG eine All Risk Versicherung abgeschlossen. Diese Versicherung deckt mit Auspflanzung der Bäume auf die Plantagen einen Teil- oder Totalverlust der Bäume ab. Es sind der Kaufpreis und jeweils 5% Wertzuwachs ab Auspflanzung auf die Plantage versichert. Bei Totalverlust wird der Schaden zum Schadensereigniszeitpunkt und bei Teilschäden zum Schlagungszeitpunkt der Bäume (geplante Ernte) reguliert.“ Wie Recherchen ergeben haben, handelt es sich bei der Versicherung nicht um die Schweizer Willis AG, sondern um eine große deutsche Versicherungsgesellschaft (im Talanx-Konzern), die in diesem Zusammenhang nicht namentlich genannt werden will. Die Police wurde allerdings von der Frankfurter Willis GmbH & Co. KG vermittelt, die ebenfalls zum Konzern von Willis Towers Watson plc gehört, einer internationalen Versicherungsgruppe mit rund $ 16 Mrd. Börsenwert.

Die bis dahin zweijährigen Bäume sollen 2017 „auf die endgültige Plantage in Deutschland“ ausgepflanzt und voraussichtlich 2027 geerntet werden. Hat der Baumkäufer bis zur Ernte keinen Verkaufsauftrag gegeben, muss er die geschlagenen Bäume „innerhalb von 45 Tagen ab Versand der Benachrichtigung auf eigene Kosten abtransportieren lassen“ oder sie werden von der GWI zugunsten des Käufers „bestens“ verkauft. Die Green Wood Service GmbH wählt die Plantagenflächen aus, pachtet sie und betreut die Bäume. Vom Betrag, den der Kunde bei Vertragsabschluss zahlt (ab 4.515 Euro für 15 Bäume) fliesst rund ein Drittel als Rückstellungen für die Pacht- und Bewirtschaftungskosten bis zum Holzernte-Verkaufszeitpunkt in den externen Liechtensteiner Green Wood International Trust. Schätzungsweise jeweils weitere mindestens 10% werden für Vertriebsprovisionen und Versicherungsprämien verwendet. Die Kunden sind dabei mit dem Versicherungsnehmer Green Wood International AG mitversichert. Wenn man die Preise pro Baum (ca. 300 Euro inkl. 12 Jahre Pflege etc.) mit denen anderer Anbietern vergleicht, gehört das Green-Wood-Produkt zu den teuersten, aber dafür, so Wolfgang Göse, ist es auch versichert, was die Konkurrenz nicht bieten könne.

Timberfarm GmbH

Die Timberfarm GmbH der Düsseldorfer Unternehmerfamilie Breidenstein, die seit über 40 Jahren im Reifenhandel und in der Kautschukindustrie tätig ist, bietet Investoren die „Möglichkeit, vom Gummi-Boom zu profitieren“. Sie stellt mit der Produktion und dem Handel mit Naturkautschuk und Kautschukholz – durchaus mit Risikohinweisen - Renditen von bis zu 12 Prozent in Aussicht. Die Branche ist in über 100 Jahren stark gewachsen: Jährlich werden aus dem Milchsaft (Latex) von über 2,6 Mrd. Bäumen rund 11 Mio. Tonnen Naturkautschuk gewonnen, für Produkte wie Autoreifen, Matratzen oder Kondome. Während für manche der führenden asiatischen Kautschuk-Anbaugebiete (wie Thailand, Malaysia und Indonesien und China) Urwaldgebiete gerodet worden sind, forstet Timberfarm in Panama Brachflächen auf. Die derzeit 16 Kautschukbaumplantagen mit mehr als 1.000 Hektar Anbaufläche sollen bis 2017 auf bis zu 2.500 Hektar erweitert werden. Investoren erhalten für ihre Direktinvestments Baumzertifikate. Wenn die Kautschukbäume (Hevea brasilensis) mit der Zeit nicht mehr genügend Saft liefern, lässt sich das harte Holz („optimierte Umtriebszeit“ rund 15 Jahre) noch für Möbel oder den Instrumentenbau nutzen.

GWD Forestry S.L.

Das im September 2014 in Irland gegründete Unternehmen mit Vertriebszentrale in Palma de Mallorca wird von Bernard Sampson und Benjamin Robert Taylor geleitet. Es ging aus der 2008 in Kopenhagen gegründeten Firma Greenwood Management ApS., hervor, die seinerzeit ebenfalls Eukalyptus-Plantagen in Brasilien angeboten hat. Inzwischen wurde der Vertrieb auf über 20 Länder ausgedehnt und die Palette erweitert, z.B. mit einer Christbaum-Plantage im kanadischen New Brunswick (www.gwdcanada.com), von der bis Ende 2014 über 15.000 Bäume geerntet und verkauft worden sind. Ein „1 acre lot“ mit „annähernd

1.742“ Christbäumen wird für 9.750 US-Dollar angeboten, nach 3 bis 4 Jahren können bereits kleinere Bäume zu Preise von 8 Dollar an den Grosshandel verkauft werden. Für rund 900 bis 1.000 Bäume, die nach 6 bis 9 Jahren geerntet werden, werden je nach der Baumhöhe Verkaufserlöse von rund 18 bis 45 Dollar pro Stück veranschlagt, als Käufer werden Einzelhändler und Baumarktketten wie Home Depot genannt. Über das „Green Coconut“-Projekt in Brasilien werden Kunden Kokospalmen angeboten, die eine IRR-Rendite von über 22 Prozent liefern sollen. Über eine Forschungs- und Entwicklungsabteilung in Porto/Portugal sollen Investoren informiert, Erträge optimiert und weitere Projekte marktreif gemacht werden. Auf der Homepage der Greenwood Management ApS., die nach wie vor online ist, steht z.B. als deutscher Vertriebspartner ein ostdeutscher Finanzberater, der jedoch längst nicht mehr für das Unternehmen tätig ist. Auch der als wissenschaftlicher Beirat gelistete Biotechnologe Dr. Andrea Ghirardo vom Helmholtz Zentrum München distanzierte sich von der Firma und bat schon 2015 vergeblich darum, dass sein Name von der Website gestrichen wird.
Zum Schluss dieses Kapitels noch ein Blick auf einige institutionelle bzw. supranationale Fonds und Non-Profit- bzw. Spendenprojekte wie die Luzerner

1tree4one

Das von Danila Shakira Giorni Niels und Volker Niels Ende 2007 lancierte Aufforstungsprojekt (Slogan „Einfach Bäume pflanzen“) hat im September 2008 die erste Pflanzung von 1.000 Bäumen vorgenommen. Mittlerweile, so die Information auf der Homepage, „dürfen bereits über 23.000 Bäume des Lebens und der Liebe heranwachsen und den öden Landstrichen neues grünes und blühendes Leben einhauchen“. Ein Baum kostet 13 Euro/16 Schweizer Franken (bzw. 14 Euro/17 CHF als Geschenkbaum).

Althelia Climate Fund / Nature Conservation Notes

Im Bereich Naturschutzfinanzierung hat die Credit Suisse Ende 2014 sog. „Nature Conservation Notes“ lanciert, die von Environmental Finance die Auszeichnung “Sustainable Forestry Deal of the Year 2014” erhalten haben. Mittels dieser Rentenpapiere wird in die „nachhaltige Agroforstwirtschaft und den Erhalt von Ökosystemen sowie in ein Portfolio nachhaltiger Anleihen“ investiert. Einer der Zielfonds ist ein 2013 lancierter und von der Luxemburger Althelia Climate Fund GP Sarl bzw. Londoner Ecosphere Capital Partners LLP gemanagte Spezial-Klimafonds. Der Althelia Climate Fund hat das Ziel, „die nachhaltige Landnutzung und die Erhaltung der Primärwälder zu fördern und dadurch die Treibhausgasemissionen zu vermindern“. Schwerpunktmässig will man in Afrika und Lateinamerika sowie in Asien in „etwa 20 forstwirtschaftliche Umweltprojekte investieren, die Emissionsgutschriften generieren, die anschließend in den freiwilligen CO2-Handel eingebracht werden sollen“. Das Volumen von bis zu 150 Mio. Euro kommt von privaten und öffentlichen Investoren wie z.B. der

Europäischen Investitionsbank EIB (www.eib.org). Die Emissionsgutschriften werden dann an jene (philanthropische) Unternehmen und Einrichtungen verkauft, „die sich am freiwilligen Emissionshandel beteiligen und diese Zertifikate dann permanent vom Markt nehmen“. Die Projekte werden anhand der Umwelt- und Sozialstandards des REDD+-Programms ausgewählt, sofern anerkannte Zertifizierungsstandards wie die der CCB (Climate, Community and Biodiversity Alliance) bzw. Verified Carbon Standards (VCS) einhalten werden. Als erstes Investment wurde im Februar 2014 das “Taita Hills Conservation and Sustainable Land Use”-Projekt in Kenia beschlossen, weitere folgten z.B. in Peru (9,15 Mio. Euro für die Erhaltung von 570.000 ha Regenwald in Madre de Dios), Guatemala und beim „Novo Campo“-Programm in der Amazonasregion Mato Grosso, wo mit 11,5 Mio. Euro in 20 Großfarmen auf 10.000 Hektar eine „nachhaltige“ Rinderzucht („sustainable beef“, 34.000 Rinder bis 2017) finanziert wird. Trägerorganisation dieses Programms ist die PECSA (Pecuária Sustentável da Amazônia), ein Spin-off der brasilianischen NGO Instituto Centro de Vida (ICV). Mit der Einführung von „Good Agricultural Practices“ soll verhindert werden, dass – wie bisher bei weniger effizienter Bewirtschaftung – noch mehr Wald zugunsten zusätzlicher Weideflächen abgeholzt wird, weil die Nachfrage nach Fleisch insbesondere auch aus Asien steigt. Ziel sind 100.000 Hektar mit 340.000 Rindern, deren Fleisch als „forest friendly beef“ und letztlich als „zero-deforestation beef” vermarktet werden kann. Hinweis des Buchautors Max Deml (nicht nur) an alle Öko-Investoren: einfach den Fleischkonsum zu reduzieren oder ganz vegetarisch zu leben, würde gar nichts kosten.

AFR100 / Form international

Mitte März 2016 fand in Accra (Ghana) ein Kongreß der Initiative “Forests for the Future, New Forests for Africa” statt, die vom ehemaligen UNO-Generalsektär Kofi Annan und der Kofi Annan Foundation untertstützt wird. Paul Hol von der Forstmanagementfirma Form international (www.forminternational.nl) betonte dort die Wichtigkeit der Wiederaufforstung. Denn jährlich gehen auf der Südhalbkugel der Erde derzeit rund 15 Mio. Hektar Wald verloren. Die Tochter Form Ghana hat Anfang 2016 die ersten 3.000 Festmeter Teakholz geerntet, aus dem ältesten – 2001 mit Unterstützung der niederländischen Regierung (PSOM) angepflanzten – Teil, einem 3.000 Hektar großen Plantagengebiet, das seit 2010 FSC-zertifiziert ist. Insgesamt managt Form Ghana dort rund 20.000 Hektar „mit einer soliden Rendite“. Bei der Klimakonferenz in Paris haben sich zehn afrikanische Länder (nicht verbindlich) darauf geeinigt, mittels des AFR100-Plans (www.newforestsforafrica.org) mindestens 100 Mio. Hektar wieder aufzuforsten, 40 Mio. Hektar sind inzwischen konkret zugesagt, d.h., es gibt jeweils Investoren für den Start.

Jane Goodall Institut Austria

Das nach der engagierten Schimpansen-Forscherin Dr. Jane Goodall benannte Institut mit Sitz in Wien fördert – zusammen mit dem Jugendprogramm „Roots & Shoots“ und der Umweltinitiative MUTTER ERDE - das Baumschulen- und Aufforstungs-Projekt „Waldkorridore – Quellen des Lebens“ im Bezirk Hoima in Uganda. Es kommt nicht nur der Schimpansenpopulation in dieser Region zugute, sondern dem gesamten Ökosystem und damit dem Wasserhaushalt, was den Menschen in den 7 Ortschaften in den Regionen Buseruka und Kiziranfumbi wieder ein eigenständiges und selbstbestimmtes Leben ermöglichen soll. Mit Baumpatenschaften á 6 Euro pro Baum (www.janegoodall.at) werden der Ankauf von Samen, die Aufzucht und Pflege der Setzlinge (u.a. Eukalyptus), die Aufforstung der Wälder und die Schaffung von Arbeitsplätzen mit fairem Lohn für die lokale Bevölkerung ermöglicht. Zusammen mit anderen wurden seit 2009 im Projektgebiet mehr als 1,85 Mio. Euro investiert und rund 800.000 Bäume gepflanzt, die – wie das Land – den dort lebenden Bauern gehören (laut Gewohnheitsrecht, ohne formelle Verträge).

Regenwald der Österreicher

Der 1991 vom Wiener Musiker Michael Schnitzler, einem Enkel von Arthur Schnitzler, gegründete Verein finanziert mittels Spenden – sie sind in Österreich seit 2012 steuerlich absetzbar – die Erhaltung eines bedrohten Regenwald-Gebietes in Costa Rica. Nach dem Freikauf von 40 km2 Regenwald – diese Fläche wurde in einen Nationalpark eingegliedert – stehen inzwischen auch „die Wiederbewaldung von gerodeten Grundstücken, die Anstellung von Wildhütern, der Schutz bedrohter Tierarten“ sowie nachhaltiger Tourismus und Tropenforschung auf dem Programm. Mindestspende sind derzeit 18 Euro für einen Regenwaldbaum (für 60 Euro kann man z.B. 100 m2 „freikaufen“ bzw. wieder aufforsten lassen).

waldaktie.de

„Gesicherte Dividende, tägliche Ausschüttung, mehr als 100 Jahre wachsender Gewinn“: mit diesem Slogan bewirbt das Bundesland Mecklenburg-Vorpommern die „Waldaktie“, die 10 Euro kostet. Es handelt sich dabei nicht um eine Aktie im Sinne des Aktienrechts, sondern um den symbolischen Kauf „eines Stückchen Waldes“, wodurch umweltbewusste Touristen ihren Urlaub CO2-neutral gestalten können. Mit zwei solcher Waldaktien können in den seit Herbst 2015 eingerichteten „Klimawäldern“ auf zehn Quadratmeter aufgeforstet und fünf Jahre lang „Bäume gepflegt werden, welche die im Urlaub von einer vierköpfigen Familie verursachten Kohlendioxid-Emissionen ausgleichen“ (rund 300 kg auf 2 Wochen). Zudem gibt es in den Klimawäldern Schautafeln und Führungen, die über Holz und andere Klimaschutz-Möglichkeiten informieren. Als Trägerorganisation dient die 1999 gegründete Norddeutsche Stiftung für Umwelt und

Entwicklung (NUE, www.nue-stiftung.de), die die zusätzlichen Pflanzungen finanziert. Sie erhält auch Fördermittel aus den Überschüssen der Lotterie „BINGO! Die Umweltlotterie" in Hamburg und Mecklenburg-Vorpommern.

Wald 1.1 gemeinnützige GmbH

Über ein Rechenmodul der seit 2008 aktiven Initiative „i plant a tree" (www.iplantatree.org) in Halle kann man aufgrund der Anzahl der gepflanzten Bäume die damit eingesparten CO2-Emissionen berechnen bzw. veranschaulichen. Geschäftsführer Michael Bahr ruft mit dem Slogan „Jetzt Aufbäumen!" dazu auf, online Bäume zu pflanzen, z.B. in einem bestimmten Forst oder Naturschutzgebiet. Die Spender (z.B. mit 2 bis 3 Euro für eine Kiefer) können sich auf einer Profilseite verewigen, die Bäume werden auf einer Weltkarte, in einer Bestenliste und mit einem „persönlichen CO2-Zähler" ausgewiesen. Ziel der Non-Profit-Organisation ist der Schutz und die Vermehrung der globalen Waldfläche. Rund 200.000 Bäumen konnten auf diese Weise bisher gepflanzt werden, die „TOP 3" (Rittal GmbH & Co. KG, Boris Brunkhorst und Thüringer Waldquell) trugen dazu rund 40.000 Stück bei.

2.9.3 Solaranlagen

Seit Ende 2015 bietet z.B. die Zürcher Kantonalbank in Partnerschaft mit der Max Havelaar-Stiftung Fairtrade-Goldbarren von 1 bis 10 g (zu rund 5% über dem Weltmarktpreis) aus „Fairtrade"-zertifizierten kleingewerblichen Minen an. Doch Gold wirft keine laufenden Erträge ab, und so denken Öko-Investoren beim Thema Sachwerte auch an den Kauf einer Solaranlage, die über 20 Jahre Strom liefert, den man – zur Senkung der Stromkosten – selbst verbrauchen oder mittels Einspeisung ins Netz auch als finanziell rentables Sachinvestment betrachten kann. Anbieter solcher Anlagen gibt es inzwischen unzählige. Hier nur ein paar Beispiele von Unternehmen, die schon mehr als 1.000 Anlagen verkauft haben.

Die solarcomplex AG (www.solarcomplex.de) hat schon vor vielen Jahren begonnen, standardisierte 6-kW-Solarkraftwerke, die während der Laufzeit ca. 100 t CO2 einsparen, an Privatinvestoren in der Bodenseeregion zu verkaufen. Im „All-Inclusive-Paket" sind Elementarschaden- und Haftpflichtversicherung, automatische Fernüberwachung und ggf. auch Reparaturen an der Anlage enthalten. Bei den Anlagen handelt sich um physikalisch getrennte Anlagenblöcke zu je 6 kW, deren Jahresertrag mit knapp 1.000 kWh/kW kalkuliert ist. Da die PV-Anlage als „gewerblicher Betrieb" beim Finanzamt anzumelden ist, können auch steuerlich wirksame Verluste in Anspruch genommen werden. Der Eigenkapitalanteil bewegt sich zwischen 0 und 100 Prozent, oft wurde aber komplett fremd finanziert.

Auch die SoLaR GmbH (www.solar-gmbh.de) hat schon vor dem Jahr 2000 begonnen, Solarstromanlagen – inzwischen rund 2.800 – zu planen und zu installieren. Betrieb, Wartung, Versicherung, Fernüberwachung und Abrechnung mit dem Netzbetreiber werden gegen Gebühr (z.B. 0,3% der Investition p.a.) für 20 Jahre übernommen. Anfang 2016 wurden z.B. einige Ende 2015 ans Netz angeschlossene Einheiten von 27,36 kWp für 36.400 Euro (netto) verkauft, bestehend aus 96 SolarWorld-Modulen zu je 285 Wp (Watt Peak), für die bis 31.12.2035 ein Einspeisetarif von 10,9 Cent/kWh gilt. Die Pacht des Daches beläuft sich auf jährlich 6 Prozent, die Fernüberwachung und Wartung auf jährlich 3 Prozent der „Erntevergütung".

Preiswerte Heim-Solarsysteme für den Eigengebrauch will ab Juni 2016 auch das Möbelhaus IKEA verkaufen und es damit „für so viele Menschen wie möglich so günstig wie möglich machen, ihren eigenen Solarstrom zu erzeugen", vorerst in den Filialen der drei Länder Großbritannien, Niederlande und Schweiz und über das IKEA-Webportal, das 2015 weltweit rund 1,9 Mrd. Besuche zählte.

2.9.4 Sale-and-lease-back-Modelle

Der Rückmietkauf, besser unter der Bezeichnung „Sale-and-lease-back" bekannt, ist eine Sonderform des Leasings. Es wird in letzter Zeit zunehmend auch von großen Firmen praktiziert, z.B. um im Betriebsvermögen befindliche Maschinen oder Immobilien zu Geld zu machen, ohne deswegen auf die weitere Nutzung verzichten zu müssen. Dabei werden z.B. ein Gebäude, aber auch immaterielle Wirtschaftsgüter wie Patente und Marken, verkauft und sofort – vom Leasinggeber – wieder zurückgemietet. Am Ende der Mietvertragsdauer besteht die Möglichkeit (wenn man dann das nötige Geld hat), das Leasingobjekt wieder zurückzukaufen. Einer der Hauptvorteile beim Sale-and-lease-back ist die Schaffung von Liquidität ohne Kreditaufnahme. Auf der anderen Seite steigen natürlich durch die Mietzahlungen die laufenden monatlichen Kosten. Das mindert den Ertrag und damit die Steuer – dafür fallen jedoch auch vorher genutzte Abschreibungsmöglichkeiten weg.

Auch Öko-Investments kamen in den letzten Jahren als Sale-and-lease-back-Angebote auf den Markt, vor allem im Photovoltaik-Bereich. Wer z.B. kein eigenes Haus (mit Südseite) hat, auf dem er eine PV-Dachanlage installieren lassen kann, und sich auch nicht an einer Betreibergesellschaft in Form eines geschlossenen Fonds beteiligen will, kann nun einfach PV-Module kaufen und sie anschließend (auf fremden Dächern) vermieten. Die Stadt Wien bzw. die Wien Energie GmbH hat ihren Bewohnern z.B. im Zuge der Errichtung von BürgerInnen-Solarkraftwerken (www.buergerkraftwerke.at) Wind- und PV-Anlagen zum Kauf angeboten: Tausende Module gingen weg wie die warmen Semmeln – meist innerhalb weniger Stunden. Die jährlichen Renditen von beispielsweise 3,1 Prozent waren zwar bei weitem nicht so hoch wie z.B. bei geschlossenen Fonds in Ländern, die höhere Einspeisetarife haben, lagen aber weit über den Sparbuch-Zinsen. Und man wurde mit dem Kauf zum Produzenten von erneuerbarer Energie – auch wenn die Stadtwohnung kein geeignetes Dach für eine eigene PV-Anlage bietet.

Ähnliche Modelle (für bis zu 48 Module zu je 500 Euro „mit Erträgen von 3 Prozent jährlich" und ohne Laufzeitbindung) bieten auch die Unser Kraftwerk UK-Naturstrom GmbH (www.unserkraftwerk.at) und die Grazer MC-Capital GmbH („PV-Sonnenbeteiligung" auf 6 bis 15 Jahre, www.mc-capital.eu) an. Von 2014 bis Ende 2015 hat das Hamburger „Emissionshaus 2.0", die Steiner + Company GmbH & Co. KG (www.steiner-company.de), die Kleinwindkraft-Beteiligung „Wind Direkt" angeboten, bei der man Anteile an 60-kW-Windrädern kaufen konnte (ab 20.750 Euro +3% Agio), die in Italien errichtet worden sind. Über die Laufzeit von vier Jahren wurden in den Sale-and-lease-back-Verträgen 7,25 Prozent p.a. fixe Mieterlöse (vor Steuern) geplant, die laut Geschäftsführer Frank Mägdefessel auch seit Anfang ausgezahlt worden sind. Das österreichische Mikroalgen-Unternehmen Ecoduna AG – im März 2016 wurden weitere Stammaktien (zum Preis von 5 Euro) ausgegeben – hat 2015 auch (ab 2.500 Euro) Module an der geplanten „größten europäischen Algenproduktionsanlage" (www.ecoduna.com) mit Rückvermietung auf fünf Jahre und garantiertem Rückkauf angeboten.

Über die Oldenburger „Deutsche Lichtmiete"-Gruppe (mit den drei Unternehmen Deutsche Lichtmiete Produktionsgesellschaft mbH, Deutsche Lichtmiete Handelsgesellschaft mbH und Deutsche Lichtmiete Vertriebsgesellschaft für ethisch-ökologische Kapitalanlagen mbH) können Investoren fertig installierte energieeffiziente LED-Leuchtmittel (Einheiten ab rund 8.000 Euro) erwerben und zurückvermieten bzw. nach fünf Jahren zu einem Bruchteil des Kaufpreises wieder verkaufen, so dass sich laut Plan aufgrund der laufenden Ausschüttungen einschließlich Tilgungsanteil Renditen von drei bis sechs Prozent p.a. (nach Steuern) ergeben sollen.

Dass auch in diesem noch sehr jungen Sektor Risiken schlagend werden können, zeigen Insolvenzanträge wie der der EWR Umwelttechnik GmbH mit Sitz in Trier, die Miteigentumsanteile (ab 10.000 Euro, mit Rückvermietungsvertrag) an einer „Thermischen Reststoffverwertungsanlage zur Verölung von Kunststoffen und biogenen Abfällen mit anschließender Verstromung und Wärmenutzung in Containerbauweise" verkauft hat. Ende 2015 wurden für die CG new energy GmbH und die Crassus Germanum GmbH (Amtsgericht Frankfurt Az. 810 IN 1355/15 C) Insolvenzanträge gestellt. Die von Einzelinvestoren (zu 3.950 Euro je kWp) erworbenen PV-Anlagen haben von der CG Service & Verwaltung GmbH einen Teil der Stromvergütung als monatliche Miete erhalten. Geschäftsführer Dr. Markus Ludczak erklärt auf der Homepage: „Gescheitert sind wir nicht mit dem Geschäftsmodell, sondern mit externen Geschäftspartnern. Wir hätten sehr viel schneller die Reißleine ziehen sollen. Wir haben hohe Außenstände gegenüber einigen Geschäftspartnern und haben das Geld eingeklagt". Ludczak ist auch Vorstand bei der DIG Deutsche Investitions-Genossenschaft eG in Karben (www.investitionsgenossenschaft.de), die „in ganz Deutschland Solarkraftwerke" errichtet und den Mitgliedern (ab 500 Euro zzgl. 3% Agio) auf Basis des EEG „stabile Einnahmen" zusichert. Im letztverfügbaren Jahresabschluss der Genossenschaft (per Mitte 2014) waren rund 1,34 Mio. Euro an Geschäftsguthaben sowie ein Jahresfehlbetrag von rund 37.000 Euro verbucht. Im November 2013 erhielten die rund 180 Mitglieder eine Dividende von rund 45.000 Euro. Die DIG Deutsche Investitionsgenossenschaft eG hielt 2014 gut 25 Prozent der DIG Energie Invest GmbH und Kommanditanteile u.a. an der DIG PV 1 GmbH & Co. KG und der DEM Deutsche Elektromobil GmbH & Co. KG.

Laut dem „sofort vollziehbaren, aber noch nicht bestandskräftigen" BaFin-Bescheid vom 10. November 2015 musste die K.i.B. Kompetenz in Beratung GmbH aus Kirchheim-Teck („unerlaubt betriebenes Einlagengeschäft") die für die verkauften Photovoltaikmodule angenommenen Gelder „unverzüglich und vollständig an die Kapitalgeber zurückzuzahlen", d.h. die „KiB - ENERGIE RENDITE EUROPA"-Kauf- bzw. Mietverträge mit Verlängerungsoption mussten rückabgewickelt werden.

Die Münchener MEP Werke GmbH (www.mep-werke.de) von Konstantin Strasser gehen den Weg, Eigenheimbesitzern eine Miet-Solaranlage (ab 49 Euro im Monat) anzubieten. Diese wird von der Deutsche Ökostrom Ltd. finanziert, die sich wiederum mittels Darlehen von Investoren refinanziert. Im MEP-Mietpaket enthalten ist neben einem Versicherungsschutz (über die Allianz AG) auch ein so genanntes Back-Up-Service enthalten.

Kein Sale-and-lease-back-Modell ist das so genannte „Wattpapier", das die Grüne Werte Energie GmbH auf den Markt gebracht hat. Auf deren Plattform (www.greenXmoney.com) werden Ertragsansprüche aus Solar- oder Windkraftanlagen gehandelt. Über die Laufzeit sollen die Investoren dann mehr Geld erhalten, als sie gezahlt haben.

3 Altersvorsorge und Risikoabsicherung

„Es grünt so grün“ gilt inzwischen längst auch für die Vorsorge- und Versicherungsbranche. Dutzende Anbieter tummeln sich allein auf dem deutschen Markt, die Palette reicht von Kfz-Versicherungen mit Öko-Rabatt für umweltfreundlichere Fahrzeuge bis zu Öko-Lebensversicherungspolicen, bei denen die Gelder nach ökologischen Kriterien veranlagt werden. Der Großteil des Geldes – allein das Vermögen deutscher „Riester-Renten“-Policen wuchs (samt rund 1,5 Mrd. Euro staatlicher Zulagen) auf über 8 Mrd. Euro – wird allerdings ohne Ausschlusskriterien wie z.B. „Rüstung“ angelegt. Bei knapp 20 Prozent der über 16 Mio. Riesterverträge (Stand 2015) erfolgt die Veranlagung in Investmentfonds. Von dem Anfang 2002 in Deutschland in Kraft getretenen Altersvorsorgegesetz (Einführung der „Riester-Rente“), das alle Anbieter verpflichtet, zu berichten, ob ethisch-ökologische Kriterien bei der Veranlagung der Gelder eine Rolle spielen oder nicht, erhofften sich einige Anbieter grüner Altersvorsorgeprodukte einen deutlichen Aufschwung. Bislang ist davon allerdings erst wenig zu spüren – trotz solcher Maßnahmen wie der UNEP-Umwelterklärung.

UNEP-Umwelterklärung

Seit 1995 haben in Kooperation mit dem UNO-Umweltprogramm (UNEP) weltweit weit über 100 Versicherungsgesellschaften eine gemeinsame „Erklärung der Versicherungswirtschaft zum Einsatz für die Umwelt“ unterschrieben. Darin gehen die Versicherungsgesellschaften einige Selbstverpflichtungen ein, beispielsweise die stärkere Berücksichtigung ökologischer Aspekte bei der Entwicklung zukünftiger Versicherungsprodukte und bei der Vermögensverwaltung. Man befürwortet „Versicherungsprodukte und -dienstleistungen, die durch geeignete Vertragsbedingungen oder durch begleitende Maßnahmen, etwa der Schadenverhütung, umweltschonend wirken. Neben Sicherheit und Rentabilität als den wesentlichen Grundnormen der Vermögensverwaltung bemühen wir uns, Umweltgesichtspunkte einzubeziehen“. Der verbindliche Charakter dieser Erklärung geht dabei weit über die 1992 lancierte UN-Umwelt-Erklärung der Banken hinaus.

Doch Papier ist geduldig, und nur wenige der Unterzeichner haben bisher die ausgetretenen Pfade verlassen. Selbst beim Kölner Gerling-Konzern, der maßgeblich zum Zustandekommen der UNEP-Erklärung beitrug, waren in der Veranlagungspolitik anfänglich keine großen Änderungen festzustellen. Erst Jahre später wurde ein erster Umweltfonds aufgelegt, und im Zuge der Riester-Rente wurde 2002 eine erste Öko-Police lanciert.

3.1 Lebensversicherungen

Große Rückversicherungen wie die Schweizer Rück oder die Münchner Rück machen sich schon seit über zehn Jahren Gedanken über die enorm steigenden

Schadensfälle (z.B. durch Überschwemmungen), die mit der von Menschen verursachten Klimabelastung zu tun haben, und holen zu diesem Zweck auch den Rat von Umweltschutzorganisationen wie Greenpeace ein. Die Überlegungen sind nicht ganz uneigennützig. Denn schließlich müssen die Gesellschaften für den finanziellen Schaden der Naturkatastrophen aufkommen. Hinzu kommt, dass immer mehr Versicherte nach dem Verwendungszweck ihrer Gelder fragen. In Großbritannien, wo fondsgebundene Lebensversicherungen traditionell stark vertreten sind, gibt es seit 1984 auch entsprechende Ethik- und Umweltfonds, die über Renten- bzw. Lebensversicherungen angeboten werden. Auf dem europäischen Kontinent zählte die Ticino Leben in der Schweiz 1992 zu den Pionieren, die eine „Öko-Police“ auf den Markt gebracht haben. Im Folgenden werden verschiedene Öko-Lebensversicherungen beschrieben, wobei grundsätzlich drei Arten zu unterscheiden sind:

1. Kapitallebensversicherungen mit eigenem Abrechnungskreis,
2. fondsgebundenen Versicherungen,
3. konventionelle Policen mit indirekter Finanzierungswirkung.

3.1.1 Kapitallebensversicherungen mit eigenem Abrechnungskreis

Die aufwändigste Form einer Öko-Versicherung ist nicht umweltfondsgebunden, sondern hat einen eigenen Abrechnungskreis. Das bedeutet, das Geld aller Versicherten wird nicht nur in Form von Investmentfondsanteilen veranlagt, sondern kann in allen gesetzlich möglichen Formen wie z.B. auch Immobilien, Private-Equity-Fonds, Windpark-Portfolios oder Hypothekendarlehen für ökologische Bauvorhaben eingesetzt werden. Die 1994 von der Mannheimer Versicherungen AG und vom Verbund der Fairsicherungsläden entwickelte „Ökolife“-Police hatte anfangs einen eigenen Abrechnungskreis, danach wurden – mangels Volumen – nur die von Vertriebspartnern wie Ökorenta eingesammelten Kundengelder in grüne Fonds veranlagt. Mit der Übernahme der in finanzielle Probleme geratenen Mannheimer durch die österreichische Uniqa-Gruppe verschwand das Produkt aber wieder vom Markt.

Im Normalfall wissen die Versicherten nicht, wie die Versicherung die Beiträge ihrer Kunden anlegt. Neben Gesellschaften und Maklern, die nebenbei auch (umwelt-)fondsgebundene Policen anbieten, gibt es seit 1996 – immer noch weltweit einmalig – eine eigene Versicherungsgesellschaft, die sich ausschließlich den Öko-Policen widmet.

Concordia oeco Lebensversicherungs-AG

Einen völlig neuen Weg ist die 1996 als Oeco Capital Lebensversicherung AG gegründete und seit 1998 zu 100 Prozent im Besitz der Concordia-Versicherungsgruppe befindliche Concordia oeco Lebensversicherungs-AG (CCL) mit Sitz in Hannover gegangen – als weltweiter und bisher einziger Vorreiter. Auch nach der Fusion (2015) mit der „konventionellen“ Concordia-Schwestergesellschaft behielt die grüne Produktlinie „Leben oeco" ihren eigenen Abrechungskreis. Deren Nachhaltigkeitsleitlinien sind auf der Homepage (www.concordia.de) abrufbar. Neben zahlreichen Negativkriterien (von der Erzeugung von Atomenergie und Herstellung von Kriegswaffen bis zur „Zerstörung der Lebensgrundlagen indigener Völker" sowie „Korruption und Bestechung") werden auch Positivkriterien wie die Erzeugung und Nutzung regenerativer Energieformen, Maßnahmen zum Schutz der Biodiversität oder „vorbildliche Personalführung und Mitbestimmung in der Arbeitsorganisation" beachtet. Die Produkte und Prozesse „müssen langfristig ökologisch tragbar, wirtschaftlich machbar sowie sozial vertretbar sein".

Der Großteil der „Leben oeco"-Anlagen sind „Green Bonds" und andere festverzinsliche Papiere, die von der Versicherung direkt erworben werden. Daneben gibt es noch einen vom Bankhaus Delbrück gemanagten „INKA"-Spezialfonds, der auch – je nach Börsensituation – mehr oder weniger große Aktienbestände hält. Über die nachhaltige Gesamtausrichtung des „Anlageuniversums", aber auch der Versicherung selbst (inkl. Umweltmanagement) wacht ein Nachhaltigkeitsbeirat aus drei Personen: Ise Bosch, Musikerin, Filia-Frauenstiftung, Max Deml, Chefredakteur Öko-Invest, und Ulf Doerner, Umwelt-Ingenieur (Beiratsvorsitzender). Auf der Produktseite gibt es die klassischen Kapital- und Rentenversicherungen sowie Zusatzversicherungen beispielsweise für Berufs- oder Erwerbsunfähigkeit. Seit 2015 werden mit der „Fonds-Rente oeco" auch fondsgebundene Policen angeboten, allerdings nur für eine Handvoll ausgewählter Nachhaltigkeitsfonds wie den GLS Bank Aktienfonds, den Nord/LB AM Global Challenges Index Fonds oder den Pioneer Funds – Global Ecology, die ähnlich strenge Kriterien beachten. 2014 hat die Versicherungssumme bei der Leben oeco die Grenze von einer Mrd. Euro überschritten, aber mit knapp 40.000 Versicherten ist die „grüne" COL-Linie noch vergleichsweise klein. Doch die Wachstumsraten – bei den laufenden Beiträgen wie auch bei den Einmalbeiträgen – liegen nach wie vor meist über dem Branchenschnitt. Dazu tragen vor allem die UmweltBank und die GLS Bank als Vertriebspartner im Bankenbereich bei sowie unabhängige Vermittler und Versicherungsmakler.

3.1.2 Fondsgebundene Versicherungen

Schon seit Mitte der 1990er Jahre gibt es im deutschsprachigen Raum die Möglichkeit, den Ertrag seiner Lebensversicherungspolice an einen oder mehrere ethisch-ökologische Investmentfonds zu binden. Zu den Pionieren in diesem Sektor gehören u.a.

* die Stuttgarter ProVita GmbH (www.provita-gmbh.com), die 1994 in Kooperation mit der Skandia Lebensversicherung die Fonds-Police mit einer großen Auswahl an ethisch-ökologischen Fonds konzipiert hat,
* die Münchner Continentale Lebensversicherung aG (www.continentale.de), die 1994 im Rahmen ihrer Flexiblen Fonds-Policen die „Life Time Öko" bzw.

die „Versi Life" eingeführt hat (heute stehen bei der „LifeLine Invest" rund 80 Fonds, darunter einige Ökofonds, zur Wahl),

* die Saarbrückener Cosmos Lebensversicherungs AG (www.cosmosdirekt.de), die seit 1996 umweltfondsgebundene Versicherungen anbietet – bei inzwischen insgesamt rund 4.000 Fonds auch eine sehr breite Auswahl an Ökofonds, als weltweit größter (Lebens-)Direktversicherer zu sehr günstigen Konditionen, z.B. in Bezug auf die Rabatte bei den Ausgabeaufschlägen der Fonds.

Auch in Österreich gibt es seit Jahren Angebote fondsgebundener Lebensversicherungen, bei denen auch ethisch-ökologische Fonds zur Auswahl stehen, z.B. bei der Donauversicherung AG („StarInvest"), der ERGO („ERGO Rente Chance"), der NÜRNBERGER Versicherung AG („08|16") und der Wiener Städtischen (Vienna Insurance Group AG, „United Funds of Success Ethik")

3.1.3 Konventionelle Policen mit indirekter Finanzierungswirkung

Bei dieser Art von Policen gibt es keinen eigenen Abrechnungskreis und auch keine Bindung an einen Fonds. Nur die Gelder, die über einen bestimmten Vertriebsweg bzw. ein eigenes Label bei einem konventionellen Versicherer eingehen, werden nach bestimmten Nachhaltigkeitskriterien veranlagt. In der Regel liegt dieser Anteil kaum über einem Prozent des gesamten Veranlagungsvolumens. Letztlich gilt damit auch für alle konventionell Versicherten exakt die gleiche gemixte Anlagestruktur wie für die Öko-Policen-Kunden. Die Überschussbeteiligungen hängen also nicht nur von der Entwicklung der „grünen" Renditen ab. Der Vorteil: Zumindest ein Bruchteil des Geldstroms wird in eine bestimmte Richtung gelenkt.

transparente - Nachhaltige Vorsorgeprodukte GmbH

Das Konzept für die „transparente" wurde 1996 vom Verein für alternative Versorgungskonzepte (V.A.V.) in Zusammenarbeit mit dem H+H Versicherungskontor Hamburg ins Leben gerufen. Der Vorstand der Hamburger neue leben Lebensversicherung AG garantierte dabei den Kunden, dass seine Gesellschaft mindestens in Höhe der Beitragszahlungen Refinanzierungsmittel für ökologisch-soziale Kapitalanlagen der transparente (www.transparente.de) zur Verfügung stellt. Die Anlagerichtlinien der transparente umfassen neben Ausschlusskriterien wie Waffen oder Atomindustrie auch bevorzugte Investitionsbereiche wie z.B. ökologische Architektur, umweltfreundliche Energieerzeugung, fortschrittliche Bildungseinrichtungen, soziale Wohnprojekte oder Unternehmen mit herausragenden Sozialleistungen.

Inzwischen sind neben der Hamburger „neue leben" auch die Stuttgarter Lebensversicherung a.G. und die Volkswohl Bund Lebensversicherung a.G. Partner der „transparente" geworden, letztere seit 2016 auch für eine „nachhaltige Berufsunfähigkeitsversicherung". Neben der Weiterveranlagung in Fonds (Ampega

Responsibility Fonds und H&A Prime Values Income) geht ein Großteil des Geldes in regionale Projekte bzw. Direktbeteiligungen in den Bereichen erneuerbare Energien (z.B. bei der European Solar Power Fund 1 GmbH & Co. KG), Gesundheit (z.B. Gesundheitszentrum St. Pauli) sowie Dorf- und Wohnprojekte. Mit den inzwischen über 24 Mio. Euro (Stand 6/2015) von tausenden Kunden konnten über 66 Mio. Euro Investitionen getätigt werden. Details dazu sind im jährlichen Anlagebericht auf der Homepage des Vereins (www.vavev.de) verfügbar.

3.2 Rentenversicherungen: Riester- und Rürup-Renten

Früher erhielten Frauen wegen der durchschnittlich (derzeit um rund fünf Jahre) höheren Lebenserwartung bei gleichen Beiträgen geringere Rentenzahlungen. Laut einem Urteil (Az. C-236/09) des Europäischen Gerichtshofs (EuGH) darf das Geschlecht seit 2012 – Altverträge sind nicht betroffen – nicht mehr als Risikofaktor in die Kalkulation eingehen, nun sind Frauen in den „Unisex"-Tarifen gemäß Gleichstellungsrichtlinie nicht mehr benachteiligt.

In Deutschland gibt es zwei staatlich geförderte Varianten von Rentenversicherungen, nach den jeweiligen Erfindern auch Riester- oder Rürup-Renten genannt. Seit 2005 werden in Deutschland auch Altersbezüge zunehmend mit Einkommensteuer belastet. Abzugsmöglichkeiten gibt es dann nur mehr bei Rürup-Policen, die dafür jedoch nicht vererblich, nicht übertragbar, nicht belehnbar und nicht kapitalisierbar sind. Die meisten der hier beschriebenen ökologischen Varianten kann man auch in der beliebteren Riester-Form abschließen, bei der sich z.B. die Kinderanzahl und andere Faktoren günstig auswirken.

Laut den Zahlen der Hamburger statista GmbH lagen 2014 die Leistungen der betrieblichen Altersversorgung in der deutschen Privatwirtschaft bei rund 26 Mrd. Euro, die der Zusatzversorgung im öffentlichen Dienst bei rund 11,5 Mrd. Euro. Aber nur ein kleiner Bruchteil des Volumens wird nach nachhaltigen Kriterien veranlagt.

Bei einer Untersuchung der klassischen Riester-Rentenversicherungen durch die Stiftung Warentest im September 2012 schnitten nur 5 von 29 Angeboten gut ab, die monatlichen Garantierentensummen schwankten zwischen 138 Euro und 161 Euro, so dass es über einen Zeitraum von 15 Jahren Unterschiede von bis zu 4.140 Euro gab. Selbst bei einem nun niedrigeren Zinsniveau schneiden die besten Sparpläne um mehrere tausend Euro besser ab. Allerdings gibt es auch Kritikpunkte hinsichtlich der Struktur des Riester-Renten-Modells: Nach Musterrechnungen verschiedener Wissenschaftler und Organisationen müsste z.B. ein Mann, der mit 35 einen Riester-Vertrag abschließt und mit 67 in Rente geht, bei einigen Verträgen mindestens 85 bis 90 Jahre alt werden, um inkl. der Überschusszahlungen mehr herauszubekommen als er eingezahlt hat. Bei den Riester-Bausparverträgen hingegen sind die meisten wegen der staatlichen Förderungen etwas attraktiver als klassische Bausparverträge.

Im Bereich der betrieblichen Altersversorgung (BAV) können derzeit (Höchstbeitrag seit 2015) in Deutschland durch Entgeltumwandlung monatlich bis zu 242 Euro (4% der Beitragsbemessungsgrenze – Westdeutschland – in der gesetzlichen Rentenversicherung) in eine private Rentenversicherung investiert werden, z.B. in staatlich geförderte, zertifizierte Riesterprodukte beim Volkswohlbund, der SwissLife („Depot Natura") oder der Continentale („Life Time Öko 2002"). Finanzdienstleister bzw. Vereine wie die ökowerk e.V. Interessengemeinschaft ökologisch orientierter Selbständiger und Betriebe (www.oekowerk.org) bieten dazu eine entsprechende Beratung bzw. Gruppenrabatte an.

3.3 Pensionskassen

Während es in Österreich seit Mitte 1990 die ersten betrieblichen und überbetrieblichen Pensionskassen-Aktiengesellschaften gibt und seit 1997 auch die erste grüne Variante, sind in Deutschland noch kaum erste Ansätze zu beobachten. In der Schweiz hingegen wurde das Thema Nachhaltigkeit bei der Veranlagung der Pensionskassenvermögen schon einige Jahre vorher umgesetzt. Dort entstanden sogenannte Anlage- oder Sammelstiftungen, die ihre gesamte Anlagepolitik oder zumindest eine Anlagegruppe nach ethisch-ökologischen Kriterien führen. Seit 2015 müssen Schweizer Vorsorgeeinrichtungen die sogenannte „Abzockerinitiative" umsetzen, d.h. gemäß der „Verordnung gegen übermässige Vergütungen bei börsenkotierten Aktiengesellschaften" (VegüV) ihre Stimmrechte bei Schweizer Gesellschaften im Interesse der Versicherten ausüben und das jeweilige Abstimmungsverhalten auch offenlegen.

3.3.1 Anlage- und Sammelstiftungen in der Schweiz

Im Zuge der Erhöhung mancher gesetzlicher Anforderungen ist die Zahl der eigenständigen Pensionskassen in der Schweiz seit dem Jahr 2000 (von damals rund 3.000) auf unter 2.000 (im Jahr 2013) gesunken. Darunter sind auch einige mit hohen Nachhaltigkeitsansprüchen wie z.B. die

Ethos

Nicht die erste, aber inzwischen die weitaus größte ethische Pensionskasse ist die Genfer Ethos – Schweizerische Anlagestiftung für nachhaltige Entwicklung, die 1997 auf Initiative von Dr. Dominique Biedermann entstanden ist. Er hat damals als Direktor der Pensionskasse des Kantons Genf begonnen, das Kassenvermögen nach Nachhaltigkeitskriterien anzulegen. Der 1997 gegründeten Ethos (www.ethosfund.ch), die anderen Pensionskassen offen steht, haben sich mittlerweile über 100 öffentliche und private Pensionskassen (jeweils mit einem Teil ihres Vermögens) angeschlossen und insgesamt über eine Mrd. Franken eingebracht.

Die Tochter Ethos Services ist für die nachhaltige Veranlagung und Beratung weiterer Mandate verantwortlich. In Summe werden für einige Anlagefonds (wie z.B. den Pictet-Ethos (CH) Swiss Sustainable Equities), Zertifikate, Private-Equity-Dachfonds und individuelle Vermögen zurzeit über zwei Mrd. Franken nach nachhaltigen Kriterien verwaltet. Ethos übt derzeit bei über 300 in- und ausländischen Aktiengesellschaften ihre Stimmrechte aus. Beispielsweise beim britischen Ölkonzerns BP, bei dessen Hauptversammlung im April 2011 – ein Jahr nach der „Deepwater Horizon"-Ölkatastrophe im Golf von Mexiko – 43 Prozent der Aktionäre gegen die Wiederwahl des Vorsitzenden des Verwaltungsratsausschusses für Sicherheit, Ethik und Umwelt gestimmt haben. Ethos kritisierte u.a., dass im BP-Jahresbericht 2010 „klare Aussagen, wie der Verwaltungsrat ökologische Risiken beurteilt, bewirtschaftet und kontrolliert oder wie er diese künftig erkennen will" fehlen. Außerdem fehlten konkrete Umsetzungspläne für die langfristige BP-Unternehmensstrategie, in deren Mittelpunkt der „Wandel zu einer CO2-ärmeren Wirtschaft" steht.

Nest Sammelstiftung

Zeitgleich mit der Vorbereitung des Gesetzes über die berufliche Vorsorge (BVG) entstand 1983 die Nest Sammelstiftung. Verschiedene Betriebe hatten das Bedürfnis, das Pensionskassengeld für die versicherten Mitarbeiter so anzulegen, dass dem Prinzip der Achtung vor dem Menschen und seiner Umwelt Rechnung getragen wird. Inzwischen hat die Nest Sammelstiftung (www.nest-info.ch) die betriebliche Vorsorge für rund 3.000 Klein- und Mittelbetriebe verschiedener Branchen mit rund 18.000 Versicherten (Stand 2015) übernommen. In den ersten Jahren blieb das Nest-Pensionskassen-Kapital großteils in den eigenen Kreisen der Zürcher Selbstverwalter-Szene und wurde in Form von Hypotheken an Mitgliederbetriebe oder Liegenschaften, die an Mitgliederbetriebe vermietet wurden, angelegt. Nur ein kleiner Teil war in Anleihen investiert. Gegen Ende der 1980er-Jahre hat sich dann ein gewisser Wertewandel vollzogen, und die Aktie hielt Einzug in das Portfolio. Außerdem wuchs das Vermögen – inzwischen rund zwei Mrd. Franken – an, und Aktien dienten zugleich dazu, eine breitere Diversifikation zu erreichen. 2014 konnte mit einer Rendite auf das „Nest-Portfolio" von 10,2 Prozent ein überdurchschnittlicher Wert erzielt werden (der Credit-Suisse-Pensionskassen-Index lag bei 7,7%). Vom Magazin „Institutional Investor" erhielt Nest den Award „Best ESG Program 2014" für das beste Nachhaltigkeitsprogramm. Anlageschwerpunkte sind Obligationen (in Franken und Fremdwährungen, insgesamt fast 29%, Stand 2014), Aktien (knapp 29%) und Immobilien (gut 24%).. Aus der Nest Sammelstiftung ist 1995 die Nest Anlagestiftung hervorgegangen, die allen steuerbefreiten Vorsorgeeinrichtungen in der Schweiz wie Pensionskassen oder Wohlfahrtsfonds offen steht. Sie verwaltet ihr Vermögen bankenunabhängig und natürlich ebenfalls nach ethisch-ökologischen Auswahlkriterien.

Stiftung Abendrot

Im Mittelpunkt der Anlagepolitik der Stiftung Abendrot (www.abendrot.ch) soll der Mensch stehen. Gesundheit, Umwelt und Gerechtigkeit dienen als weitere Eckpfeiler. Die aus der schweizerischen Selbstverwaltungsszene hervorgegangene Pensionskasse stammt aus einer Phase sehr emotional geführter Debatten um Kernkraftwerke. Viele Pensionskassen hatten damals bedeutende AKW-Anteile in ihren Portfolios, womit sich viele engagierte Versicherte nicht identifizieren konnten. Die ersten angeschlossenen Betriebe waren die Arzt- und Anwaltspraxen, Architekturbüros der Initiatoren selbst, die rund 70 bis 80 Versicherte einbrachten. Bis heute ist diese Struktur der über 1.200 Betriebe mit über 10.000 Versicherten ähnlich geblieben: Kleinstbetriebe (akademische Berufe) mit durchschnittlich drei bis fünf Angestellten und Non-Profit-Organisationen mit sozial engagierter Mission, die besondere Erwartungen an ihre Pensionskasse haben.

Das Volumen stieg bis September 2015 auf über 1,4 Mrd. Franken. Der Anteil der Obligationen lag bei rund 32 Prozent, Hypothekardarlehen und liquide Mittel machten jeweils knapp 5 Prozent, Immobilien über 25 Prozent und Aktien rund 24 Prozent aus. Im Immobilienbereich gibt es neben Schweizer Standorten (z.B. dem 50 Mio.-Franken-Neubau an der Üetlibergstrasse 111 für Unispitalpersonal und Studierende) auch – über die deutsche Tochtergesellschaft – einige in Berlin (wie eine 9 Mio.-Euro-Hypothek an das Kreativzentrum Malzfabrik).

Die Performance kann sich mit vier bis gut sechs Prozent in den letzten Jahren sehen lassen, 2009 waren es sogar einmal über zehn Prozent. Die durchschnittlichen Verwaltungskosten pro versicherter Person betrugen 2014 rund 268 Franken, 2014 hat die Zahl der Rentenbeziehern die Marke von 1.000 Personen überschritten.

Coopera Sammelstiftung PUK

Vom Volumen her mit über 0,6 Mrd. Franken (2014) nur knapp halb so groß wie Abendrot ist die Coopera Sammelstiftung PUK – die ehemalige Pensionskasse für Unternehmen, Künstler und Freischaffende. Dem Gründungsmotiv und der Anlagephilosophie liegt ein anthroposophisches Weltbild zugrunde. Die einstige „Teestübli"-Clique aus dem ältesten Berner Vegetarier-Restaurant wollte nicht zusehen, wie mit ihren Geldern der „Zwangsvorsorge" Geschäfte unterstützt werden, über die sie keine Übersicht hat. Die Coopera Sammelstiftung PUK (CSPUK, www.coopera.ch) strebt ganz bewusst keine Rendite-Maximierung an, sondern will für eine vernünftige Geldwert-Erhaltung sorgen. Viele der inzwischen über 500 CSPUK-Einzelmitglieder bzw. Betriebe sind nach anthroposophischen Wertvorstellungen geführte Institutionen – beispielsweise Rudolf Steiner-Schulen, aber auch Künstler und andere Freischaffende. Die Anlagestrategie bevorzugt Immobilien und grundpfandrechtlich gesicherte Darlehen (zusammen über 80%). Aktien („die CoOpera hält sich von der Börse fern") und Beteiligungen – meist mittelbar über die Beteiligungsgesellschaft Coopera AG, die u.a. Titel wie den der Alternativen Bank Schweiz AG hält – machen weniger als fünf Prozent des Vermögens aus. Dabei beachtet die CSPUK „Aspekte der

Nachhaltigkeit gemäss gängigem Verständnis (z.B. Energie bei Wohnbauten, Sinn und Herstellungsweise von Gütern, Entwicklung neuer, ernergiesparender Technologien usw.)". Mit einem Durchschnittsalter der Versicherten von gut 45 Jahren (die Zahl der Rentnerinnen und Rentner lag 2015 unter 15%) ist die CS-PUK eine relativ „junge" Pensionskasse, der Verwaltungskostenbeitrag beträgt höchstens 0,7 Prozent der versicherten Lohnsumme.

Gepabu Personalvorsorgestiftung

Die kleinste und älteste der hier vorgestellten Pensionskassen ist bereits drei Jahre vor der Einführung der Versicherungspflicht von einem Kreis von Spät-Achtundsechzigern aus der Berner Alternativszene aus der Taufe gehoben worden. Man wollte nicht mehr länger zusehen, wie das Stadtbild von Bern langsam „verwüstet" wurde, weil alte Häuser profitableren Gebäudekomplexen weichen mussten. Die eigenen Vorsorgegelder sollten für den Kauf und die ökologische Renovation von Berner Liegenschaften eingesetzt werden; mit diesem Motiv ist die Gepabu (www.gepabu.ch) 1982 gegründet worden. Heute sind ihr fast 200 Betriebe mit knapp 1.000 Versicherten (55 waren 2014 in Rente) angeschlossen, der Großteil des nachhaltig angelegten Vermögens von über 102 Mio. Franken war (2014) in Immobilien(fonds) (26%), Aktien(fonds) (29%) und Obligationen (19%) investiert. 2009 wurde eine Rekord-Performance von 11 Prozent erzielt, in den Jahren 2013 und 2014 lagen die Ertragsüberschüsse bei 6,2 Mio. Franken bzw. 1,5 Mio. Franken.

3.3.2 Österreich

In Österreich war die 1996 vom Winterthur-Konzern gegründete Bonus Pensionskassen AG – sie gehört heute der Zurich Financial Services Group und der Generali-Gruppe – der Pionier. Als „grüne" Variante mit einem eigenen Abrechnungskreis wurde die weitgehend nach ethisch-ökologischen Kriterien ausgerichtete „Veranlagungs- und Risikogemeinschaft 1" (VRG 1) eingeführt. Sie legte anfangs nicht nur in festverzinslichen Euro-Wertpapieren (z.B. Eurofima-Anleihen) und Investmentfonds an, sondern – und das war eine Ausnahme bei Pensionskassen – auch in Einzelaktien wie z.B. Mayr-Melnhof Karton AG. Ihren Ursprung hatte diese grüne VRG, die später zu einer „konventionellen" VRG verschmolzen wurde, in der 1998 vollzogenen Privatisierung der Pensionsansprüche von Politikern. Das Startkapital kam aus Übertragungen von Ansprüchen gegenüber dem Bund von Abgeordneten verschiedener Parlamentsparteien. Die wesentlich größere VBV Pensionskassen AG hat Ende 2004 ebenfalls Überlegungen angestellt, zumindest eine eigene ethisch-ökologische Veranlagungsgruppe zu gründen. Das ist bisher nicht erfolgt, es wird jedoch bei allen Gruppen zusätzlich auf ethische Aspekte Wert gelegt. Doch im Vergleich zu den später gegründeten Vorsorgekassen (siehe Kap. 3.4) tut sich bei den österreichischen Pensionskassen in Richtung nachhaltige Veranlagung noch wenig.

Auch im Bereich der steuerbegünstigten Pensionsrückstellungen (nach § 14

EStG iVm § 25 PKG) gibt es bei der Zusammenstellung der Wertpapierdeckung noch wenig Auswahl für Unternehmer, die einen Teil des Gewinns (bis zu 13%, maximal 100.000 Euro p.a.) steuerfrei stellen können, denn laut dem KMU-Förderungsgesetz müssen rund 40 Prozent der Ansparsumme in relativ sichere, sog. „§ 14 Fonds“ investiert werden.

3.3.3 Deutschland

Nach den betrieblichen Pensionskassen, die für die Mitarbeiter von Großkonzernen schon seit über 100 Jahren bestehen, sind überbetriebliche Pensionskassen in Deutschland erst langsam im Entstehen. Eine „grüne“ Pensionskasse gibt es noch nicht, gleichwohl spielen auch nicht-finanzielle Kriterien bei den Versorgungswerken eine gewisse Rolle in der Diskussion, z.B. beim 2001 gegründeten Branchenriesen Metallrente GmbH (www.metallrente.de) mit jährlich über zwei Mrd. Euro Beitragsvolumen. Bei den rechtlich selbstständigen Pensionskassen dürfen bis zu 75 Prozent Aktien enthalten sein, die Versicherten können bei einem Wechsel des Arbeitgebers ihre Ansprüche aus dem Pensionsfonds übertragen. Die Metallrente hat zwar einen Beirat zwecks jährlicher Prüfung einzelner Engagements, verzichtet aber laut Geschäftsführer Heribert Karch auf einen engen Kriterienkatalog im Sinne sozialer, ethischer oder ökologischer Aspekte. Seine Begründung: „Der Arbeitnehmer möchte für sein Geld die größtmögliche Rendite – das hat bei uns oberste Priorität.“

3.4 Mitarbeitervorsorgekassen

In Österreich ist seit 2002 das Betriebliche Mitarbeitervorsorgegesetz (BMVG) in Kraft. Es regelt für alle neuen Arbeitsverhältnisse ab 2003 die sogenannte Abfertigung neu, wonach jeder Arbeitgeber 1,53 Prozent des monatlichen (Brutto-)Entgeltes seiner Arbeitnehmer(innen) in eine eigens dafür gegründete Vorsorgekasse (VK, früher: Mitarbeitervorsorgekasse) einzahlen muss. Seit 2008 gilt dieses Modell auch für Selbständige. Für ältere Dienstverhältnisse ist eine Übertragung ins neue System auf freiwilliger Basis möglich. Wer den Arbeitgeber wechselt, dessen Abfertigungsanspruch wird auf die Vorsorgekasse des neuen Arbeitgebers übertragen.

2002 wurden neun solcher Kassen gegründet, 2010 kam als zehnte Kasse die fair- finance Vorsorgekasse AG auf den Markt, die weder österreichische Banken noch Versicherungen als Eigentümer hat. Die Zulassung bei der Aufsichtsbehörde (FMA) erfolgte allerdings erst, nachdem mit der GLS Bank und der Concordia-Versicherungs-Gruppe zwei deutsche Investoren mit jeweils rund 25 Prozent eingestiegen sind. Inzwischen sind – nach Kapitalerhöhungen - deren Anteile auf jeweils gut 16 Prozent gesunken, die Mehrheit (50,5%) an der fair-finance Holding AG halten wieder die Gründer (über die fair-finance Beteiligungs KG und die Media Ökoinvest AG). Newcomer fair-finance hat – durch Übertragungen und Neukunden – in den ersten fünf Jahren wie geplant einen Marktanteil von fast vier Prozent und damit die Gewinnschwelle erreicht.

Fast alle dieser VK haben sich inzwischen verpflichtet, die Gelder – inzwischen in Summe fast 10 Mrd. Euro - nach ethisch-ökologischen Kriterien zu veranlagen, die Mehrheit hat sich auch (jeweils für das vorangegangene Geschäftsjahr) einer VK-Nachhaltigkeitszertifizierung über die ÖGUT (Österreichische Gesellschaft für Umwelt und Technik, siehe www.gruenesgeld.at) unterzogen und einen positiven Bestätigungsvermerk erhalten.

Das Konzept der mit 350.000 Verträgen, Konten von rund 2,6 Mio. Anwartschaftsberechtigte und einem Veranlagungsvolumen von rund 2,7 Mrd. Euro. marktführenden VBV VK wurde mehrfach preisgekrönt, z.B. 2015 mit dem IPE-Award (Investments & Pensions Europe) als „bester Pensionsfonds Österreichs, Kategorie Vorsorgekasse“, dem EFQM-Siegel „Recognised for Excellence 5star“ für hohe Unternehmensqualität und schon fünf Mal in Folge mit dem ÖGUT-Nachhaltigkeitszertifikat „Gold-Standard“. Die VBV Vorsorgekasse hat schon kurz nach der Gründung Ende 2002 einen eigenen externen Ethik-Beirat installiert, ohne dessen Bewilligung keine Fonds oder andere Wertpapiere gekauft werden dürfen. Mit einer Performance von 3,16 Prozent p.a. seit Beginn der „Abfertigung neu“ bis 2014 lag die VBV über dem Branchendurchschnitt. Die VBV VK hat 2015 das internationale „Montreal Carbon Pledge“-Abkommen unterzeichnet und laut VBV-Vorstand Heinz Behacker inzwischen auch den „CO2-Fußabdruck für den Aktienbereich unserer Veranlagung von Dritten messen und zertifizieren lassen“. Hinter der VBV stehen Erste Bank, der Sparkassensektor, Wiener Städtische, Bank Austria, Grazer Wechselseitige, Donau-Versicherung u.a. Bei den anderen Vorsorgekassen nehmen teilweise ein Anlageausschuss oder ein Kundenbeirat eine Kontrollaufgabe wahr.

Bei der Anlagestrategie liegt das Schwergewicht der Kassen auf Anleihen. Denn es besteht eine gesetzlich festgelegte Kapitalgarantie auf die geleisteten Beiträge (die fair-finance gibt zusätzlich noch eine Mindestzinsgarantie). Die Kassen veranlagen in der Regel nicht in Einzelaktien bzw. -anleihen, sondern in Fonds. Trotz einer gesetzlich erlaubten Aktienquote von bis zu 40 Prozent sind in den Portfolios im Schnitt nur rund 10 Prozent in Aktien(fonds) investiert, so dass in „normalen“ Börsenzeiten (nach Abzug der Verwaltungs- und Managementkosten) jährliche Renditen von zwei bis vier Prozent erzielt werden, in Niedrigzinszeiten entsprechend weniger.

In Sachen „nachhaltiges Investment“ brachte die „Abfertigung Neu“ einen großen Aufschwung in Österreich. Fast alle Anbieter bekannten sich bereits am Start oder zumindest im Laufe der Zeit zur Integration sozialer und ökologischer bzw. ethischer Anlagekriterien, wobei die Individualität der Konzepte sehr groß ist und damit die Qualitäten sehr unterschiedlich ausgeprägt sind. So gibt es Kassen, die sich zwar „Nachhaltigkeit“ auf die Fahnen schreiben, dann z.B. aber in „konventionelle“ Total-Return-Fonds investieren, die mangels Ausschlusskriterien z.B. auch Atomkraftaktien im Portfolio haben. Einige Kassen bzw. deren

Fondsmanager haben Agenturen wie oekom research oder Sustainalytics mit der Prüfung von Nachhaltigkeitskriterien beauftragt, andere investieren in „nachhaltige" Dach- oder eigens aufgelegte Spezialfonds, die z.B. nur ausgewählte Einzelanleihen kaufen.

Die BONUS-Gruppe hat durch die Übernahme der Victoria-Volksbanken Vorsorgekasse 2015 ihren Marktanteil auf fast zehn Prozent rund verdoppelt und ist mit einem Volumen von über zwei Mrd. Euro bzw. über einer Mio. Anwartschafts- und Leistungsberechtigten auf die vierte Stelle vorgerückt. Hier die Kontaktdaten der österreichischen Vorsorgekassen:

Unternehmen	Internet
Allianz Vorsorgekasse AG	www.allianzvk.at
APK Vorsorgekasse AG	www.apk-vk.at
Bonus Vorsorgekasse AG	www.bonusvorsorge.at
BUAK Betriebliche Vorsorgekassen GmbH	www.buak.at
Fair-finance Vorsorgekasse AG	www.fair-finance.at
Niederösterreichische Vorsorgekassen AG	www.noevk.at
Valida MVK Plus AG / Valida Plus AG	www.valida.at
VBV Vorsorgekasse AG	www.vbv.at

3.5 Krankenversicherungen

Im Herbst 2010 ließ die 1875 gegründete deutschlandweit agierende Krankenversicherung BKK advita (www.bkk-advita.de) in einer Presseaussendung mit der Überschrift „Erste deutsche Krankenkasse als Vorreiter für Ökologie und Nachhaltigkeit" aufhorchen. Sie arbeitet nach wie vor eng mit den ehemaligen Trägern Schott AG, Carl Zeiss AG, KSB AG und Zwiesel Kristallglas zusammen. Aber auch andere Partnerunternehmen (es gibt über 5.000 Firmenkunden) werden auf Wunsch von der BKK advita z.B. beim betrieblichen Gesundheitsmanagement unterstützt. Der Vorstandsvorsitzende Norbert Pasternack setzt – trotz weitgehend gesetzlich normierter Leistungen – auf „ganzheitliche und nachhaltige Methoden", auch in der Prävention: „Versicherte, die sich bewusst für eine gesunde und umweltverträgliche Lebensweise entscheiden, erwarten nicht nur Beitragsvorteile." Schon um 2010 gab es die ersten Modellversuche bezüglich ökologischer Ausstattung und Ernährungsangebot z.B. in Kindertagesstätten. Auch in der Verwaltung verweist die BKK advita auf Öko-Zertifikate bzw. eine Ökologisierung im Bereich Geschäftsreisen und Beschaffung. Kunden können auf der Homepage nicht nur alle deutschen Ärzte mit der Zusatzbezeichnung „Naturheilverfahren“ abrufen, sondern auch alle Vertragshebammen für Hausgeburten bzw. Geburtshäuser oder Tipps zu „biologisch/ökologisch korrekten Einkaufsmöglichkeiten“.

Die 1904 in Leipzig gegründete Barmenia Versicherungsgruppe (www.barmenia.de) bietet – über 1.700 Beschäftigte am Hauptsitz in Wuppertaler und rund 1.600 Berater – mehr als einer Million Kunden neben Kranken- und Lebensversicherungen auch Unfall-, Haftpflicht-, Kraftfahrzeug- und sonstige Sachversicherungen. Die Barmenia Krankenversicherung a.G. erstellt seit 2009 einen Nachhaltigkeitsbericht – inzwischen auch nach dem Standard der Global Reporting Initiative (GRI) – und verspricht bei ihrem Krankheitskosten-Vollversicherungs-Kompakttarif nicht nur Leistungen „beider Therapiewege Schulmedizin und Naturheilkunde“, sondern auch, dass „Teile der Alterungsrückstellung (...) u. a. in nachhaltigen Publikumsfonds angelegt“ werden. Ähnlich wird dies auch im Rentenbereich (Barmenia BasisRente bzw. PrivatRente und PrivatVorsorge Invest) mit dem Strategiedepot „Ökologie” angeboten, das von der Ökorenta AG verwaltet wird. Seit Anfang 2015 besteht das Strategiedepot aus den Fonds Acatis Fair Value Aktien Global (15%), Pioneer Global Ecology (15%), Pictet European Sustainable Eq. P Euro (20%), Sarasin OekoSar Equity Global P (20%) und ÖKOBASIS Renten Plus UI (30%). Der Barmenia-Nachhaltigkeitsbeirat diskutiert zwar keine Einzelinvestments bei der Kapitalanlage (hier ist seit Februar 2015 oekom research der Partner), aber Themen wie Umsetzung der im September 2014 seitens des Vorstandsvorsitzenden Dr. Andreas Eurich und des für die Kapitalanlage verantwortlichen Vorstandsmitglieds Martin Risse unterzeichneten UNPRI-Prinzipien (www.unpri.org) oder die Zertifizierung zur Nachhaltigen Unternehmensführung vom TÜV Rheinland.

3.6 Sachversicherungen

Auch bei anderen Versicherungssparten spielen Umweltaspekte eine größere Rolle als früher: Anlässlich der 5. UN-Klimakonferenz Ende 1999 in Bonn stellte die Rheinland Versicherung (www.rheinland-versicherungen.de) ihre Cool-Invest vor. Als Beitrag zum Klimaschutz wird dabei eine Kfz-, Wohngebäude- oder Betriebsversicherung mit einer Investition in die Aufforstung tropischen Regenwaldes verbunden. Der „Baumsparvertrag“ (siehe auch Kapitel 2.9) wurde als Bausparvertrag mit CO2-Neutralität, 4,25 Prozent Zinsgarantie & Cool-Bonus beworben. Rund 830 Quadratmeter neu gepflanzter Regenwald mit 40 Bäumen und Unterholz reichen aus, um das Kohlendioxid, das durch einen Pkw erzeugt wird, wieder zu binden. Durch die Vermarktung der Bäume nach etwa 25 Jahren soll Cool-Invest Kapitalerträge liefern, die „höher sind als die Kfz-Versicherungsbeiträge in der ganzen Laufzeit“. Rheinland gehört zu den Unterzeichnern der UNEP-Initiative der Versicherungswirtschaft und hat 1997 erstmals einen Umweltbericht mit betrieblicher Umweltbilanz veröffentlicht. 1996 hat Rheinland eine umweltorientierte Autoversicherung eingeführt, bei der Besitzer einer Bahncard oder anderer Jahreskarten für den öffentlichen Personenverkehr einen ermäßigten Versicherungstarif erhalten.

Der Versicherungskonzern Gerling (inzwischen zu HDI bzw. dem Talanx-Konzern gehörig, www.hdi.de) hat mit dem Öko-Tarif Kraftfahrt für umweltfreundliche Erdgasfahrzeugen günstigere Prämien eingeführt. Ausschließlich mit Erdgas betriebene (monovalente) Pkw erhielten 15 Prozent Prämienvorteil auf die normale Haftpflicht- und Kaskoprämie, Fahrzeuge mit kombiniertem Antrieb (bivalent) 10 Prozent.

2009 führte die Helvetia Kfz-Versicherung (www.helvetia.de) einen Öko-Rabatt (8%) für Autos ein, die einen CO2-Ausstoß von höchstens 140 Gramm pro Kilometer haben und weniger als 12.000 Kilometer im Jahr gefahren werden. Damit wurde manchem Autofahrer, der die seinerzeitige deutsche „Abwrackprämie" nutzen wollte, der Umstieg zusätzlich erleichtert.
Auch die Volkswohl Bund Sachversicherung AG (www.volkswohl-bund.de) sieht beim Kfz-Tarif „GreenLine" Ermäßi2gungen für Autos bis zu höchstens 130 Gramm CO2-Ausstoß pro Kilometer vor.

Die meisten der deutschen Kfz-Versicherer bieten inzwischen umweltbezogene Rabatte oder spezielle Tarife z.B. für Elektroautos an; die Ermäßigungen bewegen sich allerdings teilweise nur im einstelligen Prozentbereich. In der Schweiz reichen die Rabatte bis zu 25 Prozent bei Hybrid- und 50 Prozent bei Elektrofahrzeugen. In Österreich bietet die UNIQA (www.uniqa.at) Fahrern von Elektroautos 25 Prozent auf die Kfz-Haftpflichtversicherung, denn „umweltbewusstes Verhalten soll auch im Börserl spürbar sein", wie UNIQA-Vorstand Robert Wasner meint, der auch Versicherungen für E-Bikes und Segways anbietet. 2015 wurden laut Statistik Austria über 4.600 Kraftfahrzeuge mit Elektroantrieb (+36%) angemeldet, deren Versicherungskosten ohnehin weit günstiger kommen, da bei Elektrofahrzeugen keine motorbezogene Versicherungssteuer anfällt.

Die deutsche Greensurance Für Mensch und Umwelt UG (haftungsbeschränkt) entwickelt und vermittelt neben Versicherungsschutz für klimafreundliche Mobilität (www.greensurance.de) auch Versicherungen für ausgewählte Berufsgruppen wie z.B. Architekten, Bautechniker und Energieberater.

Im Bereich der Sachversicherungen hat vor einigen Jahren Dr. Marie-Luise Meinhold in München die Initiative „Ver.de Versicherungsverein auf Gegenseitigkeit" (www.unser-ver.de) gegründet, mit Zielen wie „Mehrleistung im Schadenfall für öko-fairen Ersatz" oder „Beitragsrückerstattung bei Schadenfreiheit nach 3 Jahren". Da sich für das genossenschaftsähnliche Modell einer „ver.de VV aG" zu wenig Investoren fanden – verfolgt sie nun den Plan einer AG-Gründung.

4 Finanzdienstleister für ethisch-ökologische Investments

Mit dem Boom der Wind- und Solarparks, der Etablierung „alternativer" Banken und über 300 verschiedener nachhaltiger Investmentfonds ist auch der grüne Finanzdienstleistungssektor im deutschsprachigen Raum zwischen 1990 und 2015 sehr schnell gewachsen. Einen erheblichen Anteil an dieser Entwicklung hatten in Deutschland vor allem die GLS Bank (samt der später von ihr übernommenen Ökobank) und die UmweltBank (gegründet 1997) sowie die Alternative Bank Schweiz (gegründet 1990) mit jeweils mehreren tausend Gründern bzw. einer inzwischen sechsstelligen Zahl von Kunden. Entsprechend der Nachfrage und einer Vielzahl neuer Produkte stieg auch der Bedarf an Beratung und Vermittlung im Bereich der Finanzierung ethisch-ökologischer Vorhaben. Neben rund 100 spezialisierten Öko-Finanzdienstleistern haben auch einige zuvor „konventionell" agierende Vermittler Nachhaltigkeit, Ethik oder Ökologie zu einem neuen Schwerpunkt ihrer Arbeit gemacht.

Doch die Blütezeit dieses neuen Ökofinanz-Segments, in der einzelne Berater (vor dem Jahr 2000) innerhalb weniger Wochen Papiere im Wert von mehreren Mio. Euro bei ihren Kunden platzieren konnten, währte nur wenige Jahre. Nachdem die ersten Unternehmen – darunter viele „Start-ups", die auf Risikokapital angewiesen waren – in die Insolvenz schlitterten, gab es auf Seiten mancher Anleger lange Gesichter. Einige gaben dabei den Vermittlern die Hauptschuld an ihrem Totalverlust, obwohl dieses Risiko zumindest im Kleingedruckten nicht verheimlicht worden war. Manche Vermittler mussten sich nun mit verärgerten Kunden oder gar Schadenersatzklagen plagen und verloren einen Teil ihrer Klientel. Manche Berater und Vermittler, die nur die schnelle Provision im Auge hatten oder selbst gutgläubig auf windige Firmen hereinfielen und deren überteuerte Finanzprodukte an den Mann brachten, mussten schließen. Oder sie wurden insolvent, nachdem sie (wie z.B. die Hermerlin-Gruppe) größere Pakete von später wertlosen Aktien in ihren Eigenbestand genommen hatten. Insofern haben alle Öko-Finanzdienstleister, die nun schon mehr als 15 bis 20 Jahre existieren, zumindest gezeigt, dass sie auch Krisen überstehen können. Die gesetzlichen Verschärfungen bzw. Einschränkungen und Offenlegungspflichten (von Geldwäschebestimmungen bis zum neuen Kleinanlegerschutzgesetz) haben in den letzten Jahren den Beratern die Arbeit nicht gerade leichter gemacht.

Dieses Kapitel soll einen aktuellen Überblick über die Öko-Finanzdienstleister und ihre Arbeitsweise geben. Die jeweiligen Kontaktadressen (inkl. Internetadresse, Telefonnummer und Informationen zum jeweiligen Leistungsspektrum) dieser über 100 Unternehmen bzw. „Einzelkämpfer" im deutschsprachigen Raum finden sich in einer umfangreichen Tabelle mit den jeweiligen Angebotskategorien von außerbörslichen Einzelaktien bis zu Versicherungspolicen.

4.1 Deutschland

Von den im Kapitel 2.1 genannten „grünen Banken“ hat sich bis dato nur die Nürnberger UmweltBank AG ins Börsenemissionsgeschäft gewagt (um die Jahrtausendwende waren die Aktien von Plambeck Neue Energien (jetzt PNE Wind AG) und Umweltkontor unter den ersten). Sie bietet ihren Kunden auch entsprechende Beratung sowie Wertpapierdepots für eigene Aktien bzw. andere „grüne“ Titel. Einige der Finanzdienstleister, die hauptsächlich oder ausschließlich (als „Emissionshäuser“) im Bereich der Wind- und Solarenergiefonds tätig sind, findet man im Kapitel 2.3.

Die Berliner Umweltfinanz AG hat sich in den ersten Jahren auf die Vermittlung von außerbörslichem Risikokapital an junge grüne Unternehmen spezialisiert. In einigen Fällen gelang es nicht, die Kapitalerhöhungen entsprechend dem Finanzbedarf zu platzieren, was nicht selten zur Insolvenz führte, obwohl das jeweilige Geschäftskonzept durchaus Chancen gehabt hätte. Inzwischen ist die Umweltfinanz AG wesentlich breiter aufgestellt und vermittelt u.a. Investmentfonds, Genussrechte und Anleihen. Daneben wird ein Handel mit einigen außerbörslichen Umweltaktien (www.umweltaktienhandel.de) angeboten. Allerdings liegen die letzten Umsätze bei Titeln wie der Espen AG oder der Berliner Phönix Sonnenwärme AG oft Jahre (2010 bzw. 2012) zurück. Nur die Aktien der Naturstrom AG werden häufiger (zuletzt im Februar 2016 zu 25 Euro) gehandelt.

Welche jährlich vermittelten Volumina tatsächlich im Spiel sind, geben die kleinen und mittleren Unternehmen meist nicht bekannt. Selbst eine der Pionierinnen, die schon 1975 gegründete Ökoworld AG (vormals versiko), deren Vorzugsaktien seit 1999 an der Börse notieren, ging lange Zeit sehr sparsam mit Informationen um. Als Cash-Cow für das Unternehmen gilt die seinerzeit von der krisengeschüttelten Ökobank übernommene Kapitalanlagegesellschaft Ökoworld Lux. S.A., die mit der Verwaltung von Investmentfonds wie dem Ökovision Classic mit einem Gesamtvolumen von über 600 Mio. Euro hohe Managementerlöse abwirft.

Viele der Berater bzw. Vermittler beginnen als Einzelkämpfer vom Heimbüro aus und bauen sich im Lauf der Zeit einen drei- bis vierstelligen Kundenstamm auf. Doch aller Anfang ist schwer, und so haben Einzelunternehmen wie z.B. die Civis Consult, die erst im allgemeinen Börsentief der Jahre 2000 und 2001 an den Start ging, nach kurzer Zeit wieder aufgegeben. Andere sind viele Jahre aktiv wie z.B. die von Georg Hetz geleitete Umwelt Direkt Invest Beratungs-GmbH (UDI), die neben Geschlossenen Fonds auch Umwelt-Investmentfonds, Nachrangdarlehen und andere Instrumente anbietet und schon über 400 Mio. Euro an Eigenkapital platziert hat.

Norbert Drews hat im Jahr 2000 mit seiner Einzelfirma Eco-Best-Invest in Hamburg begonnen, über einem Online-Shop Investmentfonds anzubieten, die „ethisch-ökologisch arbeiten als auch beste Performances erreichen“, dies aber nach den Kursverlusten im Zuge der Lehman-Brothers-Pleite aber wieder aufgegeben.

Zu den kritischen Vermittlern, die sich alle Projekte sehr genau ansehen, bevor sie sie in ihr Programm aufnehmen, zählt die 1995 gegründete Ökofinanz Ingo Scheulen mit Sitz in Bad Salzuflen. Ingo Scheulen ist auch Initiator des Vereins Ökofinanz21, der inzwischen rund 40 Berater in ganz Deutschland umfasst.

Zur Genossenschaft Verbund der Fairsicherungsläden eG haben sich rund zwei Dutzend eigenständige Versicherungsmaklern bzw. -berater zusammengeschlossen, die zum Teil seit über 30 Jahren die so genannten Fairsicherungsläden (www.fairsicherung.de) betreiben. Sie haben sich für die Marke „FAIR" einem Ehrenkodex unterworfen und auch zahlreiche Öko-Produkte in ihrem Programm. Relativ neu auf dem Beratermarkt sind hingegen auf nachhaltige Investments spezialisierte Firmen wie die Grünes Geld GmbH, die Mehrwert GmbH, die NFN AG oder die SRI Concepts GmbH, die unter ihrem Dach jeweils mehrere Mitarbeiter an mehreren verschiedenen Standorten zusammenfassen.

Zur Aus- und Fortbildung – auch von Bankberatern – wird von der Dortmunder ECOeffekt GmbH seit 2005 der Fernlehrgang „Eco-Anlageberater" (www.eco-anlageberater.de) angeboten. Die über 400 (Stand 2016) Absolventen können sich dann zertifizierte „Fachberater/in für Nachhaltiges Investment" nennen.

Neben all den vorstehend genannten Beratern gibt es noch eine ganze Reihe von Firmen, die meist nur die eigenen, das heißt von Mutter- oder Schwesterfirmen entwickelten Produkte anbieten. Leider gibt es in der Beraterszene immer wieder auch schwarze Schafe wie z.B. die 1992 gegründete Wirtschaftsanalyse und Beratung AG (Wabag) in München. Das „grüne Emissionshaus", wie man sich gerne selbst nannte, hatte trotz teurer Kampagnen nie ein gutes Image. Einige der Initiatoren stammten aus der in Anlegerschutzkreisen verpönten „Göttinger Gruppe", die Wabag-Emissionsprospekte enthielten teilweise seitenlange Passagen, die wortwörtlich – nur die Namen waren ausgetauscht – abgekupfert waren. Fast alle der von der Wabag auf den außerbörslichen Markt gebrachten Aktiengesellschaften waren in den Neuen Bundesländern angesiedelt und u.a. aufgrund der Geschäftsbereiche relativ riskant, obwohl meist hohe staatliche Investitionsförderungen gewährt wurden. Statt der von der Wabag prognostizierten Erträge bzw. „Kursgewinne" bei Aktien (z.B. Trentec, Trentec II, Bio-Kraftwerk Zittau, K.U.R.S., Z.E.N.I.T.H., Kompact AG) haben die Anleger meist ihr gesamtes eingesetztes Kapital verloren. Die Verantwortlichen wurden unter Betrugs- und Untreueverdacht verhaftet und zu Gefängnisstrafen bis zu acht Jahren verurteilt.

4.2 Schweiz

Während in Deutschland neben den „alternativen“ Banken meist nur kleinere Betriebe bzw. Einzelfirmen als selbstständige ethisch-ökologische Finanzdienstleister tätig sind, gibt es in der Schweiz einige größere Unternehmen. Es sind aber auch einige wie z.B. die VTZ Versicherungstreuhand Zürich AG wieder vom Markt verschwunden: Diese schon 1990 von Kurt Beatus Müller gegründete Schweizer Pionierin der ethisch-ökologischen Finanzdienstleistungsbranche zählte zwischenzeitlich über 40 Mitarbeiter, musste aber 2001 schließen, nachdem mehrere außerbörsliche Aktienemissionen wie Bomin Solar AG oder Spagomed AG insolvent wurden, es statutenwidrige Investitionen des VTZ-Chefs Martin Brenner bei Verwaltungsmandaten (Terra Trust Investment AG) gab und die ökologische Neuausrichtung der Genfer GEO Bank AG an betrügerischen Einzelpersonen gescheitert ist. Auch die aus den Resten der GEO Bank AG hervorgegangene EPS Finanz AG („Environmental Portfolio Systems“) gibt es inzwischen nicht mehr.

Viele Milliarden hingegen verwaltet die 1995 gegründete RobecoSAM AG (ehemals Sustainable Asset Management AG), die sich vor allem an private und institutionelle Großanleger richtet. Die Gruppe hat schon sehr früh den so genannten „Sustainable Shareholder Value“ in die traditionelle Finanzanalyse integriert, verschiedene eigene Investmentfonds, Beteiligungsgesellschaften und 1999 in Kooperation mit Dow Jones die Sustainability-Indizes (siehe Kap. 2.5.2.2) auf den Markt gebracht. Reto Ringger, der Gründer, hat seine Mehrheit an dem Unternehmen an Robeco verkauft und 2010, einige Jahre später, die Globalance Bank AG gegründet. Er war auch einer der Vorreiter der so genannten „Weißgeldstrategie“, d.h., die Bank akzeptiert nur versteuertes Vermögen, was die Kunden mit ihrer Unterschrift unter die Allgemeinen Geschäftsbedingungen bestätigen. Die eigentümergeführte Schweizer Privatbank hat sich auf nachhaltige Anlagen spezialisiert und berät vor allem vermögende Privatpersonen und Stiftungen, „die sich der Verantwortung gegenüber Gesellschaft und Umwelt bewusst sind“. Sie weist als einer der wenigen Anbieter alle mit den Anlagen verbundenen Kosten gegenüber den Kunden aus – und investiert bei der Vermögensverwaltung grundsätzlich nicht in bankeigene Produkte wie den „CG Global Sustainability“-Dachfonds, dessen Performance 2014 und 2015 mit +16,6% bzw. 9,5% die beste in dieser Kategorie war. Die Globalance Bank bietet ihren Kunden (ab einem Volumen von 500.000 CHF) auch einen sehr ausgereiften Depot-Check, sowohl nach finanziellen Aspekten wie Asset Allocation / Risiko / Gebühren als auch nach Nachhaltigkeitsaspekten: Die einzelnen Aktien werden dabei z.B. nach ihrer Depotgewichtung und „Nachhaltigkeits“farben übersichtlich dargestellt und mit entsprechenden Einzelkommentaren und Empfehlungen versehen.

Relativ strenge Nachhaltigkeitskriterien wendet auch die von Antoinette Hunziker-Ebneter gegründete Zürcher Forma Futura Invest AG an, die Unternehmen beim „FFQL-Research“-Screening hinsichtlich der Management- und Führungsqualitäten sowie des „Beitrags zur nachhaltigen Lebensqualität“ analysiert. Von rund 5.000 börsennotierten Unternehmen erfüllen derzeit nur rund vier Prozent die Nachhaltigkeitskriterien von Forma Futura – und nur in diese Titel schichtet man dann schrittweise – je nach Risikobereitschaft der Kunden – bestehende Depots um. Daneben ist Forma Futura auch im Ausüben von Aktionärsrechten aktiv und steht mit Unternehmen in Kontakt, um z.B. Fragen bezüglich Umweltzielen oder Lieferantenpolitik zu klären.

Auch eine Reihe von primär konventionellen Vermögensberatern und -verwaltern hat sich in den letzten Jahren hohe Kompetenzen im ethisch-ökologischen Investment erworben. Hierzu zählen vor allem die Zürcher Kantonalbank, die Swisscanto-Fondsgruppe und seit 2013 auch die Notenstein La Roche Privatbank AG, jeweils mit einer breiten Palette von Nachhaltigkeitsprodukten. Das ehemalige Bankhaus Sarasin, das zu den Schweizer Pionieren bei Öko-Investmentfonds zählte, hat nach der Übernahme durch die brasilianische Safra-Familie und Skandalen mit „cum-ex"-Geschäften etwas an Glanz (und auch viele kompetente Mitarbeiter und Analysten, die zu Notenstein wechselten) verloren.

Aber nicht nur Banken, auch kleine Unternehmen haben interessante Nischen in der Schweiz gefunden. Zum Beispiel sind bei der Marti + Partner Vermögensberatung von Stephan Marti (www.finanzblog.com) in Langenthal rund die Hälfte ethisch-ökologisch orientierte Kunden – und die 2013 in Zürich gegründete Kopp ethik invest konzentriert sich ausschließlich auf ethische Anlagekonzepte.

4.3 Österreich

In Österreich ist die Öko-Investment-Szene seit dem Jahr 2001/02 – vor allem durch die Vorsorgekassen, einzelne außerbörsliche Aktien im Ökostrombereich und eine gewachsene Palette von Fonds der ERSTE Bank, Schelhammer & Schattera sowie jüngst auch Raiffeisen – wesentlich breiter geworden, die Zahl der spezialisierten bankunabhängigen Finanzdienstleister aber auf eine Handvoll geschrumpft. Der österreichische Ökofinanz-Pionier, die 1991 gegründete Tokos Vermögensberatung GmbH, hat seinen Betrieb 2003 eingestellt. Seither gab es mehrere Unternehmen, die sich aber nach meist nicht einmal zwei bis drei Jahren wieder aufgelöst haben, z.B. wegen steigender Anforderungen an Eigenkapital bzw. bürokratischer Hindernisse. Übrig blieb die 2000/01 in Wien gegründete Firma Josef E. Jilek Ethical Investments, die vorwiegend Fonds und Immobilien vermittelt. Josef Jilek war auch einer der Initiatoren des Vereins Humaninvest („zur Förderung nachhaltiger Veranlagungs-, Wirtschafts- und Lebensformen"), der sich um kompetente Öko-Finanz-Berater als Mitglieder (www.humaninvest.at) bemüht und auch Öko-Anlageprodukte unter die Lupe nimmt, bevor er sie den Mitgliedern nahelegt. Valentin Heppner (www.fair-investieren.com) hat seine Finanzdienstleisterlizenz zurückgelegt, ist der Szene aber als Blogger und CSR-Berater erhalten geblieben. Die GLS Bank hatte 2011/12 erwogen, eine eigene Österreich-Filiale in Wien aufzubauen, sich dann aber nicht dafür entschieden, so dass die 16%-Beteiligung an der Fair Finance Holding AG, der Muttergesellschaft der gleichnamigen Vorsorgekasse, ihr einziges Standbein in Österreich ist. Einige Regionalbanken wie die Klagenfurter BKS Bank – ihre Vermögensverwaltung „AVM nachhaltig“ (www.bks.at) erhielt das Österreichische Umweltzeichen für nachhaltige Finanzprodukte – oder (erst seit Anfang 2016) die Volksbank Vorarlberg (www.volksbank-vorarlberg.at, www.private-banking.at) bieten inzwischen auch eine nachhaltige Vermögensverwaltung nach ESG-Kriterien an.

4.4 Tabelle Öko-Finanzdienstleister

Legende:
Abkürzungen für die angebotenen Dienstleistungen:
Vv = Vermögensverwaltung
Fo = Vermittlung von Investmentfonds
KG = Vermittlung von KG/GbR-Fonds
aA = Vermittlung von außerbörslichen Aktien
VP = Vermittlung von Versicherungspolicen
H = Honorarberatung
S = Sonstiges

Das Volumen p.a. bezieht sich auf die ungefähr im letzten Geschäftsjahr vermittelte Gesamtsumme der Anlagen/Beiträge „bzw. „assets under management“/ Bilanzsumme bei Vermögensverwaltern bzw. Banken“.

Die Kundenanzahl (K) haben wir in die Kategorien bis 100 (1), bis 1.000 (2) und über 1.000 (3) eingeteilt.

Bei der Spalte Honorarberatung (H) ist ein „ja” angegeben, wenn auch Leistungen auf Stundenhonorarbasis abgerechnet werden können bzw. dies sogar ausdrücklich erwünscht ist, um von Vermittlungsprovisionen unabhängig zu sein.

Schließlich gibt es noch eine Spalte „B“, die zeigt, ob man sich auch an den Finanzdienstleitungsunternehmen selbst beteiligen kann, und zwar mittels A = Aktie, G = Genossenschaftsanteil, GS = Genussschein, K = Kommanditeinlage, SG = Stille Gesellschaft.

Leere Felder in der Tabelle bedeuten in der Regel, dass die Produktkategorien nicht angeboten werden bzw. das betreffende Unternehmen keine Angaben zu Volumina etc. gemacht hat.

Deutschland	Tel.	Internet www.	Angebote Vv	Fo	KG	aA	VP	H	S	Est.	MA	Vol.	K	H	B
3 P FINANZ AG	D 06151/3605010	3p-ag.eu		v	v		v	v	v	2004	13	10	3		SG
Allgäufinanz GmbH & Co.KG	D 0831/9603750	greenfonds.de		v	v		v	v	v	2004	3		2	v	
Alpha Consult Hamburg GmbH	D 040/27876635	alpha-consult-hamburg.de		v			v		v	2005	3	1	2		
Andrea Pelka Frauengeldangelegenheiten	D 089/189 44 198	andreapelka.de		v				v	v	2014	1		1		
arkys Finanzberatung GmbH	D 07123/910049	arkys-finanzberatung.de		v			v	v	v	2000	2	1	2	v	
BadenInvest Consulting GmbH	D 0721/1615610	baden-invest.de		v			v		v	2004					
Bernhard Assekuranzmakler GmbH & Co. KG	D 08104/891612	bernhard-assekuranz.com	v	v			v	v	v	1950	50	10	3	v	
CATUS AG Vermögensverwaltung	D 06135/931239	catus-ag.de	v						v	2000	4	25	2		
CEPP Invest GmbH	D 030/8639028-258	cepp-invest.de			v					2009	2	5	2		
Cordt Würdemann Nachhaltige Beratung	D 030/57707001	nachhaltige-beratung.de		v	v		v		v	2010	1		2		
Dr. Eduard Belotti Zukunftsinvestitionen	D 0821/6502965	zukunftsinvestitionen.com		v	v		v	v	v	2004	1	0,6	2	v	
Dr. Upgang AG	D 0228/915240	upgang.de	v	v			v	v		2001	10	50	3	v	
ecoplanfinanz AG	D 040/734416-276	ecoplanfinanz.de	v	v	v		v		v	2005	12		3		
EthikBank (Filiale der Volksbank Eisenberg)	D 036691/862345	ethikbank.de		v						2002	23	216	3		

Deutschland	Tel.	Internet www.	Angebote Vv	Fo	KG	aA	VP	H	S	Est.	MA	Vol.	K	H	B
fairsicherungsladen Wiechers GmbH	D 0251/39938-0	fairsicherungsladen-wiechers.de		v	v		v		v	1982	18		3	v	
FAIRsicherungsmakler Pe Sturm	D 0234/9730158	firstpolice.de		v			v	v	v	2003	1	0,5	2	v	
FIBUR GmbH	D 0163/6383777	fibur.de					v	v		2010	5	1	3	v	
Finanzberatung Bernhard Winklhofer	D 030/75514640	bw-finanz.de		v			v		v	2007	1		2		
finanzGRÜN Oliver Henkel	D0228/9516981	finanzgruen.de		v	v		v		v	2009	1		2		
folio Gerd Meyer Ökologische Finanzberatung	D 04162/600401		v	v	v					1997	1		1		
frau&vermögen Ute Regina Voß e.K.	D 0431/88889580	frau-und-vermoegen.de		v				v	v	2006	1		1	v	
Frauenfinanzdienst Heide Härtel-Herrmann	D 0221/912807-0	frauenfinanzdienst.de		v	v		v	v		1986	3		3	v	
Frauenvermögensverwaltung AG	D 089/20208866-0	frauenvermoegen.de		v	v		v	v		2002	7	12	2		(GS)
Frauke Hammermann	D 0178/1631179	frauke-hammermann.de		v	v		v	v	v	2007	1	1	1	v	
Gerd Schwarz e. K. Nachhaltige Finanzkultur	D 07144/1304877	gerdschwarz.de		v	v		v	v	v	2001	1		2	v	
GLS Gemeinschaftsbank eG	D 0234/5797-0	gls.de	v	v	v		v		v	1974	527	4.170	3		G
Grimm Vermögensberatung	D 08171/3650308	grimm-vermoegensberatung.de		v	v		v	v	v	2009	1	1	2	v	
grünanlagen GbR – freie ökologische Finanzberatung	D 030/34628946	geld-ist-gruen.de		v	v		v	v	v	2004	2		1	v	
GrünAnlagen GmbH	D 040/41426655	gruenanlagen.de		v			v			2004	1		1	v	

grünePortal GmbH	D 0451/29395726	grueneportal.de					v		v	2009	4		3		
Grünes Geld GmbH	D 06021/421329-19	gruenesgeld24.de	v	v	v		v	v	v	2007	2		2	v	
Grüne Sachwerte eK	D 0421/59647960	gruene-sachwerte.de			v					2012	2	2	2		
Guido Dahm Anlagenberatung	D 06359/82577	ecofonds-shop.de		v	v		v		v	2001	1	0,3	1		
GutesGeld – Nachhaltiges Investment GmbH	D 0221/3992099	gutesgeld.eu		v	v	v	v	v	v	2006	1	1	1	v	
Hans Feddersen Ökologische Kapitalanlagen	D 04841/800654	oeko-kapital.de		v	v			v		2001	1		2		
Hans-Joachim Braun Individuelle Finanzkonzepte A68	D 0721/8302742	eco-finanzkonzepte.de		v	v		v	v		1999	1		1	v	
joy of sun David Muhrer	D 0731/71886484	joyofsun.com		v			v	v	v	2006	3	1	1	v	
Klaus Marschall Mehrwert Finanzen	D 09352/603340	mehrwert-marschall.de		v	v		v			2003	1	2	2		
KONSENS Versicherungsmakler GmbH & Co. KG	D 06081/576657	konsens-kg.de					v	v		2001	4		2	v	K
Konvivent Vermögensberatung – Unternehmensberatung	D 089/12112-803	konvivent.de	v	v	v			v		2010	1		1	v	
Konzept & Verantwortung Vers.makler GmbH	D 0731/277030	kuv.de		v			v	v		1990	6		3	v	
Krappfinanz UG (haftungsbeschränkt)	D 0251/9742545	krappfinanz.de		v	v		v	v		2013	2	5	1	v	
Kris Hauf Private Vermögensbetreuung	D 040/472805	hauf-invest.de	v	v	v		v	v	v	1997	5		2	v	
Margarete Krümpel – Die Finanzplanerin	D 030/31561589	die-finanzplanerin.de		v			v		v	2003	1		2		
MehrWert GmbH für Finanzberatung und Vermittlung	D 0951/301255-65	mehrwert-finanzen.de		v	v		v		v	2010	18	5	3		
MehrWert Hannover Dr. Alexander Matijevic	D 0511/52489763	hannover-mehrwert.de	v	v			v		v	2015	3	1,2	2		

Deutschland	Tel.	Internet www.	Angebote Vv	Fo	KG	aA	VP	H	S	Est.	MA	Vol.	K	H	B
MF Market Consult GmbH	D 09251/436 001	mfmarketconsult.com			v			v	v	2010	1		1	v	
MICHAELIS Finanzkanzlei	D 0861/909809-0	michaelis-beratung.eu		v	v		v	v	v	1987	5	10	2	v	
mk mehrwert GmbH	D 040/37089080	mkmehrwert.de		v				v	v	2005	1		2	v	
Murphy&Spitz Nachhaltige Vermögensverwaltung	D 0228/243911-0	murphyandspitz.de	v	v					v	1999	4		2		
Nachhaltige Finanzberatung Henny Willecke	D 040/76103092	nachhaltige-finanzberatung.de		v	v		v	v	v	2013	2	5	1	v	
nachhaltiges-vermoegen.de Olav Ternes	D 04193/5080805	nachhaltiges-vermoegen.de		v	v		v	v	v	2007	1			v	
NFN AG Nachhaltiges Finanznetzwerk	D 0221/677771-0	nfn.de		v	v		v		v	2010	3		2		
Nhl Nachhaltigkeits-Institut Darmstadt	D 06151/101681-0	nachhaltigkeitsinstitut.de		v				v		2009	2	1,2	2	v	
Nordkurs Invest Konzeptionelle Wirtschaftsberatung	D 0421/33657021	nordkurs.eu		v	v		v	v	v	2007	2	3,2	3	v	
ÖKODIREKT GmbH	D 09131/97208-0	oekodirekt.com		v	v					1999	7		3		
Ökologische Finanzdienstleistungen e.K. Ingo Scheulen	D 05222/9777-91	oekofinanz-scheulen.de	v	v	v		v	v	v	1995	3		2	v	
ÖkoRenta AG	D 04941/60497-0	oekorenta.de		v	v					1999	30		3		
Ökoworld AG	D 02103/929-0	oekoworld.com	v	v			v		v	1975	48	15	3		A
Osiris Investments GmbH	D 06691/8065050	osirisinvest.de		v	v		v	v		2006	8	12	3	v	
Perspektive Asset Management AG	D 089/99600609	perspektive-ag.de		v						2015	3		1		

Plansecur Elke Fischer	D 09260/9646078	plansecur-berater.de/e.fischer		v	v		v	v	v	1998	3	1	2	v	
Plansecur Christoph Langenekert	D 07961/925385	c-langenekert.plansecur.de		v	v		v	v	v	2008	2	1	2		
projekt21plus Siegfried Grob	D 089/35653344	projekt21plus.de		v	v		v		v	2011	1	1,5	2		
ProVita GmbH	D 0711/81067-67	provita-gmbh.com		v	v		v		v	1994	4		3		
Qualitates GmbH	D 06151/3605027	qualitates.de		v	v		v	v	v	2011	15	3	2	v	
Rabenstein & Kollegen	D 030/71533009	rabenstein-kollegen.de	v	v	v	v	v	v	v	2003	3	7	2	v	
Rune Finanz GmbH	D 030/31504410	rune-finanz.de		v	v		v	v	v	1996	3		2	v	
Schatzhaus GmbH & Co. KG	D 089/39291200	schatzhaus.info		v	v		v	v	v	2004	2		2	v	
Scherer Invest Management	D 040/866822-83	scherer-invest-management.de		v	v				v	2006	3		3		
SinnGewinn Finanzplanung Fritz Pieper	D 0228/22787708	sinngewinn-finanzplanung.de		v	v		v			2005	1	1	2		
SRI Concepts GmbH	D 07621/1687199	SRI-concepts.de	v	v	v		v		v	2009	14		3		
Steyler Bank GmbH	D 02241/12050	steyler-bank.de	v	v			v		v	1964	25	305	3		
tetrateam - Nachhaltige Konzepte f. Versorg./Verm. OHG	D 030/6110188-0	tetrateam.de		v	v		v	v	v	2009	3	5	3	v	
Thomas Streuer	D 0241/46820763	thomas-streuer.de	v	v	v		v	v		2008	1	1	1	v	
Triodos Bank N. V. Deutschland	D 069/71719100	triodos.de		v					v	2009	52	205	3		(A)
Trion eG	D 09734/9348222	-						v	v	1989	1		2	v	
UmweltBank AG	D 0911/5308-123	umweltbank.de		v			v		v	1997	132	2.986	3		A,GS

Deutschland	Tel.	Internet www.	Angebote Vv	Fo	KG	aA	VP	H	S	Est.	MA	Vol.	K	H	B
UmweltDirektInvest Beratungs GmbH	D 911/929055-0	udi.de		v	v				v	1998	50	25	3		
Umweltfinanz Finanzdienstleistungen AG	D 030/8892070	umweltfinanz.de		v	v	v	v		v	1997	8		3		
Ute Tacke - Die Nachhaltigkeitsmaklerin	D 0228/3904877	nachhaltigkeitsmaklerin.de		v	v		v	v	v	2007	1	1	2	v	
Uwe Pössel – Nachhaltige Vermögensberatung	D 0345/ 52377970	poesselfinanz.de	v	v	v		v	v	v	2009	2	4	2	v	
Vulkanfinanz GmbH & Co. KG	D 06641/6449044	vulkanfinanz.de		v	v			v	v	2015	1		2	v	
VVF ethisches Investment eK Inh. Jürgen Döppeler	D 02102/185206	fairefonds.de		v	v		v	v	v	2002	2		2	v	
WerteWachstum Hartl, Korth & Co. GmbH	D 02241/879612	wertewachstum-gmbh.de	v	v	v			v	v	2007	4		2		
Wilfried Brunck	D 06165/387903	wilfried-brunck.de	v	v	v		v	v	v	2007	2	1	2	v	
Zento GmbH	D 06638/9188-92	zento-gmbh.de		v	v			v	v	2009	2	3	2	v	
Schweiz															
Alternative Bank ABS AG	CH 062/2061616	abs.ch		v		v			v	1990	90	1.470	3		A
EcoTrust AG	CH 071/2222055	ecotrust.ch	v					v	v	1987	6		1	v	
FAIRINVEST.info Othmar B. Ulrich	CH 079/812 21 20	fairinvest.info		v				v	v	2007	1		1	v	
Forma Futura Invest AG	CH 044/2872287	formafutura.com	v	v					v	2006	12		2		
Freie Gemeinschaftsbank eG	CH 061/2698100	gemeinschaftsbank.ch	v				v		v	1984	14	250	3		G

Globalance Bank AG	CH 044/2155565	globalance-bank:com	v							2010	18		2		
Independent Capital Group AG	CH 044/25616-16	independent-capital.com	v	v				v	v	2005	9		1	v	
Invethos AG	CH 031/3118711	www.invethos.ch	v					v		2009	10		2	v	
kopp ethik invest	CH 044/2127700	kopp-ethik-invest.ch		v				v	v	2013	1	2	1		
Marti + Partner GmbH	CH 062/923923-0	finanzblog.com	v	v		v		v	v	1996	1		2	v	
Partners for Sustainability AG	CH 044/9133680	partnersforsustainability.ch	v	v					v	1997	5		1	v	
RobecoSAM AG	CH 044/6531010	robecosam.com	v	v		v			v	1995	130		2		
Turicum Investment Management AG	CH 041/4496161	timvest.ch	v					v		1999	5		2		
Österreich															
Alternativ-Invest Assetmanagement GmbH	A 0699/17105910	ai-asset.at		v				v	v	2005	3	1	2	v	
Bankhaus Schelhammer & Schattera AG	A 01/53434-2074	schelhammer.at	v	v			v		v	1832	90	705	3		
Christoph Josef Humpf	A 0650/7442006	christoph-josef-humpf.com		v			v			2011	1				
Globalfinanz Peter Arlits	A 01/9423634	globalfinanz.at		v			v		v	2002	1	5	2		
Josef E. Jilek ethical investments	A 0699/19532546	humaninvest.at		v	v	v	v	v		2000	1		2	v	
Petra Fröschl	A 0316/724309	wertorientierung.at		v	v		v	v		1997	1	1	2	v	
Steyler Bank GmbH Zweigniederlassung	A 02236/803134	steyler-bank.at		v	v				v	2002	2	43	3		
Summe											**1.594**	**10.578**			

4.5 Impact Investment und Divestment

In den letzten Jahren ist zu beobachten, dass immer mehr Investoren darauf achten, dass ihr Geld möglichst positive Auswirkungen auf Umwelt und Beschäftigung hat. Diese Zweckgerichtetheit bzw. Wirkungsorientierung bezeichnet man als „Impact Investing". Nach einer Anfang 2016 von der Bertelsmann Stiftung und PHINEO publizierten Studie („Social Impact Investing in Deutschland") hat sich das Volumen der „sozialen Geldanlagen" am deutschen Markt „seit 2012 auf 70 Millionen Euro verdreifacht". Es fehle allerdings noch „an geeigneten Produkten sowie spezialisierten Vermittlern und Beratern".

Wesentlich mehr Echo fand bisher das sogenannte „Divestment", das Verkaufen von Geldanlagen im Bereich fossiler Energien, z.B. in Form von Aktien Kohle fördernder oder verbrauchender Unternehmen. Laut den Zahlen der Plattform gofossilfree.org haben sich bis dato (Anfang 2016) weltweit schon über 500 Institutionen verpflichtet, klimaschädliche Investitionen im Gesamtvolumen von über 3.400 Mrd. US-Dollar abzustoßen. Nicht zuletzt wohl auch deshalb, weil die Kurse solcher Titel, die inzwischen teilweise auch als „stranded assets" bezeichnet werden, in den letzten Jahren stark gesunken sind und große Pensionsfonds wie CalPERS (in Kalifornien) Milliarden US-Dollar mit Öl-, Gas- und Kohleaktien verloren haben.

Diverse NGOs, Initiativen und Vereine wie z.B. Germanwatch, Greenpeace, Global 2000, Urgewald, Plattformen wie www.facing-finance.org oder www.MoveYourMoney.org.uk, die Londoner Research-Organisation www.carbontracker.org oder US-Finanzberater (wie www.arabellaadvisors.com) rufen schon seit Jahren zum Divestment auf. Erst Ende 2015, kurz vor dem COP21-Gipfel in Paris hat auch die Allianz SE, einer der weltweit fünf größten Finanzinvestoren, mit dem Rückzug begonnen, der vorher bis zu vier Mrd. Euro in Kohleminen und Kohlekraftwerke investiert hat. Laut Allianzkonzern-Chefinvestor Andreas Gruber will die Allianz SE künftig keine neuen Anleihen dieser Branche erwerben, und – ähnlich wie der norwegische Pensionsfonds – auch keine Aktien von Bergbau- und Energieunternehmen, „die mehr als 30% ihres Umsatzes beziehungsweise ihrer Energie-Erzeugung aus Kohle generieren". Katrin Ganswindt von der NGO Urgewald kommentierte: „Die Allianz zeigt, dass sie nach Jahren der Kritik gegen ihr Kohlegeschäft doch lernfähig ist" und sieht ein konsequent umgesetztes Divestment als einen „riesigen Schritt mit Vorbildfunktion für die gesamte Finanzbranche". Aber „leider ist der größte deutsche Kohle-Finanzierer Deutsche Bank noch immer nicht bereit, sich den Divestment-Vorbildern anzuschließen".

5 Stiftungen, Spenden und Sponsoring

Auch eine Spende ist im weitesten Sinne eine »Investition«. Das finanzielle Engagement kommt nicht einem selbst, sondern Hilfe bedürftigen Menschen zugute – so sollte es wenigstens sein. Berichte über einzelne Skandale – auch bei seriösen Organisationen – verunsichern aber nicht wenige Spender.

Es würde den Rahmen dieses Buches sprengen, hier auch nur einen annähernden Überblick zu den Spenden werbenden Organisationen geben zu wollen, ganz zu schweigen von der Einschätzung der Wirksamkeit einer Spende. Denn nicht jede »Hilfe« hilft auch wirklich. Viele, gerade auch staatlich finanzierte Projekte haben mehr geschadet als genutzt, weil sie an den Bedürfnissen der Menschen vorbei geplant wurden.

5.1 Spenden und Sponsoring

Wer mehr über die wichtigsten Organisationen wissen möchte, die Arten der Spendenwerbung, Anschriftengewinnung, Datenschutz, Verwaltungskosten und Rücklagenbildung, kann unabhängige Prüfstellen wie das Deutsche Zentralinstitut für soziale Fragen (DZI, www.dzi.de) in Berlin, die Zentralstelle für Wohlfahrtsunternehmen (ZEWO) in Zürich oder das Österreichische Institut für Spendenwesen (ÖIS) kontaktieren. Wer Zusendungen von unbekannten Organisationen erhält, kann sich erkundigen, welche Daten dazu vorliegen. Auf der Internetseite www.besser-spenden.de gibt Ise Bosch wertvolle Hinweise – auch um sich selbst klarer zu werden, was man mit einer Spende erreichen will. Die folgende Checkliste gibt praktische Tipps für Spender.

Checkliste: Zehn Tipps für Spender

- ✓ Fordern Sie ausführliches Informationsmaterial der Organisation an, der Sie spenden möchten.
- ✓ Prüfen Sie anhand dieser Unterlagen, ob die Aufgabenstellung und die Zielsetzung der Organisation Ihren Vorstellungen entsprechen.
- ✓ Beachten Sie die Art der Werbung: Wird die Würde des Menschen in Wort und Bild respektiert, oder wird der Mensch zum „Spendenobjekt“ herabgesetzt?
- ✓ Stellen Sie sicher, dass Sie für Ihre Spende immer eine Quittung erhalten, um den Betrag von der Steuerbemessungsgrundlage absetzen zu können, falls dies möglich ist (in Deutschland ist eine Gemeinnützigkeitsbescheinigung des Finanzamts die Voraussetzung dafür).
- ✓ Nehmen Sie Einblick in die Rechenschaftsberichte und überzeugen Sie sich von der satzungsgemäßen Verwendung der Mittel.
- ✓ Überprüfen Sie, wie viel von Ihrer Spende in die Projekte fließt und wie viel für Marketing und Verwaltung aufgewendet wird.
- ✓ Hinterfragen Sie, welche Prüfungsgremien das Finanzgebaren der Organisation kontrollieren.
- ✓ Stellen Sie sicher, dass zweckgebundene Spenden möglich sind, falls Sie darauf Wert legen.
- ✓ Erfragen Sie, ob die spendensammelnde Organisation bei der Planung, Durchführung, Abrechnung und Erfolgskontrolle der Projekte mitbeteiligt ist oder alle Entscheidungen von einer Zentrale im Ausland getroffen werden.
- ✓ Überzeugen Sie sich, ob der Einsatz Ihrer Spende vom Eingang bei der Organisation Ihres Vertrauens bis zur Verwendung im Projekt lückenlos überprüfbar ist.

Umwelt- und Sozial-Sponsoring

Auch für die Wirtschaft kann die Unterstützung von Umwelt- oder Naturschutz bzw. sozialen Anliegen sinnvoll sein. Wie für Sport und Kultur kann sich ein Unternehmen auch in diesen Bereichen im Sinne eines Sponsorings finanziell engagieren. Die Melinda und Bill Gates Stiftung, die als eine der größten Stiftungen der Welt über eine zweistellige Milliardensumme verfügt, engagiert sich weltweit u.a. bei medizinischen Hilfsprogrammen und Projekten zur Bekämpfung der Armut. Zahlreiche Banken und Versicherungskonzerne sind in den letzten Jahren als Sponsoren für soziale Zwecke oder im Rahmen von Klimaschutzinitiativen aufgetreten. Auf der schon 1993 von der ESB Europäischen Sponsoring-Börse (jetzt ESB Marketing Netzwerk) gegründeten Sponsoring-Börse (www.esb-online.com) finden sich auch neben Sport- auch einige Sozial- und Umweltprojekte.

Die 2010 von der Deutschen Börse und der Bertelsmann Stiftung gegründete PHINEO gemeinnützige AG (www.phineo.org) mit Sitz in Berlin versteht sich als „Plattform für Soziale Investoren“ und unterstützt diverse Spenden-, Sponsoring- und „Impact Investment“-Projekte. Im Rahmen der SKala-Initiative stellt die BMW-Aktionärin Susanne Klatten zwischen 2016 und 2020 bis zu 100 Millionen Euro für gemeinnütziges Engagement in Deutschland zur Verfügung. Sie hat zusammen mit PHINEO, die das Wirkungspotenzial und die Leistungsfähigkeit einer Organisation bewertet, vier Förderbereiche ausgewählt: Inklusion & Teilhabe, Kompetenz- & Engagementförderung, Brücke zwischen den Generationen sowie Katastrophenhilfe.

5.2 Zweck und Vermögensstruktur von Stiftungen

Spenden an Umweltstiftungen, sogenannte Nachstiftungen oder auch die Mitgründung einer Stiftung sind kein Öko-Investment im engeren Sinn. Doch das in Organisationen wie Greenpeace oder den World Wide Fund For Nature (WWF) investierte Geld bewirkt zuweilen mehr als jede noch so schöne Finanzierung „rentabler“ Umweltprojekte. Und wer Geld oder Güter an Stiftungen spendet tut nicht nur ein gutes Werk, sondern kann diese Zuwendungen meist auch steuerlich absetzen (in Österreich erst seit 2010 in größerem Rahmen). Nach dem deutschen Stiftungsrecht sind Spenden an eine gemeinnützige Stiftung bis zu einer Höhe von 20.000 Euro steuerlich abzugsfähig, und ererbtes Vermögen, das in eine Stiftung eingebracht wird, ist von der Erbschaftsteuer befreit.

Spendenwerbende Organisationen gibt es inzwischen wie Sand am Meer. Natürlich gibt es auch im Umwelt-, Natur- und Tierschutzbereich einige „schwarze Schafe“, bei denen nur ein Bruchteil der eingesammelten Gelder tatsächlich zweckgemäß verwendet wird. Uneigennützige Spendensammelorganisationen haben jedoch meist einen guten Ruf.

Was versteht man unter einer Stiftung?

Stiftungen haben meist folgende Charakteristika:

- Sie sind auf unbeschränkte Zeitdauer angelegt.
- Sie haben vom Stifter (bzw. den Stiftern) ein gewisses Vermögen erhalten, aus dessen Erträgen ein bestimmter, meist gemeinnütziger Zweck, der satzungsmäßig festgelegt ist, gefördert wird.
- Sie haben keine Eigentümer. Es gibt zwar – je nach dem Willen der Gründer – bestimmte Stiftungsorgane, aber wenig Kontrollmöglichkeiten. Oft bleibt nur die staatliche Aufsichtsbehörde.

Der Begriff der Gemeinnützigkeit kann bei Unternehmensstiftungen unter Umständen irreführend sein: Gemeinnützig muss nur die Verwendung des Ertrags sein, nicht die Tätigkeit eines stiftungseigenen Unternehmens. Oftmals bezieht sich die Gemeinnützigkeit auch nur auf einen sehr eingeschränkten Personenkreis, z.B. die Mitarbeiter oder ehemaligen Mitarbeiter eines bestimmten Unternehmens, die aus Mitteln einer Stiftung in bestimmten Fällen oder Notlagen Zuwendungen erhalten. Und diese Stiftung kann zugleich auch Eigentümer des gesamten Unternehmens sein.

Warum werden überhaupt solche Unternehmensträger-Stiftungen errichtet? Elisabeth Stern nennt in ihrem Buchbeitrag »Die Stiftung als Unternehmer« folgende Gründe:

- Ein Unternehmensgründer will sein »Lebenswerk« verewigen.
- Die Rechtsform soll Unabhängigkeit gewährleisten (z.B. bei der »Stiftung Warentest«).
- Zufällige Ergebnisse der Erbfolge sollen ausgeschaltet werden, die Auszahlung von Erbansprüchen aus der Unternehmenssubstanz soll verhindert werden.
- Die Aufteilung oder Zerschlagung des Unternehmens soll verhindert werden.
- Das Unternehmen soll von schädlichen Interessen zukünftiger Eigentümer freigehalten werden.
- Gewinne sollen nicht den Kapitaleignern, sondern z.B. den Werksangehörigen oder anderen Zwecken zufließen.
- Und – last but not least: Durch Stiftungen lassen sich Steuern sparen.

Viele deutsche Stiftungen sind von ihrer Zweckbestimmung her ethisch-ökologisch interessant – aber wenden sie bei der Veranlagung des Stiftungsvermögens auch tatsächlich ökologische Richtlinien an?

Bis dato machen sich nur wenige Stiftungsleitungen die Mühe, auf die Anlage des Stiftungsvermögens die eigenen satzungsgemäßen Zweckbestimmungen anzuwenden. Obwohl es bei einigen Stiftungen, vor allem wenn große Vermögen zu verwalten sind, hierfür sogar eigene Portfoliomanagement-Abteilungen gibt. Zur Ehrenrettung vieler Stiftungen muss jedoch gesagt werden, dass trotz großer Ausgaben häufig nur ein geringes Stiftungsvermögen besteht, das für längerfristige Veranlagungen zur Verfügung steht. Eingehende Spenden werden oft nur kurzfristig angelegt – beispielsweise bis zur Finanzierung des nächsten Projekts oder zur Weiterleitung zweckgebundener Spenden. Viele Stiftungen sind auf regelmäßige staatliche Gelder angewiesen, um ihrem Zweck einigermaßen gerecht werden zu können.

Die meisten Stiftungen geben nur ungern Auskunft darüber, welches Vermögen sie wie angelegt haben. Bei den Umweltstiftungen, die ihre Finanzstruktur offen gelegt haben, dominiert die Anlage in festverzinsliche Wertpapiere (85 bis 100 Prozent). Viele Stiftungen legen fast alle eingehenden Spenden vorübergehend in Festgeld an, nur vereinzelt – vor allem bei sehr großen Stiftungsvermögen – sind auch Aktien zu finden. Kaum ins Gewicht fallen Investmentfonds und Immobilien (meist nur das eigene Verwaltungsgebäude). Ein ethisch-ökologisches Screening ist so gut wie nirgends etabliert. Es gibt jedoch einige Stiftungen, die schon vor vielen Jahren ihre Anlagepolitik nach ethisch-ökologischen Kriterien ausgerichtet haben.

5.3 Deutsche und internationale Beispiele

Die folgende Auswahl von Stiftungen mit ethisch-ökologischer Zielsetzung bezieht sich primär auf den deutschsprachigen Raum, wo es über 36.000 Stiftungen gibt, die meisten in Deutschland (über 20.000) und der Schweiz (rund 13.000 gemeinnützige Stiftungen). Mehr als die Hälfte davon ist in den Bereichen Soziales oder Bildung und Erziehung tätig. Mehr als fünf Prozent widmen sich satzungsgemäß dem Schutz von Umwelt, Landschaft und Natur. Betrachtet man die jährlichen Ausgaben gemeinnütziger Stiftungen pro Einwohner, hat nach einer Statistik des Fundraising Verbands Austria (Stand 2013) Österreich noch großen Nachholbedarf. Hier sind es pro Kopf nur 3 Euro, in Deutschland (183 Euro) und der Schweiz (160 Euro) weit mehr.

Unter www.stiftungsindex.de kann man Stiftungen in Deutschland nach Schlagworten suchen, über 1.000 sind z.B. unter „Umwelt“ oder “Naturschutz“ registriert, rund 50 unter „Ökologie“.

Bewegungsstiftung

Privates Vermögen für politischen Wandel einsetzen – lautete das Motto der neun Stifter der Bewegungsstiftung, die im März 2002 mit einem Startkapital von 250.000 Euro in Berlin gegründet wurde. Die Bewegungsstiftung (www.bewegungsstiftung.de) will „Anstöße für soziale Bewegungen geben und Kampagnen und Projekten Geld für sozialen und politischen Wandel zur Verfügung stellen“. Unter den ersten geförderten Projekten waren z.B. das Internetmedium ngo-online.de, die Kampagne der Coordination gegen Bayer Gefahren (CBG) gegen Tantalit-Exporte aus dem Kongo oder die Öffentlichkeitsarbeit des Bundeskongresses entwicklungspolitischer Aktionsgruppen (BUKO). Die Förderobergrenze lag zunächst bei 1.500 Euro (später bei 5.000 Euro), denn man erwartete, dass jährlich nur rund 10.000 Euro, das sind vier Prozent aus der Verzinsung des Stiftungskapitals, vergeben werden können. Inzwischen ist die Zahl der Stifter auf rund 120 angewachsen, das verwaltete Vermögen auf über 6,0 Mio. Euro (2015), was – bei gut drei Prozent Ertrag eine jährliche Fördersumme von 150.000 Euro ermöglicht. Förderbeträge gingen bisher u.a. an Organisationen wie Attac, urgewald, Mehr Demokratie oder die Kampagne gegen Biopiraterie. Investiert wurde in den Werkhof in Lübeck, die Windenergieanlage „Masse-Wind" oder das Miethäusersyndikat in Freiburg.

Seit Mai 2004 hat die Stiftung einen eigenen Anlageausschuss. Neben Negativ- und Positivkriterien (z.B. Investments in Unternehmen, die „eine soziale oder technische Innovation erproben") wird auch das Kriterium „Hebel der Veränderung" beachtet und gefragt, „wie viel Einfluss wir als Stiftung durch unsere Geldanlage ausüben können", z.B. bei Aktien durch Nutzung von Rede- und Stimmrechten in Hauptversammlungen.

In den Anlagekriterien (Stand März 2015) wurden auch „Korridore der Vermögensanlage festgelegt", nämlich „45% bis 55% festverzinsliche, sichere Anlagen, 10% bis 15% Darlehen an Projekte, die im Sinne der Förder- und Anlagerichtlinien wirtschaften, 15% bis 20% Direktbeteiligungen, d.h. Anlageformen, in denen die Stiftung haftendes Eigenkapital zur Verfügung stellt" (und 10 bis 15% in Aktien und Aktienfonds). Es werden fünf Risikoklassen unterschieden, insgesamt sollen „65% in sichere und 35% in riskantere Anlagen angelegt werden". Vorbildlich ist die Transparenz: Nicht nur die Anlagerichtlinien sind auf der Website veröffentlicht, sondern es wird auch – und das macht kaum eine andere Stiftung – das komplette Anlageportfolio regelmäßig aktualisiert. Im Herbst 2015 waren z.B. rund 2,5 Mio. Euro in Sparbriefen verschiedener Banken wie GLS, UmweltBank oder Triodos bzw. Wohnungsgenossenschaften angelegt. Knapp 0,5 Mio. Euro wurden an zwölf Betriebe wie z.B. die GEPA Fair Trade Beteiligungs-GmbH als Darlehen vergeben, rund 0,8 Mio. Euro in Beteiligungen (z.B. stille Beteiligung an der GLS Bank, Genossenschaftsanteile an Greenpeace Energy eG oder Genussrechte der Green City Energy AG) investiert, rund 0,5 Mio. Euro in vier Aktienfonds (großteils in den GLS Aktienfonds und den Ökovision).

Um ihren Zweck erfüllen zu können, ist die Bewegungsstiftung auf Zustiftungen angewiesen, die ab 5.000 Euro möglich sind (damit ist man – auf Lebenszeit – im Beirat der Stifter stimmberechtigt). Mit Seminarthemen wie „Mit Geld die Welt verändern", Testamentsgestaltung, strategisch spenden und ethischer Geldanlage ist man in verschiedenen Städten und Regionen unterwegs und will zur Nachahmung animieren.

Deutsche Bundesstiftung Umwelt

Mitte 1990 hat die Bundesregierung mit dem Erlös aus dem Verkauf des Salzgitter-Konzerns (fast 1,3 Mrd. Euro) eine Umweltstiftung gegründet. Mit einem Stiftungsvermögen von inzwischen 2,0 Mrd. Euro ist die Deutsche Bundesstiftung Umwelt (DBU, www.dbu.de) eine der reichsten Stiftungen in ganz Europa. Bis Anfang 2016 wurden rund 9.000 Projekte mit insgesamt rund 1,6 Mrd. Euro unterstützt, jährlich stehen derzeit rund 50 Mio. Euro zur Verfügung. Laut den seit Anfang 2016 geltenden Förderleitlinien konzentriert man sich auf 13 Themenbereiche, von „Instrumenten und Kompetenzen der Nachhaltigkeitsbewertung sowie Stärkung von Nachhaltigkeitsbewusstsein und -handeln" bis zur „Bewahrung und Sicherung national wertvoller Kulturgüter vor schädlichen Umwelteinflüssen". Seit 1993 wird von der DBU auch der jährliche Deutsche Umweltpreis verliehen, dessen Preisgeld (500.000 Euro) das höchste in Europa ist. Von den jährlich bei der Geschäftsstelle in Osnabrück eingehenden rund 2.000 Förderungsanträgen wird meist weniger als ein Viertel unterstützt.

Die DBU veranlagt großteils in verzinsliche Wertpapiere. Sie hat die „UN Principles for Responsible Investment" (siehe Kap. 6.2.2) unterzeichnet und das Thema Nachhaltigkeit 2005 in ihre Anlagerichtlinien aufgenommen. Demnach müssen mindestens 80 Prozent der in der Direktanlage gehaltenen Aktien sowie 80 Prozent der börsennotierten Unternehmensanleihen in einem Nachhaltigkeitsindex gelistet sein wie z.B. im Dow Jones STOXX Sustainability Index, im FTSE4Good, im Euronext von Vigeo oder im Ethibel Sustainability Index (ESI). Zum letzten DBU-Bilanzstichtag (2015) war dies bei rund 82 Prozent der Aktien und rund 93 Prozent der Unternehmensanleihen der Fall. Daneben investiert die DBU auch in Green Bonds, in Fonds zu Themen wie „Wasser" oder „Energie" sowie (aktuell mit rund 2,5%) in Mikrofinanzanlagen. Bei Staatsanleihen und nicht börsennotierten Finanzanlagen verfolgt die DBU, ob es dafür Nachhaltigkeitsratings gibt.

Ethecon – Stiftung Ethik & Ökonomie

Ende 2004 war diese 2003 gegründete Stiftung (www.ethecon.org) von zwei Stifter(innen) und mehreren Förderern mit über 400.000 Euro ausgestattet, inzwischen sind es rund 20 Mitstifter(innen). Der Name, eine Verbindung der Begriffe „Ethics" und „Economics", ist programmatisch: Stiftungsvorstand Axel Köhler-Schnura (Konzernkritiker und Träger des Preises für Zivilcourage 2000) hat eine „internationale und sozial bewegte Stiftung zur weit in die Zukunft reichenden Sicherung ethischer Prinzipien zum Wohl von Ökologie und Gesellschaft" im Blick, die z.B. soziale Bewegungen wie Attac unterstützen soll. Auf diese Weise soll verhindert werden, dass Profit „zum einzigen Kriterium für das gesellschaftliche Leben und für den Umgang mit der Umwelt" wird.

Die Stiftung vergibt jährlich zwei undotierte Preise: Der „International ethecon Blue Planet Award" ehrt Personen, „die sich in herausragender Weise für die

Rettung und den Erhalt unseres Blauen Planeten einsetzen". Der „International ethecon Black Planet Award" hingegen „prangert Personen an, die in schockierender Weise Zerstörung und Ruin des Planeten betreiben". Einiges Aufsehen und Medienecho erregte die Übergabe des Black Planet Awards bei der Hauptversammlung im April 2011 an die Verantwortlichen von BP.

Köhler-Schnura hat auch den Umweltfonds e.V. (später auf ProSolidar umbenannt, www.prosolidar.net) ins Leben gerufen, aus dessen Erträgen – ähnlich wie bei den Charityfonds – ökologische und sozialpolitische Initiativen unterstützt werden, vor allem die Coordination gegen Bayer-Gefahren (www.cbgnetwork.org, siehe auch Kapitel 2.5.4). Dieser Umweltfonds ist kein Investmentfonds, aber eine Einzahlung in ihn „unterscheidet sich von einer Spende, weil er zielgerichtet rückzahlbare Einlagen investiert". Die Gelder – rund 1,6 Mio. Euro, im Schnitt betragen die Einlagen mehr als 5.000 Euro pro Person – werden verzinslich bei der GLS Bank und der EthikBank angelegt. 2010 wurden rund 16.000 Euro Erträge erzielt, im langjährigen Schnitt sind es rund 12.000 Euro. Die größte Unterstützung erhielt 2010 „Stop Bayer-Gentechnik!" von der Coordination gegen Bayer-Gefahren.

Filia – die Frauenstiftung

„Wir haben die Vision von einer gerechten, menschenwürdigen, vielgestaltigen Welt, in der Frauen eine entscheidende Rolle spielen" steht in der Präambel von Filia – die Frauenstiftung mit Sitz in Hamburg. Gegründet wurde Filia 2001 (www.filia-frauenstiftung.de) von neun Frauen, inzwischen sind es (2016) 66 Mitstifterinnen. Das Stiftungskapital stieg inzwischen auf über 16 Mio. Euro, die jährlichen Spendeneinnahmen betragen (inkl. Nachlässen) fallweise bis zu 0,5 Mio. Euro. Filia ist nach dem Ende der den Grünen nahen "Frauenanstiftung" in Deutschland ein neuer Anstoß für eine Gemeinschaftsstiftung von Frauen für Frauen. Empowerment (engl. für „Ermächtigung", steht hier für Selbstverantwortung und Selbstbestimmung) steht im Zentrum des Förderprogramms. 2014 wurde eine Fördersumme von über 157.000 Euro an 21 Projekte vergeben. In Deutschland, wo rund ein Fünftel der Gelder vergeben wird, ist einer der Schwerpunkte das Thema „Frauen und Philanthropie". Gute Kontakte bestehen auch zum 1998 gegründeten Pecunia Erbinnen-Netzwerk (www.pecunia-erbinnen.net) von Frauen mit einer Erbschaft von mindestens 500.000 Euro. „Niemand kann Erbinnen so gut beraten wie die Erbinnen selbst", sagt Ise Bosch, Stiftungsrätin bei Filia und auch beim Pecunia Erbinnen-Netzwerk aktiv. Das Netzwerk veranstaltet eine mehrtägige Jahrestagung sowie Regionaltreffen im kleineren Kreis, nicht selten auch zu Themen der ethisch-ökologischen Veranlagung von Erbschaften. Seit 2014 hat filia einen verkleinerten Anlageausschuss und veranlagt ihr Vermögen nach ökologisch-sozialen Kriterien mit folgender „Zielallokation": 30 Prozent Aktien (Einzeltitel), 40 Prozent festverzinsliche Papiere, 20 Prozent sonstige Anlageklassen/Beteiligungen sowie 10 Prozent Immobilien.

Right Livelihood Stiftung

Der schwedisch-deutsche Schriftsteller Jakob von Uexküll verkaufte seine wertvolle Briefmarkensammlung und gründete aus dem Erlös 1980 die „Right Livelihood Stiftung“ (www.rightlivelihood.org). Right Livelihood – im Buddhismus die fünfte Stufe auf dem achtfachen Pfad zur Erleuchtung – bedeutet „verantwortungsvolle Lebensführung“. Jährlich verleiht die Stiftung – ein bis drei Tage vor der Nobelpreispräsentation in Stockholm – mehrere „alternative Nobelpreise für richtige Lebensführung“ an Menschen oder Organisationen, die an „anwendbaren und beispielhaften Lösungen für die tatsächlichen Probleme unserer Zeit arbeiten“. Seit 1980 werden jährlich meist vier oder fünf Preisträger ausgewählt, insgesamt über 180 aus über 60 Ländern. Darunter waren Leonardo Boff, Hermann Scheer, Johan Galtung, IBFAN (International Baby Food Action Network), Ken Saro-Wiwa, Astrid Lindgren, Vananda Shiva, Mordechai Vanunu, Robert Jungk, Petra Kelly, Erwin Kräutler, Edward Snowden oder auch die afrikanische Umweltaktivistin Wangaari Maathai (1940-2011), die später (2004) auch den Friedensnobelpreis erhalten hat. Das Preisgeld von jährlich bis zu 400.000 Euro fließt nicht an die jeweiligen Personen, sondern wird zur weiteren Unterstützung an die betreffenden Projekte geleitet. In Fragen der eigenen Vermögensverwaltung – konsequent nach ethisch-ökologischen Kriterien, teilweise auch im Aktienbereich – nutzt der Stiftungsvorstand den Rat externer Experten. Derzeit (2015) werden höchstens 10 Prozent in Aktien veranlagt, der Rest großteils in festverzinslichen Wertpapieren, z.B. skandinavischer Länder oder der schwedischen Ekobanken, überwiegend in Schwedischen Kronen (60%) und Euro (knapp 30%). Über 10 Prozent sind in Immobilien veranlagt. 2014 wurden – bei einem Vermögen von gut 43 Mio. Kronen (2010 waren es erst 17,4 Mio. Kronen) rund 2,7 Mio. Kronen an Finanzerträgen erzielt, weitere rund 8,8 Mio. Kronen kamen an Spenden herein.

Stiftung die Schwelle

Die 1979 (vom Bremer Unternehmer und Philosophen Dirk Heinrichs und seiner Frau Ruth-Christa) gegründete Stiftung (www.dieschwelle.de) setzt sich „für Frieden, Gerechtigkeit und Bewahrung der Schöpfung ein, ausgehend von der Überzeugung, dass sowohl in Kriegs- und Nachkriegsgesellschaften als auch in Deutschland Veränderungen notwendig sind, um größere Gerechtigkeit und ein friedliches Zusammenleben zu erreichen“. Sie verfügt inzwischen über rund 4,0 Mio. Euro Vermögen. Mit den Erträgen (von rund 140.000 Euro, im Schnitt 2 bis 4%) und laufenden Spenden (rund 180.000 Euro im Jahr) kann „die Schwelle“ jährlich meist zwischen 220.000 und 320.000 Euro für „Beiträge zum Frieden“ zur Verfügung stellen. Die Stiftung hat ethisch-ökologische Anlagekriterien (Rüstungsindustrie und Atomenergie sind z.B. ausgeschlossen) und ist in der Berichterstattung vorbildlich offen. Aus Sicherheitsgründen wird „grundsätzlich nicht in Aktien angelegt, sondern in der Regel in festverzinslichen Wertpapieren wie Pfandbriefen, Staatsanleihen oder ähnlichen Papieren". Ein kleiner Teil – unter 10 Prozent – wird auch in Beteiligungen investiert.

stiftung medico international

Laut Satzung ist es der Zweck der Stiftung „die Gesundheit der Menschen zu fördern, wobei Gesundheit als Zustand des vollständigen physischen, psychischen und sozialen Wohlbefindens verstanden wird". Gefördert werden neben der öffentlichen Gesundheitsfürsorge auch Entwicklungshilfeprogramme "zur Verbesserung von Einkommen, Ernährung und Hygiene' und „die Hilfe für Verfolgte, Flüchtlinge sowie Opfer von Krieg, Vertreibung und ökologischen Katastrophen". Das Stiftungsvermögen (www.stiftung-medico.de) wird nach „ethisch/nachhaltigen Kriterien" veranlagt, ausgeschlossen sind z.B. Wertpapiere von Unternehmen, „die mit der Produktion von Rüstungsgütern, Kernenergie, Chlor- und Agrochemikalien, genmodifiziertem Saatgut, Tabakwaren und Pornographie beschäftigt sind. Dasselbe gilt für Automobilfirmen, Fluggesellschaften und Glücksspielbetriebe sowie für Staaten, die ABC-Waffen ohne konkrete Abrüstungspläne besitzen, ein aktives Lobbying zum Ausbau der Kernenergie betreiben, die Todesstrafe vollstrecken und die Menschenrechte missachten." Der Werbe- und Verwaltungskostenanteil liegt mit unter 10 Prozent relativ niedrig. 2014 konnten bei Einnahmen von 9,7 Mio. Euro (großteils Spenden) 98 Projekte in 29 Ländern beschlossen werden, das Vermögen lag bei rund 6,0 Mio. Euro. Veranlagt wird derzeit großteils in Bankguthaben, ansonsten in ethisch-nachhaltig zertifizierte und mit einer hohen Sicherheitsstufe bewertete Rentenfonds und gemischte Fonds, wobei der Aktienanteil 7,5 Prozent des Gesamtvermögens nicht übersteigen darf.

Die Mindestsumme für Zustiftungen beträgt 3.000 Euro, auch Stifterdarlehen (ab 10.000 Euro, mit einer Kündigungsfrist von drei Monaten) sind willkommen.

Stiftung Mitarbeit

Diese 1963 gegründete Bonner Stiftung (www.mitarbeit.de) fördert neue Initiativen, Projekte und Gruppen im sozial-politisch-kulturellen Bereich mit grundsätzlich nicht mehr als 500 Euro, z.B. Starthilfezuschüsse an Vereine und Initiativen, vom Afrikarat-Nord e.V. (Hannover) über den Pfadfinderbund Mecklenburg-Vorpommern (Greifswald) bis zur Freiwilligen-Agentur „zeitweise" (Bremen). Über die Unterstützung der formlosen Projektanträge entscheidet ein Beirat. In der alternativen und Selbstverwaltungsszene ist die Stiftung (mit rund 270.000 Euro Stiftungskapital, angelegt u.a. bei der GLS Bank) eine beliebte Anlaufstelle.

Stiftung Nord-Süd-Brücken

Das Kapital dieser 1994 gegründeten Berliner Stiftung (www.nord-sued-bruecken.de) von rund 17 Mio. Euro stammt aus dem Vermögen des Solidaritätskomitees der ehemaligen DDR, das sich aus vielen kleinen Einzelspenden zusammensetzte. Mit den Erträgen werden seit der Wiedervereinigung vor allem ostdeutsche entwicklungspolitische Nichtregierungsorganisationen zum Zweck der entwicklungspolitischen Bildungs- und Öffentlichkeitsarbeit und der Entwicklungszusammenarbeit gefördert, bis dato mit mehr als 12 Mio. Euro. Zu den Schwerpunkten der Förderung zählen die Themen Trinkwasser-, Lebensmittel- und Gesundheitsversorgung, Einkommen schaffende Maßnahmen, Bildung, Umweltsicherung und Menschenrechte.

Bei der Anlage des Stiftungsvermögens werden ethische, ökologische und soziale Kriterien beachtet. Neben Mischfonds (ca. 31%, Stand 2015) und Anleihen (ca. 18%) sind rund 6 Prozent sind in Nachhaltigkeitsaktienfonds angelegt, über 18 Prozent als Darlehen ausgereicht. Für alle Geldanlagen – ein kleiner Teil wird auch in Beteiligungen und Immobilien angelegt – gilt der Ausschluss von Rüstungstiteln, was auch in den entsprechenden Vermögensverwaltungsverträgen festgehalten wurde.

Stiftung Umweltenergierecht

Bei der am 1. März 2011 – zehn Tage vor der Fukushima-Atomkraftwerks-Katastrophe – gegründeten Stiftung (www.stiftung-umweltenergierecht.de) mit Sitz in Würzburg beschäftigen sich rund 20 Rechtswissenschaftler mit energie- und klimapolitischen Rahmenbedingungen. „Neues Recht ist die zentrale Voraussetzung dafür, dass technische Innovationen umgesetzt werden und der Ausbau der erneuerbaren Energien weiter zügig voranschreitet“, sagen die beiden Gründer und Vorstände Thorsten Müller und Fabian Pause, die vor allem die Bundesregierung und Landesregierungen sowie die EU-Kommission beraten. Thorsten Müller war während seiner Zeit beim Umweltministerium auch maßgeblich an der EEG-Novelle 2004 beteiligt. Die gemeinnützige Forschungseinrichtung erstellt, um unabhängig von Unternehmensinteressen bleiben zu können, keine Gutachten für Unternehmen und Verbände und finanziert sich u.a. über Forschungsaufträge (größter Posten des Jahresbudgets von rund 1 Mio. Euro), Spenden, Zustiftungen und Kapitalerträge. Das Stiftungskapital (2016 rund 0,3 Mio. Euro von 46 Gründungsstiftern und 48 Zustiftungen) ist nachhaltig angelegt u.a. in Anleihen von „Unternehmen aus den Bereichen Wind, Photovoltaik, Bioenergie, Nachwachsende Rohstoffe, Biowärme und ökologisches Bauen sowie in einem Fonds, der in nachhaltige Branchen investiert“.

Stiftung Zukunftserbe

Die 2000 vom Freiburger Öko-Institut gegründete Stiftung (www.zukunftserbe.de) hat in den ersten Jahren u.a. Vergleichsstudien zu Öko-Investmentfonds und Öko-Lebensversicherungen mitfinanziert, deren Ergebnisse im Öko-Test-Magazin publiziert worden sind. Leider waren die Studien mit einigen methodischen Fehlern behaftet, da das beauftragte Öko-Institut zwar viel Know-how in Fragen der ökologischen Bewertung, aber eher wenig in Fragen der Konstruktion von Finanzprodukten hatte. Das Stiftungsvermögen von derzeit rund 1,2 Mio. Euro ist u.a. in Nachhaltigkeitsfonds, Energieeinsparprojekte und – zum größten Teil – in der Öko-Immobilie „Sonnenschiff" in Freiburg angelegt. Eines der geförderten Projekte ist der Dokumentarfilm „Roadside Radiation" eines Filmemachers von earlybirdpictures anlässlich des 30. Jahrestags der Reaktorkatastrophe von Tschernobyl.

Stiftung Zukunftsfähigkeit

Der Hamburger Diplomkaufmann Klaus Milke, der schon vor über 25 Jahren als „kritischer Aktionär" vor allem bei Banken aufgetreten ist, hat mit seinem Erbteil als Grundstock 1997 die Stiftung Zukunftsfähigkeit (www.stiftungzukunft.de) gegründet. Zentrales Anliegen ist das Thema „Sustainable Development" in Nord und Süd. Die Stiftung mit Sitz in Bonn fördert aus den jährlichen Erträgen vor allem die Initiative Germanwatch e.V., die sich schon länger mit Entwicklungs-, Umwelt- und Menschenrechtsfragen beschäftigt. Zwischenzeitlich wurden auch Neugründungen wie die Klimaschutzinitiative „Atmosfair" – eine gemeinnützige GmbH – unterstützt.

Ungewöhnlich an der Stiftung Zukunftsfähigkeit ist die ebenfalls nach ethisch-ökologischen Kriterien ausgerichtete Anlage des Stiftungsvermögens (u.a. in ethisch-ökologischen Aktien- und Rentenfonds). Neben dem Vorstand gibt es noch ein Kuratorium und einen Beirat. Interessierte können sich mit Zustiftungen bzw. Spenden anschließen.

Die Stiftung Zukunftsfähigkeit war und ist auch eine der treibenden Kräfte für eine „Lenkung der Kapitalströme im Sinne einer nachhaltigen Entwicklung". Sie hat sich z.B. als Lobbygruppe bei der Gesetzesnovelle betätigt, durch die im Jahre 2002 die Berichtspflicht für alle Altersvorsorgeanbieter in Deutschland eingeführt wurde. Sie geht mit gutem Beispiel voran und will auch andere Stiftungen „anstiften", die eigene Anlagepolitik umzustellen. Empfohlen wird ein Schlüssel von 55 bis 70 Prozent in festverzinsliche nachhaltige Wertpapiere und 25 bis 40 Prozent in Form von Aktien oder Nachhaltigkeits- und Umweltinvestmentfonds.

Umverteilen! Stiftung für eine, solidarische Welt

Die Entstehungsgeschichte dieser Stiftung (www.umverteilen.de) klingt fast wie ein Märchen: „Der Verkauf von Geschäftsanteilen eines Pharma-Unternehmens im Jahr 1986 überschwemmt einen linken Kreuzberger Erben mit so vielen Mio. Mark, dass dieser beschließt, dieses Geld nicht behalten zu wollen." Mit diesem Satz beginnt eine Selbstdarstellungsbroschüre der Stiftung „Umverteilen!", die der Berliner Ulf Mann kurz vor Weihnachten 1985 mit rund 15 Mio. Euro aus seinem Erbe eingesetzt hat. Der Stifter selbst wird laut Satzung durch einen monatlichen Bezug gemäß Bundesangestelltentarif versorgt. Stiftungsangestellte werden nicht höher als ein Chemiefacharbeiter entlohnt.

Zweck der Stiftung ist u.a. auch die Förderung des Umweltschutzes. Der Schwerpunkt liegt jedoch in der Entwicklungshilfe bzw. der Umverteilung des

Reichtums. Dabei wird Entwicklungshilfe so verstanden, dass sie „nicht in erster Linie Hunger stillen soll, sondern den Ursachen von Hunger an den Kragen" geht, wie es Ulf Mann in der Präambel ausdrückt.

Die Finanzierung diverser Projekte erfolgt ausschließlich aus den Erträgen des Stiftungsvermögens, es sei denn die Stiftungsorgane beschließen eine Vermögensentnahme, wenn dadurch der Stiftungszweck „in ganz besonders sinnvoller Weise erfüllt" wird. Das Stiftungsvermögen darf jedoch nie unter fünf Mio. Euro sinken. Bei der Verwaltung des Stiftungsvermögens stehen „die Sicherheit einer Anlage und die Beachtung von Grundprinzipien ethischen Investments" im Vordergrund. Das Vermögen ist in Festgeldkonten, Wertpapieren und Immobilien sozialer und ökologischer Modellprojekte angelegt. Eine im Stiftungseigentum befindliche Villa am Stadtrand von Berlin wurde einem Projekt für ausländische Drogenabhängige zur Verfügung gestellt, bei einem Mehrfamilienhaus in Kreuzberg wurde ein Mieter-Selbstverwaltungsmodell versucht.

Zwischen 1987 und 2013 hat die Stiftung Umverteilen rund 5.900 Projekte mit durchschnittlich rund 3.600 Euro gefördert, was sich auf eine Gesamtsumme von über 21,4 Mio. Euro summiert hat (über 20 Mio. Euro davon stammten aus den Erträgen der Stiftung). Außenstehende können der Stiftung jederzeit Geld zuwenden, sei es zur Finanzierung der laufenden Projekte oder zweckgebunden zur Vermehrung des Stiftungsvermögens.

In der vom Bundesverband Deutscher Stiftungen (www.stiftungen.org, die über 6.000 zugehörigen Stiftungen repräsentieren rund drei Viertel des gesamten deutschen Stiftungsvermögens,) herausgegebenen Broschüre „Umweltstiftungen stellen sich vor" findet man zahlreiche interessante Selbstporträts, darunter z.B. die folgender Stiftungen:

- Allianz Umweltstiftung (Vermögen ca. 50 Mio. Euro, gestiftet von der Allianz SE, über 50 Mio. Euro Fördervolumen seit Gründung 1990),
- Deutsche Umweltstiftung (Vermögen ca. 0,15 Mio. Euro, Gründungskapital: 137.000 DM 1982 von rund 450 Stifterinnen und Stiftern),
- EuroNatur Stiftung (Vermögen ca. 1,3 Mio. Euro, Gründungskapital 150.000 DM Fördervolumen seit Gründung 1987 über 20 Mio. Euro),
- Hermann-Scheer-Stiftung (Vermögen 125.000 Euro bei der Gründung 2010),
- Niedersächsische Bingostiftung für Umwelt und Entwicklungsarbeit (Fördervolumen jährlich ca. 4,5 Mio. Euro aus Landeszuschüssen),
- Ökumenische Stiftung für Schöpfungsbewahrung und Nachhaltigkeit (Vermögen ca. 50.000 Euro, Gründung 2005),
- Schweisfurth-Stiftung (Vermögen ca. 15 Mio. Euro, Fördervolumen seit Gründung 1985 über 20 Mio. Euro),
- Software AG-Stiftung (Vermögen ca. 1 Mrd. Euro, Fördervolumen im Umweltbereich seit 1999 über 25 Mio. Euro),

- Umweltstiftung Greenpeace (Vermögen ca. 3 Mio. Euro, Gründung 1999 mit 0,26 Mio. Euro, seit 2015 mehr als 500 Zustifter).

Mitte 2010 hat Transparency International Deutschland e.V. (gemeinsam mit dem Bundesverband Deutscher Stiftungen, dem Deutsche Fundraising Verband, dem Deutschen Spendenrat und weiteren Partnern aus dem gemeinnützigen Sektor) die „Initiative Transparente Zivilgesellschaft" (www.transparente-zivilgesellschaft.de) lanciert. Dabei werden die seinerzeit rund 590.000 Vereine und über 18.000 Stiftungen in Deutschland ermutigt, als Mindeststandard für Transparenz „freiwillig in einem einheitlichen Format zu zehn Fragen Informationen über ihre gemeinnützige Organisation zu veröffentlichen".

Laut einer Studie des Bundesverbandes Deutscher Stiftungen liefern die Stiftungen zwar die von Finanzamt und Stiftungsaufsicht verlangten Berichte, aber nur 13 bzw. 9 Prozent veröffentlichen wirtschaftliche Angaben gedruckt bzw. im Internet. Um eine Erhöhung der Transparenz und Standards der Berichterstattung bemüht sich auch das „Netzwerk Wandelstiften" (www.wandelstiften.de), an dem sich rund 20 Stiftungen, darunter einige der in diesem Kapitel genannten, beteiligt haben. Neben Stiftungen gibt es auch eine Reihe religiöser Institutionen und anderer (weltlicher) NGOs, die ihre Rücklagen nachhaltig investieren, hier einige – große und kleine – Beispiele:

Brot für die Welt – Evangelischer Entwicklungsdienst

(Evangelisches Werk für Diakonie und Entwicklung e.V.) mit Sitz in Berlin (www.brot-fuer-die-welt.de) hat 2015 die 40-seitige Broschüre „Entwicklungspolitische Kriterien im ethischen Investment. Geldanlagen entwicklungspolitisch und nachhaltig wirksam machen" herausgegeben und empfiehlt diese Kriterien auch anderen Organisationen. Der eigene Mittelbestand der Gruppe (Ende 2014 waren dies 118,0 Mio. Euro) besteht großteils aus den Mitteln „für bereits bewilligte und in Durchführung befindliche Projekte" (104,6 Mio. Euro). Thematische Förderschwerpunkte waren bei weltweit über 630 Projekten – unter dem Motto „Hilfe zur Selbsthilfe" – u.a. Ernährungssicherung, Bildung und Gesundheit, Zugang zu Wasser, Achtung der Menschenrechte, Sicherung des Friedens sowie die Bewahrung der Schöpfung, begleitet von Kampagnen- und Öffentlichkeitsarbeit. Die Gesamteinnahmen von fast 255 Mio. Euro (+7,5%) setzten sich 2014 vor allem aus Beiträgen Dritter (127 Mio. Euro), Spenden und Kollekten (rund 55,7 Mio. Euro) und kirchlichen Mitteln (51 Mio. Euro) zusammen, das Finanzergebnis lag bei 3,2 Mio. Euro. Mit rund 43 Mio. Euro war in der Bilanz von Brot für die Welt der 15-Prozent-Anteil an der der Bank für Sozialwirtschaft AG ausgewiesen.

Christoffel-Blindenmission Deutschland e.V.

Die deutsche Christoffel-Blindenmission (CBM, www.cbm.de) fördert – ähnlich wie die österreichische Organisation „Licht für die Welt" – seit über 100 Jahren

Menschen mit Behinderungen in Entwicklungsländern, derzeit (2016) in rund 670 Projekten in 65 Ländern. Über 500.000 Spender, öffentliche Gelder sowie Partnerschaften mit Unternehmen und Stiftungen ermöglichten 2014 ein Jahresbudget von rund 61 Mio. Euro. 2015 betrugen die Rücklagen „im Rahmen einer finanziellen Risikovorsorge" rund 12,4 Mio. Euro. Neben dem „realen Werterhalt nach Inflation" ist auch Nachhaltigkeit ein Anlageziel, das durch die Einhaltung ethischer Grundsätze durch Ausschlusskriterien – gemäß dem Leitfaden für ethisch nachhaltige Geldanlage der evangelischen Kirche (www.ekd.de) – sichergestellt wird. Im Aktienbereich sind z.B. Titel aus dem STOXX Global ESG Leaders-Index und dem STOXX Sustainability Europe ex AGTAFA-Index zulässig. AGTAFA steht für die ausgeschlossenen Branchen "alcohol, gambling, tobacco, armaments, firearms, adult entertainment". Bei Staatsanleihen sind Länder, in denen die Todesstrafe praktiziert wird, tabu bzw. solche, die z.B. als „Nicht-Frei" im Sinne der Organisation und Forschungseinrichtung „Freedom House" klassifiziert sind oder als besonders korrupt (im Sinne des CPI von Transparency International) gelten.

energie neu denken gUG (haftungsbeschränkt)

Die gemeinnützige Unternehmergesellschaft (haftungsbeschränkt) energie neu denken (www.energie-neu-denken.de) mit Sitz in München setzt sich u.a. mit Informationsveranstaltungen, Kampagnen und Beratungen für den bürgernahen Ausbau der erneuerbaren Energien ein. Sie „kämpft für eine volkswirtschaftlich sinnvolle, gerechte und sozial verträgliche Transformation des deutschen Strommarktes". Das Stammkapital von 10.000 Euro (der jährliche Umsatz liegt bei bis zu 20.000 Euro) dient als Rücklage, die laut Geschäftsführerin Trudel Meier-Staude derzeit zu 100 Prozent in den „Invest In Visions – Mikrofinanzfonds" investiert, der 2015 rund 2,8 Prozent erwirtschaftet hat. Für Spenden werden Zuwendungsbestätigungen ausgestellt.

missio – Internationales Katholisches Missionswerk Ludwig Missionsverein KdöR

Das päpstliche Missionswerk (www.missio.de) mit Sitz in München (es gibt noch ein deutsches Schwesterwerk in Aachen, das österreichische hat seinen Sitz in Wien) lässt bereits seit mehreren Jahren „sämtliche Finanzanlagen nach Nachhaltigkeitskriterien verwalten" und nutzt seit 2015 auch die Nachhaltigkeitsratings von imug. Über die 2003 als Förderstiftung von missio gegründete Stiftung ecclesia mundi werden die kirchlichen Strukturen (Aus- und Weiterbildung kirchlichen Personals, kirchliche Bauten, Fahrzeuge und Medien) vor Ort gefördert.

6 Information ist alles: Research- und Ratingorganisationen

Gerade bei nachhaltigen Geldanlagen ist eine Vielzahl von Informationen notwendig, um eine tragfähige Basis für die eigene Auswahl der Investments zu finden. Konkrete Hilfestellung geben verschiedene Forschungsinstitute, Agenturen und Dokumentationsstellen, die ihre Dienste sowohl Privatanlegern als auch professionellen Fondsmanagern anbieten.

Solange nicht alle Unternehmen die von der »Global Reporting Initiative« (GRI) erstellten, international vergleichbaren Richtlinien für die Berichterstattung über soziale und Umweltaktivitäten umsetzen, müssen Informationen aus verschiedensten Quellen gesammelt werden.

6.1 Aktienanalysten

Bereits vor dem Jahr 2000 sind die ersten deutschen Unternehmen aus der Wind- und Solarenergiebranche an die Börse gegangen, seither sind ökologische Investments verstärkt ins Blickfeld geraten. Inzwischen geben viele Banken – nicht nur die in Emissionskonsortien vertretenen – entsprechende Branchenstudien und Sektor- bzw. Einzelaktienanalysen heraus. Bankenunabhängige Analysen finden sich aber relativ selten, eine der wenigen Ausnahmen ist der Börsenbrief Öko-Invest (siehe Kapitel 6.2.1), der z.B. von 2005 bis 2012 jährlich eine umfangreiche Solaraktienstudie publiziert hat, in der alle weltweit notierten Solarunternehmen behandelt worden sind.

6.2 Informationsdienste

Mittlerweile gibt es eine große Zahl von Informationsdiensten, Zeitungen, Zeitschriften und Magazinen zum Thema Geldanlage – ja sogar mehrere Fernsehkanäle. Fast jede größere Bank gibt einen eigenen meist kostenlosen Dienst heraus. Nur wenige jedoch befassen sich – über die finanziellen Informationen hinaus – auch mit ökologischen oder sozial-ethischen Aspekten. Der älteste anbieterunabhängige deutschsprachige Börsenbrief ist der Öko-Invest, der seit 1991 alle vierzehn Tage mit meist 12 Seiten erscheint.

6.2.1 Printmedien: Öko-Invest

Der Börsendienst hat den Untertitel „Investment mit Verantwortung und Erfolg" und ist nur im Abonnement per Post erhältlich. Eigene bankenunabhängige Aktien- und Anleiheanalysen samt Kursgrafiken und jeweils ein Musterdepot mit rund 40 verschiedenen börsennotierten und einem halben Dutzend außerbörslichen Wertpapieren bilden den Hauptteil des Heftes. Zu den bislang besten Aktienempfehlungen zählten die Aktien von Tomra Systems (Kursanstieg rund 6.000 Prozent zwischen 1993 und 2000), Solarworld (über 13.000 Prozent Plus zwischen Oktober 2002 und Mitte 2008) und Keurig Green Mountain Coffee (5.200 Prozent zwischen Anfang 2004 und Ende 2015).

Auf den ersten zwei bis fünf Seiten wird jeweils eine bestimmte Branche analysiert oder es werden Schwerpunktthemen wie Alternativbanken oder bestimmte Länder behandelt. Die von Öko-Invest entwickelten Aktienindizes nx-25 und PPVX (siehe Kapitel 2.5.2) werden mit sämtlichen Index-Titeln und deren Entwicklung regelmäßig abgedruckt. Daneben werden Updates zu früher besprochenen Unternehmen und die „Graugrüne Liste" veröffentlicht (siehe Kapitel 7.8), rund 200 Börsendienste und Zeitschriften ausgewertet, Neuemissionen vorgestellt, neue Literatur, Tagungsberichte oder Veranstaltungshinweise präsentiert. Quartalsweise werden die Performance-Tabellen von über 250 Ethik- und Umwelt-Investmentfonds abgedruckt sowie deren Portfolios kritisch begleitet. Mehr als 60 Prozent der über 3.000 Leser wohnen in Deutschland, die Hälfte der Abonnenten sind Privatanleger, der Rest professionelle Vermögensverwalter, Vertreter von Banken, Umweltorganisationen oder Umweltbeauftragte in Unternehmen sowie Wirtschafts- und Umweltmagazine. Mit einem Netz von weltweit rund 20 Korrespondenten kann der Börsendienst häufig direkt vor Ort recherchieren lassen. Einzelhefte – zu rund 600 Schwerpunktthemen von Ägypten, Aktienkennzahlen und Aktivkohle bis Zimbabwe, Zucker und Zypern - können nachbestellt werden, ein aktuelles Probeheft ist gratis.

Kontakt:

- Öko-Invest-Verlags-GmbH,
  Schweizertalstraße 8-10/5, A-1130 Wien, Tel.: 0043/1/8760501,
  E-Mail: oeko-invest@teleweb.at, www.oeko-invest.net

6.2.2 Internet: Ecoreporter und andere

Was der Öko-Invest seit 1991 im Printbereich, das ist Ecoreporter.de seit 1997 im Internet: Der vom Umweltpublizisten und Juristen Jörg Weber in Dortmund gegründete Dienst liefert tagesaktuelle Meldungen, Interviews, Hintergrundberichte, eine „Wachhund-Rubrik" sowie Performancezahlen zu Aktien, Anleihen, Sparprodukten und Fonds. In den ersten Jahren war die Nutzung kostenlos, seit 2004 sind die meisten Inhalte kostenpflichtig. Die Schlagzeilen mit den Links zu den Berichten kann man sich als kostenlosen E-Mail-Newsletter zuschicken lassen. Gelegentlich erscheint auch ein E-Mail-Magazin im pdf-Format oder als Printpublikation, die gegen Rechnung auf dem Postweg verschickt wird.

Kontakt:

- Ecoreporter.de AG,
  Semerteichstraße 60, D-44141 Dortmund, Tel.: 0231/477359-60,
  E-Mail: info@ecoreporter.de

Im Folgenden sind einige Dutzend ausgewählter Internetadressen zu möglichen Informationsquellen mit jeweils einer kurzen Beschreibung aufgeführt. Waren früher manche Informationen schwer zu bekommen, muss man heute aus der Informationsflut des Internets herausfiltern, was nachhaltig orientierte Anleger interessieren könnte: neben konkreten Anlageangeboten vor allem gründlich recherchierte Fakten, aber auch Meinungen und Stimmungen. Die Internetadressen vieler Unternehmen, Fonds, Banken, Finanzdienstleister, Aktienhändler oder Rating-Agenturen haben wir in der Regel direkt an den betreffenden Stellen im Buch angeführt. Hier sind deshalb meist unternehmensunabhängige Informationsquellen – in Deutsch oder Englisch – aufgeführt:

Deutschprachige Seiten:

- www.bafin.de
  Bei der deutschen Finanzmarktaufsicht (BaFin) sind alle prospektpflichtigen Angebote sowie über 300.000 Berater von Banken und Sparkassen registriert.

- www.besser-spenden.de
  Auf ihrem Portal rund um Sinn und Nutzen von Spenden gab Ise Bosch (bis Mai 2012) auch monatlich einen Tipp zu Spenden oder einen Kommentar zu neuen Büchern.

- www.bnef.com
  Das 2004 gegründete und inzwischen von Bloomberg übernommene Londoner Consulting-Unternehmen (new energy finance) bietet (großteils kostenpflichtig) Informationen zu börsennotierten und Private-Equity-Anlagen im Bereich der erneuerbaren Energien.

- www.boerse-online.de | www.financial.de | www.onvista.de
  Diese und viele andere „konventionelle“ Onlinedienste bringen manchmal auch ausführliche Berichte zu Öko-Aktien.

- www.bondguide.de
  Das Portal für Unternehmensanleihen liefert – zeitnah und gut recherchiert – die für Investoren wichtigsten Informationen auch zu börsennotierten Papieren „grüner“ mittelständischer Unternehmen (mit Kursdaten, Kennzahlen, Musterdepot, Risikofaktoren sowie Interviews mit Emittenten und Investoren).

- www.boxer99.de
  Der „Boxer“-Infodienst bietet Meldungen und eine umfangreiche Datenbank für Unternehmen im Bereich Erneuerbare Energien.

- www.comdirect.de | www.dab-bank.de
  Neben dem Online-Handel, Aktienkursen und Meldungen bieten diese und andere Direktbroker meist auch für Nichtkunden die Möglichkeit, ein persönliches Musterdepot einzurichten.

- www.cric-online.org
  Der Verein „Corporate Responsibility Interface Center“ will die Diskussion über ökologische und soziale Aspekte zwischen (nicht nur kirchlichen) Investoren und im Dialog mit Unternehmen fördern, z.B. in Anlehnung an die Kriterien des 1997 veröffentlichten „Frankfurt-Hohenheimer“ Leitfadens.

- www.bundesanzeiger.de
  Auf dem vom deutschen Justizministerium betriebenen Portal veröffentlichen deutsche Aktiengesellschaften (und auch manche größere GmbH) ihre Bilanzen bzw. Jahresabschlüsse.

- www.diuev.de
  Der 2014 in München gegründete Anlegerschutzverband (DIU e.V. – Deutsche Investoren Union) stellt in der Anleihe-Datenbank Prospekte, Pressemeldungen und Ratings bereit und weist seine Mitglieder „auf Missstände am Anleihen- und Aktienmarkt“ hin. DIU-Vorstand Christoph Öfele bietet aber auch den Ankauf von Anleihen insolventer Unternehmen an, zu Kursen (z.B. 0,7% im März 2016 bei German Pellets), die weit unter dem Börsenkurs liegen.

- www.ecoreporter.de
  Das vom Umweltjournalisten Jörg Weber schon in den 1990er-Jahren gegründete Öko-Finanz-Infoportal ist nach wie vor das umfangreichste und aktuellste seiner Art: mit täglichen – großteils kostenpflichtigen – Meldungen zu Aktien, Fonds, Beteiligungen, daneben auch Interviews und einige Videos.

- www.eco-anlageberater.de
  Absolventen des von der Dortmunder ECOeffekt GmbH angebotenen Fernlehrgangs (mit Präsenzveranstaltungen) erhalten ein Zertifikat als „Fachberater/in für Nachhaltiges Investment“.

- www.ee-news.ch
  Unabhängiges Nachrichtenportal (mit monatlich über 20.000 Lesenden) für erneuerbare Energien und Energieeffizienz der eecomm GmbH von Anita Niederhäusern (nicht nur für Schweizer Unternehmen bzw. Meldungen, sondern auch z.B. zum PPVX-Solar-Aktienindex).

- www.facing-finance.org
  Der Berliner Thomas Küchenmeister sensibilisiert Investoren, „nicht in Unternehmen zu investieren, die von Verletzungen der Menschenrechte, Umweltverschmutzung, Korruption und der Herstellung völkerrechtswidriger Waffen profitieren".

- www.fairfinanceguide.de
  Seit März 2016 bietet dieses „erste zivilgesellschaftliche, frei zugängliche Informationsportal" BankkundInnen anhand von 240 sozialen und ökologischen Kriterien Informationen zu konventionellen, kirchlichen und Nachhaltigkeitsbanken. Das Träger-Netzwerk Fair Finance Guide International wurde von Oxfam Novib gegründet und vom schwedischen Entwicklungsministerium finanziert.

- www.finanztip.de
  Auf der 2013 gegründeten gemeinnützigen Website bietet Hermann-Josef Tenhagen (früher bei taz und FinanzTest) mit seinem Team „wirklich unabhängige und ehrliche Antworten" auf alle Verbraucher-Finanzfragen (kostenlos, über Affiliate-Links finanziert).

- www.fma.gv.at
  Die österreichische Finanzmarktaufsicht (FMA) bietet u.a. ein Verzeichnis der zugelassenen Wertpapier-Dienstleistungsunternehmen und prüft Prospekte für öffentliche Anlageangebote.

- www.forum-ng.org
  Das 2001 gegründete Forum Nachhaltige Geldanlagen koordiniert die Anliegen seiner rund 200 Mitglieder aus dem Banken-, Investment-, Beratungs- und Researchbereich und hat Ende 2015 das „FNG-Siegel" für Fonds präsentiert.

- www.geldmitsinn.de
  Der 2010 in München gegründete Verein bietet Infos und Events zum Thema „Nachhaltige Geldanlage" und will dazu motivieren, „im Finanzmarkt eine selbstbestimmte und aktive Rolle einzunehmen". Ein Verzeichnis von Ökofinanzberater(inne)n ist im Aufbau.

- www.georg-bauernfeind.at
  Homepage des Wiener Kabarettisten und Liedermachers, der u.a. (mit Max Deml) seit 2009 mit dem Programm „Grünes Geld" in D-A-CH unterwegs ist.

- www.greenstart.at
  Start Up-Initiative „green star" des staatlichen Klima- und Energiefonds mit Veranstaltungen und jährlichen Wettbewerben für junge grüne Unternehmen.

- www.greentecinvest.at
  Die GreenTec Invest GmbH (Wien/Berlin) berät Unternehmen bei der Expansionsfinanzierung, stellt Kontakte zu Investoren her und bietet Investoren ein Einzelresearch zu börsennotierten und nicht notierten Öko-Aktien.

- www.greenvalue.de
  Daniel Kellermanns Überblick über alle aktuell in Deutschland angebotenen Wind-, Solar- und Biomassefonds sowie das Inhaltsverzeichnis der entsprechenden „Ratgeber"-Publikationen.

- www.gruenes-geld.de
  Dokumentationen und Vorschauen für jährlich mehrere Tagesveranstaltungen bzw. Ausstellungen „Grünes Geld" in Städten wie Freiburg, Hamburg oder München.

- www.gruenesgeld.at
  Die 2002 von der ÖGUT-Plattform „Ethisch-ökologische Geldanlagen" lancierte Seite enthält u.a. Begriffsdefinitionen, Terminhinweise und Kontaktdaten zu Beratern und Anbietern.

- www.handelsblatt-nachhaltigkeit.de
  Der von Susanne Bergius konzipierte und redigierte Newsletter – seit März 2011 kostenlos erhältlich – analysiert nachhaltige Investmentkonzepte und Trends zum „Mainstreaming" öko-sozialer Anlagekriterien.

- www.humaninvest.at
  Der 2010 von gewerblichen Vermögensberatern in Wien gegründete Verein zur Förderung nachhaltiger Veranlagungs-, Wirtschafts- und Lebensformen bietet Informationen zu ausgewählten Produkten und Kontaktdaten zu seinen Mitgliedern.

- www.immowelt.de
  Die Datenbank der Immowelt AG liefert eine automatisierte Immobilien-Sofortbewertung (als pdf, für 14,90 Euro), wenn man einige Daten z.B. zum Standort, zu Größe, Baujahr und dem baulichen Zustand einer Immobilie in Deutschland eingibt.

- www.investresearch.net
  Philipp Haas weist auf seinem Geldanlageportal auf Aktienanalysen, Bücher und seine Wikifolio-Angebote (u.a. mit Cleantech-Aktien) hin.

- www.inwo.de
  Initiative für natürliche Wirtschaftsordnung: Freiwirtschaftsgedanken, Bücher und Termine.

- www.iwr.de
  Das Hauptportal für regenerative Energiewirtschaft vom Internationalen Wirtschaftsforum Regenerative Energien (IWR) enthält auch Infos zu entsprechenden Aktien sowie dem Index „RENIXX“ (Renewable Energy Industrial Index World).

- www.kritischeaktionaere.de
  Der Dachverband informiert (über) seine Mitglieder hinsichtlich sozialer und ökologischer Aspekte und Aktivitäten bei deutschen Aktiengesellschaften.

- www.lobbypedia.de
  Lobby-kritisches Online-Lexikon des Kölner Vereins „LobbyControl – Initiative für Transparenz und Demokratie e.V.“ u.a. mit Daten zu Netzwerken/Seilschaften in Wirtschaft und Finanzen.

- www.marktwaechter.de
  Ein „Frühwarnsystem“ des Bundesverbands der Verbraucherzentralen und Verbraucherverbände - Verbraucherzentrale Bundesverband e.V. (vzbv, Berlin) mit Informationen und Tipps von der Riesterrente bis zum Grauen Kapitalmarkt, auf dem jährlich Milliarden Euro verschwinden.

- www.miza.at
  Eine von software-systems.at betreute Datenbank, die Mittelzu- und -abflüsse auch bei Öko-Investmentfonds erfasst – bei einem milliardenschweren Gesamtfondsvolumen.

- www.mywot.com
  Liefert Software und Infos zur Bewertung der Seriosität von Internetseiten.

- www.n21.press
  Online-Nachhaltigkeits-Journal der Wiener SERI Nachhaltigkeitsforschungs- und -kommunikations GmbH, mit Schwerpunkten wie Gemeinwohl-Ökonomie und Berichten über „Lösungen für ökologische, wirtschaftliche und soziale Probleme der Gegenwart“.

- www.nachhaltiges-investment.org
  Von der European Business School mittels Sponsoren finanzierte Datenbank zu ethisch-ökologisch orientierten Investmentfonds, Aktien und Indizes. Enthält ausführliche Daten (auch zur Performance und den größten Positionen) für hunderte Fonds.

- www.nachhaltigkeit.info
  Das von der Aachener Stiftung Kathy Beys konzipierte und von Expert(inn)en wie Susanne Bergius redigierte Lexikon enthält hunderte Begriffe und Namen von der Aalborg Charta (Kapitel aus der Agenda 21) bis Zypern.

- www.nachhaltigkeitsmedia.blogspot.com
  Mit den „Media for Sustainability" bietet der Zürcher Ökonom und Journalist Guntram Rehsche vier Blogs mit Meldungen und Meinungen u.a. zu Solarenergie, den „Fallstricken der Atomwirtschaft" sowie zu Vorsorge- und Finanzthemen.

- www.oekotest.de
  Auf der Homepage des Frankfurter Monatsmagazins Öko-Test sind u.a. diverse Produkttests abrufbar, teilweise auch aus dem Finanzbereich.

- www.respact.at
  Die Unternehmensplattform bietet Information, Vernetzung und Kompetenzentwicklung im Bereich Corporate Social Responsibility.

- www.sbi21.de
  Das von Dr. Paschen von Flotow geleitete Sustainable Business Institute (SBI) in Oestrich-Winkel betreibt – mit öffentlichen Zuschüssen bzw. Sponsoren-geldern – eine umfangreiche Datenbank (siehe www.nachhaltiges-investment.org), berät Stiftungen und Politik und publiziert wissenschaftliche Studien wie z.B. „Herausforderung Klimakompetenz: Kundenerwartungen an Finanzdienstleister" (www.cfi21.org).

- www.sonnenseite.com
  Die von Dr. Franz Alt und seiner Frau betriebene Seite bringt laufend Meldungen zu Solarenergiethemen und weit darüber hinaus.

- www.start-green.net
  Informations- und Vernetzungsportal für grüne Gründer und grüne Start-Ups in Deutschland.

- www.sustainablefinance.ch
  Der von Sabine Döbeli geleitete Verband „Swiss Sustainable Finance” fördert die Nachhaltigkeit des Schweizer Finanzmarkts und informiert z.B. über den ökologischen Fußabdruck von Pensionsfonds.

- www.test.de
  Auf der Homepage der Stiftung Warentest, die auch das Monatsmagazin FinanzTest herausgibt, sind unter der Rubrik ethisch-ökologische Geldanlagen Informationen, Kontakt:n von Anbietern und diverse Testergebnisse (kostenlos bzw. als pdf gegen einen geringen Kostenbeitrag) abrufbar, z.B. rund 100 „Ethisch-Ökologische Sparangebote“ oder eine Hilfestellung dafür, wie „strenge“ oder wenige strenge Nachhaltigkeitsfonds zu finden sind.

- www.threecoins.org
  Sozialunternehmen im Impact Hub Vienna zur Finanzbildung und Beratung „für neue Formen der Vermittlung des verantwortungsvollen Umgangs mit Geld“.

- www.umweltpreise.de
  Auflistung vieler deutscher und internationaler Wettbewerbe und Ausschreibungen im Umweltbereich, vom Energy Globe bis zum The Right Livelihood Award („Alternativer Nobelpreis“), mit Vergabeverfahren, Kontaktdaten und Preisgeldern.

- www.unternehmensgruen.org
  Deutscher Unternehmerverband zur Förderung umweltgerechten Wirtschaftens mit Neuigkeiten, Projekten, Publikationen und Terminen.

- www.urgewald.de
  Eine NGO, die Informationen (und Kritik) zu internationalen Aktivitäten von Banken und Konzernen liefert.

- www.vollgeld-initiative.ch
  Der überparteiliche Verein Monetäre Modernisierung (MoMo) setzt sich dafür ein, die Finanzwirtschaft in den Dienst der Realwirtschaft und das Geldsystem in den Dienst der Menschen zu stellen.

- www.wallstreet-online.de
  Ausführliche Kursinformationen, Berichte und Suchfunktionen nach Stichworten oder Aktien. Im Diskussionsforum „Grüne Aktien“ posten meist Teilnehmer mit Pseudonymen.

- www.whofinance.de
  Verzeichnis (mit regionaler Suchfunktion) deutscher Finanz- und Versicherungsberater(innen) mit Kurzbeschreibungen, Kontaktdaten und Kundenbewertungen.

- www.wind-turbine.com
  Internationaler Online-Marktplatz für neue und gebrauchte Windkraftanlagen, Komponenten und Dienstleistungen (mit der Möglichkeit kostenloser Inserate).

Englischsprachige Seiten:

- www.bankwatch.org
  Bietet eine Fülle von Informationen über die Aktivitäten/Kreditvergaben von Banken in Mittel- und Osteuropa sowie Vorschläge für verantwortungsvolle Alternativen.

- www.brightergreen.org
  Der von Mia MacDonald gegründete „Think Tank“ bzw. „Action Tank“ mit Sitz in New York tritt für Verteilungsgerechtigkeit und nachhaltige Wirtschaftsweisen ein.

- www.ceres.org
  Homepage der 1989 nach dem Exxon-Valdez-Tankerunfall gegründeten „Coalition for Environmentally Responsible Economies“ (CERES) mit aktuellen Meldungen und den zehn CERES-Prinzipien, zu denen sich rund 130 Mitgliedsunternehmen verpflichtet haben (vom maßvollen Umgang mit Rohstoffen bis zu Umweltschutzexperten im Aufsichtsrat); daneben gibt es noch die Sullivan-Prinzipien in Bezug auf menschenwürdige Arbeitsbedingungen.

- www.climatebonds.net
  Portal der Londoner Climate Bonds Initiative von Sean Kidney mit Datenbank zu Emittenten von „nachhaltigen“ Anleihen (green bonds), Wandelanleihen und sonstigen festverzinslichen Papieren.

- www.corpwatch.org
  Die „Mutter“ aller Unternehmens-Watchdog-Seiten bzw. -kampagnen scheut sich auch nicht, Unternehmen bzw. Regierungen in Rubriken wie „War & Disaster Profiteering“ anzuprangern. Eine ähnliche Seite (www.corporatepredators.org), die u.a. die 100 „top-kriminellen“ Unterneh-

men der 1990-er Jahre aufgelistet hat (u.a. F. Hoffmann-La Roche Ltd. mit einer 500-Mio.-Dollar-Strafe für Vitamin-Preisabsprachen über ein Jahrzehnt), ist nicht mehr online.

- www.CSRwire.com
  Pressemitteilungen und Nachrichten aus einem Netzwerk von Unternehmen, Agenturen und NGOs. Hinter dem Betreiber steht die 3BL Media, unterstützt von der US-Investmentbank Meadowbrook Lane Capital.

- www.environmental-finance.com
  Das britische Monatsmagazin befasst sich nicht nur mit Investment-, sondern auch mit Emissionshandels-, Umweltmanagement- und Klimafragen (teilweise kostenpflichtig).

- www.eurosif.org
  Der 2001 gegründete europäische Verband für nachhaltige Geldanlagen (European Social Investment Forum) mit Sitz in Paris liefert Informationen und Studien u.a. zur Entwicklung des Volumens entsprechender Produkte bzw. Fonds.

- www.globalreporting.org
  Die internationale „Global Reporting Initiative" (GRI) bemüht sich um eine Standardisierung der sozialen und ökologischen Berichterstattung von Unternehmen, künftig in jährlichen Publikationen (analog zu den Geschäftszahlen).

- www.greenmoneyjournal.com
  Das 1992 von Cliff Feigenbaum lancierte US-amerikanische „Greenmoney Journal" bietet neben der kostenpflichtigen Printversion Artikel, Kommentare und Links zu Büchern.

- www.iccr.org
  Das 1971 in New York von Kirchen(gemeinden) gegründete Zentrum (Interfaith Center on Corporate Responsibility) formuliert bzw. koordiniert kirchliche Aktionsprogramme und Aktionärsresolutionen zur Beeinflussung der Geschäftspolitik von amerikanischen Konzernen.

- www.pirc.co.uk
  Die 1986 gegründete Beraterfirma Pensions Investment Research Consultants (PIRC) wendet ethische Kriterien im Bereich von Investmentfonds und Pensionsvorsorge an und fördert Aktionärsaktivitäten.

- www.responsibleinvestment.org
  Der 1999 als Ethical Investment Association (EIA) gegründete Verband „Responsible Investment Association Australasia" (RIAA) hat rund 150 Mitglieder (mit rund einer Billion Dollar Volumen) in Australien und Neuseeland.

- www.sec.gov
  Homepage der US-Börsenaufsichtsbehörde SEC (Securities and Exchange Commission) mit zahlreichen und sehr umfangreichen Datenbanken.

- www.socialfunds.com
  Berichte über ethisch-ökologisch orientierte US-Investmentfonds samt Meldungen.

- www.socialinvest.org bzw. ussif.org
  Homepage des US-amerikanischen US SIF: The Forum for Sustainable and Responsible Investment (früher: Social Investment Forum (SIF)) mit Fondsdaten und Berichten zur Marktentwicklung.

- www.thehungersite.com
  Besucher können – einmal täglich und kostenlos – eine Handvoll Reis bzw. Lebensmittel spenden, finanziert von Firmen, die auf dieser Seite werben. 2015 wurden mit rund 23,5 Mio. Clicks rund 1.500 Tonnen Reis gespendet, 2010 waren es noch 3.000 Tonnen.

- www.uksif.org
  Britischer Verband (UK Sustainable Investment and Finance Association) von Fondsgesellschaften, Pensionskassen, Anlageberatern, Investoren und Instituten im Bereich des Ethical Investments.

- www.unepfi.org
  Die 2005 auf Anregung der UNEP Finance Initiative formulierten SRI-Veranlagungs-Selbstverpflichtungen haben weltweit über 200 Banken, Versicherungen und Investmenthäuser unterschrieben.

- www.unpri.org
  Ähnlich wie bei der UNEP-Finanzinitiative haben sich bis 2016 weltweit rund 1.300 Asset Owner (wie z.B. die Deutsche Bundesstiftung Umwelt und die KfW) bzw. Asset Manager (mit über 30 Billionen USD Vermögen) und über 200 Beratungs- bzw. Researchorganisationen den „Principles for Responsible Investment" angeschlossen.

- www.unsdsn.org
  Das Sustainable Development Solutions Network der UNO (SDSN) bemüht sich um die Verbreitung bzw. Erreichung der Ziele nachhaltiger Entwicklung (Sustainable Development Goals, SDGs) von 2016 bis 2030. Eines der 17 Oberziele – es gibt auch konkrete 169 Unterziele – lautet z.B. „Ungleichheit innerhalb von und zwischen Staaten verringern".

- www.ussif.org
  US-amerikanischer Verband (US SIF – The Forum for Sustainable and Responsible Investment) von rund 500 Anlageberaterfirmen, Investoren und Informationsdiensten, die sich mit ethischen bzw. sozial verantwortlichen Geldanlagen befassen (mit Auflistung diverser Studien).

- www.wbcsd.org
  Das „World Business Council for Sustainable Development" ist ein Netzwerk von Unternehmen aus über 60 Ländern bzw. 20 Branchen, die sich für eine nachhaltige Entwicklung einsetzen und Vorschläge für Wirtschaft und Politik ausarbeiten.

6.3 Forschungsinstitute und Ratingorganisationen

Anfang der 1990er-Jahre tauchte erstmals der Begriff „Öko-Rating" im Bereich des ethisch-ökologischen Investments auf. Darüber hinaus ist er jedoch noch kaum bekannt. Zum Vergleich: Auch der weltweit etablierte Begriff des (finanziellen) Bonitäts-Ratings brauchte rund zwanzig Jahre, um sich zu etablieren. Seinen Durchbruch schaffte das Öko-Rating in den Jahren 1994 bis 1998. In dieser Zeit wurden regelmäßig Öko-Ratings von rund 50 Unternehmen im Anlegermagazin Börse Online, Öko-Invest und weiteren Medien abgedruckt. Monatlich konnten so rund 500.000 Leser die Öko-Ratings lesen. Die beim Öko-Rating verwendete Notenskala von -5 bis +5 basierte auf der Addition von bis zu 300 Punkten, die bei Bewertungskriterien wie Produktentwicklung, Produktion, Managementorganisation, Beschaffung und Logistik vergeben worden sind. Einige Jahre danach hat die Firma Oekom Research dieses Schema analog dem Finanzrating durch 12 Stufen von A+ bis D- ersetzt.

Noch ist es nicht so weit, aber wenn einmal eine allseits anerkannte „Öko-Skala" zur Unternehmensbewertung entwickelt werden kann, ist zu erwarten, dass so ein Öko-Rating auch die Aktienkurse (bzw. die Platzierbarkeit von Anleihen) beeinflussen wird. Von den weltweit über 50 Instituten bzw. Organisationen, die unabhängig von Banken oder Fondsgesellschaften ein ethisch-ökologisches Research betreiben, hat fast ein Viertel seinen Sitz im deutschsprachigen Raum. Zunächst ein Blick auf diese Länder, danach auf den Rest von Europa bzw. die USA und andere Regionen:

6.3.1 D-A-CH: Deutschsprachiger Raum

Imug

Im Lauf der 1990er-Jahre entstanden in Deutschland und der Schweiz mehrere Rating-Organisationen wie z.B. das Imug in Hannover (Institut für Markt - Umwelt - Gesellschaft). Es wurde 1992 in der Rechtsform eines eingetragenen Vereins als ein praxisorientiertes Forschungsinstitut an der Universität Hannover gegründet. Ein großes Echo fanden die in den 1990er-Jahren als Ratgeber-Taschenbücher veröffentlichten „Unternehmenstester" zu verschiedenen Branchen, in denen Firmen aus der Sicht von Verbraucher- und Umweltverbänden beurteilt wurden. Die aus solchen Einkaufsführern gewonnenen Erfahrungen mit sozial-ökologischen Unternehmensbewertungen wurden zum Aufbau des Forschungsbereichs „Ethisches Investment" genutzt, bei dem das Imug mit dem Londoner Ethical Investment Research and Information Service (Eiris) kooperierte. Über die Vigeo-Eiris-Datenbank EPM – imug ist deutscher Exklusiv-Vertriebspartner – können tausende börsennotierte Unternehmen nach rund 250 ethisch-ökologischen Kriterien sortiert bzw. gereiht werden. Neben dem Einzelaktien-Research entwickelt das Imug auch Kriteriensysteme und Kennzahlen, beurteilt Fondsprodukte, erhebt repräsentative Marktdaten zu Präferenzen, Informationsinteressen und Anlegerverhalten. So hielten laut einer Imug-Studie vor Jahren „fast die Hälfte der befragten 1.200 Haushalte Geldanlagen in Unternehmen, die besondere soziale und ökologische Leistungen erbringen, für attraktiv oder sehr attraktiv". Kernproblem war und ist allerdings der Vertrieb dieser Produkte: „nur 3 Prozent der Haushalte haben solche Geldanlagemöglichkeiten schon einmal angeboten bekommen". 1995 wurde die Imug Beratungsgesellschaft für sozial-ökologische Innovation mbH gegründet. Sie berät Unternehmen und Organisationen, die mit sozialen und ökologischen Innovationen am Markt erfolgreich sein wollen. Der Kundenkreis reicht von Transfair bis zu Volkswagen. In der imug-Studie „Nachhaltigkeitsratings von Bankanleihen 2015" wurde u.a. das Kriterium „Finanzierung und Investment in Kohlekraft und Abbau von Kohle" untersucht. Demnach waren von den 93 analysierten Finanzinstituten 40 Prozent, „maßgeblich daran beteiligt, in den „Klimakiller" Kohle zu investieren", insbesondere auch die Deutsche Bank und die Commerzbank.

Kontakt:

- Imug (Institut für Markt-Umwelt-Gesellschaft),
  Postkamp 14a, D-30159 Hannover, Tel.: 0511/91115-0 bzw. 12196-0,
  www.imug.de

oekom research AG

Durch die Öko-Rating-Serie vor 20 Jahren hat sich die Münchner Oekom (seit 1993 als Verlags-GmbH, später als ausgegründete AG) einen Namen gemacht. Oekom bietet seine Dienste seit 1998 auch online an und hat bereits zahlreiche Unternehmen und Branchen untersucht. Die Oekom Research AG ist derzeit die einzige deutschsprachige Rating-Agentur, an der man sich auch als Privatanleger mittels Aktien beteiligen kann. 1999 wurde die AG aus der Oekom – Gesellschaft für ökologische Kommunikation mbH ausgegliedert, die u.a. die Zeitschrift „Politische Ökologie" und zahlreiche Bücher verlegt. Die ersten Aktien wurden zum Preis von 1,50 Euro den Mitarbeitern und den rund 80 stillen Gesellschaftern der oekom GmbH nicht-öffentlich angeboten und in kurzer Zeit platziert. Nach Anlaufverlusten in den ersten Jahren arbeitet die AG mit den zwei Vorständen Robert Hassler und Matthias Bönning inzwischen profitabel. 2014 wurde – bei einer Bilanzsumme von rund 2,2 Mio. Euro – ein Bilanzgewinn von rund 143.000 Euro erzielt, von dem gut die Hälfte (81.350 Euro bzw. 0,10 Euro pro Aktie) als Dividende ausgeschüttet worden ist. Die 813.500 Aktien wechseln sehr selten – z.B. zu Preisen um drei Euro – den Besitzer.

Zu den oekom-research-Kunden zählen viele Fondsgesellschaften und Asset Manager, die Bewertungen von inzwischen rund 3.700 Unternehmen und 57 Staaten („Sustainability Bond Ratings" bzw. „Country-Ratings" für Staatsanleihen) abrufen können. Zu einzelnen Themen wie z.B. Nanotechnologie verfasst oekom auch Grundsatzpapiere, die den Stand der Forschung bzw. die Risiken gut zusammenfassen. Mit über 70 Voll- und Teilzeitmitarbeitern (inkl. 9 Analysten des strategischen Vertriebs- und Researchpartners GES) betreut das oekom-research-Team über 100 Kunden, die nachhaltig orientierte Vermögen, Spezial- und Publikumsfonds mit insgesamt rund 600 Mrd. Euro managen. In den beiden oekom-Aktien- bzw. Anleihen-Lizenzprodukten auf den „Global Challenges Index (GCX)" (50 Aktien, 96% Wertzuwachs seit dem Start 2007) bzw. den „Global Challenges Corporates (GCC)" – sie werden von der Börse Hannover betreut – wuchs das Volumen 2015 um 14% auf rund 330 Mio. Euro.

2015 hat oekom den „oekom Carbon Service" eingeführt und eine Kooperation mit der South Pole Group vereinbart, die u.a. klimabezogene Daten und Messmethoden zum Carbon Footprinting anbietet. Seit Anfang 2016 ist oekom – neben den Auslandsbüros in London und Paris – auch mit einer Repräsentanz in den Niederlanden vertreten.

Kontakt:

- oekom research AG,
  Goethestraße 28, D-80336 München, Tel.: 089/544184-90,
  www.oekom-research.com

Südwind

Das 1991 von Mitgliedern verschiedener christlicher Konfessionen als Verein gegründete Südwind-Institut hat sich auf theologische und ethische Fragestellungen in der „Zwei-Drittel-Welt“ spezialisiert. Auf der Suche nach den wirtschaftlichen Ursachen weltweiter Armut fühlt man sich der „Option für die Armen“ verpflichtet und versucht, Möglichkeiten aufzuzeigen, wie und in welche Richtung Veränderungen erreicht werden können. In Zusammenarbeit mit Gemeinden, Gruppen und Verbänden werden Forschung und Aktion verknüpft. Träger des kirchennahen ökumenischen Instituts sind über 100 Kirchengemeinden und -verbände sowie Vereine und rund 300 Einzelpersonen als (Förder-)Mitglieder. Aus dem Arbeitsbereich „Ethische Geldanlagen“ gingen zahlreiche Studien und mehrere Bücher hervor. Für Eigenprojekte oder Forschungsaufträge werden Themen wie soziale und ökonomische Standards im Welthandel, Verschuldungskrise und Schuldenumwandlung, Prostitutionstourismus oder Auswirkungen von Altkleiderhandel auf die Zwei-Drittel-Welt behandelt. Neben Auftragsforschung und eigenen Recherchen betreibt das Institut auch Bildungsarbeit (über Veranstaltungen, Tagungen und Symposien) und beteiligt sich an Kampagnen (u.a. Bananen, Verschuldung, Altkleider, Textil/Bekleidung).

Kontakt:

- Südwind-Institut für Ökonomie und Ökumene e.V., Kaiserstraße 201, D-53113 Bonn, Tel.: 0228/763698-0, www.suedwind-institut.de

Inrate AG

Die Agentur für Nachhaltigkeitsratings (mit Büros in Zürich und Fribourg) wurde 2001 als Tochterfirma der Pensionskasse Nest und des Forschungsunternehmens Infras AG gegründet. Zu den ersten Kunden von Inrate zählten neben Nest u.a. die vier Raiffeisen-Futura-Fonds, 2011 kam z.B. die Fondsgesellschaft Swisscanto mit mehreren Mrd. Franken Volumen in ihren Nachhaltigkeitsfonds hinzu. 2010 erfolgte die Fusion mit dem 1990 in Fribourg gegründeten Centre Info, das u.a. Analysen zu Corporate-Governance-Strukturen vor allem großer europäischer Aktiengesellschaften erstellt hat. Schon 2005 hat das Centre Info „envIMPACT“ als „das erste quantitative Modell zur Beurteilung der Auswirkungen des Klimawandels über die gesamte Wertschöpfungskette von Unternehmen hinweg“ auf den Markt gebracht. Inzwischen bietet Inrate Analysen und CO2-Kennzahlen zu mehreren tausend Unternehmen.

2011 hat Inrate erstmals ein „Solidar-Gemeinderating“ publiziert, bei dem das entwicklungspolitische Engagement und die Beschaffungspraxis von 88 Schweizer Gemeinden untersuchten wurden. Dabei hat Zürich (mit 89 von 100 Punkten) vor Küsnacht (85) und Genf (82) am besten abgeschnitten. Das 2013 eingeführte „Inrate Sustainability Assessment” versucht, die Auswirkungen („true impact“)

von Produkten und Dienstleistungen zu messen. 2015 hat Inrate das „zRating" -Team übernommen. Inrate war eines der wenigen Research-Institute, die schon Jahre vor dem VW-Abgas-Skandal das Unternehmen als nicht nachhaltig bzw. „non-investible" bewertet haben. Nach dem Offenbarwerden des Skandals wurde die VW-Aktie umgehend (Anfang Oktober 2015) auf die allerletzte Stufe (D-) herabgesetzt.

Kontakt:

- Inrate AG,
  Blinzstraße 23, CH-8045 Zürich, Tel.: 0041/58/34400-20, www.inrate.com

Invera Investment Ethics Research & Advisory AG

Das auf Ethik- und Nachhaltigkeits-Analysen spezialisierte Unternehmen ist aus dem seit 1995 bestehenden Ethik-Research-Team der 1982 von Dr. Elisabeth Höller gegründeten (und 2005 an eine Bank verkauften) Zürcher Vermögensverwaltung hervorgegangen. Beim Portfolio-Screening und anderen Beratungsmandaten – darunter auch ein vermögensverwaltender Fonds (siehe Kapitel 2.6.2.7.) - wird das Invera-Team von einem rund zehnköpfigen Ethik-Komitee unterstützt.

Kontakt:

- Invera Investment Ethics Research & Advisory AG,
  Bahnhofstraße 37, CH-8001 Zürich, Tel.: 0041/44/2201133, www.invera.ch

RepRisk AG

Das Unternehmen mit Hauptsitz in Zürich und Tochtergesellschaften in Berlin und auf den Philippinen ist zwar keine Ratingagentur im engeren Sinn, bietet aber mit der in mehreren Sprachen abrufbaren Web-Datenbank „RepRisk" negative Meldungen zu inzwischen weit über 60.000 Unternehmen und 15.000 Projekten. Die Bandbreite der Themen reicht dabei von Arbeits- und Umweltrechtsaspekten bis zu Korruption und Geldwäsche. Die aus tausenden Quellen (Medien, Internet etc.) gesammelten reputationsrelevanten Daten – ein Maß für das Risiko ist der „Reputational Risk Index (RRI)" – können von den RepRisk-Kunden abgerufen werden, die dafür eine pauschale jährliche Lizenzgebühr zahlen.

Das „RepRisk"-Tool wurde 2006 von der Ecofact AG entwickelt, die 2010 den neuen Namen RepRisk AG erhielt. Die restlichen (Consulting-)Aktivitäten wurden in eine neue Ecofact AG (www.ecofact.com) ausgegliedert. Gründer der unabhängigen Firmengruppe war 1998 Olivier Jaeggi, der vorher bei der UBS im Bereich Kreditrisikokontrolle speziell für Umweltrisiken zuständig war. Die RepRisk AG hat über 100 Kunden vor allem im Bank- und Versicherungsbereich, von der Schweiz bis Australien. Über einen „RepRisk Webshop" sind auch einzelne Unternehmensreports abrufbar. Ein Musterbeispiel auf der Homepage steht kostenlos bereit, ebenso seit Anfang 2016 (als pdf) der 50-seitige Report „Most

Controversial Companies (MCC) 2015". Unter diesen „Top 10"-Unternehmen mit den negativsten Sozial- bzw. Umweltmeldungen bzw. höchsten Reputationsrisikokennzahlen waren 2015 das US-Privattaxi-Unternehmen Uber (89 RRI-Punkte, u.a. wegen sexueller Übergriffe einzelner Fahrer, schlechter Bezahlung und unlauterem Wettbewerb), die Schweizer HSBC Private Bank (75, u.a. wegen Korruption und Betrug), die börsennotierten Konzerne Sony (74) und Volkswagen AG (72) sowie die FIFA (70).

Kontakt:

- RepRisk AG,
  Stampfenbachstraße 42, CH-8006 Zürich, Tel.: 0041/43/30054-40,
  www.reprisk.com

Partners for Sustainability AG

Die 1997 gegründete Gesellschaft – früherer Name Care Group AG – bietet „Research und Consulting für Investment und Management unter ethischen Gesichtspunkten" an. Sie ist als Beraterin im Bereich Nachhaltigkeit für den 2003 aufgelegten Dachfonds „CG Global Sustainable Fund of Funds" (siehe Kap. 2.6.2.8) tätig. Über die Suchmaske „Fund Finder" lassen sich Nachhaltigkeitsfonds nach verschiedenen Kriterien – von regionalen bzw. Themen-Schwerpunkten bis hin zu Vergleichs-Indizes und gewünschtem „Sustainabilty"-Niveau – finden.

Kontakt:

- Partners for Sustainability AG,
  Freihofstrasse 22, CH-8700 Küsnacht, Tel.: 0041/44/9133680,
  www.partnersforsustainability.ch

CSSP – Center for Social and Sustainable Products AG

Auf Basis von über 6.500 ESG-Unternehmensratings von MSCI ESG Research deckt das u.a. von Christoph Dreher gegründete Liechtensteiner Unternehmen „praktisch alle verfügbaren Anlageprodukte" ab und bietet über das Tool „yourSRI" (www.yoursri.com) z.B. einen Carbon-Screening-Service an, mit dem der ökologische Fußabdruck von Fonds und Portfolios erhoben werden kann

Kontakt:

- CSSP – Center for Social and Sustainable Products AG,
  Herrengasse 11, FL-9490 Vaduz, Tel.: 00423/235 03 92, www.cssp-ag.com

Covalence SA

Die 2001 gegründete Firma Covalence SA mit Hauptsitz in Genf beobachtet hunderte große Unternehmen nach ethisch-ökologischen Aspekten und stellt die Ergebnisse in ihrem »EthicalQuote« dar. Seit 2005 gibt es ein monatliches Update dieser Daten, das die Kunden (z.B. Fondsmanager oder NGOs) erhalten. Manche Details sind auch öffentlich auf der Homepage einsehbar. Covalence bietet u.a. Einzel- und Branchenreports an. In den „Covalence Ethical Snapshots" werden Unternehmensprofile erstellt. Mit dem „Covalence EthicalQuote"-Index soll die Reputation von Großkonzernen abgebildet werden.

Kontakt:

- Covalence SA, 1, avenue Industrielle,
  CH-1227 Carouge Geneva, Tel.: 0041/22/80008-55, www.ethicalquote.com

Finance & Ethics Academy

In Diex bei Klagenfurt hat sich 2003 die Finance & Ethics Academy (www.fea.at) der Software-Systems.at etabliert, die den Fonds- und Aktienmarkt auf „zukunftsfähige Investments" hin durchleuchtet. Darunter versteht Gründer Richard Lernbass „Wertpapiere, welche den Transparenzvorgabekriterien von Finance & Ethics Research entsprechen, die Global-Compact-Prinzipien einhalten, gegen die Ausbeutung von Lebewesen wirken und eine überdurchschnittliche Performance aufweisen". Ansprechpartner sind nicht Privatanleger, sondern die institutionellen Partner und Sponsoren. Es lassen sich nicht nur die Full Holdings (vollständige Liste der Portfoliotitel) aller einschlägigen Investmentfonds abrufen, sondern auch die Veränderungen der Gewichtungen einzelner Aktien in den Fondsportfolios im Lauf der Zeit nachvollziehen sowie die Mittelzu- und -abflüsse. Mit der Kennzahl „EDA" („Ethisch Dynamischer Anteil") werden einzelne Aktien rechnerisch für die Bewertung von Fonds erfasst. 2011 startete Software-Systems.at mit sechs „nachhaltigen" Fondsindizes, die 25 bzw. 50 Fonds bestimmter Länder (D/A/CH) bzw. Regionen (Europa, Emerging Markets, Global) enthalten. Der „IX EDA 25 Aktien SK75 Deutschland" besteht z.B. aus 25 Fonds, bei denen die „Standard-Kriterien zu mindestens 75 Prozent erreicht" werden. Neben ethisch-ökologischen Faktoren werden auch Performancedaten, Risikokennzahlen oder z.B. Kurs-Gewinn-Verhältnisse erhoben.

Kontakt:

- Finance & Ethics Academy,
  Software-Systems.at Börsensoftware & Datenbankservice GmbH,
  Haus 204, A-9103 Diex, Tel.: 0043/4231/25555-16, www.software-systems.at

rfu – Mag. Reinhard Friesenbichler Unternehmensberatung

Reinhard Friesenbichler und sein Team sind als Nachhaltigkeitsanalysten u.a. für die laufende Beobachtung von Indizes zuständig, die von der Wiener Börse AG berechnet werden. Neben dem VÖNIX (mit gut 20 österreichischen Titeln) gibt es (seit 2009) den kapitalisierungsgewichteten „CEE Responsible Investment Universe (CEERIUS)", der derzeit aus elf Unternehmen besteht, „die an den Börsen der Region Zentral-, Ost- und Südosteuropa gehandelt werden und hinsichtlich sozialer und ökologischer Leistung führend sind“. Dessen Startwert lag 2009 bei 1.000 Punkten und rund 14,3 Mrd. Euro Börsenwert, Mitte Februar 2016 lag er bei 974 Punkten und rund 12,3 Mrd. Euro (2012 lag der CEERIUS bei 1.450, 2013 bei 904 Punkten). Die drei größten Titel sind die ungarische OTP Bank (22% Gewichtung), die polnische Versicherung PZU (22%) und das slowenische Pharmaunternehmen Krka (13%). rfu ist u.a. auch als Prüfer für die ÖGUT tätig, die österreichischen Pensions- und Vorsorgekassen je nach der Qualität ihrer Nachhaltigkeitskriterien bzw. des Investmentprozesses Zertifikate verleiht.

Kontakt:

- rfu – Mag. Reinhard Friesenbichler Unternehmensberatung, Loquaiplatz 13, A-1060 Wien, Tel.: 0043/1/7969999, www.rfu.at

6.3.2 Restliches Europa und USA

Sustainalytics

Das aus den drei Nachhaltigkeits-Ratingagenturen Scoris (D, im Jahr 2000 in Hannover gegründet), DSR (Dutch Sustainability Research, NL) und AiS (Analistas Internacionales en Sostenibilidad, E) hervorgegangene Unternehmen fusionierte 2009 (nachdem sich die Siri Group bzw. die Siri Company im September 2008 einvernehmlich aufgelöst hat) mit der kanadischen Jantzi Research-Gruppe und zählt nun mit weltweit über 250 Mitarbeitern an 14 Standorten von Washington und New York über Frankfurt, London und Paris bis Sidney und Singapur zu den größten seiner Art. Untersucht und bewertet werden die Nachhaltigkeitsleistungen von rund 4.500 Unternehmen und Ländern nach ESG-Kriterien (Environment, Social und Governance). Daneben werden z.B. im „Controversial Weapons Radar“ rund 40.000 Emittenten beobachtet. Zu den Gesellschaftern gehören neben Banken wie ABN Amro MeesPierson und Triodos Bank auch einige langjährige Mitarbeiter wie (als CEO) der Kanadier Michael Jantzi, der 2000 den ersten kanadischen Ethik-Aktienindex entwickelt hat. Sustainalytics hat seinen Hauptsitz in Amsterdam und betreibt nicht nur Research für andere, sondern betreut auch Aktienindizes wie die STOXX Global ESG Leaders Indices, den S&P/TSX Clean Technology Index und den Jantzi Social Index. Seit 2014 sind die Sustainalytics-Research-Berichte und Dienstleistungen auch über weltweit rund 320.000 professionelle Bloomberg-Terminals zu beziehen.

Kontakt:

- Sustainalytics Germany, Moselstraße 4, D-60329 Frankfurt am Main, Tel.: 069/332965-55, www.sustainalytics.com
- Sustainalytics Netherlands, De Entrée 35-37, NL-1101 BH Amsterdam, Tel.: 0031/20/2050000, www.sustainalytics.com

Novethic

Das 2001 in Paris gegründete Forschungs- und Medienzentrum Novethic ist in der französischen Rechtsform SASU (Société par Actions Simplifiée Unipersonnelle, Grundkapital knapp 1,7 Mio. Euro) eine 100%-Tochter der staatlichen Finanzgruppe Caisse des Dépôts. Mittels einer französischsprachigen Medienplattform sowie in kostenfrei auf der Homepage abrufbaren Researchstudien und Marktstatistiken will Novethic die Transparenz im Bereich nachhaltiger Finanzprodukte wie z.B. Investmentfonds und Green Bonds fördern und Investoren auf die negativen Umwelt-, Sozial- und Governance-Wirkungen ihrer Anlageentscheidungen hinweisen. Das 2015 entwickelte Tool „CarbonRisk" (www.carbon-risk.com) zeigt die Anstrengungen und den Beitrag von Investoren, Staaten und Unternehmen zur Bekämpfung des Klimawandels grafisch auf. Bei der jährlichen internationalen Novethic-Konferenz treffen sich in Paris rund 300 institutionelle Nachhaltigkeitsinvestoren. Seit 2009 hat Novethic als Auditor europaweit mehr als 300 nachhaltige Publikumsfonds ausgezeichnet (seit 2016 gibt es ein staatliches französisches Siegel bzw. Label zur Energiewende - „Transition énergétique et écologique pour le Climat"). Novethic ist seit 2014 auch der strategische Partner des Forums Nachhaltige Geldanlagen bei der Umsetzung der Prüfmethodik für das FNG-Siegel (www.fng-siegel.org) für Investmentfonds, das erstmals Ende 2015 – mit Novethic als Auditor - vergeben worden ist.

Kontakt:

- Novethic,
  56, rue de Lille, F-75007 Paris, Tel.: 0033/1/58509813, www.novethic.com

Vigeo

Die von den beiden Banken Caisses d'Epargne und Caisse des Dépôts schon 1996 gegründete französische Recherche- und Analyseagentur Analyses et Recherches Sociales sur les Entreprises (Arese S.A.) ging in der 2002 gegründeten Vigeo auf, die bereits 2005 – noch vor der Fusion mit der belgischen Stock at Stake bzw. der Übernahme der italienischen Avanzi SRI Research (2006) – mit einem Grundkapital von 13 Mio. Euro (von 52 Aktionären großteils aus der Finanzbranche) und 40 Mitarbeitern zu den größten Agenturen dieses Sektors gehörte. Ende 2015 fusionierte Vigeo mit der 1983 (mit finanzieller Unterstützung verschiedener religiöser Vereinigungen wie den Quäkern) gegründeten kritischen Agentur Eiris (Ethical Investment Research Service). Eiris (www.eiris.org) hat z.B. schon 1987 einen Ethikfonds-Führer herausgegeben, in der Publikation „Climate Change Tracker 2011: Cool Brands versus Hot Brands?" wurden z.B. die Klimaschutzbemühungen der 300 größten FTSE-Index-Unternehmen und der 100 größten Markenunternehmen der Welt untersucht. Nach der Fusion, die bei den Vigeo-Aktionären auch mit einem Beschluss für weitere 6,3 Mio. Euro an Aktienkapital verbunden war, startete das von der Gründerin Nicole Notat geleitete Unternehmen im Jahr 2016 mit insgesamt 120 Beschäftigten (Durchschnittsalter 35, zwei Drittel Frauen) mit Büros in Paris, London, Brüssel, Mailand, Casablanca und (seit 2010) Japan. Weltweit nutzen rund 150 Kunden und Partner (wie z.B. das Forum Ethibel) das Vigeo-Research. Vigeo hat einige Indizes wie den Euronext Vigeo World 120 und den Euronext Vigeo Europe 120 entwickelt, ist auch als Manager von ESG-Fonds tätig und nimmt aktiv an Aktionärsversammlungen teil. 2007 erreichte die Agentur – bei rund 6,5 Mio. Euro Umsatz – erstmals die Gewinnzone. Seit Mitte 2010 lässt Vigeo auch die Transparenz und Integrität von Lobbyismus-Aktivitäten in die Unternehmensbewertung einfließen.

Kontakt:

- Vigeo,
  Les Mercuriales, 40 rue Jean Jaurès, F-93170 Bagnolet,
  Tel.: 0033/1/558232-40, www.vigeo.com

Forum Ethibel

Aus dem 1992 in Brüssel (u.a. von Herwig Peters) gegründeten Forschungsinstitut Ethibel ist das Forum Ethibel hervorgegangen, das einerseits Research und Zertifizierungen durchführt, sich andererseits auch als Lobby- und PR-Organisation für Nachhaltiges Investment sieht. Die 2002 von Ethibel zusammen mit dem Schweizer Prüf- und Zertifizierungskonzern SGS gegründete Aktiengesellschaft Stock at Stake wurde Ende 2005 mit der französischen Agentur Vigeo zur Vigeo-Gruppe fusioniert.

Kontakt:

- Forum Ethibel,
  Vooruitgangstraat 333/7, B-1030 Bruxelles, Tel.: 0032/2/2061111,
  www.ethibel.org

GES Investment Services AB

Die von Hanna Roberts geleitete GES mit Hauptsitz in Stockholm und Niederlassungen in Dänemark, Großbritannien, Polen und der Schweiz wurde 1982 von den früheren Greenpeace-Mitarbeitern Magnus Furugård and Susanne Nyman unter dem Namen Caring Capitalism (später CaringCompany, seit 2003 GES) gegründet. GES bietet neben ESG-Research und Unternehmensratings (derzeit sind 18.000 Unternehmen in der Datenbank) auch „Risiko-Ratings" für Mitglieder internationaler Aktienindizes (mit Noten von Aa bis Cc, die auf die Branche und das einzelne Unternehmen bezogen sind) an. Außerdem unterstützt GES (mit inzwischen über 50 Beschäftigten) Investoren in Sachen Shareholder-Engagement, d.h. beim Dialog mit den Unternehmen (2012 wurde „GES Engagement Forum 3.0" lanciert). Researchpartner von GES sind u.a. oekom research und das ICCR in New York.

Kontakt:

- GES Investment Services AB,
  Kungsgatan 35, SE-111 56 Stockholm, Tel.: 0046/3/7879910,
  www.ges-invest.com

Investor Responsibility Research Center Institute (IRRC)

Das unabhängige Forschungsinstitut mit Sitz in New York wurde mit Mitteln aus dem Verkaufserlös des US-amerikanischen Forschungszentrums IRRC 2006 gegründet. Das schon 1972 gegründete IRRC war zu dem Zeitpunkt mit über 80 Mitarbeitern weltweit das größte Institut seiner Art und wurde von Institutional Shareholder Services, dann Risk Metrics und schließlich MSCI (siehe nächster Abschnitt) übernommen, die diese Researchbereiche profitorientiert weiterführen. Das neue Institut hingegen will die Tradition der unabhängigen, nicht profitorientierten Forschung fortsetzen. Eine der Studien (2010) gibt z.B. einen Überblick über die Parteispenden der 500 großen US-Unternehmen im S&P 500 Index. Manche Studien des IRRC wurden auch als Bücher publiziert, die jedoch wegen der geringen Auflage relativ teuer waren: über 10.000 US-Dollar kostete beispielsweise das dreibändige Lexikon „Corporate Environmental Profiles", in dem 500 US-Unternehmen nach ihren Leistungen und Verfehlungen (z.B. Umweltstrafen) gelistet und teilweise mit Branchenindexwerten verglichen worden sind. In der zusammen mit Ernst & Young LLP (EY) erstellten Studie „The Corporate Risk Factor Disclosure Landscape" (2016) wurden 50 Konzerne untersucht, von denen die meisten den Investoren nur wenig Einsicht in die jeweiligen Risiken gaben.

Kontakt:

- Investor Responsibility Research Center Institute (IRRC),
  40 Wall Street, 28th Floor, USA-New York, NY 10005,
  Tel.: 001/646/512-5807, www.irrcinstitute.org

MSCI Inc.

Der von der New Yorker Investmentbank Morgan Stanley 1998 abgespaltene Index- und Informationskonzern MSCI (Morgan Stanley Capital International) bietet seit Mitte 2011 die Plattform „MSCI ESG Manager" an (ESG steht für environmental, social und governance). Darauf sind alle ESG-Daten (und der „ESG Impact Monitor") zu allen Unternehmen des MSCI World Index abrufbar, so dass sich z.B. Fondsmanager darüber informieren können, bei welchen Unternehmen es Kontroversen oder Gesetzesverstöße gibt.

Der MSCI-Konzern kam 2007 an die Börse und war Ende 2015 – beim Kurs von über 72 US-Dollar und einem Jahresumsatz von rund 1,075 Mrd. US-Dollar (+8%) und einem Jahresgewinn von 224 Mio. US-Dollar – mit rund 7,4 Mrd. US-Dollar bewertet. 2004 hat MSCI Barra übernommen, 2010 Measurisk und das seinerzeit ebenfalls börsennotierte New Yorker Unternehmen RiskMetrics (für 1,55 Mrd. USD), das sich vor allem mit Risikomanagement und Fragen der Unternehmensführung („corporate governance") als Dienstleister für die Finanzbranche befasst hat. RiskMetrics hatte vorher nicht nur das IRRC und Innovest, sondern auch das private Unternehmen KLD Research & Analytics, Inc. in Boston aufgekauft, das seit über 20 Jahren eines der führenden ESG-Research- und Indexunternehmen (u.a. Domini-Social-Index-Familie) in den USA war. Inzwischen werden in viele „konventionelle" Analysen ESG-Kennzahlen eingebaut (start-ups wie TruValue Labs bieten dazu entsprechende Software-Programme wie „Insight 360" an). Das von Linda-Eling Lee geleitete ESG-Research ist jedoch nur einer der Geschäftsbereiche. Denn MSCI berechnet mit über 3.000 Beschäftigten für über 6.000 Kunden laufend über 120.000 Börsen-Indizes (der erste kam 1969 auf den Markt) und stellt Analyse- und Risikomanagement-Software zur Verfügung.

Kontakt:

- MSCI Inc.,
  7 World Trade Center, 250 Greenwich Street, 49th Floor USA-New York, NY 10007, Tel.: 001/212/804-5330, www.msci.com/research/esg-research

6.4. Standards und Normen

Global Reporting Initiative (GRI)

Die 1997 von CERES und dem Umweltprogramm der UNO (UNEP) lancierte Global Reporting Initiative (GRI) entwickelt und verbreitet Standards bzw. Richtlinien (Sustainability Reporting Guidelines) zur freiwilligen Berichterstattung über ökonomische, soziale und ökologische Entwicklungen bzw. Kennzahlen von Unternehmen mit dem Ziel, ähnliche international anerkannte Standards zu erreichen wie in der finanziellen Bilanzierung. Inzwischen berichten weltweit viele hundert Unternehmen nach GRI-Standards. Nach einigen Jahren der Entwicklung und Verfeinerung (inkl. Verbesserungsvorschlägen seitens NGOs) entstand 2002 der erste GRI-Leitfaden mit Grundsätzen der Berichterstattung wie z.B. Einschließlichkeit (Einbeziehung aller Anspruchsgruppen), Genauigkeit (möglichst niedrige Fehlerquote der Informationen), Klarheit und Zweckmäßigkeit (Frequenz und Informationsdichte den Bedürfnissen der Anspruchsgruppen entsprechend), Neutralität (ausgewogene Berichterstattung hebt die Qualität und Glaubwürdigkeit), Transparenz (Offenlegung aller Prozesse und Annahmen bei der Berichterstellung), Überprüfbarkeit (Archivierung der Rohdaten für Kontrollzwecke), Vergleichbarkeit (Konsistenz, Offenlegung von veränderten Rahmenbedingungen) und Vollständigkeit (aller Informationen bezüglich z.B. Reichweite oder Zeitrahmen). Inzwischen gibt es mehrere Stufen von GRI-Standards, die modernste ist „G4". Nach einer Studie der Kirchhoff Consult AG berichteten für 2014 schon 30 der 66 untersuchten Unternehmen aus dem Dax 30 und dem Euro Stoxx 50 nach dem „G4"-Standard, allerdings erst 9 davon nach dem aufwändigeren „Comprehensive“-Modell und 19 nach dem „Core“-Modell (2 ohne Angabe des Berichtsmodells).

Kontakt:

- Global Reporting Initiative (GRI),
  Barbara Strozzilaan 336, NL-1083 HL Amsterdam, Tel.: 0031/20/5310000,
  www.globalreporting.org

SA 8000

Seit 1998 gibt es die Norm SA 8000 (Standard for Social Accountability), nach der sich Unternehmen ihre sozialen Standards zertifizieren lassen können. Basis dafür sind die Konventionen der ILO (International Labour Organisation) und der UN-Erklärungen über die Menschenrechte und die Rechte des Kindes. Ziel ist eine „nachhaltige Entwicklung und der Aufbau eines weltweit gültigen Zertifizierungs- und Kontrollsystems auf der Ebene jedes einzelnen Unternehmens“. Im Gegensatz zu Umweltnormen wie ISO 14001 werden dabei auch die Beschäftigten sowie Interessengruppen wie Gewerkschaften befragt. Untersucht werden u.a. die Bereiche Kinderarbeit, Zwangsarbeit, Gesundheits- und Sicherheits-Standards, Arbeitszeiten, (Mindest-)Löhne und Managementsysteme. Ähnlich, aber nicht ganz so umfassend wie beim Verhaltenskodex der auf die Textilproduktion bezogenen Clean Clothes Campaign (CCC) werden auch die Zulieferbetriebe einbezogen. Betreut wird der Sozialstandard SA 8000 von Social Accountability International, einer Organisation zur Förderung der Menschen- bzw. Arbeitnehmerrechte. Leiterin des Instituts ist Alice Tepper Marlin, die zuvor 30 Jahre lang den Council on Economic Priorities (CEP) geleitet hat und u.a. den SA-8000-Standard mitentwickelt hat.

Kontakt:

- Social Accountability International (SAI),
  15 West 44th Street, 6th Floor, USA-New York, NY 10036,
  Tel.: 001/212/684-1414, www.sa-intl.org

ISO 14001, ISO 26000, ISO 50001 und ISO 37001

Umweltmanagementsysteme nach der Norm ISO 14001 sollen bei den zertifizierten Unternehmen gewährleisten, dass Umweltziele definiert und umgesetzt werden, „die über das Niveau der relevanten Umweltgesetze hinausgehen“. Die Norm wird von der International Organization for Standardization (ISO), dem Dachverband der nationalen Normungsinstitute, entwickelt und überwacht. Die Zertifizierung wird von privaten, dafür zugelassenen Gesellschaften erteilt und kann – spätestens alle drei Jahre – erneuert werden. Ziel ist die laufende Verringerung von Umweltbelastungen, allerdings ohne konkrete Vorgaben in absoluten oder prozentuellen Zahlen oder für bestimmte Bereiche.

Beim Standard ISO 26000 handelt es sich nicht um eine zertifizierbare Managementsystem-Norm, sondern um einen (nach über sieben Jahren der Entwicklung durch 450 Experten aus den 99 ISO-Mitgliedsländern) 2010 veröffentlichten Leitfaden mit „erstrebenswerten beispielhaften Anwendungen“ (Best Practices) für gesellschaftlich verantwortliches Handelns von Unternehmen bzw. Organisationen. Sieben Prinzipien dienen dabei als Basis: Rechenschaftspflicht, Transparenz, ethisches Verhalten sowie die Beachtung der Interessen der Stakeholder, der Rechtsstaatlichkeit, internationaler Verhaltensstandards und Menschenrechte. Der ISO 26000 ist nicht zu verwechseln mit dem dänischen Standard DS 26001, der – im nationalen Alleingang – zertifizierbar ist.

Seit 2011 gibt es den ISO 50001 (Energy Management System), der sich auf den effizienten Einsatz von Energie bezieht. Ende 2016 soll der ISO 37001 (Anti-bribery management systems) folgen, um das Problem der Korruption einzudämmen, das weltweit nicht nur schätzungsweise über 1 Billion Dollar verschlingt, sondern die Lebensqualität senkt, die Armut erhöht und das Vertrauen aushöhlt.

Kontakt:

- International Organization for Standardization (ISO),
  1, ch. de la Voie-Creuse, CP 56, CH-1211 Genf 20, Tel.: 0041/22/7490111,
  www.iso.org

7 Anlegerservice und Anlegerschutz

Gesetzliche Regelungen bilden den Rahmen auch für wirtschaftliches Handeln und bieten Schutz vor Missbrauch und Betrug. Allerdings reagiert der Gesetzgeber oft erst z. B. auf schädigendes Verhalten, das auch bei Anbietern von Geldanlagemöglichkeiten anzutreffen ist. Daher empfiehlt es sich, im Zweifels- und Streitfall eine Rechts- oder Steuerberatung in Anspruch zu nehmen oder sogar vorbeugend eine Rechtsschutzversicherung abzuschließen.

Jeder sollte die rechtlichen und vertraglichen Grundlagen eines Beteiligungsangebotes und die damit verbunden Risiken verstehen. Wenn steuerliche Vorteile eine Anlageentscheidung begünstigen, sollte beachtet werden, dass sich gerade die Steuergesetzgebung sehr rasch ändern kann. Helfen können unsere Hintergrundinformationen und Beispiele von negativ aufgefallenen Anbietern. Darüber hinaus haben wir einige Kontaktdaten von privaten und öffentlichen Einrichtungen aufgenommen, die speziell Ihre Position als Anleger(in) schützen. Den rechtlichen Schutz erweiterten im Juli 2015 Vorschriften des Kleinanlegerschutzgesetzes in Deutschland.

7.1 GmbH (& Co. KG) und andere Rechtsformen

Je nach Zielsetzung und Umfang eines Projekts haben die wählbaren Rechtsformen bestimmte Vor- und Nachteile. Die Rechtsformen sind in eigenen Gesetzen bzw. im Handelsgesetzbuch (Österreich: Unternehmensgesetzbuch) geregelt. Hier eine Auswahl der gängigsten Formen:

GmbH

Die Gründung einer Gesellschaft mit beschränkter Haftung (GmbH) können eine oder mehrere Personen (Gesellschafter) vornehmen. Der Gesellschaftsvertrag bedarf der notariellen Form. In Deutschland ist ein Kapital von mindestens 25000 Euro (Österreich: 35000 Euro bzw. 10.000 Euro bei der „GmbH light“ – Gründungsprivileg) einzubringen. Denkbar ist aber in Deutschland auch die Gründung einer Unternehmergesellschaft (§ 5a GmbH-Gesetz) mit einem geringeren Kapital (auch „Ein-Euro-GmbH“ genannt). Die Haftung des Unternehmens ist bei dieser Rechtsform, wie es der Name ausdrückt, auf das Gesellschaftskapital beschränkt.

Bei Beteiligungskonstruktionen wird die GmbH beispielsweise sogenannte stille Gesellschaften anbieten, da für die Stammanteile keine die persönliche Steuerbemessung mindernden Verlustzuweisungen möglich sind. Noch häufiger gründet man eine – steuerlich ebenfalls interessante – Kommanditgesellschaft (KG) in Form einer GmbH & Co. KG.

GmbH & Co. KG

Eine typische KG besteht aus den persönlich voll haftenden, geschäftsführenden Komplementären – in der Regel den Initiatoren – und den mit ihrem Kapitalanteil haftenden Kommanditisten (Anlegern). Die GmbH & Co. KG ist eine Sonderform der KG, bei der als Vollhafter eine GmbH eingesetzt wird. So wird einerseits wieder die Haftung beschränkt, andererseits bleiben trotzdem die steuerlichen Vorteile einer Personengesellschaft, wie z.B. die individuelle Verlustzuweisung, für die Kommanditisten erhalten.

Zwischen der KG und der GmbH (der Initiatoren) wird ein Vertrag geschlossen, der u.a. die Höhe der Geschäftsführungsvergütung regelt.

GbR mbH

Eine Gesellschaft bürgerlichen Rechts mit beschränkter Haftung (GbR mbH) kommt wesentlich seltener vor. Sie hat – anders als die KG – in den Grenzen von § 141 Abgabenordnung (AO) keine Bilanzierungspflicht und ist dann wegen der einfacheren Buchführung kostengünstiger. Ein gravierender Nachteil besteht darin, dass die Anleger – wie bei einer normalen GbR – über den Kapitalanteil hinaus mit ihrem gesamten Privatvermögen haften. Insbesondere dann, wenn z.B. versäumt wurde, bei allen Außenkontakten (z.B. Geschäftspartner, Lieferanten, Kunden) auf die im Innenverhältnis vertraglich vereinbarte Beschränkung hinzuweisen.

Auch im Falle einer Unterversicherung kann es brenzlig werden: Kommt es zu einem Betriebsunfall mit unbeteiligten Dritten, die nichts von der GbR mbH bzw. Haftungsbeschränkung wissen, haften alle Gesellschafter mit ihrem Privatvermögen, selbst wenn der Gesellschaftsvertrag die Haftung ausschließt.

Genossenschaft

In einer eingetragenen Genossenschaft können beliebig viele natürliche Personen Mitglied werden (in Deutschland: mindestens drei), indem sie mindestens einen Geschäftsanteil übernehmen. Oberstes Organ ist die Generalversammlung, die Vorstand und Aufsichtsrat wählt, wenn die Satzung, die gerade in Österreich große Gestaltungsmöglichkeiten bietet, nichts anderes vorsieht. Außerdem gibt es noch eine externe Kontrolle durch Prüfungsverbände, die jede Genossenschaft mindestens alle zwei Jahre hinsichtlich Geschäftsführung, Mittelverwendung und Vermögenslage überprüfen. Im Vergleich zu anderen Rechtsformen sind die Gründung und der Betrieb einer Genossenschaft relativ aufwändig, sie werden jedoch stark von den Verbänden unterstützt. Eine Nachschusspflicht der Mitglieder im Insolvenzfall muss ausdrücklich durch die Satzung ausgeschlossen sein (§ 105 deutsches GenG).

Fonds

Hauptzweck eines Fonds-Modells im Beteiligungsbereich – nicht zu verwechseln mit den staatlich stark regulierten Investmentfonds – ist das Sammeln von Kapital, welches dann in bestimmte Projekte oder Unternehmen investiert wird. Neben seriösen und langjährig bewährten Fonds-Konstruktionen mit einem bestimmten Zweck, wie z.B. die der GLS Bank oder bei Windparks, gibt es aber auch so genannte »Blind-Pools«, bei denen nicht angegeben ist, wann und wo »Umweltinvestitionen« getätigt werden sollen. Hier sollte man besonders vorsichtig sein.

7.2 Prospekte und Prognosen

Ohne Prospekt geht fast gar nichts. Anleger müssen aufgrund eines Prospektes in die Lage versetzt werden, Beteiligungsangebote zu prüfen, bevor sie investieren. Die Gliederung steht weitestgehend fest: Das geplante Vorhaben wird beschrieben, Prognosen über die zukünftige Entwicklung werden erstellt, Chancen und Risiken erläutert.

Gesetzgeber, Gerichte sowie Verbraucher- und Anlegerschutzvereinigungen haben Standardelemente für Form, Inhalt und Vollständigkeit von Beteiligungsprospekten eingefordert. Die rechtliche Grundlage richtet sich nach der Art der Beteiligung. Für kapitalmarktfähige Wertpapiere, insbesondere Aktien und Inhaberschuldverschreibungen, die ggf. sogar an einer Börse notieren, regelt das Wertpapierprospektgesetz (WpPG) u.a. die Pflicht zum Erstellen des Prospekts, seinen Umfang und das Verfahren der Prospekterstellung und -billigung sowie Ausnahmen davon in §§ 3 und 4 WpPG, für Aufmachung und Inhalt des Prospektes finden sich die Einzelheiten in der EU-Prospekt-Verordnung. Die Anforderungen an die Zulassung von Investmentfonds einer Kapitalverwaltungsgesellschaft sind seit Mitte 2013 im Kapitalanlagegesetzbuch (KAGB) geregelt (zuvor: Investmentgesetz). Das KAGB hat auch den Anwendungsbereich des im Juni 2012 in Kraft getretenen Vermögensanlagengesetzes (VermAnlG) verringert. Dieses Gesetz trat an die Stelle des Verkaufsprospektgesetzes, für das Übergangsvorschriften gelten. Nähere Informationen zum Prospekt gemäß VermAnlG enthält die Vermögensanlagen-Verkaufsprospektverordnung. Bei den zugehörigen Vermögensanlagen handelt es sich gemäß § 1 Abs. 2 VermAnlG vor allem um stille Beteiligungen, partiarische Darlehen, Nachrangdarlehen, Genussrechte und Namensschuldverschreibungen. Hier hat der Gesetzgeber durch das Kleinanlegerschutzgesetz „Schwarmfinanzierungen", auch Crowdfunding/-investing genannt (vgl. Kapitel 2.8.4 Crowd-Investments), die über eine Internet-Dienstleistungsplattform angeboten werden, hinsichtlich der Prospektpflicht befreit, sofern insbesondere der Verkaufspreis sämtlicher vom Anbieter angebotenen Vermögensanlagen desselben Emittenten 2,5 Mio. Euro nicht übersteigt und der Gesamtbetrag der Vermögensanlage, die von einer natürlichen Person erworben wird, nicht höher ist als 1.000 Euro; diese Grenze kann auf 10.000 Euro angehoben werden, wenn der Anleger nachweist, dass er über freies Vermögen von mindestens 100.000 Euro verfügt (§ 2a VermAnlG). Zusätzlich wurden Befreiungen für soziale Projekte (§ 2b) und für gemeinnützige Projekte und Religionsgemeinschaften aufgenommen (§ 2c). In Österreich sind ähnliche Erleichterungen mit September 2015 durch das Alternativfinanzierungsgesetz in Kraft getreten, hier gelten als Obergrenze 1,5 Mio. Euro je Emission und jährlich 5.000 Euro je Anleger.

Der Prospekt sollte möglichst in gebundener Form vorliegen, die Vertragstexte und Prognosedaten sollten erläutert werden. Der Prospekt ist bei der Bundesanstalt für Finanzdienstleistungsaufsicht (BaFin) einzureichen und darf als Angebot erst veröffentlicht werden, wenn die Bundesanstalt diesen gebilligt hat. Damit würdigt die BaFin jedoch keinesfalls die Seriosität des Emittenten oder kontrolliert das Anlageprodukt.Da es später – insbesondere im Fall von Konkursen etc. – manchmal zu juristischen Auseinandersetzungen mit den Initiatoren kommen kann, empfiehlt es sich für Anleger, neben dem Prospekt auch alle anderen schriftlichen Unterlagen, die für die Anlageentscheidung wichtig sind, aufzubewahren.

Prospekthaftung

Wer als Initiator falsche oder unzureichende Angaben in einem Prospekt macht, kann gemäß § 264a (Kapitalanlagebetrug) des Strafgesetzbuchs bzw. Bestimmungen des BGB sowie des Gesetzes gegen unlauteren Wettbewerb zur Rechenschaft gezogen werden. Möglich sind Geldstrafen und Haftstrafen (bis zu drei Jahren). Um sich gegen diese Haftungsrisiken weitgehend abzusichern, lassen viele Initiatoren ihre Unterlagen vor der Veröffentlichung durch einen Wirtschaftsprüfer kontrollieren.

Prospektprüfung und -billigung

Für eine Prospektprüfung im formalen Sinne auf Vollständigkeit durch die BaFin – in Österreich: Finanzmarktaufsicht (FMA) – sind Einzelheiten in der EU-Prospekt-Verordnung bzw. Vermögensanlagen-Verkaufsprospektverordnung geregelt. Ein beteiligter Wirtschaftsprüfer prüft den Prospekt aus der Sicht eines durchschnittlich verständigen und vorsichtigen Anlegers und weist auf Risiken hin. Grundlage sind die Methoden und Standards des Instituts der Wirtschaftsprüfer in Deutschland e. V. (IDW), Düsseldorf. Bei kleineren Projekten wird eine Prospektprüfung durch einen Wirtschaftsprüfer meist aus Kosten- und Zeitgründen nicht durchgeführt, bei größeren Investitionssummen von mehreren Millionen Euro sollte dies aber selbstverständlich sein.

Die Prüfung der BaFin bezieht sich darauf, ob der Prospekt alle gesetzlich geforderten Mindestangaben enthält und verständlich abgefasst worden ist. Es wird sichergestellt, dass keine widersprüchlichen Aussagen getroffen werden. Weder werden die Qualität des Emittenten noch des Anlageproduktes oder inhaltliche Richtigkeit beurteilt. Dementsprechend ist eine Werbung mit dem Hinweis auf die BaFin-Prüfung irreführend und nicht zulässig.

Ist der Prospekt gebilligt, muss er veröffentlicht werden. Anleger können den Prüfbericht einsehen bzw. anfordern und daraus auch entnehmen, wer der Prüfer war und mit welchen Methoden gearbeitet wurde. Die BaFin informiert auf ihrer Homepage bei einem öffentlichen Angebot von Wertpapieren bzw. bei der Zulassung zum Handel an einem organisierten Markt, dass ein Prospekt bei ihr hinterlegt worden ist.

Prospektinhalte

Der Inhalt ist im Einzelnen in der EU-Prospekt-Verordnung bzw. Vermögensanlagen-Verkaufsprospektverordnung (VermVerkProspV) geregelt. »Der Verkaufsprospekt muss alle tatsächlichen und rechtlichen Angaben enthalten, die notwendig sind, um dem Publikum eine zutreffende Beurteilung des Emittenten der Vermögensanlagen und der Vermögensanlagen selbst zu ermöglichen. Bestehen die Vermögensanlagen aus Anteilen an einem Treuhandvermögen und besteht dieses ganz oder teilweise aus einem Anteil an einer Gesellschaft, so muss der Verkaufsprospekt auch die entsprechenden Angaben zu dieser Gesellschaft enthalten.« (§ 7 Abs. 1 VermAnlG).

Nach dem Inhaltsverzeichnis hat der Prospekt u.a. folgende Abschnitte zu enthalten (§§ 3 bis 14 VermVerkProspV):

- Personen oder Gesellschaften, die für den Inhalt des Verkaufsprospekts die Verantwortung übernehmen,
- Vermögensanlagen (z.B. Erwerbspreis, Kosten, steuerliche Aspekte, Übertragbarkeit von Anteilen),
- Emittent, u.a. mit dessen Sitz, Gründung, Rechtsform, Gründungsgesellschafter und Geschäftstätigkeit,
- Kapital des Emittenten,
- Anlageziele und Anlagepolitik der Vermögensanlagen,
- Vermögens-, Finanz- und Ertragslage des Emittenten,
- Prüfung des Jahresabschlusses des Emittenten,
- gewährleistete Vermögensanlagen.

Vorsicht ist geboten, wenn dubiose Auslandsadressen (oft Briefkastenfirmen) auftauchen oder die Emittenten Rechtskonstruktionen wählen, die im Inland unbekannt sind. Zur Beschreibung des künftigen Standorts und der wirtschaftlich-politischen Rahmenbedingungen gehören auch Informationen über den Stand der Planungen bzw. der erforderlichen Genehmigungen und Patente.

Dreh- und Angelpunkt eines Prospekts ist meistens die Ertragsprognose, die als solche klar zu kennzeichnen ist. Um abschätzen zu können, wie realistisch die Prognosen sind, helfen »Worst-Case« und »Best-Case«-Szenarien. Anhand derer lässt sich zumindest der Spielraum für die Entwicklung der nächsten Jahre abschätzen. Alle erkennbaren Risiken bzw. Maßnahmen zur Verringerung dieser Risiken sollten in diesem Zusammenhang aufgelistet sein. Weitere wichtige Fragen sind: Wie sicher sind feste Abnahmeverträge oder gesetzlich geregelte Vergütungen für Strom aus erneuerbaren Energien? Welche Lebensdauer und Betriebssicherheit haben die Anlagen?

7.3 Die Art der Beteiligung

Unabhängig von der Rechtsform der Beteiligungsgesellschaft werden wiederum unterschiedliche Möglichkeiten der Beteiligung angeboten:

- Beteiligung als Gesellschafter (Aktionär, Kommanditist),
- Beteiligung als stiller Gesellschafter,
- Beteiligung als Darlehensgeber.

Wichtig sind in diesem Zusammenhang auch Informationen zu den Bereichen
- Geschäftsführung und Kontrollorgane,
- Bindung und Haftungsumfang Ihrer Beteiligung,
- Treuhänder und Mittelverwendungskontrolle,
- Rückabwicklung.

Als Gesellschafter einer GbR mbH oder KG beteiligen Sie sich direkt am Unternehmen und nehmen entsprechend Ihrem Kapitalanteil an Gewinn und Verlust teil. Außer bei der GbR ist die Haftung der Anleger normalerweise auf ihren gezeichneten Kapitalanteil beschränkt.

Einfluss- und Kontrollmöglichkeiten

Neben den finanziellen Fragen sind die Einfluss- und Kontrollmöglichkeiten zu beachten. Die Kontrollorgane sollten möglichst von den Anlegern und nicht von der Geschäftsführung selbst bestimmt werden können. Gerade in der Startphase junger Unternehmen haben sich aus der Sicht des Anlegerschutzes auch die Instrumente einer Treuhänderschaft bzw. Mittelverwendungskontrolle bewährt. Der Treuhänder, meist ein unabhängiger Wirtschaftsprüfer, Steuerberater oder Rechtsanwalt, gibt dabei die Anlegergelder nur nach und nach entsprechend dem Investitionsplan bzw. nach Baufortschritt frei. Die Gesellschaft kann nicht direkt über die Gelder verfügen, sondern erst nach entsprechenden Nachweisen.

Für den Fall, dass ein Projekt nicht realisiert werden kann, müssen die Modalitäten einer so genannten Rückabwicklung vertraglich festgelegt sein: In welchem Zeitraum fließt welcher Anteil der Anlegergelder zurück? In welchem Ausmaß müssen die Initiatoren die Vorlaufkosten (ggf. inkl. der eigenen Geschäftsführervergütungen) selbst tragen?

Beteiligung als typischer stiller Gesellschafter

Typische stille Gesellschafter sind in der Regel am Gewinn beteiligt, nicht aber am Verlust. Deshalb können Sie auch keine steuerlich wirksamen Verlustzuweisungen geltend machen, sondern Ihre Einkünfte unterliegen – als Einkünfte aus Kapitalvermögen – den für Sie geltenden Einkommensteuersätzen.
Beteiligung als atypischer stiller Gesellschafter

Hier ist man nicht nur am Gewinn, sondern auch am Verlust und am Unternehmenswert beteiligt und kann als Mitunternehmer steuerlich interessante Verlustzuweisungen beanspruchen. Es handelt sich um Einkünfte aus Gewerbebetrieb, die mit dem persönlichen Spitzensteuersatz besteuert werden.

Beteiligung als Darlehensgeber

Darlehen auf dem freien Kapitalmarkt sind etwas völlig anderes als Spareinlagen oder Festgelder bei einem Kreditinstitut, die selbst im Fall einer Bankpleite nicht verloren gehen (gesetzliche bzw. erweiterte Einlagensicherung). Das Ausfallsrisiko bei Darlehen an Unternehmen ist dagegen wesentlich größer. Nicht selten nehmen Initiatoren Darlehen als Ersatz für Eigenkapital, um z.B. bei Banken entsprechende Sicherheiten bieten zu können. Der Darlehensgeber riskiert so – oft auf fünf bis zehn Jahre gebunden – sein Geld, hat aber weder eine Beteiligung am Unternehmen, noch einen Anteil am Wertzuwachs, noch Kontroll- oder Mitspracherechte.

Ein Sonderfall sind die so genannten partiarischen Darlehen, mit denen z.B. die GLS Beteiligungs AG der GLS Bank (z. B. GLS Weleda Fonds) recht erfolgreich arbeitet. Partiarische Darlehen werden in der Regel zu einem Mindestsatz verzinst. Darüber hinaus erhalten die Darlehensgeber aber auch oder alternativ einen bestimmten Anteil am Unternehmensgewinn. Zinsen und Gewinnanteile unterliegen der Einkommensteuer.

Bei den sog. „Nachrang"-Darlehen werden – wie der Name sagt – im Fall einer Insolvenz alle anderen Gläubiger vorrangig bedient, d.h. nur wenn dann noch etwas zum Verteilen übrig ist, erhalten auch die nachrangigen Darlehensgebern einen Teil ihres Geld zurück.

7.4 Rentabilität und Risiko

Ohne attraktive oder zumindest marktübliche Renditeaussicht wird man auch für ökologische Projekte nur wenige Anleger finden. Doch gerade die Abschätzung der Rentabilität ist eine Wissenschaft für sich. Zu viele Parameter gehen in die Rechnung ein, jede Schätzmethode hat auch ihre Nachteile bzw. kann für den Laien irreführend wirken. Leider vermitteln Prospekte zuweilen den Eindruck, das Beteiligungsangebot würde dem Anleger eine ähnlich sichere Rendite wie ein Sparbuch bieten. Abgesehen davon, dass es diese Sicherheit nicht gibt, erweisen sich Schätzungen oft als fehleranfällig.

Dennoch sollte einigermaßen plausibel nachvollziehbar sein, wie sich eine Finanzplanung zusammensetzt. Für eine Abschätzung der Rentabilität eines Projektes für den Anleger sind zumindest folgende Teilrechnungen anzustellen:

- Gesamtkosten der Investition (ggf. inkl. Vertriebsprovisionen etc.),
- Gesamtfinanzierung (Eigenkapitalanteil, Zuschüsse, Agio etc.),
- Ergebnisprognose / Wirtschaftlichkeitsberechnung,
- steuerliche Aspekte.

Bei den Förderungen (z.B. nicht rückzahlbare Landes-, Bundes- und EU-Zuschüsse) sollte man wissen, an welche Auflagen bzw. Fristen diese gebunden sind. Alle Kosten sollten nach Betriebskosten, Verwaltungskosten, Abschreibungen und Zinsen aufgeschlüsselt sein. Nicht zu vergessen sind auch die Beträge für Rücklagen (z.B. Reparaturen) oder Unvorhergesehenes.

In jedem Prospekt sollten natürlich auch die steuerlichen Aspekte behandelt werden, vor allem wenn mit Verlustzuweisungen operiert wird (wie bei den Rechtsformen GmbH & Co. KG, GbR oder atypisch stiller Gesellschaft). Nicht nur bei Auslandsbeteiligungen kann sich die Frage nach dem Wechselkursrisiko stellen. Verlustzuweisungen ausländischer Unternehmen werden vom inländischen Finanzamt oft nicht anerkannt. Umgekehrt müssen nicht alle von einem deutschen Beteiligungsunternehmen mit einem ausländischen Partner geschlossenen Verträge dort auch anerkannt werden. Weitere Risiken lauern in technischen Entwicklungen, in politischen Faktoren und in der Vertrauenswürdigkeit der handelnden Personen.

7.5 Beispiele für Beteiligungsangebote

Die im Kapitel 2.9 angeführten Beteiligungsangebote zeigen die Vielfalt der Branchen und Konzepte, vermitteln aber auch einen Eindruck von den Chancen und Risiken, denen man jeweils gegenübersteht. Wer sich über Beteilungsmöglichkeiten informieren will, kann sich in der entsprechenden Rubrik des Branchendienstes Öko-Invest oder bei Ecoreporter.de (siehe Kapitel 6.2) über neue Angebote und deren wirtschaftliche Entwicklung informieren.

Man sollte jedoch nicht vergessen, dass auch bei detaillierten Prognosen und anscheinend klar definierten Geschäftsfeldern Windparkbetreiber insolvent werden können – so geschehen 2014 bei der Prokon Regenerative Energien GmbH. Das Insolvenzverfahren führte zu einer Umwandlung in eine Genossenschaft bei Verlusten für die Gläubiger von über 40%.

7.6 Der Kauf von Wertpapieren

Eine nur scheinbar selbstverständliche Voraussetzung für den Ankauf von Wertpapieren ist der Besitz von Geld. Auf keinen Fall sollten Aktien auf Kredit gekauft werden. Denn liegt die Rendite der gekauften Papiere nicht über den Kreditzinsen, verliert man täglich Geld, und im schlimmsten Fall bleibt man auf einem Berg von Schulden sitzen. Auch bei Ansparplänen mit monatlichen Raten ist Vorsicht geboten, da nicht sicher ist, dass das momentane Monatseinkommen über die nächsten Jahre konstant bleibt. Aktien sollte man deshalb möglichst nur dann kaufen, wenn genügend Geld vorhanden ist, das mittelfristig nicht dringend benötigt wird.

Der erste Weg zum Aktienkauf führt meist über die Filiale einer Bank zu deren Wertpapierabteilung. Es muss nicht die Bank sein, bei der man schon ein Konto oder ein Sparbuch besitzt. Oft empfiehlt es sich, bei verschiedenen Instituten nachzufragen, denn die Qualität der Beratung und die Höhe der Bankgebühren können sehr unterschiedlich sein. So genannte Diskontbanken oder -broker bieten meist extrem niedrige Spesensätze – dafür allerdings auch kaum Beratung.Wenn es sich bei den gewünschten Papieren um Werte handelt, die an einer in- oder ausländischen Börse »notieren«, das heißt gehandelt werden, sind folgende Schritte notwendig:

1. Eröffnen eines Wertpapierdepots.
2. Erteilen eines Kaufauftrages an die Bank.

Auf Basis der Wertpapierkenn- (oder ISIN-)Nummer wird heute der Handel der Wertpapiere elektronisch abgewickelt. Bei der Wahl des Börsenplatzes sollten auch Gebühren und Handelsvolumen eine Rolle spielen. Weitere Merkmale der Kauf- bzw. Verkaufsorder sind z.B.: »billigst« bzw. »bestens« heißt zum momentanen Kurswert; bei »limitiert« wird eine Ober- bzw. Untergrenze für den Preis pro Stück festgelegt, d.h. wenn der Kurs während der gewünschten Laufzeit der Order (z.B. bis zum Ultimo des nächsten Monats) nicht erreicht wird, wird das Papier auch nicht gekauft bzw. verkauft. Die Bank dokumentiert das Kundengespräch. Die dem jeweiligen Wertpapier zugerechnete Risikoklasse sollte der Risikobereitschaft des Kunden entsprechen, riskantere Geschäfte muss der Kunde zusätzlich bestätigen.

3. Bereithalten des Gegenwertes (in bar oder üblicherweise auf einem Konto).

Führt die Bank den Auftrag aus, wird nach in der Regel zwei Börsentagen der Gegenwert fällig und das Wertpapier wird im Depot gutgeschrieben. Beim Verkauf der Papiere ist der Vorgang vergleichbar.

Immer seltener liegen den Wertpapieren auch einzelne Papier-Urkunden (effektive Stücke) zugrunde, die man sich aushändigen lassen kann. Heute werden die Emissionen meist durch eine einzige Globalurkunde verbrieft. Auch im Hinblick auf die Verwaltung und eventuelle Zu- oder Verkäufe oder Ertragsgutschriften ist die Verwahrung in einem Bankdepot sinnvoller und sicherer. Die jährlichen Depotgebühren sind für inländische Papiere überschaubar (z.B. 0,15 % des Wertes), für die nur im Ausland gehandelten etwas höher (z.B. 0,5 %). Jedoch sind Mindestbeträge je Posten bzw. Depot zu beachten.

Bei den Wertpapierprovisionen lohnen sich Preisvergleiche, auch bei der Börsenplatzwahl: Manchmal ist es z.B. billiger, amerikanische Aktien nicht über die New Yorker Börse, sondern über den Freiverkehr oder den Telefonhandel an den Börsen Frankfurt, Stuttgart oder Berlin zu kaufen. Im Zweifelsfall sollte man sich Auskünfte über anfallende Gebühren schriftlich bestätigen lassen.

Bei komplizierteren Vorgängen ist es ratsam, sich bei der Bank nach den gültigen Devisenvorschriften und anderen Bestimmungen zu erkundigen, die oft auch zum Zwecke des Anlegerschutzes erlassen worden sind. Vorsicht geboten ist bei Haustürgeschäften oder telefonisch aus dem Ausland angepriesenen Geldanlagen mit hohen Renditeversprechen.

7.7 Wichtige steuerrechtliche Bestimmungen

In einigen Ländern wie Belgien, Griechenland oder Großbritannien gibt es noch eine Börsenumsatzsteuer (BUSt). Diese wird bei jedem Wertpapieran- oder -verkauf fällig, ist aber in der Regel in der Summe der allgemeinen Bankspesen schon enthalten. In Deutschland bzw. Österreich gibt es seit 1991 bzw. 2000 keine

BUSt. Als Folge der Finanzkrise wurde eine EU-weite Finanztransaktionssteuer diskutiert, um die Steuerbasis der Staaten zu verbreitern und die Kurse zu stabilisieren, da insbesondere der sekundenschnelle (high frequency) Handel damit nicht mehr lukrativ wäre, das Thema findet aber derzeit nicht die Mehrheit der EU-Mitglieder.

Die Kapitalertragsteuer (KESt) fällt immer dann an, wenn Erträge in Form von Dividenden ausgeschüttet werden. Dies ist meist nur einmal im Jahr, zum Kupontermin, der Fall; manchmal auch halbjährlich oder – vor allem bei amerikanischen Aktien – quartalsweise. Die Steuersätze sind je nach Ursprungsland sehr verschieden und liegen meist zwischen 10 und 35 Prozent. Für Finanzprodukte, bei denen keine Ausschüttungen stattfinden, z.B. bei den thesaurierenden Investmentfonds, gibt es von Land zu Land unterschiedliche Regelungen. In Deutschland ist die KESt seit 2009 als Abgeltungssteuer (Steuersatz: 25 %) auf Erträge und Veräußerungsgewinne aus Wertpapieren geregelt. In Österreich hat die KESt auf Erträge schon länger abgeltende Wirkung, 2011 wurde eine Vermögenszuwachssteuer (Wertpapier-KESt) eingeführt, die (bei Käufen nach 2010) auf alle Kursgewinne unabhängig von der Behaltedauer entfällt und ebenfalls 25 Prozent beträgt; seit 2016 beträgt die KESt auf Dividenden in Österreich 27,5 Prozent.

Eine Einkommensteuer (EKSt) ist nicht mehr zu zahlen. Jedoch besteht für Anleger, deren persönlicher Steuersatz unter dem der einbehaltenen Steuerbeträge (Quellensteuer) liegt, die Möglichkeit, auf Antrag beim Finanzamt (einen Teil) der Steuer zurückerstattet zu bekommen. Um eine Doppelbesteuerung zu vermeiden, gibt es zwischen den meisten Industriestaaten entsprechende Doppelbesteuerungsabkommen.

Wenn die Summe aller Wertpapiere, Immobilieneinheitswerte und sonstigen Vermögensgegenstände eines Haushalts über gewissen Freibeträgen liegt, ist mancherorts auch eine Vermögensteuer zu entrichten (z.B. in Höhe von einem Prozent). Die Einführung einer Vermögensteuer wird auch in Österreich und Deutschland immer wieder thematisiert, obwohl es sie dort seit 1995 (A) bzw. 1997 (D) nicht mehr gibt.

Eine so genannte Spekulationssteuer fiel vor den Steuerreformen in Deutschland und Österreich an, wenn Wertpapiere innerhalb von zwölf Monaten mit Kursgewinn wieder verkauft wurden und der dabei erzielte Reingewinn bestimmte Freigrenzen pro Kalenderjahr überschritt. Diese Frist ist aufgehoben worden, so dass künftig alle Veräußerungsgewinne –ggf. verrechnet mit Veräußerungsverlusten – steuerlich erfasst werden. Nach wie vor gibt es diese Steuer im Bereich der Immobilien.

Von den steuerlichen Bedingungen brauchen sich Anleger inzwischen bei einem gewinnbringenden Verkauf von Wertpapieren weniger leiten zu lassen. Sollte die Kursentwicklung noch keinen Verkauf zulassen, obwohl man das Geld dringend benötigt, so gibt es z.B. die Möglichkeit, seine Wertpapiere von einer

Bank mittels eines sogenannten Lombardkredits belehnen zu lassen, anstatt sie zu verkaufen. Der Kreditnehmer zahlt dabei allerdings für den vereinbarten Zeitraum die üblichen Zinsen.

Die Erbschaft- und Schenkungsteuer (in Österreich vor Jahren abgeschafft) betrifft auch Wertpapiere, deren Wert jedoch ähnlich wie bei der Vermögenssteuer nicht unbedingt in Übereinstimmung mit dem jeweiligen Börsenkurs, sondern durch einen so genannten Steuerkurs festgelegt wird.

Für geschlossene Fonds, Investmentfondssparpläne, Bausparverträge und diverse andere Kapitalmarkt- bzw. Altersvorsorgeprodukte gibt es zahlreiche Steuerabsetzmöglichkeiten und Förderungen von staatlicher oder Arbeitgeberseite, die teilweise von sozialen Kriterien wie Einkommen oder Kinderzahl abhängig sind. Allerdings ist seitens der Politik geplant, manche dieser Förderungen zu kürzen oder ganz abzuschaffen.

7.8 Was muss ich beim Kauf von geschlossenen Fonds/Direktbeteiligungen beachten?

Im Bereich der Investmentfonds und börsennotierten Aktien gibt es besondere Schutzbestimmungen für Anleger und vielfältige Publizitätspflichten. Trotzdem kommen immer wieder (Bilanz-) Skandale vor.

Kaum durch Schutzbestimmungen geregelt und damit auch riskanter sind alle Formen von Direktbeteiligungen (siehe Kapitel 2.9). Bei Energieanlagen (Wind, Sonne, Wasser, Biomasse), Öko-Immobilien, Umwelttechnologiefirmen oder in der ökologischen Landwirtschaft können sich Anleger als Mitunternehmer(in) direkt beteiligen. Die Angebote werden auf dem sogenannten freien oder grauen Kapitalmarkt offeriert, der vermehrt auch in den Blick der staatlichen Aufsicht gerückt ist. Unternehmer suchen z.B. über Zeitungsanzeigen oder Vertriebsmitarbeiter Anleger. Da es auch einige unseriöse Anbieter gibt, ist hier besondere Vorsicht geboten.

Andererseits haben Direktbeteiligungen zahlreiche Vorteile: Als Mitunternehmer lassen sich die steuerlichen Vorteile der Personengesellschaft nutzen und man kann mit seiner Einlage tatsächlich darüber mitentscheiden, welche Projekte finanziert werden.

Nachteilig ist hingegen, dass die Anteile nicht handelbar sind. So ist man bei vielen Unternehmen oft langfristig gebunden, in der Windenergiebranche sind beispielsweise Zeiträume von 10 bis 15 Jahren die Regel. Abhilfe schaffen hier zum Teil Sekundärmarktangebote, wie es sie für einige Schiffs- oder Windparkbeteiligungen schon gibt. Umso wichtiger ist es daher, die Beteiligungsangebote nach mehreren Kriterien zu prüfen oder von einem Steuerberater prüfen zu lassen. Entscheidend sind u.a. die Prognosen bzw. Fristen für:

- Zeitpunkt und Höhe der Erträge,
- Beteiligungsdauer,
- Erfahrung und ggf. Leistungsbilanz der Initiatoren,

- Qualifikation der Geschäftsführung und Kontrollorgane,
- branchenspezifische Entwicklungen.

Öko-Investments sind vergleichsweise »jung«, häufig werden sogar Pilotprojekte aufgelegt. Deshalb sollten sie noch intensiver geprüft werden als konventionelle Beteiligungsarten auf dem freien Kapitalmarkt, bei denen – wie bei Schiffs- oder Immobilienfonds – jahrzehntelange Erfahrungswerte vorliegen.

Wer sich ein wenig umsieht, wird über die Palette staunen: Die Angebote hunderter von »Öko-Anbietern« allein in Deutschland reichen von soliden Langfristinvestitionen bis zu riskanten, aber im Erfolgsfall hochrentablen Erfindungsverwertungen. Darüber hinaus gibt es Umweltprojekte, die neben Geld auch noch persönliches Engagement erfordern. Es liegt nicht zuletzt an den Anlegern und ihrer Auswahl der Investitionsmöglichkeiten, welche Projekte realisiert werden können.

Wo werden Beteiligungsmöglichkeiten angeboten?

Wer als Initiator seine Beteiligungsangebote selbst vertreiben will, ist meist auf Anzeigen in den traditionellen Beteiligungsrubriken der überregionalen Zeitungen wie Süddeutsche Zeitung und Frankfurter Allgemeinen Zeitung angewiesen. Zunehmend findet man auch in Fach-, Messe- und Umweltzeitschriften oder der alternativen Tageszeitung Taz und im 14-täglichen Informationsdienst Öko-Invest aus Wien entsprechende Inserate, Werbebeilagen oder -veranstaltungen (Präsentationen) zu Öko-Beteiligungsangeboten.

Neben dem klassischen Anzeigenbereich läuft inzwischen ein immer größeres Volumen über Vermögensberater, die sich großteils oder sogar ausschließlich auf ökologische Beteiligungsangebote spezialisiert haben (siehe Kapitel 4). Diese Vermittler haben in den letzten Jahren viel Know-how und Erfahrung angesammelt, so dass sie Chancen und Risiken relativ gut einschätzen können. Leider sind die Einnahmen auch hier großteils an Provisionen geknüpft, eine Honorarberatung hat sich in Deutschland noch kaum etablieren können. Andererseits ist das Bemühen um die Kunden groß. Schließlich sollen sie ja nicht nur für einen einmaligen Abschluss gewonnen werden, sondern als langjährige Stammkunden.

Wer steht hinter einem Beteiligungsangebot?

Der Initiator ist für das Projekt verantwortlich, das er konzipiert hat, und hat schon mehr oder weniger hohe Vorlaufkosten für Planung und Vorbereitung eines Angebots ausgelegt.

Der Prospektherausgeber, der nicht mit dem Initiator identisch sein muss, ist ebenfalls in der Haftung für alle Prospektangaben. Er prüft die Kalkulationen des Initiators und kann auch als Treuhänder fungieren, wodurch die Anlegergelder zusätzlich abgesichert werden können.

Der Vertrieb übernimmt gegebenenfalls die Vermittlung von Anlegern, wodurch sich der Initiator zumindest Zeit erspart, oder in manchen Fällen das Projekt überhaupt erst genügend Kapital erhält. Gelingt dies nicht, bleibt der Initiator auf seinen Vorlaufkosten sitzen, das Projekt kann nicht realisiert werden.

7.9 Schwarze Schafe und graugrüne Listen

Die Mehrzahl der ethisch-ökologischen Geldanlageangebote ist seriös und funktioniert seit vielen Jahren reibungslos. Trotzdem können immer wieder unseriöse Anbieter auftreten. Auch im ethisch-ökologischen Investmentbereich gibt es Insolvenzfälle, stille Liquidationen (mangels Masse) und sonstige Firmenzusammenbrüche, bei denen die Anleger oft bis zu 100 Prozent ihres eingesetzten Geldes verlieren. Von Managementfehlern oder äußeren Umständen, durch die sich der geschäftliche Erfolg nicht einstellen wollte, waren z.B. betroffen: B.A.U.M. AG, EBES AG, Farmatic AG, Gumpp AG, Intensys Solar AG, Mr. Evergreen AG, Stoffkontor Kranz AG, Schmack Biogas AG, Sunline AG, Systaic AG, Treuhanf AG, Umweltkontor AG, Verlag der ökologischen Briefe GmbH & Co KG.

Doppelt ärgerlich ist ein Verlust jedoch, wenn nicht die eigentliche Anlage, sondern die hohen Vertriebskosten oder gar Betrügereien oder Untreue für den Niedergang mitverantwortlich sind. Leider kommt es immer wieder vor, dass sich auch im grünen Bereich des sogenannten grauen Kapitalmarktes schwarze Schafe einschleichen. Zur Erinnerung hier einige Beispiele aus der Vergangenheit: Clean Concept-Gruppe, Concorde-Artus bzw. Artus Ethische Vermögensverwaltung GmbH; Donauwind GmbH & Co. KG, Ethik Vermögenverwaltung AG, Eurokapital AG, GenoHausFonds I in Liquidation, Geo Bank AG, Hanseatische AG, Wabag-Gruppe. Auch die als ausgesprochen krisenfest geltende und mit Erleichterungen bei der Aufnahme von Mitgliederdarlehen versehene Rechtsform der Genossenschaft (eG, siehe Kapitel 2.8.1) ist nicht frei von enttäuschten Erwartungen wie die Beispiele der Wohnungsgenossenschaft Geno eG, Ludwigshafen, oder auch der Genossenschaft für Umwelt-Technologie eG (G.U.T. eG), Goldbach, zeigen, bei denen Mitglieder mit Leistungen (Wohnungsbezug) bzw. Erträgen (Dividende aus dem Betrieb von EE-Anlagen) geworben wurden, die nicht zeitgerecht erfüllt wurden.

Das Strickmuster von Anlagebetrügern gleicht sich häufig: Anleger werden mit hohen Renditeversprechungen geködert, Vermittler werden durch hohe Provisionssätze motiviert, im Fall von Aktien gibt es keinen unabhängigen Handel, sondern der »Kurs« wird durch den Initiator festgelegt (bzw. gesteigert). Hinzu kommt manchmal, wenn tatsächlich eine Veranlagung stattfindet, eine mangelnde Risikostreuung. Vorsicht ist auch bei Aktientauschangeboten angebracht, bei denen Aktien eingeführter Unternehmen im Tausch gegen Aktien neuer branchenähnlicher angeboten werden.

Aus Platzgründen können hier natürlich nicht alle rechtlichen Grundlagen, die für den Anlegerschutz wichtig sind, zitiert werden, z.B. wären noch das Aktiengesetz, das Börsengesetz oder das Kreditwesengesetz (KWG) und die zugehörigen EU-Richtlinien zu erwähnen. Staatliche Institutionen und Finanzmarktaufsichtsämter wie die Bundesanstalt für Finanzdienstleistungsaufsicht (siehe Anlegerschutz-Kontakt:n) bzw. diverse Staatsanwaltschaften brauchen leider oft Jahre, bis sie bestimmte Produkte vom Markt nehmen oder Ermittlungsverfahren einleiten.

Die Medien sind meist wesentlich schneller, wenn es darum geht, Skandale oder Gefahren aufzudecken. Hier eine Auswahl von Anlegerschutz-Medien/Institutionen: Börse Online (Serie Graumarkt-Report), Deutsche Schutzvereinigung für Wertpapierbesitz e.V., Finanztest (Zeitschrift und Studien), kapital-markt intern, Öko-Invest (»Graugrüne Liste«), Schutzgemeinschaft der Kapitalanleger e.V. (SdK) sowie die Verbraucherzentralen in Deutschland oder die Arbeiterkammern und der Verein für Konsumenteninformation in Österreich.

Die Graugrüne Liste

Der Öko-Invest-Verlag führt seit den 1990-er Jahren eine so genannte „Graugrüne Liste", die laufend aktualisiert und fallweise publiziert wird. Sie enthält – ohne Anspruch auf Vollständigkeit – diejenigen Anbieter von im weitesten Sinn ethisch-ökologischen Geldanlagen, die der Öko-Invest-Redaktion Informationen verweigern, die nötig wären, um die Angebote bzw. die Seriosität der Anbieter umfassend beurteilen zu können. Aufgrund dieser Informationsverweigerung rät der Öko-Invest von einem Investment in die aufgeführten Unternehmen ab. Andererseits lässt dies nicht den Umkehrschluss zu, dass alle Unternehmen auf dieser Liste unseriös wären.

Graugrüne Liste des Öko-Invest-Verlages (Stand: 25.4.2016)

Land	Unternehmen
CH	Belland AG
D	EcoConceptPlus GmbH
A/D	Erneuerbare Energie Versorgung AG (EEV)
D	Ethik Vermögensverwaltung AG („EthIK plus")
D	Green Investors AG
D	Mabuse Verlag-GmbH
D	Neckermann Neue Energien AG
D	NTI AG
D	Polarstern GmbH
D	Robina Invest GmbH
CH	Synthion AG

Fazit

Anleger sollten sich – nicht nur im Ökobereich – ein möglichst genaues Bild von den Initiatoren und von der Qualifikation des Managements machen, bevor sie investieren. Vorsicht ist aber auf jeden Fall dann geboten, wenn ein Anbieter jährliche Renditen von über sechs oder gar über zehn Prozent verspricht. Vermittler dieser Anlagen darf man getrost fragen, warum sie nicht längst selbst ihr ganzes Geld in solche Anlagen stecken, statt sie unters Volk bringen zu wollen.

Und wer einmal auf unseriöse Anbieter hereingefallen ist, sollte möglichst bald prüfen (lassen), ob sich ein Gerichtsprozess lohnt. Manchmal werden auch die Vermittler zu Schadenersatz verurteilt oder es gelingt eine Rückabwicklung oder ein dinglicher Arrest in das Vermögen von Anbieterfunktionären. Allein in Deutschland gibt es mehr als ein Dutzend Rechtsanwälte, die über eine langjährige Erfahrung mit Kapitalanlagebetrugsverfahren verfügen.

Anlegerschutz-Kontakte:

- www.anlegerschutz.at
  Homepage des österreichischen Interessenverbandes für Anleger (IVA) (Feldmühlgasse 22, A-1130 Wien, Tel.: 0043/1/876334330), der u.a. gegen die Benachteiligung von Kleinaktionären (z.B. bei Abfindungsangeboten) kämpft.
- www.ecoreporter.de
  Finanzjournalistische Informationen finden sich auf dieser Website ebenso wie Übersichten zu nachhaltigen Produkten und Anbietern sowie die Wachhund-Warnungen vor Angeboten und Unternehmen.
- www.dsw-info.de
  Die 1947 gegründete Aktionärsvereinigung Deutsche Schutzvereinigung für Wertpapierbesitz e.V. (DSW, Peter-Müller-Straße 14, D-40468 Düsseldorf, Tel.: 0211/6697-02) vertritt jährlich in etwa 650 Hauptversammlungen Aktionäre gegenüber den Unternehmensverwaltungen und zählt rund 30000 Mitglieder.
- www.gruenesgeld.at
  Auf der Homepage finden sich u.a. Hinweise auf Anlageberater, die einschlägig im Bereich ethisch-ökologische Anlagen aus- und weitergebildet sind. Initiatoren sind die Österreichische Gesellschaft für Umwelt und Technik (ÖGUT) und das Bundesministerium für Land- und Forstwirtschaft, Umwelt und Wasserwirtschaft.
- www.sdk.org
  Schutzgemeinschaft der Kapitalanleger e.V. (SdK, Hackenstraße 7b, D-80331 München, Tel.: 089/20208460), die 1959 gegründete Organisation stellt bei vielen Hauptversammlungen kritische Fragen an das Management und vertritt rund 5000 Mitglieder.

- skppsc.ch
  Anlegerschutz-Informationen der schweizerischen Kriminalprävention u.a. mit Informationen zu Finanzbetrug.

Nationale Bankenaufsicht

In Deutschland (2002), Österreich (2002) und der Schweiz (2009) sind integrierte Aufsichtsbehörden entstanden, die insbesondere Kreditinstitute, Versicherungen und den Wertpapierhandel umfassen.

- www.bafin.de
  Bundesanstalt für Finanzdienstleistungsaufsicht (BaFin, Graurheindorfer Straße 108, D-53117 Bonn, Tel.: 0228/4108-0 bzw. Wertpapieraufsicht: Marie-Curie-Str. 24-28, D-60439 Frankfurt, Tel.: 0228/4108-0). Die Homepage enthält u.a. ein Verbraucherportal mit Infobroschüren, Gesetzestexte und eine Datenbank zu bedeutenden Stimmrechtsanteilen börsennotierter Unternehmen.
- www.fma.gv.at
  Die Homepage der Österreichischen Finanzmarktaufsicht (FMA, Otto-Wagner-Platz 5, A-1090 Wien, Tel.: 0043/1/24959-0) enthält u.a. eine eigene umfangreiche Rubrik Verbraucher und eine Liste der konzessionierten Wertpapierdienstleister.
- www.finma.ch
  Die Homepage der Eidgenössischen Finanzmarktaufsicht (FINMA, Laupenstrasse 27, CH-3003 Bern, Tel.: 0041/31/3279100) gibt u.a. Informationen zu einschlägigen Gesetzen und Verordnungen und den beaufsichtigten Unternehmen.
- www.sec.gov
  Homepage der US-Börsenaufsichtsbehörde SEC (U.S. Securities and Exchange Commission) mit zahlreichen umfangreichen Berichten und Datenbanken.

Kundenbeschwerdestellen der Banken

Bei den Bankenverbänden sind Kundenbeschwerdestellen (Ombudsmänner) eingerichtet worden, ebenso gibt es z.B. bei der Deutschen Bundesbank eine Schlichtungsstelle.

Gesetze

Die nationalen Gesetze für Deutschland, Österreich und die Schweiz sind unter folgenden Adressen verfügbar:

- www.gesetze-im-internet.de
- www.ris.bka.gv.at
- www.admin.ch/gov/de/start/bundesrecht/systematische-sammlung.html

8 Anhang

8.1 Literatur

Die Literaturliste gibt eine Übersicht über relevante Bücher und Studien; einzelne Aufsätze sowie Beiträge in Sammelbänden wurden nicht aufgenommen.

Abbey, Deb und Michael Jantzi: The 50 Best Ethical Stocks for Canadians. High value investing. Toronto, 2001.

Aktion Finanzplatz Schweiz. Stiftung für Konsumentenschutz (Hrsg.): Damit Ihr Geld grün bleibt. Ein ökologisches Banken-Brevier für solche, die ihr Geld nicht auf Kosten ihrer Kindeskinder anlegen wollen. Bern, 1995.

Bassler, Karin, Martinus Kuhlo und Peter Stoll (Hrsg.): Ethisches Investment. Strategien für kirchliche Geldanlagen. Stuttgart, 2001.

Benedikter, Roland: Social Banking and Social Finance. Answers to the Economic Crisis. New York, 2011.

Berg, Helmut: Vom Gelde, das dem Leben dient - Mikrofinanz und andere Aspekte sozial verantwortbaren Umgangs mit Geld im Licht der ökonomischen Bedingtheit des Menschen. Finance and Ethics, Bd. 2. Frankfurt, 2011.

Blisse, Holger: Stärkung der Kreditgenossenschaften durch verbundbezogenes Eigenkapital der Mitglieder. Ein Beitrag zur Corporate Governance-Diskussion. Schriftenreihe Finanzierung und Banken, Bd. 10. Sternenfels, 2006. Zugl. Diss. Univ. Potsdam 2005.

Blüm, Norbert: Aufschrei! Wider die Erbarmungslosigkeit der Geldgesellschaft. Frankfurt, 2016.

Bobikiewicz, Luc: Private Geldanlage in Sonne, Wind- und Wasserkraft. Freiburg, 1993.

Böttcher, Joachim H., Christian Klasen und Sandy Röder: Die nachhaltige Investmentrevolution. Neue Entwicklungen, Motive und Trends aus Sicht institutioneller Investoren. Finance, Insurance & Law, Bd. 2. Hamburg, 2009.

Bosch, Ise: Besser Spenden. Ein Leitfaden für nachhaltiges Engagement. München, 2007.

Brazda, Johann (Hrsg.): Ethische Bankgeschäfte – Ein neuer Geschäftsbereich bei Kreditgenossenschaften. Vorträge und Aufsätze des Forschungsvereins für Genossenschaftswesen, H. 33. Wien, 2012.

Brill, Hal, Jack Brill und Cliff Feigenbaum: Investing With Your Values. Making money and making a difference. New York, 1999.

Brodbeck, Karl-Heinz (Hrsg.): Alternative Länderratings. Nachhaltige Informationen für Anleger. Schriftenreihe der Finance & Ethics Academy, Bd. 5. Aachen, 2013.

Bundesministerium für Umwelt, Naturschutz und Reaktorsicherheit, Umweltbundesamt (Hrsg.): Green Finance. Umweltmanagement in Banken, Sparkassen und Versicherungen. München, 2001.

Bundesministerium für Umwelt, Naturschutz und Reaktorsicherheit, Umweltbundesamt (Hrsg.): Mehr Wert: Ökologische Geldanlagen. Berlin, 2003.

Bundesverband Windenergie e.V.: Mit einer grünen Anlage schwarze Zahlen schreiben. Tipps für Ihre Beteiligung an einem Windkraftprojekt. Osnabrück, 2002.

Creutz, Helmut: Das Geldsyndrom. Wege zu einer krisenfreien Marktwirtschaft. München, 1993.

Deml, Max und Josef Wallner: Widerspruch zu Protokoll! Handbuch für kritische Aktionärinnen und Aktionäre. Wien, 1989.

Deml, Max und Michael Jungmeier: Grünes Geld. Handbuch für umweltbewusste Anleger. Wien, 1990.

Deml, Max, Jörg Baumgarten und Luc Bobikiewicz: Grünes Geld. Jahrbuch für ethisch-ökologische Geldanlagen 1995/1996. Wien, 1994.

Deml, Max und Jörg Baumgarten: Grünes Geld. Jahrbuch für ethisch-ökologische Geldanlagen 1998/99. Ritterhude, Wien, 1998.

Deml, Max und Robert Hassler (Hrsg.): Öko-Rating. München, 1998.

Deml, Max und Jörg Weber: Grünes Geld. Jahrbuch für ethisch-ökologische Geldanlagen 2000/2001. München, 2000.

Deml, Max und Hanne May: Grünes Geld. Jahrbuch für ethisch-ökologische Geldanlagen 2002/2003. Stuttgart, 2002.

Deml, Max und Hanne May: Grünes Geld. Jahrbuch für ethisch-ökologische Geldanlagen 2005/2006. Stuttgart, 2005.

Deml, Max und Hilmar Platz: Solaraktien-Studien 2005 bis 2012 (jährlich). Wien, 2005 bis 2012.

Deml, Max und Holger Blisse: Grünes Geld. Das Handbuch für ethisch-ökologische Geldanlagen 2012/2013. Stuttgart, 2011.

Dohmen, Caspar: GOOD BANK. Das Modell der GLS Bank. Freiburg, 2011.

Domini, Amy L. und Peter D. Kinder: Ethical Investing. How to make profitable investments without sacrificing your principles. Reading/USA, 1986.

Dumeier, Frank, Andreas Dangl und Michael Trcka: V=Z+S die letzte gleichung der energiewende. Klosterneuburg, 2012.

Dziawgo, Leszek und Danuta Dziawgo (Hrsg.): Finance & Natural Environment. Torun, 2003.

Ecoreporter.de: Private Equity und Risikokapital-Finanzierung für Erneuerbare-Energie-Projekte und -Unternehmen. Dortmund, 2005.

Erklärung von Bern (Hrsg.): Ethisch-ökologische Geldanlagen in der Schweiz. Einführung, Handlungsvorschläge und Marktübersicht. Bern, 2000.

Evangelische Akademie Tutzing (Hrsg.): Bibel und Börse. Ethisches Investment auf dem Kapital- und Arbeitsmarkt. Pressemappe Symposium. Tutzing, 1992.

Evangelische Kirche in Deutschland, Kirchenamt: Leitfaden für ethisch nachhaltige Geldanlage in der evangelischen Kirche. 2. Aufl., Hannover, 2013.

Felber, Christian: Die Gemeinwohl-Ökonomie – Das Wirtschaftsmodell der Zukunft. Wien, 2010.

Fembek, Michael und Germanos Athanasiadis (Hrsg.): CSR Guide. Jahrbuch für unternehmerische Verantwortung. Wien, 2016.

Frerk, Carsten: Finanzen und Vermögen der Kirchen in Deutschland. Aschaffenburg, 2002.

Fricke, Anno / Stiftung Warentest: Grüne Geldanlage. Verantwortungsvoll investieren. Berlin, 2010.

Gabriel, Klaus und Markus Schlagnitweit: Das gute Geld. Ethisches Investment. Hintergründe und Möglichkeiten. Innsbruck, Wien, 2009.

Gege, Maximilian: Die Zukunftsanleihe. Wie Deutschland ein Modell für nachhaltiges Wachstum und Wohlstand werden kann. München, 2004.

Gèrard, Jean-Luc: Börse oder Leben. Geld ökologisch-ethisch anlegen. Zürich, 2002.

Gottwald, Eckart und Folkert Rickers (Hrsg.): www.geld-himmeloderhölle.de. Die Macht des Geldes und die Religionen. Anstöße zum interreligiösen Lernprozess im Zuge der Globalisierung. Neukirchen-Vluyn, 2002.

Grün, Anselm und Thomas Kohrs: Ethisch Geld anlegen. Münsterschwarzach, 2008.

Hassler, Robert, Gerald Geißler, Jacob Radloff und Harald Schwander: Fundraising für die Umwelt. Finanzierungsmöglichkeiten für Umweltinitiativen. München, 1994.

Hawken, Paul und Amory & Hunter Lovins: Öko-Kapitalismus. Die industrielle Revolution des 21. Jahrhunderts. Wohlstand im Einklang mit der Natur. Berlin, 1999.

Hochhuth, Stefan: Ethisches Investment. Wie ethisch ist die Anlagepolitik der Kirchen? Eine Analyse der Anlagestrategien der Kirchen in Deutschland und der Schweiz. Bern, 2003.

Hoffmann, Johannes und Gerhard Scherhorn: Saubere Gewinne. So legen Sie ihr Geld ethisch-ökologisch an. Freiburg, 2002.

Hoffmann, Johannes, Konrad Ott und Gerhard Scherhorn (Hrsg.): Ethische Kriterien für die Bewertung von Unternehmen – Frankfurt-Hohenheimer-Leitfaden. Frankfurt, 1997.

Holzinger, Lutz und Clemens Staudinger: Schwarzbuch Raiffeisen. Wien, 2013.

Homolka, Walter: Umweltfonds. Investieren in die Zukunft. Bonn, 1990.

Janenz, Stefanie: Stiftungen im Umwelt-, Natur- und Landschaftsschutz. Ziele – Strategien – Projekte. München, 2002.

Kaufmann, Bibiane, Georg Seper und Christian Zenz (Hrsg.): Handbuch Crowdfunding und AltFG. Wien, 2016.

Kellermann, Daniel: Ratgeber Photovoltaik-Beteiligungen. Nürnberg, 2004ff.

Kellermann, Daniel: Ratgeber Windkraftbeteiligungen. Nürnberg, 2002ff.

Kennedy, Margrit: Occupy Money – Damit wir zukünftig ALLE die Gewinner sind. Bielefeld, 2011.

Kerler, Rolf: Eine Bank für den Menschen. Von den Anfängen und Impulsen der GLS Treuhand und GLS Bank. Dornach 2011.

Kessler, Wolfgang (Hrsg.): Geld und Gewissen. Kompass für ethisch motivierte Sparer. Oberursel, 2000.

Kinder, Peter D., Steven D. Lydenberg und Amy L. Domini (Hrsg.): Investing For Good. Making money while being socially responsible. New York, 1993.

Koch, Hannes: Soziale Kapitalisten. Vorbilder für eine gerechte Wirtschaft. Berlin, 2007.

Köllner, Thomas und Olaf Weber: Sustainability Rating. Analysis and Rating of Investment Funds. Zürich, 2005.

Krall, Johannes, Franz Lamprecht, Richard Lernbass, Erhard Rauch, Ingeborg Spitzer, Elisabeth Stadler und Christof Zernatto (Hrsg.): Ethical Finance. Festschrift für Bischof Alois Schwarz zum sechzigsten Geburtstag. Finance and Science, Bd. 1. Frankfurt u.a., 2012.

Ledgerwood, Joanna, Julie Earne und Candace Nelson (Hrsg.): The New Microfinance Handbook. A Financial Market System Perspective. Washington, 2013.

Legett, Jeremy (Hrsg.): Climate Change and the Financial Sector. The emerging threat – the solar solution. München, 1996.

Leidig, Michael: Pyramid Games. The story behind Bernie Madoff's network and those that helped him to create the world's largest and longest running pyramid scheme. London, 2013.

Liesenberg, Lambert: Holz-Investments: Das Geschäft mit der wachsenden Rendite. Landshut, 2013.

Lietaer, Bernhard A.: Mysterium Geld. Emotionale Bedeutung und Wirkungsweise eines Tabus. Berlin, 2000.

Lowry, Ritchie P.: Good Money. A guide to profitable social investing for the 1990s. New York, London, 1991.

Miller, Alan: Socially Responsible Investment. The financial impact of screened investment in the 1990s. London, 1991.

Miller, Alan J.: Socially Responsible Investing. How to invest with your conscience. New York, 1991.

Müller, Daniela und Eva-Maria Repolusk: ALLES, WAS GRÜN IST! Österreichs Öko-Pioniere und ihre unkonventionellen Wege zum Erfolg. Salzburg, 2012.

Murphy&Spitz Research: Nachhaltigkeit und Social Responsibility in der Photovoltaik-Industrie. Bonn, 2010.

Ostrom, Elinor: Was mehr wird, wenn wir teilen. Vom gesellschaftlichen Wert der Gemeingüter. München, 2011.

Pauli, Gunter: Upcycling. Wirtschaften nach dem Vorbild der Natur für mehr Arbeitsplätze und eine saubere Umwelt. Berlin, 1999

Pelikan, Edmund (Hrsg.): Anders investieren. Einführung in die nachhaltige Geldanlage. Landshut, 2010.

Pfeiffer, Hermannus: Grüne Anlagen. Geld anlegen mit ökologischer und sozialer Verantwortung. Köln, 1995.

Piketty, Thomas: Das Kapital im 21. Jahrhundert. München, 2014.

Pinner, Wolfgang: Nachhaltiges Investieren. Konkrete Themen und ihre Bewertung. Wien, 2014.

Powers, Charles W.: Social Responsibility & Investments. Nashville, New York, 1971.

Racek, Alfred: Befreiungsphilosophie des Geldes. Thaur, 2001.

Reisenberger, Brigitte und Thomas Seifert: Schwarzbuch Gold. Gewinner und Verlierer im neuen Goldrausch. Wien, 2011.

Riha, Johannes: Konzeptions- und Konstruktionsmöglichkeiten eines Ethik- und Ökologie-Aktienindex am Beispiel des NAX-Index. Wirtschaftsuniversität Wien, 2001.

Roche, Peter, Johannes Hoffmann und Walter Homolka (Hrsg.): Ethische Geldanlagen – Kapital auf neuen Wegen. Frankfurt, 1992.

RobecoSAM und PricewaterhouseCoopers (Hrsg.): The Sustainability Yearbook. Zürich, 2005-2016.

Roddick, Anita: Body and Soul. Erfolgsrezept Öko-Ethik. Düsseldorf, 1991.

Rosenstatter, Robert und Peter Daniell Porsche (Hrsg.): Die Kunst zu leben. Salzburg, 2010.

Rotthaus, Stephan: Erfolgreich investieren in grüne Geldanlagen. Ökologisch, ethisch, nachhaltig. Frankfurt u.a., 2009.

Sallmutter, Hans und Fritz Freyschlag (Hrsg.): Ethische Investments. Sind Moral und Rendite vereinbar? Wien, 2001.

Schäfer, Henry: Institutionelle Anleger und nachhaltige Kapitalanlagen. Best Practices deutscher Banken, Stiftungen und Altersvorsorgeeinrichtungen. Wiesbaden, 2014.

Schily, Otto: Flora, Fauna und Finanzen. Über die Wechselbeziehung von Natur und Geld. Hamburg, 1994.

Schmidheiny, Stephan und Frederico J. L. Zorraquin: Finanzierung des Kurswechsels. Die Finanzmärkte als Schrittmacher der Ökoeffizienz. Zürich, 1996.

Schneeweiß, Antje: Kursbuch Ethische Geldanlage. Aktien, Fonds, Beteiligungen. Frankfurt, 2002.

Schneeweiß, Antje und SÜDWIND e.V. – Institut für Ökonomie und Ökumene: Klassenziel erreicht? Der Beitrag von „Best-in-Class"-Ratings zur Einhaltung von Menschenrechten im Verantwortungsbereich von Unternehmen". Siegburg, 2014.

Schober, Christian und Volker Then: Praxishandbuch Social Return on Investment: Wirkung sozialer Investitionen messen. Stuttgart, 2015

Scholand, Markus: Triple Bottom Line Investing und Behavioral Finance. Investorenverhalten als Determinante der Entwicklung nachhaltiger Geldanlageprodukte. Frankfurt, 2004.

Schössler, Christof und Leo Frühschütz: Öko-Investment. Mit gutem Gewissen zum großen Geld. München, 2001.

Schröder, Michael: Die Eignung nachhaltiger Kapitalanlagen für die Vermögensanlage von Stiftungen. ZEW-Wirtschaftsanalysen, Bd. 98. Baden-Baden, 2010.

Schulz, Thomas und Susanne Bergius (Hrsg.): CSR und Finance: Beitrag und Rolle des CFO für eine Nachhaltige Unternehmensführung. Berlin, Heidelberg, 2014.

Schwanfelder, Werner: Wie Sie Profit machen und nebenbei die Welt verbessern. Gewinnbringend und nachhaltig investieren. München, 2012.

Schweizerische Nationalkommission Justitia et Pax (Hrsg.): Wie verantwortlich Geld anlegen? Anstöße zur Diskussion über kirchliche Geldanlagen. Bern, 1989.

Sprinkart, Karl Peter und Franz-Theo Gottwald: Fair Finance. Das Kapital der Zukunft. München, 2013.

Staub-Bisnag, Mirjam: Nachhaltige Anlagen für institutionelle Investoren. Zürich, 2011.

Unternehmensgrün (Hrsg.): Geld für den Umbau. Finanzierungskonzepte für zukunftsfähige Unternehmen. Neu-Ulm, München, 2001.

Upgang, Mechthild: Gewinn mit Sinn. Wie Sie Ihr Geld sicher anlegen mit gutem Gewissen. München, 2009.

Verbraucherzentrale NRW (Hrsg.): Ethisches Investment. Rendite mit gutem Gewissen. Düsseldorf, 2001.

Verhaag, Bertram: naturGerecht. 9 Filme von Bertram Verhaag. DVD-Buch, www.shop.denkmalfilm.tv. München, 2013.

Weber, Jörg: Zukunftssicher anlegen. Ein Ratgeber für Nachhaltigkeits- und Umweltfonds. München, 2001.

Weber, Jörg und Christoph Lützenkirchen (Hrsg.): Wachstumsklima. Wie Risikokapital-Investoren Erneuerbare Energie finanzieren. Dortmund, 2008.

Weis, Mathias und Heiko Spitzeck (Hrsg.): Der Geldkomplex. Kritische Reflexion unseres Geldsystems und mögliche Zukunftsszenarien. St. Galler Beiträge zur Wirtschaftsethik, Bd. 41. Bern, 2008.

Wendt, Karen (Hrsg.): CSR und Investment Banking. Investment und Banking zwischen Krise und Positive Impact. Berlin, Heidelberg, 2016.

Werner, Thomas: Ökologische Investments. Chancen und Risiken grüner Geldanlagen. Wiesbaden, 2009.

Werner-Lobo, Klaus: Uns gehört die Welt! Macht und Machenschaften der Multikonzerne. München, 2008.

Werner-Lobo, Klaus und Hans Weiß: Schwarzbuch Markenfirmen. Die Welt im Griff der Konzerne. Wien, 2014 (Erstauflage 2001).

Widowitsch, Roland, Gerlinde Breiner und Sepp Wall-Strasser (Hrsg.): Im Roulette der Finanzmärkte. Alterssicherung in Zeiten des Neoliberalismus. Wien, 2002.

Wiebe, Frank: Wie fair sind Apple & Co.? 50 Weltkonzerne im Ethik-Test. Zürich, 2013.

Winkler, Dennis: Schnellkurs Umwelt-Aktie. Gewinn mit grünen Anlagen. Regensburg, 2001.

Wolff, Hendrik: Das Management von Umweltfonds. Frankfurt, 1995.

Zagst, Rudi, Theresa Krimm, Steffen Hörter und Barbara Menzinger: Responsible Investing. Verantwortlich investieren. München, 2011.

Zimmermann, Melanie, Stefan Rostock und Christoph Bals / Germanwatch: Wege zu mehr Nachhaltigkeit im Finanzsektor – Nachhaltig investieren. Bonn, 2004.

Zürcher Kantonalbank: Nachhaltigkeits-Rating für Staaten. Zürich, 2002.

8.2 Srichwort- und Namensregister

ADVERTORIAL

ERNEUERBARE ENERGIE MIT ENORMEM POTENZIAL

Projekte mit erneuerbarer Energie sind sichere Anlagemöglichkeiten mit guter Rendite. green-cube.org ermöglicht Anlegern die Partizipation in Stromproduktionsanlagen in der Schweiz und international.

Der Markt für erneuerbare Energie weist weltweit ein enormes Potenzial für dezentrale und unabhängige Systeme auf. Um diese Möglichkeiten zu realisieren, bietet green-cube.org eine umfassende Cleantech-Lösung zur Produktion und Lagerung von erneuerbarer Energie durch Sonne, Wind, Wasser und Biomasse an. Durch die Kombination der verschiedenen Energiequellen kann an jedem Standort eine optimale Lösung realisiert werden.

Ökologische Energieproduktion und Energiesparmassnahmen können bei Bedarf auch mit Life-Modulen beispielsweise zur Trinkwasseraufbereitung, Früchtetrocknung oder Kühlung von Medikamenten kombiniert werden. Die Aktivitäten der Firma sind skalierbar und lassen sich in drei Kernsegmente gliedern:

Energy: Länder mit gut ausgebauter und zuverlässiger Infrastruktur – steht für eine nachhaltige, ökologische, Ertrag generierende und autonome Energieversorgung aus (kombinierten) erneuerbaren Energiequellen.

Life: Regionen mit schwacher oder fehlender Infrastruktur – bietet Verbesserung der Lebensqualität. Infrastruktur und Institutionen können unterstützt werden, zum Beispiel Trinkwasseraufbereitung, Licht, Wärme, Kühlung und Trocknung.

Aid: Entwicklungsländer, Katastrophengebiete – In Zusammenarbeit mit Hilfsund humanitären Organisationen wird Energieinfrastruktur für den Akut- und Langzeiteinsatz bereitgestellt.

Optimale Lösung in drei Phasen: Segmentübergreifend bietet green-cube. org Engineering-Dienstleistungen an, bei denen für jeden Standort die optimale Lösung erarbeitet wird. In Phase 1 werden alle Quellen erneuerbarer Energie in Betracht gezogen und, wo dies sinnvoll ist, miteinander kombiniert. In einer zweiten Phase werden passende Komponenten evaluiert und

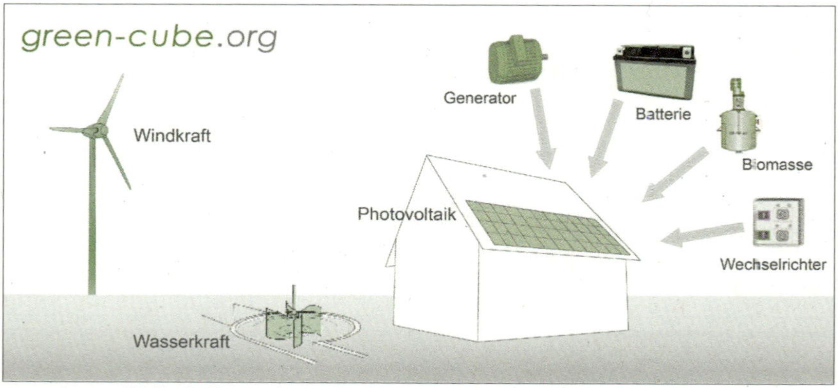

green-cube.org wählt für alle Lösungen immer die am besten geeigneten Komponenten.

ADVERTORIAL

Wasserwirbel-Kraftwerke sind eine Spezialität der green-cube.org.

Offerten eingeholt. Die dritte Phase umfasst den Abschluss von Verträgen (zum Beispiel Dachnutzung, Elektrizitätsverkauf, Lizenzen), die Einholung von Baubewilligungen und die Anmeldung für Subventionen (zum Beispiel KEV).

Nur die besten Komponenten: green-cube.org verfolgt bei allen eingesetzten Lösungen den «best in class» -Ansatz, bei der immer die am besten geeigneten Komponenten gewählt werden. Egal, ob es sich zum Beispiel um Photovoltaik-Module, Solarthermie, Leistungselektronik oder Blockheizkraftwerke handelt. Auf diese Weise geht die Firma kein Risiko bezüglich technologischer Entwicklung und Lagerhaltung ein, und die Kunden bekommen immer die neusten Produkte.

Zum Beispiel Wasserwirbel-Kraftwerke: Eine Spezialität der green-cube.org sind die Wasserwirbel-Kraftwerke, an denen die Firma Patentrechte besitzt. Die Technik beruht auf einem Becken mit einem zentralen Abfluss. Darüber bildet sich ein Wasserwirbel, der mit Hilfe der Schwerkraft beziehungsweise der Höhendifferenz einen langsam drehenden Rotor mit zirka 20 Umdrehungen pro Minute bewegt. Dieser treibt den Generator an, der den Strom produziert und ins Netz einspeist. Die einfache, robuste und wartungsarme Technologie lässt sich durch kleine, modulare und günstige, ebenerdig verlegte Anlagen optimal und bei Bedarf unsichtbar für Flussrevitalisierungen und -renaturierungen einsetzen. Allein in der Schweiz gibt es mehr als 100 000 Fluss-Stufen in verbauten und begradigten Flüssen, von denen sich zehn bis zwölf Prozent als Standorte für Wasserwirbel-Systeme eignen. Die Anzahl der geeigneten Standorte in der EU ist teilweise noch höher, weltweit gesehen ist sie enorm. Aktuell sind neben der Test- und Pilotanlage in Schöftland AG gut 30 Wasserwirbel-Projekte in der Schweiz und über tausend in Indien und anderen Ländern in Planung und im Bau.

FACTS

Für Kunden in der Schweiz und weltweit plant und realisiert green-cube.org Anlagen zur kostengünstigen und rentablen Gewinnung und Speicherung von Strom und Wärme aus erneuerbaren Quellen, inklusive bei Bedarf Life-Module für die beispielsweise Trinkwasseraufbereitung, Früchtetrocknung, (Medikamenten-) Kühlung, Licht etc. green-cube.org verfügt über verschiedene Treiber für den kommerziellen Erfolg. Gleichzeitig kann in weniger entwickelten Gebieten eine höhere Lebensqualität für Menschen erreicht und eine soziale Rendite generiert werden. Wenn Sie an einem Investment in green-cube.org interessiert sind, nehmen Sie doch einfach mit uns Kontakt auf, damit wir Ihnen weitere Informationen geben können. Es sind Investitionen in konkrete Projekte von green-cube.org oder auch Investitionen in das Unternehmen green-cube.org möglich.

Daniel Styger
Tel. +41 44 586 37 84
info@green-cube.org

medianet
WIRTSCHAFTSZEITUNG FÜR MARKETING & SALES
WIRTSCHAFTSZEITUNG FÜR MARKETING & SALES
medianet
Wut in der Wirtschaft und Angst in der Politik
Unternehmer ärgern sich über Reformstau und Steuerlast; Politiker scheuen das Schicksal, das jenen ereilt, der „sich etwas traut"...
Großformate jetzt easy online drucken
XLweb2print.com
„medianet" Verlag AG
1110 Wien, Brehmstraße 10/4
Tel.: +43 1 919 20 - 2162
office@medianet.at | www.medianet.at
Die Mediadaten und den Sonderthemenplan 2016 finden Sie hier:

Grünes Investment: Mahagonibäume auf Farmen. Die Farmer bekommen 50 % vom Holzertrag! Ein gepflanzter Mahagonibaum kostet 8 Euro; über 12 % Rendite. Infos: **www.mama-earth.de**

Kakao & Wald – das trägt Früchte!
www.ForestFinance.de
· Über 20 Jahre Erfahrung mit Waldinvestments.
· Ökologisch und sozial nachhaltig.
· Wir machen Wald. Machen Sie mit!
ForestFinance
Wir machen Wald. EST. 1995

GAIA
erneuerbare Energien
Nachhaltige Investition
Sichere Rendite
Als Pionier der Windenergie plant und realisiert GAIA seit 20 Jahren Projekte. Aktuell haben wir mehr als 300 MW in der Pipeline.
• Entwicklung
• Bau- / Errichtung
• Dienstleistungen
• Finanzierung
• Betriebsführung
• Repowering
GAIA mbH - Jahnstraße 28 - 67245 Lambsheim
Tel.: 06233 359 44-00 - Fax 06233 359-01
info@gaia-mbh.de - www.gaia-mbh.de

JUGEND
EINE
WELT
Mit Ihrem Investment
ermöglichen Sie Kindern wie
Marco den Schulbesuch.
Social Impact
Investment
Investieren Sie jetzt
Zinsenlose Darlehen
Don Bosco Bildungs-Anleihe
www.dasgutegeld.at
anleihe@donboscofinance.at

GENERATION FOREST
ANGSAM,
BER SICHER.
W.FUTUROFORESTAL.COM
W.WALDMENSCHEN.DE

windenergie bringt's
W.E.B
INVESTIEREN IN
WINDENERGIE
österreichischer
klimaschutzpreis
PREISTRÄGER 2015
Weitere Informationen dazu unter:
www.windenergie.at/aktie

Wer sein Geld ökologisch sinnvoll und rentabel anlegen will, vertraut seit 1991 auf den Informationsdienst Öko-Invest.

ÖKO
INVESTMENT MIT VERANTWORTUNG & ERFOLG.
INVEST

Er liefert alle 14 Tage (per Post) aktuelle Analysen, Übersichten und Tipps zu
- nachhaltigen Fonds, Wind-, Solar- und Wasserkraftbeteiligungen
- ca. 40 nachhaltigen Titeln im **Musterdepot**, z.B. Aktien von **Shimano** und **Umweltbank** (Kursgewinne jeweils ca. 800%)
- 25 Natur-Aktien im Index **nx-25** (+565% von 2003 bis 2015)
- 30 Solar-Aktien im Index **PPVX** (+446% von 2003 bis 2015)
- ausserbörslichen Aktien wie z.B. der **BioArt AG** oder **Öko-Test Holding AG**
- **Warnungen** vor (grün-)schwarzen Schafen.

Ein kostenloses Öko-Invest-Probeheft können Sie abrufen beim Öko-Invest-Verlag Schweizertalstr. 8-10/5, A-1130 Wien, Tel. 0043-1-8760501, oeko-invest@teleweb.at

8.3 Autoren

Holger Blisse

Autor und Wissenschaftler, geboren in Berlin, lebt seit 2009 in Wien.

Ausbildung zum Bankkaufmann. Wirtschaftswissenschaftliches Studium an der Freien Universität Berlin. Promotion an der Universität Potsdam (Finanzierung und Banken). Berufstätigkeit in der Kreditwirtschaft, im Österreichischen Genossenschaftsverband, im Institut für Genossenschaftswesen an der Humboldt-Universität zu Berlin sowie im Institut für Betriebswirtschaftslehre (Genossenschaftswesen) der Universität Wien. Forschungsschwerpunkte und Veröffentlichungen: (Kredit-)Genossenschaften, Sparkassen, Stiftungen, (Verbund-)Finanzierung, Geldanlagemöglichkeiten und Genossenschafts- und Bankgeschichte. Seit 1997 freier Redakteur des Öko-Invest und zum zweiten Mal Co-Autor dieses Handbuchs.

Max Deml

Publizist, geboren 1957 in Bayern, lebt seit 1979 in Wien, verheiratet, zwei erwachsene Söhne.

Studium der Psychologie, Philosophie und Politikwissenschaft an den Universitäten Regensburg und Wien; seit 1991 Geschäftsführer des Öko-Invest-Verlags und Chefredakteur des Börsenbriefs Öko-Invest; Autor des Handbuchs für kritische Aktionärinnen und Aktionäre (1989) und des Handbuchs „Grünes Geld“ (seit 1990); Entwickler des Natur-Aktien-Index (1997) und des Solar-Aktien-Index PPVX (2001); Beiratsfunktionen u.a. bei der Concordia oeco Lebensversicherung AG und dem WWF. Mitbegründer und Aufsichtsrat u.a. bei den Unternehmen BioArt AG, Fair Finance Holding AG, Grassmugg AG, Klimagut Immobilien AG (Berlin) und Prodigium Pictures LLC (Los Angeles). Seit 2009 tritt er mit dem Liedermacher und Kabarettisten Georg Bauernfeind im Programm „Grünes Geld und frische Blüten. Ein C(r)ashkurs“ in Theatern, bei Kongressen und Firmenevents auf.

Mag. HAUER 0571712301 4/13B